张冠生 记录整理

费孝通
晚年谈话录
（1981—2000）

生活·讀書·新知 三联书店

Copyright © 2019 by SDX Joint Publishing Company.
All Rights Reserved.

本作品版权由生活·读书·新知三联书店所有。
未经许可,不得翻印。

图书在版编目(CIP)数据

费孝通晚年谈话录(1981—2000)/张冠生记录整理.—北京:生活·读书·新知三联书店,2019.5 (2021.11重印)
ISBN 978-7-108-06416-5

Ⅰ.①费… Ⅱ.①张… Ⅲ.①费孝通(1910-2005)-文集 Ⅳ.①K825.4-53

中国版本图书馆CIP数据核字(2018)第258951号

责任编辑	唐明星
装帧设计	康 健
责任校对	张国荣
责任印制	卢 岳
出版发行	生活·讀書·新知 三联书店
	(北京市东城区美术馆东街22号 100010)
网 址	www.sdxjpc.com
经 销	新华书店
印 刷	北京隆昌伟业印刷有限公司
版 次	2019年5月北京第1版
	2021年11月北京第2次印刷
开 本	635毫米×965毫米 1/16 印张51
字 数	683千字 图8幅
印 数	10,001-13,000册
定 价	88.00元

(印装查询:01064002715;邮购查询:01084010542)

费孝通江村纪念馆中的费先生塑像。背景是该馆主体建筑（张冠生 摄影）

1993年6月,费孝通考察山东乡镇企业,在途中休息的宾馆中读书(张冠生 摄影)

1995年11月,费孝通在江苏张家港馨苑宾馆谈长江全流域发展(张冠生 摄影)

1995年11月,费孝通(前右三)参加苏南、浦东实地考察途中,在上海东方明珠塔下和雷洁琼、钱伟长等交谈(张冠生 摄影)

1996年5月,费孝通(左)参加京九铁路沿线地区实地考察。停车休息时与丁石孙(右)、钱伟长等交谈(张冠生 摄影)

1997年10月,费孝通(左)回到家乡江苏吴江同里镇看望姐姐费达生。姐弟俩玩小时候的拍手游戏(张冠生 摄影)

1997年7月,费孝通参加香港回归主权交接仪式后,到郑州越秀学术讲座谈"香港归来话回归"之余,在书店小坐(张冠生 摄影)

1998年3月,费孝通(左)在家中和张冠生谈文章修改要点(梁京京 摄影)

本书整理工作系上海大学
费孝通学术思想研究中心 2014—2017 年资助项目

目 录

文化要靠传的　费孝通　1

1993 年　1

／这两年主要跑中部地区。
／"富而后教"的问题，属于全球化时代的文化和心理秩序问题。
／怎么做人是个大问题。小孩子们在这方面受的教育不够。
／好好把国内市场发展起来，一旦国际上有动荡，我们就有比较大的回旋余地，就有比较强的应变能力。
／东部地区向中西部扩散，是中部地区发展加工业的机会。
／教育改革的问题恐怕要提出来了。我们不能不问了。
／孔子还得出来。要讲基本道德。发展经济，还是要讲文化。
／看看教育现在是什么样子？再这样下去不行了，就要吃大亏了。
／像我这样，八十多岁了，整年在全国各地跑，累得要命。有时也想，这是干什么呀？在家里边，读读书，写写字，养养老，不是挺好的吗？
／现在全国的经济发展出现了一个问题，就是地区的发展不平衡。
／地区间的协调发展是保持社会稳定的重要条件之一。
／叶落归根，是中国人的特点。现在的外资，大部分都是侨资。
／编织副业分散在千家万户，我称它是"没有围墙的工厂"。农民增加了收入，也充分利用了农村的剩余劳动力。
／借助协作区促进中部地区经济发展，跨省的协调会把被行政区划分开的经济联系接通，是个新事物。
／黄河北边有个中原经济协作区，黄河南边有淮海经济协作区。两个区连片发展，中部经济走廊就起来了。
／全球性的经济系统已经出来了，全球性的伦理体系还没有出来。人与人、民族与民族、国家与国家怎么相处还是个问题。
／从中国历史看，两千五百年前的春秋战国时代，就有人热烈地讨论人与人怎么相处才好。讨论很热闹，到了百家争鸣的程度。

/中国人要对21世纪的世界秩序发表看法。

/我可以从我的优势讲这个问题,从人类学里边打出去。

/学术研究就是要结合实际,从实际出发,解决实际问题。不然它有什么用?至少,对我来说是这样的。

/要形成风气才行。形成风气需要一定的社会条件。要有几十年的稳定和发展。让有志于研究这个问题的人有一定的物质条件,他才有心情去研究。

/搞调查,最好能在一个地方住的时间长一点。每天就在农民的生活里,听的看的,都是真情况。那才是调查嘛。

/经济发展的基础条件是综合的。讲经济的时候,把文化讲进去,这就高了。

1994年   39

/我们国家人口数量的峰值大概会到15亿人。这15亿人怎么个摆法?我正在想。

/关于乡镇企业、小城镇的讨论,也有很大的争论。我差一点就又快打成"右派"了。

/中国农村的工业化,谁也想不到能这么快就起来。全世界没有人能预料到,中国也没有人能预料到。

/中国农民把中国改造成了今天的样子,变得人家不敢小看我们了。

/乡镇企业的发展过程中,也带出来许多问题,比如城市化问题,城乡一体化问题。问题是现实中出来的,老办法肯定不行的。

/发展乡镇企业,首先要讲市场。我们不是为了好看,是为了给农民添实惠。

/中部地区是我国的传统农业地区,在农业和工业之间,有一个很大的空间,就是家庭副业。

/眼睛盯住两头,一头是特产,一头是市场。把两头连起来,让农民增加收入,不难做到。

/有的地方搞麦子和枣子的间种,就这么简单一个路子,一下子增加了几亿呀!农民增加收入了。

/首都不能再发展工业了。现在有的不属于首都应该有的功能,也需要逐步疏散出去。

/重访温州,我们要出一篇大文章!

/老百姓增加了收入,就有了办事情的力量。温州现在好多事情都是老百姓集资干成的。机场、公路、学校,都修起来了。现在又修铁路。

/温州是个改革试验地。不是国家划出一块地方,专门投入政策,搞试验,而是农民自发地搞起来,在不花国家钱的情况下走出一条路子。

/还是要坚持"离土不离乡",使中国广大农民有较大回旋余地,进退有路,而不至于遇到国际经济困难时无路可走,揭竿而起。

1995年 63

/如今天下巨变,全世界都捆在一起了,文化上却是各美其美,不适应进一步发展下去的需要。

/"冷战"结束五年了,还没有看到全世界思想家活跃发言的景象。有苏秦、张仪之流,布热津斯基、基辛格等等就是。但还没有出来孔子、孟子、荀子、墨子……没有大家。

/多元一体,12亿人,6000年。这个历史事实对今天的世界有什么意义?我们的研究没有跟上。不深入、不具体。

/我从江村走到现在,1980年恢复学术研究以来,东跑跑,西看看,十五年就花掉了。中国还有六千年呢,我怎么办?

/中国农村经济结构的基本形式,我叫它"牛郎织女"。一个家庭里边,男的嘛,"牛郎",女的嘛,"织女",意思是工业农业要配合起来。

/开辟市场,建设市场,靠农民本身不行。这件事还要靠政府。政府吃官粮的人,不能老是坐在那里吃官粮啊。我们总要做点促进生产的事情嘛。

/很快就到21世纪了。我们少数民族地区的实际情况,距离现代化的差距很大呀!

/我参加中央民族访问团来到贵州,第一次到草海,威宁的草海。下雪了,还下冰!路都走不成,靠大卡车走。车子不能走的时候,我们就走路。

/我们穷嘛。穷就只能"穷搞"嘛!面子不好看,不要紧,我们讲实惠。让老百姓得实惠,这也是面子,是大面子。

/年轻一代能看到当今的世界局势正在进入另一个更伟大的时代,一个出现"全球村"的时代。希望年轻人不要辜负了这个"天时"。

/第一是有条件打基础时,我没有好好用功,以致功底不足;第二是我被夺去了二十年的学术生命,没有利用这些日子做我应做的事;第三是等到我看清楚这个机遇时,已经年老了,力不足矣。

/医生对我原来有两条警告,一个是不能感冒,一个是不能摔跤。现在又加上一条,不能激动。

/我常常想到,应当在还活着、还能进行脑力劳动的日子里,赶紧把过去已经写下的东西多看看,反思反思,结结账。

/教育的目的是什么?我说教育就是讲做人的道理,教人怎么做人。现在不大讲这个了。教育变成很狭义的东西了。这样下去,可能会出问题。

/学以致用,这是中国文人的老传统、好传统。做学问要做出点意思来。意思在什么地方?在于这学问的用处。用到什么地方?用到改善群众的生活上。

/昨天我在北大讲了一个半钟点,回家后觉得有点累了。这是今年才开始的。去年还没有为讲课觉得累的感觉,可以一口气讲三个钟点,不累。

- 一生中，三次失落资料。第一次是在瑶山，活都不想活了，资料一点都没有了。第二次是在昆明，被国民党特务追踪，只提了一个箱子出来。第三次是"文革"，家里资料被抄光了。
- 还有三次可以死。一次是摔到瑶山虎阱里，爬出来，爬了一天。第二次是在云南大学，子弹从耳边呼呼过去。第三次是"文革"，说是罪大恶极。

1996年　　131

- 我们可以从当年的中国春秋谈到当今世界的变化，写出一篇大文章。主要内容：两上两下，中国老六。苏联、美国下去了，日本、德国上来。还有欧洲共同体。中国上得来上不来，还要看努力。
- 今年准备写江村→小城镇→中等城市→大城市→特大城市→区域格局，要求自己的研究题目进入大城市。
- 已经定了，不写自传了。让别人写传记去吧。我自己要写《传外杂俎》，一段一段，从我的父亲、爷爷讲起，很有意思。
- 当年，张謇先生请我父亲到南通教书。我名字里的"通"字，就是父亲在南通当教师的纪念。张謇先生的儿辈是"孝"字辈。纪念父辈的交情，我的名字也就用了"孝"字。
- "两会"上，我在江苏组发言说，该告老还乡了。推掉行政事务，集中最后一点力量，写点东西，为家乡出点力。
- 听说太湖也污染了，要赶快治理。自然环境污染了，人文环境怎么样？
- 经济发展的同时，要考虑更深一层的问题，比如文化怎么跟得上来。
- 年轻人不要被名人吓住，不要被什么"学"捆住手脚。中国的传统不讲"学"，就是研究人。"学"是从西方来的。有一套东西，挂上块牌子，有商标，有价钱。
- 我主张敞开胸怀，实事求是，跟着时代走，把自己看到的变化写出来，把变化的意义讲出来。我就是这么做的。
- "冷战"结束后，国际局势进入了世界规模的"战国"时代。大国之间将展开一场更激烈的经济竞赛。
- 我们要谋求建立一个全世界各国、各民族和平共处的新秩序。
- 市场在什么地方？我说就在农民的口袋里边。意思是想办法增加他们的收入，让他们有力量买东西。
- 草房、瓦房、楼房、别墅，这是历史。
- 不同文化碰头的问题躲不开了。要研究啊！体制内的学界有点迟钝。民间办书院，出来一股文化的力量，说明还是有明白人。
- 谈文化问题，中国人该有声音啊。我们的老祖宗有东西啊。
- 民盟老一代学者早就在找出路。梁漱溟先生提出"民族自觉"，就是想从中国最本质的地方找出路。

/ 我们民盟的同志坐在一起，就不用说场面话了，可以说点心里话。

/ 民盟里边应该形成一种大家在道德方面、人格方面互相帮助、互相砥砺的气氛。想做什么样的人，这决定着我们想问题、做事情的大方向。

/ 我在大时代里找到了安身立命的地方。最后这二十年，我是满意的。没有离开我的意愿，没有离开国家的发展，没有离开世界的大势。

/ 我的好处是尽力利用条件做事情。没有被官位迷惑，不是去想当什么主席、委员长，整天去应酬。还是记得念书写文章。

/ 她是我的姐姐！是她把我引上了我走了一生的这条道路！

/ 人家看我，觉得我很坎坷，遇到很多挫折。其实我还是比较顺利的。主要是内心里边不乱。外界乱，内心不乱。人家乱，自己不乱。

/ 我心里边有个中心，一定要从学术上打出去。这个学术要对老百姓有好处。现在我想得到的都得到了，并且我这一套别人还拿不走。谁也拿不走。

/ 反到底是怎么回事，我要把自己知道的都写出来，留下来，让后人知道更多的真相。反正我快要死了。死前把它说出来，也是一种责任。

/ 最后写一本《传外杂俎》，从家庭写到最高层政治，写我看到的、经历过的社会到底是一个什么样的社会，我经历过的一些历史大事件到底是怎么一回事。

1997 年　　205

/ 为什么我这样一个人写了这些文章？这里边有意思。还是要从"乡土"中讲我这个人。写文章，要知道作者的意图、读者的心情。

/ 我提出来的很多观点，都是从实际当中看出来的。每一个想法，都包含有一段真实经历、一个故事。

/ 不是空想，而是实际地看。看见具体事情，看出来意思，把意思说明白，再回到实际中去。

/ 不是灵感，而是一直在想。想了很久，碰到了一个机缘，触动想的东西，产生了想法。

/ 我的《行行重行行》回答了一个问题：中国农民怎么富起来？

/ 我这一生，主要还是学术。主要成就是学术成就。一个人，一生中偶然因素很多。说不了什么时候有什么事情。但有一条是一定的，就是每一步都要走踏实，最后要搞出成果来。

/ 我们沿太湖走一圈，可以写一串文章。一篇篇地写，不写长。一篇一两千字，每篇写一个主题。发表文章的园地可以转移一下，比如转到《半月谈》。

/ 其他学科都有一级教授，唯独社会学不允许有一级教授。我就是二级。我说没有关系。这样也好，中国的二级教授水平怎么样，可以拿到国际上去看看。

/学术上不能被格式套住。规矩当然要有,先守规矩,在格式里跟人家学。学到一定程度,就要跳出来,创新,超过人家。

/你们这样拍我的电视片,有不真实的地方。因为一开始就让我有当演员的感觉。我不喜欢被镜头对着。

/我着意培养的对象还没有出来。好几个可能成功的对象都没有出来。这个话不好说,可是真心话。物色已久了,都是半路不对了。

/我要培养一个人,给他一个标准。他承诺要达到这个标准,实际上却做不到的时候,他的痛苦很厉害。我也很痛苦,他也很痛苦。

/最好不要做我的学生。还是"无心插柳柳成荫"最好。

/很多不认识我的人,看了我的文章,却得到我的东西了。是我撒出去的种子自己开了花。

/现在我们还是这个毛病。中国人,不敢真正拿出自己的面貌来,对不对?好的东西自己不认为好了。

/要敢于在世界上亮相!文化自觉,就是要敢于在世界上亮相!这就是我最后一篇文章的意思。

/天底下真正知道好歹的人有几个啊?

/从小熟悉的小桥流水这种文化存在不下去了。旁边这个力量多强啊!叫"惊险大世界"。我们是讲人和自然的和谐、人与人的和睦。

/一个人长寿,也就是一百年时间。这里边能供你自己支配用来做事情的时间才有多少?太少了。要想啊!要做事情,要做人。

/我最近准备写文化自觉的文章,准备去台湾。文章里边的话不是讲给台湾听的,而是讲给美国听的。

/社会科学的实用性有两点,一点是跟在屁股后边的实用性,另一点是我想做的,指出一个大方向。看到这个世界变化的前途。

/两个出路。一个是天下太平,大家和平相处。另一个是独霸天下。中国人要走平天下的路,美国要走秦始皇的路。中国人责任大了。不简单啊!

/中国的小农底子还没有完全蜕掉,表现在每个人身上。我也没有完全蜕掉。从这个状态一下子进入一个后工业社会,不容易啊!

/费达生搞工业下乡,我把它写出来,理论化,提个概念——工农相辅,解读中国牛郎织女的传说。男耕女织是中国农村经济的基本结构。

/我写《南岭行》时就讲,要搞天然食品,无污染食品。讲了十年了,没有人理我。没有人听懂我的意思。现在看来,条件成熟了。

/我讲课的时候,把文章先发给人家看。看后再听我讲。讲我这篇文章,讲我的思想是怎么来的,讲思想结果的形成过程。这叫"旁白"。

/不看正文,听不出旁白的意思。光看正文,听不到旁白的东西。

/教授的本领是旁白。教授贵在旁白。

/我脑筋里边的正规大学,中国还没有,连北大也不够。

/我写的《江村经济》，马老师说成功了，是里程碑，评价很高。可是史老师不满意。不满意的人更厉害啊！
/一落，英国旗和香港旗下来；一升，我们的国旗升上去。我亲眼看着落下来的。这是个值得纪念的日子。要真的把"一国两制"做出来。
/力量对比的格局正在发生变化。美国之外的世界里边，力量越来越大，不是它能压倒的了。这个越来越大的世界力量里边，有我们中国一份。
/照着我们现在这个势头发展，当老大不是没有可能。这是西方人曾经面临的问题，就是怎样做好老大。他们没有做好。我们有机会的时候，能不能做好？
/我现在有了"轻舟已过万重山"的感觉，但还在船上做事情。中国正在走一条路，不是学外国，而是要自己找出来。我为找这条路子所做的最后一件事情，是做"文化自觉"这篇文章。
/写文章不光是自己的事情，也是历史行为在一个学者身上的具体表现。

1998年　　379

/我们家乡一个习惯，是家里有奶妈。我是奶妈带大的。奶妈从农村来，所以我是吃农民的奶水长大的，对农民的事情知道得多一点。
/我去村里访问，村里贴了条标语，说我是"农民的知心朋友"。这个称呼比博士头衔还好。我乐意接受，也很感谢他们。
/准备写一篇文章，叫《有朋自远方来》。钱穆对于我，很远啊！可是他对事情的看法有些地方和我很接近。
/中国文化的变迁当中，知识分子里边有好几种态度。一种是陈寅恪的态度，一种是金岳霖的态度，还有冯友兰的态度、钱穆的态度，都不一样。
/"天人之际"，这个题目不是哪一个人要讲，而是人文世界发展的需要。无论经济、科技怎么发展，还是要回来的。回到"天人之际"的问题上来。
/人文世界在发生大变化，快得连语言都跟不上。
/要表现这个社会现实，很苦的。有些东西很难抓住，一下子就滑过去了。
/开国大典上，毛主席讲"中国人民站起来了"。我在旁听了这话，明白他的意思，但觉得不够具体。
/那个时候我写文章，署名"江同"。吴江的"江"，王同惠的"同"。
/当时杂志很多，进步杂志经常被封。上海进步文人的办法，是封一个换一个。
/我那个时候最红。写出来一篇文章，好几个地方都用。
/杂志一出来，我们这些教授就在青云街沿街叫卖，还送到人家家里去。
/你可以去请杨季康为我这本书写个书名，看她写不写。
/京九铁路要吸取陇海铁路的教训，不能再"酒肉穿肠过"。要想办法

"穿羊肉串",发展沿线中心城市,辐射带动周边地区。
/我觉得金鱼是人为所致病态发展的一个典型。想起了龚自珍的《病梅馆记》。
/实现现代化要靠工业。工业不是天上掉下来的,而是从农业里边长出来的。
/看到了农民的智慧和创造,看到了家庭的建设性作用又一次得到了印证。中国农业碰到困难,一回到家庭,就活了。
/家庭所具有的经济力量,一般感觉不到。其实很大。要把这个力量用起来。
/关公为什么变成了财神?这里边是有意思的。讲信用,讲义气,人家相信你,你就有了财富。
/我想到了一个词,叫"归宿感"。陈寅恪写《柳如是别传》,有找归宿感的意思在里边。
/柳如是的归宿是"前朝"。王国维也是。"各领风骚数百年"里边,也可以找到这样的意思。
/"各领"不是兼领。不跨过某一文化的界限。两朝领袖不好当,滋味难受。
/我和胡适有点像。可以认为是同一个类型的知识分子。
/天天关在屋里看书,也不行。出来走走挺好,可以见到很多不同的人。大家都很自然,有哭有笑。
/坐在家里,人家去看我,有个目的。递上一张名片,寒暄几句,意思不大。出来同平常生活中的人们接触,处在自然状态。他们不知道我是谁,也不拉着我照相。有时候倒是我拉着别人照相,很有意思。
/乡镇企业目前最大问题是机制上的灵活性逐渐丧失。人称"二国营"。
/国际上风云变幻。应付变局,首先要稳住阵脚。阵脚在什么地方?在"草根工业",在家庭工业。
/这几天在看顾颉刚。哎呀,有意思极了!很多事情都是我经历过的。很熟悉,太熟悉啦!
/我这一代,传统的底子,受西方影响很深。阿古什看到了受西方影响这一面,但没有看到传统的底子。所以他没有写准。对我的定位没有定好。
/对杭州的小罗讲一下,让她去找杨绛,请杨绛写钱锺书。回到北京后,请沈昌文先生到家里来,我们谈一谈,抓紧时间把老一代的想法留下来。
/我是最早讲发展乡镇企业的人。现在是"异军突起"了,成了大事业。事业是中国农民干出来的,不是我的功劳。但可以说像我这样的知识分子出了力量,讲了实话。政府也看到了效果,出来了一个国家经济的支柱。
/我几次碰到赵启正,他说"浦东呼唤社会学",表达他们需要社会学的愿望。我说,我们也需要地方去调查,研究,培养人才。
/浦东领导和有关部门肯投入经费,设立浦东这个研究课题,是给我们一个机会,可以入手研究中国现代化的过程。
/我希望自己能理解的社会变化,在范围上要大一些。不光是浦东,还要

／有全国的格局。
／把我们的工作放到全中国、全人类的发展里边去。这样做就很有意思了。
／上海发生的问题，北京人并不真正懂得。他还是只讲税收的问题，考虑上海能拿多少钱出来。
／圈子是一种专利。专利要有资本。这个资本恐怕首先是要留洋。钱穆有一段时间进了燕京。可是这个圈子主要是北大和清华。这中间有一层隔膜。
／中国现在已经进入了世界经济，可是智囊团跟不上。为什么？因为不接触实际。不到实际里边去看发展，就看不清形势，就不会真正懂得政治的意义。
／我们都经过一段历史，有些事情让人害怕讲话，尤其是讲真话。现在，到我这个年纪了，没有关系了。再怎么样也是这个样子了。
／我一生所做的事情，就是希望能认识自己。搞了这么多年，写了不少文章，也只能说是认识自己的开始。
／我写文章，题目是"我看人看我"。意思是看看人家是怎么看我的，看看我写的文章起了点什么作用。这事情很有趣味。
／自己看自己，批评自己，再看看别人怎么看自己、批评自己，不仅有趣，而且可以有启发。
／我的几个老师当中，第一个影响我的人是吴文藻先生，第二个是潘光旦先生，然后是三个外国人。
／我反复强调的一条，不能脱离实际，要坚持从实求知。当前最大的实际，就是人类社会从20世纪向21世纪过渡时期的文化变迁。
／以力服人谓之霸，以理服人谓之王。霸道统一了天下，也不能持久。王道才能使天下归心，进入大同。
／我希望实现天下大同，所以我在八十岁生日那天提出这样的四句话：各美其美，美人之美，美美与共，天下大同。

1999年　　519

／先把温州的文章写出来。传记不急。什么时候写出来都可以。
／关于苏南模式的起源、发展和效果，再写一篇总结性质的文章。
／中部地区，也想写一篇总结性质的文章。
／我的传记主题不容易找。我算是个什么样的人呢？
／传记里写反右这一段的文字，可以少些。留待以后专门出书。同时也表明一种态度，就是不一味抚弄伤处，而是向前努力做事。
／我的研究重心这几年发生些转移。从研究农村转向研究城乡关系。
／过去比较多地注意农村对城市的影响，现在比较多地注意城市对农村的影响。希望能多学一点。看来我这胃口越吊越大了。
／上海的样子变得很厉害。我来看，也是想看它怎么在变，为什么这么变,说出变的道理来。
/时候到了。上海的发展,需要有一个研究中心,为它下一步的发展服务。当年的美国芝加哥学派,就是因为这样一个城市的发展,促成了芝加哥大学出现了城市社会学派和它的代表人物。
/总的看我的历史,我是从农村出发去认识中国,提出一个让农民生活好起来的办法。
/找了一辈子,现在看来,发展乡村工业是个比较根本的办法。
/这段时间北约打南斯拉夫。我想了很多问题,其中一个就是,我们要保本,还是要发展乡村工业。这是"草根工业",遍地生长。
/现代化战争来了也不怕。打不死的。可是光有大工业就不一样,一下子就能打死。
/我提出小城镇问题,发表了文章,是在1983年,是纸上谈兵。这十几年里,当年的议论变成了现实。
/十亿中国农民生活的变化,是当今世界最大的一件事情。
/我这一生碰上了一个剧烈变动的时代。做这个时代的人不容易。
/变动的实质是过渡。过渡时期的人,处在文化边际的位置上,安身立命之地不容易找得到、稳得住。
/这个时代不简单,旧的东西都打破了,新秩序怎么才能建立起来,还没有人看到并把它讲出来。所以我说,大有文章可做。
/我的实际是立言重于立功,甘心做个旁观者,而不做操作者。立德还差得远。那是孔子的事情,我做不了。
/我最近在想中国的事情。想得很多,可是很难表达。对"文革"这样的大事,还讲不出它的道理来。也许讲这个事情深层道理的时候还不到,讲的也还不是真话。
/做人最好是糊涂点。太清楚了苦啊!
/我们这一代人,碰到了一场大变化,要跟得上。有什么变化,要说得清楚。变化后面的道理要讲得明白。不能糊里糊涂。
/现在小城镇的发展碰到很多矛盾,比如有体制问题、政策问题,牵涉大政方针,甚至是法律问题。
/要动这些问题不容易,新政策出台也很难。但不能等。能不能用偷梁换柱的办法,不动大的体制,又可以实际把事情做起来?
/还是要闯出路子,敢于试验。这个事情不容易,是一场考试。
/来看赣州,感受到了"人气"两个字的意思。人气在这里聚集,而且有能量出来。
/眼睛要看到农民家里去。那是出人气的地方。
/发展一个地方的经济,进入到家庭里边,最快。从农业里出工业,帮助农民增加收入。把农民的劳动力变成生产力。

／进民盟没有别的理由，就是爱国。要救亡，所以要加入民盟。不是想当官、想当部长才进民盟的。

／"志"是以前的知识分子比较关键的一个东西。我不知道新的一代人心里还有没有这样一个东西。没有这个东西就危险了。

／很多知识分子心里是晚秋天气，暮气十足。想的是少惹祸。自己弄点小题目，收收尾，平安着陆。不为社会说话了。

／知识分子的作用，就是讲话嘛。

／我写的第一篇比较重要的文章是《花篮瑶社会组织》，从里边可以找到后来我很多思想的来源。第二篇文章是《江村经济》，得到了我的老师的看重。第三篇文章是《内地农村》。

2000年　　583

／现代化过程中可能发生怎么样的具体变化，目前还不好预测。不过这不妨碍我们回顾一下全球化进程的来路，看看是个什么样的过程。

／对世界市场的拓展和向亚非国家殖民的活动，是全球化过程开始阶段的根本特征。在这一段，最具有典型意义的例子是大英帝国霸权的确立。

／第二次世界大战以后，英国霸权让位于美国霸权，中心地位被美国取代。

／"国际惯例"即共同游戏规则的出现，是经济全球化进程在贸易交往制度上的反映，是与经济活动伴生的文化现象。

／更值得注意的一个历史事实是，由美国霸权主导的全球化进程，使美国模式的制度、文化价值观念等成为许多国家模仿的对象。

／目前，全球化进程正在摆脱由单一中心为主导的局面，正形成多元推动、多元共存、多元发展的强大趋势。

／经济上的休戚相关和政治上的各行其是、文化上的各美其美，在人类进入全球化进程的时候，会形成一个大的矛盾。

／过去有过"化外之民"的说法，现在则到了一个想做"化外之民"而不得的时代。

／从农业社会跳跃到工业社会，再从工业社会跳跃到信息社会。我概括为三大阶段和两大变化，并把它比作"三级跳"。

／我是出生在传统的经济社会里面，一直经历着我国走向现代化的过程。

／变化太大、太快，我的力量又太有限，要求自己做的认识这世界的事情不一定能做好，但我还是尽心尽力去做了。

／我进行研究的第一个阶段，《花篮瑶社会组织》这本书可以作为代表。

／第二阶段的研究题目，可以我的《江村经济》为代表。

／代表传统的文化基础和社会组织的一个农村，面临着全新的科学技术和机器生产的早期冲击——这是《江村经济》的定位。

／我的第二次学术生命和我国农村工业化的全面推进同步展开。我这一阶段的研究工作主要体现在《行行重行行》一书中。
/ 这一阶段，我主要提出了乡镇企业和小城镇发展两个主题，目的是解决农民的出路问题。
/ 预感到21世纪将给人类的生存和发展带来全新的面貌。民族国家及其文化的分化格局面临着一个如何在全球化的世纪里更新自身的使命。
/ 微软公司是最新现代化技术的世界级龙头。它的作用已经使城市中的许多产业的传统操作技术面临深刻的危机。
/ 我国属于全球化进程中的后来者，而且是"后来"而暂未"居上"。
/ 1949年，中国实现了独立与自主，却在苏联经济模式影响下脱离并抵抗了西方主导的全球化进程。
/ 世界的发展没有停下来等我们。"沉舟侧畔千帆过"，我们明显落后了。
/ 我们的底子是第一跳尚未完成，潮流的走向是要来第二跳。
/ 我们只有充实底子，顺应潮流，一边补课，一边起跳。不把缺下的课补足，是跳不过去的。
/ 历史不是过去了就算了。历史会对今天发生影响的。
/ 在当前的发展中，重理轻文，差别太大。从长远看，像这类负面的东西、"文革"的影响太大了，不能不记取。
/ 最近二十年的发展比较顺利，有些人就以为一切都很容易，认为生产力上来就行了，没有重视精神的方面。
/ 我的老师潘光旦先生早在20世纪30年代就讲"位育"问题，对"中和位育"做了很好的发挥。
/ "文化自觉"是当今时代的要求。它指的是生活在一定文化中的人对其文化有自知之明，并对其发展历程和未来有充分的认识。
/ 我们有必要加强人文主义，提倡新人文思想，在原有传统文化基础上，吸收西方科学精神，建设新的人文精神。
/ 请北京大学花点力量，把上一代代表了一个时代的知识分子的论著整理出版。像梁启超、胡适开始的这一代学者，留下了不少东西。
/ 中国文化正处在大变化的时代。看这种变化，要通过每一代知识分子写的东西。这一笔账总是要结的。
/ 下一代人也要准备写。现在条件好了，每个人都可以写。这不是好坏问题，而是它代表时代思想的变迁。时代借我们的手，写下了这些东西。

附录（1981—1999）   613

1981年   615

/ 两年前，1979年3月16日，我们举行了中国社会学研究会成立大会。

/记得第一次开座谈会讨论恢复社会学的时候,很多人,包括我在内,信心不足,顾虑重重。
/现在很多同志都向往这个工作,希望参加到这个行列中来。已经有很多地方在搞社会调查。
/中国社会科学院筹建了社会学研究所,去年上半年正式成立。
/国外一听说中国重建社会学,都很感兴趣,要联系,要交流。
/1979年社会学研究会成立时,坐在这个礼堂的,大多数人已白发苍苍。
/经过两年的工作,我们要做的事情已经不是"恢复"两个字所能包含的了。
/教育部今年春季委托南开大学开办了一个社会学专业班。从各个学校调来了"七七届"的大学生四十多人,打算把他们培养成为教师。
/我们要想一切办法,能在今后一两年内准备好六门社会学课程。
/现在的问题,正在于我们对于20世纪下半期以来所发展起来的许多方法太不熟悉了。要去学习这种方法。哪怕是批评它,也要首先研究它。
/我们当前的困难,是关于我们中国社会的资料十分贫乏,即使有也不容易得到。
/现在我们应当尽力发掘和整理已有的社会调查成果,同时要进行当前的社会调查。
/一个不存在剥削和压迫的社会,人民是可以讲真话,也乐于讲真话的。这是社会调查的最重要的基础。

1982 年　　627

/我最近到云南昆明,去看我在抗战时期住的地方。村子里的人还认识我。老太太说:"哎呀!我记得你在这儿问我的小女儿多大啦。你看她现在这么大。她已经有了女儿啦!"
/他们还是用老办法打谷子。为什么我们解放三十多年了,机器还是进不去?这是问题啦!
/我去看日本农村,到了仙台农业区。那儿是水稻区。他们普遍采用了插秧机。
/我从昆明来,一路上全部都是人工插秧。没有看到一个地方是机器插秧。
/我在湖北沙洋农场劳动的时候,种棉花,种水稻。插秧时,体力劳动很重,腰疼得不得了。一停下来,就站不起来。
/农民讲,如果采用了机器,我们的工分在哪里拿呀?这就是说,现代化是一个很复杂的过程。
/大家都挤在农业里边,拔不出来。这是一个社会科学的问题。
/人类历史上的工业化,西方有个过程,是牺牲农民。工业化时,农民大批破产,人口外流。一批一批被机器挤出来的人口向外流动。

/ 社会学,以前大家都不敢讲,说是一门伪科学。谁说了,谁讲了,谁就要当"右派"。现在我们感到不能不讲了。
/ 看看全世界的情形,60年代有个飞跃发展。他们都在搞电子的东西,我们还在用算盘。这是工具的差距。
/ 知识越来越明显地决定我们的生产,决定我们的命运。没有知识就要吃亏。
/ 我们在50年代初期,到少数民族地区调查,收集了很宝贵的原始资料,在"文革"中烧毁了。听说贵州是一车一车拉出去烧。
/ 我们中间有一段破坏知识的历史,这个伤痕还没有恢复。
/ 你在科学文化上面落后于人家太远了不行,没有抵抗力量。不要以为我们人多就可以了。
/ 我们的文化在历史上是领先的,不能甘心沦落到一个屈辱的地位。
/ 老是靠体力劳动,像云南农村那种打谷子的方法,是建设不出一个现代化的国家的。
/ 要知道,农民在养我们。养了多少辈子呀!他们埋怨,培养这么多知识分子,都不回乡。这句话说得对呀!
/ 农民需要知识了。要知识就要知识分子。你回去,他就好好招待你。
/ 调查知识分子问题,这是我的责任。我认识很多知识分子,一讲可以讲得很深。
/ 现在国计民生需要解决的问题成堆。广大农民需要知识,来解决他们的具体生产问题。一到具体的生产问题,我到处找不到人。
/ 知识分子现在基本上已经成为劳动者的一部分了,是生产力。我们要体现出来。不是说说就算了,不是文件上面有了就算了。

1984年　653

/ 我们的小城镇研究,过去取得了一点的成绩。下一步怎么走法?
/ 盛泽解放初期一万多人,现在还是一万多人。解放后三十年,中国人口数量翻了一番。盛泽这里不翻,必有文章。
/ 在苏州宾馆,碰到招待员。她春节要回家,我就抓住人口问题了。
/ 1981年冬,我四访江村时,提出来要研究小城镇。
/ 研究农村一个社区的政治、经济、文化中心。提出十个字:类别、层次、兴衰、发展、布局。
/ 《小城镇,大问题》送到中央,一直通到党中央总书记那里去了。
/ 从实际出发,反映实际情况,对于处理实际问题是有帮助的。
/ 当时大家是背对背的。那时江苏搞了社队企业,受了很大压力。
/ 我把这个事情讲了,一讲就震动了,来了个"有问题"。一"有问题",大家就传开了。一传开,各种说法都来了。

／耀邦同志讲了三句话：农民致富之道；国营企业的重要补充；国民经济的重要力量。

／不是我们先知先觉，的确是从实际工作中提高我们的认识。

／这个底要戳穿，一点都不要夸张。欺骗人怎么行？我们不是去收集材料，主要还是去问和听。

／作为科学的研究，我们还缺乏精细的观察。这是我的老实话。

／小城镇发展有它特殊的地位。我们还没有上到全国呢，但这个格局看出来了。我们还要更清楚地看。

／人家说：你们这个能代表中国吗？我们不好说能代表，我只能说它是中国的一部分。

／农村的集镇，在层次上是超过农村了，但它不脱离农村。它是农村的中心。

／过去我们没有对工农业、城乡关系深入研究。这一点我自己印象很深。

／农村发展繁荣了，繁荣里面搞工业。工业繁荣了，农业也繁荣，互相促进。工农不是矛盾的。这是很大的事情。

／这是客观存在，不是我们的创造。不要想到书里面去找，或是关上门做文章，这都没有用。

／有很多新的事物，群众创造出来，可以提供解决我国的很多重大问题的渠道、方法、实际的经验。我们要把它的意义讲出来。

／姑娘的发型也变化得很快。变化进到农村了，进到了农村里的细胞。靠什么？靠一家人农工结合。

／婆婆态度的变化，很具体。细致地做调查，对一家人家，同每个人谈话。有十几个人，从不同角度，来讲同一个问题。那很好看。

／假定你真的到小城镇里面去，研究小城镇，要懂得小城镇的人怎么想法。他们的面貌、作风，不同于乡下。"街上人"，这里面包含着的内容复杂得很。

／小城镇，我们还刚刚接触到皮毛。接触到就好，接下去再多看点，看深一点。

／好几个问题，我们还没有钻进去。最大的一个是流通领域。表面文章有了，实际上没有深入。

／我们只是在外面跑来跑去，摸摸教育怎么样啊，等等。真的思想里边的事情，态度的变化等等，可以说没有去掏。

／早一代人同下一代人之间的不同看法，精神面貌状态的变化，三中全会以来整个思想的变化，我都没有碰。

／在天安门前走路的人，看得出来这是乡下来的人。为什么你看得出来，说不出来？这里面有一套内容嘛。

／朴素一点，好文章就出来了。现在框框太多，耍花招。拿数目字来做花样，或搞一个公式。把本来可以说清楚的话故意讲得让人家不容易懂。

/民盟要组织多学科讲座。我讲十讲。我的社会调查,包括民族调查、农村调查、小城镇调查、知识分子调查、家庭调查。

1986年   675

/要搞经济建设,就不能没有知识分子。而民盟是知识分子政党中比较重要的一个。

/民盟要为国家、民族把智力财富采取一定方式保留下来。

/这两年民盟做的几件大事,大多是几位副主席和地方搞的。中心"发动机"不在执行局。执行局是动脑筋的,不是事务性机构。

/有些部门长期没有正式的部长。大家不是不知道,可是似乎都不表示反对。原因很深刻。

/执行局本身也要充实力量,要由一些盟内真正能动脑筋、出主意的同志组成这个"发动机"。

/讲学、办学等面向社会的工作,不是为了赚钱,是为了发挥盟内专家学者在加强我国智力资源上的作用。

/知识分子需要信息,也需要有谈话的地方。由我们办个刊物为知识分子服务。这就是我们办《群言》的目的。

/搞好中小学教育,尤其是落后地区的教育,民盟也要尽力。

/经常要动,身体要动,脑筋也要动,才能延迟老化。我就是"满天飞"。每次出去都看到发生很大变化,因而产生了许多新的看法。

/要引进新人。引了新人进来,太平胡同可能会不太太平。

/民盟要开放。开放了准备要有点乱,否则就进不了新人。太平胡同不能老是这样太平下去。

/太平胡同太"太平无事"!要搞些不太平的事情。不能死水一潭。不能再抱着铁饭碗安于现状了!

/我作为党外人士随同中共中央总书记胡耀邦访问西欧四国。海外朋友对这次访问团的人员构成甚感新奇,看不透其中的奥秘,一时间议论纷纷。

/我是学者,出去后有利于开展学术交流和相互了解。

/胡耀邦是中国共产党的总书记,带了一名党外人士出国,的确是一件新鲜事。

/意义何在呢?我个人的看法是关系到当前改革的问题。

/我们一个国家、民族、党派,在整个世界历史发展中处于怎样的地位?应当起什么样的作用?这个问题,50年代就想过,后来不愿多想了。

/我们当前一个重要的任务,就是使国外能理解、信任我们开放政策的长期性和稳定性。要向语言不同的人传达意思,要做手势。

/这次胡耀邦到英国访问,都没有到马克思墓地献花圈,而是去了大英博物馆,参观马克思埋头学习的地方。这说明一个很大的变化。

/中国的改革是从农村实行责任制开始的，一步一步向更深领域冲击。现在已冲击到政治体制。

/从政治体制上学习外国的长处是需要的。从辛亥革命时期就想学习。

/中国政治体制改革的关键主要在于实现社会主义民主。衡量是否高度的民主，就是要看民主的范围有多大，上下的关系密切到什么程度。

1987年　　687

/改革是不可逆转的，是个历史过程。

/经过"文革"，大家取得了一个很深刻的认识，这就是一定要发展生产力，中国其他问题才能真正解决。

/中国不能再折腾了，否则没有一个人会有好处。

/在代表会议里，有的人对我的讲话不太满意，也有人认为，我这么一说，保护了知识分子。

/我们民盟开代表会议，习仲勋同志四次出面，这是破格的。

/随意讲话，这很危险。我有这个经验。人家拍手时你要小心，人家骂你时你可以放心。

/要从爱护、保护同志出发，不要走五七年的路。不要到最后为了自己存在咬别人一口。

/十年之后，我们这批人不在了，民盟在知识界的地位还得维持下去。

/要造成一个真正的民主气氛。民主就是自己有份，当家做主。

/中国之大、变化之快，仅靠我们少数人是不可能掌握得了的。

/中国的农村过去是怎样发展的、下一步会怎样，这是我一生最关心的问题。可以说，为解答这个问题，我一直搞了五十年了。

/我把江村作为观察中国农村的一个窗口，通过它五十年间的变化，看农村各方面发生了什么改变。

/我想最后应当对这个村子半个世纪的变化勾画出一个历史的总结。也许这是我一生中最后一项工作了。

/我曾经在江苏地区断断续续调查了四个年头，主要是苏南地区的三个市。

/坐火车从南京到上海去，一过镇江，农民的房子都另一个样了。走进村里就可以看到工厂。

/苏南地区乡镇企业发展有两个条件，一个是工业基础，一个是人口增长产生的劳力过剩。

/"草根工业"是农民自己办的工业，不是通过政府拨款或资本家投资，而是农民自己掏净口袋投到工业里。

/中国人民不能忍受自己日益穷困。国家的前途也不允许农民停留在低水平生产上。人口的增长是一个很现实的压力，于是农民自己想出办法来了。

/浙江人出洋谋生也有传统。1938年，我经法国回国，在船上遇到不少回国的侨胞。很多是温州人。
/ 一个地区有自己独特的解决生活问题的办法。不是今天才开始的,而是有历史传统的。
/ 温州有十万大军遍布全国各地。这是一个信息网、一个商品流通网。这个网是温州经济发展的基础。
/ 温州是先有了买主再生产,就是市场在前,为供应市场才生产的商品经济。这个问题在苏南模式里是经过一段时间才学会的。
/ 这种一度被认为"资本主义"的苗子,用行政命令是压不死的。因为这是地区人民的命根子。
/ 农村发展总的道路,必须依靠农民的创造。根据他们自己的地区特点、历史养成的习惯来发展当地资源的办法,可以有不同模式的出现。
/ 谁最熟悉当地情况、历史条件呢?是农民群众自己。他们最知道根据当地的条件创造出最需要的东西来。我们要去支持它、说明它。
/ 我国的政府本来应是最富的政府,它拥有这么多的生产企业,可在事实上我们却是个很穷的政府。主要是许多国营企业赔本。这笔账不好算啊!
/ 农民拼命劳动,发展了工业,创造了财富。这个财富来之不易啊。对此,每一层党政领导心中必须有一个深刻的认识。
/ 从农业里出工业,农民里分出了一部分,成了工人。这是第一步。接着是农民办的工业回过头来促进农业的现代化,使农民变成农业工人。
/ 英国广播公司要我来一个即兴谈话,问:如果你们富起来了,还会有什么问题?我说富起来是好的,可是富起来之后,钱怎么花是个大问题。对不对?
/ 我们的农民知道穷了怎么办,但是富了以后,钱怎么花?却没有经验。
/ 我说怎样花钱是个大问题,因为这牵涉农民意识领域的改造问题。
/ 我们的农民在一个传统的、封闭的、乡土性的社会里生活了三千多年,要他们转到一个开放的、商品化的社会里去生活,是我们这一代必须要做的事情。

1988 年 717

/ 上次代表大会大家所希望的自由发表意见、畅所欲言的民主气氛,现在可以说是做到了。
/ 有人问我,会不会再来个"五七年"?我不能预言,也不能断言就不会有了。可我相信一条,我国人民经过那一次教训,不会愿意再来一次了。
/ 我们的责任,是防止这一类的事情再次出现在中国历史上。
/ 我们要共产主义,要大家公平,都生活得好,于是决定赶紧搞,搞快点,宣布我们搞成社会主义,要进入共产主义。宣布了,但是它不来呀。社会本身的变化同我们的想象差距太大。

/ 过去要推翻三座大山，搞民主革命。可推翻了三座大山之后，中国是个什么社会呢？没有人讲。大家不清楚。

/ 毛主席说：中国人民从此站起来了。站在什么地方呢？不清楚。我们花了很大代价，得到一个教训，要实事求是，从实际出发。

/ 世界产业结构的变化给我们一个机会。这班车我们赶得上，就能成功。否则，我们又会错过去。

/ 如同挤公共汽车。印尼抢着挤，泰国抢着挤。我们扶老携幼往前赶。汽车到了，不知能否上得去。连哪个是前门哪个是后门都不知道。

/ 从美国到日本，从日本到我国台湾，从台湾到香港，从香港到广州，都是一个经济规律。我们要抓住机会。

/ 只有走这条路子，中国才能发展起来。这条路并不容易走，但必须走。这条路子叫改革、开放。

/ 像西天取经一样，有许多难关，各种妖精都会出来。我们这一代人责任很大。下一代人也得负担。

/ 对各种不同意见该采取什么办法呢？大家可以拿出来切磋。这就是协商。

/ 明白民盟在整个中国政治格局里面是一个什么东西。它应该是什么？政党应该是怎么样的？这是政治科学。不要高兴怎样说就怎样说。

/ 真正的政治是为人民服务的政治。去认识实际，想办法去改变实际，改得更好。为人而不是为己。

/ 凡是做工作的，我鼓励；空谈的，我反对。最好的标准，是你的工作真的对国家、对人民有益处。

/ 你给我扣帽子，我不能戴。我不是资本主义。我是为群众服务的。大家富了嘛。钱到百姓手上了嘛。

/ 以前是向钱伸手，争着戴贫困帽子。一说我是贫困县，大家拍手啊。有钱给嘛。我听了比较痛心。不是好事啊！大家都这样，最后怎么样？民族灭亡！

/ 讨厌做生意。一看见做生意，就认为无商不奸，刮我的肉、赚我的钱。哪里光是赚你的钱？这是流通，是对大家都好的事情嘛。

1991年　　745

/ 发展过程中，必然有先有后。有的先发展了，有的发展慢一点。我们社会主义的主要目的就是共同富裕。

/ 这几年，我一直在各个地方跑。江苏的地位领先了。福建侨乡的速度比我们江苏更快。到上海去看，觉得信心很足。

/ 农民首先要吃饱，然后就是穿衣，下一步就是解决住房的问题。从土房到瓦房，从瓦房到楼房，从楼房到别墅。

/ 从发展快的地方找经验，帮助慢的地方走得快一点，这是个办法。

/农民有钱了,怎么把这些钱拿来再生产,这是一个很复杂的问题。

/这个办法不要怕小。养鸡养鸭,打苇箔,都可以。虽然很原始,几千年了,可是有效。你们的力量就在这儿,就是劳动力。

/要不拘一格。不一定要大,要洋。要用土办法。能抓多少是多少,逐步在这个基础上改进。劳动力值钱了,就变成生产力了。

/焦裕禄也没学什么社会学。他从农民种植中总结出经验,泡桐不影响麦子生长,就实行间作。泡桐长得快,市场大。日本人喜欢泡桐。他们找到了一条出路。还是老办法,解决问题了。

/我在考虑劳动力怎么办。扩大种植面积,开荒要给点政策。向中央建议,给开荒一个自由市场,以扶贫的名义逐步开荒。做到做不到不敢说,我去努力。

/你们是农业基地,要抓住大城市这个市场,供应大城市副食品。

/乡镇企业是怎么出来的?不是几个人想出来的。是到了一个时候,群众要求了。赔本的事情千万不能做。农民怎么赔得起呀!

/怎么能把群众手里的钱集中起来,发展生产,这是一个大问题。这个问题解决了,乡镇企业就发展起来了。

1999 年   753

/特别是这两年以来,我的确觉得自己的知识越来越不够了。这个局面变得太快,自己保不住能跟上了。想这想那,感到首先要补课。

/利用还有几年不死的时间,再多跑跑、看看,就是我说的"行行重行行"。还是要继续做下去。

/跑这么多地方,目的呢?我是持续关注小城镇。小城镇是我们二十年前讲的东西。不是什么本领大、看得远。谈不到。

/自己就是跟着走,跟着事情的发展,看它怎么变的。先是事实的变化,再有我们的认识,慢慢清楚起来。

/现在认识越来越深了——新的工业化的过程在里边创造。是不是?

/我的方法是,从实求知。从实际出发,求得知识。知识有了,逐步逐步想出道理,想着怎么提出一套理论的东西出来。

/事实不是哪个人创造的,是历史发展的结果。中国能出来这个,很不容易啊!几千年的农耕历史文化,要进入这个新的时代。

/现在世纪的转变里边,要逼到哪儿去?没有人敢说。克林顿也说不出。英国工党的头儿也说不出。都在摸索。

/这个大变局里边都有些什么?很难说。我这个老头儿,不能说再过几年就闭眼了,就不管了。轮不到我了。不能这么想。人还要活下去,我们的子孙、我们的乡亲,还要活下去。

/我们现在处在一个什么地位,要定下来。提醒一下,不要盲动,避免

- 盲动。
- 在一个变动局面之下,要伺机而动,不要错失良机。这里面有机会。
- 我们做事情的人,不管大的小的、高的低的,哪一层干部都要有这个意识。不盲动,而要抓住机遇。
- "二战"以后,还没有人提出来"经济的秩序"问题。从经济的秩序到道义的秩序,都没有定出来。什么叫坏?什么叫好?应当怎么样?大家都不知道。
- 最近我提出一个问题:重新认识香港的地位。香港在世界经济中的地位要重新认识,这决定我们考虑怎么用香港。
- 北京大学一百周年的时候,北大出版社为我出了一本书,叫《从实求知录》。起初就叫《求知录》,后来我说再加两个字。
- 不在人聪明不聪明,不在人本领大不大,只在于能不能反映实际。
- 我在讲"什么是社会学",讲人类学,讲人文学科,最根本的就是要摸清实际情况,去认识它。
- 因为你超前,在前面跑,后面的人要拉着你嘛。这一点也是必然的,逃不了的。同时也是求之不得。求得之后呢,又觉得很重。知道自己重,担子不轻啊。这就是历史。
- 处在一个变化很大的时期,要不断跟上。"跟上"的意思,是保旧创新,不是重开炉灶。不是样样创新,不是丢掉过去。我是主张"逐步前进主义"的,不赞成大的革命。对中国,这一条很重要。我为此当了"右派"。
- 在全国格局上,上海同香港怎么分工,将来是个问题。我们中国将来的经济中心落在哪里,香港还是上海?我还没有力量考虑这个问题。看来要下一代来做了。

后　记　张冠生　　　771
鸣　谢　　774
跋　与中国最大多数的人相联系　王韧　　　775

文化要靠传的

费孝通

我的东西通过记录之后,将来还可以影响别人。

文化要靠传的。

希望有人把我的东西弄出来,传下去。

1993 年

1993年6月4日至19日　横贯山东的一次调查

计划路线：北京→烟台→威海→济南→泰安→肥城→济宁→菏泽→德州→北京。

6月4日，从北京出发，坐公务车。

出发前，费老说：

我们这次去山东，我心里有几个题目。

第一个，实地了解山东的东部、中部、西部经济和社会发展上的不平衡，找找缩小差距、协调发展的办法。

再一个，跳出山东看问题，从山东的发展现状和趋势看它到本世纪末下世纪初在整个国家发展上的地位和作用。

我们到烟台的时候，那里会举办一个全国乡镇企业经营与发展研讨班。我要在会上做个报告，讲讲乡镇企业。我们一路上要了解乡镇企业的现状和未来需要研究的课题。

到菏泽的时候，还有个会议，在这个会上了解、研究中原经济协作区的问题，看看发展中部地区的办法，打通东西经济大走廊。

还有一个问题，是"富了以后怎么办"。

这是个"富而后教"的问题，属于全球化时代的文化和心理秩序问题。

6月5日上午，火车途中。

费老在公务车小餐室（兼会议室）谈话。丁（元竹）老师在场。

费老说：乡镇企业才十年，国营企业四十年了。论人力、实力，乡镇企业都不如国营企业。但国营企业岁数大了，有包袱，很重。乡镇企业年轻，没有包袱，在很短时间里边发展很快。现在是全国总产值的半壁江山，大大促进了中国生产力发展。

丁老师插话。向费老汇报自己对乡镇企业在20世纪90年代发展过程中遭遇问题的看法。大概会有三个方面的问题：一是税收优惠政策逐渐丧失；二是退休工人养老；三是外地职工婚姻、住房、子女入学就业。

费老说：这个包袱，乡镇企业不背，就要别人来背。谁来背呢？羊毛出在羊身上。国家的钱也是收上来的。关键是这笔账怎么来算。乡镇企业在90年代乃至更长时间里将会碰到的问题怎么解决，是很值得研究的问题。你们好好讨论，我要听啊。

话题转到中原经济协作区准备召开的协调会。费老说：黄河北边是中原经济技术协作区，南边是淮海经济技术协作区。这两个区连片发展，是我国经济上中部地区起飞的一个突破口。从这里连接东部和西部，就会形成一条大的经济走廊。经济协作，实质是什么？协作各方都得些什么益处？靠了哪些做法？有什么困难、什么要求？我们可以帮助做些什么事？这次要具体了解一下，做点准备。9月份，商丘要开淮海经济区协作会，我们要去的。有些地方，你们先去了解，吃透情况，有个东西给我看。你们先开题、破题，我来确定。

费老加重了语气说：这两年主要跑中部地区。

6月6日上午，烟台东山宾馆6号楼电影厅。

中共烟台市委副书记任海深向费老汇报烟台经济与社会发展情况。有文字材料留存。

费老听取汇报过程中留意询问的问题如下：

目前城市人口总数；

县城与乡镇人口数；

全市国土总面积的山地面积比例；

乡镇企业产值在工业总产值中的比例；

农民年人均收入数字；

农村治安工作中的农民负担问题；

海水养殖规划与开发情况；

青少年犯罪情况；

农村十星级文明户评比、推广情况；

富裕以后的精神文明问题。

调研途中，每个地方总会安排情况汇报会，准备好提供给调研组的文字材料。地方党政领导多会照本宣科读一遍。费老总是会在宣读过程中就着某些问题发问，把单方面的宣读变成双方的问答和交流讨论。

听过任海深副书记的汇报后，费老即席讲话说：

听了情况介绍，很受启发。烟台、威海是我国东部地区发展速度最快的地方之一。这次来烟台，主要是到一个乡镇企业研讨班上做个发言，顺便了解烟台的总体情况和问题。想多看看的地方主要是山东西部。我这几年给自己定了一个原则，什么地方穷，就多去什么地方看。富了的地方就不去了。去穷地方看，是想看看能帮上什么忙。这些年，我国珠江三角洲、长江三角洲发展很快，黄河三角洲没有跟上。现在逐渐重视这块地方了。山东我到过沂蒙山区、东营、滨州、惠民、无棣等地方，去看怎样扶贫。这是去年的事情。淄博、潍坊我也去过。这次要去肥城、菏泽看看。

经济发展程度有差别，就造成人的流动。过去是山东人往外走，闯关东的很多是山东人。现在人家到山东来了。我在苏南也看到了这个问题。全省有五百万外地工。缫丝的水很烫，当地小姑娘不愿干，要由外地人来干。不平衡造成了不平等，会有矛盾，会出现社会问题。要研究办法，采取正确的方针。既要保护外来民工，又要防止盲目流动。这是发展中的新问题。

差距越来越大，这个问题也会越来越大。你们本省也有人口流动问题。怎么管理，要有个办法。要发展经济，你需要劳动力。人家要是不来，你这里工资马上就得涨。我们现在同国外竞争，优势主要在劳动力上。现在有的地方实行"绿卡"，对外来人员的表现考察几年，好的就让你留下来。不是不许你来，而是要符合条件。有人管，管得好，你家里人也高兴。不是纯粹"放羊"了。

富裕以后怎么办？这是又一个问题。农民有了钱怎么花，这是个大事。他可以用来发展生产，扩大规模，也可能乱花一通。现在嫁女儿、娶媳妇都得花不少钱，这是个脸面问题。面子是中国人的大事。怎么花这个钱，在农民素质偏低的情况下，不能指望他自己找好正确的出路，要加以引导。文化怎么提高？精神文明程度怎么提高？小康之后的问题已经面临了。上个月我在佛山看了几个文明村，真正的力量不是发命令，而是发动群众起来，引导他们朝好的方向走。

怎么做人是个大问题。怎样和别人打交道，与人相处？

这些年，不大讲这些了。小孩子们在这方面受的教育不够。这是下个世纪初要接班的一代。下个世纪需要什么样的人才？要认真研究。

山东机遇很好，潜力很大。鲁西怎么发展，是山东一个课题。那里有个中原经济协作区，很有意思。中国地域之大，发展之快，常使我觉得跑不过来，跟不上。各地都在想办法，找出路，都有自己的创造。我希望有机会多跑跑，多看看，多多学习。

6月6日下午，烟台张裕葡萄酒酿酒公司，烟台市服装鞋帽工业公司。

在张裕公司，费老问葡萄的产地在哪儿；农民种着难不难；种子谁提供；技术问题谁解决；种植成本有多高；最终落在农民收入话题上。

参观结束前，应主人的要求，费老题了词"闻香千里，沁人心田"。千里之外，费老想的还是农民因种植葡萄而增加收入的事情。

走进鞋帽公司，接待费老的是公司总经理刘淑华。费老详细询问该公司与韩国合资经营、搞"三来一补"生产的情况。听说当地工人的工资水平是韩国同工种工资的十分之一，费老又谈起我国的劳动力优势，同时也乐观地表示，随着生产力的发展，我们的劳动力价格也会逐步提高。

6月8日早饭后出发去威海，一个多小时就到了。10点半，费老已坐在威海东山宾馆会议室里听取市领导的汇报。下午访问环球渔具公司、医用高分子制品总厂，又看了威海高新技术开发区。在医用高分子制品总厂，费老题词"救死扶伤，惠及万民"。

6月9日上午，威海东山宾馆3号楼二楼报告厅。

费老为全市正局级以上干部做报告，讲当前国际国内形势和威海发展机遇与思路。其中一个重点是"两个市场"，即国内市场和国际市场。我们需要开发国际市场，发展外向型经济，但是不能忘记国内市场。国际风云的变化，不是我们能预料的，更不是我们能左右的。我们好好把国内市场发展起来，一旦国际上有动荡，我们就有比较大的回旋余地，就有比较强的应变能力。

下午，费老由威海返回烟台。

6月10日上午，费老为"全国乡镇企业经营与发展研讨班"做报告，讲我国乡镇企业的发展历程、阶段及不同模式，提醒大家记住一句话——中国农民创造了中国的市场经济。

下午与部分乡镇企业家座谈。说到人才外流，费老说：孔雀东南飞的合理之处，就是人尽其才。下一步的问题是，东南沿海要向内地扩散，东部西部要合作。现在中部地区农民增加收入，主要还是靠农副业，种植，养殖，一个好办法叫"一村一品"，集中搞一种产品，提高品质，增加收入。搞得好，靠"一村一品"，农民人均收入达到两千块钱是可以的，再上去，就要靠加工业了，就要往工业上走了。东部地区向中西部扩散，是中西部地区发展加工业的机会。到了搞加工业的时候，要求就高了，离不开科技了。我们国家的科技工作怎么和乡镇企业的发展结合，是个大课题。知识分子的知识能为农民增加收入服务，能为国家发展服务。知识分子要首先有这个意识。我没有搞加工业的科技知识，也有可以服务的地方，用我的知识研究科技同乡镇企业结合的过程，分析一下，也很有意思，也有用处。科技成果很多，乡镇企业也不是一条路子，结合起来，各显神通。

6月11日，由烟台往济南。下午17时抵达。住南郊宾馆。

6月12日，游大明湖。费老题词：大明湖畔千条柳，历下亭前一片荷。

6月12日下午，费老在住处（南郊宾馆2号楼）会见民盟山东省委领导，同吴富恒、孔令仁聊天。费老说：中国的民族与西方的民族有什么不同，现在还说不清楚。我从年轻时候就研究民族问题，专门跑到了广西山里。那算是开头，后来断了。这辈子要写的"两篇文章"里，民族算是一篇，还得接着写。做民盟的事情，文章也就带过来了。现在教育改革的问题恐怕要提出来了。我们不能不问了，民盟不能不问了。经济体制改变了，现在是市场经济了，教育制度还是计划经济时代留下的，不符合要求了。民盟有责任，要提出"教育向何处去"的问题。现在不能不说了。现在流行流行文化（pop culture），统治我们思想的是电视机。青少年不讲修身是不行的。日本经济发展也靠了儒家文化的。所以我提出要"新孔子"，孔子还得出来。要讲基本道德。发展经济，还是要讲文化。我到甘肃去，看到很穷的农民保留着很老的书籍。对这一点，顾颉刚都惊奇。我在江苏太仓看到农民家里有酒吧，但楼上楼下没有一本书。我在人大常委会负责联系教科文卫，打算搞调查，全国人大派代表团到省里边，会同各级人大代表，写出材料送中央，把事情摆出来，看看教育现在是什么样子。再这样下去不行了，就要吃大亏了。后代怎么办呀？民盟今年的工作重点是区域发展和教育问题。我的题目是东西部结合，协调发展。协调既包括东西部协调，也包括经济、文化、社会协调。教育是其中一个很重要的问题。

这天早晨，费老在住室书房书桌上放的题词册上题诗：

为政原不在多言，但求实惠落民间。
齐鲁自古圣贤地，改革开放亦争先。
一九九三年六月十二日晨
留言南郊宾馆，时年八十有三

6月13日上午，由济南赴泰安。住御座宾馆。

10时，费老在泰安市委礼堂做报告。要点有：全球经济一体化；20世纪是世界性的战国世纪；齐鲁文化在华夏文化中有重要地位；中华民族多元一体的融合过程；乡镇企业的兴起、发展及不同模式；尊重群众的首创精神；市场经济是中国农民的创造；抓住机遇发展自己。费老说：像我这样，八十多岁了，整年在全国各地跑，累得要命。有时也想，这是干什么呀？在家里边，读读书，写写字，养养老，不是挺好的吗？陶渊明设想的桃花源那样的生活方式，并不是不好。那也是很美的。只是时代变了，桃花源没有了。社会的发展，到今天这个样子，是不以人的意志为转移的。我们要跟上社会的变化，要学以致用，要用学到的知识为人民服务，所以我才不停地这样到处跑，到处学习。

下午参加座谈会。费老对泰安乡镇企业局长孙继业说的泰安乡镇企业学院大感兴趣。该学院系地方自办，专为农村培养实用人才，虽然没有国家承认的高等教育学历，但地方承认，俗称"地方粮票"。费老说：群众聪明得很，想得出办法。"地方粮票"好，这个办法培养的人才是"永久"牌的。"全国粮票"的就要跑了，那是"飞鸽"牌的。农村、农民欢迎"永久"牌的。

费老对"地方粮票"及社会功能表示了极大热情，当时就要求搞足详细材料，并说：写出材料来，详细一些。我给你们转上去，让人来看。你们教给了我很多东西，我得到的收获多于我给予你们的。你们学院很好，走出了一条新路。

会后，费老前往该院参观，并与师生合影。

从学院出来，即由泰安赴肥城。住泰西宾馆。

6月14日上午，肥城领导汇报情况。费老做即席讲话说：

山东我这几年跑了不少地方，从东部到西部，大体上已经跑了一圈。总的印象是，山东资源丰富，起点也高，所以在全国的发展中比较快。但比江苏、广东差一点。广东接受外资早，江苏乡镇企业起步早。山东的沿海比中西部发展快，正在往前赶，速度快，势头也好。

80年代初期，山东排在江苏、广东、浙江后面。到了90年代，开始走向各省前列。江苏有苏北，是很大的包袱。江苏的资源不如山东。小平同志南方讲话之后，中国的对外开放在沿海全面展开，各地都采取特殊政策。广东等地的特区优势开始丧失。现在大家寄希望于山东。山东发展势头好，可是省内的差距还是相当大。

现在全国的经济发展出现了一个问题，就是地区的发展不平衡。发达省份内部也有这个问题。东部沿海地区有的地方发展速度在30%以上，内陆省份却相对缓慢。这个问题要注意，要放到世界经济背景上看。亚行的报告说，欧洲各国经济都缺乏动力。日本目前正受经济减速的困扰。英国和澳大利亚经济状况 1993 年会有好转，但增长率可能低于 2%。美国国内需求回升乏力。苏联解体后经济更是缺乏活力。唯有亚洲的经济形势看好。有人说：世界经济希望在亚洲，中国这颗星最亮。1993 年世界经济增长率为 1.5%，中国自从 1982 年以来一直保持在 12%。到 21 世纪，中国可能发展成一个不能小看的经济大国。

可是我们的大部分地区还不行，一平均就拉下来啦。所以，要重视这个不平衡的问题。我从 80 年代初期开始研究乡镇企业，看着它壮大起来。东西部的不平衡，说穿了就是乡镇企业发展得不平衡。我们要发展，需要一个稳定的环境。地区间的协调发展是保持社会稳定的重要条件之一。

发展的条件怎么来？一开始人们一谈发展就向国家伸手要钱。现在向国家要钱、要项目的少了，更多的人明白要自己想办法解决问题了。从市场上找条件。肥城盛产牛肉，皮革的加工需要技术。一旦技术过关，就能提高附加值了。利用外资是个好路子。中国有三千多万华侨，相当一部分人有自己的企业。叶落归根，是中国人的特点。他们愿意回来办企业。现在的外资，大部分都是侨资。你们肥城也要注意吸引华侨来，一方面投资，另一方面利用他们的技术和国际市场的联系。

我们的改造基点应该是富民。一切改造都应该建立在这个基础上。要富民，就要发展大规模的农村副业。你们邻省的河南民权，靠编织组织了一大批农民投入副业。这种编织副业分散在千家万户，我称它是"没有围墙的工厂"，不仅增加了收入，也充分利用了农村的剩余劳动力。

中国人的脑筋不笨，但教育程度不行，知识和技术培训不够。昨天我在泰安参观了乡镇企业学院，很兴奋。办乡镇企业学院是一件大事。抓住企业人才的培养，很有眼光。

肥城处于山东的中部，是东部发达地区和西部欠发达地区的过渡地带。你们的责任是接受利用东部的技术和管理经验，向西部推广和扩散，当好经济发展的二传手。这样，既利于发展自己，又可以推动西部发展，为国家做贡献。

下午参观企业，访问农户。

6月15日上午，由肥城至济宁。住运城宾馆。10点半，听济宁领导汇报情况。费老说：

济宁历史悠久，物产丰富，引人入胜。我这次的题目主要是中部地区的发展问题。前几年我去西部多次，在青海、宁夏、内蒙古调查。对沿海珠江三角洲、长江三角洲也比较熟悉。现在想用一两年时间研究中部。苏北和鲁西应该能发展得快一些，因为它靠近发达地区。我希望多抓农民的收入，多抓乡镇企业。

济宁的历史文化遗产资源很好，应该充分利用。发展先秦文化旅游，历史主题旅游，有教育意义，有文化价值，等于讲一遍上古史，学一遍先秦历史、文化史。要走到世界上去，让人家来看。历史、文化史可以赚大钱的。旅游要升级，不能庸俗化，现在不少人还没有看到这一点。你搞历史文化旅游，我支持你！我来参加！

6月15日下午，民盟济宁市委领导来看费老。费老说：

经济发展，要求发展教育。一个社会，要经济、教育、科技、学术共同发展。民盟要发挥作用，提出建设性意见，积极参与经济和文化建设。

会见后由济宁至菏泽。住曹州宾馆。

6月16日上午，在驻地三楼会议室开座谈会。费老听菏泽地委书记林廷生汇报情况后，即席讲话，说庭院经济，建议学习民权。先生说：

菏泽是冀鲁豫皖边区，是革命老区。这一带是古代中华文明的发祥地，称天下之中，也是历代兵家必争的要冲。这里也是黄河决口泛滥的重灾区。秦汉以来，就受战争、瘟疫、地震、蝗虫、旱涝等天灾人祸的折磨，经济发展受到阻碍。近代以来，这一带是农业地区，光靠农耕，缺乏工业，资源没有开发，落后了。现在有了比较好的大环境，有了机遇，要抓住。要看到光明，鼓起勇气，看看外边的，学学先进的，赶上去。要为发展想办法，出点子，找路子，抢时间。过几年有了京九铁路，南北就能打通了，东西已经全通了，是主干线，这为菏泽的发展铺了路。接下来，还要搞高速公路。地方上也要跟上来，要县县、镇镇、村村都修好公路，接通干线。俗话说：要致富，先修路，这话是有道理的。京九铁路一通，菏泽就处在一个交通十字路口，南北走京九，东西有新石铁路。有这个条件，就能以菏泽为中心，搞一个中原经济协作区。有中心，有腹地，就可能发展出来一个大城市。工业要有计划地上。确定目标，设计结构，安排步骤。首先鼓励乡镇联合，搞农、畜牧、林产品加工业。先小型、中型，再发展规模型产业。农业方面，机械化、电气化、水利化是必由之路，但搞什么体制，要研究、试验。高科技下乡要提倡，要欢迎。农、林、牧、副都需要科技，利用高科技发展农产品的种植和深加工。引导农民走知识化、科技化的路子。

下午访问陈集镇国华贸易公司和该镇中沙海村农户马希振一家。

6月17日上午，座谈会。

费老听菏泽地区经济协作办公室副主任姚源波汇报中原经济协调会情况。对话如下：

姚：我们中原经济协作区的第八次协调会已经开过了，放在今年4月份的菏泽国际牡丹花会期间开的。

费：没有信息给我们。我要知道就来了。下一次在哪儿开？

姚：河南濮阳。

费：我要去参加。我是在邯郸知道有这个协调会，觉得很好。借助协作区促进中部地区经济发展，跨省的协调会把被行政区划分开的经济联系接通，是个新事物。我想转一圈看看这个协作区，这是这次到菏泽来的一个原因。另一个原因，是研究山东省东西部的平衡发展问题。协作区对促进平衡发展有益。现在应该把这个自发产生的、已经存在并发挥作用的事物了解清楚。我是主张扶持这样的协作方式的，它能起到打通的作用。这个事干起来了，打通了，中原就起来了。大陆桥一通，东西部协调发展就有了更好的条件。开放是全面的，对外、对内都开放。新生事物出来，大家不了解。我想了解一下，还要到河南去看看。作为一个人民代表，也有责任了解。

下午，由菏泽至德州。住德州宾馆。

6月18日上午9点，德州地委书记向费老汇报情况。"五套班子"皆有人陪坐。费老听后即席讲话，强调"在工业和农业之间找出路"。

下午访问企业、二屯农民合作基金会、郊区杨庄农户杨福禄一家。

费老细致询问人口、收入、就业、上学、婚姻、生育等情况，察看住房、菜园、灶台。亲切询问之间，不时幽上一默，引来满院满屋阵阵欢笑。

20点，德州宾馆费老住室（2202房间），费老与全程陪同的山东省人大常委会副主任苗枫林做别前谈话。费老说：

这次访问，从山东的发达地区到欠发达地区看了一遍，很有收获。对于思考的问题有了点数。山东当前的经济发展，在邓小平南方谈话到21世纪这段时间里，在全国的地位日益重要。东南亚这一块在国际上比较活跃、稳定，发展很快。我们同韩国建交后，韩国的利益促使它对华投资。山东应该很好地利用这个机遇，借助韩国的力量，加快发展。中国中部的发展，山东能起很大作用。作为过渡地带，促进由东至西的扩散。要大力推动山东的发展。关于我向中央提出给威海、烟台更优惠的政策（类似浦东）一事，我或是在协商会上讲，或者写文章，争取促成。

在中部发展问题上，中原经济协作区很重要。这个走廊日益重要，需要打通。机构怎么设置是另一回事，但这个事情要做，要加强领导，予以支持，以利加快打通，取长补短。另一个是淮海经济协作区，也要支持、扶持。

教育问题，泰安乡镇企业学院这类教育要加强。山东可以总结经验，搞出一个系统来。要把职业教育、高等教育、人才培养具体化。提出教育改革的总体思路问题，是我回北京的一个任务。要搞教育法。先准备一套比较系统的材料，了解各地情况。教育不是办学校，教育是培养人才。河北职业教育有成绩，山东有地方办大学的经验。高等教育不能由中央包办，各省要参与进来。

关于传统文化的发掘、整理、开发问题。全球性的经济系统已经出来了，全球性的伦理体系还没有出来。人与人、民族与民族、国家与国家怎么相处还是个问题，这将是21世纪的一个关键问题。我想，在这方面，诸子百家里边有大文章。他们用了一百多年来讨论这个问题。北大金岳霖、冯友兰、张岱年，山东大学匡亚明等都曾用心研究这个问题，台湾牟宗三等人也有专门研究。在21世纪的新的世界中，中华民族要有发言权。诺贝尔奖获得者开会讨论21世纪的世界秩序问题，提出要到孔子那里找答案。外国人以宗教为中心，我们是以伦理为中心，比他们高一步。所以梁漱溟说中国文化早熟。

我们可以做些准备、开发，不妨厉害一些，就叫"21世纪伦理秩序"。最近我要到韩国去一趟，然后去印度，印度出了一个题目让我去讲，"什么样的社会才是好的社会"。中国人对这样的题目应该是有发言权的。我们应该兴起一次讨论，再来一次稷下学术兴盛。

经济区域发展上的不平衡现象已经出现了。划区域的目的，是为了促进发展。一个区域里会有中心，要从发展现状与趋势上来看。我在江苏把南通划入苏南，就因为它发展快，所以让它和苏、锡、常在一块。促进山东发展，要有区域观点。过去的黄河三角洲概念太小，不利于发展。可以设想把淄博、潍坊划入黄河三角洲，发挥中心城市的作用。

谈到一生的研究，费老说：中间丢了二十年，七十岁才又开始。

6月19日上午,参观苏禄国东王墓。下午由德州返京。

途中列车上,费老谈这次访问山东的想法说:准备自己写篇东西,全面讲讲对山东的印象、想法、意见,分成上、中、下三篇。内容大概有几个方面。

经济布局、地区差别、各有特点的不同区域。

过去的黄河三角洲,只是黄河口的概念。

三角洲应该更大些,让淄博、潍坊进去,扩大区域面积。

泰安是过渡地带。

从经济区域来考虑山东的发展形势,有几个区域,几个中心(工商为主)。

以中心带动腹地。这个题目可以作为区域委员会的题目,研究一下。

山东的特点,是文化资源丰富。中国文化发祥地之一。文化融合的第一个成果。

回顾历史。甲午战争。老区。人口众多。

历史上人口扩散的一个基地。交通便利。资源丰富(地上、地下、浅海、深海)。

区位特点:对外大门。沿海进入中部地区,首先要发展这一块地方。

从发展来说,起步稍晚,机遇大好。后劲足,发展快。

7月7日至15日　在北戴河起草文章

1993年6月,费老结束为期半月的山东调查,回到北京,接到了全国人大常委会外事局二处转交的一封信。发信人是印度已故总理拉·甘地遗孀索尼娅·甘地,邀请费老出席将于1993年11月在印度新德里召开的第四届英迪拉·甘地国际会议。

英迪拉·甘地国际会议创始于1987年,每两年举办一届。当年会议主题是新的开始(Towards New Beginnings);1989年会议主题是地球公民的产生（The Making of an Earth Citizen）；1991年会议主题是21世纪的挑战（The Challenges of the Twenty-first Century）；1993年会议主题是重新定义良好的社会（Redefining the Good Society）。每一届会议，都聚集了国际上有代表性的思想者，议论天下事，为人类共同发展贡献思想。

7月7日，随费老到北戴河。早饭后开汽车从四号院费老家出发，中午到达住处。院子名叫"六幢楼"。入住一号楼。安定下来后，我去费老房间，把出发前买的《孔子思想与当代社会》一书送给先生。

先生翻看该书目录后，说："你今天先看最后一章，我们明天谈文章。"

7月8日上午8点，在二楼客厅，费老说：

你看看这个邀请函。出席这个会议的人，很多都是世界知名学者，规格很高，是国际学术交流的好机会。我准备接受邀请，去会上做一个发言。会议的主题，我把它翻译成"重释美好社会"。我们要准备一篇文章。

从世界范围看，大家都希望生活在一个美好社会里边。但是现在的社会还说不上美好，还有很多人在饥寒线上下挣扎，还有冲突和战争。这样，就把美好社会的愿望寄托在未来。在人们的盼望里边，未来该是一种怎么样的秩序？怎样达到和实现？很多人在讨论。我们中国人还没有在世界上发言。

从我们中国的历史看，两千五百年前的春秋战国时代，就有人热烈地讨论人与人怎么相处才好。讨论很热闹，到了百家争鸣的程度。从现状看，我们的经济发展很快，引人注目。新儒家也有一些讨论成果。所以说，中国人有资格对这样的问题说话。中国人要对21世纪世界秩序发表看法。

乡镇企业和农村经济发展，我已经搞了十年，有了点成果，算是一个段落,再下去就难了。整个中国经济进入到世界经济里边去了。跨国集团啦,贸易啦,金融啦,房地产啦,股票啦,等等,不熟悉了,不怎么懂啊。要去研究,就吃力了。

世界经济的一体化,提出了很多问题,大问题。其中有一个需要在意识形态上沟通、理解、协同努力的问题。经济上休戚相关、兴衰与共了,文化上还是各美其美。也就是说,生态方面已经进入共同网络,心态方面还是没有形成共识,两者不协调,这是当今社会的一个大问题。

讨论起来,别人从经济上、哲学上、伦理上讲这个问题,我可以从我的优势讲这个问题,从人类学里边打出去。假如能够讲得好,一炮打响,从印度回来后,文章还要在《读书》上发表。国内文化人都看这本杂志的。如果能够产生影响,就会有助于形成一股风气,让大家知道有一个什么样的问题需要注意。

学者里边,我的上一代人都很厉害,又有才,又有学。国学、西学都很熟悉。视野也很开阔,有见解。到我这一代,才还有点,学就不行了。

你先根据我讲的,研究一下,有些地方帮我考虑一下怎么表达。拉出一个初稿,我们好讨论。看看有哪些问题没有讲清楚,还需要补充什么内容。我们争取讲得好一些。拉初稿的时候,不要局限于我讲的这些,可以自己动脑筋,有所发挥。

下午依费老嘱咐读书。《孔子思想与当代社会》最后一章是《孔子的教育思想与当代社会教育》。仔细读完这章的文字后,读费老的三篇文章,分别是《人的研究在中国》《孔林片思》和《从小培养21世纪的人》。

《人的研究在中国》是费老在1990年写的。那年7月,费老去日本东京出席"东亚社会研究"讨论会。那年费老八十岁,这个会有为他祝寿的意思。所以费老在会上的演讲方式很特别,首日做发言,闭幕又做答词。发言和答词合到一起,就成了《人的研究在中国》。

费老的晚年著述中,这篇文章有特殊意义。写在文章末尾的"各美其美,美人之美,美美与共,天下大同",是费老第一次完整、正式地在国际学界提了出来。那是中国学者对人类前沿问题思考深度、研究成果的一个标杆。1949年以后,在社会和人文学科领域的国际论坛上,由中国学者标举的类似思想制高点极少出现。

《孔林片思》写于1992年6月,费老到山东沂蒙山区考察时,附带去了曲阜的孔庙、孔府和孔林。顺道还去了邹平,为梁漱溟先生扫墓。梁先生有"最后一个儒家"之誉,是费老的前辈,他由衷敬佩。走在孔庙里,费老思绪飘飞,很有点"前不见古人,后不见来者"的感怀。尤其是他关于"培养新时代的孔子""世界性的战国时代"等话题,很有提神醒世的思想震撼力。

《从小培养21世纪的人》,是这三篇文章里最早的一篇,写于1989年夏,是费老为"21世纪婴幼儿教育与发展国际会议"写的演讲词。其中已经谈到"20世纪有点像世界范围的战国时期"这一话题。

说到世界的巨变,费老的一段回忆很是动人——"70年前我心目中外婆家是那么遥远。在运河上坐一条手摇的小木船,一早上船,船上用餐,到外婆家已近黄昏,足足是一天。从地图上看只有15公里的距离。现在通了公路,中间不阻塞,十多分钟就可以到达。距离的概念已经用时间来计算了"。

这几篇文章,时常读到出神,甚至是坐忘状态。天地间只有思想的声音,别的什么都不见了,没有了。学术和思想能如此美好,如此沁人心脾,平时极少有机会体会。

回头看费老,阳台上,一尊佛。

费老端坐丁藤椅,手里拿着头天(7月7日)的《人民日报》,目光落在第二版上部,一行大大的黑体字赫然入目——《中国仍属于低收入发展中国家》。

阅遍世界风云的目光,停在最后一段文字——

"第六，地区之间、城乡之间发展还不平衡。

"中国地域辽阔，资源分布不均，地区之间、城乡之间经济发展不平衡现象还比较突出。1991年人均国内生产总值最高的上海市为6675元，而最低的贵州省仅为890元，前者是后者的7.5倍。1990年居民消费水平上海为1908元，而贵州仅为445元，前者是后者的4.3倍。目前我国1903个县中还有520多个贫困县需要国家财政扶持。"

地区之间、城乡之间的不平衡，正是费老已持续关注多年的问题。

傍晚，陪费老在院中甬道散步。边走边请教问题。

费老说：文章要谈出三个层次的秩序。生态秩序，由人与资源、人与土地的关系构成；社会秩序，由人与财富、人与分配的关系构成；心态秩序，由人与人的关系构成。

7月9日，黎明即起，开始起草初稿。

费老见状，走过来说："你不要拼命，慢慢来。"

当日全天时间分为三段，上午、下午、晚间，吃饭和休息外，持续起草工作。晚间写至次日凌晨2时。

今天为赶文章起草任务，没有陪费老散步。

7月10日天亮后起床，续写。上午11时，完成初稿。

费老粗看一遍，嘱咐道："要把心态秩序解说得比较详细，说清楚。"又说："我们这样写可以吧，还没有人这么讲过。"

这次出发前，曾在家中找了几本或有参考价值的书带在手边。此时摆在书桌上，其中有《日之魂》《月之魂》，属于"中华魂系列丛书"，另有《东方和平主义源流》等。费老看见，表示有兴趣看看。

待费老坐到阳台藤椅上后，把书拿给他。费老独坐阳台，兴致颇高，细致披阅，每次长达两个小时，连续数日不辍。

晚饭后，陪同费老散步于院中甬道，听先生谈他对"中华魂系列丛书"的看法。费老说:"书写得还是不错的。文笔很好,能吸引人,有兴趣读。作者的功力差一些,但能看出来读了不少书。他不是从事实出发,提炼出来主题,而是先有一个主题,找出象征物作为代表,再从许多书里边找出有关的资料,把资料集合在一起。这样做,当然要看很多书。因为他是为表达一个主题而去看书,所以就很难深入进去。这里碰一下,那里碰一下,都是碰一下就回来了,没有深入。不过,作为年轻人,能这样已经不错了。作者的年龄比你稍大一点是吧?"

"费老,我这个年龄上下的年轻人,国学和西学都不行。我们受的教育太不完整,不正规,不系统,所以确实功底很浅,功力很差。就像我吧,'文革'开始那年,我是在小学,才上到五年级,还没有毕业。中学阶段就更不用说了,课堂上都是政治内容,连英语都是'革命委员会好''千万不要忘记阶级斗争'之类的句子,该学的知识什么也没有学到。直到1977年恢复高考,进到了大学里面,连教材都还没有。老师临时编一点,我们自己刻蜡版印出来用。"

"唔,太不幸了。你是什么地方人?"

"祖籍是江苏。"

"江苏什么地方?"

"连云港,赣榆县。"

"唔,连云港我去过,赣榆县去过的。你跟我去没有?"

"没有。我在文章里读到您去赣榆县考察的情况。"

"再去,我们一起去。我就是这样到处跑,到处学习,学到了不少东西。一边跑,一边看,从看到的事实出发,来思考问题,分析过程,提出观点,和大家讨论。希望你多留心一些这个路子,还是很有用的。学术研究就是要结合实际,从实际出发,解决实际问题。不然它有什么用?至少,对我来说是这样的。"

7月11日全天,费老集中精力修改文章,字斟句酌。

晚上看过央视新闻联播，费老起身说："你们玩吧，明天见了。我要上去改文章了。"

7月12日晨，陪费老院中散步。对先生说，带来的书里边，还有李约瑟的《四海之内》、许倬云的《中国文化与世界文化》。

先生说："你拿给我看。我和李约瑟很熟的。他来看过我。他从科学技术史角度入手，研究中国文化，有他的优势。"

午饭前，先生把初步改定的文稿夹在一个老式讲义夹上，递过来说："我整个改了一遍，把那天说的三个秩序层次和三个步骤捏到了一起，又缩短了一些。演讲是十分钟时间，文章长了不行。长了人家也不喜欢看，所以浓缩一下，拣最主要的讲。还有不少内容，就暂时不讲了。文字表达上很费脑筋的。要考虑听我讲的都是什么样的人，我是个什么样的人，用什么角色讲这个话，从什么样的角度对这个问题发表看法。你再看一下，有什么不足，哪里的表达还有问题，给我说一下。改定后麻烦你抄一遍，再接着改。"

说过，费老回身从桌子上拿起《中国文化与世界文化》说：

"这本书不再看了。写得不行。他是用英文思考，用中文写作。谈到了很多问题，但是太散。架子很大，但是不集中，立不起来。我可以从书里边知道他想说什么话，但是他自己没有说清楚。所以我没有看完。看了前面一部分，知道他要说什么了。不想再花时间看了。"

"费老，您也该休息一下了。您每天看书，一坐就是两三个小时。别太累着，毕竟上年纪了。"

"我能这样连着读书的时间很少啊。没有机会啊。在家里来人多，公务多，会议多，看不成书。出去访问调查，日程紧，也不轻松，我就在车上看，那只能一段一段看。像现在这样一连好多天，每天好几个小时能连续不断，没有人打扰，机会难得啊，要利用好啊。还有，请你帮助我买一些书。我想看，手头没有，吴越文化、齐鲁文化、荆楚文化……

听说有这样的书。"

"是有，我见过，是一个系列。"

"哎，帮我买一下，我想看啊。不用多买，有一两本就够，就可以知道水平怎么样了。这样的题目是值得写的，关键是有没有想法，有没有思路，融汇起来，发一家之言。像许倬云那本书那样，东拣一点，西拣一点，都是拣来的，没有自己的，不是土生土长的，就不够深刻。我喜欢看梁漱溟的东西，他说出来的是他自己的学问，不是别人的。"

"现在已经有《梁漱溟全集》了。费老您要看吗？"

"要！要！你回北京就帮我买，或是民盟中央买，我借来看。想看的还有冯友兰的东西。"

"冯友兰的书也不少，还有《三松堂全集》，是河南出的。"

"是他家乡出的。《三松堂全集》我也要看。现在手边只有他的一本小书。"

"好。回到北京就去帮您买梁先生和冯先生的全集。"

"好！好！这两个人的东西我要好好看。"

"晏阳初的书也出版了，三本一套。"

"晏阳初的书先不看。"

"您还需要什么书？"

"清末几个大学者的书，像龚定庵、黄遵宪的书，还有其他人的，见了也帮我买一下。这一代学者是大家，我这一代人中大家就少了，东西也不行了。还有老舍，我喜欢老舍，有骨气。曹禺就可惜了，那么好的底子，《雷雨》也相当好，后来就不行了，投降了，再也出不来东西了。我说投降，不是向哪个人投降，是向庸俗投降。庸俗了，就没有意思了。丢了本色，太不值得了。巴金没有投降，但写了《家》之后，再也没有拿出像样的东西。这些人让政治害苦了。郭沫若的东西我不喜欢，文化人，本来有志气、有才华，后来就不行了。金克木现在很活跃，他的东西怪，面也宽，什么都想说一说。张中行最近也写了不少东西，文字是可以的,就是境界不够。我们民盟的冯亦代先生是个用功的、老式的好学生,文章也正,但是现在这样的文章不吸引人。吸引人的是王朔那样的东西。所以现在坚持严肃纯正的品格很难。王蒙还算可以,他在一些事情上表现得还算有点气节。"

"费老,李约瑟这本书好看吧?"

"好看,很好看!他懂的东西真多啊。科技、历史、哲学、宗教、文学……写的诗也漂亮,才学兼备,很了不起!这本《四海之内》我看完了,还给你,谢谢你给我看这本书。这里边只有这一篇《现代中国的古代传统》不太好,也太长。其他的都很好,诗很有光彩。他对东西方文化的交流有很多很好的想法。双方都了解,都熟悉,就容易高明起来。国内现在还活着的人,在这些问题上有一定水平的人不多。我知道的,有个李先生,中国的东西他熟悉,西方的东西也看了不少。我看过他写的一点东西,还是不错的。"

"李先生最近写有一篇文章讨论东西方文化的异同和融合问题。"

"这要找来看看。你手边有吗?"

"有。我带来一份复印的。"

"什么题目?"

"题目是《辨同异,合东西》。"

"发表在什么地方?"

"是在《瞭望》周刊发表的,分上、下两部分。"

"你拿给我看看。"

返回住房,找出李先生的文章,送到先生手上说:"费老,您先看吧。"

"好。你抄文章的时候还有什么想法,先记下来。我们明天接着谈。"

7月13日

上午,抄出文章清样。费老确定题目为《对"美好社会"的思考》。

把抄妥的文章拿给先生。费老说：

"好啦！我们完成了一个事情。是初步完成。还要找些人征求意见，进一步修改。这个演讲，关键的话就是那么几句。人类社会发展到今天，过去处在分散状态的不同群体，已经在经济上联成了一体。你离不开我，我也离不开你。在这种局势下，各个群体在意识形态上还抱着各是其是、各美其美的心态，就不利于大家发展，不利于共同繁荣了。各美其美的心态，是在不同的生存环境和发展条件下形成的，有它的历史成因。现在时代条件变了，要提高一步，从各美其美走向美人之美。要容忍和理解别人在'美好社会'的观念上有不同的标准。不以力压人，不以意识形态的不同去干涉别的主权国家的内政。有了这个基础，大家才可以和平共处，互相协作，共同繁荣。"

"您的意思是，'冷战'思维该进历史陈列馆了。'冷战'是双方的事，改变过去的观念，也需要大家一起来。不是东风压倒西风，也不是西风压倒东风。中国老话叫'惠风和畅'，大家都和气，就有了互惠的基础了。"

"对啊，就是这么几句，但又不能上台就说这几句就下来，所以要以这个意思为核心，再多说几句。说出来后，人家能听明白我们的意思，还认为有它的道理，可以作为一个说法，这就行了。同意不同意，不去管它。回来以后作为文章发出来，力求雅俗共赏。水平低一点儿的，看了之后知道是什么意思；水平高一点儿的，能从里边品出些味道——能过了这个关就行了。这个关也不容易过的。光说几句马克思怎么说的，过不了这个关的。要研究啊，研究现实问题啊。"

"费老，这个问题，您开了头以后，会有些有心人跟上来研究的。我这一代就有不少人关心这个问题。"

"要形成风气才行。形成风气需要一定的社会条件。要有几十年的稳定和发展。让有志于这个问题的人有一定的物质条件，他才有心情去研究。我们这一代人里边有人研究这个问题，研究得相当深入，是因为他们比较安定。虽然整个社会不够安定，但有这样一部分人是处在安定状态的。你们这一代人现在看来有希望安定一个时期，可以接下去研究。我只能先有这么些思考，先讲一下，算是破题。要想深入研究，也不是不可以，那就要下功夫看几本大书。不知道我还有没有这个时间。"

"费老，您的身体和脑筋都这么好，有的是看大书和研究问题的时间。'右派'问题改正时，您不是说'还有十块钱'吗？现在上帝再奖励您十块二十块，不是太难的事情。您不是开始享用了吗？"

"那就是上帝的事了。我们的文章，现在先写成这个样子，还要修改。修改前要征求一下意见。你负责找人，一份给李先生，一份给冯之浚先生。再找两个你这个年龄、这方面有思考有见解的年轻人，请他们提意见，不要客气。你的朋友也不要客气。请他们看看，一个是主题是否清楚，一个是讲法是否适当。哪些地方可以加以发挥的，写出来。篇幅不宜增加太多，一页左右就可以了。"

"我的朋友能有机会参与进来，发表意见，提建议，他们有福了。"

"我下月1号回北京定稿。这之前你先把意见收集上来。我的时间紧，1号回北京，3号就回来，这期间最好能和李先生见一面。让张秘书同他联系一下，看他的时间。文章定稿后，翻译英文的事，先找人大。人大不行再让潘乃谷找人。这次演讲，因为主题是'重释美好社会'，原来想讲一下我对这个概念的解释。现在看来，还是先不讲。不讲定义了，留给后人去讲。"

"费老，后人演讲这个问题，为'美好社会'做定义，会参考您对这个问题的思考。也许会有人为了解您这方面思想的形成去读您以前的书。如果没有条件把您过去写的东西都读一遍，怎样去选其中最主要的著述才能把您的学术思想和研究方法贯穿起来呢？"

"第一本是《花篮瑶社会组织》，然后才是《江村经济》《云南三村》，方法都在里边，很细致。观点也在里边，是那时候的观点。比如中国的问题是农民问题，农民的问题是饥饿问题，由温饱到有余需要'家庭工副业'的问题。1952年以后，尤其是1957年以后，就不得不封笔了。

一封许多年。好在 1957 年以前的研究没有停，接触了民族问题。所以'文革'结束后，改革开放以来又写的东西，能拿给人看的就是'多元一体'，就是《中华民族多元一体格局》，然后是《行行重行行》，这本书是可以站得住的，倒不了的。实践已经成功了嘛！这本书是跑出来的。别人不像我这么跑，所以我能写出来，别人写不出来。这本书对基层干部会有大的帮助。对文人，对知识分子用处不大。"

"但是能让文人、让知识分子受触动。"

"最近苏州大学出版社要出我一本散文集，下个月就该出版了。这里边都是我比较喜欢的散文。这本书是跟《行行重行行》搭配的，是配对的。书名是《逝者如斯》。"

"费老，您前些年说过，要写一本《江村五十年》。这本书什么时候能出来？"

"《江村五十年》看来不一定写得出来了。"

"我知道有不少读者想看您对自己学术生涯的回顾和思考，他们有机会看吗？您在八十岁那年说过，八十岁可能是个年龄界线，跨过了这条线，会觉得轻松自由些，因为余下的岁月已不大可能改变一生铸下的功过了，可以有平静心情检视留下的步步脚印了。您有没有计划做点检视呢？我想，中国学界乃至国际学界会有不少人希望看到您对一生治学历程的系统回顾和解说。"

"不能说有计划，但有个想法，想写一本《对于社会学的思考》，算是对自己一生道路的回顾。这本书的前几篇我已经想好了，后面的还在想。想好后再写出来，还要有个过程，很费脑筋，很不容易，需要时间。我要争取跨过这个世纪，这样就有足够的时间把它写出来。"

"费老，从现在算，还有六年半不到的时间，就进入下个世纪了。到那一年，您正好九十周岁。民盟的一些老先生，像您念叨的梁漱溟先生、冯友兰先生，都活到了九十五岁。您进入新的世纪应该是没有问题的。"

"好啊，我也这么希望，我会努力争取的。你现在调到民盟来，在区域发展研究委员会工作，会有很多机会接触社会实际，从事社会调查，可以多留心，多学东西，下点功夫，不用着急出东西。要多跑多看。我这点东西就是跑出来的。行行重行行嘛！"

"我会努力，多看，多学，争取不辜负您的嘱咐，不辜负跟着您接触实际、体察民情国情的好条件，但我还是那句话，底子太差，对自己做出成绩的信心不够。尽到最大努力，能给您当个合格的书童，把助手工作做得及格，就算有造化了。费老您不知道，我从小就听母亲经常念叨'费孝通钱伟长，费孝通钱伟长'，为你们被打成'右派'鸣不平。她不太有文化，但对文化人很尊重，尊重有知识、有专长、有贡献的知识分子，是从前中国老百姓'敬惜字纸'那样的心理。我居然能有机会为您做助手，或许是母亲念叨来的缘分。我很珍惜，明知心有余力不足，还是上了架，用老话说叫'不揣浅陋'。所以，能做好助手，就谢天谢地了。我每天想的就是：让您多少省点检索、查证、抄写的心力，多出成果，学界就多点福分。再说，能这样跟着您到处跑，搞调查，看民生，我早就知足了。"

"搞调查，最好能在一个地方住的时间长一点。我此前就是这样的，现在不行了。一个是年纪大了，一个是还有个身份，官场讲这一套。一去，人家就当是领导来了。想看的地方，人家不给你看啊。到了地方上，去哪里看，是他给你安排啊。本来是想看个农户，同老乡聊聊天，看看他的生活，问问他的难处，可是一去一大堆人，当地领导也跟着，就不好说话了嘛。中国人讲究面子，农民善良，怕领导丢面子，有不满意的地方也不好说啊。不像我年轻的时候，单枪匹马，一个人去，两个人去，一住很长时间，每天就在农民的生活里，听的看的，都是真情况。那才是调查嘛。如今人老了，身份也变了，社会风气也变了，还想像当年那样自己去跑，甚至去闯，不现实了。我的好处，是自己没有把现在的身份当个官儿，而是利用这身份为老百姓做点事情。还是想接触点社会的实际情况。跑到外边，跑到农村，即便看不见真正想看的，总还是多少接触到一些基层的情况,比待在家里强多了。同时也体会出来,在别人的帮助下,这个年纪还能跑得动,还能从看到的情况想问题,写文章,心情也不一样。比如我想从农民的穿衣去看他们的生活水平和消费,他总不能把人家的衣服都换了;我要从一个地方的烟囱多少去看那里的工业化程度,他总不能栽点假烟囱嘛。所以,虽然老了,还不至于糊涂。你还年轻,不到四十岁,还有几十年时间可以干。注意利用好民盟的有利条件,视野开阔一点,治学扎实一点,胸怀全局,脚踏实地,会搞得出东西的。要有信心。功夫不负有心人嘛!"

"费老,感谢您的鼓励!我会努力的。扎扎实实地学,学以致用。这些年里,我对自己的要求就是多跑,多看,多学,多思考,打好基础,不急于求成。"

"这很好。这一点,对于想做好学问的人,尤其是年轻人,是很关键的一条,是一种基本素质。除了其他方面,再下点功夫,把外语学好。你们这一代,没有多国语言的能力是不行的。要掌握它,有机会出去交流就方便了。"

7月14日下午。费老谈区域发展研究问题。

早饭后,费老说:

今年需要在调查基础上提出两份奏折(政策建议信)。一是有关中原经济区走廊的建立,二是东北亚经济的开发。

中原经济走廊,是指在大陆桥中部腹地串联起一个经济发展带。目前,这个地带有两个经济协作区,一个是中原经济协作区,一个是淮海经济协作区。这两个协作区都具有一定的经济基础,其中工业基础也相对不错,又是我国传统的农业发达地区。比较适合走出一条工农结合的路子。以农业为基础,搞多种经营,庭院经济,一乡一品,一村一业,在这个基础上发展加工业,增加收入,增强实力。同时,要大力发展对内对外贸易,加快流通领域发展。从目前情况看,这两个协作区已经具备吸引东部沿海发达地区向这里转移劳动密集型工业的条件。东部沿海地区也有这种需要。这是互惠、双赢的事情。

两个协作区连片发展，将形成欧亚大陆桥的中原经济协作走廊，促进大陆桥中部地区广大腹地的发展。作为东部沿海发达地区向西部欠发达地区辐射、传输的中转站，连云港是这个走廊的出口良港。

今年9月15日前后，淮海经济协作区将在商丘召开研讨会。我要去参加，民盟中央也要参加进去。人家把事情做起来了，我们要跟上去。

关于东北亚经济基地的发展问题。

基地的范围，是东北三省、内蒙古东部、山东沿海一部分。以青岛、威海、大连、丹东、珲春为中心点，连线成片，两个半岛，四个口岸。

这个基地主要瞄准朝鲜、韩国、日本、俄罗斯。

东北亚的题目分两部分，先搞胶东。以威海为中心，建立胶东经济开发区，参照浦东开发区的政策运行。胶东与辽东、丹东合作，为建立东北亚经济基地奠定基础。

注：1993年上半年，费老分别访问了河北邯郸地区和山东菏泽地区，了解到晋冀鲁豫地区接壤的15个地市在优势互补、平等互利的原则下，自发成立了中原经济协调会。经过七八年的实践，已形成一个较为完善的服务体系。有组织，有章程，有人员，有经费，有协作，有实效，显示出区域经济协作的活力，实际推动了这一区域的经济发展。设想以这个协作区为基础，建议中共中央予以适当关心，加以扶持，促其发展壮大。

淮海经济协作区以徐州、连云港、商丘、沂蒙和安徽部分地区为主，在经济开发协作上也需要加强支持。

1991年，费老和高天同往延边自治州珲春市考察，回京后曾建议中共中央"加速珲春经济发展"。鉴于当时外交形势，这个建议未能公开发表。现在对外发表的时机似已成熟。珲春应发展成为出日本海的国际联合港口。

费老说：东三省北部（以东西铁路为分界线）以边境上众多的边境口岸为据点，以黑河做重点，向俄罗斯海参崴一代输出劳务、粮食、轻工业品，实现对西伯利亚地区的"软着陆"。为加速东北亚经济基地的形成，拟建议中共中央考虑，设想把大连建成"北方深圳"，给予特区政策。烟台、威海也要相应加快发展，可考虑给予浦东政策。这一地区已经具备相当强的经济基础，应当抓住机遇，尽快使该地区发展成与国际经济的"接轨站"，取得面向东北亚发展的更大空间。

明年的题目，是黄河三角洲和西南、西北和长江中部（湖南、湖北、安徽、江西、江苏五省）。黄河三角洲包括出海口，但出海口不是三角洲。为加快黄河三角洲的发展，要在调查研究的基础上扩大黄河三角洲的范围，突破现有的概念。历史上淄博是齐国的首都，是当时政治、经济、文化中心，现在也是一座颇具实力的城市。再加上潍坊，实力又扩充一些。济南是否应该包括进去，可以研究。有了有实力的中心城市，黄河三角洲的进一步发展才更具有活力和后劲。

对西南的想法，还不太成熟。还要多跑几趟。从攀西到云南一线，面向东南亚，这是南方丝绸之路。对西南的情况要加强了解，拿出想法来。

对西北，要继续与黄河上游多民族经济开发区保持联系，了解他们各项工作的进程。可以考虑提出"河西工业走廊"的概念，加强轻工业的发展。这样干起来，西北有希望。

7月14日傍晚，陪费老散步，听先生接着下午的话题布置任务：

区域研究方面，这几年和钱老一起跑，现在可以说已经有个底了了。下一步，要联成一盘棋了。要拿出想法。你回去后就可以收集资料了。交通资料，资源方面的资料，民族的资料，工业的，农业的，教育的，科技的，人才的，等等。尽量周全些，做出卡片。这个事情要抓紧。

珠江三角洲我们比较熟悉了。怎么发展，路子比较清楚。长江三角洲也研究得比较深入，提出过可以站得住的思路。再把长江流域中部的几个省看一遍，沿江也就有了。黄河三角洲的研究要加强，过去说的黄河三角洲是河口概念，要扩大，河口不等于三角洲。现在看来，应该把潍坊、淄博划入黄河三角洲，让它发挥中心城市的作用。上个月我们在山东访问，陪同我们的山东省人大常委会苗枫林也有这样的想法。这说明山东内部也有人看到这一点了，现在还没有明确提出来。这个话民盟是可以说的。把小的河口的观点发展到区域的观点，不是随便想出来的。有它的道理在里边。

再就是中部。中部应该看成欧亚大陆桥的走廊，是一个沿线开发的局面。现在已经有的两个经济协作区是个基础。黄河北边有个中原经济协作区，黄河南边有淮海经济协作区。两个区连片发展，中部经济走廊就起来了。中部要抓住我们比较熟悉的地方，比如民权。今年9月份去商丘参加会议时，再去民权看看。同时还有些地方要去，比如焦作，是个工业城市，应该了解一下。去之前与河南联系一下。中部走廊很重要，是东部沿海地区沿内陆扩散的中转站。

中部往西边，西北地区，我们设想提出建设的"河西经济走廊"，是连接青海、甘肃、宁夏的地带，往西是新疆，往东是内蒙古西部，再加上青藏牧区的发展，是国家很重要的一大块。这一块有特殊性，经济、社会、民族、宗教、政治……因素的协调，牵涉边疆稳定，更牵涉全国稳定。我们去过多次，情况比较熟悉，也形成了想法。现在要再促一促。

云贵高原的发展，路子还要进一步研究。西南地区我们还要再去几次。南方丝绸之路的发展也很重要。有大量少数民族聚居，他们的经济水平应该尽快有大的提高。共同繁荣，有不同地区如东部和中西部的意思，也有汉族与少数民族的意思。

环渤海经济区现在引人注目。我们也要研究一下这一区域的特点和优势，理出一个比较清楚的思路，与其他地区协调起来。主要是一个出海口和腹地的关系问题。

环渤海再往上,就是东北亚经济基地。东三省加上内蒙古的东部,还有胶东半岛。这一块有比较好的工业基础,铁路运输发达。西伯利亚广大地区要开发,只有靠我们了。几个省协作向外发展,有粮食,有工业品,有劳动力,有口岸。条件好,又有机遇,加快发展是有希望的。

我们划出的这一块块,都是体现出一种区域发展的概念。根据这些年的实践,跳出区划的行政概念,提出区域协作的观点,应该是可以的。协作是多方面的,包括生产、流通、资源、劳动力、科学技术等,使各自的区位、资源、人文、市场优势得到充分发挥,使各种生产要素得到优化配置,经济和社会效益自然会得到提高。

这些不同的地区,除了经济水平不同,文化特点也不同。我们注意经济问题的同时,也要研究各个地方的文化特点和它与经济发展的关系。讲某个地方的发展,或是一个整体的发展,现在当然是以经济建设为中心,但是经济发展的基础条件是综合的。讲经济的时候,把文化讲进去,这就高了。比如燕赵、齐鲁、吴越、荆楚、东北、西南……都是各有特色。我们把它们放进一个整体考虑,是要最终让全国形成一个多元一体、百花齐放、各地区协调发展、各民族共同繁荣的大花园。

这是一篇大文章。你从现在开始集中搜集资料。明年我们还来这里,写这篇大文章!

下半年活动太多。日本、韩国、印度,还有香港地区。明年不这么搞了,我不需要出国。

考虑这篇大文章,要根据我们的思路,加上孙中山的"建国方略"。你回去找一下,那里边的东西要很熟悉。

7月15日上午。

费老拿来一篇文章,是《一生学术历程的自我思考》(提要),嘱咐说:"你明天就要走了,给你先看看这个。是要点。我还要修改,补充。"

是一篇文稿,费老自己写在稿纸上的。内容如下:

一生学术历程的自我思考

年近谢幕,时时回首反思多年来在学术园地里所走过的路子,得失纷呈。究其根源,颇有所悟。趁这次老友会聚略做自述,切盼指引,使此生的最后一段中勉图有所补益。

1. 对"社会"历来有两种不同的看法。一是把社会看作众多个体人集合的群体。个人是生物实体,具有种种生活上的需要。社会是满足个人需要的手段。二是认为社会固然是人的创造,但已形成超于个人生命现象的实体,它支配着个人的行为,有其本身的存在和发展,个人不过是社会的载体。生物实体有生死,社会文化实体有兴亡盛衰。我在初期的学习过程中同时受到这两种基本看法的影响。

2. 我自己的社会学实践可以说是从小型社区的实地调查开始的。一路上留下了《花篮瑶社会组织》《江村经济》《禄村农田》等论文。用社会人类学的方法进行小型社区的实地调查,比较容易接受上述第二种看法。把观察到的众多的个人行为整理出一个社区所具有的社会文化机构。社区的成员们按着社会规范行事。他们是社会实体的表现者,犹如戏台上的演员按剧本唱演。所以社会是实体,个人是载体。

3. 从不同社区结构的比较中,发生了社区类型或模式的概念。进而试图探索分别各类型或模式的各自特点,即通俗所说的民族性、地方性。实体具有其个性。我在云南内地农村调查中逐步形成这种思路,发表在《云南三村》(*Earthbound China*)一书中,而且形成了我对中西文化比较的兴趣,最初流露在《美国人的性格》和《重访英伦》中。后来又表现在《乡土中国》中。

4. 更自觉地以社会文化作为超生物的实体进而解剖这个实体的新陈代谢过程,写出了《生育制度》。这种思路引起了潘光旦先生为该书所作序言"派与汇"的批评。他指出这固然不失为一家之言,但忽视了生物个体对社会文化的作用,所以偏而不全,未能允执其中。由于当时历史文化条件发生了变化,我们师生间的论争并未展开。实际上当时我还在这条思路上前进,对这个超生物的社会实体的存在和发展问题进行思考。《中国乡绅》(*China's Gentry*)是这方面思考的端倪。我打算对维持社会实体存在下去及使其发生变动的礼教和政法的社会权力制度和变革的研究做出尝试。

5. 从20世纪50年代到80年代,我身历中国社会文化的巨大变动。这一段时间固然可以不列入普通意义上的学术历程之中,但学术是人的一种思想活动,它不可能不反映个人整个生活处境的变动。因此,在这段时期对我个人生活和思想的深刻震动必然影响到我以后在20世纪80年代开始恢复的学术历程。也许正由于这种影响触及了灵魂深处,它体现在思路上的变化痕迹也是比较深沉和隐约。在社会的大震动中,人们不仅更容易看到超生物的社会实体的巨大能量,同时也更赤裸裸地看到个人生物本能的顽固表现。限于我的学术经历的范围来说,给了我彻底检讨自己思路的难得机遇。我看到了上述对社会的两种看法都是同一实际的反映,因而在我思想中酝酿出了后来提出的"神兽之间"的观点。人原是和禽兽一类的生物实体,但已非尽是生物实体。他有思想,还有当神仙的理想。他既是禽兽而已不是禽兽,他想当神仙而又当不成神仙,徘徊于神兽之间。个人和社会是这种又矛盾又统一的实体。

6. 从这次大震动中恢复过来,我逐步体会到做个社会里的成员必须清醒地自觉他在一定时间一定空间的社会中的地位。联系到一个许身于学术工作的人来说,就是必须明白自己在一定的历史时期里应当做些什么事,即孔子之所以为圣之时者也。我从自己过去的半生中拣出了认为值得谨守的四个字就是"志在富民"。我这种自觉也不能离开20世纪80年代中国社会进入迅速发展的历史现实。我比较自觉地认为这是我这个有生有死、七情六欲具备的个人在当时当地的社会实体的生存和发展中所应尽的责任。这种自觉也许可以说是出于既承认个体又跳不出社会的掌握，而对社会可以发生一定的作用，又把社会看作是无数个人为了实现其更高境界而共同创造出来的更高实体，个人对社会的形成具有其主动的作用。落实到我的学术历程中来说，就是确立科学知识为人民服务的观点。在我20世纪80年代初到美国接受马林诺夫斯基奖状时，宣告了《迈向人民的人类学》的努力方向。我这样说也这样做，直到目前的20世纪90年代。在过去的十多年里，我为了使农民和穷困告别，走了万里路，写了万言书。汇成《行行重行行》一书，已经出版。另有一本即兴达意的杂文集《逝者如斯》，亦将于今年秋冬问世。

7. 当时怎样在社会学的理论上把我在上面提出的两种看法融合起来？又怎样在社会调查方法和内容上能进一步既看到一个个活生生的人在凭借共同的规范进行共同生活，又看到他们依据自己的需要与理想不断改革已有规范而步步通过个人的生活现实和人生的境界？那还要进一步为此思考和著述。这一步工作我自己不仅觉得心有余而力不足，而且个人毕竟还是个生物体，生命是有尽头的。这项愿望我本人今生恐怕已难于实现了。

近来这几年，就是说年过八十以后，我确实时时有一种想法，在我们中国世世代代这么多的人，经历了这样长的历史，在人和人遂生乐业地和睦相处上应当有丰富的经验，而这些经验不仅保存在前人留下的文书中，而且还保存在当前人们相处的现实生活中。怎样发掘出来，表达出来，可能是今后我国学者应尽的责任。对这个变动越来越快、全世界已没有人再能画地自守的时代，这些也许正是当今人类迫切需要的知识。如果天假以年，我自当参与这项学术工作，但是看来主要是有待于后来的学者了。愿我这涓滴乡土水，汇归大海洋。

1993年3月25日

晚饭后，陪着费老散步海边。沙滩上，一老一少。海风中，乡音缭绕。先生说：

我脑筋里边现在有好几个大题目，同时考虑，设想了一套文章。昨天谈的区域发展问题，算是其中的一篇。那是我从江村开始直到现在关于农村和城乡关系方面思路的发展变化。今天让你看的文章提要，属于另一个系列。去年已经写出的《个人·群体·社会》，就是这个系列的一篇，反映了我对社会的理解从早年到晚年的变化。我还打算回忆我的老师，写我跟他们求学的过程和他们给我的东西在一生过程中的延续。这么一篇篇写下去，都写出来，放到一起，就能大体上表现我的一生，表现我这个人一生的成长过程，也算是自传了。一般性地写自传，写什么时候碰上了什么人，经历过什么样的事，意思不大。我现在这样来写，写自己的思想发展，可能会有点意思。你读书时可能会有体会，读到一些观点、理论，你能读懂他文字里边的东西，可是你不知道他文字后面的东西。你能知道他有什么样的一套理论，可是你不知道他这一套是怎么来的。你可能很想知道，可是你无从知道。我想在讲自己的想法时，也讲讲自己这套想法是怎么来的。还没有人这么写过，我想用这套文章开点风气。

能把从抗战开始直到改革开放这段时间里边我所看到的中国社会的变化和自己思想的变化写出来，我就满意了。

已经出的一本《逝者如斯》，是讲时间流逝里边的事情的。最近再出一本《芳草天涯》，是在空间概念上讲事情。

今天上午讲的这一篇文章具体怎么写，你多动点脑筋。最好能提出点问题和看法，不要光照着我说的写，也不要只按我的路子写。

这也是个大题目，我们可以出几个成果。一个是讲我的思想在近些年里边是怎么逐步发展的，也就是富民思想从80年代以来的新发展；再一个是讲中国区域经济和发展的形成和概况。你可以自己写，可以发挥，也可以写成对话的形式。

1994年

1994年8月11日　唐山

费老对唐山做了实地调研之后，与当地干部座谈，即兴谈话说：

我客套话不讲了，先谢谢大家！我来两天了，麻烦你们的地方很多。你们帮助了我，不多讲了。我心里边，正在考虑一个大问题，城乡关系问题，一个全国的布局问题。全国有多少人？北方多少？南方多少？农村多少？城里边多少？要摆得下去啊！

现在的说法，我们国家人口数量的峰值大概会到15亿人。这15亿人怎么个摆法？我正在想。你们给我的材料，使我很振奋，能帮助我把问题想得实际一点，所以很感谢。

这个问题是怎么出来的？很有意思。十年前，我发表了一篇文章，叫《小城镇，大问题》。从这篇文章开始，激起了一场关于乡镇企业、小城镇的讨论，也有很大的争论。耀邦同志那时候还在，他看了《小城镇，大问题》，就做了一个批语，推荐给大家看。有人不同意他的看法，就有了很厉害的争论。我差一点就又快被打成"右派"了。后来派人去调查，到实际中去看，大家研究下来，觉得小城镇还是我们繁荣农村经济的必由之路，就做了一个很大的决策。这个事，到现在已经十年了。

十年里边的变化很大，大到全世界都关注中国发展。我们在国际社会上的地位，有了很大的变化。人家不再小看中国了。比如美国对我们大概有过两种说法，一个说法是，还差得远，不要对它客气，是个没出息的国家。现在换了个说法，把我们抬得很高，说我们是现在全世界经济发展、收入增加最快的国家，仅次于美国。

当然这话有它的政治背景，也包括它使用了不同的算法。算法不同，数据差别可以很大。这个大家都懂嘛，各种各样的算法。但是各个国家的生产力是多少，怎么做比较，这是个科学问题。人均能有多少，这是个事实问题。我们国家的人口太多，现在大概已经超过11亿了。要是算人均数，我们还差得远。

可是不管怎样，我们国家在国际上的地位是大大提高了。事实摆在那里，大家看嘛。美国也不敢老拿我们怎么样了。他们自己在退嘛。克林顿也在退嘛。他们不是要一直制裁我们吗？现在这个话也不再提了。为什么呢？因为我们国家强了，我们生产力提高了。小平同志要做的主要事情，就是发展生产力。这个事情，决定了我们国家最近十几年的变化。

这个变化里边，有一个工业化的发生。这是中国农民的大贡献，是他们自己干出来的工业化。中国农村里的工业化，增加了国家的生产力，产值是惊人的。到20世纪90年代开始的时候，算的结果，是占全国总产值的三分之一。大概是9万亿，当时全国二十多万亿。中国农民为改善自己的生活，找到了乡镇企业这条路子。中国农村的发展，找到了工业化这条路子。

历史地看过去，中国农村的工业化，谁也想不到能这么快就起来。全世界没有人能预料到，中国也没有人能预料到。说老实话，我也没有想到能这样快！可是现在回过头来看，能看出来是一条路子。中国人要想办法，自己实现工业化，不能走外国的道路。我们不能老是跟着人家走，想跟也跟不上啊。

小平同志讲"中国特色"，意思就是中国人自己走出来发展路子。把中国农村工业化的路子放在世界工业发展史上看，就是一条有中国特色的路子。这是我们自己找出来的道路，是中国农民找出来的道路，搞出来了中国的工业化。

开始搞得很不好看,小房子里边,搞个土机器、老机器,很苦啊。可是呢,中国工业化就是这么苦出来的。十年里边,两位数的增长。两位数里边还有不同,像江苏,也是两位数,可它是百分之三十几地往上上啊。

就是这样,中国农民把中国改造成了今天的样子,变得人家不敢小看我们了。我们现在不说自己是大国,可是人家多少有点不敢小看我们了。

假定这条路子能继续走下去,这里边,就有我们国家更大的希望。道理很明白——尽管有了这么快的发展,可是乡镇企业发展得比较好的地方,还是局部地区。从国家全局看,还没有多少地方真正实现农村工业化了嘛。乡镇企业真正起了大作用的,还是有限的几块地域,是东南沿海地区,国内的发达地区。中部地区还没有起来嘛,它要比沿海地区差一半还不止。西部地区还没有多少动作。这是现在一个大致的格局。

表现在农村、农民的收入上边,沿海地区,比如珠江三角洲、长江三角洲,农民的人均收入差不多到了小康水平了,人均实际收入一千五百块。你们这里也一千一百多块了。你们也是沿海地区嘛,可是不是沿那边的海。

越往里边,越是偏低,就像我们的苏北地区,农民人均收入六七百块。到河南,又低一点。河南、山西、河北……我们都去了,你们的邯郸地区,我们也去了,都是六七百块。你们河北省平均多少?八百多点。所以,这一带同江苏、广东比,大概差一半。差在什么地方呢?乡镇企业发展不发展,是个决定因素。我是这么看,对不对,大家考虑、研究。

现在看,对提高农民收入来说,乡镇企业最起作用。这是农民可以直接拿到手的好处、实惠,所以我们还是要发展。这是从农村里边出来的中国工业化。一开始是村村冒烟,处处开花,逐步集中到镇子里边。再进一步,搞开发区,搞工业小区。我的家乡江苏,大概就是90年代开始的时候,在农村里边搞工业小区。发展还是很快,搞了不过这几年,规模已经很大了,几亿产值的,十几亿产值的,很常见,不是几百万、几千万的时期了。

中国农民这样子办工业，在世界上开辟了一条不同于西方的工业化道路。照我们以前的知识讲，西方的工业化是在城市发生的，吸引大量的农村人口到城市去做工。伦敦啦，巴黎啦，都是这样。现在有一批西方学者出来讲了，说他们一开始也不是都是在城市里发展的，真正的工业还是从小企业开始的。他们的道理在什么地方，我们今天不去讲了。总的看世界工业化进程大格局，我们中国开辟的这条工业化道路，是把西方工业化的道路转过来了。

他们的工业化道路，是使城市发展，农民进城，农村萧条、破产。我们呢？我们是把工业引进农村，农民就地做工，而且靠着做工先富起来。富起来了，有资本了，接着搞大一点的企业。企业继续发展，需要适度的人口、资源、生产资料集中，就搞出小城镇来了。小城镇发展起来，就变成大城镇，变成小城市，走向中等城市。像苏州啦、无锡啦，这样的地方，产值都已经上千亿了。长江三角洲、珠江三角洲上这样的实际例子不算少，我都实际看到过。

这样一个局面，就是中国自己的工业化道路。可是乡镇企业的发展过程中，也带出来许多问题，比如带出来城市化问题，城乡一体化问题。我看，在整个90年代里边，中国农村的发展，会从以工业化为重点转到以城市化为重点。这两天在唐山看到的很多情况，实质上也是同一个问题，就是这里的发展碰到了城市化问题。这是我们现在考虑问题的一个大背景。

工业化到一定阶段，有钱了，要投资了。投资没有规划不行，规划没有布局不行。比如一个镇，最好是多大，大概多少人，一个镇和另一个镇多少距离才好，这些问题客观存在，可是我们并不清楚。我们需要一个大的蓝图，可是现在搞不出来。应该谁来搞？可能是建设部吧。可是如果现在有行政命令，要它搞一个，就很容易又变成了往下派的指标，用老思路、老办法，拍脑袋，定指标。办好这个事情很不容易。

问题是现实中出来的,老办法肯定不行的。可是这个事情还是要做。形势逼上来了,不做不行啊。所以,我的兴趣就转到这个方面来了。这个方面的事情,也包含过去做的事情,比如中部地区怎么搞起来农村工业化。

长江三角洲、珠江三角洲,为什么在这十年里边发展这么快?为什么同属于江苏,苏南地区发展很快,到了苏北,发展就不是这么快了?道理在什么地方?有什么办法可以促进?中部地区怎么能快点起来?也包括你们河北省,怎么快点发展起来?这是当前一个关键性的问题,也是我花时间、费工夫调查和思考的问题。沿海地区发展起来的同时,它的市场也起来了,造出来的东西得有人买嘛。

昨天在这里听说,现在你们这里的钢材不行了,可是陶瓷还行。陶瓷为什么还行?农村里边有人要啊。碗啊、碟子啊、茶杯啊,农村里边都需要啊。我在山东临沂,去过一个特别有名的乡镇企业,它刚开始的时候,就是一个卖碗的,挑着担子,一家一家去卖。他从里边看到了商机,说这个东西有市场。他不是经过科学分析,是从农民实际生活里边看出来了日常的需要。后来他发展得很大,就是抓住了市场。

所以我们说,发展乡镇企业,首先要讲市场。我们不是为了好看,是为了给农民添实惠。我今天看了水泥厂,水泥厂的市场多大啊!中国要发展,处处要造房子,都需要水泥。即便是国家有时候实行宏观调控,把大城市的建设速度压一压,城里的市场可能暂时不兴旺,可是还有一个市场,就是农村市场。农民收入增加、吃饱穿暖以后,会首先想到造房子。苏南地区的农民房子,已经是第三代、第四代了。造了拆,拆了造,好几遍了。最早是草房,后来是平房,再后来是楼房,现在是搞别墅式的房子了,要贴瓷砖。这样造房子,都需要水泥。需要就是市场。我们要明白,我们造的东西,市场在什么地方。

我们同外国人打交道,人家高兴来,为什么?市场啊。外国人看重中国十亿人民的市场。可是,我们自己脑筋里边,很少考虑这个市场。

说到市场，就是指城市里边的小市场。

我的家乡在苏南地区，出产丝绸，那里的丝绸市场就主要在国外。吴江县有个镇，叫盛泽，十万人的一个镇，今年产值100亿。靠什么呢？丝绸。卖到哪儿去呢？出口。我问他们，为什么不开发国内市场？他们告诉我，国内买不起。为什么买不起？中部地区没有开发，经济没有起来呀！大多数农民没有这方面的购买力。要是中部地区的农民都有能力买丝绸的话，多少人要买这种好衣服穿？那我们的家乡就更不得了了。

昨天我们在这里也听到了这个方面的情况。凡是有市场的地方，发展就比较快。找不到市场的地方，发展就很不容易。我们家乡，江苏找到了市场，可是市场在外边，靠外边的市场维持到现在，可是相当不稳。人家要是想用市场卡住我们的脖子，马上就能卡到我们。国际市场一有动荡，他们那里就很紧张，因为他们主要靠外贸。要想稳当，必须发展中部地区，增加中部地区农民的收入。

农民收入从什么地方增加？现在看得很清楚，靠乡镇企业。可是从农业里边要出来乡镇企业，中间还有一段路，就是从农业里边为乡镇企业积累资金。我们去过河北邯郸。邯郸是我第一个妻子的家乡，她的家乡叫肥乡。你们还有个地方叫广宗，在邢台地区。都是穷地方，靠苞谷吃饭的地方。他们想了办法，要养牛。可是养牛也不是那么容易。像这样的地方，距离发展乡镇企业还有一段路。怎么办？我看过很多地方，江苏有江苏的道理，广东有广东的道理。

广东人靠的是香港。"文化大革命"时，大批广东人跑到香港那边去，这批人慢慢都变成小财主了。改革开放以后，这些人就回来了。那时候，香港的工资是内地工资的十倍。内地劳动力便宜呀，他们就把香港的工厂搬到内地来办，把市场销售部门留在香港。有个说法叫"前店后厂"，就是这个意思。这一下，珠江三角洲把香港的工业都吸过来了，搞"三来一补"企业，一下就发展起来了。

我们中部地区没有这个地缘优势，没有这么多香港企业给我们吸过来，没有这个方面的投资，所以我们在那一个阶段经济上没有起来。那个阶段上，广东主要靠华侨嘛。我们这里没有那么多华侨。

山东的发展，也是一个道理。我去临沂，问他们，你们是山区，怎么来的外资？他们说，当时国民党撤退的时候，有一部分是从青岛走的。走的时候是正式撤退出去，是去占领台湾，不是被打败的。这些人当年不是败兵，是去管理台湾地区的。很多人当了小官，台湾经济搞得不错，他们都有些积累，愿意回来投资。

我们这里，没有广东的条件，没有江苏的条件，也没有山东临沂的条件，怎么办呢？我在那儿想这个问题。最近两年，我主要是跑中部地区，就是想实地研究这个问题，想找出点办法。

中部地区是我国的传统农业地区，在农业和工业之间，有一个很大的空间，就是家庭副业。各个地方都有它的特产，根据特产，可以发展家家户户都可以搞起来的庭院经济。

农民的住房周围，一般都有一块地、一个庭院。就是这块地，这个庭院，就可以发展经济。

我们在湖北武汉附近的孝感看过一些专业村。每个村子都搞养殖，养的东西不一样，他们叫"一村一品"。有的村子养甲鱼，有的村子养鹦鹉。养甲鱼的就是在农家院子里边挖个池塘，很简单就能养甲鱼。可是农民能养，却很难成批量地销出去，这就推动了政府部门出来服务。到了加工环节，农民自身就更不擅长了，也需要政府部门出来服务。

农民搞庭院经济，政府搞服务，产前、产中、产后服务。加工成鳖精以后，卖到市场上去，农民增加收入。后来马家军的名气一出来，鳖精的价格更好了，他们也因为养鳖发财了。

养鹦鹉的村子搞得也很热闹。他们养的鹦鹉会卖到南洋去，给人买了去放生。靠了这一招，一个村子的经济就发展起来了，繁荣起来了。它赚钱了，别的村子就要学，养的东西越来越多，现在养蝎子的都出来了，以前是不可能的事。这样发展，简单有效，农民收入一下子就超过了一千块钱。快得很。

发动农民，自己找出特产，找到一条路子，帮助农民搞起来，收入一年里边就能翻一番。这种事情不难做，关键就是要下决心，要有心去做。

我们能为农民服务的政府部门，有好几层。每个县里的干部，每个镇里的干部，每个村里的干部，如果都能发挥积极性，帮助农民找到发展庭院经济的路子，农民会非常欢迎。你帮助他们挣钱，他们的积极性就来了。老百姓一动起来，力量就大了，这就能把一个地方的生产力给提高起来了。

为了更好地服务，不光是政府部门出面，他们还组织了农业协会，培养社会组织，为农民服务。我在河南信阳也看到了类似的服务方式和服务机构，写了文章给《瞭望》杂志，叫《信阳行》，他们会在下一期发表。他们那里，老百姓家家户户搞庭院经济，他们在中间加了一层公司，为庭院经济服务，叫"公司加农户"。

这个办法，是从农业里边出来工业的一个好办法。你庭院经济搞起来了，你公司加农户搞起来了，就可以搞加工了，这就是工业的开始嘛。我们江苏吴江，就有加工鳖精的企业，也不复杂，就是把甲鱼磨成粉，装到胶囊里边。

现在的人工作忙啊，累啊，他要"补"啊。日本人不是工作压力很大吗？他也要补啊。南洋人也讲究补啊。鳖精不是"大补"嘛，就特别受欢迎了。这就自然会有市场了。

我们要研究市场这个东西。不是冒进，不是拍脑袋想问题，而是根据市场需要发展我们的生产，根据当地的特产开辟市场。把市场开辟出来，反过来就能带动庭院经济更好地发展。

究竟市场在什么地方？中国的市场，在这个阶段上，要看到中部地区。我的看法，五年之内，中部地区会有比较大的发展，已经到了时候。

从河北到河南，这几年里边会有大的发展。如果你们这里的农民人均收入能够增加一倍，从八百块到一千六，那就是个了不起的市场。他增加了八百块，是要花出去的，是要买东西的，是个大市场啊。就看你们有没有本领抓住这个市场了。

所以，眼睛盯住两头，一头是特产，一头是市场。把两头连起来，让农民增加收入，不难做到。唐山这个地方很好，你们原来的资源很丰富，可是都是把资源给人家去发展了。就像山西一样，煤有那么多，都给人家了。靠资源吃饭，最终靠不住啊。

现在事实证明了，还是要搞加工，增加产值，才好发展经济。这一点，要变化生产方式，首先脑筋要变过来。我们要根据市场来培养和发展我们的企业，不是靠从地下挖出来东西，简单卖原料过日子。

山西有个地方发展很快，很好，就是利用了当地的资源搞加工。他们用当地的煤和铁，做暖气片，这就是"变"。变了什么呢？首先是北方取暖方式变了，原来是炕，下面烧火，上面取暖。现在换代，新建筑里边不再有炕，靠什么取暖？用现代方式，暖气片。这个市场有多大？他们看准了，把煤和铁加起来，加工暖气片，占领全国市场百分之七十的份额，赚了大钱，增加了收入。

这种简单加工工业，就是传统铸造工艺，不要多少技术，老百姓容易做起来。做起来以后，慢慢改进，提高。我去河南焦作，就看到了农民加工工业的提高。日本的一个造汽车的工厂，需要零件，也是铸造，工艺要高一步，找到了焦作，他们就合作起来了。这个事情提醒我们，要研究问题，我们有原料当本钱，有了铁，究竟加工什么东西才能多沾点便宜？

我从《参考消息》里边看，日本的那些大企业，他们维持正常生产，要有大量的小企业为他们加工零件。他们的小企业为了降低劳动力成本，现在往外跑，跑到了河南焦作。它是找上门来的，为什么？它知道焦作能做出来。大家都知道，日本的零件生产工艺水平是很高的，它肯找上门来，说明我们做得不差。我们对自己提高生产水平要有信心。

我们不说自己能造汽车，开始我们能把一个零件做好，做出高水平来，提高乡镇企业的水平。中国的乡镇企业如果能这样发展，就会起到更大的作用。这需要动脑筋，灵动一点，看市场，搞联系，想办法同日本的小企业接头，不能等着人家上门。我们有优势，工资便宜，是它的十分之一。哪里便宜就到哪里去，这是成本经济的特点和规律。如果我们的技术不低于他们，优势就更厉害，就能把它的零件生产吸引过来。

中国的经济，尤其是高端产品生产，还没有到大规模、大而全的地步。在这个阶段上，完全可以靠零件生产打出去。我们的国有企业，也应该转变过来。我的基本意思，是唐山不要光是给人家资源，要赚加工的钱。给人家资源，可以拿到一点好处，可是真正的好处不在资源里边，而在加工过程里边。

从庭院经济做起，搞加工，这是一条传统农业地区发展乡镇企业的路子。昨天晚上我同你们的刘书记谈了，就是民盟组织怎么为地方发展出力的问题。好几年了，我们民盟的同志下功夫做调查，到了山东滨州、河北沧州。我们为什么看重这块地方，我想讲一讲。

现在，就全国看，南部有香港，1997年就要收回来。收回来后，它的经济还要继续繁荣。小平同志的政策是对的。可是小平同志还有一句话：我们要多搞几个香港。

我体会，这句话的含义很深，不能光有一个香港在南边发挥作用。现在我们中国整个经济发展的格局，是南边太重了，北边太轻了，而资源都集中在西北。

因为历史的原因，过去我们没有别的出口，只能到南边找到一个香港。香港本来也不是今天这个样子。我30年代出国留学的时候，到过香港。一个外国轮船过境的时候装煤、装水的地方，到处都是鱼腥味，哎呀，臭得要命。可是我们自己一封闭，没有了其他出路。我们的东西只能借着香港出去，这样他们就发财了。大概十年里边，发展得很厉害。

十年工夫，造成了一个城市的"石林"，不知道用了我们唐山多少水泥。

现在局面很不一样了。我们的生产力提高了很多，我们老百姓的生活也提高了很多。我们不能再靠南边的一个香港当出口了。所以小平同志说，要多搞几个香港。

这几个"香港"在什么地方？我看新疆那边要搞一个。这个话太长，先不说。第二个就是上海。中国经济发展到现在，上海必须恢复它原来有过的、一个世界性的经济中心的地位。至少，亚洲过去的经济中心，一直都是上海，不是香港。连广州都不行，就是上海。

我小的时候，上海就是世界性的大都市。现在要恢复它在亚洲、在世界上的中心地位，要做很多事情。所以，当初要开发浦东的时候，我就提出过一个问题：建成一个什么样的浦东？我的想法，不是再建一个深圳，而是一个香港，这是1990年的事情。

现在中央接受了我的建议，就是要建设中国经济的一个龙头，香港式的龙头。方向是搞贸易、信息、科技、金融……上海有很大一个后方，工业生产让别的地方去搞好了。

这一点，中央和上海市的领导脑筋里边都清楚了。我们对上海的要求，对浦东的设想，不是再搞一个深圳，而是搞一个香港。这是一个东方大港。说到这里，我们要想一个问题：南方大港有了，东方大港在建设了，北方大港怎么样呢？

昨天我们讲了，现在你们的京唐港，是个怎么样的前途？值得研究。你们这里，是孙中山当年讲的北方大港的老地方。孙中山为什么看中这个地方呢？现在大家可以看得很清楚，就是它有广大的腹地。"肚子"很大，从内蒙古直到西北，整个华北地区，需要一个港口，需要造一个香港。就是说，北方也需要一个大港。北方大港造在什么地方？现在还不知道，不能预言。可是你们是一个候补的位置，这是可以看清楚的。所以我说，河北省必须注意到这一点，想事情的气魄大一点，站得高一点。

站在河北，想到华北。从这里，到赤峰，广阔得很，交通也方便。

大片的草地、牧场，开发前景很大，产品可以出口。也就是说，现在"肚子"已经有了，需要找一个口子。谁来做这个口子呢？要看大家的努力了。

京唐港现在有了基本条件，我很关心这个港的发展。去年我从秦皇岛往这里来，半路上肚子坏了，把我送回北京了。我来，是想讲一句话：这里的发展要想着"攀高亲"。

这次来看，你们已经这样做了，实现了，比我早一步。我讲"攀高亲"的意思，就是找靠山，找能帮助你们发展的地方。比如天津，就可以考虑当成一个高亲。北京也好。京唐港的名字说明，"唐"已经找到了"京"。这一关你们已经过了。

"京"就是首都。首都不能再发展工业了。现在有的不属于首都应该有的功能，也需要逐步疏散出去。一个政治、文化中心，搞一个首钢在那儿，搞得大家都讨厌，尽是污染。这是我们过去的脑筋没有进入现代化的世界带来的失误。可是已经造出来了，就没有办法了，你不能消灭它啊。只能逐步转移出去。转移的过程中，可能就有唐山发展的机会。所以我说，抓住北京，发展"京唐"。京唐港就是一个例子。

"京唐"结合，这样就有了争取北方大港的机会。你们发展的思路，要站得高一点，不能满足于一个工业区的概念，要考虑发展成一个北方香港的可能，为它准备条件。

基本条件是交通，有了这个基础，抓信息，抓科技，抓高端产业聚集。现在你们是在向这个方向走。我昨天听出来了大概，很好，对头。可是目标要放得高一点，就是要做北方大港。为了这个目标，我们可以考虑把天津包括进来，组成一个大的港群，一个大的区域，等于上海把江浙（长江三角洲）包括进来。香港的腹地，也包括广州和珠江三角洲嘛。

有了这个想法，希望你们发展成为一个实力雄厚的区域中心。这个预想的中心需要你们做的一个重要的事情，就是要发展腹地，发展你们的"肚子"。特别是河北省,一定要认真做内功,有意识地把你们的农村发展起来,让农民增加收入。农村发展起来了,农民有钱了,就要找口子了,找口子买东西呀。那你这个地方就真的起来了。

这次来,我得益很多。要感谢各位领导给我们上课,也要感谢各位企业家。企业家的想法,我昨天听了一个下午,感想很多。他们干劲很大,干得很好。我听着就在想,这些人都是能做事情的,出得来出不来,就看我们给不给他们创造条件。我们政府的任务,就是发现人才、培养人才,给他们创造条件嘛。

我们自己没有多大本领,可是我们的责任是找人,找出有本领的人,找出本领大的人,给他们条件,给他们机会。我们办不了的事情,他们能办的。中国有共产党的领导,能够统一意志,能够大力发展生产力,所以现在我们可以有力量、有把握把香港拿回来。

把香港拿回来,把上海建成东方大港,再建设一个北方大港——这个局面一旦放出来之后,那中国就又是一番新面貌了,就能确立我们在21世纪的经济地位了。这就是我来这里看的、听的一些感想和初步意见,说给你们,请你们考虑。

最后有个小事情——我们民盟现在有扶贫的工作,河北的广宗希望我们把那里做个重点,特别是叫我多注意这个地方,做个试点。我答应了。现在我来唐山搬救兵。

广宗不是穷吗?我说,穷的地方我去,富了之后我就不大去了。你们唐山比较富,我就来得少,可是广宗要去。

广宗穷到什么程度呢?我第一次去的时候他们挡驾,说不行,那里没有方便的地方,没有一个现代的厕所。我说不要紧,农民能拉屎的地方,我就可以拉屎嘛。我还是去了,可是那里确实是不怎样。

从历史上看,广宗是秦始皇死的地方。历史记载他死在沙丘一带。我就想去看看沙丘这个地方。那里到处都是沙子啊!既然都是沙子,我就想,能不能把沙子利用起来、沙里淘金呢?那里的沙很好,很细,能不能利用起来？

有人听了我的话，就拿着广宗的沙子，去山东找他的一个亲戚，在章丘。找到一个做陶器的。他带了一袋沙子去做实验，说能不能当做瓷砖的原料啊？实验的结果据说还不错，广宗就拉了一车沙子到章丘去，做出了一点样品。现在章丘已经拿了十几二十万块钱，准备办一个小的陶瓷厂，就用广宗的沙子做原料。

你们唐山有做陶瓷的高端技术人才，我就想到请你们去看看，化验一下他们的沙子有什么特点。如果可以当原料，能不能开一个分厂到那里去？他们有原料、有人工、有地方，你们有技术、有市场，如果能合作成功，那么广宗就行了。

我刚才说起"攀高亲"，是建议你们为自己的发展攀攀北京。现在我代表广宗来攀攀你们唐山。希望你们能高抬贵手，就把它当作一个小的扶贫县嘛。

这个事情，我还没有同广宗讲，是想先来这里说一下，看看可行不可行。试验一下，行的话，再同他们讲。你们先考虑一下。

乡镇企业发展，要多开门路。我们在山东山区看的红果，又是一条路子。果树、水果这条路子开出来，那不得了啊。有的地方搞麦子和枣子的间种，就这么简单一个路子，一下子增加了几亿呀，农民都吃不完了，增加收入了，高兴极了。

就讲到这儿吧，时间到了。

11月24日至29日　重访温州

1994年11月5日，在河北"沧州跨世纪发展战略研讨会"上，费老嘱咐说：

"这个月的24号我要到温州去，你也去。这是我重访温州，我们要出一篇大文章。《瞭望》杂志等着要。你先找点温州的资料看看，做点准备。这篇文章要有点劲道。"

11月24日

近日北京大雾,延误了不少航班。今早放晴。早饭后去机场,未让机关派车送站,到美术馆门前乘民航班车。

CA5128航班晚点起飞。航程两小时。抵温州后入住景山宾馆。一小时后,费老一行由杭州至。

待费老稍事休息,即往其入住的5203房间,先把行前起草的"关于加快我国中部地区发展的建议"初稿打印件交到费老手上。另有第11期《读书》杂志,一并交先生。

先生简要告诉此行的调查思路和具体任务。后下楼至一楼大会客室,听取温州领导汇报工作。市长陈文宪、市委书记张友余先后讲了自费老初访温州(1986年2月)以来的经济发展和下一步打算。

先生说:"我提几个问题。你们刚才没有讲的,我想知道一下。一个是农业问题。大农业的思路,你们有什么打算?第二个是人口问题。这里地少人多,历史上有往外走的传统,现在是否有外地人来打工?第三个是温州在浙江省的地位问题,也就是你们起什么作用?第四个是你们怎么考虑与国际市场接轨的问题。"

费老的调研,表面上是领导考察,实质上是人类学家的田野工作。为收集尽量多的数据,找到具有足够说服力的案例,先生常把汇报会"问"成了座谈会。在山东淄博、德州、肥城,河南信阳、焦作、民权,海南海口、通什,广东深圳、东莞……一次次亲历类似场合,深有感受。习惯了通常官场做派的地方干部,往往不大适应费老的询问乃至追问。有时候会被问到张口结舌、茫然无措的地步。

温州的领导显然是干出来的,属于实干加思考类型。他们回应费老的问题比较自如,用平时掌握的材料和思考的积累做了解答。先生注意到他们说到的"第二次创业"话题,记在了小本上。

晚饭后,到费老住室客厅,听先生讲《重访温州》一文的大体思路。同时,《行行重行行》纪录片摄制组拍摄费老谈话现场。导演金宁趋近低声嘱咐，希望设法让费老多讲些话。

先生说：

文章一上来先讲几句"重访"的背景，做个交代。上次来的时候，人们对商品经济、市场经济还不大清楚，还有争论。我们来这里，从实际中看到了一些苗头，说了点道理。这不是我们的发明，我们只是看到了历史事实，发明权在老百姓那里。温州的实践证明，市场经济是可以和社会主义结合起来发展生产力的。但在刚开始搞商品经济的时候，也容易出现一些问题，例如规模小、质量低。这里要讲出具体例子，可以参考《浙江日报》近几天写柳市的一篇文章。那里的低压电器就一度出现过问题，当然现在好了。出现这样的问题，对温州人是个很好的教育。提几句我在上次访问温州后写的文章里边讲过的话，就是家庭范围的小型工业要想发展，就要走向合作。这算是当时的一个观点。

接下来就要讲小平讲话所起的作用。主要是明确了方向，平息了争论。温州在这一段的情况，材料里讲得很清楚，是第二次创业。我们要具体讲一下温州人怎样从家庭式的小工业生产走向股份合作的。这里边主要强调他们寻找出来适合当地特点的经济组织形式，要举出例子。寻找一个从小商品的经营者走向联合的具体事例。明天注意找一找。

股份合作的好处是一开始就能产权明确。我们不必说这就是社会主义市场经济，但可以说它的方向对头。实践证明它适合现在经济发展的需要，能促进生产力的提高，能增加农民收入，这是眼前的事实。

有几个问题可以明确一下。

第一个，老百姓提高了收入，就有了办事情的力量。温州现在好多事情都是老百姓集资干成的。机场、公路、学校，都修起来了。现在又修铁路。这说明有了原始积累这一步，才能有第二步。

第二个，温州要在第二步里边提高了。买新机器，吸收人才。在全国各地到处跑的温州人开了五万个柜台。他们在第一步里边形成了一个大的流通和信息网络，现在要发挥更大作用。温州也带动了浙江的发展，出来了背靠温州的义乌市场。

第三个,人口问题也很有意思。出去 100 万人,进来 50 万人,出去的人身份也变了。过去是打工者,现在有了实力,成了小老板。在当时带了商品去的,现在也带了投资。这个变化很有意思。

第四个,写一段农民城。国家不花钱,也不是靠行政的力量。靠农民自己的力量,走出来一条农村城市化的路子,搞出来一个新的现代化的小城镇。80 年代初期讲的小城镇,现在已经开始成了现实。

先整理出一个提纲。注明都有哪些内容。先不必写出来。

11 月 25 日

早饭后稍作准备。9 时出发,费老重访温州的实地调研正式开始。

9 时 30 分,到瑞安市华光经编厂。叶阿光厂长向费老介绍情况。

股份合作制是费老这次调研重点内容之一。华光经编厂是一家股份合作制企业,有七十多个股东。号称"引进国际最先进设备,聘请国内最优秀人才,利用温州最灵活机制,创造同类最优质产品"(市长陈文宪语)。

费老详细询问了股金、管理、评价标准、股东分配原则、一般工人收入等情况,并到生产线上看了成品下线的生产环节。

先生对这个厂"以人为股"而不是单纯以资金入股的做法很感兴趣,评价为"带有东方色彩"的经济合作方法,是"经济结义"。

告别瑞安华光经编厂,下一站是瑞安商城。

瑞安市工商局长池万姆向费老介绍情况。这个商城一期工程占地 12.8 万平方米,总投资 1.1 亿元。全部由民间集资。现有 5900 个摊位店面,今年前九个月的商品成交额达 10 亿元,预计全年可达 16 亿元。据说与义乌市场形成了此消彼长、相互促进的局面。

午饭午休后离开瑞安,继续南行。下午 16 时到达苍南。入住灵溪宾馆迎宾楼。

16 时 30 分,费老招谈。继续讲"重访温州"的一些想法。先生说:

想了八个字：十年积累，再度创业。这八个字先放在这里，我们讨论，看能不能概括这次访问看到的温州特点。

重点写"再度创业"。"十年积累"是开头。大概写上七八段，每段得有千把字。

要讲一讲积累的经过。这个积累过程里边，采取的主要是哪些方式，比如个体经济、家庭手工业、外出、贩运、修理（城市居民的日常生活服务）等等。还要讲清楚这样积累了多少财富。

这一个阶段的特点比较清楚。小、散、低质、市场分散、旧（传统关系网络）……这里边，有利的一面是容易起步，灵活，见效快，从传统里边出来，大家容易接受。从这里边走出了一条路子，开始了市场经济的初期形式。但也有不利的一面。这一面也要讲到，讲清楚。

积累了资金，也锻炼了人。小平同志南方谈话后，温州开始第二次创业。不是简单的重复，不只是数量增加，规模扩大；更主要的是质变，是又一次飞跃。

人口要写一段。要写出变化。以前只出来，现在有人来了。已经有了50万外来人口。这里边意义很深。

农业也要写一段。

温州是个改革试验地。不是国家划出一块地方，专门投入政策，搞试验，而是农民自发地搞起来，在不花国家钱的情况下走出一条路子。温州人干出了不少全国第一，比如修桥收钱，用收来的钱再建新桥，又如股份合作制等。新干法是老百姓的创造。他们根据自己的需要和条件来想办法。办法不是凭空而来，它必然会在已有的东西里边出来。

还要注意一下第二次创业的制约因素。

义乌的发展得益于交通。

这篇文章的关键处，是要说明温州的改革实践推动了在计划经济之下开始有一个民间的、在小商品市场基础上起来的市场经济。从送货上门到批发，从依靠本地市场到依靠全国市场，从一家一户单干到股份合作。他们的股份合作实质是合伙,是人的合作而不是资本的合作。大家一起干,论功行赏,带有东方色彩。自愿结合,引进人才,排除亲属关系,由个体走向集体,是经济的结义。这是适合中国农民意识的联合,效果很好。这条路子很有劲道。资金股、技术股、管理股,农民搞起来,可能不三不四,但实际效果在那里,大家乐意,欢迎,增加了收入,提高了生产力,符合小平同志提出的"三个有利于"的标准。

> 注:听费老讲到这里,想:有人觉得新冒出来的事物不三不四的时候,是拿旧标准作尺度的。放弃旧标准,不拿过去的框框套,就不会有不三不四之感了。

下午17时5分,苍南县长施德金来到费老住处,向费老汇报情况。在现场做录音、拍照和文字记录(详见录音整理稿)。

11月26日

上午9时起,费老开始参观灵溪镇的参茸、副食品两个专业市场。

苍南县委书记陪同参观,告诉费老说:建设专业市场之前,就有自发性的市场,但很乱。往往是店前有摊,摊前有档,档前有篮。如今因市设场,盖房修路,水电齐备,秩序井然。

今日正逢一年一度的灵溪浙闽边贸文化节开幕日。城内各处都张灯结彩,十分热闹。费老在参茸市场内参观,通道两边的民众蜂拥观看,群情热烈。先生随便驻足于一间药房门前,与主人聊天,得知这一间屋的生意很好,每年流动资金在100万元以上。

由参茸市场到副食品市场,费老都没有停下来在会议室听汇报,始终走马观花。不到50分钟就结束了参观,返回驻地。

上午10时,苍南县龙港镇镇长李其铁到费老住处汇报情况。

龙港号称"中国首座农民城"。城镇建设的绝大部分资金由农民提供。他们在实践中积累起两条经验，一是实行土地有偿转让，解决没有钱的问题；二是实行农民自带口粮进城，解决没有人的问题。(详见录音整理文稿)

中午13时，费老出席1994年度灵溪浙闽边贸文化节开幕式。

15时许，驱车至龙港镇访问。为减少先生劳累，只是乘车在城内转了一趟，没有下车。离开龙港后返回温州。

17时20分，在景山宾馆住处稍息后，费老招谈，续讲"重访温州"的文章说：

我刚才在车上想了六个字："民殷实，创新业"。用这个题目来呼应上次的"小商品，大市场"。

勤俭节约，殷实持家，是中国农民的传统美德。

温州是市场经济的起源地。

从分散的、小型的、家用的，走向集中的、大型的、工业生产用的阶段，龙港是个很好的例子。

龙港镇的建设，是因为县委县政府想搞一个经济中心。

费老正讲，浙江省副省长刘锡荣进门看望先生。先生初访温州时，刘任中共温州市委副书记。今来看望先生，并陪同晚饭。餐叙之间，先生与刘说了很多话。

费老点出加快中部发展、开发中部市场的深层考虑，是为中国"入关"后准备退路。我们不能随国际市场不景气而不景气。很重要的一点，还是要坚持"离土不离乡"，使中国广大农民有较大回旋余地，进退有路，而不至于遇到国际经济困难时无路可走，揭竿而起。

晚饭后，费老会见民盟温州市委诸位领导。

11月27日

早饭间，费老说：温州题目不一定非要用三个字一组，凑成六个字。还是以通俗易懂、概括性强为原则。又想出了八个字：家底殷实，再创新业。

上午 9 时出发，访问温州市区内的灯具市场。浙江东方集团公司总经理滕增寿向费老介绍企业发展过程。该灯具市场今年交易额估计在 6 亿元上下。

先生说东方集团的总部内部看像个皇宫。临走时，与滕增寿握别，说："你爱看书，好事情。我送你几本我写的书。到北京时到家里来看我。"

下午 3 时 20 分，随费老乘飞机由温州至杭州。入住西湖国宾馆。刘锡荣副省长陪同费老吃晚饭。饭前先生很有兴致地讲自己在 20 世纪 30 年代研究中国农村问题的经历，并说到后来负笈英伦接受导师马林诺夫斯基的指导，写博士论文的前后诸事，又提起姐姐费达生的一生事业。

11 月 28 日

上午 9 时 15 分，随费老乘 32 次特快列车由杭州返京。

途中与先生谈文章题目。费老说："到底是用'家底殷实'，还是用'民资殷实'好，再想想。各有道理。先不做定论，继续推敲。"

先生要听这些天里的考察感想。说：在苍南看过参茸市场返回住处路上，看见街市上有大幅对联说，"百业振兴""四海升平"。温州人从手头做起，从纽扣做起，兴了百业。从脚下做起，从小生意做起，走遍四海。真是不容易。只要有市场，有流通，一个小地方的人，一下子就可以通往很远的地方。市场给人眼光，给人见识，给人创新动力。所以，他们家门口的百业，只要兴旺，自然就接通了四海。小商品里不光出来了大市场，还出来了大眼光、大作为。本来，温州人走出家门是为吃饱饭，结果是不光吃饱了饭，还进入了"衣食足而知荣辱"的境界。带着过好日子的心愿，带着传统的商品意识和经商本领，他们走出家门，走向世界，走出了丰衣足食、发财致富的路子。走着走着，就从个体走向了群体，从家庭走向了社会，从经济走向了文化。回到他们的对联上，"振兴"还算是个经济概念，"升平"就不单是经济概念了，它的文化内涵更足了，也可以说是对美好社会的憧憬了。

11月29日

11时44分，32次特快列车正点抵北京站。途中与《行行重行行》摄制组孙珉、金宁讨论这部电视片的内容和有关想法。

费老因夫人生病住院，下火车后径往急救中心。

1995年

1995年2月19日　北京

按事先约定，和为民一道至费老家中做采访。（为民已加盟《战略与管理》杂志社工作。此次采访即以该刊记者身份进行。）

费老兴致不错，从《江村经济》谈到如今天下大势。要点如下：

写《江村经济》时才二十多岁，是初生牛犊不怕虎。

写作最多产是在40年代。一解放就开始"思想改造"。

最好的时间被反右和"文革"占去了。二十多年，没有写出正经东西来。

如今天下巨变，全世界都捆在一起了。文化上却是各美其美，不适应进一步发展下去的需要。

伊斯兰教、基督教、佛教，都不一样。各大教派内部也不一样。斯拉夫文化和盎格鲁-撒克逊文化也不一样。

"冷战"结束五年了，还没有看到全世界思想家活跃发言的景象。有苏秦、张仪之流，布热津斯基、基辛格等就是。但还没有出来孔子、孟子、荀子、墨子……没有大家。

今后中国可以为天下大同做出贡献。

汉族本身就是滚雪球滚出来的。多元一体，12亿人，6000年。这个历史事实对今天的世界有什么意义？我们的研究没有跟上。不深入，不具体。

我从江村走到现在，是在这条路上走，但仅限于"志在富民"。一人力量有限，很多事情只是个开头，破破题，开开路。1980年恢复学术研究以来，东跑跑，西看看，15年就花掉了。中国还有6000年呢，我怎么办？

从小上的是教会学校，缺少中国经典的训练。好处是不受它束缚，缺点是该用的时候用不上。

1980年到1990年，十年里边主要是讲清了中国乡村工业是怎么发展起来的。办法是实际观察，请教农民。写了一本《行行重行行》，讲的是大家都可以看到的事实，都可以明白的道理。没有讲大道理，可是里边包含了大道理。

最大的道理是中国农民可以创造出来适合中国特点的现代化。

我的工作是追踪它，跟着看，看过程，看它怎么发展的。也支持它、研究它，为中国农民找个办法。把中国农民的创造和里边的意思讲出来。

我们是靠乡镇企业过关，和西方工业化道路不同。

这是人类历史上一条新路子。"草根"工业，它有根的。野火烧不尽，春风吹又生。

符合老百姓的要求，符合社会发展的需要。

三大差别消灭在小城镇里边，这是我的理想。

现在的一个大问题，12亿人怎么个放法？

以小城市为蓄水池，千万不要搞大城市。

20世纪是地缘政治，21世纪是地缘经济。

洲际经济区域，先形成几块。互通有无，共同发展。从洲际经济向天下大同过渡。

但没有价值观的基本共识，就不能形成天下大同。

共同价值观不是凭空来的，也需要经济基础。怎么办？在矛盾中发展。

寻找共同价值观已成为必然要求，逃不掉的。

人类是可以自杀，也可以发展的动物。是自我毁灭还是自我发展，要看选择了。

千万不要因为自作聪明而毁灭了自己。

希望能选择一个共同繁荣、世界大同的方向。大家安居乐业。

这个局面我是看不到了。

"残枫经秋，星火不熄"。"星火"是什么？是我治学的路子。

4月25日　漯河

上午，费老到漯河市郾城县黑龙潭镇半截塔村（养殖专业村）访问。

下午，该市领导汇报工作，主要讲了"富民工程"。市委书记王有杰、市长程三昌汇报过后，费老即兴讲话说：

我很感谢漯河的各位领导，到我家里去，老话说是"登门"嘛。你们的邀请，让我有了访问漯河的机会。一片诚意呀，我也不好意思不来。

这次，我抓紧在开人大常委会之前的时间里，抽个空，花几天，到这里来看一看，我们见见面。时间虽然短了一点，可是我看得很高兴。下村了，串户了，见了农民，看见了他们的实际生活，也接触了大队长、支书。他们是基层干部，听他们讲了"富民工程"。从他们搞"富民工程"的劲道看得出来，很有劲，很动人。我在这里上了一课，学了很多东西。

我学到了东西，也有很多感想。回到北京，我会把这些感想整理一下。这里先说一点。

我刚才说，你们做的事情很动人，是首先感动了我。你们搞的"富民工程"和我这一辈子的心愿，可以说不谋而合——"志在富民"嘛。你们刚才说的话，我很同意。民不富，"国强"是空的。从富民开始，底子就结实了。再逐步上来，才谈得上强国。这个道理不用多讲嘛。所以，看一个地方经济怎么样，先看老百姓拿到钱了没有，看他们收入增加了没有。

这么多年，我跑了不少地方，看到的基本情况有两种：一种是民穷官富，另一种是官穷民富。两种我都看到了。有的地方，名堂很多，名称很好，招待所很漂亮，可是去老百姓家里看看，就知道他们的收入没有上来。这就是民穷官富的地方。

怎么样算是官穷民富呢？我说个具体的例子，是温州。八年前，我到温州去。开座谈会，他们汇报当地情况，会场的窗子都是破的，风把我吹得回去就感冒了。我说这样很好！政府的会场很破，当官的穷，可是老百姓家家户户的生计都起来了。温州的经济特点，是一家一家地开店、办厂。家家户户都动起来，是大好事。

这一次，我又到温州去，碰到了以前的温州书记。我们事先没有约定，是碰上的。他陪我到飞机场，告诉我说：我们建设这个飞机场，没有拿国家一分钱，都是地方上拿出来的。

地方上的钱从哪儿来？老百姓的存款嘛。建飞机场，官方有积极性，老百姓也有积极性。没有一个机场，外边和温州通不了市场啊。通了市场，会有什么效果？温州最有说服力。一个小温州，通往全世界。巴黎最新的服装样式，不出一个星期，温州就有了。

我说，温州这样搞经济，就对了。"官穷"只是在经济发展起来之前的说法，是暂时的。民富起来，官自然穷不到哪里去。老百姓做生意，会交税，买东西，也有税收在里边。生意越大，税越多，消费越高，税越多。民富了，等于有了大量税源，政府也就富起来了。所以说，发展经济，眼光要远一点，不能总是短期眼光。

一个地方，发展经济，从富民开始，既考虑了长远，也顾到了眼前。

富民是很具体的事情，就是老百姓有钱。老百姓有钱，是不得了的大事情。这两年我在跑中部地区，就拿中部地区说，"中原"加"淮海"两个经济协作区，有一亿五千万人，假定都能像你们这样，老百姓一年里边每个人增加380块钱，我大体上算过，一年就是五六百亿呀！增加这些钱，老百姓要买东西，这个市场可厉害了。

现在我们江苏的乡镇企业，还有广东的，市场都在外边，主要是靠出口。为什么呢？外边买得起我们的东西。我们自己的市场没有起来，因为里边收入不够，买不起呀。我是吴江人，吴江有个经济上最好的镇，叫盛泽。一个镇，十万人，生产丝绸，搞丝绸贸易，一年产值100亿。他们的产品主要是外销。我问他们，为什么产品不到里边来？他们说：我们不是不愿内销，人家买不起呀。绸子衣服还是偏贵呀，没有市场啊。

我从他们说的话里就想，如果我们中原地区的老百姓的收入上不来，长三角也好，珠三角也好，我们国家整个东南部地区发展经济的基础就不在中国。我们的产品市场不在国内，跑到外边去了，这个事情的危险性就很大。人家要抓住我们脖子的时候，我们就会很被动，就很难动弹。所以我说，要两面开弓。

这个话，我在我们江苏的人大代表团分组会上说了好几年了。我的意思主要是，左右开弓，两个市场都要。我不反对他们向外拓展市场，赚了很多外汇，为国家做了很多贡献。也不是他们不愿开拓国内市场，而是国内市场还没有培养出来。

说到这个问题，我很着急。我同中央讲，中部地区不起来，西部地区不起来，光靠东部的发展，这不是一个正常的经济格局。光是局部地方富起来，会不平衡，会出问题。只有共同富裕，才能促进全面发展。所以说，推动中部地区的发展，是有全局意义的。我的意思不是我们做点好事，让中部地区的老百姓好一点。我考虑的主要还是全国发展的平衡，是大家都好、都发展。中部地区发展起来，不光是为中部地区，也是为全国的发展、平衡的发展，为沿海地区的进一步发展。

心里着急，是急着多找点发展的办法。我这几年主要跑中部地区，跑了不少地方了。什么叫"中部地区"呢？从地理方位说，是中部地区，实际是我国传统的农业地区。我关心中部地区的发展，实际是关心传统农业地区怎么样发展。

我曾经到湖南的洞庭湖去跑了一圈。我的一个博士生跟着我去的。我叫他写一篇论文出来。他已经写出来了，可是我的文章还没有写出来。

我想在文章里提出一个办法，一个中部地区老百姓增加收入的路子，叫"庭院经济"。我去看的一个地方，种橘子，家家户户种橘子，增加了不少收入。这给我很大启发。

我是从江苏出来的，熟悉家乡的情况。恢复调查工作的开始几年，我先从家乡跑起。我的家乡有很多农村工厂，农民到厂子里做工，增加了收入，富了起来，所以我提出一个看法，叫"无工不富"。放在我的家乡，这个话是对的。家乡的乡村工业确实让老百姓富起来了，让农村发展起来了。后来，到洞庭湖走了一圈，看到实际的例子，觉得我提出的那个看法不完整。人家没有工业，也富起来了，证明没有"工"也可以富。富在哪儿呢？富在庭院里边。

怎么样才能做到没有"工"也能富起来？这就是农业地区出来的一个题目。农民脑筋里边，很重要的事情是家庭。搞庭院经济，就是农民可以在家庭内部做事情来增加收入。家庭是我们中国社会的细胞，这是胡耀邦同志讲的。我是学社会学的，一个基本常识就是，家庭是我们中国社会的基础。农民做事情，首先想到家庭，很自然嘛，你不能指望他想得很高。他有一块地可以耕种，有一个庭院可以经营，很好啊。这就是他的就业门路嘛。对农民来说，"业"的主要意义，就是增加收入嘛。

刚才你们讲了"隐形失业"问题，我听了很亲切。"隐形失业"这个话题，我讲了60年了。

我的第一本书出版，里边就有一张表，清清楚楚的，农民究竟是在哪一时候花出多少劳动力。那是经过事实统计和科学计算的，是在江苏的农村里算出来的。算的结果，就是农民把劳动力投入土地之后，最好的情形是能吃饱肚子，没有其他的收获。其他的钱哪里来呢？靠农余的时间搞副业。我找了个形象化的说法，叫"牛郎织女经济"。

七月七牛郎织女的故事，你们这里也有吧？中国农村经济结构的基本形式，我叫它"牛郎织女"。一个家庭里边，男的嘛，牛郎，女的嘛，织女，意思是工业农业要配合起来。

现在说到"工",要发展工业,就要有资本,有资金投入。资金从哪儿来呢?在我们江苏,情况好一点。公社没有取消的时候,它有一点积累下来的集体资金。农村有机会搞工业的时候,就用这点资金搞工业了。开始的时候,是"文化大革命"里边,上面乱了,没人管了,它就偷偷搞起工业来了。这是"社队企业"的开始。社队企业开始搞的时候,就是用当时那一点集体积累的资金,办小厂。"文化大革命"有武斗嘛,新工人同老工人打嘛,老工人就回乡了。回了乡的老工人带回了技术,加上社队企业的资金,就能搞起来小工厂了。

后来,"文化大革命"结束,改革了,实行农村土地联产承包责任制。土地承包了,可是已经有的工业不好分到各家去,社队工业就保留下来了。江苏是在这个基础上发展起来了乡镇企业。苏(州)、(无)锡、常(州)、(南)通,我们都去调查过,差不多都是这个路子。这是苏南地区的情况。

同样是江苏,没有发展乡村工业的地方,经济就起不来,苏北地区就是这样,现在还是这样,没有起来。比如盐城、淮阴,经济上可能同你们这里差不多,可能还不如你们的情况。

按说那里同苏南地区离得很近,就是因为没有发展起工业来,所以差距很大。江苏从苏南派了很多干部去苏北,可是那里的工业还是没有起来。为什么?没有资金。为什么没有资金?老百姓没有钱,没有积累。没有积累,可是不能不发展。怎么办?这就是我们这样的农业地区现在要面对的问题、要解决的问题。

我的看法,传统农业地区,在工业起来之前,从农业到工业之间,还有一段路要走,就是在农业和工业之间找出路。这个出路,就是加工业、家庭工业。庭院经济的基本意思,就是在农业和工业之间的出路。庭院经济,有庭院就能搞。农民生活的庭院,农民闲散的劳动力,甚至一针一线,都可能变成财富。我去你们河南的民权县,就看到了典型的庭院经济。

我在民权看到了农民在自家院子里搞生产，做的是抽纱，我叫它"没有厂房的工业"。有人给他们图样，给他们针线，他们依据图样加工出来抽纱产品，做沙发扶手盖布，做桌布，做门帘……这一下，把农民的闲散劳动力都动员起来了，赚了一些钱，就富裕一点了。

他们还种泡桐树，这种树木属于速生品种，可以同麦子间种。据说这是焦裕禄发明的。一亩地种上五六棵泡桐树，再搞点初级加工，收入比麦子还多一点。

我想，我们要想办法扩展庭院经济，扩展没有墙的工厂。

庭院经济的经营主体，是农户。我去信阳看，看到了农户上边的一层，学到了新东西，他们叫"公司加农户"。我在洞庭湖边上看到过当地一个没有解决的问题，就是家家户户种的橘子，就摆在自家门口卖，等着人家来买。这不是个办法，说明庭院经济要发展起来，还需要有外边的配合，就是要卖得出去。费了很多劳动力，种出来很多橘子，摆在那里等人买，说明流通没有搞好。

信阳解决了这个问题，它在农户上边加了个公司。这样做，是在庭院经济基础上加了一个集体的服务体系，解决流通问题。这就提高了一层。当然这一个服务体系不是一定要集体来搞，我们当干部的有责任出面促进，把服务体系搞起来，政府出面建设服务机构。平时说政府职能转变，具体怎么转？往哪里转？这就是个开始，为搞活流通提供服务，为农民增加收入做服务工作。

我在信阳看到了"公司加农户"的实际例子，又到了焦作。焦作的做法也有新东西，它不是一家一家的专业户，它是连成一片的专业户，成为一个专业村。几个村子再连起来，搞面粉加工、搞玻璃钢、搞皮革加工……农业基础，本地原料，通过加工，变成商品。他们叫"公司加基地加农户"，中间加了一个基地，实际是农户的扩大。

这是个自然发展的过程。农民的模仿性很强，善于学习，看见人家发财了，我也要发财。他是那么发财的，我那么做了也会发财，就学着做嘛。你做什么，我也做什么。你怎么做，我也怎么做。这样就连成了一片。这可以说是农业里边发展经济、积累资金的一个模式，很多地方都可以看到。

我到湖北武汉去，他们带我去孝感。那里的特点，是一村一品，有个村子养鳖。那时候，马家军还没有出来，鳖的名气还没有后来这么大。一个村子里，家家户户养鳖，发展庭院经济。庭院经济的发展，需要配合一个流通体系。你们这里，将来也可能会发生一个市场流通的问题。农民搞庭院经济，把很多东西搞出来了，卖到哪里去？需要一个市场。

比如鸡蛋，我们今天看了养鸡专业户，生产了很多鸡蛋。农民只知道生产鸡蛋，这些鸡蛋怎么能变成钱？首先要变成商品。要变成商品，只能去市场。中国目前还没有一个全国性的综合性大市场，所以目前只能搞局部的、区域性的小市场。有了市场，农民养鸡就放心了。没有市场，养的鸡、生产的鸡蛋，只能自己吃，再就是送人。

开辟市场，建设市场，靠农民本身不行。这件事，还要靠我们政府。改革改到今天，政府职能转变是个很迫切的问题，组织和建设流通市场正好给政府转变职能找了个入口。我们政府吃官粮的人，不能老是坐在那里吃官粮啊。我们总要做点促进生产的事情嘛。政府出面，搞活流通，服务于生产，推动当地经济发展，不光是老百姓受益，政府也可以提高税收嘛。

一个传统里边的农户，靠着它的劳动力，靠着它从传统里边继承下来的东西，也靠着政府的服务，找到致富的路子，改善了生活，这是我们中国当下每天都发生着的事情。我们要尊重农民的创造性，及时给予鼓励和总结。他们致富的办法，不是我们这些人发明的，是农民在实际生活里边找到的。他们一定能找到，道理很简单，农民自己想发财嘛。

我们要做的事情，是给他机会。给他路子，他就来了。他有积极性，有要求，我们做事情要符合他们的要求，支持他们的积极性。你给了他条件，他的积极性就会发挥得很好，发展得很快。你们都是做实际工作的人，我没有参加实际工作，所以你们应该比我的感受更深刻。

如果说农民的积极性给你们带来了压力，给政府带来了压力，这不是坏事，是好事。这种压力会变成政府转变职能的动力，让政府变成一个服务机构。政府把服务工作做好了，庭院经济就会上一个台阶。

庭院经济阶段，是一个初级阶段。农民通过搞庭院经济，开始富起来了。富起来以后，会有新的问题。我在那里看农民养鸡，就在想，假如发生了鸡瘟，他该怎么办？一旦发生这问题，就不得了，全部就损失了。我也看过农民养兔子，也有这个问题，瘟瘟就完了。

我们这个服务体系里边，必须有很好的科学知识，有掌握科学知识的人。问题没有发生之前怎么防止，问题一旦发生的时候怎么办，都需要有专业人员来教他们。

假如没有这样的机构、这样的人、这样的服务工作，不为他解决问题，农民的积极性就会受挫折，挫折挫折就没有了。

鸡呀，兔子呀，猪呀，鳖呀……都死完了，那他就该骂你了——都是你想出来的，让我养鸡，养兔子，养得我赔了本，什么都没有了。农民就是这样看问题嘛。他这样看是有他道理的嘛。

所以我们一定要跟得上！庭院经济发展起来了，我们的工作会很紧张，要赶快把服务体系建设工作跟上！服务体系需要科学知识，需要技术人员，需要其他条件，需要很多资源，这都是政府该做的事情，政府的责任。要出面组织，要培养专家，要联系科研机关。这样也就可以把科研机关搞活了。我们就这样一关一关地过，整个局面就活起来了。

你们这里的这项工作，你们叫"富民工程"，很好！名称不要紧，要紧的是农民增加收入，真的富起来。从你们的话里听得出来，工作推进得很顺利，你们的压力也越来越大。这是好事情、好苗头，是政府真的转变职能和农民真的富起来的苗头。

富民的门道很多。除了庭院经济，劳务输出也是一个好路子。河南是人口大省，劳务输出，你们也有优势。现在需要研究的问题，是怎么组织好劳动力输出。这就又要说到加强服务机构的建设,为"富民工程"做好服务。这里边包括科技、管理等等。首先要保证他们去得安全,到那里住得安全,吃得安全,工作得安全。这也是服务体系的一部分。

我到广东一个叫"清溪"的地方去调查,住的招待所里边,有不少平顶山人。平顶山就在你们附近吧?走出家乡,到另一个省去赚钱,也是增加收入的好办法。我说一个家乡的例子。江苏镇江养鳗鱼的人,到广东中山县去,租了很多地,做成大大的鱼池,养鳗鱼。养出鳗鱼卖到哪里去呢?卖到日本去。日本人喜欢吃鳗鱼。

我们的鳗鱼出口,价钱很高。养鳗鱼的人做了三五年,产值就搞到了十几亿。他用长江里边的鳗鱼种、苗,广东的地、水、温度,甘肃的土豆(做饲料),日本人的胃口,组合起来一个产业,短短时间做得很大。日本人知道他发展起来了,就来同他合资。他引进了外资,发展前景更好了。这是一个从农业里搞出工业的好例子。这个例子的特点,是走出家乡,空间组合,把牌子打出来,吸引外资。

从上次人大常委会开完到现在,我在外边跑了一个多月,看到了很多新气象。第一个是沿海地区发展起来以后,资金向内地流动。劳动密集型的企业,在珠江三角洲和长江三角洲一带,有点待不住了,要向内地转移,扩散,降低它的生产成本,形成了一个方向。它第一步是向附近地区扩散,在省内扩散,第二步就是超越行政区划、跨省区扩散。对中部地区来说,包括你们这里,这是个机会,要抓住它!

抓机会的一个办法,是发挥你们这里出去的打工妹的作用,请她们把当地的企业引进来,关键是把发展经济需要的钱引进来。她在那里打工,已经认得人了嘛。你们政府的干部同打工在外的乡亲结合起来,她们找关系,你们给政策,两方面结合起来,就有可能把事情办成。

我在清溪访问的时候,就在那里想,这些服务员天天在那里接触这批人,接触的有些还是高级干部。她们如果肯为家乡出力,想办法把那里的劳动密集型企业拉到家乡来,不是很好吗?

外出打工的人，等于是你们通往外界的一个渠道，这个渠道应该充分利用起来。信息及时沟通，平时关系搞好，赶到这个时候，正好发挥他们的作用。

往后三到五年，沿海地区的企业要向内地大规模投资了。所以说，吸引他们到内地来，不光是你们发展的需要，也是他们自身发展的需要，是双方都有利的事情。

这里边，有一个经济规律在起作用。你们这里，劳动力便宜嘛。现在一个工人的工资，大概每月一百几十块钱。广东要 400 块钱左右，香港要 6000 块人民币左右。香港的劳动密集型企业，差不多已经抽空了，都在前些年到了广东了。现在又是一个阶段，广东的劳动密集型企业也要出来了，要往你们这边来了。这是发展机遇。

机遇不是空的，是很具体的机遇。机遇要有路子、要有渠道，渠道要畅通。我们要善于培植渠道、利用渠道。要从沿海地区扩散过来的企业，最后落脚在哪里，要看那个地方的发展程度。

投资的人不是做慈善的，也不是光讲交情的，他最终是要赚钱的。他会做比较，是到焦作、漯河好呢，还是去陕西好呢，还是湖北武汉好呢？他会考虑得很具体。能落脚的地方很多，那么之间就会有竞争。竞争的一个办法，就是发送信息出去，打名牌。比如我漯河有"富民工程"，老百姓有钱，有消费能力，你来这里可以赚钱。他听你说得有道理，看看说的是实话，那么他就来了嘛。

你们这里的"富民工程"，一个办法是发动群众。这个方面，我们有经验、有传统，是我们熟悉的工作方法。可以利用老经验、老办法，搞"富民工程"。可是到下一段，怎么引进外资，引进沿海地区的企业，怎么发展本地工业，就是新问题了，就是我们以前不太熟悉的方面了。

一家一户搞发展，总还是个起步的、初步的样子，不能停在这个阶段上。有了这个基础，有了资金积累，就到了发展工业的阶段了。从庭院经济基础上搞加工，再从加工阶段上升到一个高级的、规模更大的工业体系。

这个工业体系，同庭院经济并不矛盾，同家家户户的联系也很密切。到这个时候，庭院经济还在发展，它可以提供原料。初步加工也还在发展，它提供初级产品、粗加工产品。到该出精品的时候，就到现代工业体系里边来了。

所以，你们要结合当地情况，充分重视科学知识和技术。比如昨天晚上我们吃饭的时候，有人说现在已经可以把蝎子毒提取出来，制成药品了，可以帮助治疗癌症。这种高科技的东西一出来，就不得了。你们把新技术抓住，把智力资源抓住，把民盟抓住，把这个方子给我们，我们帮助你们搞，搞出来的东西，含金量高得很哪！会像养鳗鱼、搞鳗鱼加工一样，十几亿就出来了，可能比鳗鱼还厉害！

所以说，要看准时机、看准要害，抓住有知识的人。我们到上海去，他们说，上海发展需要社会学了。人同人的关系很难弄，他们需要深入研究了。社会在那里发展，每一个时期，都需要一种东西跟上去。在一种社会发展的需要到来之前，你很难想到有那种需要，想到了也没有用。可是那种需要就要来到的时候，我们需要早一点看出来，先走一步，那就得了便宜了。

竞争嘛，讲究先后，先下手为强嘛。你们漯河要发展，其他地方也要发展。发展里边，会有一个竞争。要想在竞争里边占领先机，得到好处，需要培养几个东西。在中部地区，你们条件不错。现在你们在争取上边给的政策，要办"试验区"呀，办"内陆特区"呀，这些事情我不反对。但是这些都不是根本的东西。根本的东西，是你们自己积累起来的力量。这个力量有了，那些东西自己会来的。

"特区"是个空牌子，光是一个空牌了，没有用的。厦门也是特区，同深圳比，差得远了嘛。有个牌子是好事，可是光靠牌子还是活不了。所以我赞成你们集中心思搞实力，搞流通，搞渠道，搞市场经济。这是真正有用的东西。

我对社会主义市场经济并不懂，但是我从实际当中看出来了能真正发展起来的路子、例子，看了大半辈子了。看得多了，有个体会，就是要看得远一步。走着眼前这一步，在现实中准备条件，准备走下一步。

我的基本意思是，真正地脚踏实地去做事情。"富民工程"的路子我完全同意。富民的问题，我考虑了几十年，也到处去看。这几年主要看中部地区，在不同地方看到了很多例子，实质是一个意思，都在向富民的路上走。你们走得比较快，是因为有计划、有秩序，大家团结一心，才有了今天的成绩。可是这是初步的，还需要下一步的巩固和发展。

下一步发展需要政府继续推动，政府也会在推动"富民工程"中找到一条自己改革的道路，搞出来一个为人民生活提高的服务体系。一浪推一浪，越推越高，也会越推越难。做干部不容易，但还是要做。做出来一个中国的新局面，还是很有意思的。

我愿意支持你们，你们有什么需要的可以找我，找民盟。我们会尽力量。

4月26日　漯河

上午，费老访问临颍县南街村。

王洪斌汇报该村发展简况。费老说："抓农副产品深加工，走对了路子。"

王洪斌表示，请费老做"荣誉村民"。

费老说："不当村民也一样，就当个外来打工的好了。"

4月27日　新密

早饭后随费老乘车往新密市。

上午在市里听该市领导介绍情况。与袁庄乡领导商定费老下午访问农户诸事。

下午，费老实地访问袁庄乡方沟村村民杨发有家。

杨家很有意思，除养牛养羊之外，还有好几代的生产工具共处一堂，且各自发挥作用。有百年以上的单人人力织机，还有不同时代的独轮车、磨粉机、榨油机……费老看得兴致勃勃。听说杨发有曾经当过教师，费老拍着他的肩膀说："咱俩一样啊。"

4月28日　郑州

上午与中共河南省委、省政府领导座谈。

下午先到民盟河南省委机关座谈。费老谈到的两个话题是：民盟组织要帮助盟员发挥专长；民主党派要成为共产党和人民群众的桥梁。后往越秀酒家，费老谈中国传统商业道德和文化，由此言及人与人之关系、文化的实质等问题。

晚饭后随费老乘10次特快返京。

6月8日　从北京到贵阳

随费老赴贵州。乘西南航空公司波音飞机，中午1时多起飞，3点半抵贵阳。入住贵州饭店。

贵州省委书记、省长等当地领导来看望费老。先生说起他50年代初期来搞民族识别的工作经历，兴致很高。

晚上看过电视转播足球赛后，费老谈此行写文章的概要。

主题词是：民盟、扶贫、少数民族、特产、交通、市场。

6月9日　从贵阳到毕节

早8时，随先生出发离开贵阳，中午抵黔西。

考虑先生年事已高，饭后略事休息。下午2点半启程，继续赶路。

在大山中转了整一天，晚近6时抵达毕节。

过大方时，随先生参观奢香夫人墓。先生在奢香夫人墓前说："我同少数民族感情很深。"

6月10日　毕节

座谈会上，毕节地区领导向费老汇报工作后，先生说：

说起毕节脱贫、发展的事情，我首先想到的是交通。这里属于西南地区，我曾经设想过一条西南丝绸之路，南边的丝路。为这个路，我写过好几篇文章了。

我去四川的攀枝花，从那里出去，一直到缅甸，是中国发展大计里边需要考虑的。我写文章，提出的是个意思、是个设想。现在好了，要具体化了。

这条路上，宜宾是个很大的码头，泸州也有码头。把这条路修通，是个大事情，是条富民路。为这条路，扶贫委员会要出面，我们可以去联系扶贫委员会的主要人物，同他们讲一件，请他们出来支持这个事情。其他支持力量，我们还可以动员，还可以请中央注意这个事情。

当然，具体的决策、决定，我不敢保证。我们只能尽量做。这次考察结束后，我们商量一下具体做法。回去之后，看看怎么能做到最好、最快、最有效。

毕节这里，我第一次来是四十多年前。加上50年代来的一次，这是第三次来。这一带的大方、织金、纳雍、赫章我都去了，水城也去了。现在水城通铁路了是不是？所以，我很早就和这条路有缘分了。早先看到的景象我现在还记得。那时候这里荒凉得很，汽车跑半天都碰不到人。只有几家仡佬。你们知道，仡佬族的日子苦得很啊。从织金到纳雍，路上碰到的主要是仡佬族的同胞。

后来，我听说水城要搞一个工业中心。是不是？提出这个事情，是在70年代。我听说了，没有能来，有别的事情，是政治方面的。我被打成"右派"了，不好出来了。所以，我的贫困地区调查断了一段。但我还是很关心这块地区的发展。在我们国家，贵州地区可以说是一个最穷困的地区，一个少数民族地区。

到80年代，我恢复了正常工作，又可以做调查了。所以我就又到这一块地区来，可是没有时间到这里来。这次能来了，时间又太短了，不能多看一点地方。好在这里的基本情况我知道，还记得，这次强化一下，回去好为你们出点力。不光是为你们，也是为国家嘛。

为了少数民族地区的发展，我们把这条铁路搞通，及早搞通。这个事情势在必行啊，必须做的事情。不管怎么样，要做出来。我们争取做得早一点，提早实现这个计划。这是我的一个希望、一个决心。

这次来，我想到几个问题。第一个就是交通问题，具体说，铁路问题，一路都在想。很快就到21世纪了，我们的少数民族地区的实际情况，距离现代化的差距很大呀！

少数民族地方的情况，我比较熟悉，所以有点担心。

要解决少数民族地区的穷困问题，困难很多，要做的事情很多，我们要清楚应该从哪里做起。所以我说，第一个问题就是解决交通问题。交通不通，别的事情都很难谈得上。用力没有效果。少数民族为什么穷困呢？这要说到历史了。历史上的原因，把少数民族挤到边远地区了，挤到山地里边了。他们要到不通路的地方才安全嘛。

交通闭塞，过去是保护了少数民族的存在。外边人进不来，他们才能站住脚。现在不一样了，外边的人要帮助少数民族摆脱穷困，发展起来，没有路，就成了障碍——山川阻隔嘛。这就要首先通路，没有路怎么发展嘛。对不对？这是一个关键问题。

四川、贵州、云南怎么能更便捷地连接起来？我在想，还没有想得很好。毛主席也说过他睡不着觉嘛，说的也是这条路的问题。他想的是大西南的发展问题怎么解决，非得有这条铁路不行！

有了这条铁路之后，我们还要接着做交通的事情。通了铁路，就要通公路。有大动脉，也有毛细血管，把少数民族地区逐步打通，都联系起来。

回头看历史,诸葛亮到这一带来,同中原对峙了多少年。为什么他能站住?一个原因,是他发展交通,搞起了栈道,还发明了木牛流马。实际上就是一种独轮车,当时很便利的交通工具、运输工具。有了运输工具,军需就可以保证了,就可以有把握打仗了。这是他的第一个问题,解决得不错。第二个问题,是民族关系问题,也解决得不错。人心稳定,民族和睦,为得天下打下基础。

诸葛亮的历史贡献,要我说,主要有三条:一是借用了水利条件,二是解决了交通问题,三是维护了民族团结。你们看《三国演义》电视剧了没有?我看它写得不够好,没有突出诸葛亮这三条贡献。水利、交通、民族团结这三条,现在也是我们发展西南地区的关键。

现在水利问题基本解决了。利用水来发电,利用电来带动我们的生产,发展经济,这一点,你们已经做得不错了。第二条是搞通这条川滇铁路,从成都到昆明。为这条路,毛泽东说他睡不着觉,我们一般很难体会他这句话的滋味。那时候,钱不多,难处大,的确不容易。但我们还是把这条路搞通了。

这条路是主动脉,开发大西南的主动脉。可是光有主动脉不行,还要有支脉才行。支脉的意思主要是要能通长江。有了长江水运,你们的东西就可以出去赚钱了嘛。离你们最近的枢纽,大概是泸州、宜宾。要是能接通宜宾的码头,贵州可能就有出路了。这是个大的方针。

我这两天看了一些地方,主要走公路。你们这里,搞公路很不容易,可是的确搞得好。一个好办法是"拱路"。用"拱路"的办法修公路,就是努力往前做,造成既成事实。搞了一半了,非这么做不行了。公路没有铁路好,可是没有条件搞铁路的情况下,要交通,只有搞公路。

以前,从贵阳到昆明,不走毕节对吧?我参加中央民族访问团来到贵州,第一次到草海,威宁的草海,进到村子里边去。去的时候还没有下雪,回来就下雪了,还下冰!路都走不成。靠大的卡车走。我在赫章住了一个晚上。车子不能走的时候,我们就走路。队伍里还有一个老先生,叫吴泽霖,和我们一起穿草鞋,走到毕节,就有人到山下边来接我们了。我现在还记得。

那时很苦,我们没有东西吃,老百姓也没有东西吃。村子里的人都病了,当地人告诉我们,不能住在村子里了,我们就在公路道班的房子里过夜。那时候我只有四十几岁,很能吃苦,体力也好。现在不行了,现在上台阶都要有人扶着了。那时候,毕节到威宁的路是通了,可是不好走,颠得厉害。一下雪就封山了,路就不通了。就在这种条件下,到现在,这里的老百姓过了40年了。

40年里边,很多方面有改善,比如房子好了。今天上午我们去看苗族同胞,我说你们的房子比过去好了。现在是砖瓦房了,墙面干干净净的。旧的房子还有,还能看到,那比今天上午在苗家看的房子差了好几代了。

我们还见了一个企业家,苗族的。他搞了一个企业,带动了一方百姓脱贫。人均收入一千多块钱,比贵州的平均水平要高一点了。这个企业没有什么新技术,就是用老办法,它就是造砖嘛。窑也不是新式窑,就是老窑嘛。企业家就发动老百姓,把他们的劳动力和土办法结合起来,变成砖,卖给人家造房子。这就赚钱了嘛。

少数民族肯劳动,可是劳动价值很低。把零零散散的劳动力组织起来,用大家都熟悉的土办法搞生产,提高劳动价值,增加收入,这是穷地方脱贫致富的一个好路子。我在很多地方都看见过这条路子。我们应该从这里边学到一个经验,就是我们的本钱还是在老的基础上边。

我们长期生活在土地里边,不能指望一下子就飞到天上去,不能一步登天。我们的目标是现代化,可是要一步一步走过去,不能脱离实际。我们要做的事情,应该是群众能接受的,稍微学学就能做起来,通过他们的劳动，把身边的资源变成财富。

我们今天碰到的这位企业家，是全国劳动模范。他找到的就是这个路子。他不是有意找到的，可是他愿意为别人着想，愿意想办法帮助穷人脱贫。这是我们中国老百姓的好品德，是少数民族同胞的好素质。他不是只管自己发财，还想到了帮助别人脱贫致富。对不对？他是吃过苦的人，就懂得吃苦人的苦处，就能体会别人的苦处，自己好了，还想让大家都好。有这个心，还有这个能力，结果大家就真的好起来了。

农民离开田地做事情，有一个方便，他有地。事情做得顺当然好，万一不顺，有了困难，他可以回到土地上去，还有生路。我去看一个钢厂，他们讲得好，说我们现在是工人，有工做，我们就做，没有工做也不要紧，我们回去种田嘛。

让种田人去做工，是什么意思呢？就是尽量利用剩余劳动力，提高劳动力的价值，增加劳动者的收入，提高生活水平。这一点，光靠群众自己不够，我们当干部的要多动脑筋，多想办法，帮助他们找到合适的路子。

这方面，那个劳动模范可以做我们的榜样。他就是找到合适的路子，做建筑材料，把群众的劳动力变成了财富。在我们国家，建筑材料是这一段发展里边长期需要的一个基本产业。就是造房子嘛，下一步的发展里边，还要造多少房子啊！

这是人民生活的基本需要。先是吃，吃饱了穿，吃饱了也穿好了，第三步就是住。昨天我一路在看，这里的老百姓现在穿得也不错了。尤其是小孩子，穿得都像城里人了，真是漂亮。可以说，这一带，穿的水平大有变化了。要想看到破破烂烂的衣服，不多了。接下来就是解决住的问题了。

解决住的问题，首先是建筑材料啊。今天我们看的三个地方，都涉及住的问题，一个是水泥厂，是解决住的问题。一个是造钢筋，也是住的问题,现代建筑都需要钢筋嘛。再一个是造砖瓦,更是造房子的普遍需求。这一类企业的产生、运行,说明住的问题还没有完全解决。解决这个问题,现在已经很迫切了。

现在的毕节城市里边,我也留心看了。还有老街、老房子。我在40年前看见过的街和房子,这次又看到了。可是新建筑起来了,甚至开始有楼房了,有高层建筑了。这是90年代以后的新气象,是全新的建筑了。

还有旧的,要建新的,新和旧的关系怎么处理,是你们市里边要考虑的一个事情。

不要紧,也不要急,先把新的搞起来。对旧的,不要一上来就想着拆,不要拆得太厉害。还能用的就用,这样能省一点。我们穷嘛,穷就只能"穷搞"嘛。面子不好看,不要紧,我们讲实惠,让老百姓得实惠,这也是面子,是大面子。

俭朴是我们的传统美德,美德不是很大的面子吗?

有的地方拆了造,造了拆。像我们江苏,房子建了两三年,一看,不对了,拆了再造。那不是浪费吗?我们穷,我们不能浪费。仅有的一点本钱,要用到紧要的地方。当前紧要的,就是修路。解决我们这里穷困问题的关键,就是发展交通。

我们要学习诸葛亮。另一个要学的,就是奢香。奢香夫人的历史功德有两条。一个是交通,一个是民族团结。奢香不错,明太祖也不错,都是有眼光的。他们讲好了,那个地方,你自己治理,我们和平相处。那时候还不是相互平等,而是和平共处。

你懂得那地方怎么管理,我不去干扰你,你自己管理自己。

不要随便去乱改造人家嘛。这是区域自治的开始。

在这个基础上,解决交通问题,开出这条路。从贵阳到毕节,七个驿站,建设起来一个交通系统。有了驿站,人可以住了嘛。马帮可以歇脚了嘛。草料、粮食可以供应了嘛。明太祖和奢香合作,搞出来了这条交通要道。所以，毕节有今天，我说要记得奢香夫人第一功。

奢香夫人的功劳是两条，一是解决了交通问题，二是解决了民族团结问题。和平，协商，解决了不团结问题。到现在看，这也是民族政策里边主要的一条。

现在叫开发。民族团结，要有交通条件。不能交往，怎么团结呀？先是把路修通了，再就是把人的思想搞通了。有了路，就有交流的物质条件了。愿意来往，就有交流的心理条件了。这就可以实现民族之间的相互交通了。

毛主席定的民族政策是好的。改嘛，是要改的，但是不要我们去改人家。不是要汉族去改彝族，彝族去改苗族，苗族又去改哪个族……那就不得了了。各个民族都来尊重别的民族的风俗习惯。需要改的地方，由谁来改呢？自己来改。不改就落后了，不改就不适合发展的要求了。把道理说清楚，相信他自己会改的。

我们是要慎重而积极。他要改了，我们给他条件；他不要改，我们不着急，慢慢来。

民族政策不能太急，民族地区的发展需要逐步积累条件。我们要积极地帮助，可是不能代替。代替出于好心，可是没有用的，有时候还会有反作用。要让他自己出来改。

今天看的这个例子，劳动模范，就很好。他是苗族，住在靠近汉族地区的地方，要同汉族人建立私人关系，比如互认义父义子，他们叫"老同"。我在瑶山里边还认了个"老同"呢。"老同"就是为了互相帮助建立的结义关系。他有困难，我去帮他；我有困难，他来帮我。

汉族内部一直有这种关系的。你们有困难，住在我家里，不要紧的。民族关系是从一个一个人出发建立起来的，不可能是空的。"老同"的意思，就是建立关系之后建立感情的，互相之间是认同的，是能够接受的。你帮我，我帮你，这样不同民族就共同发展起来了。

现在欧洲打得厉害，民族之间互相打，为什么？我说他是没有"老同"啊。可是我们有啊。我们国家，西南地区的民族之间，私人关系很厉害、很发达。这一带的少数民族，同汉族往来得多，而且是从同汉族做买卖开始的。

做买卖嘛，来了总要吃饭嘛，要住下嘛。汉族人住坝子，少数民族住山头。做生意，买卖之间当然会有矛盾的。矛盾怎么解决呢？靠私人关系。我们是"老同"啊，要互相帮助、互相理解嘛。这样大家才能多来往嘛。

实际上，允许外边的人进山做生意，把日用品带进来，把山货带出去，就是开放嘛。

小平同志的改革开放，也适用于少数民族地区的发展，是个方针。我参加西南民族访问团，我的上级就是小平同志。我们两个月要去开一次会的，开军政委员会嘛。小平同志在会上也讲这个话的。我们尊重少数民族，可是少数民族自己要改进。这是两个方面。我们越是尊重少数民族，少数民族改进得越快。这个话对不对？人家尊重我们嘛，所以我们要自己改嘛。

改的过程里边，因为汉族的经济、文化等条件比较足，所以可以提供给少数民族帮助。所以，说到修路，国家应该拿点钱出来，帮助少数民族地区的发展。总的看，汉族地区的钱拿来一点，投点资嘛。

上边是我想讲的第一段。下边我讲讲乡镇企业怎么发展的问题。

不光是少数民族，汉族也包括进来，就是一个农业地区怎么发展的问题，也就是农业里边怎么长出工业的问题。

首先要清楚，不能一步登天。

我这次来，了解到一点情况，你们这里的乡镇企业，主要是搞矿产。这是我们的老本，老天给的资源嘛。我们今天看的一对彝族同胞，他们也学会了搞企业，搞硫酸铜，靠地里边可以挖出来的东西。这表明，这里资源很丰富。

资源丰富，是发展一个地方的基础条件。从地里边往外挖东西，要一点技术、要一点科技。要想让少数民族地区一上来就搞很高的科技，那是不可能的。还是要实事求是。

最近开了全国的科技大会，要科技兴国。这样的大会，要产生实际效果，就要想办法把科学技术输送到民间，包括少数民族地区。这里边，知识分子的责任，大啦！

今天上午，我们在炼钢厂碰到的这个技术人员，是从重庆钢铁厂来的，重钢的副厂长。重庆人，把家都搬来了。知识分子下乡了。我们就是需要这样的知识分子，请他来，带着专业技术知识，到地方上来，变成一个宝。我看这个人很有希望。他在外边的社会关系不少啊。很多乡镇企业就是这样走出一条路。

他们做事情，发展生产，需要钱，哪里来？靠银行啊。"为银行打工"嘛。很多地方，银行的房子最好，怎么来的？很多有本领的人为它打工嘛。它把老百姓的钱借出去，赚大钱，第一个得好处。老百姓要想得到这个好处，怎么办呢？不找银行借钱，大家集资、凑钱、股份制……

当然，这就需要大家口袋里边先有点钱，没有钱怎么集资啊？所以，说到底，需要老百姓口袋里有钱。现在的问题是没有钱。从没有钱到有钱，怎么做呢？我说个路子，大家看看行不行。

我到中原地区，也是农业地区，看到几个地方做得不错，走出一条路子了。第一步，先是靠天，靠地。靠天吃饭，天就是祖宗留下的资源。靠地吃饭，地就是土地加劳动力。劳动力，大家都有嘛。利用现在发展市场经济的机会，搞出来有你这个地方特色的、有市场的、卖得出去的东西，进入市场，赚钱，富民。

我去看了河南的南街村。一个村子里，二十几个人，一开始是搞砖厂，烧砖，卖出去，用土赚钱。同今天见的你们这里这个劳动模范一样，搞烧砖。他们那里说是"玩泥蛋"。

"玩泥蛋"赚了钱，有了点资本，他们开始搞农产品加工，把面粉做成面条，卖出去，继续赚钱。他们说是"玩面蛋"。这比"玩泥蛋"高了一步，可是还没有停。

他们把大米变成米花，把米花加点糖进去，做成米花糖，又赚了钱。

他们又搞粮食的深加工，造啤酒，还是借着农产品加工赚钱，就这样进入良性循环，搞成了，这下赚了大钱。现在这个村子里有26个企业了，每年产值二十多个亿。

一个穷村子，十年，搞到这个程度，产值同你们这个地区差不多了。所以我希望你们去看看，参观参观嘛，怎么样从农业里边长出工业。

一开始用土赚钱，这就是天给的资源。哪里都有土嘛。加一点技术，普通农民一学就会的技术，再加上劳动力，把土加工成砖，不难嘛。他们那里当初穷得和你们这里差不多，可是现在富了。

你们这里，有的条件比那里好。我昨天吃饭，吃到你们这里的药材，中药材，天麻。我一听说吃了天麻脑筋好，我就要吃一点。谁不想脑筋好啊？这就是赚钱的门路啊。可是你们这里还没有为加工天麻搞出企业来。这就需要专家来帮助，需要知识分子的参与。

说到了吃，你们知道，我们家乡吃鳖，就是甲鱼。过去是直接吃甲鱼，现在换了花样了，叫鳖精。就是加点技术进去，变成粉末，做成胶囊，吃着更方便。中华鳖精也出名了。把鳖加工成鳖精，钱一下子就增加好几倍。这个例子和刚才说的例子一个道理，把农民组织起来，用当地资源搞加工，劳动力和资源结合，变成产值，增加收入，改善生活，让农民过好日子。

这一类的例子，我在中原看到了不少。从商丘往西走，开封、郑州，都有不错的例子。你们可以去看一看、学一学。就是这样的路子，不是照搬，是借鉴。

老百姓凑点钱，不要去银行借款啊。小规模开始。不要看不起它，只要能赚钱，它就能慢慢扩大规模。温州那个地方，老百姓开始的时候是从纽扣上赚钱的。多少个纽扣才赚一分钱，他们不嫌少，慢慢积累，后来赚了大钱。我去调查了几次，民间资本几百个亿啊！

只要能赚钱，增加收入，农民的积极性就高了。出去干啊，请教人啊，想办法啊，等等。我们的力量有限，你书记啊、专员啊，跑不了太多地方，所以要发动群众嘛。

你做好事情，群众有积极性。你帮他开路，把他们组织起来，出去学本领，学赚钱的本领，回来赚钱。也可以派人出去，到外边赚钱。你们这里现在有没有劳务输出？有多少人出去打工？听说有四十多万人，寄回来三亿多块钱。

中国人好啊！在外边赚了钱，先想到父亲母亲。不是自己在外边吃了、花了、赌了，而是省吃俭用，把节约的钱寄回家里。同时，他们也学到了很多本领。今天看的搞硫酸铜的，也是从外面学的本领。学一点，不难嘛。

群众有积极性，我们政府部门的责任，就是把他们组织起来。到南方去，到邻省去，比如四川，都可以的。派人出去打工，学点技术回来。这比开办职业学校学得还快，还实用。

办职业技术学校，是要花钱的。办学校，也好听，也好看，可是你要造房子，要请老师，要懂得教学规律，不那么容易。你派人出去，又能寄钱回来，又能学到技术。这一点，政府可以帮忙，也应该帮忙。是帮群众的忙，也是帮自己的忙。

这是一条扶贫的路子、脱贫的路子、致富的路子。政府工作，说到底，不就是让百姓过上好日子嘛！做到了，也是你的成绩嘛。

到外边打工，还能和当地人交朋友，建立私人关系，那就有"老同"了嘛。今天没有时间问他们了，你们帮我问问搞硫酸铜的小两口，怎么学的技术？有没有外边的"老同"？这里边有条路子的。这条路子不光他们能走通，很多人、很多地方都能走通。

我们做行政干部的，就是要对这些事物有一种敏感，看见了，就要抓住，总结，推广，让更多老百姓受益、得实惠。用行政的力量推动群众找出路,"走出去",建立关系,带动生产。每年派点人出去,等于派留学生嘛。你们试试看看,看行不行,看看效果。别的地方已经有效果了,出去打工的寄了钱回家,还学了技术,回到家乡还能教别人,还能创业,带动更多的老乡。

还要做的一个事情,是组织群众出去后,我们跟踪服务,争取不让出去的人在外地做不好的事。人虽然出去了,他的家还在这里嘛。你还有办法制约他嘛。

菲律宾派了大批的保姆到香港去,占领了香港的保姆市场。香港很多家庭需要管家嘛。每年有大量外汇进入菲律宾,靠的是他们派出的本土保姆。这也是个办法。利用自己的劳动力,利用发达地区提供的就业机会,让便宜的劳动力赚到更多的钱。这也是个路子。

我们内地出去的人,一般比较老实,靠得住。人家也放心。这算我为你们出的主意。你们试试看,有效果了告诉我。我希望你们能快点发展,老百姓的日子快点好起来。

因为这次考察时间紧,不能到赫章去。赫章的地方领导晚间来拜访费老。

先生为赫章题词:

> 外引内联,加快开发。脱贫致富,早奔小康。

先生为毕节题词:

> 解放思想,艰苦创业,努力建设好毕节。

先生于1951年在毕节搞民族识别工作,曾在当地交下一位李姓朋友。如今,李先生听说费老来了,表示想再听一听费老的声音,因为他现在已双目失明。

毕节领导将李先生接到费老住处。二老相见，兴奋异常，感慨万端。李老先生已九十多岁，头脑十分清楚，且对费老80年代以来的"行行重行行"多有了解。

送走老朋友，费老乘余兴谈50年代初来贵州搞民族识别的情景。先生说：

当时的民族识别，有一个题目就是"穿青"的来源和族属。花了半年时间，研究出他们是何时来的、为什么来的、怎么来的。为找依据，跑到坟地去看，石碑上有记载。结果知道第一批来自江西，是跟着朱元璋的部队来的。第二批移民来后，与第一批有矛盾，城乡矛盾。不是民族压迫，而是城乡压迫。

夜郎国一带，最早是"僚"，后来称"佬""仡佬"，被彝族吞并。

彝族的中心应该是在毕节，凉山是余脉。

6月11日　从毕节到贵阳

一天中乘汽车赶路，由来时原路返回贵阳。仍在黔西打尖。

先生在途中谈"毕节行"文章的内容和要点：

主要写民盟在少数民族地区的扶贫工作。

这里底子薄，穷，自身力量小。发展经济，一是我们要坚持民族政策，二是少数民族自己也要改革开放。目标是共同富裕。汉族也有责任帮助。

贵州这个地方，地势高低差别和气温差别都很明显。想办法在特产上做文章，可能是条路子。如种西瓜是个很好的实例。50年代初参加访问团和做民族识别时，就没有西瓜可吃。现在吃上了，是引进后试种成功的。

现在最大的困难是交通，修公路比平原难得多。没有交通，虽有特产，也不好发展。把交通解决好，把物产运出去，是根本出路。有了交通、矿产也可以开发。现在烟、酒是支柱，这不平衡。要加强农林、养殖，接下去搞加工。保护植被，发展特产，千万不能再闭关自守，满足于低水平的安乐窝。

总起来看，先修路，奠定运输条件，把特产运出去，和市场联结起来，搞活流通，形成网络。还要组织起来贩运队伍，像中原地区的"倒蛋部队"。历史上长期封闭，这一步不容易跨出去，但一定要跨。少数民族也要跟上历史发展，走出山门。和汉族密切关系，对少数民族有好处。少数民族也要现代化。

6月12日　贵阳

上午到民盟贵州省委机关，与盟员座谈。

费老说：我和贵州的关系比较深。1951年就和中央访问团一起来，宣传富民政策，促进民族团结，基本上跑了全省。后来又来过两次。这是第四次。

80岁的时候，我说自己志在富民。富民就是帮助处在贫困当中的人民富起来。我们国家，最穷的人，大多数是少数民族。云、贵、川这一带，由于历史的原因，少数民族的穷困人口还不少。我从80年代初开始，一直在各地帮助当地农民增加收入，提高生产力，也包括少数民族。对甘肃、青海、宁夏、内蒙古、云南、四川、贵州等地的少数民族经济发展现状有所了解。

我第一次来，41岁，现在已86岁，也想考验一下自己，看还有没有力量再来看看。国内发展不平衡，东部地区快得很，平均速度百分之三十几，苏州快的时候百分之五十几。有些地方不是百分比，而是几倍十几倍。

中西部地区比较慢。时间长了，会引起许多社会问题。虽然总是有先有后，但目标是共同富裕。这里边有个战略问题。民盟为努力缩小这个差距做了很多工作。最近我在北大学报上发表了一篇文章，谈到了这个问题。

下午3点半,在贵州饭店四楼第二会议室,省委书记刘方仁、省长陈士能向费老介绍贵州发展现状后,先生说:

这次来,本打算多看几天,但日程很紧,还要赶回北京开会,没法多看了。这几天得到的东西也很多。

这十几年来,我一直在各地跑,看得多了,可以比较一下。贵州有很大变化,变的主要是城市。中等城市如毕节,也有变化,幅度比贵阳小。再往下去,变得更小。我去看了几家农户,也有变化。有一户是苗族,养牛喂猪,有了收入,盖了砖瓦房,但房子里边没有什么东西。

看来,吃的问题基本解决了。1951年我们访问团是挑着米进村的。

穿的基本也有了。1951年访问团来演节目,山中下来的人来看,破衣烂衫,没有衣服穿。我让团里赶快用带来的布做衣服。如今民族服装很少见了。

住的也开始解决了。

完全没有变的,我想山里还会有。国家四十多年来的变化,从全局上看,变的主要是大城市。现在开始向中等城市扩散。小地方,偏远的地方,有变化,但是不大。

贵州省的主要问题是三个老问题。

一是水。不是没有水资源,而是缺乏利用,上不了山,用不上。根据黄河上游的经验,水的落差可以变成电,用电把水提上山去。

二是交通。可以学点历史经验。诸葛亮一到四川,首先解决交通问题。木牛流马和栈道两项,解决了军需。这次去毕节,使我想到了凉山。为什么?路不好。又一次尝到了在凉山行路的滋味。路是有,就是养护跟不上。这是管理问题。

宝贝这么多,就是出不去。出不去就不值钱。

没有流通,汉族人的一根针可以换少数民族几斤鸡蛋。

奢香夫人了不起,懂得彝族要开放,与汉人交流,去南京找明太祖,开一条从贵阳到毕节的路。明朝以后,这个地方就开发了。

三是民族团结。

这三条抓住了,西南地区才能发展,这是历史上的经验。这一点要大讲特讲,让干部们都懂得这一点。

交通干线是主动脉。抓主动脉的同时,也要抓微血管,形成网络。这里向南可以走广西,往北可以走长江,因为你们的东西不光是出口,也可以内销。内销是个更大的市场。

成昆铁路决定西南的发展,隆黄铁路将推动贵州北部的发展。

6月21日　北京

上午在办公室为《中央盟讯》写费老访问贵州毕节的纪实文章《一村一寨总关情》。

下午随费老往北大"社会—文化人类学高级研讨班"。费老为该班做首讲。题目是:从马林诺夫斯基老师学习文化论的体会。

北大电教中心304室。费老端坐讲台,不用讲稿,口若悬河,一气讲了两个多小时。讲到《论语》中"巧笑倩兮,美目盼兮,……绘事后素"的语句时,板书一直很自如的助手不知是哪几个字了。费老起身,亲自板书,十足大师风采。

坐在会场最后一排,录音十分清晰。

依据录音,费老即席讲话(先生自称"讲课插话")如下:

我们这次研讨会有不少特点。首先是老少咸集。从钟敬文老先生算起,从93岁一直到二十多岁,这些人会集一堂。如果十年算是一个年龄组,这个班一共就有八个年龄组。

老的少的聚集在一起,交流学术思想,可以说是个创举。实际上也可以说是一个"接班"性质的大会。我是八年级生,算是老班。老班的人有责任,把我们一生从社会人类学里边学到的东西,通过年轻人,还给社会。

文化就是通过老少相接，一代代传下去和发展起来的。时代在变化，老的所传下来的不一定都是对的，或都是有用的。但是如果没有老一班传下来的东西做基础，年轻人也不可能平地起家，创造新的。年轻人就要在传下来的东西里边善于挑选出到下一代还是有用的，好好学到手，再推陈出新，不断创造新的东西。所以说，文化是要通过传递和创造的结合，才能日新月异，自强不息。

这个研讨班还有个特点，就是参加的人多多少少都是学过一点人类学和社会学的，不全是生手。大家有一定的共同语言，再就是已经从这学科老前辈学到手的一些基础知识，这是一方面。另一方面，这个班的成员又来自四面八方，包括全国各地和东亚各方。

我们很高兴请到了我国两岸三地和日本、韩国的学者来参加主讲。他们在人类学这门学科里边可以说是老前辈了。年轻的一代人才更多，包括北京、上海、天津、福建、广东、广西、云南、湖北、安徽、贵州、山东、山西等省、市、自治区，真是济济一堂。

我在开班的时候，讲过龚自珍的一句诗，叫"但开风气不为师"。开创一种新的学风，实事求是互相学习的学风，不搞门户之见。龚自珍自诩"予生平不蓄门弟子"，意思是不按传统方式收门生。门户之见就出于过去的拜师收徒的制度。所以，"不为师"可以作不立门户解。我很赞同他这句诗的精神，反对传统的门户之见。

每个学者都可以有独创的见解。每个人对别人的见解都有赞同与反对的权利。认真求证，不唯上，不唯书，就不至于有门户之见了。

我今天讲的题目，本来想用"马林诺夫斯基——朴实的文化论"。后来，我觉得不妥当，因为我自知学力不够为马老师的"文化论"确定性质。我甚至对"朴实"两个字也下不了定义，所以决定改为"从马林诺夫斯基老师学习文化论的体会"。我是讲自己的学习心得。

我能理解的，又觉得我同意的，我就学。学了，用在自己的研究工作里；我不理解的，甚至我不同意的，我就老实说，学不来，我行我素。体会是属于我自己的，自己可以负责。我绝不愿意擅用老师之名，作为可靠性的根据去唬人。

另一方面，在这篇讲稿里，我又强调一个人的学术思想是有历史来源的。从整体上看，一代有一代具有它特点的学术思想，但同时又一代接一代，代代之间有密切的联系。这可以说是文化有世代继承的特点。

我强调了马老师是学术的世代交替中的接班人。尽管他在第一次世界大战后开创了人类学的新风气，但是这股新风气还是从19世纪末年西方风靡一时的社会演化理论里边脱胎出来的。我特别指出达尔文把人类拉回动物的队伍里。人类所不同于其他动物的特点，还是从原有动物的生物基础上演化出来的。马老师的文化论，其实也是想把人类文化的特点回归到生物基础上去。所以，我在讲稿里说马老师是达尔文的传人。

过去曾流行过一种看法，觉得人类是宇宙或上帝的特殊产物。人类和其他动物之间是断链的。这些年对动物行为的研究，确实把人类和其他动物之间的差距越来越缩小了。人类可以说只不过是宇宙演化这一链条上的一个环节。前面和其他动物密切相接，而且后面也可以说还可能有新的生物，甚至比生物更高的东西演化出来。

这样的看法，并不是否定人类有自己的特点。文化正是人类比其他动物更为发达的一个特点，发达到了值得专门加以研究的对象了。

把文化看成是个由人类自己对自然世界加工创造出来的、为人类继续生活和繁殖服务的人文世界，是马老师文化论中的一个基本见解。这个观点也不能说是马老师的创造。在西方，自从达尔文否定了人类是"神造"的宗教观之后，这种观点必然会产生的。我联系到我们东方，在民间信仰中不能说没有"神造"观念。盘古丌天地的传说传播很广，但是没有像西方那样异化为宗教信仰。在中国早年，比较朴实的文化论似乎更容易为普通人所接受。

我偶然翻阅孔子的《论语》，有一条"子夏问曰：巧笑倩兮，美目盼兮，素以为绚兮。何谓也？子曰：绘事后素。曰：礼后乎？子曰：起予者商（子夏）也，始可与言诗已矣"。这一条是说孔子的学生子夏，提出一句诗，问老师做何解。孔子说："绘事后素。"子夏接着说："礼后乎？"孔子表示，子夏明白了这句诗的意义了。

他们说的"礼"，就是我们现在说的"人文世界"。人文世界是后来人造的，是画在朴素的原本上的东西。"素"，可以说是没有加工的自然世界。我觉得，这一段对话，很可以帮助我们领会朴实的文化论。这种文化论，在我们东方是早就有的。

我把子夏说的"礼后乎"作为人文世界后于自然世界，目的是想说明马老师的"功能"观点并不是难懂的。我们在生活中到处都可以看得到。

我喜欢举个现实经历来做例子。今天上午，我们要为开办这个研讨班举行一个"开班典礼"。这个场面大家还记得。这一套集体活动就是"礼"，而且是现在还到处通行的集体活动。所以可以说是"礼俗"，也就是钟老师研究的"民俗学"的一个活对象。

这种集体活动，并不是出于这一群人自发的活动，而是有相当复杂的机构规定的。预先安排好，而且还印在这个研讨班的"学员手册"上。这套集体活动又有一定的"约定俗成"的规矩，甚至谁坐在哪个位子上，谁先开口说话，都有安排。可以说是"有秩序"的社会活动。

我并不知道在座的各位注意到没有，在一定意义上，这是个马老师文化论的具体示范表演。如果有人预先读过马老师的《文化论》，一定会明白我们的确一丝不苟地在按着他分析的"文化表格"来排演我们的行为。

这个"典礼"很明显有它的"功能"，起着相当重要的"作用"。通过这个典礼，首先给这个"研讨会"一个公众的"认可"。马老师喜欢用"charter"这个词，你看，在典礼中从中央的主管部门到北京大学的校长，都表了态，"认可"的分量真是够重的。还有像钟老这样代表老一辈，93岁高龄的学者来"支持"，够高规格了。同时又有各位的祝词和发言，念念有词地在会上散布了一种笼罩了与会者超个人的团体意识和热情。涂尔干那一套理论几乎全都用上了。

也许更重要的就在成员心理上的"接班心情"超过了一般世俗性的参与，上升到了心灵上的体验。看来"典礼"是有社会意义的。大家回顾一下，再加上功能派文化论的说明，大概能领悟到这一点意义。这是一回民俗的表演，是生动的一堂《文化论》的讲课。

我在讲稿里边用了几个章节写马老师这个人。今年的《读书》第五期上，有我发表的一篇文章，叫《晋商的理财文化》，提出了一个"三才分析法"，意思是我们如果要理解一件事，或一个人，可以从天、地、人三个方面去进行分析。天、地、人就是传统的所谓"三才"。

天时是指历史的机遇，地利是指地缘优势，人和是指个人在人际关系中的地位。我在讲稿里对马老师也用了这个分析法。我分析了马老师所处的时代，正是在两次世界大战之间。他踏上社会人类学的讲台时，世界形势正在大变。英国帝国主义开始走下坡路，殖民地的人民开始要摆脱殖民统治了。这个形势使得人类学在老路上走不下去了，正在呼唤新的一代。

马老师是出身于波兰又受过欧洲大陆文化中心德国的教育而转入英国LSE的。LSE在英国当时被认为是英国革新派费边社的思想中心。他既没有英国学究派的传统，所以有胆量在这座新兴的大学里举起反传统的旗帜。这可以说是地缘优势吧。他这个人是个英国的外籍学者，波兰人。波兰又是个遭受强邻德、俄拉锯的地带。他对英国殖民地上的土人的同情心，可说是从他的身世带来的。

我这样分析的目的，是要使大家看到所谓学术也是文化的一部分，离不开当时的政治、经济和社会的局势的。人家称孔子是圣之时者也。这个"时"字十分重要。一个人能成为一个时代的大手笔，可以说是时代造成的。我记得清朝有个诗人叫黄仲则（景仁），他在经过李白的墓时，写过几句诗，我一直记在心里。他说李白"醒时兀兀醉千首，应是鸿蒙借君手"，意思是李白的这些好诗不是李白这个人自己可以写得出来的，而是喝醉了酒"鸿蒙"借他的手写下的。

"鸿蒙"可以理解为时代。我们是不是也可以说马老师那些动人的文章，离开了他的时代是写不出来的。马老师不过是时代要借他的手来开创人文学科中一代新风气。甚至也可以说，他如果更早地夭折了，时代还是会借着另一个人的手来当这个角色的。

这里我还要多说一两句，希望在座的年轻一代能看到当今的世界局势正在进入另一个更伟大的时代，一个出现"全球村"的时代。也许在这个时候，"鸿蒙"又在找它的借手了。我希望年轻人不要辜负了这个"天时"。我总有一种感觉，从区位优势来看地利，研究人的这门学科很可能要到东亚来找它的新兴宝地了。

机遇是存在的，但是要鸿蒙来借你的手，你得具备一定的条件。以我自己说，我就缺少这种条件。第一是在有条件打基础时，我没有好好用功，以致功底不足；第二是我被夺去了20年的学术生命，没有利用这些日子做我应做的事；第三是等到我看清楚这个机遇时，已经年老了，力不足矣。所以我至多做个传达这个机遇信息的人，而且抱着真切的希望，在东方，最好是在中国，今后在人的科学上能出现一个大手笔。

我不敢说马老师也会看到人的科学会在东方兴起的可能。但他对中国确是一直抱着不同寻常的幻想的。1936年他去美国参加哈佛大学的300年校庆纪念，在各国来的那么多学者中，他特别有意识地结识从中国去参加校庆的吴文藻先生，而且如果用中国话来说是"相见恨晚"。他听到了当时燕京大学的社会学系有一些年轻人下乡去做实地调查，即他所说的田野工作，感到十分兴奋。"社会学的中国学派"这个名词就是当时由马老师对吴老师提出来的。

说老实话，那时几个毛头小伙子连入门还不够格。马老师看到的是时代的可能性。如果吴文藻先生当年所设计的规划真能如期实现，在当时国际社会学界是担当得起"中国学派"这个称号的。

和马老师齐名的拉德克利夫-布朗（Radcliffe-Browm），1935年到过燕京大学，而且讲过课。我去了瑶山，没有和他会过面。这位大师尽管和马老师唱过对台戏，但是对于中国的社会人类学同样抱着特殊的好感。我后来听燕京的同学对我说，布朗曾说，社会学的老祖宗应当是中国的荀子。

我一直想好好读一遍《荀子》，来体会布朗这句话，但至今还没有做到，自觉很惭愧。布朗提醒我们，在我国的传统文化里边，有着重视人文世界的根子。西方文化从重视自然世界的这一方向发生了技术革命，称霸了二百多年。人文世界必须要依托自然世界，那是不错的，但是只知道利用自然来满足人的需要是不够的。自然世界要通过人文世界才能服务于人类，只看见自然世界而看不到人文世界是有危险的。这一点，人类在进入21世纪时一定会得到教训而醒悟过来。那时候，埋在东方土地里边的那个重视人文世界的根子，也许会起到拯救人类的作用了。

关于马老师把《文化论》的未定稿赠送给吴文藻先生，并同意先在中国出版。这一系列"不寻常"的事，是值得我们深思的。我在这里不多说了。

在讲稿里，我只能着重指出一些马老师的《文化论》中我认为是比较重要的观点，每个观点都有不少值得推敲的地方。有些是由于我没有理解，有些是我对他的想法还没有想通。在讲稿里，我也提到这一类的例子。

例如，我对马老师的"需要论"，一直觉得他太偏向于基本的生物需要，把那些由于人和人集体生活里产生的社会性的需要，称作是"衍生需要"。在我脑中，基本和衍生的提法，有着主次的层次。因此我就不同意一些维持社会存在的需要，比如"世代继替"，被看成是衍生的或次要的需要。很可能是我对马老师的需要理论理解得不全面，所以想不通。既然还没有想通，我就不能盲目地接受，所以我在写《生育制度》时，就跳出了马老师的需要有三个层次的理论。

我讲这段经过，目的就是我想表示我不主张唯书和唯上的思想方法。自己的思想自己负责，可以是正确的，也可以是错误的。根据事实说理，是做学问的道理。

这里，我可以附带讲讲我90年代的写作倾向。90年代，我是80岁以上的人了。我曾在别处说过，到了80岁，即使不服老，也得承认年龄不饶人。体质衰老是生物规律，是主观上改变不了的事实。因此，我常常想到，应当在还活着、还能进行脑力劳动的日子里，赶紧把过去已经写下的东西多看看，反思反思，结结账。

从1993年苏州会议上宣读的《个人·群体·社会》开始，我一连写了好几篇比较长的文章，都属于"算旧账"的回顾和反思。这次写对马老师文化论的体会，也属于这个性质。我希望还能写下去。我想结合《江村经济》写一篇关于马老师论社会和文化变迁的文章，还想结合《乡土中国》写一篇关于社会学中国化的文章，还有其他文章，慢慢来。

我觉得这种回顾和反思性质的文章对我很有好处，也可以说是"需要论"的实践吧。人老了，多少有一点懒劲，能不做的事，懒得去做了。要克服这股懒劲，就得施加一点自我压力，使得我这支笔不致搁着不动。

回顾和反思，也符合老年人的心态。别人讨厌老年人的就是多说旧话，絮絮不休。我不妨利用这种啰唆的老态，变成用文字代替发音，别人不喜欢看，合卷可也，不致打扰别人。

希望这样的高级研讨班明年还能继续办下去。更希望我还能出席、发言，和大家再见。

7月14日　北京

为缓解贵州交通问题，费老拟分别写信给铁道部和江泽民。

昨草成两信初稿，今携稿往费老家中，请先生修改、定稿。

上二楼，到费老书房兼卧室，与先生对坐于书桌东西两侧。半小时内，先生改毕。

此时，公麟也为此事由贵州返京来先生家。公麟看过先生改出的两份信稿，建议"合二为一"。

先生说："江忙得很，恐怕没有时间看长篇大论。"

公麟说："费老写的东西，他还是会重视，会细看的。"

先生同意合二为一，对我说："那你今天晚上就要加班了。"

7月15日　北京

昨确定的"合二为一"，今凌晨3点半方告完稿。

下午3时，准时赶到费老家。公麟已在。

请先生看"二合一"稿。先生看过，未做改动，说："写得很好，像是我说的话，分量也够了。希望江泽民大笔一挥。到这条铁路通车时，我要坐着去一次。江的事情太多，希望他看到信就能被打动，一口气读完，印象深刻，快下决心。不然的话，一拖，压到成堆的文件里，就难了。"

说罢此事，先生嘱整理6月12日在贵阳与贵州省委书记、省长谈话中讲到的"穿青"来历一段，"先形成文字，不发表，等拿到真凭实据再说"。

后谈近期写作打算。先生说："我在高级研讨班开学那天讲了一段，话很重。前几天结业典礼（7月12日），我又讲了一段，也很厉害。我最近要写大文章，三四万字的，重磅炸弹！"

公麟对先生说我平时及最近几天的工作状态和吃饭、休息情况。先生说："这样好啊。就是要这个样子，多用些心思到读书学习上。"

9月16日至10月1日　访问江苏

计划路线：北京 ▸ 苏州 ▸ 靖江 ▸ 扬州 ▸ 南京 ▸ 北京。

下午，随费老乘31次特快赴江苏吴江。

吴江在先生学术工作中具有里程碑的地位。随其重游故地，近距离看他与江村、与家乡父老的情感，是多年的愿望。曾在《重访江村》一文读过先生写的重访现场，亟愿亲眼见证。

列车运行在津浦线上。听费老谈这次江村调查要点。

下午 14 时 40 分，列车准点抵达苏州站。随费老下车，乘接站车直往吴江，入住吴江宾馆。

9 月 18 日　1995 年吴江经贸洽谈会开幕

先生出席开幕式。未随先生去，在住处起草先生在民盟参政议政经验交流会上的讲稿。

下午随洽谈会代表访问盛泽、芦墟两镇。人员过多，跑马观花。原想好好领略一番盛泽"中国第一镇"的风采，安排的项目却不对路。败兴而归。

晚间写就先生讲稿。交给先生后，听他讲上午开幕式自己讲话时的趣事。

因有欧美客商，先生讲话时，会务方安排有英语翻译。先生说到"85 年前我出生在这里，85 年后重访故地，真是已有天壤之别"时，用"风水宝地"表达家乡的美好。翻译不知道用什么样的词语能比较准确地对译"风水宝地"，便敷衍了一下。先生一听，即刻自己直接用英语讲了几句。翻译一看先生英语纯熟，顿觉尴尬，乱了方寸。

9 月 19 日

上午，费老与吴江松陵镇的领导座谈。初落座，先生说：我 1910 年在这里出生，1920 年到苏州，离开松陵镇 85 年了。85 年里变化很大，农民现在的生活是什么样子？你们是我的真正的父母官，给我具体讲一讲。

中共松陵镇委书记嵇昌兴递上名片。先生看见"书记"头衔之外，还有"松陵镇农工商总公司董事长"的字样，便问：这个总公司是怎么运作？经营上有什么好处？对农民有什么好处？

嵇书记告诉先生，主要是根据苏南集体经济实力较强的特点，确保这部分资产的保值增值，帮助农民接通市场。

先生问及镇里的农民收入中工、农、副业各占的比例，问得很详细，说："这个问题我得问问清楚，弄得准确一点。其他地方很难弄得准，家里边问总归好问一点。"

镇领导谈到设立开发区和将来的镇区面积有八平方公里。先生问：对农业生产会有什么影响？一个农民靠现有的耕地，一年能留到手边多少粮食？得知500公斤后又问：每天吃一点，年底还能剩下多少？碰上荒年怎么办？

先生谈得兴起，提出"把太湖看成资源进行开发"的话题。先生认为，吴江可以利用太湖水的开发扩大生存空间。问：一共有多少水面？已经利用了多少？创造了多少财富？从捕捞到养殖，分层利用还能搞些什么？

问过后，先生嘱咐：明天去庙港，就可以具体了解、开始研究这些问题。先开个头。

座谈中，先生两次问：听得懂他们的方言吗？

座谈结束，随先生在镇里漫步。先生要找幼年所读雷震殿小学的旧址和自己出生的地方。六七十年过去，镇容情状变化巨大，颇不易找。后来根据一座小桥的位置，判断不远处就是先生出生的地方。遗憾的是当年房屋已无踪影，原址上建起了一座公共厕所。先生笑着说："这样也挺好，大家都方便。"

9月20日

早饭后，按先生要求，实地访问庙港镇和开弦弓村。

等车的时候，先生交代说：庙港原来是个渔村，现在已经成了个小城镇。太湖水面的开发利用，可以就从庙港做起题目，做得实一点。看看他们现在有什么副业,在水面上已经做了哪些文章。水产方面有很多文章还没有开题,看看在太湖上能做起来哪些。

9时许,随先生的博士生惠海鸣带来的车往庙港,见到镇委书记兼农工商总公司董事长庞启剑,确定近几天的活动内容。

午饭后,到庙港镇渔业村徐阿毛书记办公室,了解该村渔业生产情况,拟作为开发太湖水资源的一个实证研究案例。

渔业村是东太湖地区第一家进行太湖水面开发的村庄。开发始于1984年。全村360户中,有240户从事渔业生产。1984年,围网养殖是村里的集体项目。那时的背景是,国家初开放市场,不再统购统销,江苏省渔业管理委员会开始寻找开发水面的试验点。村里想干,村民心里没底,即以村的名义开始试验,围养面积为100亩。试养成功后,从1986年开始以个体渔户试养,亦成功。此后,逐年增加亩数,1994年达到最大值,为2000亩。1995年征特产税,养蟹每亩40元,养鱼每亩20元(以前只收水面费,每亩10元)。这样一来,农民负担加重,养殖面积减少到了1800亩。

徐阿毛说:

这几年渔民的生活好起来了,可是吃的是老本。近二十年,在太湖的野生捕捞产量逐年下降。1970年时可捕捞7000担(每担等于50公斤)。90年代初降低到5000担。1994年4500担。今年不超过4000担。太湖水产资源不断减少,人口却在不断增加。老本吃光了怎么办?所以开发太湖水资源势在必行,围网养殖就是一条路子。但是光小打小闹不行,光靠一个村几个村不行。政府要出面组织大家一起干。

徐书记所说,证明先生和一个最基层的农村干部想到了一起。

省渔管会设在苏州。该会表示,水面有限,因此限养。
养鱼户每户限10亩,养螃蟹每户限15亩。
收"马力费"。每匹马力10元。

一般渔船每船马力为 10 至 12 匹。

以现在渔户可掌握的技术，每亩水面养鱼可达 500 公斤，年收入约在五六百元。

沿太湖有 53 个渔业村。分布在江苏、浙江两省。

东太湖有 18 万亩水面，水深 1.5 米上下，开发潜力大。岸边的茭草和湖中的水草都是鱼和蟹的好饲料。

西太湖风大，浪大，水草少。水底土质硬，开发余地小。

围网养殖的风险，有风灾、旱灾、涝灾、高温，等等。

假种苗也害人。徐阿毛今年以 12500 元在长江边上买了一斤伪劣蟹苗，已全部死亡。

9 月 21 日

上午随徐阿毛乘汽艇进太湖，直至东山附近水面。实地察看围网养殖情况，顺带往庙港镇养殖场，了解内塘养殖方面的情况。

为方便向先生汇报，描述现场，拍了一些照片。

由徐阿毛介绍中知，东太湖吴县有东山、渡村、浦庄、横泾、越溪五镇有渔业村。其中，东山镇两个，其余四镇各一。吴江有松陵、宛坪、横扇、庙港、七都（与浙江临界）五镇有渔业村，其中松陵两个，其余四镇各一。

从东山的东茭嘴到七都的薛埠画出一条直线，就是太湖水面上江苏与浙江的分界。

从这条界线往东太湖湾里边的水资源开发，可在同属苏州的吴县和吴江两地搞联合试验。

下午由渔业村到开弦弓村。进入开弦弓村时，边走边想，哪里是先生当年走过的地方？

在路边桑田、村中民居、开弦弓汽车站、村委会等处拍照。其中一幅，图中集中了村中四代民居——草房、砖房、二层砖房、二层洋房。

村子南边建起了现代化企业，是江苏金蜂集团吴江丝纺公司。该公司另一块牌子是：中外合资苏州新英华服饰有限公司。据说这家企业的商标图案是先生的姐姐费达生设计的。

住金蜂集团公司招待所。有先生题写的"金蜂别墅"字样。

卫生间只在晚上供一点水，和渔业村一样。在水乡而用不上水，此始料未及。

9月22日

早起时值6时30分，即往江村农贸市场，看农民早市交易。鱼米之乡的乡亲，脸上带着富足，轻松快乐。热闹中，童叟无欺，一派祥和。

早饭后往村委会，到二楼会议室。墙上镜框中有先生从初访江村到十五访的一些照片。其中的早期照片相当珍贵。明年拟编印一本费老画册，应来这里翻拍一些史料。

抄录先生15次访问开弦弓村的时间——

初访，1936年春

重访，1957年5月

三访，1981年10月1日

四访，1982年1月6日

五访，1982年10月24日

六访，1983年5月6日

七访，1983年10月3日

八访，1984年10月24日

九访，1985年7月13日

十访，1985年10月17日

十一访，1986年5月16日

十二访，1987年5月31日

十三访，1987年9月4日

十四访，1990年4月

十五访，1991年5月

在村里拍摄新旧民居、开弦弓小学、小清河桥、西清河桥、家庭工厂毛衣车间……其中的西清河桥是1936年费老在村里调查时拍摄过的地方。

做农户家访。1949年后，苏南农村经济的主体是集体经济。去年开始有零星的个体经济出现，今年下半年逐渐增多，乃至大批涌现。村中目前已有八十余户。多数是置办纺织机，买来毛线，雇工织出毛衣，卖到浙江濮院。

一个例子：村里的十五组村民蒋伟林今年7月份投入三万元，买下五台织机，雇工三人（因未到旺季，另两台暂不开机）。目前已收回投资。每件毛衣成本十四元，卖十八元。每天可织四十件。

见集团公司总经理陈圣江处有《吴江丝绸志》，借来一读。

书中"大事年表"记载有关开弦弓之事如下：

民国十二年冬　江苏省立女子蚕校校长郑辟疆、教师费达生等至震泽双杨开弦弓村宣传土丝改良。

民国十三年春　省立女蚕校推广部与开弦弓村合办蚕丝改进社。

民国十八年一月五日　开弦弓生丝精制运销合作社丝厂成立。

民国十八年八月五日　开弦弓生丝精制运销合作社丝厂投产，为我国历史上第一个农村机械丝厂。

民国二十六年十一月　吴江全境沦陷。

民国三十五年三月二十二日　开弦弓生丝精制运销合作社复业。

该书有如下记载：

"民国十七年底开弦弓村有组织合作社之动议，经陈杏荪、费达生、郑辟疆、孙伯和、沈秩安、施文卿、杨文震等人的筹划并在村里发动集资。次年初成立吴江县震泽区开弦弓村有限责任生丝精制运销合作社。二月二十三日在吴江县政府呈准登记。建设之初就有四百三十户社员，占该村农户之半，共集资七百五十三股，每股二十元，先交五分之一，共收股金三千零十二元，至年末社员数增至五百五十二户，总股数八百三十三股。该社之建社目的为共同缫制生丝。共同运销自制之生丝及其副产品。"（摘自《吴江丝绸志》第57页）

"开弦弓生丝合作社所建立之丝厂为我国近代史上兴办的第一个农村丝厂，受到国内外各界人士的瞩目，各级合作组织及中央合作研究班相继到开弦弓进行考察。徐绍阶在《本省唯一之模范合作社》一文中赞扬该社'份子健全，组织完密，自选种育蚕，至于缫丝，无不采用科学方法，以故业务发展，有蒸蒸日上之势，非独为一县一省生产运销合作之楷模，抑亦全国之标榜也！'日本学者古田和子说：'开弦弓村开设的一座小规模的缫丝厂，虽是农村发展迈出小小的一步，却是现代中国极有价值的试验。'"

"抗日战争以前，吴江全县蚕业合作化蓬勃发展，民国二十年蚕茧产量创历史最高纪录。沦陷期间，丝茧价格惨落，农民育蚕无利可图，任令桑园荒芜，茧产量锐减，影响农村经济，各蚕业合作社全部停业。开弦弓丝厂曾短期（约二三个月）被迫为湖匪抢掠的蚕茧代缫。后日寇下乡时曾驻军于该厂内，村民怕受骚扰，乃自毁厂房。"（摘自《吴江丝绸志》第59页）

下午4时，由开弦弓返回庙港。从庞书记处借得庙港镇1988年至1994年有关资料数据后，驱车返回吴江宾馆。

9月23日

上午请来吴江市水产局一位许姓高工，座谈太湖水资源开发现状的有利方面和限制因素。

下午从庙港资料中抄录开弦弓村的数据。

晚饭后，开弦弓村书记沈志荣和庙港庞书记一起来看望先生。遂将庙港资料奉还庞书记，并询问沈书记，村里1994年的耕地面积何以比上年突然减少二百四十多亩。沈答：一是村民搞多种经营，二是开办工厂需要用地。

准备开始筹备先生的江村调查暨学术活动六十周年纪念活动，计划来年9月18日在吴江举办。其中的一项重要活动，是会议代表参观开弦弓村。说到这里，当地（从市到镇到村）干部均认为现在的村容不能令人满意，表示准备一年之内大搞一下的想法。

先生说："这个事顺其自然，是什么样就是什么样。不能为开弦弓开小灶。你们条件不错，名声不小，现在还是中等偏下的水平。老是中不溜溜地混日子，不行啊！人家都可以更好，你们为什么不可以搞得更好？庙港是这一带水面的一个中心，没有太湖的发展，就没有庙港。增加生产，别的余地不大，可水面你们有的是。水上边可以做的文章多啦。动动脑筋，想点办法，出路大得很！要千方百计增加群众的收入。不然你这父母官怎么向老百姓交代？我听助手说，现在对渔民的收费很多。不想着为他们服务，光想多要钱，这怎么行？"

说到当地近年发展起来的家庭工业，开弦弓村沈书记说：村里的家庭工厂去年虽然有一些，却不是最早的。最早的是该村九组农民周玉观搞起来的，已有六年历史。产品是电子线路板。其他还有做家具的，做小五金的，也有开商店的。今年发展较快的是家庭毛衣车间。外地来做工的已经有二百多人，来自苏北、四川、安徽、河南等地。老板管吃管住，计件工资，每个工人每月可挣一千来元。

9月24日

上午随先生访盛泽镇。初步领略名镇风采。

该镇去年工业、农业、副业的总产值已达110亿元。人均收入

4280 元。

先生与镇委书记鲍玉荣交谈。话题主要是镇里的工业和流通发展情况。

9 月 25 日

早饭后别吴江,赴靖江。正午时分抵达。入住扬子江大酒店。

途中,先生谈自己出生的家庭里重视教育的往事。母亲办蒙养院,父亲办雷震殿中学。先生就出生在蒙养院里。

下午访问江苏民生集团、扬州市长江口琴总厂。两家企业都在靖江西郊。

靖江市领导在口琴总厂向先生介绍市里的相关情况。

先生在听取情况介绍过程中,提出"一点五产业"概念。意思是,传统所谓的第一产业和第二产业之间,有很大的生产空间,例如农副产品加工业。搞好这种产业,对增加农民收入有很大好处。先生说:"实践能说明,在传统农业地区,'一点五产业'基础好,起步快,容易搞,富民效果很明显。"

先生又提出"沿长江上溯,按实力形成几个接力站"的话题。

9 月 26 日

上午 9 时出发,别靖江,往扬州。车程近两个小时。入住西园饭店。

下午,中共扬州市委书记李炳才向先生介绍市情。先生听后,主要谈了两点。一是"一点五产业"的发展对传统农业地区至关重要。二是通过解决交通问题根本改变苏北地区经济落后的局面。先生对促成扬州、扬中、镇江三地联手建设江底隧道表示出极大的热诚。

9 月 27 日

上午访问扬州虎豹集团公司。这是一家乡镇企业。先生听取公司发展情况介绍后，建议公司开发中西部的农村市场，推动农民男装的更新换代。(从南京到上海的列车上，先生一直靠在窗口点算有多少农民穿衬衣)

公司地址距离瓜州古渡口不远。先生提问：瓜州早就出名。在这么长的历史里边，没有能会聚起大批人口，没有形成一个中心，这是什么原因？

随先生访问农户时，拍摄当地不同年代的民居照片。

下午随先生游瘦西湖。后在西园饭店对面的古籍书店为先生选购扬州文化方面的书。

在宾馆院内拍照片。可在一个画面内集中一组不同时期的建筑。前景是20世纪60年代平房，墙上尚有目前已极少见到的"读毛主席的书，听毛主席的话"字样。中景是天宁寺西侧外观，远景是扬州宾馆。

9月28日

早饭安排在宾馆大门前的御码头西侧水边茶社，品尝当地小吃。先生胃口大开，对千层糕情有独钟，再二再三。张秘书提醒说："再吃你中午就吃不下去了。"先生又夹起一块糕说："我中午不吃饭了。"

上午，先生在住处会见民盟扬州市委领导，并做交谈。

下午休整。别扬州，往南京。

9月29日

上午随先生访问南京师范大学。该校前身为金陵女子文理学校。

先生听学校领导介绍情况后，就教育问题做即兴谈话。先生说：

科举制度废除后，国家选派优秀学生出国留学。我父亲去了日本，学教育。回国后，在南京当视学，管江苏省的教育工作。每年都出去访问省内学校，回来以后写报告。我当时识字不多，只是在旁边看，不懂他做这些事情的意义，但是记住了这些事情。我这一生的学术活动有两大特点，一是搞调查，二是写文章，很明显跟父亲的影响有关，影响就是教育，不是言教，是身教。

教育对中国知识分子的影响之深，教育制度对知识分子的影响之深，是烙印式的，终生不灭。《儒林外史》中有很典型的例子。我自己也有体会。我做梦都在考试，有些考题答不上来，很着急。

现在讲"科教兴国"。科技和教育，哪个应该在前边？我看是教育在前边。

什么是教育？或者说，教育的目的是什么？我说教育就是讲做人的道理，教人怎么做人。现在不大讲这个了，教育变成很狭义的东西了。这样下去，可能会出问题。

价值观的冲突也许是人类过不去的一个关口。进入21世纪，人类真正要碰到的大问题，可能是不懂得人和人怎么相处。

80年代的时候，我有一次去贵州，从贵阳到黄果树瀑布去，一路上都碰到沿途的当地百姓在赶场。不同的民族都穿着自己民族的服装，各有其美。可是一个民族的人看到别的民族的服饰，就不认为它美。所以，在各美其美的同时，也有非人之美的看法。我看了一路，想了不少问题，就是围绕着人和人怎么相处来想的。有了这点经历，我80周岁的时候，日本的朋友们请我到日本，为我祝贺生日，我提出了四句话：各美其美，美人之美，美美与共，天下大同。

下午，民盟江苏省委领导到先生住处，看望，座谈。先生说：

请江苏的民盟同志注意研究两个问题，一是长江沿岸的经济发展问题，二是太湖水资源的开发问题。我关心这两个问题，主要是想办法为水乡经济的发展再找出一条路子。水产品的养殖和加工这条路子，应该有进一步的发展。盟员们各有专长，这是我们的优势。我们带个头，让知识能用起来，变成财富，变成生产力。民盟很多成员集中在高校，我们都是教书的，要做事，不是要做官。能利用自己的知识为老百姓做点实事，就尽力去做。群众还需要我们做点什么，我们去想。做这些事需要什么人？我们人手够不够？不够就去发展。教书要教得活一点。教执政党怎样做事情。

我们都在做学问，学问要做出点意思来。意思在什么地方？在于这学问的用处。用到什么地方？用到改善群众的生活上，用到提高生产力上。学以致用，这是中国文人的老传统，好传统。

9月30日
今天休整。

先生昨天与民盟江苏省委领导谈话，说到"盟员们各有专长"。由此想及胡耀邦15年前一次讲话中说过同样的意思。

1980年2月12日下午，民盟中央和民盟北京市委在北京人民大会堂陕西厅联合举行迎春茶话会，胡耀邦时任中宣部部长，到会讲话，热情洋溢。后来根据录音整理出来的文字发表于《中央盟讯》。偶然读到，颇感宝贵。为做自勉，时常带在手边。今先生言及"各有专长"话题，特抄录胡耀邦讲话中的一段，以做印证——

> 春回大地，万象更新。……我们共产党是一个"象"，你们民盟这个党派也是一个"象"，大家都是一个"象"。进入八十年代的第一年，我们每个人、我们每个"象"，都充满着向往。我们的党——中国共产党也充满着自己的向往。有人说我们党充满着危机，我们听了这个话，很不好受。……如果说曾经有过危机，那是三年以前，那时我们确实面临着危机。我们把"四人帮"粉碎了，挽救了这个危机。现在，我们这个党充满着生机。我们这个党啊，遗留下的问题很多，威信也确实是降低了。所以，我们就下了这么个决心，在坚持党的领导的同时，要改善我们党的领导。这也叫更新嘛。……
>
> 你们的党怎么样呢？我看，公公道道地讲，在许多问题上民盟

有很大的优点。比如说，你们同中国人民，同中国共产党一道奋斗了几十年，有一个光荣的革命传统。这总是优点嘛。第二，你们盟内成员的大多数、绝大多数有知识，知识面是宽的，是有本事的。搞四个现代化，没有知识不行。你们的成员虽然数量少，但是从比例上说，有本事的人的比例比我们共产党大。我们有三千八百万党员，知识不够的可能占百分之七八十。你们虽然只有两万多盟员，知识比较多的，可能占百分之九十以上。你们许多同志有知识、有学问、有真才实学，这是你们的第二个优点。第三，你们的党作风比较好，比较诚实，比较正直……*

晚随先生登162次快车，由宁返京。

10月1日

列车行进途中，先生在车厢餐室谈太湖水资源开发、长江沿岸经济发展和区域经济发展的话题。先生说：

我出了题目，你可以自己去做。不要光听我怎么讲，也不要光说我怎么讲。题目有了，素材也有了，都是从社会发展实际需要里边出来的，说明这是当前中国社会发展需要知识分子考虑的问题，需要做的题目，需要写的文章。你要争取自己能把文章写出来发表。这样做，我死了以后，你还能接着把事情做下去，把文章写下去。

区域经济发展问题，我们做了这么长时间，现在写到中共十四届五中全会公报上了，说明这个问题是国家的大事。现在中共要讲了。这个时候民盟要注意，不要说是自己先搞起来的。那样会遭忌。

"一点五产业"的题目，你也可以自己写文章出来。这个工农之间的话题，我讲了很长时间，说过多次，用过很多说法，说的是一个意

---

* 这段文字见于《中央盟讯》1980年第2期。

思。这次想出了"一点五",是比较简明的说法,一说大家就懂得怎么回事。

改革开放到现在,国家经济变成了地方经济。往下怎么搞,搞成什么样子,我不去管了,不操这个心了。我操心的是把几篇文章写出来。这些文章不好写,很费脑筋。能不能写出来,还不知道。

11月1日至11日　苏南、浦东考察

计划路线:北京→苏州→张家港→吴县→昆山→上海→北京。

11月1日　由北京至苏州

早8时随费老驾驶员谭华一起由民盟中央出发,途中接上钱老(伟长)秘书晓明,同往四号院,分别往费、钱二老家中。近9时,自四号院出发,往北京站。

9时50分,专列启动。苏南、浦东考察团出发,往苏州。

随费老乘第16号车。先生嘱咐,与统战部的同志及时沟通,好生配合。"有什么话,他们不好讲,需要我出面讲,请他们告诉我。"

10时40分,刘延东带领统战部一局孙晓华局长、林智敏副局长等进16车厢看望费老。刘说:"费老的85周岁生日要在考察途中过了。我们想有个简单的宴会,为费老祝寿。"

费老说:"吃面条就行了。我们家乡都是这样的。不用费事。"

谈到途中工作,刘说:"路上有些场合需请费老讲一讲。"

费老说:"有什么需要我说的,你们尽管讲好了。我们相互配合。这次民主党派来的人里边,老先生多,我这样的老头儿要频繁地换频道,不太灵。有时候换得慢些,你们多提醒。我是演员,你们是导演,是策划人。"

孙晓华说:"费老,慢点没关系。这次老同志多,我们的工作人员都知道。路上各种活动都不会有人说'快点快点',只会说'慢点走,

别着急'。"

车厢安静下来后,将为费老准备的《钱穆评传》拿出来,交给先生,并示以该书封底处的丛书目录,问还需要哪些。费老先后选了汤用彤、傅斯年、陈垣三位的评传说:"这几本要买来看看。"

晚饭后,在行进中的列车上,费老和丁校长(石孙)聊天。先生说:

医生对我原来有两条警告,一个是不能感冒,一个是不能摔跤。现在又加上一条,不能激动。确实是老了。昨天我在北大讲了一个钟点,回家后觉得有点累了。这是今年才开始的。去年还没有为讲课觉得累的感觉,可以一口气讲三个钟点,不累。

11月2日　由苏州经常熟至张家港

早8时10分,列车正点抵苏州站。考察团成员下了专列,分乘十余辆中巴车直奔张家港。途中在常熟休息。在虞山宾馆听取常熟市领导汇报工作。会议横幅曰"常熟市情况介绍会"。主席台自左至右就座者为:徐采栋、方荣欣、经叔平、万国权、程思远、雷洁琼、费孝通、王光英、钱伟长、刘延东、秦子明、彭清源、杨纪珂。

会后随费老上一号车,继续行程。江苏省委书记陈焕友与费老并排坐,向先生介绍江苏省、苏州市的情况。费老说:"明年我要办两件事。一是研究太湖水资源的保护和开发,二是沿长江考察中下游地区,研究接力站的问题,目的是接通中西部地区,开发内地市场。到1997年,我就可以休息了。到时候回家乡,写写文章,写写书。"

陈焕友谈起了小城镇的事。先生说:"小城镇是我们走出的一条路子。我们在世界上的第三世界国家开了个头,有价值。现在有好多人还看不到这一点。我们要接着搞下去。"

近午时,考察团到达张家港,入住馨苑宾馆。

下午3时,江苏省、张家港市情况介绍会在驻地二楼会议室开始。刘延东先讲了这次考察活动的意义,说明这是建国以来同类活动中规模最大的一次。

中共江苏省委书记陈焕友代表省方介绍全省情况，中共张家港市委书记秦振华代表市方介绍该市近年的超常规发展情况。两段介绍之间有一刻钟休息时间。估计会有些比会程中生动的场面，即备好相机。果然，钱老返回主席台后，与费老做相当愉快的交谈。当即拍得几张照片。

会议结束后，出门到广场，拍摄大型合影照。费老出门时，在台阶上停下脚步，利索地从口袋中掏出大红色胸卡说："我得遵守纪律。"

当天晚上，中共中央统战部、中共江苏省委和苏州市委在驻地的华园紫晖厅和陶然厅为费老举行85周岁生日晚宴。

费老即席讲话中，主要讲了"志在富民"的话题，很尽兴。

宴席结束后，随考察团参观张家港步行街。街景的繁华和文明气息给人以深刻印象。

返回驻地后，工作人员开会。明确途中每次情况介绍会上都要有一位党派中央领导人做礼节性致辞。需要由民盟领导人讲话的地方，是12月6日下午，费老在上海讲；12月7日上午，钱老在浦东讲。这是考察全程的两场重头戏。需为费钱二老提前准备讲词。睡前为此做功课。

11月3日　由张家港至吴县

上午先后实地访问沙洲工学院、国贸中心、张家港保税区、种猪推广实验场。走到最后一站时，见猪舍外墙贴着瓷砖，铝合金门窗，不锈钢栏杆，自动喷水吸嘴，费老似乎兴致最高，竟至流连。有人建议"照个相"，费老高兴地说："对！照个相。比比看谁胖！"

10时50分，车队进入江苏省汇丰高级中学。行政楼大厅墙上有费老题词："与物以春，治学以严"，写于1994年10月。校史陈列室最靠近大门的题词是钱老所写："乐育英才"，写于1993年11月。

看到题词，陈列室内的两位老先生有一段有趣对话：

费："看，一进门就是你的字。第一。"

钱："还是你第一。大门外就先看见你的字。"

费："我写的在门外。我是门卫。"

下午15时，考察团离开张家港，驱车吴县。天黑后抵达东山宾馆，住下。

11月4日　在吴县

上午听取苏州市、吴县市情况介绍。

后游览绛云楼总统套房外面的山顶大草坪，俯瞰太湖碧波。众人抓住机会与团中名家合影留念。

下午访问苏州工业园。费老即席讲话，说到与新加坡的合作时妙语连珠——先"放长线，钓大鱼"，再"放水养鱼"，必定"年年有余"。

晚饭后往晓月楼访钱老。听他讲发言要点和开发太湖水道的设想。由钱老处返回费老住的远影楼后，起草费老6日要用的讲稿。凌晨2时草成。

11月5日　在吴县

上午参观太湖三桥。为丁（石孙）校长和夫人拍照留影。

10时30分，在吴江宾馆听取吴江与盛泽的情况介绍。

访问盛泽古镇时，走马观花。未能有机会拍摄镇上的东方丝绸市场。

费老向陈焕友赠书，把《言以助味》交给陈，说：

里边都是点写吃的文章，东说西说。你看文件累了，就可以看看我的小文章。调剂一下，换换脑筋。江苏省在全国是带头的，当带头人不容易啊！中国都能像江苏省这样就厉害了。现在国际上有人故意夸大我们的进步和实力，有他的用心。我们强大，美国也不舒服。要居安思危。国际市场没有国内市场牢靠。他要想抑制我们，就找个理由制裁一下。

我们要是光靠国际市场就被动。现在国际上丝绸市场不景气，苏南就大受影响了。我看苏南要向西边开拓，那是大市场。每年20%的增长速度，没有市场的支撑是不行的。

开拓市场，第一是交通。我在西北搞两省两区的多民族经济开发区。这个事我想得远了。要在少数民族聚居的地方搞出来一个大的经济中心，带动周围腹地。

眼前江苏有两个大事要做起来，苏北搞交通，接通苏南，加快流通。苏南开发太湖水资源。这是我明年的一个主题。再往后，我逐渐减少政务活动，做这一辈子最后一件事，看看中国怎么走出一条不同于西方的工业化道路。其实我30年代就开始找了。找到这个路子，走通它，中国对世界的贡献就大了。我估计，到下个世纪中期，世界上会出现一个大竞赛，东方道路和西方道路的竞赛。苏联开了竞赛的头，也是想走出另一条路子。没有成功，但是留下了教训。现在轮到我们来做这个事。经过十几年，已经有了点苗头。我们还得抓紧做下去。

晚7时20分，各民主党派领袖齐聚绛云楼会议室，开座谈会。依次发言，交流心得。众人围坐，不凭讲稿，即兴发言，水平就比出来了。大开眼界。

会后返回住处，起草钱老后天所需讲稿。

11月6日　由吴县至昆山。由昆山至上海

早饭后，费老交代这次考察的主要任务：谈江苏下一步发展。苏北加快步子，以徐州为淮海区的一个贸易中心。修隧道，通南北。苏南开发太湖，边治理边开发。去问问钱老，听听他的意见，一起写进去。请丁校长总的把关。拿出来　个民盟中央的建议。

丁校长夫妇前来看望费老。续谈建议的事。

8时30分，离开东山宾馆，驱车昆山市。

10时，抵昆山市政府新办公楼参加会议，听取昆山情况介绍。

会后，饭前，先生说昆山——

昆山这个地方，我比较熟悉。他们发家是从"星期日工程师"开始的。

这里离上海近得很，抬脚就到。改革开放初期，知识分子可以兼职了。上海工厂里的工程师，他的知识在厂子里没有机会充分用出来，社会上很需要。他们就利用星期天，把休息时间变成工作时间，为社会服务，为发展经济出力。地方上发展工业，需要知识、技术，知识分子的闲置资源就发挥出作用了。所以昆山的起点比较高。他们自己说是"靠上海，吃上海"，吃出了甜头，吃到了好果子。

我曾经把上海比喻成"龙头"。昆山人说，昆山就是上海的近郊。也就是说，它离"龙头"很近。借"龙头"的力量，继续发展昆山，仍然是他们的路子。过去借力，是借一个一个工程师的脑筋。现在是要整体地借势了。昆山人现在已经能感觉到，他们属于上海这个大经济中心的辐射范围，也已经能意识到，如果借势借得好，主动性强，这个范围里的配角就能有更多、更好的发展机会。

常州有个常恒集团，以前是个村办工厂，修理小农机起家的。现在是个企业集团了，实力很强，年产值大概两亿元了。他们生产家电企业的配套产品，专门提供不同类型的制冷配件，甘当配角，当得不错。昆山也有生产摩托车飞轮的厂家，也是提供配件，也是这个道理。昆山的领导可以从这里受到启发，把当配角的道理从企业提升到城市发展整体思路上来。也就是在为上海当好配角的定位上发展自己。

说得理论一点，就是昆山要考虑一个问题：怎样完善自身的产业发展定位和城市功能定位，以及通过什么样的方式来提高自身在上海辐射的区域内做好配角的能力和水平，以便更好地借助"龙头"发展的势能来发展昆山。

午饭后休息。下午3时离开昆山，赴上海。换了上海派来的车辆。

16时抵上海银河宾馆。

16时45分，在宾馆三楼会议厅，听取中共上海市委书记黄菊介绍上海情况。后由费老代表考察团讲话。费老表示，考察团是个学习班，自己是个老年学生，地方领导介绍情况是讲课。会珍惜机会，好好学习。

11月7日　在上海

上午8时，驱车浦东新区，参观陆家嘴金融贸易区、外滩对面广场和东方明珠电视塔。

看过金融贸易中心，来到广场，费老与众老群集一处，遥看对岸外滩，兴奋指点变化。抓拍了一些生动瞬间。

考察团成员在东方明珠塔内登顶观光后，下到一层大厅休息，听黄菊介绍相关情况。塔内工作人员拿了贵宾签名簿，请众老签名留念。费老先签，雷老（洁琼）续签。拿到钱老手上时，钱老请程老（思远）先写，程老说："钱最重要，你先写。"钱老仍执意程老先写。待程老、钱老、董老（寅初）先后写毕，轮到万老（国权）签名，刘延东说："钱重要，权也很重要。"一片笑声中，经老（叔平）、蔡老（子民）依序签署后，刘延东最后签名，并落下日期。

返回银河宾馆。11时10分，听取赵启正介绍浦东新区开发开放情况。后，钱老代表考察团成员讲话。

下午参观贝尔电话、外高桥保税区等处。费老略感疲累，且此前曾看过多次，故未去。

11月8日　在上海

考察团上午分为两路。一路去宝钢，一路到大众汽车公司。

随费老访问"大众"。先参观总装车间，后听取汇报。

回到住处（银河宾馆3222房间），复印费、钱二老的讲稿。整理工作日志。后往费老房间（3226），隔窗拍摄外面的街道、商用群楼、民房。一边是华贵的高楼，对面是低矮简陋的民居。俯拍民居房顶特写时，镜头中画面极像前些时在民盟中央办公楼顶拍下的北河沿、东皇城根、翠花胡同、东厂胡同的民居。

与民居隔街相望的群楼有银河宾馆、虹桥宾馆、金融中心、金桥花园、交通银行等等，层高都在三十层以上。有的摩天楼距离低矮民居不过百米左右，极不协调。为说明问题，换了广角镜头，特意拍了一张群楼、街道、民居同在一个画面的照片。

下午在银河宾馆三楼会议室听取蒋以任副市长介绍上海大中型国有企业改制情况。

晚9时，在费老住处，费、钱二老谈此行考察报告与政策建议信的主要内容。

费老端坐于单人沙发，钱老半躺在长沙发上，且脱去鞋子，右脚搁在沙发上，左脚抬起放在茶几上，姿态与官场上判若两人。二老话题时而相契，时而各循其思，间有争辩，友好融洽，十分有趣。

在旁记录。费、钱二老共识者有四：一、在长江口挖拦门沙代价太高，不如另开港口。金山湾即可选址，且是长治久安之地；二、发展腹地，不仅是长江流域，而且包括大陆桥沿线地区；三、扩散上海企业联合求发展的经验，联合内地企业，作为发展腹地的现实措施；四、开发太湖。

11月9日

上午，在驻地。孟建柱副市长介绍上海市建立社会保障体系的情况。后驱车到上海民主党派新办公大楼参观。楼内尚在装修中。电梯间内壁挡着木板。

考察团成员在楼顶平台上听取"温暖工程"情况介绍。

下午到市府大厦参观。听取陈至立副市长介绍上海精神文明建设情况。

先生因较累未去。返回后向先生转述下午会议的主要内容。

先生说明天上午座谈会上需讲的话题：

上海从五口通商起，就是中外文化交汇的一个地方。十里洋场嘛。过去叫"摩登"，现在叫现代化。以前发展的是浦西。曲折了几十年，现在要发展浦东了。

在一个口岸城市讨论发展，话题离不开更大的区域。一个区域的形成，需要一定条件。如果用一个人体来比喻，要有个"嘴巴"，还要有个"肚子"，有个"心脏"，再就是"脉络"。嘴巴就是出口入口，可以让区域和区域之间的物产自如吞吐，以对外贸易来讲就是进出口岸。脉络就是交通运输的渠道、通信网络和流通网络。肚子就是腹地，指广大的乡村、市镇，还有其中的农田和工厂企业。心脏就是中心城市，聚集人才、资金、信息、服务，带动和辐射腹地的发展。

区域有层次之分。按上面讲的说，最小的区域是拥有若干村子的市镇。一个市镇就以它拥有的乡村为腹地。我的老家，吴江的百姓叫"乡脚"，就是农民的双脚能走到的地方。农民要买什么样的东西，就会到什么地方去。比如，买小东西就到附近的镇上去。要买大东西，就要到县里去。要买贵重的东西，就跑到苏州或者上海去。一层一层地往上提升。

长江三角洲这一带经济和文化比较发达，这种现象也看得更清楚。比如吴江，它下面就有七个镇。这七个镇围绕着吴江，是它的腹地。吴江和其他附近的市又围绕着苏州。苏州是个较大的中等城市，吴江又成了它的腹地。长江三角洲上最大的中心城市是上海，上海又是一个最大的对外贸易进出口岸。它的腹地又有多大？

先说近的，周围就有八个苏州这样级别的城市，我叫它"八员大将"，就是苏、锡、常、通、杭、嘉、湖、甬（即苏州、无锡、常州、南通、杭州、嘉兴、湖州、宁波）。

再远点说，以这个地区为基础，沿着长江水道下去，形成以上海为龙头、江浙为两翼、长江流域为脊梁的长江经济区，就是更广阔的腹地。

虽然说上海现在还没有能起到带动整个长江流域大发展的作用，但是这个"势"已经能看出来了。我看这是"势所必至"的。至于什么时候能"至"，现在还不好说。

晚上，考察团开大会。未去。在房间起草费、钱二老拟于近日向江泽民、李鹏提交的考察报告暨建议书。

11月10日
上午，各民主党派主要领导人与上海市委主要领导座谈。
先生先讲。话题涉及"东西方文化交汇""现代社会剧烈变动过程中人的心态问题""浦东发展与世界大同"等。后由雷洁琼、王光英、钱伟长、董寅初、程思远、蔡子民等诸老先后讲话。
午休后，15时许离开银河宾馆，到上海站专列停靠站。15时40分，9918次列车启动，离沪返京。
先生在16号车厢。途中讲与王同惠共同翻译《甘肃土人的婚姻》书稿在60年风雨沧桑中如何奇迹般地跟在身边，一直未曾丢失。又讲一生中三次与死亡接触的详情。
先生说：一生中，三次失落资料。第一次是在瑶山，当时都不想活了。资料一点都没有了。第二次是在昆明，被国民党特务追踪，带着小女儿跑了出来，只提了一个箱子。装了点什么都不知道。第三次是"文革"，家里资料被抄光了。三次这样大量地失落资料，这本译稿却逃过了劫难，真是奇迹。这期间，我去过英国、德国、美国……辗转许多地方，从来没有想起过这本译稿。它怎么就一直跟着我？找不出理由。从干校回来，让我们可以做事了。我先和吴文藻、冰心一起翻译《世界史纲》，很高兴。高兴之余，想起民族学院工作室里可能还有点资料。在一个书架下面找出了译稿。
一生中，还有三次可以死。一次是摔到瑶山虎阱里，爬出来，爬了一天。见到一头牛。我猜有牛就会有人。后来等来了人，得救。第二次是在云南大学，参加演讲会，反对内战。我站到全场最高的地方，子弹从耳边呼呼过去。我知道一定得坚持下去，不能乱。后来杀害了闻一多。我听到了枪声。也要暗杀我。熊庆来保护不了我。被美国领事馆一位朋友搭救。第三次是"文革"。把我们集中排在操场上，说是罪大恶极。我想死了算了，但死前要把爱人送出北京。那天下雨，我打着伞送她到车站。没有票。正巧有个人问我要不要退票。更巧的是，身上的钱刚够买票。孟吟走后，第二天铁路上就不让"黑帮"家属上车了。再也出不去了。后来抄家，东西都抄走了，但没有封门。平时对人宽厚，人缘好，这时有好处了。人家不打我，也不封门。潘光旦被封门了，睡在地上。我把自己的床垫拖出来，让他用。

三次同死亡接触，拉了手，可是没有跟它走，全靠巧合。

11月11日

上午，铁道部副部长国林来看望先生。刘延东亦来。

三人一起研究明年沿京九铁路进行考察之事。

下午4时5分，专列正点抵北京站。此行考察活动圆满结束。各回各家。

下车前，先生嘱以沿途所讲内容为要点，整理出文字，为中南海高层政治协商会上的发言做准备。

附注：不久以后，中共中央在中南海举行1996年春节前例行的党外人士迎春座谈会。先生在会上讲话说：

前不久，我们参加了中央统战部组织的苏南、浦东考察活动。每到一个地方，干部和群众就领我们看，给我们讲解情况，等于是上课。很具体，很实际，也很生动。我把这次考察看成是个流动的老年学习班。雷大姐是九年级，我和钱老等人是八年级，还有七年级、六年级。我这个说法得到大家赞同，确实都学得很有劲道，很有收获。

我们先后访问了常熟、张家港、吴县、吴江、昆山、浦东等地方，看的是我们国家比较发达的地区，可以说是国民经济中一个大的生长点。小平同志的南方谈话，符合我国在当前国际格局中谋求快速发展的需要，也符合老百姓的心意。干部队伍中，也焕发出一种勤政为民、造福一方的精神状态。长江三角洲上的新气象开始出来了。雷大姐在那里说是"一股新风扑面而来"，这是我们大家一致的体会。

我们曾就上海要在长江流域发挥龙头作用提出过设想。这次实地考察，觉得龙头已经开始发挥作用了。下一步，龙头能抬多高，既要看龙头的力量，更要看龙身的力量。为了促进龙头龙身的联动，加快长三角经济区域的发展，我谈几点具体意见。

一是上海本身怎么发展，也就是龙头怎么加强力量。

现在制约上海发展的最主要因素是港口，问题出在拦门沙上。港口吞吐能力受到很大限制。年年挖沙也满足不了长远发展需要。看来需要另外选址建港。我们的想法，最好和浙江联合，在乍浦建港。那里没有挖沙的麻烦，可建深水良港，是个一劳永逸的办法。也可以在金山湾建港，搞深水码头，实现孙中山先生搞东方大港的方略。

在金山湾建港还可以顺带拓宽太浦河，从现在的80米拓宽到120米，在太湖东山开内陆港，接通太湖与出海口，可进入三万吨级的船。同时搞太湖水资源的治理开发，把环太湖地区的经济进一步带动起来。

二是上海怎么和"八员大将"密切联系，也就是龙头到龙身过渡地带怎么加强力量。

龙头需要支撑它的卫星城市。上海要密切联系上江苏的苏、锡、常、通，浙江的杭、嘉、湖、甬。这样一来，使长三角成为一个经济联系密切、经济力量一体化的龙头地区。这一带是我国目前经济实力最强的区域之一，精神文明建设也有突出成绩。龙头周围八员大将对上海起支撑作用，对向西沿长江流域的发展，发挥次一级中心城市的功能，起传动和扩散作用。长三角经济力量的凝聚和有层次地向西扩散,是长江流域发展的需要,也是长三角地区自身发展的需要。

三是怎么发展腹地,扩大长江水运,向北接通大陆桥,也就是增强龙身体的力量问题。

向西,要促进沿江地区横向联合,跨越省市行政区划界限,形成利益共同体,联合开发长江水运潜力。同时,根据沿江中心城市的实力和潜力,在上海到重庆之间培育几个接力站,承担自东向西的扩散功能,一步步带起沿江两岸腹地的发展,再由西向东传输纵深腹地对长三角的支撑力量。

向北,建设通道,沟通长江两岸,引导龙头力量向北扩散,带动苏北,接通大陆桥。这样,长江流域和大陆桥之间的广阔地带,就成了以上海和长三角为龙头地区的巨型龙身。这是我们缩小东西差距可以早见成效的一个切实可行的着力点。这个地带的崛起,将会产生很大的力量,推动龙头从"打长江牌"跃上"打中国牌"的阶段。那就厉害啦!

1996 年

1996年1月7日　北京

上午往北京医院看望费老，并将最近买的几本书交给先生。

刚坐定，先生即谈起近日住院期间想到的文章题目：谈今溯古话春秋。

该题目基本意思是，议论当今世界的合纵连横大势。

先生说：

现在是一个国际范围的合纵连横时代。

目前活跃在台前的，还只是苏秦、张仪之流。基辛格、布热津斯基、戈尔巴乔夫、周恩来等等，都属于苏、张类型。类似孔子、孟子、荀子这样的人物还没有出现。

我们可以从当年的中国春秋谈到当今世界的变化，写出一篇大文章、一本大书。谈得好，就会有爆炸性，轰动世界。一出版就会畅销。

有三个"论"要写进去。权力平衡论、文化融合论、经济一体论。

当年秦始皇搞车同轨、书同文、度量衡统一，这对现在全世界人民怎样共生共荣有启发。

这篇大文章的主要风格，应该是笔墨潇洒，可以用谈话方式，大题小写，重笔轻写。

主要内容：两上两下，中国老六。苏联、美国下去了。日本、德国上来。还有欧洲共同体。中国上得来上不来，还要看努力。

文章可以从戈尔巴乔夫和"冷战"结束写起。

亨廷顿的《文明的冲突与世界秩序的重建》也是接触了这个问题的。

还有日本、德国的学者，写了点文章。1995年底1996年初（即先生住院这段时间）的"大参考"上有些文章不错，可以搜集一下，做做准备。

1月14日　北京

上午到费老家，听先生讲一周前在北京医院讲到而未尽兴的题目。

先生说，文章题目也可以叫"炉边天下"。

又说今年的写作计划，准备写江村—小城镇—中等城市—大城市—特大城市—区域格局。要求自己的研究题目进入大城市。因为农村作为城市的腹地，经过这些年的发展，基础有了。

1月16日　北京

费老家中及小区停电，无暖气。今来民盟中央招待所，住一号房。

如约前往听先生谈《二十一世纪东亚和平》一文的思路，边做笔记边录音。

先生拟于2月15日前交卷。我需本月底下月初完成初稿，供先生改定。

1月17日　北京

费老仍住一号房。见面就说：已经定了，不写自传了。让别人写传记去吧。我自己要写《传外杂俎》。一段一段，从我的父亲、爷爷讲起，很有意思。

3月23日　从北京往江苏

随费老乘特快列车，往江苏做实地考察。

晚饭后，先生在列车行进中讲述此行题目，说：

一是要重访鳗联集团。对这个企业，要写出一篇文章，找出它的特点，即"走出江苏，发展江苏"。跨地区进行资源优化组合，用具体项目开展东西部地区合作。从"三就地"到"三跨"，通过互惠互利的合作使大家共同发展。

二是要重访开弦弓村。开弦弓现在没有走到前面，是因为没有找到一个生长点。当初是工业下乡，工农结合，这两点合成了江村经济。写文章要找出特点。这次去看开弦弓的家庭工厂。这里边有点文章，可以写短文。两页（指《瞭望》周刊版面）纸，配一幅照片。

三是农民富了以后怎么办。他们的时间怎么用？娱乐怎么搞？音乐、美术、体育这类文化活动怎么进入农村，进入农民生活？这可以做出一篇大文章。

精神文明建设要具体，空谈不行。不叫他赌，不叫他嫖，你叫他干什么？要有具体事情给他做。

小城镇建设、农业现代化、精神文明、人的变化……这些题目都要有人具体研究。

我们最近在台湾海域搞军事演习，发射导弹。美国出动航空母舰，两边探了一下实力，基本结论是差距很大。

美国和伊拉克打仗，差距太大。伊拉克没有还手之力。

现在中国也很难。退到哪一步，还要研究。

和台湾谈判是一定要谈了。我们也要谈，台湾也想谈，美国也要他谈。

谈的实质是磨，拖时间，搞经济竞赛。我们潜力很大，这是没有疑问的。但现在实力还差很多。怎么办？我的想法是发展中西部，所以要写"鳗联"。这是一个公式，东西合作的公式。

今年还要写一本书，是官方写法，政治性的。不容易写。

你给《中华儿女》写的那一篇很不错。但这一次是另一种写法。

你再看一点东西，阿古什的书，我父亲的文章。

母系也很重要，惠海鸣那里有我母亲的一些资料。这次到苏州后找他要来看看。

这本书主要写政治与学术的结合。

没有现在的政治地位，也就没有我现在的学术内容。

小城镇的题目还要搞下去。要有个交代。

3月24日　镇江

9点30分，列车正点抵镇江站。入住京口饭店。

在先生驻地开座谈会，主要谈镇江的交通优势——水运（长江、运河）、铁路、高速公路、港口、码头……

会议准备充分，效率很高，费老很满意。会后乘兴说：

可以就镇江的运输写点东西，讲讲运河的变化，扬州的繁荣和苏杭天堂的形成。

现在发展陆路运输，搞高速公路，但不要忘了水运。还要利用传统。

传统与现代结合，嫁接出新型运输系统。

3月25日　镇江

上午随费老参观镇江大港。天气较冷，先生在码头上边走边看边问，了解得很仔细。

先生最近谋划的文章中，有一篇"水"的文章。

曾听先生说过，晚年想多做水的文章，"要懂得水"。

3月26日　从镇江到扬中

早饭间，说到写毛笔字。先生说：

小时候，家里在这方面很注意，要求孩子们受训练。我小时候很调皮，做作业不认真，经常是赶快完成任务，然后对父母说：我涂完了。就赶快跑出去玩，所以现在毛笔字写不好。

又说到吃饭，甜食。先生女儿说：爸爸在家里吃饭时，有时候会比别人早到一会儿，扫视一遍桌上的饭菜，看哪些是自己喜欢的。小保姆也发现了，每当费老像小孩子一样露出恶作剧之前的特殊笑容时，一定是看见桌上有自己喜欢吃的东西并准备偷偷多吃一点了。

先生听及此，似乎有点打断话头的意思，问女儿："咔嗒咔嗒"带了没有？

先生女儿答：带了。

"咔嗒咔嗒"者，说的是指甲剪。如此用象声词表达物体，先生自谓"人类早期语言"。

上午访问鳗联集团。该集团董事长黄澄清告诉先生，合资方是一位日本老人。

先生问：什么名字？

黄答：佐野彰吾。

先生问：多大年纪了？

黄答：72岁。

先生问：哪里人？

黄答：东京。

先生问：有他名片没有？

黄答：有。很快就能找到。

先生说：再到日本去，可以当面向他表示感谢。

讲到依靠科技，黄澄清提到中山水产养殖研究所的一位王姓高工。

先生连问：叫什么名字？哪里人？在什么地方工作？你怎么和他接上头的？

黄　回答。先生边听边点头。

3月27日　扬中

上午随费老访问扬中新坝镇东丰特殊合金有限公司。

这是一家较早进行东西部跨地区合作的企业，利用四川省冕宁县泸沽镇的稀土资源，对稀土合金进行深加工，产品全部出口。

下午访问扬中汽渡码头。先生穿着褐色棉猴，把帽子戴上，包得严严实实，站在码头上，听扬中市长介绍情况。

3月28日　从扬中到江阴

上午，扬中市领导来费老驻地座谈，介绍扬中发展情况，并对先生1984年以来"五下扬中"表示感谢。

费老与扬中领导谈起新加坡的发展经验，希望扬中注意向新加坡学习，并嘱我写出关于扬中交通的文章。

下午雨中驱车由扬中往江阴，入住暨阳山庄。

3月29日　江阴

上午，江阴领导来费老住室客厅介绍当地情况。

先生表示：这次来，主要了解长江水道的"含金量"，以及目前的开发利用情况，打算研究一下将来的进一步开发利用思路。

3月30日　从江阴到南通

上午由江阴驱车往南通。途中参观华西村。

华西实业总公司董事长吴仁宝出面，与费老笑谈叙旧。

吴说到村里打算为百岁老人发放大额奖金时，先生开玩笑说：争取到时候来华西村定居，以领取奖金。

下午4时抵达南通，入住文峰饭店。

下午4点半，在先生驻地二楼会议厅听取南通市领导介绍情况。

先生对南通的港口群和吕四的良好建港条件大感兴趣，详细询问，并说起自己名字的由来。先生说：

当年，张謇先生请我父亲到南通来教书，是这里兴办新学的第一批教师。我名字里边的"通"字，就是我父亲在南通当教师的纪念。先有这个"通"字。"孝"字是怎么来的呢？张謇先生的儿辈是"孝"字辈，我们两家很熟悉，纪念父辈的交情，我的名字也就用了"孝"字。

3月31日　南通

早饭后，随先生由南通市区驱车赴启东，主要为看吕四港址。

车程两小时许。10时，在启东宾馆听当地领导介绍情况后，费老讲了自己老年里的两个心愿。一是长江这条黄金水道怎样进一步利用，二是太湖水资源的保护与开发。

午后先到实地察看吕四港址及建港条件，后驱车由启东赴海门，在狮山宾馆听取海门市领导介绍情况。晚饭后乘车巡看市区夜景。待返回南通文峰饭店，已是晚上9时。

一天里，先生连续考察两个城市，活动13个小时，行程240公里。

回到驻地上电梯时，张秘书说：可以写一下"费老的一天"，就以今天为例。

4月1日　从南通到张家港

早饭后访问南通经济技术开发区。看了区内两家日本投资的大企业。一为"帝人"，二乃"东丽"，都是生产服装衣料的工厂。

开发区领导向费老介绍该区11年来的建设情况，套话连篇，弄得先生少了兴致。

下午别南通，由通沙汽渡码头过江赴张家港。入住馨苑度假村。

这是去年随先生考察苏南时住过的地方，也是先生度过85周岁生日的地方。

晚餐所在，正是去年11月2日晚刘延东、陈焕友分别代表中共中央统战部和中共江苏省委为先生庆寿的陶然厅。

4月2日　张家港

上午在馨苑度假村华园紫晖厅听取张家港市领导介绍该市近况，以港口、码头为主题。

张家港的江岸长度为56公里，其中37公里岸段可建三万吨以上泊位。现已建成并投入营运的码头有20个。另有十个码头在建设中。尚有四分之三的岸线可以开发。

此地港口不淤不冻，河道高度稳定，深水贴岸，引桥只需50米到70米长即可达到水深负十米以下。海之头，江之尾，地理条件优越，七级风时仍可作业。全天候，多功能。

现可停泊31艘万吨级货轮，与世界上一百二十多个国家和地区往来。

1995年吞吐能力为1500万吨。张家港还有一个目前全国唯一的内河保税区。

先生听得仔细，问得详细，觉得自己需要记录的内容，逐一记在笔记本上。

4月3日　张家港

上午访问鹿苑农田丰产方、巨桥镇、塘桥镇。

行车途中，先生对张家港的领导说：我是张家港的女婿，鹿苑的女婿。

因孟吟女士是鹿苑人。此行是先生近年来第三次访问鹿苑。

这里是苏南地区中较富裕之地，有"金塘桥，银鹿苑"的说法。

下午访问妙桥羊毛衫专业市场。

1994年，该市场交易额约为18亿元，日均客流量约25000人，日均车流量约1000辆次。高峰时每天人流约5万，车流约3000辆次。

几天前实地察看启东吕四港址时，先生深有所感，几天来一直萦绕心中，生成一些诗句。

今午饭后，回到住处，先生微笑着对室内所有人说："你们都先休息吧，不要打扰我。我要写诗啦。"

怎么也想不到，先生是要把诗写成条幅送给我。

原诗全文如下：

洞宾四莅东海滨

留得良港人不识

闻君一席话

令我开茅塞

一旦开放建商邑

东海港口尽失色

万吨巨舶如蚁聚

千古荒滩脱颖出

五十年后我再来

腰缠万贯犹嫌啬

可笑老叟年已逾八十

今始对启东宝地感心折

条幅下款为：同游吕四港书赠冠生。费孝通　年八十六
上款则以闲章"坎坷出文章"钤之。思其中微言大义，感谢先生。

4月4日　从张家港到常熟，从常熟到吴江

早饭后出张家港驱车常熟。10时抵达，入住虞山宾馆。

10时30分，在宾馆二楼会议厅听取常熟领导介绍情况。

先生与张家港领导很熟悉，与常熟领导亦熟。均无客套话，开门见山，直入主题。

听过当地一般性概况和小城镇建设专题介绍后,先生说:

前不久召开的"两会"上,我在江苏组发言说,该告老还乡了。推掉行政事务,集中最后一点力量,写点东西,为家乡出点力。

"两会"一结束,我就出来了,想回家乡看看新气象,同时也进一步了解一点长江三角洲的情况。这次主要是看港口、码头。

长江沿岸搞多个码头是要的。但具体看,先要有个全局意识。拿长江口这一带来说,到底建多少个码头才最合理,怎么分工,怎么集中,都得仔细研究。

这次跑了镇江、江阴、南通、张家港、常熟,知道了很多新东西,感到知识很不够。前几天才知道有个吕四港。要是早点被大家所了解,恐怕五口通商选址就不是上海了。

上海当年不过是个小渔村,和现在的吕四差不多。

十几年前我来常熟,看见很多人来做生意。就在一大片空地上,下雨的时候只好淋雨。我出了个主意,盖个顶棚,让大家少淋点雨。人家不是更愿意来了吗?这就出来了一个市场,是个专业市场。后来又成了招商城。现在年交易额达到 70 亿元。

变化之大,是当初想不到的。但现在可以具体看到。

再往后看十年,会有什么样的变化,现在一时还说不了。但肯定是一番大变化。

现在已经超过了国家经济的范围,进入了国际经济时代。大家都连到一起了,会有个分工、呼应、合作、协调的问题。不能自作主张,要多商量。

长江口的码头怎么个建法,就需要商量。我这次来看看,是因为怎么开发利用长江这个黄金水道是我的一个心事。

第二个是太湖、运河。我们吃太湖水长大,靠运河有了交通运输的便利。现在公路、铁路一发展,容易把水道忘了。江南的水养育了我们祖祖辈辈,这一带成了"天堂"。

不要在我们这一代把"天堂"荒废掉。听说太湖也污染了,要赶快治理。

今后一代人怎么个活法,是个很大的问题。

自然环境污染了,人文环境怎么样?

电视上打来打去,成了风气。我看李沛瑶同志就是这么打来打去被打死的。很多小青年拿生命不当回事嘛。

从经济和社会的发展来看,长江三角洲一带是中国发展的前线,对将来的方向要有个感觉。要坐下来认真想一想。希望你们有个使命感,有个紧迫感。

要知道自己处在什么样的位置,面对多么大的变化。

这个大变化是什么意思?这里边意思很深,需要好好研究。

先生讲完,知道常熟的领导已准备下笔墨纸砚在会场一角,便起身向写字台走去,边走边问:"我就一句话,意思是经济发展的同时,要考虑更深一层的问题,比如文化怎么跟得上来。你看用个什么词?"

未等我答,先生说:"我想好了,就说'对历史负责'吧。"

行至写字台边,桌面有字条,系事先准备、供先生参考的"千年古城再造辉煌"。先生看了一下,提笔直抒胸臆,写下"站在经济发展的前线,要有对历史负责的意识"。

午后由常熟赴吴江。18时许抵吴江宾馆,住下。

4月5日 吴江

回到家乡,节奏放缓。上午费老在住处休息。

说是休息,只是不外出,在住处读书、写作、写字。

下午,在费老住处的会议室,吴江市领导介绍家乡最新发展情况,并与先生商议,将今年9月份在吴江举办的江村调查60周年纪念活动与吴江经贸洽谈会、盛泽东方丝绸市场建立十周年等活动结合起来。其他活动都根据先生的日程来安排。

先生说：再过两年就告老还乡了。那时是 88 岁，好年纪，88，发发发嘛！

退下来，没有了行政事务，可以专门写东西。能写几年就写几年。

一是写学术上的回顾，二是写家乡的事，长江三角洲的发展和太湖的开发利用。

说告老还乡，人不一定能住过来，但心思可以多用过来。

江苏发展上的南北不平衡，是我的心事。苏南苏北要打通，扬中做中转站。

长江口现在有多少港口，还有哪些地方要建港口，吞吐量一共有多大，腹地有多大，有多少东西可以被吸收，有多少东西要出去，都要具体看。

这次看了一路，增加了不少知识。铁路、公路要搞，但不能放弃老本。

老本就是水利。太湖和支流水网，还可以做出大文章。

4月6日　吴江

早饭后，8 点半由吴江宾馆出发，经苑坪、横扇两镇，于 10 时到达庙港金蜂集团。

庙港庞书记向先生汇报镇上的新发展和产业结构特点（以机械、精细化工、食品加工等为主）。后先生出门到开弦弓农户访问，在村头走进一家毛衣作坊。先生询问一串问题，如下：

你是哪里人？

怎么来到这里的？

用什么原料织毛衣？

卖到哪里去？

一件毛衣原料多少钱？卖多少钱？

织一天挣多少钱？

住在什么地方？

你们能不能搞一个统一的牌子？比如"江村"牌？

下午先后访问八都、七都两镇。

4月7日　吴江

上午，先生在住处会见"江村—江镇"课题组成员，说：

我最近写了几篇文章，其中一篇是《重读〈江村经济〉序言》。读马林诺夫斯基的序，批评我自己的书，看哪些地方没有做到，没有做好。

我在这里搞调查的时候，26岁。你们在座的有没有比26岁更小的？没有。好啊！那你们就可以放手写了。看我的，写你们的，总会比我写得好点吧。

我当时也没有想用开弦弓的材料写博士论文，只是想把开弦弓写出来。

我觉得费达生在村里搞的事情很有意思，就想把里边的意思说出来。

年轻人不要被名人吓住，不要被什么什么"学"捆住手脚。

中国的传统不讲"学"，就是研究人。

"学"是从西方来的，有一套东西，挂上块牌子，像是商品展示。

有商标，有价钱。"学"就是工商社会里做生意做出来的。

我主张敞开胸怀，实事求是，跟着时代走，把自己看到的变化写出来，把变化的意思讲出来。我就是这么做的。

一个杂志写一个系列——学术的放在《北大学报》；"行行重行行"放在《瞭望》；杂文放在《读书》。

下午，在先生住处开"为家乡出力"座谈会。

先生意在把座谈会内容整理成一篇文章，题为《吴江的昨天、今天、明天》，放在《爱我家乡》一书末尾，做"压台戏"。

到会者都是先生的老朋友。有前后五任庙港党委书记，有老县长，有开弦弓现任书记，有吴江"末一个县长，第一个市长"（指处于县改市过渡期），如：于孟达、张钰良、朱士声、周玉龙、周正华、庞启剑、徐胜祥、沈志荣等。

张钰良、朱士声、徐胜祥先后发言。张谈"水乡巨变"；朱谈"乡镇企业目前的困境与出路"；徐谈"五个良性循环"。

晚饭前，苏州市委书记杨晓堂看望先生，续以晚宴。

4月8日　吴江

全天访问青云镇。途中于孟达老县长对先生说：看过青云镇，吴江的所有镇您都跑到了。

上午在宾馆和该镇领导座谈。先生说：

从自然村到中心镇，有几个层次。青云镇这里现在是第三层（中间有一层行政村）。估计将来自然村逐渐消失，变成大些的行政村，只剩村、镇两层。

我考虑的主要是这里引出的人口布局问题。

将来的人口，在村里住一部分，镇里住一部分，小城市一部分，中等城市一部分，大城市一部分。每一层能存住多少人，要有个基本合乎实际的估计。

自然村没有了好不好？我们现在的规划是空想。实际怎么变化，要去看。

这里边起决定作用的，是农民自己的选择，不是我们坐在这里算账。现在要弄清楚影响这个变化的因素都有哪些。

下午访问青云中学。是一所地方名校。

晚，先生谈《吴江的昨天、今天、明天》一文的写法，说：

用我的口气写。大概意思是，想编一本《爱我家乡》的书，今年9月在吴江开会时送朋友。

编到后边,觉得还要有个家乡的昨天、今天、明天来做压台戏。

正巧这时又回到家乡,碰到了在这里工作过的很多老朋友(把他们的名字写出来),就开了一个小型的座谈会。现在就把座谈会上讲的东西整理出一篇文章。

总的来写,不按人头发言。

"昨天"以老县长讲的为主,主要是80年代以来的变化。

"今天"也不用多讲,小平讲话以后,这几年确实有大发展。过去几个大镇我都看过,几个小的、偏远的没有走到,这次补上了。起步慢的发展快,不光快,而且新,后来居上。

"明天"要先讲今天存在的问题,比如乡镇企业问题,过去我也讲过,这次了解到了更多的情况。今天的困难是明天要解决的问题。解决了,明天就出来了。

2010年以前,集中力量,多想办法,发挥"天堂"的本钱,太湖、运河,还要发挥水利的优势。

费达生当年搞的其实就是贸工农、产供销一体的东西。这说明我们传统里有很多好东西可以继承下来。

回到北京后,你尽快写出草稿,我改一下,这本书(指《爱我家乡》)就可以交卷了。

4月9日　从苏州回北京

由吴江往苏州,随费老乘109次直快回京。

4月12日　北京

与冯、费二位老师同赴四号院,向费老汇报河南会议准备情况。

途中冯先生建议"费孝通学术基金"考虑出本书,也放在9月份的吴江会议面世。内容是先生的学术自述,加上我为《中华儿女》写的《治学济世费孝通》。再扩充一下内容,十几万字即可。

张秘书认为此想可行，遂报先生。先生说："我那些东西就不要再炒剩饭了。要出这本书，就让冠生自己写出一本，这样更好。"

全天加班，赶写《吴江的昨天、今天、明天》草稿。至晚上将近9时，初稿写就。

4月16日　北京

费老今赴石家庄，再访广宗县。未随先生往。留京改稿。

谭华送站后，带来先生一封信，全文如下：

冠生同志：

　　我想在《吴江的昨天、今天、明天》一文中要在乡镇企业昨天和今天的成绩上多写几句。因为我回忆中，这篇底稿里太强调了乡镇企业今天存在的问题，容易引起吴江方面的意见。所以在所举的问题前先交代一下它在今天吴江经济的骨干作用和所占的比重，用一二三产业的比例来表示乡镇企业在八十到九十年代一直是占吴江经济的主要地位。这方面肯定之后，才说在最近一部分或少数乡镇企业中遇到的问题。说今天是它最困难的年头，是指和过去几年比较而说的，值得注意解决。对这些问题加以改革，以发展来克服这些问题。语气怕太偏一些，把今天的乡镇抹黑了。请先考虑在原稿上修改一下，我回来再定稿（可先打好了，再改，在计算机上是很方便的）。

费　4月15日

遵先生嘱，在文稿上予以修改。补充吴江乡镇企业在吴江经济中占四分之三份额之类的内容。同时在措辞上缓和说到乡镇企业现存问题时的语气。

从先生处借来《江村经济》和《费孝通传》两书英文版本，准备摄制书影，用于今年9月吴江纪念活动中的先生画传一书。

4月29日　从北京到郑州

昨晚随先生乘79次特快列车赴郑州。今晨8时许正点抵达，入住中州宾馆。

这次访问活动，系中共河南省委书记李长春与先生约定。由民盟中央在京邀请有关专家和国务院相关部委领导，组团赴郑，帮助河南省谋划长远发展思路和策略。

考察团进入驻地，稍事休整，书记李长春和省长马忠臣前来拜望，表示欢迎。随后便开始考察活动。先后访问郑州商品交易所、郑州高新技术开发区。

午后，新密市领导来商议明天赴新密考察事宜，未能休息。

下午赴黄河饭店，参加"郑州市跨世纪发展战略研讨会"。

郑州市领导介绍市情后，高尚全、戴园晨、李泊溪、李京文等依次发表意见。后先生讲话：

这个会，时机很好。从大局看，是个重要关口。世界上现在确实是个新的战国时期，正在合纵连横。中俄等国形成战略合作局面，对面是美日联手。局势很清楚，可以琢磨一下了。估计会稳定一个时期。从这个角度看，河南及郑州的战略地位又提高了。

中国现在向西发展的条件更加成熟了些，也更迫切了。郑州的地位要在中国如今在世界上的地位里边找。非同小可。机遇大了，责任就更重。要看我们承担责任的实力够不够。

郑州要搞商贸城，规模多大？这个规模是由什么来决定的？一个镇有个"乡脚"，一个城市有一片腹地。这里边的问题很具体。一要胸怀全局，二要脚踏实地。

4月30日　郑州

今天的考察、研讨活动在新密市。

早饭后由中州宾馆出发。一小时后抵达新密安排的会场青屏宾馆。即开会。

接待部门知道先生走路有困难，会场又只能设在三楼，没有电梯，为此特意到郑州买了一辆轮椅，还专门培训了服务员。

先生谢绝了坐进轮椅后被抬着上楼的方式。一步步走了上去。

先生在讲话中一如既往地强调增加农民收入。

5月1日　郑州

"河南省跨世纪发展战略研讨会"今开幕。先生主持会议。

厉以宁、周叔莲、吴象、高尚全、戴园晨、李泊溪等教授先后讲话，具体分析，十分精彩。

厉教授提出，国有企业股份制改造时，划出一部分资金做职工医疗费用，不是国有资产流失，而是归还企业职工"存"在企业多年的钱。

李教授认为，只有夕阳技术，没有夕阳产业。

周教授主张，应实行投资拉动与消费拉动相结合的思路。

会后随先生往越秀酒家吃晚饭。饭前拜见冯亦代、黄宗英夫妇。

5月2日　郑州

"河南省跨世纪发展战略研讨会"今继续举行。先生认真听会。

下午会议结束前，先生作结语说：

近年来，我对中部地区花了比较多的时间来做实地调查，主要是研究中部地区怎么样能加快发展的问题。河南、河北、湖南、湖北等地，我都走到了，学到了很多知识。今天借这个机会，讲讲我的学习心得和体会。

再过不到四年，我们就要跨进一个新的世纪。

我们将跨入一个怎样的新世纪？我们要以怎样一个姿态跨入这个新世纪？这都需要我们认真研究。

当今的世界变得越来越小了。人们生活在"地球村"里边，世界上发生的每一件事都牵动着我们每一个人。

前不久，中国和俄罗斯、哈萨克斯坦、吉尔吉斯斯坦、塔吉克斯坦签订了关于边境地区加强军事信任的协定。五国之间建立了一个互相协作的关系。这是一个具有战略意义的协定。

它表明"冷战"结束后动荡的国际局势进入了一个新的阶段，进入了一个新的、世界规模的"战国时代"。在今后的世界舞台上，将演出一场精彩的"合纵连横"的活剧。

在这个新的"战国时代"，我们可以看到，在今后一段比较长的时期里，大国之间将展开一场更激烈的经济竞赛。这场竞赛将会使大国之间的矛盾愈加复杂，愈加严重。

但是这场竞争又是在世界各国人民要求经济发展、提高生活水平、要求和平共处这样一个总的呼声中进行，所以就决定了在今后的竞赛中不大可能使用武力来解决矛盾。

20世纪的特点之一，就是发生了两次世界大战。中国人民在战争中饱受荼毒，因此我们要尽力防止世界上再发生可能毁灭人类的战争。21世纪绝不能成为20世纪的再版。

我们要谋求建立一个全世界各国、各民族和平共处的新秩序。

我们要跨入一个和平的21世纪。

现在，五国协定打破了来自东面的压力，为我们向西发展开拓了更大的空间。

通过世界大格局中我们所处的位置，就可以清楚地看到中国今后肩负的责任。要担负起这个责任是不容易的。千头万绪，最重要的就是尽快增强我们的综合国力，这样才能在世界上发挥我们应有的作用。

在这样一个大格局中，八届全国人大第四次会议通过了"九五"计划和2010年远景目标纲要。这也给地方制定规划提供了依据。在这样的形势下，河南省举行关于跨世纪发展战略的研讨会，时机就更成熟了。

"九五"计划和纲要中，突出地提出加快中西部地区发展的重要意义，也明确提出要引导、促进区域经济的协调发展。从我个人说，从1984年起，把研究范围扩大到西北边区，从黑龙江开始，穿过内蒙古，进入甘肃、青海，折而向南到云南。在对西部地区的调查中，我看到了东西部地区发展的差距在日益扩大。中部地区的"二传手"作用还没有很好地发挥出来。我一直把这个问题挂在心上。

我一生"志在富民"。近几年，我把寻找增加农民收入、加快中西部地区发展的路子，作为一个重要课题，多次到河南来访问、学习。在你们这里，我看到了很多农民群众创造的、有效的致富路子。

1987年，我第一次访问河南，去了民权县。民权紧靠焦裕禄工作过的兰考县，自然条件很差，是个典型的贫困地区。1991年我再访民权。1993年我第三次去民权。在这三次访问中，我向当地老百姓学到了很多新知识。

从50年代开始，民权这个地方就有人在沙土地上种葡萄。当时产量已经不小了，产出的葡萄由商业部门包销。因为葡萄不易保鲜和运输，经常会出现大量腐烂变质的事。这个事引起了地方政府有关部门的关注，帮助他们建了一个县办葡萄酒厂，这样解决了果农卖葡萄难的问题。但是，这家酒厂一直没有发展起来。到1983年，酒厂濒临倒闭。

1984年，以潘好友为厂长的领导班子，进行了一系列改革，在市场经济风浪中逐渐站稳了脚跟。他们知道，要酿出好酒，必须要有好原料。为了能收到好葡萄，酒厂和果农直接挂上钩。酒厂为果农做好产前、产中、产后服务，果农保证交售优质葡萄。酒厂还帮助各村、乡镇建立了葡萄发酵站。这样，既方便了农民，酒厂也得到了优质原料。几万家果农从中增加了收入。

他们把国营酒厂、集体发酵站和果农的利益串联在一起了。结果，偏僻小县的小酒厂创出了享誉中外的名牌酒。

后来，我又结识了民权工艺品联营公司经理林培玉。他用错划"右派"和"文革"中被错判而平反时补发的工资做资本，带领几个年轻人，用当地盛产的柳条、蒲草等做原料，编织了精美实用的工艺品。1985年，他用这些产品，经历了千辛万苦，终于打开了外销渠道。接着，他发现在外贸市场上，抽纱、绣花台布、窗帘很有销路，就立即培训、组织农民生产，创造了很好的效益。

林经理他们开发的产品，都不需要很大的投资，用一双手、一根线，不用电、不用油，老太太、小姑娘只要有空闲，拿起来就能干。这样就充分利用了千家万户的剩余劳动力，使几万个农民增加了收入。我说林经理开办了一个"没有围墙的工厂"。这个公司越滚越大，现在已经有了深圳办事处。

在信阳，我学习到了现在大家很熟悉的"公司加农户"这个公式。到了焦作，我看到这个公式又有了新发展，在公司和农户之间，加上了"基地"。基地就是将农户组织起来，从专业户发展成专业村。几个专业村连成片，规模更大了，形成了专业生产基地。

我在焦作访问的时候，河南省的"富民工程"已经实施。广大干部下到农村，帮助一家一户农民上项目，项目都是农民熟悉的，比如种高效田、养猪、养羊、养兔、养鸡……也可以搞加工、运输、建筑、商贸……总之是你熟悉什么就干什么。但是搞的项目一定要达到规定的标准。

我看到"富民工程"是从家庭起步，从激活"家庭"这个中国社会的细胞开始，从传统当中农民熟悉的生产入手，使千家万户增加收入。另一方面，政府给予积极的帮助和指导，提供必要的服务，引导他们逐步走向市场。这个过程将使中国世世代代在传统的小生产里边生长的农民逐步变成现代市场经济里的农民。这是一个了不起的历史变化。

在漯河市临颍县南街村，我看到了这样的实例。汽车从公路开往这个村子时，眼前是大片的现代化厂房。村子里是柏油路，运货卡车来往穿梭。村民住的是和城里人一样的单元楼房。房间里电视、电话、收录机样样都有。这个村子已经变成了一座现代化城镇。

南街村的村委书记告诉我，1984年，他和村子里的二十多人集资五万元，搞起来了砖瓦厂。到1985年，有了点积累，又办了个面粉厂。先磨面，后来又做食品。他们1989年进入大发展时期，围绕粮食加工，村里兴办了一系列配套企业，真是"一业兴，百业旺"。

村委书记很风趣，说他们是"玩泥蛋起家，玩面蛋发家"。这个村子里边的工业就这样先从农业里翻身，大搞农副产品深加工，靠自身积累，从农业里一点点长出来了。不过十年工夫，南街村的产值，从1984年的七十多万元增长到了1994年的八亿多元。

我在信阳的金牛山还看到了开发山区的例子。这个地方的领导同志是个有心人。他花了很大气力在山里跑，对金牛山做了全面、详细的调查，总结了当地农民根据山区不同自然条件、分层种植作物的经验，然后加以规划、推广。这位同志对我讲，据传说，金牛山上原来有一头金牛，老百姓因此过着富裕的日子。后来，金牛跑了，这里就变成了穷地方。他们立志要把金牛找回来，就发动农民，充分利用山区优势，发展山区立体经济。经过几年努力，老百姓重新走上了富裕的道路。

从这些例子里，使我感到我过去常说的"无工不富"这句话不够全面，应该再加上一句"无工也可以富"。意思是，从农业出发也可以致富。

去年在江苏靖江，我提出了一个新名词，叫"一点五产业"，意思是在第一和第二产业之间还有广阔的空间可以大发展，这个"一点五产业"就是我在民权、信阳、漯河、焦作看到的，靠种粮、棉、菜、果，养牛、羊、鸡、鸭，从农副产品加工起步，使农民致富，然后逐步走上工业化的道路。

这种"一点五产业"正是一条适宜于缺乏积累的农业地区走的致

富大道。"一点五产业"落实到千家万户，有广大的、深厚的基础。其实质还是我早年说过的"草根工业"的性质，就是开发人们的劳动积极性，从简单易行的、不需要大量启动资金的、从农民已经掌握的技术出发，来构想一条能够充分利用闲散劳动力、使之成为生产力的路子。

我主要跑中部地区的几年间，脑筋里边对区域经济的概念更加明确了。改革开放以来，由于社会主义市场经济的发展，现行的行政区划已经不能适应经济发展的要求。许多地方按照市场经济发展的规律，自发组织了跨越行政区划的地区性协作和联合。

一个经济区域的形成，要有一定条件的。我常用一个人体来比喻，那就是要有一个"心"，即中心城市；一个"肚子"，即众多农户组成的农村、市镇和工厂企业进行生产和消费的坚实的腹地；一张"嘴"，可以使区域与区域之间的产物出纳吞吐自如。以对外贸易来讲，就是进出口岸，还要血脉流通，那就是要有发达便捷的交通、通信和通畅的流通网络。

我在河北、河南访问的时候还了解到，晋冀鲁豫苏皖几个省的接壤地区，在十几年前就自发组织了淮海、中原两个区域经济协作组织，多年来取得了令人鼓舞的成绩。他们的工作引起我很大兴趣，因为这两个协作区包括了历史上以农业为主的大片地区，大约有一点五亿人口。如果通过发展"一点五产业"，每人每年能增加几百元收入，就是几百亿。如果这两个协作区连片发展，不断扩大，就是大陆经济走廊的基础，也就构成了中部地区坚实的腹地。

当前亚欧大陆桥已全线贯通。如何加快大陆桥地区的发展迫在眉睫。河南省作为大陆桥中国段的中心地带，其区位优势是不言而喻的。现在需要在这个中心地带建立起一个"心"，就是一座现代化的大都市。我认为郑州是有条件的。

但是，要建设一个怎样的郑州呢？我们的思路，应该跳出现有的框框，不为旧的格局所限制。要预留出这个城市将来可能发展的空间。这个空间不仅仅是地理上的，也包括了一个城市功能上的发展空间。应该有一个"大郑州"概念——由郑州、洛阳、焦作构成的金三角。

这三个城市各具特色，各有分工。焦作资源丰富，乡镇企业发达，实力强大；洛阳是闻名中外的古城，国有大中型企业众多，一旦改革上了路，必然会释放出巨大能量；郑州历史悠久，交通、通信便捷，资源丰富，科技力量雄厚，商贸活跃。郑州有条件建成一个金融、商贸、信息、科技发达的现代化大都市。这样一组城市群构成沿大陆桥走廊上隆起的中枢，形成中部地区的心脏。

当前国际国内的形势，都为河南省的发展提供了一个极好的机遇，这是"天时"；河南省地处中原，与全国各地连接，起到承东启西、南北呼应的作用，大陆桥贯通，大京九通车，基础设施日趋完善，这是"地利"；全省上下，干部群众团结一致奔小康，这是"人和"。三利具备，就要我们从全局着眼，富民着手，增强实力，加快发展，扎扎实实把各项工作做好，迎接21世纪的到来。

5月3日　郑州

今随先生访问中牟县。

先做户访。有一段土路。县里前天组织人手专门修过一遍，昨夜下雨，又是一片泥泞。

汽车轮胎在泥水中打滑。为增强摩擦力，司机走"之"字形，左扭右摆，艰难前行。

车过韩寺庙乡大洪村，先生下车，穿越泥泞路面，步行走进村民林成舟家中。

进屋后，先生坐在一张旧木凳上，和主人聊起天来。

随行的几位摄影记者大概很少见到这种场面，群情激动，闪光频频。

聊天告一段落，先生走出屋，冒着小雨，看主人在院内用塑料棚培育的辣椒苗，说这是辣椒的"幼儿园"。

待走出院门，街上已有很多人在等候。

老乡们不顾连绵的小雨，等着看看先生。

先生见状，穿过泥泞，走到街对面，要和乡亲们合影。

老乡们一下子围了上去。里三层外三层，场面感人。

告别林成舟后，出村，到邵岗乡周庄村周振坤的塑料大棚前。先生躬身穿过矮门进入棚内，详细询问主人在半亩地上投资七千元、年收入两万元的具体情况。

上午11时许，在中牟宾馆六楼会议室，开中牟发展思路恳谈会。先生认为，靠农业致富的路子走对了。建议中牟做足"中"字文章，把眼光瞄向中东、中亚，依托郑州，沿大陆桥向西求取远大发展。

晚随先生乘10次特快回京。

5月14日至5月29日　京九铁路沿线地区考察

计划路线：北京→河南商丘→安徽阜阳→湖北麻城→江西南昌→广东深圳→北京。

5月14日

上午8时30分，在中央统战部开会。"各民主党派中央、全国工商联领导人、无党派人士京九铁路考察活动"动员会。

王兆国先讲这次活动的缘起、意义。

费老代表考察团成员讲话。先生说：

今天算是动员。我们要上课了。去年去苏南、浦东考察，实地去看变化，我们说像个高龄的学习班。雷人姐是九年级，我和钱老算是八年级，还有七年级、六年级的。我们学到了很多东西。我喜欢下去跑，到处去看，去学习。上次去的是全国比较发达的地区，看了苏南浦东。这次去的是老区，贫困地区，意思更大了。最近十年里边，我的注意力集中在东西部地区的差距上。我的家乡苏南一带，农民的年人均收入已经超过四千。京九线上，商丘这一带我去过好几次，农民人均收入水平要比苏南差上一半，两千元上下。从东部发达地区向西，有几个台阶。中部差一半，西部地区比如贵州，更差了。这个不平衡影响全国。不光是西部自己需要发展，东部地区的下一步发展也需要把中西部的市场开发出来。市场在什么地方？我说就在农民的口袋里边。意思是想办法增加他们的收入，让他们有力量买东西。这不是光说就行的，有很多具体事情要做。首先就是交通。京九线说明国家建设有眼光，下一步，还要有效果、有效率。沿线可以看不发达地区到发达地区的中间过程。草房，瓦房，楼房，别墅。这是历史。我们还要参与进去，推动它的发展。这个机会不能放过。

后由铁道部副部长孙永福汇报京九铁路建设情况。

5月15日

做出发准备。由永斌处借得尼康FM2相机，带135定焦镜头。

今年3月23日至4月10日，费老实地考察长三角港口群时，分别在镇江、南通、江阴等地听到不同的说法，当地领导都曾告诉先生，当年孙中山设想的东方大港就在他们那里。先生说：我已经听到有三四个说法。我想回去查一下，孙中山心里边的东方大港到底在什么位置。

今查《孙中山选集》中《建国方略》"之二"，知孙中山设想的位置在浙江杭州湾中乍浦一带。原话为："据第一计划中吾所举之四原则，则上海之为中国东方世界商港也，实不可谓居于理想的位置。而此种商港最良之位置，当在杭州湾中乍浦正南之地。……其为东方商港，则此地位远胜上海。"

5月16日

京九铁路考察团今出发。出发前曾上街买今年第5期《读书》杂志，未果。

考察团员集中后,首先在北京西客站内参观京九铁路建设成就展。

15时30分,9907次专列启程。团员共140人。著名民主人士有费老、钱老、雷洁琼、王光英、程思远、吴阶平、万国权等。

随费老、丁校长同在13号车厢。列车启动后,在小会议室说话。

说到最近一期《中国青年》杂志上的《北大:魂兮归来》一文,丁校长说他已经看过。先生表示要看。即将带上路的该文复印件交到先生手上。

先生看了文章后说:"这种文章是在酝酿着一个东西,而且这种事情后面都有人。"

对先生说,据说很多北大老教授写了文章,表示反对。

丁校长:"我可以告诉你,这是出于授意。"

先生:"我看到了陈岱孙的文章。"

丁校长:"陈岱孙说:那文章不是我写的。"

先生:"对啊。这种事情不好说啊。现在希望这个事件不要爆炸。"

说到今年下半年动笔写先生传略的文字,先生嘱咐说,注意加重少数民族研究这一段的笔墨。

丁校长闻听,问:"费老,早年的事情您现在还记得清楚吗?"

先生答:"只是个大概了,弄不清楚。不好弄清楚,不能弄清楚,不宜弄清楚。"

5月17日

晨8时,专列正点抵达商丘站。此为京九路考察第一站。

在豫东宾馆稍事休息后,开始参观考察活动。先往河南振华坡璃厂,参观浮法玻璃生产线。车间内有个大上坡,先生坐了一段轮椅。后,考察团成员被安排在一个操场上,在阳光强照下观看文艺表演,听取工作汇报。看来没有安排妥帖。表演无艺,汇报冗长,却让这些八九十岁的的老先生们干晒了几十分钟。

后访问商丘市周庄解放村。先听情况介绍，再看民居。该村民居在格局上类似华西村，建筑样式、材料、装修方面的标准低于华西村。

下午，豫东宾馆二楼会议厅，商丘地、市两级领导做当地情况介绍。会场正面主席台上仅坐四人：费老、王兆国、李长春、马忠臣。

晚，考察团由商丘抵阜阳。入住文峰宾馆。

5月18日

上午在阜阳市委礼堂听省市领导介绍当地情况。

前几年，北方的这类会议一般叫"汇报会"，南方则叫"情况介绍会"。北方显得毕恭毕敬，南方则显得平等。近来南风北渐，北方也学会了南方做派。

一般情况下，所谓介绍，都是人手一份打印装订好了的文字材料，大家捧着看，台上的人照着念一遍。利用中共安徽省委书记照本宣科的时间，整理先生1995年实地调查日程实况记录。

下午参观一所民办的乡镇企业中专学校和一个电缆厂。

明天会有个"项目落实仪式"，需要先生讲话。晚间为此准备讲稿。

5月19日

上午9时，在阜阳市委礼堂举行"助建颍上县八里河南湖小学和支援老区光彩事业项目落实仪式"。刘延东主持。经叔平代表考察团捐赠款项、书籍、计算机等。费老代表各民主党派、全国工商联、无党派人士讲话。

先生宣读讲稿，远不如即席讲话流畅、生动。尽管昨晚定稿后把字体誊写得相当工整，易于辨认，先生还是出现了几处不该有的瞬间停顿。他实在不习惯照本宣科，却又需要按照统战部的要求顾大局。

午饭后，13时10分离开宾馆，赴阜阳火车站。13时30分，专列启动，直发麻城。晚 21 时，列车正点抵达麻城。

麻城是老区，目前还较为贫困，无力同时接待八位国家领导人和几十位部级干部的住宿。故考察团成员今晚留宿于专列。专列停靠在麻城车站。

5月20日

一早醒来，天已大亮。麻城车站站台上很是热闹。地方的铁路官员拥着随团考察的铁道部国林副部长来回走动。

早饭后驱车前往市区考察。途中访问了黄金桥经济技术开发区、台湾街和麻城一中。三个地方，用去将近一上午时间。

午饭、午休和下午的活动皆在麻城宾馆。

下午 3 时，在宾馆三楼多功能厅开会，听取湖北省、麻城市、红安县做情况介绍，并座谈中西部地区经济发展与老区开发。吴阶平代表考察团讲话。

17 时，举行"助建红安县占店中学和支援老区建设光彩项目落实仪式"。王光英代表考察团讲话。

晚间陪先生看电视新闻时，谈到下午的座谈会，先生说：

他们提了不少要求。眼睛还是盯着北京，要项目。这说明他们的观念还在上一个阶段上边。京九路通了，这里最要紧的事情，是把香港接通了。他们还没有看到那是个大市场、全球性的市场。这里马上该做的是，一边准备能运出去、卖出去的东西，一边接上和香港的关系，把生意赶快做起来。自己赚钱，也让别人得到好处。大家一起发展。

晚 8 时，专列离开麻城。

5月21日

路上带的有编写费老画册的任务，需要花不少时间。凌晨 1 时 30 分睡。5 时醒，即起。

《民族画报》随团记者程卫东来，见有费老画册初稿复印件，起念要在其画报上刊发专题照片和文字，以纪念先生学术活动60周年。以此事报先生，得同意。

上午10时30分，先生在行车途中接受中央电视台采访。

先生把昨晚在麻城看电视新闻时说的那段话加以发挥，在观点上有发展，主张上更鲜明。先生说：

京九线，一头是北京，一头是香港。眼睛向哪里看，是个基本问题。看"京"，是计划经济的眼光，要项目；看"九"，是市场经济眼光，要打开市场。我们说京九是个机遇，意思在什么地方？就在来了一个大市场。所以，我主张看"九"，而不是看"京"。

晚上为钱老起草明天上午"项目仪式"上的讲稿。

5月22日

上午开会。江西省长、南昌市长先后做情况介绍。然后是考察团支援江西、井冈山老区建设项目落实仪式。钱老代表考察团讲话，他念稿子比费老流利得多。

近日考察团中出现签名热。先是少数有收藏意识的人，拿着京九铁路铺通的首日封，或是京九铁路建设画册，在专列上前后串着找"首长"签名。后来，更多人受到启发，群起效仿，并在井冈山上买了明信片、首日封，来来往往，找人签名留念。下午，费老的警卫员说起也想找人签名的打算，先生说：

不要去学人家赶这个时髦，没有什么意思。大家都去做，你也去做，跟着人家跑，我们不去为好。

下午参观。随费老乘3号车，先到了茨坪的毛泽东故居。

故居是个院落，考察团140人，加上地方的工作人员，院子里虽装得下，却满满当当，拥来挤去，实际上看不好，就是个热闹。多数人只是图留个"到此一游"的照片。

因为"首长"较多，车辆也就多。每辆中巴车上都安排有一位女青年，手持红旗，以为标志，避免同车的人走散。

出得毛泽东故居院落，回到车上，3号车执旗女青年说："大家都跟着小红旗，就不会走丢了。"费老高声说："不行啊！到处都是红旗。光跟红旗走，就不知道走到哪儿去了。还是要看准我们这个3号，认准这个才是根本，才不会掉队。"

5月23日

上午参观井冈山的著名革命遗址。先到了黄洋界哨口纪念碑。群情激动。从"首长"到夫人、随员、警卫、医生……摄影留念活动蔚为壮观。想拍几幅无人的遗址风景照，几乎没有可能。

离开黄洋界，到大井村毛泽东、彭德怀故居，院落较大。大家都抢着拍照。院中有一尊青黑色毛泽东塑像，更成了几乎每人必趋前合影的道具。"首长"们留影，一般是站在塑像前一拍了事。夫人们却多有尽量贴近的愿望，有些甚至站到了塑像基座上，并伸手抚摸塑像，以便有个姿态。

先生似无留影的兴致。但如有他人要求，也会拍上一张。

5月24日

据9907次列车特意安排，今凌晨5时许到8时40分，列车在赣州到五指山隧道之间的定南站停车三个小时，以待天亮后请考察团成员参观五指山隧道。

充分利用这三个多小时列车静止的时间，做完了费老画册文字编写工作的最后部分。

天亮后，下车活动腰身。为站台上正聊天的费老、钱老和丁校长拍照。其中有一幅是三人谈话的瞬间，背景是山峦、山村、炊烟。因时间尚早，这幅照片是独家作品，团里没有任何他人拍得这个场面。

天大亮后，列车启动，开至五指山隧道中，停下，请"首长"们下车参观、听汇报、拍照、题词等。平时难有这种经历，众人纷纷行至隧道洞口留影，又是一番热闹。

8时40分，列车驶出隧道，继续南行。14时41分，正点抵达本次考察最后一站——深圳火车站。20分钟后，入住深圳迎宾馆。先生住在桃园。

下午休整。晚间为先生起草明天上午座谈会上所需讲稿。

5月25日

上午在驻地桃园三楼会议室开会，听取广东省、深圳市情况介绍。

中共广东省委书记谢非主持会议，省长卢瑞华介绍省情，深圳市委书记厉有为介绍市情。卢的介绍简明扼要，厉的介绍过细，因而冗长。其心情可以理解，但毕竟占去了来宾的发言时间。

先生又一次依官场规矩念稿。

下午活动是参观中华自行车厂和元平特殊教育学校。先生因一路劳顿致累，未去。

陪先生在住地休息，并告深圳朋友（绍培）筹办南山文化书院的事情，希望得到先生支持。先生慨允，并因聊及文化话题来了兴致，说：

不同文化碰头的问题躲不开了，要研究啊。体制内的学界有点迟钝，还没有意识到问题之大、之严重。民间办书院，出来一股文化的力量，说明还是有明白人。现在的书院和过去的书院有什么不同，需要研究哪些问题，培养什么样的人才，传播什么样的思想，都值得研究。你的朋友里边，有点想做事的，尤其是文化方面的事情，我支持。需要的话，我也可以参与进去。但是我年纪老了，只能破题了，后续的文章等着你们来做了。咱们不是一起写了《重释美好社会》了吗？那样的文章需要做下去，那样的会还会开。我的文章只能算是破题，需要下一代跟上了。能不能跟上，要看你们这一代人。我是"人生不满百，常怀千岁忧"，忧的是不同文化的人不知道怎么打交道，还有下一代、下两代人能不能跟上来。谈文化问题，中国人该有声音啊。我们的老祖宗有东西啊。书院不也是老祖宗留下的文化设施吗？有人想发扬光大，好啊，应该支持！

代表深圳的朋友感谢先生的厚爱和指点。

5月26日

上午参观深圳开发科技股份有限公司、华为技术有限公司和莲花北安全文明小区。先生未去。

陪先生起草、修改《江村六十年》一文。

近午，该文经先生审阅、修改、定稿、签名后，传真至《人民画报》总编室张海鸥处。

下午随团活动，参观盐田港和龙岗区布吉镇南岭村。

拍摄先生实地访问盐田港的照片。

南岭村农民人均年收入已超过两万元。主要依靠发展"三来一补"企业。村民文艺队为考察团演出文艺节目，有"全国山河一片红"之感。万国权代表考察团讲话说，有人说特区的黄色东西多，我们看到了革命的色彩。

5月27日

上午在桃园会议厅开会。广东省和深圳市的领导人同考察团中主要领导人座谈。

因先生画册付印事，需往深圳新闻中心时代公司看画册墨稿。未能旁听座谈内容。

下午，费老、钱老、丨校长、冯教授四位民盟中央领导人齐至深圳市人大常委会礼堂，与全市盟员见面、座谈。此为深圳盟务工作盛事一件。

回到住处，休息中聊天。先生说：

可以建议民盟召开一次京九沿线地区经济发展研讨会，大家为这条线的发展出出主意，想想办法。前不久，北京大学人类学社会学研究所办了一个高级研讨班，大陆学者和台湾、香港地区以及英国、美国、韩国的同行讨论中国人当前面临的巨大变革。小农经济的文化碰上了全球化、现代化，小平同志提改革开放，就是为了适应整个世界的变化。

深圳这里是改革开放前哨，先走一步，走出了成效。现在京九铁路要通了，是发展深圳的好机会。沿线地区资源丰富，开发出来，就是深圳的广大腹地。民盟是个政党，要参与政治。民盟的同志多想想怎么开发，配合上国家的发展，就是对政治的实际参与和关心。深圳这里的政治意味很强。小平同志四年前来这里，就是关键时刻来做政治上的掌舵。他总结了正反两方面的经验，看清楚了，非改革开放不行。什么叫"血路"？付出代价，找到出路。

民盟老一代学者早就在找出路。梁漱溟先生提出"民族自觉"，就是想从中国最本质的地方找出路。中国传统文化怎么比较平顺地进入现代文化？直到现在我们对这个问题还没有弄得很清楚。比如说，小农经济的国家里边，家庭是社会的基本细胞，在社会生活中起了重要的作用。在经济转型时期，出了不少下岗、待业的人，因为社会保障工作没有跟上，他们的生活就发生了困难。但是从整体看，国家没有因此发生大的不稳定问题，这背后就有家庭这个基本细胞的作用。可是我们的家庭也在发生变化，早晚有一天，家庭也担负不起这种社会责任了，今后怎么办？中国怎样才能顺利走上现代化道路？还有许多问题需要研究、解决。民盟的同志要多动脑筋，把该担的责任担起来。

有朋友为福田保税区丘主任求费老写字（邱主任父亲名丘裕先，以其名设立了"丘裕先教育奖学金"）。为先生准备题字文辞——先师孔丘，命舛文裕。推己在先，及人尤重。尊师重教，道在位育。

先生自右至左竖写。每行四字，排列六行。每行最后一字连读，即"丘裕先重教育"。文字既考虑了丘先生所需，亦含有先生恩师潘光旦的

"位育"之论。

京九铁路沿线地区考察今日结束。晚 7 时 20 分，车队离开迎宾馆，赴深圳火车站。

19 时 50 分，9908 次列车离深往穗，由京广铁路返京。

5 月 28 日

列车在京广线上飞驰。先生在 13 车厢谈这次考察报告的内容和写法说：

开头讲统一战线。京九铁路决策英明正确，后续工作应及时跟上，增加农民收入，加快中西部地区发展。使京九铁路在"九五"时期发挥重要作用，使中部地区在"九五"时期全国总量的增长和翻番中起大作用。京九沿线可搞协作区，共同开发大市场。利用农业基础，形成优势产业。要快，也能快。关键看思路。看"九"不看"京"，就能快起来。在开发市场的过程中，深圳有优势，要起带头作用，沿线分工协作，有全面的了解和安排。京九铁路对沿线地区的经济发展，对于深圳的进一步发展，还有香港平稳过渡，都很有利。

丁校长同费老聊家世。先生说：

我的母亲这一家族，对我影响很大。我的妈妈早年是个先进人物。积极参加社会活动，不怎么管我的。祖母的妹妹把我带大。吃的是妈妈的奶。一个舅舅在清华，和胡适同班。后来做了大官，相当于现在的国务院秘书长。另一个舅舅是画家，在美国好莱坞画动画片《白雪公主》。他适应不了美国文化，自杀了。还有两个舅舅，也很有成就。一个是医生，一个是建筑设计师。上海的几处人型娱乐中心，北京几所大型的建筑，都有他的作品。我的父亲搞议会，组织全国议会联合会，到北京请愿，见段祺瑞，要求立宪变法，也是个先进人物。

13车厢列车员陈娟为先生画速写，不是太像。先生看过，高兴地说：来！让我为你写上几个字。即写道："三分像我，再加三分，不错不错。"

陈娟刚接过速写本，先生又要加上一句话。即拿过本子，又写上："还有四分不是不像我，而是我自己不认得我。"

先生即兴应对，潇洒，大气，真是精彩。

5月29日

上午10时10分，9908次列车正点抵北京西客站。

至此，由铁道部邀请、中共中央批准、中央统战部组织、各民主党派中央、全国工商联和无党派代表人士组成的京九铁路沿线地区考察团的全部活动画上圆满句号。

这次实地考察结束后，先生时常说起"穿糖葫芦"的话题。大概意思是，京九铁路把沿线地区的中心城市穿了起来，像是个巨大的糖葫芦。此后一年多，他继续沿着这个大糖葫芦进行实地调查，希望尽量多了解实际情况，多受启发，以便对怎么穿好这个糖葫芦做到胸有成竹。

1997年12月19日至22日，由各民主党派、全国工商联和中共深圳市委、深圳市人民政府联合举行了"京九沿线地区经济合作与社会发展研讨会"。先生为会议准备讲稿的时候，说了相对成熟的想法：

京九铁路建成了，大家有个期望，就是经过一段时间的努力，让沿线地区成为我国经济格局里边一个比较发达的地带。我个人想得更多的是，加快发展京九铁路沿线地区，对我们国家实现共同富裕大有意义。

京九铁路的两端很有意思。一个是北京，是中国政治的核心，改革开放政策的策源地；一个是九龙，代表我们通过改革开放要融进去的国际市场。香港回归后，这个市场就和内地更好地联系起来了。桥梁是深圳。深圳的经济实力和经济素质都不错，排到了全国大中城市前列。地位重要，又来了机遇，可以为京九沿线地区发展多做贡献。

机遇的意思，是一条铁路为沿线地区接通了一个大市场。接下来，要带货上路，进入市场。"带货"就是我们要拿得出市场需要的东西。"上路"就是把已有的交通条件用起来。进入市场，就是把拿上路的东西变成财富。增加农民收入，增强地方经济实力。这样，机遇才有实际意义，否则就落空了。

为让机遇真正变成实际的生产力，现在要赶紧动作起来，抓几个基地，就是抓好京九线上几个经济增长点，也就是我说的"穿糖葫芦"。大家都知道，京九线东西各有一条铁路大动脉做邻居。京沪线上有天津、济南、徐州、南京、无锡、苏州、上海等城市，京广线上有石家庄、邯郸、郑州、武汉、长沙、株洲、广州等城市。比较起来，京九线上现在还缺少这类中心城市。我们常讲地区差距，这就是具体的差距内容。要缩小差距，就要加强这个方面的工作。

我的想法是：线上选点，以点连线，全线统筹，分段处理，省为主体，市做重点，列入规划，实际操作。具体讲，我根据自己实际看到的情况，说几个有点底子、可供选择的点。

山东的菏泽、聊城，我都去看过。这两个地方，历史上运河通畅的时代，都繁荣过。后来的衰落，也和交通条件变化有很大关系。可是菏泽悠久的园艺栽培历史传统还保存着。传统优势如果能加上现代科技，再利用现代交通条件，很有希望形成京九沿线地区产业化农业的生产基地。

河南的信阳和商丘，我都去过不止一次。民权和信阳搞"公司加农户"，增加农民收入，我印象很深。我写过文章介绍他们的办法，认为是当地群众根据当地特点找到的发展生产、增加收入的路子。今年夏季麦收后，我第五次去商丘，看到商丘福源集团对"公司加农户"的模式做了新发展，效果很好，带动了一大片。如果能趁势巩固，加以延伸、发展，很快就能形成农业产业化生产基地。

湖北的麻城、黄冈，我去的时间短，了解的情况不充分。但我从小就读过《黄冈竹楼记》,知道这个地方。文章里边说"多竹",是说那里竹子资源很丰富。"用代陶瓦",是说可以做建筑材料。所以那里有发展竹产业的基础。用现代技术,可以把竹子加工成现代建筑材料,还可以做工业原料,用途很广。竹笋又是很好的食品,大家都喜欢吃。多方面运用现代技术开发竹子资源,会形成一个很有特色的竹品产业基地。

安徽的阜阳、蒙城,是养牛出名的地方。我去那里做调查时,希望当地群众把养牛和对牛肉牛皮的加工办成一项优势产业。念牛经,当牛王,发牛财。这次随着大部队来看,大家看了蒙城发展养牛的录像,都很感兴趣,谈得热闹。大家有共识,更能说明阜阳、蒙城有条件搞起来一个肉牛、奶牛的饲养、加工基地。中国人民正处于从温饱向小康的过渡当中,食品结构正发生变化,养牛基地会大有作为。

江西的九江、南昌等地,我上个月参加全国人大的执法检查,专门组织了座谈会。他们正在搞江西京九线星火产业带的建设,注重在起步阶段抓农业,我认为路子对了。访问中,我还看到当地农科所的科技成果结合到了传统农产品上的例子,品尝了他们生产的茶色素和板鸡。这是从农业里边长出工业的两个例子。抓住苗头,扩大规模,就能发展成为基地。

京九铁路沿线地区大部分是老区,欠发达地区,传统农业地区,发展的起步阶段还是要从农业开始,向副业、庭院经济、农业产业化基地、乡镇企业逐步过渡。这个阶段上,迫切需要的可能还不是高科技,而是实用技术和适用技术。这样才能尽快抓出实效,才有利于从农业里边长出工业来,培养出来几个基地,为下一步发展准备基础。

6月4日　北京

民盟中央机关秘书长下达任务,嘱我整理先生前两天在香山民盟中常委会(民盟七届中常会第十三次会议)上的讲话录音。

今夜12点30分开始动笔。先生所讲内容是民盟明年的换届问题,讲得很深、很透、很开阔，时间也较长。整理难度大，一直到清晨 5 点 20 分方才成稿。先生说：

这次会议，主要是研究民盟 1997 年的换届问题。

我们民盟的同志坐在一起，就不用说场面话了，可以说点心里话。

我认为，换届问题不仅是新老交替、人事调整的变化，更主要的，是要着眼于搞好政治上的交接。也就是说，新老班子在政治上要交好班。从这个认识出发，我想讲的问题是：什么叫换届？这里有两个话题，一个是：变是为了不变；另一个是：退是为了进。

什么叫换届呢？换届是一个新陈代谢的问题。从生命个体看，要保持一个人生命的连续性，就要有细胞的替换。这是维护生命正常活动的自然法则。

从社会的发展看，也存在一个新陈代谢的问题。我曾提出过一个说法，叫"社会继替"，写在解放前完成的一本书里边，书名叫《生育制度》。

社会的发展，是靠不断的继替来完成的。有人继，有人替，才能维持社会的完整性和连续性。一个民族也好，一个国家也好，要在这个世界上继续存在和发展，就要靠个体和群体的不断换班，后人代替前人的位置，继续前人的事业。如果这个继替过程停止了，那社会也就死了。人会死，而社会不能死。社会继替解决了这个矛盾。

社会继替是时常都在我们身边发生的事情。

我们经常在报上看到有人过去了，要开追悼会。这没有影响到整个社会的继续存在和发展。一般来讲，继替的过程是平衡的，但有些时候会显得急一点，人会替换得快一点。积得多了，继替的幅度自然就会大一些。

政治上的接班，也会出现这种情况。

从我国的各个民主党派来讲，由于历史的原因，我们已经积了较长一段时间。

从反右斗争开始,直到改革开放之时,有20年时间,继替停滞了,社会也乱了。我们每一个经历过这段历史的人,都有20年的落空。

从改革开放又到现在,我们这班人,是进入21世纪前的最后一届。这段时间里边,从继替的角度来看,积得比较多了,恢复正常继替的工作比较紧了。

轮到我们这一届,要解决积下来的继替问题,就要发生人事上的较大变动。不这样做,就可能出现问题,影响跨世纪时期的国内政治秩序,影响各民主党派在中国政治制度中继续发挥作用。所以,我们这一届要及时地把新老交替工作切实搞好,目的是为了维护中国共产党领导下的多党合作制度。

搞好新老交替,就要有年富力强的人出来做工作,接好上一代的班。要做工作,就要在组织机构里边取得一定的地位。我们民盟的第七届中央领导人中,有很多年龄比较老的同志。由于历史的原因和工作需要,我们把局面保持到现在,保持到20世纪快要结束的时候。

现在从整个局面看,需要换届了,需要搞好新老交替了。中国共产党的中央领导人中,第三代已经接过第二代的班,各民主党派也应当跟上去,以便保持一个在政治生活上大体一致的节奏,这样有利于继续巩固和完善中国共产党领导的多党合作制度,有利于民盟作为一个参政党继续发挥作用,有利于政治稳定的局面保持不变。

这里边包含着我想强调的第一个意思,就是"变是为了不变","变是保证不变"。

我们之所以要保证共产党领导的多党合作制度保持不变,是因为这个制度对我们发展经济、建设国家是行之有效的。将来换届之后,新接班的人心里要清楚,换届带来的变动不是根本的政治制度有什么变化。相反,人事的变化正是为了保证政治制度不变。

换届,一般的说法是接班,用科学的语言说,我叫它"社会继替"。新的一代要代替老的一代,使事业继续下去。继替是积极的,是建设性的，而不是消极性的。

我们原来班子里边的人，现在的重要任务就是帮助即将接替我们的新班子，和原来的班子在事实上衔接起来，保证政治制度的不变。

不变的东西有很多。除了我们现在作为一个组成部分的多党合作制度外，还有我们民盟自己的传统。这个传统是民盟的第一代领导人几十年前在香港召开的民盟一届三中全会上确定下来的，就是坚决跟共产党进行多党合作。几十年来的历史证明，民盟和共产党的合作是对的。

有了这样的合作，才能有中华人民共和国的成立，才有今天取得的改革开放成就。这样一个根本性的政治立场，政治原则，是必须要坚持下去的，直到我们完成中华人民共和国在人类历史上的任务为止。这将是一个很长的历史时期。

在这个过程中，我们要保证民盟第一代领导人决定的接受共产党领导的方针不变。

改革开放以后，邓小平同志倡导实事求是，提出了中国共产党领导的多党合作和政治协商制度，确定了执政党和参政党各自的地位。这是人类历史当中一个新的政治制度，与西方政治制度中的"两党制"有根本的区别，是中国人民自己根据自己的国情和历史创造出来的。

民盟作为一个政党，对这个制度是坚决拥护的，因为它行之有效，带来了中国的新生，也带来了国家的兴旺发达。西方的"两党制"也是他们根据自己的历史经验总结出来的，也有一个历史过程，发挥过作用。但是现在看来，似乎不太灵了。跟着西方学的日本、印度等搞"两党制"模式的国家已出了不少问题，很难做下去了。对于我们现在的多党合作制度，希望大家能从历史观点着眼，有一个深层次的认识。

对于西方的"两党制"，我们这些过去曾经在西方生活过一个时期的人，也有一个认识过程。这样一个政治制度，在西方历史里边完成了一个任务，就是代替封建王朝的封建统治，符合于工业化初期发展社会生产力的要求，保证了当时西方社会的存在和发展。

我们这批出国留学的人，看到西方的"两党制"要比当时国内的清王朝和军阀时代的制度进了一步，因此在解放前坚决主张实行民主，我就是一个代表。不过那时所说的民主，基本上是限于西方的概念。经过这几十年的实践，我们的思想逐渐适应并跟上了历史的发展和新的社会局面，认为人类历史当中应当产生一种新的、符合一个国家的历史和国情、使得社会能保持和平与进步的政治制度。我们也愿意为这种制度的产生而贡献力量。

经过中国共产党和各民主党派几代人的共同努力，现在我们很幸运地在共产党领导下合作形成、并享有这样一种由中国人民自己创造的政治制度。各个民主党派都衷心地拥护这个制度，承认这是我们的方向，表示要在这个制度中充分发挥作用。这里边有一个深层次的政治认识问题，为什么这个制度符合中国的实际？为什么我们要拥护这个制度？

从我个人在这几十年里边得出的认识来讲，一个政党的成立，一个政治制度的形成，都只是一种政治手段。好的政党和政治制度，应当是运用这种手段为人民大众谋利益，为社会进步出力量。在中国，能够为中华民族的最大利益做事情的政党，能够确保中华民族强盛的政治制度，当然是值得拥护的。

我们现在的政治制度，使中国在不到20年的时间里，经过改革开放，经济上已能看到兴旺发达的气象，中国在国际上的地位也有了显著的改变，这是我们一生梦寐以求的事情。

我们要有真正关心全民族利益的胸怀，要明白没有把某个政党的利益放在民族利益之上的道理，更不要把个人利益放在民族利益之上。这样一个认识里边，包含着我想强调的第二个意思，就是"退是为了进"，个人在原有工作岗位的退，是为了整个社会、国家的进。

说到这里，我想趁这个机会，讲一些我在一生的八十多年当中经过很多思考之后想说的话，勉励我们的同志在做人问题上多考虑考虑。

我们中国人历来有自己的做人之道。毛泽东同志把中国人应有的做人之道概括为一句话，叫"为人民服务"。这个概括虽然很通俗，却是对几千年中国文化怎样做人的主张做了总结，指明了做人的方向。

我们有一个传统的标准，就是人己之间要有个平衡。应该说这不是个高标准，因为它只讲到平衡，并没有要求自己少得而多给予他人。

平衡是什么意思？就是得的太多的将来还会失去，所以做人不能太贪心，更不可为贪便宜而不择手段。陈毅同志常讲"善有善报，恶有恶报。不是不报，时候不到。时候一到，一切都报"。这是中国人几千年来做人经验的总结。

我们也可以用这个来提醒自己，善良做人，认真做人，踏实做人。

作为一个民主党派的同志，民盟里边也应该形成一种大家在道德方面、人格方面互相帮助、互相砥砺的气氛。在道德和人格上坚持高标准，并不容易，所以既需要自己努力，也需要大家帮助。但是做人究竟做得怎样，这个账只有自己算得清，别人是不清楚的。自己算清楚了，觉得没有亏心，没有对不起我这一生，也没有对不起他人，那么，闭上眼睛时心里是踏实的，死而无憾。

在我这一生中，得之于父母，也得之于社会，很多人培养我。我能不能做些事情，对得起这些人？这是我常想的一个问题。像我这样想问题的人，还有很多。在这个方面有共识的人聚合起来，成为一个团体。对这个团体，我们叫它"中国民主同盟"。

既然来到一起，就要互相帮助。人多了，想法就多，即使当初的想法有大的一致，后来的许多想法可能不一致，也不会都对。这没有关系，可以讲出来，畅所欲言，大家讨论。可是有一个首先要解决的问题，就是自己想做什么样的人。这决定着我们想问题、做事情的大方向。

从这个想法联系到我们换届工作中将会出现的较大的人事调整，要看到一个辩证的现象，退是为了进。我退出来，是为了让人家进去。同时还要明白，不是退下来就不管事了，我们还要帮助新进来的同志，帮他们走上这条路，走好这条路，而不是在一届就管一届，不在职就可以不管了。做人不能这么做。

从主席、副主席的位置上下来了，作为一个盟员的职责还没有到头，还要尽盟员的责任和义务，帮助新班子把盟的光荣传统传下去。对于我们退下来的人来说，新班子是履行"社会继替"，有责任继续做我们没有做好、做完的事，替代我们做我们已没有足够精力去做的事，我们有什么理由不去帮助他们呢？我们相信他们会比我们做得更好。

前些天我参加京九铁路沿线地区考察活动，中央统战部组织的，全国各民主党派领导人参加。我就比不过人家。到井冈山烈士墓献花的时候，有一百多个台阶要上。人家上得轻松，我就累得气喘吁吁，跟不上。尽管我有很好的愿望，身体却吃不消了。

如果不上去，我就失了职。为了尽职，我就挺上去，结果回来后既要吸氧气，又得吃硝酸甘油片。这对我是个很深刻也很生动的教育。自己对于有些心有余而力不足的事情，勉强去做，用心很好，可是很难担负起应当负的责任。

我们年纪越来越老，而在民盟这个位置上的人要肩负的责任却越来越重。

21世纪快到了，我们处在一个大变革的时代，而且是变得很快的时代。

物质的变化，科技的变化，信息的变化，已经进入千家万户。我们这样年迈力衰的人，是很难跟得上当前这样的变化的。

比如，在这样一个信息的时代，我们接受信息的能力就很差了。年轻人按一下计算机的键盘，就能接收来自各地各方面的信息，我就不懂得去按哪个键了。虽然我有查书的本领，知道从什么书中找什么资料，可是我已经没有能力到图书馆查书了。

这个很具体的事情提醒我，要有自知之明。当然，这不是推卸责任的理由。对于我们这代人所造下的这个世界，我们还是要尽力推动它向好的方向发展下去。

这次参加京九铁路沿线地区的考察活动，一路访问老区，最后一站是特区。我最深的感触就是差距太大。农民人均收入最低的，不超过700元，大多数在1000元以下。特区的人收入比较高，但人数比起来是很少的。沿线的大多数农村还属于低收入。

收入差距大，是我们国家现在的一个大问题。我到河北省广宗县去调查时，看到有人在使用一百多年前的织布机。这种古老的东西，就在石家庄不远的县里，还在被当作生产工具使用。后来我又在郑州附近的新密县山沟里看到了同样的织布机，也是放在农家的厅堂里在使用。

我们一方面有"科教兴国"的口号和计划，一方面还有农民兄弟在大都市近旁使用古老的生产工具。这样巨大的差距说明，即将接上我们这一代班的人确实是任重道远，缩小这个差距的任务，就落在他们肩上。

我们民盟在为缩小这个差距上，努力做了不少事情，但放在12亿人口的全中国来看，还是显得太少了。现在这个担子要有新班子来挑了。我们大家都要出来，帮助他们工作，发挥盟的作用。这是我们在换届前后面临的一项重要的政治任务。

江泽民同志十分强调领导干部要讲政治，他所说的政治，包括政治方向、政治立场、政治鉴别力、政治敏感性。我觉得，民盟作为中国共产党领导的多党合作制度中的一个参政党，也要强调讲政治。

一要继承和发扬中国共产党领导的多党合作的光荣传统，坚持有中国特色的民主政治和政党制度，努力维护中国共产党的执政地位；二要拥护邓小平同志提出的"一国两制"方针，积极推动港澳的回归工作；三要维护祖国统一大业和民族团结，反对敌对势力分裂祖国的图谋；四要维护国内的政治稳定和社会的安定团结。

这四条，是我们讲政治的主要内容，也是这次交班换届工作的政治要求。

这次换届，人事上的变动幅度会比较大。中央统战部为此做了大量工作，中共中央也很重视，专门开会，对民主党派一个一个地讨论研究，进退年龄杠杠已经确定。

我们要有个比较清醒的头脑，按照统一的决定来办事情。

总之，变是为了不变，退是为了进，这应该成为这次换届所涉及的进退双方乃至全盟同志的共识。这是保证我们顺利完成换届任务的基本共识。

今晚先生启程去徐州参加淮海经济协作区成立十周年庆祝活动，并到苏北（吾之祖籍）做实地考察。我因需较快完成《乡土足音》一书撰写，这次不随先生外出，留京写稿。

6月30日　北京

费老近来因病住院，在北京医院住院部402房间。

今与费皖老师一同往医院看望先生。一落座，先生便说："你正在写我的传，不知写得怎么样了。先听你说说。"

我把暂定的书名告诉先生，并讲了基本想法——注意交代时代背景、学科背景，突出成长环境及具有终身影响的人物，突出学者本色和乡土特色，等等。

同时也告知先生："远远不能说是传记，只是人生片段式的文字记录。"

先生说：

不帮你写了，也不提什么要求。只希望把握住是一个学者的形象，一生奉行民主进步路线。在早年有过热衷于政治、很革命的一个时期，跟着大哥、二哥，受他们的影响。

陆定一临去世前告诉我，大哥是共产党。陆定一给我大哥当助手。我相信他说的是真的。

二哥费青也很厉害，跟共产党走得很近。解放前，在北京，共产党有什么事常去找他帮忙。他要走工农道路，跟共产党一致。费青办了平民普及学校，面向工农大众。

大哥厉害的地方，不是光搞革命，每个暑假回家，都有新花样。让我们学簿记、做手工。他的手很巧，手工很厉害。有意识地培养弟弟。

我跟着他们闹革命这一段，进北京后就没有向别人提过，封存到脑子里边了。

很小的时候，家里对我影响较大的还不是母亲，而是奶妈和祖母的妹妹。

父亲当时在外边事情很多，办学、教书、争民主、搞议会……不常在家。母亲也是女界先进人物，放脚、束发、剪辫子……社会活动很多，平时生活上顾不得我。

五个孩子主要由奶妈和祖母的妹妹带大。那时候生孩子很密，一两年生一个，奶妈和祖母的妹妹就分开带。老大、老三、老五是祖母的妹妹带，老二、老四是奶妈带。我本来是老六，可是我上边的一个生出来不太长时间就病死了，我成了老五，是祖母的妹妹带大的。

妈妈姓杨，杨家和费家都是同里镇上的大家。费家是开米铺，杨家是开典当行，搞金融。母亲虽然忙于社会活动，但有心造就孩子。生活上的事管得不多，在教育上却有全盘计划，很下功夫。家里的收入只靠我父亲一人的薪金，不足养五个大学生。

妈妈的办法是让五个孩子交叉开，有人上大学，有人上专科。上专科学校不用花钱，节省些费用。这样确保儿女们都受到正规教育。

老大、老三和我都上了大学，费达生和费霍上了专科学校。

外祖父在最后一次科举考试中考取了进士，被朝廷放到江苏省当学政。但他后来放弃了当官这条路，在苏州的十全街开纺织厂，算是个自由职业者。

他在中国传统文化方面很有一套，尤其是小学、训诂方面。他凭着这点功夫在商务印书馆当编辑，编《辞源》。现在《辞源》上还可以找到他的名字。

我的知识里边缺金融这一块，也缺传统文化这一块。这两大块本来都可能从杨家得到一些，时局变化，人走的路也变了，金融和学问都不再搞。我也没有机会学这些了。

父亲在最后一次科举考试中考取了秀才后，科举制就被废了。当时，各县都拿出一笔钱，送小秀才们出国深造。我父亲去了日本。

在镇上，文化上的名气，杨家比费家要大。

当时同里镇有"杨、柳、松、柏"的说法。"杨"就是外祖父，"柳"是柳亚子，"松"是金松岑，"柏"是孙中山的秘书。都是绅士阶层，文化名人。

我的文章是学龚定庵、魏源的。文章背后有他们，别人看不出来。我的学术文章写得不如杂文好。杂文笔法就来自龚自珍。我很用心地学过几年，在高中三年级得了"国学先进奖"，一下子把别人都甩在后边了。那时候，想学文学。

母亲这一家，几个舅舅也很不一般。有一个和胡适一起考上清华，他考第一，胡适考第六。这个舅舅后来开银行，很有钱。另一个舅舅在好莱坞，是那里画动画片的第一个中国人，画《白雪公主》。还有一个舅舅是建筑设计师，参加人民大会堂的设计。北京几所老大学和上海几家大饭店、娱乐中心，都有他设计的作品。再一个舅舅写文章很快，说好题目后总要去厕所，是要静一静。然后，拉一泡屎就写出一篇文章，很厉害。

母亲嫁到费家的时候，费家正家道中落。外祖父让母亲带着田产嫁到费家，意思是靠自己的产业生活，经济上独立。所以母亲在费家很有地位，说话算数。

母亲死后，姐姐当家，帮我上了大学。

后来我到北京上学，是想走科学救国的路。要救国，得知道从哪儿救起，就自己先去认识中国。一生立志要在学术上打出名堂。

对于国家，我的想法和邓小平改革开放以来提出来的主张不谋而合。

一套思路、两套语言罢了。就是发展生产力,中国要有实力,要真正强大起来。

政治上,坚持民主进步路线。中国的出路在和共产党合作。

我在大时代里找到了安身立命的地方。最后这20年,我是满意的。没有离开我的意愿,没有离开国家的发展,没有离开世界的大势。

最后写这一批文章,是有用意的。要把话说出来。我原来是放了点种子在泥土里,比如江村调查、云南调查、"行行重行行",等等。现在是水分和养料。将来,雨量够了,时节到了,肥料有了,会长出来真正的中国学派,形成中国的学术世纪。

再给我20年,把中国的东西弄上一遍,会出来一批好文章。超越东西方,找到人类生存与发展的根子。这个目标,一代人做不到,要两三代人才有可能。我很遗憾。反右、"文革"期间没有像潘先生那样读书做卡片,怨我自己,我那时候失望了。

人会死,文化是不会死的。

不是人挑选文化,而是文化挑选人。

我的好处是尽力利用条件做事情,没有被官位迷惑。不是去想当什么主席、委员长,整天去应酬。还是记得念书写文章。

9月15日　从北京往苏州

昨与费皖、张祖道二位老师同乘109次快车往苏州,做"费孝通教授学术活动60年欢聚会"的会前最后准备工作。经24个小时车程,正点抵苏州站。

吴江老县长于孟达接站。入住吴江宾馆。

机关打来电话,俞秘书长嘱,为丁校长起草在"费孝通教授学术活动60年欢聚会"上的讲稿。今晚完成,明上午9点钟前传真至民盟中央,以便丁校长阅改。

第一次为丁校长起草讲稿,设法避免套话,力图讲出点新意,颇费工夫。晚饭后动笔,凌晨2时完稿。

9月16日　吴江

早饭后将丁校长讲稿传真至民盟中央。

张秘书自京来电话,嘱再为钱老起草一篇主持欢聚会的讲稿。同时告知,吴江纪念活动后,费老将布置一个调查题目给我,嘱我晚走几天,由老县长带着做一次乡镇企业发展现状的专题调查。

9月17日　吴江

吴江欢聚会代表今天报到。

费老由上海过来。见面即说:我正要找你。给你一个题目,是调查乡镇企业最近一个时期的发展趋势。四个字:由土变洋。这个题目从吴江做起,做个调查,先摸一摸实际的情况。大的背景是国际经济发展过程中的产业分工和梯度发展。事情到这一步了,不走也得走了。主动点,自觉点,就会走得好一点。这是中国走到这一步要做的一篇大文章。

我们先了解具体情况,用实际事实说话。这次欢聚会结束后,我先回北京,你留下来,老县长带路,他在,就能摸到真实情况。

听过先生安排,回房间起草钱老所需的欢聚会主持人讲稿。

9月18日　吴江

今天吴江国际经贸洽谈会开幕。

趁钱老未至,把今晨完成的钱老讲稿请费老过目。先生看到一半,刘延东来拜访。先生放下讲稿说:"不用看了。路子对了。"

先生今天接受家乡媒体联合采访,说:

时间很快,一下子就60年了。我很高兴的是,经过60年,我还能回到家乡,回到当年我做农民生活情况调查的地方。开始的时候,我是同我姐姐一起去的。我的姐姐叫费达生,当时对农民生活比我更熟悉。

我这次来，还能和姐姐见面，这是我人生的一件大事。我明天就能见到她了。我很期待那样一个时刻。

今天的吴江，同60年前的吴江相比，不用多说，大家看得清楚，完全改变了面貌了。这个面貌的改变，我在60年前已经有了一点预感。只要是让中国的农民有机会发挥出来他们真正的本领，总会产生一个很大的变化，出现一个新的农村。

在《江村经济》这本书的最后一段，我讲了这样一种寄望。现在看，这个寄望实现了。我们今天看到的是一个新的吴江了，可以说，比60年前能想象的更好、更美。这一点，没有经历过这60年的人，不容易感受到。即便我们走过来的人，也不是那么容易。其中有我们的很多老乡，吃了苦，受了委屈，日本人来了……各种问题，很多。可是，居然都过去了。

靠了农民自己的努力。很不容易啊！中国的农民是伟大的，我们要相信他们。他们会创造出来一个新的中国。

现在我们中国能有这样好的地方，能有这么美的田园，哪儿来的呢？还不是中国农民创造出来的？是他们用自己的双手创造出来的。现在，这种创造还在继续进行着。我相信，再有20年，如果没有太大的意外，我们中国还会有一个更新的面貌出来。这个更新的面貌，大概要走到全世界的前边去了。当然，我不一定能看得到了，但是我现在可以想象得到。

话是这样说，我们的路子也走对了。可是，问题还是不少，不是我们现在躺在那里，就可以到天堂上去了。天堂嘛，有的啊，苏州、杭州，不是人间天堂吗？天堂是可以去的，可是要靠我们努力。这些年来，我们大家的确是在努力。

我刚刚从上海回来，是去检查《教育法》的落实情况。看到了很多小朋友，给了我很大的鼓舞。计划经济时代，上海为国家做了很大贡献，也欠了上海人民很多债、很大的债。

比如办大学，就很成问题。现在的大学，国家的投入只占它每年办学经费的三分之一，三分之二的钱都要自己想办法。有的大学能想得出办法，有的大学就没有办法。让我现在去搞大学，我可能就想不出办法来。大学是上海下一步发展的一个基础。这个基础现在还没有打好，还欠着债。

我见到上海市长的时候，我对他说，你需要赶紧搞一个基金，建设高等院校的基金。国内不行，你可以去国外，像和尚一样化缘。中国的华侨，在国外的不少啊。他们都是爱国的，有点经济实力的，愿意为国家发展出力的。请他们回来看嘛，看看我们的大学究竟怎样养。

懂一点教育的人，就看得出来。21世纪需要人才，我们培养人才的条件还不够，我们培养的人才，放在世界上同人家比，还差一段。不看到这个差距，我们到21世纪该爬坡的时候，不容易爬上去。如果上海都爬不上去，别的地方恐怕就更难说了。

我早就说，上海应该是中国经济的龙头。这个龙头要举起来，举这个龙头要花点力量。现在有东方明珠，面子很好看了。里子怎么样？实质怎么样？要想想。

我这次去了福州路，我小时候就去过，多少年过去了，还是那么拥挤。上海怎么能从一个拥挤的上海，变成一个有点空间的上海？这就是个大问题。这一点，需要重新规划一下，要花的力量就不会小。所以我说，我很体谅做上海工作的人，上海人，包括上海市民，他们贡献的力量，我们应该承认。但是，他们的发展需要打的底子，我们也要考虑。

这次到上海去，看了一些地方，对我有新的启发。看来是要进入一个新的秩序里边去了。

有人问我，对自己60年来的学术工作怎么看。我说了，说过多次了，我给自己批的分数不高。做出来的一些事情，都是应该做的。这次纪念活动，会来很多人，我也想听听人家的看法。看看哪些事情做得还可以，哪些事情还要接着做。只要身体允许，我还要接着做事情嘛。

实事求是一点，身体现在大体不错，可以再考虑工作五年到十年。

9月19日　吴江

"费孝通教授学术活动60年欢聚会"今天上午9时30分开幕。

民盟中央、中共中央统战部、国家教委、北京大学、中共江苏省委、苏州市委、吴江市委等单位代表相继致辞，表示祝贺与敬意。

先生讲话时，站了起来，神情肃穆，未出言，先抬臂，手指向左前方台下第一排。

那里坐着他的姐姐费达生，满头银发。她已无法看清台上人物，只能用耳朵捕捉弟弟的乡音。

先生大声说："她是我的姐姐！是她把我引上了我走了一生的这条道路！"

一时间，场内气氛激动人心。全场人的目光投向会场前排静如处子的费达生老人家。

先生从面前台子上逐册拿起准备在欢聚会送给来宾的几本书——《江村—江镇》《爱我家乡》《乡土足音》《费孝通》（图册），逐一讲述赠书的初衷，并出人意料地请各书作者站起来，介绍给与会者。我也因此被先生点名，站在众人面前，有点不知所措。

钱老主持会议，并做最后讲话。会后，朱通华告知，钱老的讲话获得普遍好评。

下午，与会代表赴开弦弓村访问。先生见到当年为他摇船的老船工和熟悉的邱阿姨。

故人相见，乡情浓厚，都是饱经风霜的脸上，悲欣交集。

9月20日　吴江

今天开始"中国文化对世界未来发展的贡献研讨会暨贺费孝通教授学术活动60年"。

上午大会发言。先生做首席发言，简要讲述了自己近年的课题研究和目前打算。他说自己是在"公务的缝隙里边"写文章,做事情。在"两个会"(指全国人大常委会每两个月召开一次例会,以及每次常委会召开之前的委员长例会)之间漏出来的时间里写点东西,溜出来看看。

先生说:

我想介绍一下,60年前,带我到开弦弓去做调查的人是我的姐姐。她今年92岁了,眼睛、耳朵都不行了。经过了"文化大革命",她的眼睛坏了,现在看不见了。我们看她,样子还可以。可是她看不见我们大家的面貌了。可是她的心同我在一起。

当年,她带我去开弦弓的时候,我才26岁。我做了调查,带着调查的材料到英国去学人类学,写了博士论文,出版了《江村经济》,向关心中国的读者讲了中国农民的生活。

后来回国,到云南接着做调查,写文章,出版了《乡土中国》《乡土重建》《生育制度》,想为中国的社会学多做点事情。可是建国后不久,搞院系调整,把社会学搞掉了,一直到"文化大革命"结束。这一段今天不说它了,翻过去了。

后来我恢复学术工作,有机会和国际同行恢复交流。1980年,我到了美国,从这次开始,在世界走了一圈。去了日本、澳大利亚、加拿大、英国,都去了,想熟悉一下,现在国际上边的社会学、人类学,发展到一种什么情况了,摸一摸。

回来后,我接受了一个任务,就是恢复中国的社会学。这是加给我的一个任务。我自己不想搞这个事情,还是想做点学术工作。可是这个任务又不能不接受,所以就为恢复社会学做了五年组织工作,培养了一批能够上台讲课的学生。

大学里边要建立社会学系,要能够开班,所以要培养教员,就请了我的老朋友杨庆堃,来帮我办一个培训班,培养社会学的教员。还要编教材,成立系。

到1985年、1986年,恢复社会学的架子算是搭起来了。有个戏台了,要请人来唱戏了。我想,这个时候,我该回到学术工作中去了,继续我在第一次学术生命里边做的事情,就是中国农村调查。

我回到学术工作的第一站,就是开弦弓。昨天你们都去看了,我也去了。60年前到解放之前,这个村子的人均收入是50块钱,现在是2400块。这是江苏的中等经济水平。

这个村子,我已经去了二十多次了。昨天看到的情况,给我印象最深的是房子,很多都是新的了。老房子还有,草房也还有,但是很少。多数都改善了。农民是先吃饱,再穿好,再住好。现在不光是住好,还有电灯、电视等,电气化了。房子里边的内装修也开始搞了。

一个基本的现代化的生活基础有了。放在整个苏南地区看,开弦弓的经济生活水平,是中等偏上。从全国来讲,当然是比较好的了。

回过头来看这十五六年的变化,可以说是惊人的。这段时间里,中国农村起了一个没有想到的大变化。我在60年前有过希望,可是没希望有这么好。这个变化,推动我做了这段时间里边的工作,做了60年的农村调查。

有人问我,是什么东西推动我这么做、这么写的,就是这样一个时代的变化。时代在变化,我们不能停啊,也停不下来。我今年86岁了,只要有机会,我还是要出去跑,去看变化。

我是很喜欢写东西的人,不肯停的。写文章是我的爱好,希望把自己看到的东西写出来。因为经常写文章,所以,我的思想的公开性很强。把想法放在心里边不讲出来的,不多。可是,想讲出来的也没有都写完。如果各位有兴趣看,我们搜集了一下,准备了一点书。

我们来的时候,时间太紧了,有些该带来的书还没有完全到手。主要是两本书。一本是关于人类学方面的,是他们做的选集,在福建出版的。还有一本,是我最近写的"自述",主要是反思,代表我这几年的一个思考方向。

这个方向的思考,是从《个人·群体·社会》开始的,大概写了五六篇了。专门把我过去写的东西重新看一遍,看看现在对这些问题怎么想法。这个办法,是我从"文化大革命"中学来的,把坏事变成好事。

"文化大革命"中,强迫我们要交代思想。我不能不交代,就写,写了不少,可是那不是真话,都是假话,是为了过关,自我保护。现在,"文化大革命"过去了,思想交代的事我还记得。要回顾自己的思想,这是个办法。

人到老了,可以想一想,自己都有过什么想法,这些想法怎么来的。从这里边,大概可以看出一个人思想发展的路子,这个路子也反映了社会的变化。

前年是苏州会议,我从前年开始写这一篇文章,写的是我心中一个根本问题,就是怎么看社会。人在社会里边发生什么作用?什么叫社会?我把这个基本概念讲了一下。

接下来,我连着写了好几篇,放在这本书里,叫《学术自述与反思》,是三联书店出版的。刚刚出版,我离开北京的时候,刚刚拿到手。数量不多,我只有几本。还有几本我不知道,大概有的朋友拿到了。其他有兴趣看看的朋友,不久就可以拿到手了。

接下来,我还要写。一直到我离开人间之前,一直要写。下个月,我要去日本大阪,参加一个博物馆会议,讨论民族关系的问题。我把自己对于民族问题的一些根本看法写了一篇,这篇文章比较专一点,不搞民族学的人可能不大有兴趣。

现在我脑筋里边想要写的文章,还有四五篇。我要一篇一篇写下去,把我过去写的东西重新思考一遍。我在苏州会议上讲的问题,其实是在《生育制度》里写到的一个问题。

我翻译的马林诺夫斯基的《文化论》,我也写了。

接下来,我想写一篇比较长的文章,就是关于《江村经济》,对这本书,我写过的内容,现在我怎么看。我先看了马林诺夫斯基的序言,一看这篇序言,我觉得想说的话太多了,要分几篇来写。第一篇就写马林诺夫斯基的序言，下面几篇我也准备好了。

在英国读书的时候，我在伦敦跟了马林诺夫斯基两年。1936年下半年，他开始讲《文化论》，每个主题，每个星期五，every Friday，in London school economics，in his office，我们人类学的老一辈都熟悉的，到这个时候，都到他的房间里去了。Friday afternoon，他就开始他的 seminar。这个 seminar 叫什么名字呢？叫 Anthropology Today。他不讲过去的，过去的就过去了。到今天为止，我们这个学科，发展到什么程度了？前沿问题是什么？

他的方法也很简单，就是把他的新老学生聚集到一起，叫他们讲。他的学生到处搞田野调查，人类学最新的东西都在他们脑子里边。他们就讲心里有什么问题，碰到什么困难，怎么个想法……就是这样一个场合。他听学生讲完了，就发表自己的意见。

我也很想用他这个办法，请大家集中起来，就当前最重要的一些问题说想法，就是我们现在的 Anthropology Today。

第二年，我就跟他写论文了。那时候，他到非洲去了一趟。他自己在非洲调查了一圈，回到伦敦的星期五讨论会上，他就讲文化接触、文化传播和文化变化。他在非洲这些方面看到了很多问题，带着这些问题回来，看到我这本书，他高兴了。

他觉得亚洲这方面的问题在我这本书里边反映出来了。开弦弓的问题，就是文化接触过程里边出现的问题。当时村子里的工厂，就是文化接触的产物，是从日本那里传过来的。是早先从中国传到了日本，后来又从日本传回中国。传回来的时候，把中国农村的一些生产活动改变了。

马林诺夫斯基讲的，实际上是怎样研究文化的变化。我想把我的理解也写出来。所以，我这几年要写的东西，题目差不多都有数了，肚子里边已经有了，可是还没有写出来。我希望，我的身体能支持得了，支持我写完这一套文章。这是我想做的事情的第一步。

第二步呢，要更深一步了。我们真正要研究人，不能光看人家怎样生活。你看不到多少东西的。他不肯都说出来的。他脑筋里边都想什么，你不知道啊。即便是自己，以为自己很清楚，可是你自己是什么东西，一定就说得清楚吗？

这是里奇讲的。他说真正地理解人要从理解你自己开始。可是普通人每人都在生活里边，为什么还不理解自己呢？因为他没有一个看法，没有一个分析的格局。那么我们就多少接触到怎么去分析一个人的生活的内容了，我们应该提出看法。

假如我能活到90岁，进入下个世纪，我还能继续写文章的话，我希望能写一篇我们这个时代在我身上表现出来的社会结构是怎样的。

这个事情倒是还没有人做过，是个新的题目，希望能有突破。

这是我希望做的事情，需要时间。我的难处是公务活动要占去很多时间，事情太多。

我是在公务活动缝隙中漏出来的时间里来写我的文章。两个会议之间，我就出去跑一趟。我说的会，就是人民代表大会常委会要两个月开一次会，我不能不回去。我是江苏省的人大代表，后来又成了副委员长，这个事情搞得越来越大了。

我从这件事想到了我的父亲。大家这次能读到的一本书叫《爱我家乡》，这本书里边我提到了我的父亲。他当过我的家乡吴江县的议长。

他曾经希望有一个全国性的议员大会。就在上个星期，一个世界性的议员大会出现了。我有机会参与了这个大会，开了会就到这里来了。

很有意思，从我父亲有那样一个希望，到这个世界性的议员大会，时间很长了，快一个世纪了。我父亲希望的是一个全国性的议员大会，不到一百年，已经出现了全世界的议员大会。我有机会参与这个大会，觉得很安慰。

9月21日　吴江

于孟达老县长说，东方丝绸市场和震丰丝业集团想请费老为他们题词，嘱我帮助想想写什么话。东方丝绸市场是素有"华夏第一镇"的盛泽镇上的大型专业市场，也是中国第一丝绸市场。震丰丝业集团的前身是费达生 1929 年创办的丝厂，都有足够理由请先生题词。

为老县长拟词如下：

> 东方丝绸市场：东方丝绸，衣被九州。十年创业，更上层楼。
> 震丰丝业集团：震丰沧桑，民族工商。栉风沐雨，泽我家邦。

晚宴请参加纪念活动的来宾，费老做东。先生对大家与会表示感谢，逐桌逐座同朋友们敬酒。

乔健教授说，他是 1981 年在澳门第一次见到费老的。当时，先生建议大陆和台湾、香港的知识分子进行接触，加强交流。先生作为大陆知识分子的联络人，促成了 1983 年在香港举行的"现代化与中国"学术研讨会。

先生亲属费晞大姐在席间对我讲"张文芬的故事"，如下：

张文芬自幼是个孤儿，被亲属送到广西梧州一家教会办的幼儿园。有两位牧师抚养她，对她很好。同时，两位牧师知道王同惠，很崇拜她，所以每周都要带领张文芬到王同惠墓地唱颂诗，表示景仰和哀悼。抗日战争期间，美国撤侨，牧师回国。他们走前嘱咐张文芬，仍然依照习惯照看王同惠墓地。一次日机轰炸时，大家四处逃命。张文芬在王同惠墓地旁卧倒，躲避炸弹。炮弹炸断了墓地铁链，而她幸免于难，她觉得是王同惠女士在冥冥之中保护她。以后依旧照看王同惠的墓地，并更加精心。反右以后，因她与费老这层关系，也被打成"右派"。墓地不能再保留了，她就想把王同惠的遗骨收起来。待她去到墓地，发现已被人掏了个洞，说明有人动过。张文芬就赶快把棺材中的遗骨一块一块取出来，按人体躯干、肢体的相应部位一一摆放，看是否缺少。待她确认完整无缺，就架起一堆干柴，将遗骨火化，并细心保存下骨灰。直到 80 年代初期，费老复出，张文芬与费老取得联系，书信往来。后来，费老有一次到广东考察，到小宝工厂去，张文芬终于得与费老见面，并把王同惠的骨灰交给了费老。现在，张文芬手边保存有费老写给她的多封书信。

9 月 22 日　吴江

先生今对我谈留在吴江做调查事——

乡镇企业怎么办？是个问题。过去的乡镇企业是在家门里边搞，现在要去国际市场上竞争了。需要新产品，需要新技术，需要新管理，问题都来了。所以我说：我们的乡镇企业现在是要从土变洋。

这个从土变洋，不是殖民地式的，不是别人强加给我们的，是我们自己发展出来的。我们主动出击，用外国的力量来做我们的事情，这和殖民地性质不同。

由土变洋，就是现代化起来，占领世界市场。光是靠我们的老本，进入不了世界市场。我们向外国学习，请他进来，会交点学费，给他点利益，我认为这个学费值得花。这样才能由土变洋。

我要叫你做一次调查，先从吴江做起。你跟着老县长，先去几个地方，摸一摸情况。到那里住两天，同他们好好恳谈一下，找找问题。我们不是否定它，是要去看一个趋势。这个趋势是不是对？如果是对的话，那就是来到一个新阶段了。

沿海的企业，特别需要进入国际市场，带动沿边的、中部的经济发展。中部现在还只是开始阶段。我们是靠劳动力发展起来，最终也还是要靠农民的劳动力。

过去的事实证明，在市场经济里边，农民学东西很快。我们要早一点，赶紧想办法，培养他们的本领，帮助他们进入现代化的技术里边去。

9月23日　吴江

早饭后,先生离吴江,赴上海。我遵先生嘱留下,开始做"乡镇企业从土变洋"题目的调查。老县长于孟达领着访问芦墟、北厍两镇。

在芦墟镇政府与农工商总经理朱文彪谈镇上"三资"企业情况和教育发展现状。后往秀明服装公司访问。相关素材之丰富,超出期望。

下午在北厍镇委与徐惠民书记谈,听其介绍情况。后访问利康集团。

把今天了解到的情况与调查要点相对比,确定对应实例与数据。这份调查要点曾呈先生过目。先生看过,说很好。内容如下:

一、在什么情况下出现了"从土变洋"的现实;

二、"从土变洋"的主要促成因素有哪些;

三、具体是怎么"洋"起来的(契机、初始、发展过程);

四、"洋"起来的乡镇企业比过去有哪些主要变化;

五、目前"洋"到了什么程度;

六、"洋"起来的产品是否也"洋"了出去;

七、"从土变洋"对地方经济的发展产生了什么影响;

八、对乡镇企业"从土变洋"的不同看法及其依据。

9月24日　吴江

上午在吴江宾馆一号会议室与市领导及政府部门座谈"从土变洋"话题。

吴江副市长吴海标、市经委副主任兼乡镇工业局局长邱顶荣、市外经委副主任孙奎生、市政府办公室副主任蔡永强等人详细介绍情况。

吴副市长为准备座谈材料,昨天连夜从南京赶回吴江。

下午随老县长到震泽,访问震泽缫丝厂。

这是费达生先生1929年在家乡为推动中国蚕丝业改革而创办的丝厂。站在缫丝厂门外南侧桥上,眺望运河上来往的船只和岸边的慈云塔,遥想当年"门泊东吴万里船"的盛况,确有沧桑今昔之感。只是,中国丝业危机眼下又在降临。震丰厂长徐镛说：去年有个调查组来这里，费达生老人家讲到这个危机，说了六七分钟，哭了半个小时。

9月25日　从吴江到上海，再往北京

早饭后，老县长送我到上海。从黎里古镇出发，一小时到上海市区边上，又用一个半小时找到费老下榻的衡山宾馆。途中尽是山林一般的高楼大厦。

上到十楼，东方电视台正采访先生。见老县长和我赶到，先生兴奋地对记者说："你们采访到了最新的消息！他们刚在吴江调查过来，听他们说吧。"

午饭与先生同桌。和老县长一起对先生讲这次调查概况。

午休后，随先生至上海站，乘161次直快返京。

9月26日　从上海到北京

行车途中，与先生细谈吴江调查具体情况。

先生强调，写调查报告的时候，要写清楚困境是怎么发生的。

此后听先生闲聊。先生说：

我这一辈子，生活上相信两条。一是不找比自己强的老婆，那就出不了头。吴文藻就是一个例子。冰心名气比他大，他一直出不来；二是不欠别人的债，欠下债还不清的。别人欠我的债没什么，我绝不欠别人的债。

人家看我，觉得我很坎坷，遇到很多挫折。其实我还是比较顺利的。主要是内心里边不复杂。外界乱，内心不乱；人家乱，自己不乱。从外边怎么打击我，我都不怕。

人就怕自己从里边打自己，那样一打就垮。青哥哥就是这样。兄弟姊妹几个，他最聪明，要写诗就写诗，要画就画，要拉琴就拉琴，什么都会。但是缺少一个中心的东西，做人做事的核心。他内心里边太复杂，

复杂极了。乱得很,自己脱不出来,再加上哮喘病,结果把自己搞垮了。

我心里边有个中心,一定要从学术上打出去。这个学术要对老百姓有好处。

现在我想得到的都得到了,并且我这一套别人还拿不走,谁也拿不走。

10月3日　北京

今往北太平庄四号院,到费老家中。

北大人类学社会学研究所为纪念先生学术活动60年,编辑出版了《社区研究与社会发展》一书(文集),作者多为先生的学生。

先生见我至,即拿书给我,说:"我看了一遍,很有意思。我是看人家怎么看我,怎么学我。你可以去看看内行人怎么发现我这一套里边的妙处。"

10月13日　北京

今把近日草成的《从土到洋——吴江乡镇企业90年代发展趋向调查》一文工整抄写出来,共9200字,到费老家中面交先生。

先生由该文涉及的问题谈起天下大势,说:

"三资"企业一来,竞争到国内来了。这是经济交往,也是文化接触。中西方的两种文化,在中国比力量。有点新殖民主义的味道,但又和历史上的殖民主义不一样。过去我们是被动的,人家打进门来,经济上一边倒,全是洋货(洋烟、洋车、洋油、洋火、洋面、洋钉……)。现在是有竞争。我们有主动的地方,是请人家进来的。

请进来之后,"仗"打到国内来了。这是一种自强的机会。

经济竞争逼着我们自强,否则就生存不下去。

我们有文化做底子,进入竞争不是全无优势。这个文化的底子,我认为能派得上用场,也切实用上了。这是我们的长处。

有很多事实可以证明,东亚地区是能够接受西方文化的。李政道、杨振宁、丁肇中这些人的成就,吸收了西方文化,并且有超过的地方。

我写《江村经济》,马林诺夫斯基说好,为什么?就是我把西方这一套学过来后,又做了他想做而没有做出来的事。他们的看法,是我超过了他们。我自己也这么看。这是事实嘛。

说到吴文藻这一辈,我们都很敬重,也把他们的位置放得很高。这是历史,也是书写历史的需要。但他们那一代不如现在这一代看问题这样深、这样大、这样远,让外国人觉得中国人比他们站得高。所以,两种文化可以比比看,平等竞争。

过去用政治的办法,抵制日货,现在这个办法可能行不通了。不是你发展,我不发展,也不是不让你进入我的市场,我来发展,而是大家共同发展,平等竞争。

我的大文章写了好几篇了。从《个人·群体·社会》开始,有《农村、小城镇、区域发展》《从马林诺夫斯基学习文化论的体会》《重读〈江村经济〉序言》《开风气,育人才》,还有这次为日本博物馆写的民族研究方面的文章。

往下还要写,题目已经有了,内容都想得差不多了,就是要用时间和精力把它形成文字。

现在是在公务活动的缝隙里边抓时间写,等我从民盟和人大退下来以后,就有时间好好写文章了。把已经想好的这个大文章系列一篇篇写完,最后再写一本,叫《传外杂俎》或是《传外札记》,从家庭写到最高层的政治,写出我看到的、我经历过的社会到底是一个什么样子的社会,我经历过的一些历史大事件到底是怎么一回事。

比如反右,到底是怎么回事,我要把自己知道的都写出来,留下来,让后人知道更多的真相。反正我快要死了,死前把它说出来,也是一种责任。

说到这里,先生从桌边拿过《社区研究与社会发展》一书说:这里边有几篇文章写得不错,你可以看看。其中潘老师(乃谷)这一篇是用我的东西,根据她对我的理解,串起来一大篇。她还是比较懂得我的。你写我的传记,可以参考一下这篇谈话录。

先生翻到该书目录,用铅笔勾出四个篇目。除潘老师的《但开风气不为师》一文,还有赵旭东《马林诺夫斯基与费孝通:从异域迈向本土》、韩明谟《中国社会学调查研究方法和方法论发展的三个里程碑》、钱灵犀《一位中国智者的世纪思考》三篇文章。

先生说:"这本书你还没有。我看完了,你先拿去看一看。等有了书再还我。"

10月21日 天津

随先生往天津参加"天津迈向21世纪发展战略研讨会"。

会上,市里前三位首脑人物高德占、张立昌、李建国三人自始至终专心听讲,详细记录,求贤若渴之情不言自明。与今年5月份在郑州由费老主持的"河南省跨世纪发展战略研讨会"适成对照。那次会议,层次与规模与此会相当。省委书记与省长始终没有到会听专家、学者们的一言半语。

李京文、吴明瑜、董辅礽、吴象、冯之浚、戴园晨、周叔莲、高尚全、杜润生、常修泽等先后纵论天津发展机遇和宏观思路。费老最后讲,先生说:

天津的发展问题,我已经思考了相当长的时间了。最近几年里边,我利用实地调查的机会,有意识地偏重于了解黄河以北一带的情况,特别是在环渤海地区跑了一圈之后,心里老是有个问题:像天津这样的大城市,在全国经济格局里边应该占什么位置?因此,我主动争取参加这个研讨会,是想弄明白一些,是抱着向各位专家学习的目的来的。

早年我在苏南搞农村调查,从一个村子起步,了解一个地方的发展和它周边地方的关系。到现在,刚好是60年。这60年里边,我从一个村庄的调查一步步走到了区域发展的课题上来了。

在这个过程中,我学到了很多实际知识。这些知识都是从老百姓的生活中直接观察到的。事实告诉我们,农村的发展,必然推动小城镇的发展,进而必然推动中等城市和大城市的发展。这就引出来了一个区域发展的问题。

区域发展从局部到全局,从地方到全国,这个发展不是人为设计的,而是经济和社会发展必然出现的结果。最近十多年来,我在实际中亲眼看到了国内一些各具特点的经济区域正在一步步形成,最后势必构成一个全国性的统一体。

在研究过程中,我也日益觉得,研究一个地方的发展问题,绝不应孤立地只看这个地方。比如天津的发展,就不能孤立地就天津讲天津,应该把天津放进一个更大的区域里边去观察。这一点,可以说已经成为研究社会经济发展的人的共识。

我去年来天津,已经从这个方面讲过一些自己的想法。这次来,一路上还在想这个问题。午休时间,我习惯小睡片刻,其实脑筋还在动。一觉醒来,心里头就冒出了20个字:叫作"联合京冀,强化腹地,利用良港,创建北方经济中心"。

一个经济中心的兴起,绝不是天上掉下来的,也不是人们自封的,而是一个地区的经济发展到一定时候,客观条件具备时,中心就出现了。

我们讲城市是一个地区的经济中心,是从它在经济上所起的作用来说的。对内,它起着商品集散的流通作用;对外,起着商品出纳的吞吐作用。通过这样的作用,启动了它所服务的范围内工农业的生产力。它所服务的范围,就是它的腹地。中心离不开腹地,是因为,在相当程度上,腹地的生产力水平,决定了城市层次的高低。

天津原来是华北地区的大城市。在我国现代工商业兴起的初期,已是沿海五大通商口岸的一个。同时,它又靠近北京这个全国的政治中心。历史上相当长的一段时间里,全国漕运都要经过这里。

从更大范围看，华北各地，包括黄河以北，大片宜农土地和关外的广阔草原都是它的腹地。在现代工商业兴起之前，几百年来，天津确是东亚宝地，具备成为全国经济中心的条件。就是不知是历史亏待了天津，还是天津没有利用好历史机遇，在这个世纪快要结束时，算笔总账，天津这个大城市在全国却没能达到屈指可数的地位。到明年香港回归后，恐怕更要相形见绌了。

天津之所以处于当前这种境地，从根本上说，是华北这片腹地的经济实力赶不上长江三角洲。在区位上，更赶不上半个多世纪以来成为我国在东亚大陆唯一出口的香港。要使天津今后成为第一流的城市，看来必须从发展华北这片资源丰富的腹地着眼、着手。这就是说，天津要把自身的开发和强化华北腹地的中心作为推动力。

腹地的开发和强化，关键是让老百姓发展生产，增加收入。他们口袋里有钱，就买得起商品了。天津的腹地很大，可以就地做起。天津附近的农村就可以依靠天津先富起来。我前些年在河北沧州调查，在青县的董景村就看到一个实际例子。那里的农民就是从天津找到技术，请到了能人，帮他们搞粮食加工，把玉米制成淀粉。村办工业的产品卖了出去，集体先赚一笔。村里的公共设施就有了财源。淀粉厂的下脚料当饲料，供应村里家家户户喂鸡、养鸭，家庭又赚一笔，农民也富了起来。一个穷村子，就这样被救活了，充满生机，可以说是欣欣向荣。

依我看，今后像这样的地方，会更紧密地依靠天津。同样的道理，可以适用于更广大的地区。其实，各类农产品都能像玉米一样，进行粗加工、深加工，增加附加值，帮助农民赚钱。

最近几年，我把如何加快中部地区的发展作为自己研究的重点题目之一，从河北到河南，去过多次。今年5月去郑州，我就想，中国下一步的大发展，需要开辟一个真正的大市场，找到一个大出路。欧亚大陆桥的文章，要好好做一做。

东边有出海口，为从东边出海，我们确实花了很大力量，经过很多年的努力。但是要看到,东边既有出路,也有拦路虎。一个是日本,还有东南亚的几个"小老虎"。我们要和这些拦路虎竞争一番,才能出得去。这套竞争功夫,我们还得勤学苦练一阵子。

再说,从东边出海,面对的是一个发达的世界。根据国情,从现在到21世纪初期,中国还是一个发展中国家。像我们这样一个国家,发展的空间,宜于选择一些经济发展程度比我们低一些的地方。这样的空间就在大陆桥的西边。

不久前,我国同中亚四国签署了一个条约,我觉得这是个大好机遇。东紧西松的局面,十分有利于我们向西边发展,打开一条路子。西边的市场大得很,那里非常需要我们的轻工业产品。中国应该充分利用大陆桥来发展自己。

中部地区农民的收入,眼下只有我家乡苏南农民收入的一半。好在中部地区的农民已经找到了发家致富的路子,就是大搞庭院经济。搞点编织,种点菜,养点牛……弄好了,什么都值钱。把劳动力用起来,就是财富。

我到安徽阜阳去,看到蒙城家家户户养牛。一个县,养了几百万头牛。稍微加点工,就可以卖很多钱。农民收入很快可以提高起来。他们那里不是十年翻一番,好的地方是一年翻一番。我想,一个地方如果能找到一行适合那里干的行当,抓住不放,形成规模,深入到千家万户去搞,很快就能见到实效。农民口袋里有了钱,市场就出来了,乡镇企业就能办起来了,腹地自然就强化了。

我到河北广宗县去扶贫,见到一个小学校长,在自家院子里挤出一块地方,搞塑料大棚。第一年就挣了一万多块钱。农民比我们这些人有办法。虽然人均土地不多,在土地上打主意的办法多得很。

中国发展生产力,当然要搞高新技术,但是也不要忘了我们的底子还不算厚实,还得靠广大农民实际来干。如果他们利用身边的东西增加收入,还是个容易见效的路子。

在中西部地区的一些地方,一上来就搞乡镇企业,条件有限,发展庭院经济却是个好办法。从农业里发展出庭院经济,从庭院经济里发展出乡镇企业,是一条适合中部地区农民的顺路。

比如蒙城,先不离农业,家家户户养牛。有了牛,农民就能增加收入。积累点资金,就可以搞加工,如制革厂、皮衣厂、皮件厂等。

中部地区的乡镇企业就是这样搞起来的。所以,我主张在中部地区发展庭院经济,多搞"没有围墙的工厂",把所有的劳动力都利用起来,创造财富。农民家家户户有钱了,人均收入达到4000元时,就上升到另一阶段了。我认为这是一条天津可以利用来强化广大腹地的路子。

天津发展的另一个好条件,是有个良港。你们正在建立滨海新区,搞成什么样子、怎样搞法,是个先决问题。上海搞浦东新区,一开始有人想搞成深圳的样子。我认为上海不必走深圳的路子,而应该发展成一个像香港那样的一流大城市。

天津的新区怎样搞法,可以讨论,是否可以在我国北方也搞个香港呢?如果这样提,是否有点高攀了?不妨谦虚一些,提出"追赶上海,追赶浦东",作为发展滨海新区的目标。

要像浦东那样搞,天津现在的实力似乎还不太够。但是联合上京、冀,把三家力量联起手来,力量就大了,就有条件形成浦东那样的气候了,也就有希望成为华北经济中心了。

我前面说"利用良港",不仅是指天津港,渤海湾里的港口都可以尽量利用。都在同一个经济区域,大家都是兄弟,既有竞争,又要合作。成了中心,有利于大家发展。把华北带起来,有利于缩小地区差距,实现南北平衡。

我过去对东西差距讲得多,很少讲南北差距。黄河、长江、珠江这三个流域之间的差距,也是需要重视的。华北要赶上来,大家要共同努力,使华北能够同华东、华南相比,相平衡,我们国家的整体发展就会走上一个新的台阶。

12月16日　北京

巧遇湖北潜江市委书记马荣华。想起费老"文革"期间下放干校劳动改造之地就是潜江，即向马书记询问相关情况。马回忆说：

1993年4月，费老到湖北省做实地调查，向省里领导表达了一个心愿，希望到潜江去一趟，因为他在那里的干校劳动过两年。经过省里安排，费老到了潜江。当时我已经是市委书记，陪同费老到他住过的房东家里去。

费老专门从北京带的礼物有毛线、食品。村里的乡亲知道费老回来了，就夹道欢迎，买来鞭炮放。这是当地欢迎贵宾的最高礼遇。

费老见到久别的房东和乡亲，很高兴，也很激动。他询问乡亲们的生活、生产情况，问得很细。临走时题词，写的是："两年间同这里的乡亲建立了深厚的感情，祝乡亲们早日过上小康生活。"

费老返回宾馆时，还把房东请到驻地，请吃饭，一起说话，关系非常融洽。

12月19日　北京

民盟中央帮助郑州市经济技术开发区邀请在京一些专家，下午在首都大酒店召开研讨会。李京文、尚勇、吴象、周叔莲、吴明瑜、杜润生等先后发言后，费老说：

充分利用现有的交通条件，积累后发优势。京广、京九、陇海线都从你这里过，得天独厚。想办法避免"酒肉穿肠过"的情况。怎么避免？发展腹地。

打仗需要摆阵，经济发展也有个阵势，要摆好。战线比较长，回旋余地比较广阔的时候，可摆长蛇阵，也可摆蜈蚣阵。长蛇阵是一字排开，是单向的。蜈蚣阵是从主线上以百足之势往外分，从主干上往外辐射，是多向的。我主张摆蜈蚣阵，并且分节发展。

亚欧大陆桥是个交通要道，也可以说是个经济走廊的骨架。在我们中国这一段的中间部分，大体上从连云港到徐州再到商丘，算上一节；从开封、郑州到洛阳、西安算上一节；从西安继续往西，又是一节。这几节中，中间一节是郑、汴、洛，主要是郑州，是全国少有的交通枢纽，有条件发展成一个全国性的流通中心，商品集散大站。

流通些什么东西呢？我看还是要以农业为主，农副产品为主，农副产品的加工品为主。我在漯河看过面粉加工厂，搞方便面，赚了大钱。到头没有？我看没有。从方便面再往上走一步，可以发展成为麦当劳。同商业联手，能赚更大的钱。

不过，到这一步的时候，放在农村就不行了，可以进入开发区。郑州这个开发区应该是发展农副产品深加工产业的好地方。

郑州开发区的发展还可以考虑开店经商，学温州，发挥回族的经商优势。

工商相辅，而又来自农业，实质是农工商相辅。以农产品加工为主，层层加工，形成特点，搞出 national market（全国市场）来。

再一点，郑州搞内陆港的理由很充足，气魄要大一点。争取在本世纪内办成。这样搞起来，你这个开发区的意义就不同了。

1997 年

1997年1月28日　北京

山东画报出版社出版有"名人照相簿丛书",希望能有写费老的书加入。该社编辑刘瑞琳女士曾在先生上次访问济南时到宾馆驻地拜望,当面表达意愿,得先生认可。今特来京登门拜访先生。

该书撰写任务由我承担。与瑞琳商谈后,签署出版合同。约定6月底前交稿,大约15万字,50来幅图片。

2月1日　北京

奉命往费老书房兼卧室,听先生谈山东画报出版社约写之书的想法。

先生嘱我先说想法,即如实告:尚未有具体设想。只是从已有的《乡土足音》一书考虑,山东画报这一本要深入一层,写出先生学术思想后边的一些东西。这两本书放在一起,算是为写传记做准备。

先生说:想到一块儿去了。为什么我这样一个人写了这些文章,这里边有意思。把这意思讲出来,这本书就可以了。但是这不容易。你可以试一试。

深入一层,学术背后的东西,不大好写。但有一条,从历史出发,坎坷出文章。不经过三次死难,境界不会高起来。

还是要从"乡土"中讲我这个人。

写文章,要知道作者的意图、读者的心情。

写出来,不是光给同行看的。不是同行的人也能受点启发,想到今后一段生命怎么过去。这就要写"做人"。

最近《文汇报》上有一篇文章,写费达生和我两个人。主要写我姐姐,我是陪衬。意思是"人到无求品自高"。

说是无求,其实还是有所求的,只是不求个人名利,不求一般的名利。

她有做官的机会,很多这样的机会,但她不去。也有发财的机会,她懂技术,还是刚从国外学回来的技术。有资本家要她去,她也不去。

她就愿意到村子里帮助农民,把工业搞起来,把蚕丝改良、推广。求的是大家都有钱。

还是有求的,有梦想的。是个大目标,让老百姓富起来。

举个例子。我出国,看见凤尾菇,就想办法带回来。不是自己要吃,而是想要农民富起来。

到广宗去,看见很多沙子,听说秦始皇就死在那里。历史学家可能会想出一个题目,考证一番,写出文章。我想的是"沙里淘金",老百姓用沙子挣钱,增加收入。

大点的例子,姐姐帮助农民办起的丝厂,我不是看见别的东西,而是发现了中国农民的贫穷,看见了一条乡土社会发展工业的路子。

我提出来的很多观点,都是从实际当中看出来的。每一个想法,都包括有一段真实的经历、一个故事。比如,"嫁接"这个概念,是从临沂看出来的。那里搞红果嫁接。民权模式,是从农民种葡萄造酒的事情上看出来的。又进一步看出来解决中部地区问题的路子,就是庭院经济,"一点五产业""农户加公司"。

在广西看见农民贩鸡,看出来农村的传统产品可以进入国际市场。

在香港看见"蜂窝工厂",想到珠江三角洲,后来有了"前店后厂"。

从江村的小店一次卖三支香烟,看出了航船和一个镇的流通中心。

从吴江宾馆服务员抱怨回不了家,看出镇上的人口流向。

不是空想,而是实际地看。看见具体事情,看出来意思,把意思说明白，再回到实际中去。

不是灵感，而是一直在想。想了很久，碰到了一个机缘，触动想的东西，产生了想法。

客观条件具备的时候，抓得住。

机遇也很重要。要善于抓机遇。

一个例子一个例子地写，一个例子写一章。多找点例子，把我这个特点写出来，够了。

几个层次。一是看出了什么，二是怎么看出来的，三是看的本事从哪儿来。

《塞莱斯廷预言》畅销，激动了600万人心，提出了一个问题：西方文化到哪里去？

我的《行行重行行》回答了一个问题：中国农民怎么富起来？

怎么提高境界？要碰到挫折。可死而不死，就可以超越一层。对生命的理解和对自己的要求不一样了。

品格的锻炼，不是念书念出来的。要碰壁，受压。

3月23日　从北京到常州

随费老乘161次直快列车往常州。这次是做环太湖实地调研。

行车途中，先生说起传记的事：

我这一生，主要还是学术。主要成就是学术成就。一个人，一生中偶然因素很多，说不了什么时候有什么事情。我这一生也不是计划出来的。随着社会的发展，就这么走了过来。

但有一条是一定的，就是每一步都要走踏实，最后要搞出成果来。

走了一辈子，走了许多步子，现在还没有停。人还在走，学术思考还在继续，还在发展。

当年有一部书，叫《炉边天下》。现在到了一个"新炉边天下"的时候，要讲更大的题目了。

新题目里边，有很多是新东西，不懂，还是要学。比如跨国集团这个现象，超越国界搞生产经营，发展经济，不受任何一个国家的政府管。这样的方式很厉害，它会改变世界的组织结构。

晚饭前与先生谈，告两部书稿均已交出版社编辑手中。《甘肃土人的婚姻》交沈昌文先生，《抒情与怀旧》交吴彬女士。由此说起昨天下午参加的雅集，有丁聪、冯亦代、沈昌文、徐城北、邵燕祥、赵一凡等。

先生很有兴趣，说"下次我也去雅集一下"。随后又叹："唉，我一出门就很麻烦，要报勤，要派警卫。这会影响雅集。"

对先生说，昨天雅集时得到一份刊物，有李先生一篇文章，谈文化问题的。先生表示近期想找李先生聊聊，并要看他写的文章。

晚6时许，161次列车正点抵常州站。乘接站车至市内，住江南春宾馆三号楼。

3月24日　常州

今天开始这次考察活动。上午，在先生住处一楼会议室开座谈会。

市委书记虞振新、市长孟金元等地方领导向先生介绍常州近年发展情况。

1992年，先生曾到常州考察。家乡人，熟悉、亲切，有特殊的融洽气氛。先生说：我这次来，距上次有五年时间了。想看看有哪些变化。心里边有三个具体的题目。一是水的问题。上有天堂，下有苏杭。苏杭好在什么地方？好在有水。江南水乡嘛，水是我们的本钱。运输、生产、生活，都离不开水。现在水资源有了污染，有了铁路和高速公路，大家对水运想得少了。水资源怎么治理？怎么开发利用？这是我近两年心里边的一个问题。二是想看看乡镇企业。对"草根工业"，我一直比较有感情。三是小城镇建设，也想知道现在到了哪一步，往后怎么搞法。所以，人大会一开完，我就出门找老师。第一站就来到这里，希望多给我讲一讲。

虞书记、孟市长先后向先生介绍情况。不是照本宣科，是真正的座谈。先生随时发问，主人及时作答。如此谈出来的情况应具有较高真实性。

将近上午 11 时，先生与当地领导座谈告一段落。

回房间休息前，先生嘱我与市里环境保护和水利部门的专家继续座谈，更具体地了解太湖水的污染和治理情况，并搜集数据资料。遂与市水利局高级工程师陈存帧、市环境保护局高级工程师周荷金谈。待表示需要太湖流域图和太湖志时，得知须到无锡去找。

下午驱车武进市横山桥镇。在该镇的江苏兰陵化工（集团）公司兰陵宾馆听取武进市、横山桥镇两级领导介绍当地相关情况。后观看介绍兰陵集团的录像。先生看得很兴奋，主动表示要即席"讲几句"，表达心情，鼓励主人。一个村办企业能走向国际市场，生产的涂料能用在人民大会堂装修工程中，一向倡导乡镇企业的先生看了自然高兴不已。

3月25日　从常州到张家港

上午在住处一楼会议室开座谈会，专题谈农村问题。

先生对目前乡村工业体制上的事情问得很细。

当地分管农业的领导提出，建议国家放开粮食市场，因为目前农村很多矛盾的根子就在粮食市场没有放开。如干群关系紧张，原因之一是农民卖不出粮食，或是干部打白条。打白条的原因是拿不出钱来。粮食部门在改革中成了企业，要讲核算，不愿亏损，趋向于低价收购。但若要有个公平价格，让农民得实惠，鼓励农民种粮积极性，就要把价格适当提高。价格高了谁来补贴？全都要国家拿，拿不起。但又要有足够的储备粮，只好采取包干政策。国家管的省里补，省里管的省里补，市县管的市县补。很多县现在是吃饭财政，刚够发工资，补贴没有钱。这种情况下，只好委屈农民，低价收购，打白条，损伤农民种粮积极性，农业因此伤元气。

下午访问常州新区，后赴张家港，住馨苑度假村华园。

3月26日　张家港

上午在馨苑度假村华园紫晖厅听张家港市委书记秦振华介绍情况。

先生对秦说：我们今天随意谈，交心。前些天在北京开人大会，我对江苏组的代表说想法，讲今年打算为家乡做的事。一是看太湖，二是看洪泽湖。研究家乡水资源的利用和开发。

江南好，好在水上边。水是我们成为"天堂"的本钱。我希望大家都注意这个问题。保住本钱，利用本钱。水现在污染得厉害，要抓紧治理。要造福后代，而不能贻害子孙。

小城镇建设，我写在纸上，你秦大哥实际做出来了。我来向你学习。

大概人均收入到多少钱的时候，会出现张家港这样的小城镇？你的路子，别的地方能不能学？学起来有哪些困难？希望你给我讲一讲。

秦振华高兴时有个习惯，不管他人拍不拍手，自己边笑边拍手。没有激起别人拍手的意图，只是流露自己的好心情。先生话音一落，秦又拍了几下，接着就说：费老是国宝，也是全世界的宝贝，是"球宝"。昨天你来，我站在外边等你，等了两个小时。我对费老不是一般的尊敬，而是崇敬。

你比较关心水的问题，水对我们确实很重要。苏南一代人杰地灵，与水很有关系。没有长江水，张家港就不可能发展到今天这个样子。我们是借长江水，抢保税区，建张家港。

我们的港口现在年吞吐量1500万吨。到2000年翻一番，增加到3000万吨。张家港的港口是深水港，不淤港，不冻港，避风港。现在已成为上海港的一个组合港。

回头看，张家港的大发展是在1992年之后。此前外资在这里不到

2000万。1992年后，借邓小平南方讲话的机会，抢来了机遇。利用长江，以港兴市。现在外资到账23.5亿美元，有1320家合资企业。法国、德国、美国、日本等地的大老板都来了。张家港现在的外资设备值6亿美元。

我们从1992年以来在技术改造上投资200多亿元，乡镇企业的技术装备水平得到很大提高。乡镇企业的发展推动小城镇发展。

小城镇的水平，反映出一个地方的政治、经济、文化、社会的综合水平。

费老抓住小城镇，做出了大文章。

张家港一共有26个镇，连成一片，目标是城市现代化、集镇城市化、城乡一体化、港口国际化。

外商投资在张家港分布比较均匀，城乡各一半。

每个镇15个到20个村，每个村1000到1500人，每个镇平均三万多人。

每30公里一个镇，每个村二三百户。每个镇都有完中，都有医院。

张家港从90年代以来的总人口一直稳定在82万左右，现在是负增长。

1996年，全市的国内生产总值230亿元，人均2.78万元，折合3348美元。到2000年，要达到人均8000美元，每年递增25%以上。

1992年到1996年，年均递增48.4%。

听秦振华讲过话，回到住室，费老招谈，说从常州到张家港的访问心得。先生说：常州的文章，除了其他专题好写（如山地开放、新区开发等），主要是中等城市这个题目。过去我们一起算过账，全国有多少个乡村，多少个集镇，多少个小城市，多少个中等城市，多少个大城市，每个地方多少人。我们定的大城市1000万人，中等城市100万人，但那是纸上谈兵，在屋里算账。现在是看到常州这样一个实际例子,一个中等城市的样子出来了。这可以写一篇文章。在具体办法上,常州有特点,就是做加法,旧城加新城。旧城先不动,先搞新城,分两步走。新城初具规模,里边搬出来,松动了以后再进行旧城改造。这个办法看来可行。全国许多城市都有个旧城改造问题,也是个难题。常州的办法可以写一写。张家港的特点是小城镇连成一片,水平都差不多。看来到人均收入5000块钱的时候,会上一个台阶,在这个台阶上出来些什么事,要搞清楚。我在常州讲了"公司加农户"。"公司加农户"的好处是水涨船高,大家一起发展。资本主义的特点是少数人涨,我们要实现多数人涨。

这次出来,我们沿太湖走一圈,可以写一串文章,一篇篇地写,不写长。一篇一两千字,每篇写一个问题。发表文章的园地可以转移一下,比如转到《半月谈》。我们可以给它开个栏目,讲城乡发展问题。栏目叫什么名字,你想一下。

我来主持这个栏目,当主持人,你出来写文章。

这次可以有不少题目,运河写一篇,旧城加新城写一篇,中等城市以常州为例子写一篇,家庭经济细胞写一篇,港口城市写一篇……

3月27日　从张家港到无锡

上午访问张家港的港口与保税区,分别听取港口与保税区的主管人介绍情况,秦振华一直陪同。下午驱车赴无锡,入住锦园宾馆云帆楼。

3月28日　无锡

上午访问锡山市。先听市领导介绍情况。

锡山市即原无锡县,1995年撤县建市。市区建筑水平颇高。市委市府大楼气派非常,感受不到一点简朴气息。

原以为太湖污染源主要是因为办工业所致,据市领导讲,工业污染不是主要者,生活用水污染和农业化肥、农药污染占主要比例。

先生说：这是我们的新知，从实际中来。

下午与无锡市太湖局、水利局、环保局座谈。

先生问及工业、农业、生活三个方面的污染在污染总量中的比例。

环保局长答：来自生活的污染占50%，农业的污染占25%，工业的污染占14%，其余为旅游等方面。

这个比例支持了上午的说法。但太湖局长强调，这个比例是特定地区的数据，不一定具有普遍性。同时，这个比例只是就太湖水富营养化这一种污染现象而言的。

3月29日　无锡

早饭前听费老聊"教授级别"。先生说：社会学在社会主义国家不受欢迎，主要原因是列宁写过一篇文章。这一下不得了，共产党就不欢迎社会学了。新中国成立后，其他学科都有一级教授，唯独社会学不允许有一级教授，最高是二级，我就是二级。国外的教授没有分级的，只有中国分级，不知道为什么要分级。其实，水平高低要看本领怎么样，不能光从级别上看。有人对我说，我是学社会学的，不能评一级。我说没有关系。这样也好，中国的二级教授水平怎么样，可以拿到国际上去看看。

1980年以后，我得到"改正"，恢复名誉，也恢复了教授的工作，还是拿二级教授的工资。后来当了民盟中央主席，享受部长的待遇，就改为拿部长的工资，不再拿教授工资。

但我还是教授，还讲课，还带研究生。到底是几级教授，我不去管它了，随便。不过，据说改革开放以后社会学有一级教授了。

3月30日　从无锡到宜兴

费老随身带着一个小笔记本，两用。一是记录实地调查中得到的实例和数据，二是记下自己随时想到的文章题目。

在宜兴国际饭店 1207 房间，先生招谈，说：在学术上，不能被格式套住，要想创新就得出格。规矩当然要有，先守规矩，在格式里跟人家学。学到一定程度，就要跳出来，创新，超过人家。最近我打算在写文章方面再来一条新路。《行行重行行》已经过去了，准备在《半月谈》开个专栏，自己先写几篇文章，写个样子出来，然后别人也可以写。大家来办这个栏目。

先生说到这里，顺手从写字台上拿过那个小笔记本，嘱看。

接过小本，看先生已经写在上面的文章题目大致有十几个，分列两类如下：

做人之道

有人缘

涵养功夫

性格素质

抑制冲动

为别人着想

调适自己的感情

感受别人的感受

体贴……

新城加旧城

运河新貌

生态循环

效应交织

垃圾处理

农民要有书读

现代化的负效应

规矩与出格

话题转到先生最近写出的《甘肃土人的婚姻》中译本序言。该长文写成后,曾遵先生嘱,送至《读书》编辑部,并为文章想个题目。为此建议"青春作伴好还乡",得先生认可。

先生今问:你是怎么想到这个题目的?

即如实相告:是读过这篇文章后,第二天早晨醒来,题目跳入大脑,觉得不错,遂报与先生。

先生嘱把这首诗的另外几句写出来,即将全诗书于先生笔记本上:

剑外忽传收蓟北,初闻涕泪满衣裳。
却看妻子愁何在,漫卷诗书喜欲狂。
白日放歌须纵酒,青春作伴好还乡。
即从巴峡穿巫峡,便下襄阳向洛阳。

先生细读后说:想起这一句,不容易,是巧合。刚好符合文章的意思。这篇文章是绕着圈子写的,很多要讲的话没有直接写出来。

3月31日　宜兴

上午访问紫砂村。到村民顾秀娟家,主人坐在工位上,略带演示性地用坯料制作紫砂壶,基本上手工操作。先生端坐旁边,饶有兴致地观看紫砂壶成形过程,欣赏、羡慕之色溢于言表。

少见先生如此轻松快乐。

看着初成形的紫砂壶在转盘上旋转,先生蔼然询问顾秀娟:你收不收徒弟?

顾秀娟笑答:已经收过好几个年轻徒弟了。现在他们自己都可以去干了。

先生又问：你收不收老徒弟？我想学学。

顾秀娟听到这个问题，不知如何回答。

先生此言，不是单纯开玩笑。他说过，"采菊东篱下"的生活方式，是他由衷喜爱的。

主人没有回答"老徒弟"的问题，拿起完全成形的紫砂壶，请先生在壶上留字。

先生要我想出要留的字。灵机一动，说：陶然忘机。得先生赞许。

下午随宜兴市委办公室小吴一道驱车高塍镇，访问几家生产环保设备的企业，以完成先生交代的任务。先后实地察看鹏鹞集团、宜兴市纯水设备厂，与厂领导谈，了解情况，搜集资料。结束后，15时前赶回住处，随先生赴大浦镇访问农户与汉光集团。

4月1日　从宜兴到长兴

今赴浙江长兴。早饭后出发，10时抵达。入住紫金宾馆。

下午，长兴县领导向费老介绍当地发展情况。先生根据主人的介绍，表示希望当地下力气抓流通，搞山地开发。后乘车观看市容和太湖长兴大桥，又往青少年宫，栽下一棵银杏树。

4月2日　从长兴到湖州

早饭后，随先生往夹浦镇父子岭村，访问杨忠旗、杨五度两家农户。

该村在太湖边上，颇富。村中小学很像样子。所访两家农户楼房高大、宽敞，楼下皆设有车库，备有轿车。杨忠旗的车是红旗牌，杨五度的车是桑塔纳。

在两户访谈中，先生都问及主人是怎么和科技人员接上关系的，想实证农村与城市的桥梁，也是知识分子通向农村之路。

下午驱车湖州，入住湖州宾馆。

4月3日　从湖州到吴县

上午先在住处听取湖州领导介绍当地经济、社会发展概况和太湖水资源开发治理情况，后观赏市容，实地察看"塔中塔"和"庙中庙"等奇特建筑。

在飞英塔内听讲解员解说该塔历史及掌故后，先生因年高体胖而不便攀登塔顶，便步出塔身，信步走到一处牌楼前，暂作"道具"，供众人和"首长"合影留念。

留在塔内，登至二层，俯瞰先生与众人拍照场面。见牌楼左右两边石柱上有楹联——"自觉觉他觉性圆满即是佛，宏观观物观行结合成上人"。读之，心中一动，觉得这副楹联与先生此生经历及晚年思考有相合处。自觉与觉他，正是先生近年所提"文化自觉"命题的内涵、主旨，宏观观物及观行结合正是先生思考问题特点及研究方法一大特征。想到此，快步下楼，跑到牌楼前，告诉张秘书，此楹联，费老必有兴趣一读。

待其说与先生，先生抬头默念，眼中亮光一闪，指着楹联说："哎，对啦！'自觉'就是我的'文化自觉'，'观物'就是我的田野调查嘛！我要在这里拍张照片。"

先生分别在两柱分刻的上下联之前各拍照一张，并示意我抄录此联，回去细品。

下午驱车赴吴县，途中访问织里镇。

该镇在邓小平视察南方讲话发表后进入大发展时期，走"以商兴镇"之路，短短五年，成效巨大，总产值由一亿元跃升到20亿元，成为全国最大的童装与棉衣交易中心。

车行至织里商城，先生下车，与镇领导在商城大门处合影。其时镇上民众已是人潮般涌至费老周围。先生见状，走向围观的百姓，握手、问候，并示意摄影记者，要与大家合影。

顿时群情沸腾，近旁众人争相站在先生身边，众人满面春风面对镜头。

傍晚抵吴县，入住东山宾馆绛云楼。一个县级市的宾馆，高档到奢华程度，尚为首见。

4月4日　吴县

上午在住处听取吴县市领导介绍当地情况。先生与主人相熟识，气氛融洽。

先生希望对方用苏州话讲，如此听来更加舒服。既有乡情可了解，又有乡音可陶然。

情况介绍完毕，吴县市委书记问先生是否满意。先生说："很好，听得很舒服。"然后用手指向我说："他们就吃亏了。"说后开心大笑。

下午由东山一处码头登上一艘快艇，赴西山考察。

先生坐在船舱中靠近船头的位置。航速很快，船体不时在水面上猛砸一下，舱中一震。一直跟随拍摄先生田野调查素材的王韧问先生的感受。先生说："这样很有劲道。人也要有点这股劲头。"

抵西山后，上岸。上山石阶路很长，中途休息一次。先生在景区道边一处石台上落座。

西山风景管理处工作人员向先生介绍景山时，指着山顶说了一段掌故。先生听了故事说："我也想变成一棵树，留在这里，不走了。这里多好啊！"

后开始游山。看过海灯法师的禅床，先生说："我今天得了灵气了。"又指着归云洞及其所属之山说："这山有灵气啊。"

继续前行。走一段路就要下几个台阶，较为费劲。先生的女儿见状，问父亲要不要休息。先生说："不用休息。我已经得了灵气了。"

回到住处，先生稍息后接受吴县电视台采访。一个年轻记者表示，经常在电视上见到费老，很是为家乡出了大官而自豪。

先生说："不是大官。不是要做官。"

记者说："副委员长嘛，就是大官了。"

先生说:"副委员长首先是人民代表啊。我是人民代表,知道吗?"

4月5日　吴县甪直镇

上午访问甪直镇。先到该镇办公机构,听取镇领导向先生介绍当地发展情况。其中谈到该镇享有"中华环保第一镇"称号。镇上现在的污水处理能力是目前全镇生活排污总量的一倍,为后续发展留有充裕空间。这种超前考虑环境问题的做法,与先生此行调查主题密切相关。先生听得很开心,要实地去看。

主人安排的访问地点,主要在新镇区。车沿主干道前行,不时看见路两边新开发的住宅小区及工业区。车队走到马路尽头,在澄湖边上的金澄湖花园别墅院中兜了一圈,又进入旁边的金澄湖游乐场,在"惊险大世界"门前掉过头来,返回到宾馆。

汽车停定,先生一反常态,丝毫没有下车回房间休息的意思,坐着不动说道:"不到老镇心不死。"

接待方面明白了先生意图,车队复出发,驶向老镇区。

住处与老镇区一箭之遥,很快就到,刚才去新区,实在是舍近求远。

先生下车后,顺着一条汽车开不过去的河边小路漫步,与身边人聊早年在家乡的同里和松陵镇度过的时光,沿途观赏老镇风情,在熟悉的水乡小镇享受大城市无以获得的闲适和愉悦。

在路边看见老人、孩子,先生总流露出更多的亲切之情,主动上前攀谈,说说家常话。

路过一家路边小店,见店堂里已摆上了一桌午饭,都是先生自幼熟悉的家乡菜。先生兴致顿起,信步走进小店,与三十多岁光景的男店主打招呼,寒暄起来。

随行工作人员、地方陪同人员、摄影摄像及文字记者、邻近街坊……都随先生涌入店堂,挤得满满。先生在人群包围中与店主继续聊天,话题离不开衣食住行。

由店堂通往里间的过门处，站着一位老妇人，衣着素雅，妆容整洁，60岁上下的样子，倚着门框，安静地看着店堂内的热闹场面，听先生聊天。

此时，先生看见柜台里有个小女孩儿，忙招呼说："小妹妹，来来来。"

店主见状，对先生说："她是我的女儿。"又对女儿说："来跟太公问个好。"

小女孩儿大概很少见过这种场面，既感新鲜，又觉陌生，带着迟疑神色走近了先生，问好，说话。一老一幼，拉着手，说着家乡话，其乐融融。

见先生兴致很高，门框边的老妇人装束也很有特点，我便向她招手，请她也上前和先生见面，说话。未料不招呼还好，她刚才一直定在那里旁观。一招呼，她倒退回里间，连面也不露了。

此时，招呼她出来已成众人之声。正为电视纪录片拍摄素材的编导王韧为此走进里间，告诉她，费老从北京到这里，走了很远的路，来看望乡亲，恳求她出来，与费老见面。谁知越是恳求，她越是坚辞不出。先生见状说："算了，她不愿意出来，不能勉强人家。我们走吧。"

众人随先生走出小店，返回住处。

一路在想，还是没有经验。如果不招呼她出来，而是把摄像机的镜头摇过去，就能拍到她了。

下午，王韧带领的上海东方电视台摄制组如约采访先生。地点安排在先生房间的阳台。

窗帘拉上，光线柔和。先生坐下，一边看王韧等人做准备（支三脚架、接监视器、布光、定机位、测光……），一边对王韧说："你们这样拍我的电视片，有不真实的地方。因为一开始就让我有当演员的感觉。我不喜欢被镜头对着。一看见镜头我就反感。但是又没有办法，你们也是在做工作。现在电视采访还没有很好地解决这个问题。要想办法让被拍摄的人不知道在拍他，这样就真实了。他也不会觉得你在影响他了。"

说到这里，先生转身对我说："我们写文章就比较好，是一个人独立劳动，不影响别人。"

王韧对先生说："现在倒是有那样的设备，比如装在帽子上，放在挎包里的摄像机，拍摄时对方不知道。但那样图像质量太差。"

先生说："对啊，这说明还没有根本解决问题啊。"

王韧对多次因拍片而打扰先生表示道歉，但也表达了在这个过程中跟随先生学做人的意思。

先生微笑说："你是在钓鱼啊。打击你的积极性不好。你今天要搞什么赶快来吧。"

此时，准备工作结束，话入正题。先生对王韧等说：

今天上午在甪直老镇上那户人家的情景，你们都看到了。我去找老人谈话，问他多大年纪了，说比我大十岁。他很高兴，表情很好，觉得有人还记得他，一个老乡亲乐意和他说话，很亲切。他的反应很舒服，我也感到很舒服。

我是研究人的。你要把我和人打交道的过程和其中的文化意义用电视片表现出来，这很好。你很用心，拍费达生拍得让人感动。你要培养几部片子出来，出来后大家认可，你也高兴。我就不同了。我要培养几个人出来，还没有成功。那可不容易了。

王韧：其实您已经影响到许许多多的人了。

费老：可是我着意培养的对象还没有出来。跟不上。他想的东西，不是我想的，而我想让他去想我想的东西，能不能呢？我还没有吃透。好几个可能成功的对象都没有出来。这个话不好说，可是真心话。我真心觉得培养成功的人还没有。物色已久啊，都是半路不对了。

王韧：您已经87岁了，讲这番话，我很能理解您内心的感受。别的不一定能理解，这一点我相信是可以理解的。我也觉得有点……

费老：相信我希望出现的人不是我有意培养的。无心插柳柳成荫啊。现在我发现，不应当自己去培养对象。过去的事情错在我，而不是错在人家。你要去把他造成一个什么样的人，不行的，不可能的，不符合客观规律的。还是让他自己生长。这个道理深了。

王韧：这个道理不深。深的地方是我觉得您太有这种自省的能力了。

费老：可是我太厉害。因为我给人家的要求很高，很难做啊。冠生也感觉到了，对不对？

我给个要求给他，他不能做到的话，心里边很苦的。所以，很难。我劝人家，不要做我的研究生，做不到的话，自己失望。

打击一个人，最厉害的，就是让他自己失望了。我说这个，都是有实际例子的。

我要培养一个人，给他一个标准。他承诺要达到这个标准，实际上却做不到的时候，他的痛苦很厉害。我也很痛苦，他也很痛苦。懂得我的意思没有？

所以最好不要做我的学生，还是"无心插柳柳成荫"最好。我撒出去种子，让它去长。

很多不认识我的人，看了我的文章，他可以像你这样。不是我有意找你的，不是我有责任培养你的，可是你却得到我的东西了，是我撒出去的种子自己开了花。

假定我在那里干涉你，干预你的东西，那就不好了。这个种子反而不行了。所以，要无心插柳柳成荫。

王韧：您今天怎么会想起这个话题呢？

费老：你、你、你钓鱼钓出来的。哈哈……对不对？这个你都录下来了？

王韧：都录下来了。

费老：哈哈……成问题了。

王韧：费老，我将来一定给您搞一部传记片。

费老：哎，这倒是真心话。凡是我真心希望学生做出来的东西，都做不出来。因为我落空了，我不从实际出发，实际就是他自己的发展，这里边有做人的道理。

做人就是不要主观上去把人家造成一个什么样的东西，那样不行。只能跟着他，看他怎么长，帮帮他可以，要去指挥他，不行。人不是其他东西。

龚定庵有篇文章，叫《病梅馆记》。他写的主题，就是我刚才讲的主题。

梅花的生长有它自己的要求，每一棵梅花都会自然地发挥它好的地方。就是人有时候要把它弄成符合自己愿望的样子，这就失去了自然状态，所以叫《病梅馆记》，成了"病梅"了。

我小时候念这篇文章，就觉得它好。你要知道我的笔法是哪里来的，今天同你谈得深一点。

龚定庵写一个隐居的人，文章题目是《记王者隐》。一个隐居的人，很难写，不能直接把他说出来。龚定庵一段一段地写，都是别人对他的反映，都可以看到他在里边活动。

这篇文章用隐蔽的笔法写隐士，这就高了，高了。文章要隐，这就高级了。

他全篇文章里，一句都不让主人公出现，可是却让这个人物活起来了。

你可以去看看这篇文章。懂了其中的妙处，你的电视表现力也可以提高一点。

王韧：这篇文章对您影响很大？

费老：对，影响很大。我喜欢它，可是现在找不到了。我的书在"文革"中都丢掉了。《龚定庵选集》里边没有收它，我现在有的几本书里也没有它。

文章写到这一步，不着一字，可是全部把它托出来了。我看到这一篇，觉得自己可以学他，可又学不像。我的文章还是直露了一点，可是笔法就是这个笔法。

我写汤佩松，其实不是写汤佩松啊。我是写前一辈知识分子的心情啊。

王韧：这样说来，《做人要做这样的人》也是这样的笔法。

费老：也是这样。我是写姐姐，可是用郑辟疆做主题。郑辟疆我写得很少，是用费达生衬出一个郑辟疆来，写的却是费达生。懂不懂？

王韧：主题是费达生，但是出来的是郑辟疆和费达生两个人。

费老：主要还是郑辟疆。上戏台的话，主角还是郑辟疆。

王韧：我怎么会两个人都忘不了呢？

费老：他们是"同工茧"嘛！他们两个人其实是一个人嘛！作为一个作者，难就难在你怎么处理这个题材。光靠理性的想法还不够，还要有一点艺术家的功夫，艺术家的素质。凌空一下。

王韧：这两天您一直在说"灵气"。

费老：写文章还是讲"凌空"。你不能老是逆着，逆着是写不好的。我在那儿写《行行重行行》，其实我的主题不在"行行重行行"。真的主题不能拿出来的，是让人家领会的。你拿出来，就不是好文章了。

王韧：今天这个小镇有什么主题？

费老：看小镇，我是看一个文化的变化。这个老太太不肯出面，很有意思，对我很有启发。我想了一个题目，叫"文化的自卑感"。

中国现在最怕的就是文化的自卑感。她要走了。文化要走了。自己觉得不能出来见人了。

不是人家不要她。人家欢迎她出来，可是她自己觉得，我这一套不行了。

这样一来，她真的要走了。文化真的要走了。不是人家要消灭你，是你自己要走的。

你这文化要死亡了。老啦！老到自己没有信心了。这不是她个人的自卑。她对她的文化没有信心了。

王韧：对这一点您怎么看？

费老：很惨哪！我是联系中国文化啊。一个很惨的局面哪！不能走到这一步啊。真的弄到这一步，那就难了。你非得整个换一套了。他要港式的东西了。

年轻人现在不是热衷香港式的吗？头发披起来，这叫老太太怎么接受啊？她不可能接受这一套，可是又觉得自己这一套拿不出来了。你看，多苦啊！

所以，我讲文化自觉，意思是要敢于拿出来。我们有好东西啊。

可是老太太做不到了。不是她做不到，而是这套文化虚弱几百年了。

现在我们还是这个毛病。中国人，不敢真正拿出自己的面貌来，对不对？好的东西自己不认为好了。有时候，觉得自己还有好东西，还要做得好看一点，可是只能自己看，不能拿给人家。不能亮相了。

要敢于在世界上边亮相，我就是这句话。文化自觉，就是要敢于在世界上亮相！

不要怕他嘛。我们有好的地方嘛，我们也不反对他们好嘛，这就是我的最后一篇文章的意思。不是请你看了吗？不是只觉得自己好，外国不好。这个不对。可是大家不要自己觉得自己不好了。

王韧：还是要敢于坚持自己。

费老：这个当然。你自己没有信心了，怎么坚持啊？我们在那里，希望她出来。她完全可以出来，她的儿子也希望她出来。可是她自己觉得不能出来。这个厉害啊！我知道，现在我们中国人有这个心理啊。自己觉得不行了。这个很苦的。

王韧：费老，您指出这一点，让我心里很震惊。我读您的《访美掠影》，您到一个美国教授家里，从吃饭的中美对比中看出了一个走什么样的现代化的路子问题。今天下午这一幕，活生生地摆在我面前，从一个老太太的不肯出来，看出了文化的自卑问题。

费老：所以我后来说，不要叫她出来了。不要让人家痛苦啊。假定她坐在我们面前，那就更加痛苦了。她回到自己的小世界里，梳妆一番，还可以取得一点安慰、平衡，还有人欣赏她。可是叫她到我们面前，她不肯，因为她知道我们不是她文化里边的人。

王韧：平时没有人欣赏她，忽然有一个人欣赏她，她害怕了。如果经常有人来欣赏她……

费老：不是这样。她还没有理解到我们欣赏她。她的理解，有点像你对我一样，有一个目的。觉得我是好奇，看看她，是要表示我对群众很好，不是真正欣赏她。

我们这批人里边，真正欣赏她的人没有几个，只是觉得今天这个场面里边有这么一个老太太很好。天底下真正知道好歹的人有几个啊？

王韧：我后来跑到里边，硬拽着她出来。她硬是跟我顶着不出来。我是觉得她的头发包得那么好，脸那么干净，太值得给您看一下了。

费老：她开始还有意思出来看一下，可是后来没有勇气了。她自己思想里边有斗争，自我斗争啊。老太太的自我斗争，对不对？

王韧：费老，这样一个小镇对于您意味着什么？

费老：我不好奇。我是真心地想见见老太太。可是她不肯出来见我，这很有意思。动员再三，她也不肯。但是小女孩出来见我们了。三个人，三种态度。老太太本是准备出来见见的，穿好了衣服。后来不想出来了。她不能理解，你为什么要叫我出来？

王韧：费老，你同这样的小镇有一种很深的感情。

费老：我就是从小镇出来的嘛。我这种心情，就是从小熟悉的小桥流水这种文化存在不下去了。旁边这个力量多强啊！叫"惊险大世界"。它追求的是惊险，是要世界整个地惊险起来。我们不是这个样子。我们是讲人和自然的协调，人与人的和睦。这是我们的老祖宗传下来的好东西。我们要敢于拿出来，有文化的自觉，有自信。

这次访谈到这里告一段落。晚饭前后，内心一直转着先生下午的谈话，同王韧一样，也感受到了思想的震撼。

依先生所说，这个老太太在某一层次上是有文化自觉的。她知道自己的这个文化与面对的外来文化有距离。这一点她是自觉的。但她自觉而不觉他。对于更大范围的文化，她又是不自觉的。她不了解外来的更加强大的文化。让她在一旁，与面前的外来文化保持一定距离，互不相涉地观看，她是可以接受的。一旦有一种力量拉动她，直接与这个貌似强大的文化相接触的时候，她没有自信了，也就是先生所说"文化要回去了"。

与宗惠大姐谈感触说：孔子的《论语》是他的学生记录的。费老的"论语"是他自己在写。

先生在晚年自拟的《老人守则》里说过"传接力棒"的话。我感到他现在不再交接力棒了，改为直接播种了。

接力棒是一个人从初速度为零进入到单位时间最高速度之前的瞬间接到手里的，不出意外，很快就能接近上一棒已达到的最高速度。

播下的种子却需要合适的土壤、温度、水分、营养、节气等一系列的催生条件，才能发芽、生长，生长过程中还不知会有什么变故。先生谈到的"苦"和"惨"，有他指，或也有自况。

4月6日　从吴县到吴江

由吴县赴吴江途中，经过苏州市郊区。先生顺便在郊区了解当地的经济与社会发展情况。

午饭后午休。午休后赴吴江。晚饭前抵达。住吴江宾馆的先生固定住处。

晚饭时，宾馆文工队演员到场唱歌，欢迎先生回家乡。先生听到《西江月·井冈山》的时候，边听边合着节拍微微点头。

4月7日　吴江

早饭后，在先生住处客厅，先生嘱：前天下午甪直镇上的事情，你可以写一篇。不用我的口气，自己写，用你的观察和体会，可以写我的想法。写出来，给《读书》杂志。一家三个人，三种情况。一个是老人，还能自我欣赏，但在文化接触中缺少自信，往回退。一个是中年人，愿意和我们接触。他的日常生活离不开这种接触，也需要这种接触。一个是小孩子，还不大明白是怎么一回事，但是不害怕，还有点好奇。她是新一代的代表。这三种情况都很有意思，值得写写。

上午，吴江领导与先生座谈。互相之间熟悉得很，一句客套话也不用讲。

市委书记沈荣法主讲。讲到农业生产的机械化程度时，先生问得很细。得知插秧已经有50%使用插秧机，除草基本使用农药，收割水稻70%用机器，不用插秧机的也有不少改为抛秧方法。沈书记讲，"三弯腰"（插秧、除草和收割）时代已经基本结束。现在是耕地不用牛、点灯不用油、挑担不用肩。

先生对这类鲜活生动的农民语言一向有兴趣，便问："还有什么？有歌谣没有？"随后自己想了想，接着说："吃饭不用嘴。"然后大笑。笑后又说："走路不用腿，坐车了嘛。"

座谈告一段落，先生嘱咐张秘书拿出两大捆书，其中除《乡土足音》和《犁过的土地》两种外，都是先生自己的著述。从早年的《花篮瑶社会组织》《江村经济》到最近出版的新著。费老指着书，表示要赠给吴江图书馆，说："秀才人情纸一张啊！"

沈荣法书记接道："一纸千金啊。"

座谈结束后，先生的两个学生来看望先生。

费老问其中一个：你最近做什么事？

学生：我去云南玩了一趟。

费：你还有时间玩啊。一个人长寿，也就是100年时间。这里边能供你自己支配用来做事情的时间才有多少？太少了。你关心些什么事情，要想啊！要做事情，要做人。

做人不容易。你的生命不能再来一次。后悔来不及的。一边做事就要一边反思。好让自己在下一段时间里更清醒、更自觉。

我为什么写反思文章啊,就是这个意思。抓紧时间,把最后这一段生命用好,用到地方。

人要有个位置做事情。你的位置在什么地方?想过没有?要想啊!定位很重要啊。

有一个位置,才好用你的生命去为社会做事情。不要以为你这条生命来得很容易。不容易啊!要养活你,社会就要付出代价给你。你也要考虑付出,考虑为社会的延续和发展做些什么事情,付出些什么。这才平衡。你来了,我要训一训。训几句,有好处。

此时,沈书记等人请先生吃饭。先生边起身边对学生说:我这几句话,你想一想吧。

下午,苏州市委书记杨晓堂来看望费老。谈到污染,杨晓堂和沈荣法介绍,就苏州和吴江来看,目前生活污染占污染总量的60%,洗衣粉污染又占生活污染的60%。大气污染也很严重,彩虹很少出现了,满天星斗也看不见了。

先生说:小时候在城隍庙看西洋景,烟囱林立是现代化的标志。这次来,在太湖转了一圈,又学到了很多新知识,等于上课。我每年来听一课,也来吃家乡饭。家乡饭好吃,吃得我饭后得吃消化药。

晚饭后,先生又与学生谈,说:我今天中午没有睡着觉,在那里想,你这个人怎么办。你的机会很好,条件很好,外国人没有这个条件。他们哪里能看到这样大规模的社会发展实验啊!要反思、反省,要看出自己在哪里,放好一个位置,所谓安身立命。

你没有放好自己的位置。你是站在传统立场上,没有超脱出来。你是个学者,应当超脱出来。观察这个社会怎么在变,讲出来自己的看法。这个看法是超脱的。

我在民主党派里边就是这样,在重要问题上指点一下,应该怎么做,道理在什么地方。做不做就不是我的事情了。比如乡镇企业，我讲了道理。到了一定时候，他就需要了。

这个事情帮了他的大忙，救了国家。不然中国就要走上苏联的路子上去了。可是当初，我讲，他们不听。我并没有去批评他们。那不是我的事情，也不是我的位置。

我最近写文化自觉的文章，准备去台湾。文章里边的话不是讲给台湾的，而是讲给美国听的。现在，全球一体化的经济条件已经具备，一个世界性的网络正在形成。前些时候，在北大的教授俱乐部里，我讲了一段，说社会科学的实用性有两点，一点是跟在屁股后边的实用性，另一点是我想做的，指出一个大方向。看到这个世界变化的前途，帮助第三世界国家比较自觉、比较主动地进入这个网络。

两个出路，一个是天下太平，大家和平相处；另一个是独霸天下。中国人要走平天下的路，美国要走秦始皇的路。中国人的责任大了。不简单啊！我在文章里很淡化地表达了这个想法。

可是天下能有几个人识货啊？有几个人知道好歹啊？

天下的事情就是这样。你还差得远。你根本不知道自己在什么地方。要在三国时代，你肯定是个马谡，坏了事情，要杀头的。人家利用你，你还不知道。

吴江这个据点，本来是可以大发展的。你的条件很好啊，结果你不利用，反而把整个的街亭送给人家了。这是个多大的损失啊！

这个事情过去了，不说了，但是要反省。在我的事情里边，你的作用不光没有帮助我，反而破坏了事情。做不成事情就等于破坏。你好好想想就行了。我不"杀"你。斩马谡是要挥泪的。

一个学科，培养出来这么一个基地，多不容易啊！结果没有抓住，江村已经作废了。

你做什么事情了？写了两篇文章，我帮你改，放在书里边，是照顾你。你还不知道，还觉得自己了不起。你哪里懂得这一点啊。你现在还混得下去，但是你在这个学科的发展里边没有起作用。

我为什么培养人啊？是让他在这个学科的发展上起作用啊！林耀华在"文化大革命"中斗争我，指着我的脸问："是你好还是我好？"这是他一生的心情啊！

你不懂这一点，所以你去云南讲话不知道厉害。你当然不是去为他们说话的，可是他们要利用你讲的话。实际上已经利用了，你还不知道。马谡没有跟曹操走，但是他送礼物给曹操了。你起了什么作用，好好想一想吧。

4月8日　吴江

早饭后，费老说：给你看一首诗。我刚才写出来的。

接过先生递过来的那个随身带的笔记本，见已翻开到刚写上诗的页面。题为《访甪直旧镇》，诗文如下：

> 为觅童时境
> 弃车入旧镇
> 小桥流水石驳岸
> 原形犹存未失真
> 老妪腰缠裙头扎巾
> 小我二十春
> 叩问何不移家入新村
> 答云鸡犬犹恋窝
> 此处多老邻
> 街狭弄深楼相接
> 推窗攀谈笑语频
> 沿街堂前摆宴席
> 往来不避人

> 满桌多乡味
> 鱼鲜菜蔬新
> 此间无惊险
> 欢笑乐天伦
> 挥别老乡亲
> 新旧交替费精神
> ——4月8日

读过先生新作之诗,知4月5日的甪直老镇一幕仍在先生心中回旋,忧思萦绕未去。

"文化要走了"——这声感叹,是先生面对现实所生复杂心情的流露。

"欢笑乐天伦"——这类描述,则更多表露出先生对老镇生活在情感上的亲近与眷恋。

上午访问庙港镇金蜂集团和开弦弓村,为先生下午的入户访问做准备。在开弦弓村江村桥西侧选定一户人家。

下午2时45分,随先生驱车入村。不知天下巧事如此——惠海鸣说,上午你们选定的这地方,正是61年前费老初访江村时与那两个村中小孩子合影的地方,是先生初访江村时入户访问的旧地。

海鸣兄一番话,激起现场群情热烈。摄像师杨晓和陆勇意外拍出了未经彩排、十分精彩的一幕。先生和家人也高兴地以江村桥为背景合影留念。

下午访问桃源镇东方集团。

4月9日　从吴江到南京

上午休整。抓紧时间整理先生谈话录音。

下午赴南京。老于县长表示要送行到苏州。费老说:我的意见,你不用去送了。我们的交情不在这个上边。我请你做的事情有很多,你也帮了我不少忙。我很感谢你。送行的事情，你的心情我知道，心意也领了，就别费这个时间了。你的年纪也不小了。

于：我比你还小得多嘛。

费：你是比我小得多。我是不得已啊！

出发前，先生特意对惠海鸣说：

我昨天在开弦弓想，四个副厂长是四篇文章啊。从农民到厂长，变化很大。比较前后的情况，很有意思。他们的变化发生在中国工业化的过程当中。这里边有大题目。

中国的小农底子还没有全部蜕掉，表现在每个人身上。我也没有全部蜕掉。从这个状态一下子进入一个后工业社会，不容易啊！

我们是参与到里边，又超脱出来。了解现实情况，懂得发生变化的原因，理解决策者的困难，同情他们，提出办法，帮助他们。

甪直镇上的那个老太太，不想出来见我们。她要去了，文化要去了。我们不能留在里边，但同情留在里边的人。我要跟上这个变化，而且有勇气面对世界的挑战。

"好自为之"四个字留给你，多想想。

4月10日　南京

上午，陈焕友、沈达人两位江苏省领导来东郊宾馆先生住处拜望先生。费老说：

明年人大换届就可以退下来了。退下来以后的工作，是做"小"文章。中间一"竖"是长江，左右两"点"是太湖和洪泽湖。目的是"以水兴苏"。

陈、沈走后，高德正来看望先生。先生说：

前几天又见到了我姐姐。她说自己再有五年就到100岁了，说得我很动心。她有这个气魄，我也想跟着她，跟到100岁。不过她还有五年就到了，我还有12年。不容易啊！我开始想今后的工作，一个想法就是写"小"文章。两点是太湖和洪泽湖。这些天把太湖跑了一圈,有了一个点。下半年去洪泽湖。不能让"小"字少了一点。少一点就成"卜"了,就前途未卜了。

我这些年,从 1980 年开始,是第二次学术生命,一直在用这次生命做"小"文章。小商品、小城镇,都是"小"。现在做水的文章,还是个"小"字。老小老小,老了又变小了。

我这次围着太湖转了一圈,就是当小学生。一路请教,知道了很多新知识。对人家不一定新,对我是新的。

高走后,与先生聊天。先生说到自己小时候——

原来住在松陵镇的富家桥。现在桥还有,房子已经没有了。原来是住房的地方,现在是公共厕所,为大家服务,大家方便。从富家桥后来搬到磨坊弄。原来那里是校场,也是枪毙人的地方,杀头的。我的祖母说,我们不怕,就搬过去了。

4月11日　从南京回北京

返京车上,先生谈写文章事,说:

写文章,不光要坚持,也要变化。老是一个样子,不行。"行行重行行"已经过去了,现在要有个突破,开个专栏,叫"老人之言"。70岁以上的人可以参加。

把这批人的力量用起来。我当第一个作者,写出个样子,你当主持人。

我在民族学院当副院长。我认为,当院长主要是请教授,我就四处去请。好几个研究民族问题的专家都是我请的。

很有意思。当时请一个好的、有学问的教授,要搭配一个没有出息、没有学问的教授。

我还管基建。造宿舍楼的时候,我主张考虑在每家设卫生间。当时总务长反对,说把屎拉在家里臭死人。但也有人同意有卫生间。后来折中一下,甲、乙型房设卫生间,丙型房不设,但设公共卫生间。不愿把屎拉在家里的人，就可以住丙型房，去公共卫生间方便。

费达生的蓖麻蚕，是郑辟疆想做的事。不然她哪里来那么大的力量？

做人啊！这里边意思很深。费达生搞工业下乡，我把它写出来，理论化，提个概念，工农相辅，解读中国牛郎织女的传说。男耕女织是中国农村经济的基本结构。

说出这一点，这是我的发明。为后来的乡镇企业发展奠定了理论基础。

在政治上，我坚持一点，做事情，不署名，送人。

中国讲权威，人的权威。不要去动他的权威，你就可以做事情。

4月14日　从北京到深圳

随先生乘CZ1303航班往深圳参加会议。丁校长、俞秘书长同机而行。

在首都机场候机楼贵宾厅四号厅候机时，先生对丁校长说：

我在北大讲了一次。最近思想又有新发展，讲文化自觉。我的意思是想整体上研究中国文化，不是分别地搞。历史的、哲学的、宗教的……这些研究，都有它的价值，但是现在缺少整体的、实证的文化研究风气。

陈寅恪、梁启超各自在他们的学科里边都有很大的成就。可是那一个时代过去了。现在需要综合研究，整体上回答问题。

我们讲"中国特色"，这一点不错。可是什么特色并没有讲出来。

把我们发展的路子放到世界上边去，确实是有特色的。这个特色应该讲出来。不是一般地讲，而是科学地讲。我是希望北大在这上边开个风气。

下午5时抵深圳黄田机场。乘接站车到市区，住迎宾馆桃园。

晚饭后，准备明天会议的先生讲稿。凌晨2时完稿。

4月15日　深圳

上午8时半，在深圳全国人大培训中心三楼会议室，"京九沿线区域经济发展研讨会"开幕。冯先生主持，丁校长致辞。为保证深圳书记厉有为有足够时间介绍深圳情况，先生照本宣科念了一遍讲稿，没有放开讲话。

4月16日　深圳

下午"京九沿线区域经济发展研讨会"闭幕。先生讲话说：

梁漱溟知道农民问题的重要性，提出"民族自觉"。他是从文化上想问题，也是文化上的自觉。

中国文化中，家庭有很好的救济作用，缓解经济上的问题。

现在是一方面不能一笔抹杀传统，一方面要注意不能停在传统上边。

我心里有个问题：传统和现代化怎么才能接得上？

前几天，我到吴江桃源镇，去看一个竹制品厂，希望他们能把厂子办到京九沿线的竹林产地，减少运费，降低成本。当地老百姓也能增加收入。

厂长告诉我，他们已经去了，在上饶办厂。但当地农民觉得当工人太苦太累，不愿干。生产效率很低，结果设备闲在那里。

这个事情提醒我去考虑另一个方面。你现代化来了，人家接受不接受你，还是个问题。

经济扩散是要靠人的。我们要真正懂得这个实际，很不容易。可是你如果有心去做事情，就要懂，不懂就走不通。

今天这个会议，为我们去为京九沿线地区的发展做事情提供了机会。怎么做法，可能有很多路子，但也有总的原则。一是讲话要负责任，谦虚、求实，懂得企业家的要求，懂得农民的要求。把两边结合起来；二是不要越位，懂得这个政治制度。

一个人，只要真正想到农民，有心做事情，到处都有事情可做。比如凤尾菇，一个人、一句话、一瓶种子，起了大作用，创造了很多财富。

民盟的同志心里要有打算，把盟里的知识资本用出来，在中国的发展、民族的现代化过程中起点作用。

4月18日　从深圳到汕尾

先生近日每次吃饭时，都向服务员学一两句广东话短语，如"多谢""不该""好吃""你好"，等等。学得颇像，时常引得同桌人开心大笑。

下午驱车汕尾。进市区后，入住友谊宾馆。

4月19日　从汕尾返深圳

上午访问甲子镇一处荔枝园。细雨中，先生很有观看的兴致，听讲很用心，并种下一棵小荔枝树。

下午返回深圳。晚饭后，民盟深圳市委胡政光、吴江影来看望先生。谈到这次深圳会议，先生又谈到务实话题，主张实际做事情。先生说：

有很多现成的东西，都可以坐上京九铁路这班车出去占市场。我见过的，比如说安徽蒙城的牛，江苏徐州的山羊，河北广宗的食用菌……技术上都没有问题。关键是扩大市场。还有菏泽的兔子，我听说了，还要去看一下。一个是找人和他们联营，扩大生产，一个是帮他们再把技术提高一步，一个是帮他们扩大市场。我们要扶着人家下海，帮助老百姓增加收入。

4月20日　深圳

早饭后，先生嘱看修改后的《访甪直旧镇》一诗。

相比4月8日初稿，先生稍加改动，如下：

　　为觅童时境
　　弃车入旧镇
　　小桥流水石驳岸

实物犹存未失真

老妪腰缠裙头扎巾

小我二十春

叩问何不移家入新村

答云鸡犬犹恋窝

此处多旧邻

街狭弄深楼相接

推窗攀谈笑语频

沿街堂前摆餐席

谈笑不避过路人

满桌多乡味

鱼鲜菜蔬新

此间无惊险

欢乐属天伦

挥别老乡亲

低头自思量

推陈乃出新

文化转型为何如此费精神

　　先生今赴香港，做题为"人文价值再思考"的学术演讲。先生临别说：全中国的所有省份，只有两个我还没有走到：一个是西藏，一个是台湾。

4月24日　从深圳到广州

　　早饭后驱车广州。走高速公路，90分钟至，入住绿岛宾馆。先生由香港归。

　　下午随先生往芳村，访问小宝的丰花织带厂。张文芬在此等候和先生见面。及见，两位老人都很动感情。临别时，先生在《逝者如斯》一书扉页题字相赠。

4月25日　从广州到中山

随先生入住温泉宾馆。

午饭时，中山市委书记简国森陪餐。餐叙间向先生介绍中山近年发展情况。

下午，市人大一位领导向先生专题汇报中山防治污染情况。

与王韧通话，依据先生年内实地调查日程安排，商议其拍摄先生《爱我家乡》电视专题片的具体想法和下一段日程。

4月26日　从中山到顺德

早饭后驱车南朗镇。在镇政府听取当地概况介绍后，访问凯联漂染有限公司，参观其污水处理设备。先生下车近前，站在污水进口处，询问这套设备价格与公司总投资的比例，知总投资一亿元，其中治污设备投资650万元，每处理一吨污水的费用为一点零八元。

后访问东明花园和三乡雅居乐两个住宅小区。陪同参观的当地领导对小区的治安状况赞不绝口，且七嘴八舌，却不见已入住的每户居民家每扇窗户都加装了防盗网。

午后离中山，驱车顺德。入住仙泉酒店。

4月27日　顺德

上午访问顺德均安镇爱得乐集团公司员工村。先生对员工的工作情况、劳动报酬、起居条件、文化活动等，都由衷关切。细看，详问。神色丰富，眉上常有疑问，继而几许安慰。

下午访问北滘镇裕华集团，继续积累经济迅速发展时期的污染形成与治理案例。

4月28日　从顺德到南海

早饭后驱车南海。入住西樵山风景区的云影琼楼。

据该市领导介绍情况，南海在"八五"期间实现高速增长，年均增幅为30%。进入"九五"以来，增长幅度趋缓。1996年比上年增长20%。现常住人口104万人，其中外来人口60万人，分别来自川、湘、桂、黔、赣。

1996年，全市工农业生产总值408亿元。其中农业总产值17.2亿元，农民人均收入5300元。西樵山的养青蛙项目每亩年产值6万元。

先生十分留意"从洗脚上田到脱鞋下地"的过程。农民离开土地之后，通过务工挣了钱，有了积累后，又回来投资农业，是近年来的一个新事情。一位民营企业家利用其过去十年中从工业、商业项目上积累的资金，投入农业2000万元，承包1000亩水面，养鳗鱼。

这里农民的承包权可以折股。名义上有土地，实际上可以离土务工。其田地归种田大户搞适度规模经营。离土的农民一是按股权分红，二是务工挣钱，增加了农民收入。这种改革自1992年试点，1993年推广，目前已经基本完成。股份合作制初步成形。

4月29日　从南海到佛山，再到广州，又赴韶关

早饭后驱车赴佛山。佛山辖三水、高明、顺德、南海四县市，有制陶、铸造、纺织三大支柱产业。近年城市建设规划严格，且高水准。建设一盘棋，规划一张图，审批一支笔。在绿化上做文章。

例子：一是将城区黄金地段价值10亿元的一块土地留下建公园，二是采取见缝插绿的办法，在市区范围内一切可以植绿种草之处添置新绿。几年下来，很有些成效。市区管理学上海，一警多能。组建600人的巡警队伍。1995年开始，投资5000万元，建指挥中心。借助现代化交通与通信工具，与每个巡警保持即时联络。每500米距离有一组巡警，接

电话后一至五分钟到达现场。成为全方位的应急调度中心，覆盖交通、治安、工商、水电、市容、城建、救援等方面。

市里补上环境保护这一课，加大投入。污水处理厂投资2.2亿元。一吨水加收五分钱排污费。

午休后驱车广州，直接进火车站。乘火车赴韶关。晚饭前抵达。入住迎宾馆。

4月30日　韶关

今早起后，先生作诗一首如下：

> 梅岭今何似
> 山底隧道南北通
> 华裔五洲遍全球
> 珠玑巷口日益红
> 绿了万山富了民
> 瑶汉同胞意愿同
> 为庆南国有今日
> 心头乐煞白头翁
> 　　一九九七年四月三十日
> 　　费孝通留笔　时年八十八岁

上午，韶关领导向先生介绍市情时，先生说："我写《南岭行》时就讲，要搞天然食品，无污染食品。讲了十年了，没有人理我。没有人听懂我的意思。现在看来，条件成熟了。你有山林资源，很容易挣钱。钱就在香港和新加坡。开辟出来商贸流通之路，你就有钱了，而且财源滚滚。"

原定下午赴乳源瑶族自治县，晚上住在县里。但韶关领导执意不住县里，只好客随主便，明天再去乳源。

下午的时间，先生提议去看南华寺，正合我心愿。僧俗之间，最喜惠能，早就有心到南禅祖庭一睹其真身风神。今日得偿夙愿，意料之外，期待之内。

在寺内为先生买得《金刚经》及《禅宗日忏三千佛》等书。

5月1日　乳源

早饭后驱车赴乳源瑶族自治县。途中访问从深山移居到山下的瑶民及其居所。汽车停在路边，先生下车，但一条深沟隔开了路和山坡，沟上无踏板，先生过不去。山坡上那些新搭建的木板房屋就在十几米开外，却只能咫尺相望，无从进屋交谈。先生遗憾，却也无奈。

进县城前，路边遇到一个很大的居民聚居院落。先生下车进院，做户访。

户主吴贻宣，水库库区移民。下山搬到现址三十多年了。76岁的老太太，洗衣、种菜皆可胜任。先生问及生活，得知"过得去，没钱花"。

屋内陈设简陋。屋檐下吊杆上悬挂着衣物、被单。院中的水井，窗台上的炷香，筑墙的土坯等，保留着老习惯、老办法，记录着过往的历史与传统。

屋内的电视机、石英钟、欧美照片挂历、八宝粥易拉罐等，则是现代文明产物。

亦旧亦新之间，现出瑶族同胞的物质文明现状。

下午，听过县领导介绍该县扶贫工作进度和效果，先生说：

我个人的历史，与瑶族同胞渊源很深。从我第一次进瑶山搞调查，到现在六十多年了。今天又来，山还是老样子，变化却有了。解放初，中央慰问团派我们来，就开始扶贫。那时的扶贫是送东西。见谁贫困就送粮食、送衣服。我记得很清楚，在贵州，山民们听说我们去，有电影，不肯放过这个机会。从山上下来的时候，很多人连衣服都没得穿。我们就赶紧发动女团员做衣服，送给他们穿。我去瑶族同胞家里住，晚上可以在屋里直接看见月亮。屋顶漏光。

那时没有现在这么好的条件。扶贫工作，大家都愿意做。可是怎么扶才能脱贫，说不清楚，也没有力量。很长一段时间，效果不够明显。

改革开放以后，发展了生产力。国家有力量了。有了力量，还要有人来做事情。有了人，怎么做法，又要研究。要真正找到有实效的、农民能接受的、适合不同地方特点的办法。

几十年的扶贫工作，现在和历史上的不同，就是真的干起来了。有力量了，路子也对了。

瑶民是可以下山的。这次我看到了。肯下山，就有希望。

下一步的事情，要创造条件让他们安心。在感情上亲切，人格上平等。

一家人嘛！要有一家人的感情，帮一帮他们。你为他们做好事，他心里是明白的。

在发展上，要看得远一点，看到山下边。香港、广州是个中心。利用这个中心，发展市场，把东西卖到那里去。靠流通发展当地生产，搞特产，搞流通的高速公路，同中心快速联系。

流通畅了，再搞加工。地瓜干比地瓜高了一级，还可以搞出更值钱的东西来。科技兴县不是空话，落到实处才能"兴"得起来。

不要好高骛远讲道理，要实干！让人家口袋里有钱，让人家富起来。为这个要多想办法。

办法不要空想，去市场上看，去农民那里请教，就会有办法，而且可行，见效也快。

5月2日　从韶关到吴江

昨晚由乳源返回韶关住处。晚饭后乘100次列车由韶关赴上海。

今天一个白天都在车上。费老主持讨论，把太湖之行和珠三角之行中可写文章的题目商量了一遍。先生说：分分工，大家动手来写他一组。题目有了，你们认一认。我也认几个题目。我们几个人先开始。先搞个"三家村"，然后扩散。

晚8点半抵上海站。即改乘中巴车直发苏州吴江。于晚10点半到吴江，入住吴江宾馆。

5月3日　吴江

今天休整。先生读《心香泪酒祭吴宓》，说：他们这一代人比我们这一代人要苦。反右、"文革"，他们没有挺过来，我挺过来了。现在还能写点东西。再来一次，我也就挺不过来了。希望它不要再来。

起草回京后给全国人大的费老考察乳源扶贫工作的文章。

5月4日　吴江

上午随先生参加吴江撤县建市五周年庆祝活动。

老于县长帮助借来了《太湖备考》，线装书，一函共十几册，是借来的私人藏书。

先生很有兴致，即时选出诗文等专册，浏览多时。

李友梅从上海赶来，带了在浦东新区金桥乡做调查的研究报告，向先生汇报有关情况。

5月5日　从吴江到北京

昨晚从吴江到苏州，乘410次列车返回北京。

今在行车途中与先生谈这次珠三角、上次长三角实地考察心得。

先生谈到自己总结提炼的"太湖精神"说：我想出的太湖精神，八个字：汇纳百川，润泽万民。

喝了太湖水，要做太湖人。太湖人不能忘了太湖精神。一是要容纳得下，汇纳百川，才成其大；二是得到这么多水，要用起来，要对人有好处。

水的好处，是润泽万物，润泽万民。毛泽东字"润之"，润之就是这个意思。他对人民是有功的。

写了文章念，不算稀奇。要用旁白把正文里没有讲出来的东西烘托出来，要提高一步。

我讲课的时候，把文章先发给人家看，看后再听我讲。讲我这篇文章，讲我的思想是怎么来的，讲思想结果的形成过程。用电影电视的行话讲，这叫"旁白"。

旁白比正文好。正文的写作有一个拘束。

不看正文，听不出旁白的意思。光看正文，听不到旁白的东西。

有的教授只能上课念讲义，不能离开讲义。那成什么教授啊！不能体现文章的形式与内涵。连讲义都不是自己写的，不是根据自己的经验总结出来的。天赋不够，没有学通，不能给学生新东西、独特的东西，不成其为教授。

要先吸纳百川，才能给人家好处，才能给学生真东西，让人家有所提高。

所以说，教授的本领是旁白。教授贵在旁白。

前天晚上看电视《东周列国》的孔子这一集，主题里边我看有三个东西。

一是写阳货看不起孔子。孔子后来去对付阳货，说："你算什么学者？"用这样的话去骂阳货，这不是孔子。这样写，贬低了孔子。

二是写孔子当官，掌了权，杀了少正卯。这也不是孔子。孔子要权，但不是这个权，是另一个权，思想权。

三是写孔子跑到齐鲁之间一个三不管的地方，因为苛政猛于虎，这是无政府主义的意思。

这一笔有所指，是说现在的行政管理人员要钱太多，财政负担重。

避祸山中，搞无政府，没人管。这也不可取。管理并不都坏，并不都是老虎。也可以给奶吃，帮助人的。

有个日本人写了一本《孔子传》，水平到了，其中写很多人围攻孔子。孔子就问颜回："为什么那么多人不接受我？"颜回说："不是你的道理错了，是因为你的道理太高了。"孔子高兴了，很得意。他看得起颜回，认为颜回理解自己，懂得自己。

子曰："有朋自远方来，不亦乐乎；人不知而不愠，不亦君子乎。"他希望远方的朋友能够理解他。可是如果朋友理解不了，他也不生气。

"人不知而不愠。"我写过一篇文章，就叫《人不知而不愠》，讲我的老师史禄国，就是这样一个人。他希望至少我能理解他，可是我也不能懂他。

我写的《江村经济》，马老师说成功了，是里程碑，评价很高。可是史老师不满意。不满意的人更厉害啊！

我不求人知。让别人都懂得你，哪里可能啊！

汇纳百川，润泽人家，并不一定要人家感激你。太湖就是这样。过去水多好啊！润泽万民，没有去想让人家感激。有时候人家还要污染它，太湖水并没有因为被污染而停止润泽万民。

不求人知，是不想把我的想法强迫人家去理解。即使有可取之处，也是这样。

一个人要自己动脑筋，自己发展。总听人家说，不能变成自己的意见。

有句老话，水可载舟，亦可覆舟。太湖要是发水，也是很厉害的。有了水，不去好好用，不去滋润人民，而去发水，就不好了。

文化这东西，是人们社会生活的需要。是人自己慢慢发展出来的。再往下发展，原来的文化后来固定了，适应当时的社会条件，有了功能了。

但功能是可以失去的。只要社会条件一变，它就没有功能了。这不要紧，会出现新的功能，适应新的条件，形成新的文化。

中国文化要适应新的文化。老是跟人家走不行。适应新条件，形成新文化，有一点很要紧，就是要回到本源。本源的东西是什么？我们还不大清楚。

费达生虽然不一定懂得历史，但是她听了郑辟疆的话，回到家蚕的本源——蓖麻蚕，要看看它还有什么样的适应变化的老东西。要从老的底子上去找新的发展。

我在想，丝有没有一个传递信息的功能？丝的形式是线嘛，是一种传输的结构。除光、电之外，还有什么信息和东西可以靠它传递？研究出来的话，就可以适应现在的信息化时代。

任何事物都挣脱不了自己的历史。在其本源中也有适应现代情况的基因。不能离开本源去找新的东西，要推陈而出新。这个"推"字很有意思。不是"推倒"不要的推，而是"推拿"的推的意思。来回在本体上找地方用劲，这是个长期功夫，很不容易。所以我在甪直写诗说：推陈乃出新，文化转型为何如此费精神？

孔子就是要推到文化的原始状态。"郁郁乎文哉，吾从周。"周就是周礼，要到周礼中去找我们普遍适应的道理，找其基本的内涵。

要弄清楚文化的异化、信息的异化、人同人之间关系的异化是从什么地方发生的。

中国文化里有两种人。一种穿长衫，一种不穿长衫，很清楚。文化人去做官，同政治结合。实际的政权不是马上得来的，是思想控制在那儿。这个很厉害。所以人家尊重孔子。

孔子是素王，不是荤的。不是实际的王，是文化的王，思想的王。是统治人家的，连帝王都被他统治。他靠什么？靠思想，在一段历史里逃不出他的思想的规范。

政治权力是以力服人。人家心里没有服你。走霸道之路，靠力量收服人心，不行。孔子讲"以理服人"。这是德，是礼的表现行为。他出来一个行为的范式。

先生讲至此,意犹未尽。但有些累,遂作休息。

下午 4 时许,列车进北京站。这次考察活动告一段落。

5 月 20 日　从北京到绍兴

今乘 CA1535 航班由北京飞杭州。抵达后直接赶往绍兴,与正在绍兴考察的先生会合。

入住绍兴宾馆后,即把《甘肃土人的婚姻》中译本序言(正题为《青春作伴好还乡》,将在今年第七期《读书》杂志发表。系出发前往三联书店《读书》编辑部吴彬处取得)清样复印件、《新华文摘》今年第四期、《行行重行行(续集)》一包 20 本书刊一并交给先生。

5 月 21 日　从绍兴到舟山

早饭后随先生往宁波。由定海坐轮渡到舟山本岛。午饭后稍息,再乘轮渡抵普陀山。入住息耒小筑。

明天将游山访寺。估计会有请先生题词之事。为此准备如下文字:

普济慧济济济皆法雨
律宗禅宗宗宗归普陀

5 月 22 日　从舟山到宁波

早饭后随先生登佛顶山,访慧济寺、普济寺。

先生以近九十高龄走这么长的山路,爬这么多台阶,殊为不易。说及此,先生自诩"得了灵气"。

访问活动结束时,当地领导希望先生讲几句"金玉良言"。先生说:

普陀名山,我想来访已久,心想一生总要来一次。这次来,圆了我这个梦。

我的心思不在佛法上边,是在人间事。

我说的人间事就是社会的发展。具体到舟山,就是怎么发展这个千岛之乡。

这里对人们是有很强吸引力的。交通不方便,人们还是想方设法到这里来,说明信仰的力量很大。人间事很多,先要有吃有住,温饱问题要先解决。还要生孩子,一代一代发展。

解决这些问题,需要资源。这里的资源是山是水,是人是土地,还有一笔文化资源。

搞旅游有优势,要想办法让人家来得方便。首先是搞交通。交通问题解决了,你这里的地盘是半个台湾、好几个香港,大有发展前途。

昨天我在沈家门码头,看到那里就是我早年在香港看到的景象。只要我们好好干,再过几十年,就能赶上香港现在的水平。

孙中山当年来这里,是找一个可以搞东方大港的地方,发展图强。

舟山群岛的自然条件是够的,现在是要选对路子,快点上去。

午休后启程,别普陀山,乘船先到舟山本岛,又在舟山换大船到宁波。晚6点半抵宁波市区。入住新芝宾馆。

5月23日　宁波

上午听宁波市市长吕国荣介绍市情。9365平方公里,526万人口。区位优势的最大特点是有宁波港,不冻不淤,水深浪小,有25万吨级油轮码头,20万吨级煤码头,还有可停靠30万吨级大船的码头。

国家确定宁波为重化工业基地。目前正由传统的轻纺工业转向重化工。

另一优势是服装产业,如一休童装、雅戈尔衬衫、杉杉西服等品牌。

全国18个配套改革试点城市之一。目前正探索一条路子,即政府管理国有资产,各工业局转成专业公司负责资产运营,建立中介机构网络,组建行业协会以沟通企业与政府,形成市场经济框架。目标是:现代化的国际港口城市。

先生听后说：上海的历史条件优于宁波，宁波的自然条件优于上海。上海港的拦门沙是地球的问题，我们不能顶着自然走，只能顺着它走。

现在经济发展变化很快，很大，格局在变。上海与宁波港的关系会怎么变，这个问题很有意思。我在舟山就想，能不能给上海再开个大门，有了大门，再开个二门，开在宁波。

吕国荣：国家正在搞沿海高速公路，从黑龙江到海南三亚。这将改变宁波是公路终点（盲肠之意）的状态，使宁波成为一个枢纽。

费老：现在上海港搞不过高雄。我们还没有一个国际干线港口。这不行的。香港是"一国两制"，还不能说是我们自己的。我们应该有一个自己的，至少要准备一个。上海加宁波，建成东方大港。

谈过市情，受邀而至的当地乡镇企业家与先生座谈。

一休集团股份有限公司董事长陈华姣建议，对已经有一定规模、对国家有较大贡献、管理水平达到相应程度的乡镇企业，提供一些股票上市的机会，帮助这类企业再上一个台阶。

浙江舜宇集团股份有限公司总经理王文鉴讲，他们每年生产的天文望远镜占全世界总量的一半；另有相机镜头，与日本美能达、韩国三星、美国柯达三家配套。

下午访问北仑港。先生实地参观20万吨级矿砂码头和集装箱码头。后又访问宁波经济技术开发区。

晚饭后，先生观看王韧编导的纪录片《对得起子孙》。

5月24日 宁波

随先生访问雅戈尔集团。先生与该集团老总李如成有如下对话：

费：什么时候，农民开始不做衣服，买衣服，这个问题可以留心一下。

李：日本每年人均消费衬衫15件。香港人均每年消费7件，中国人每年消费 1.5 件。我们还会有大发展。在乡镇企业最困难的时候,费老写文章为我们说话,对乡镇企业发展起到很关键的作用。我们记得您的帮助,也非常感激您。我想,最大的、最好的感谢,就是我们继续苦干,二次创业,让中国的乡镇企业走向国际,占领世界市场,发展成大的跨国集团,在竞争中立于不败之地,为中国民族工业争光。

  费:你还记得我,我也要谢谢你!事情是你们干出来的,我是跟着走,把你们干的事情写出来,从你们干的事情里边学东西。

  下午随先生参观河姆渡文化遗址博物馆。边听取讲解员介绍当年发掘情况和出土文物,边留意先生的表情,揣想他的心情,希望能多少感受到先生的一些感觉,以便起草文章的时候能更接近应有的表达。

5月25日　宁波

  上午访问宁波海天塑料机械有限公司。这家企业1966年起步,100元起家。开始时生产水表转轮的顶尖,后来生产螺栓螺帽,从70年代起搞注塑机。目前是国内生产注塑机的最大企业。1996年产值过三亿元。最早产品重二克,现在的产品可重两万克。

  该公司董事长张静章陪同先生走进车间。先生看着躯体庞大的注塑成形机,知其即将运往南非,由衷赞叹道:"大家伙了!要出海了。乡镇企业从草根长成大树啦。"

  下午访问天一阁。徐良雄向先生介绍天一阁历史与现状。先生对大门处顾廷龙书写的楹联发生兴趣,嘱抄下。遂抄写于册:

   天一遗影源长垂远
   南雷深意藏久尤难

  入大门,进东明草堂。徐对先生讲,范钦藏书,最多时达七万卷。

历经战乱，不散者现存 17000 卷。其中以明代地方志和科举录为特色。该馆现状以藏为主。来看书者主要是专家学者，供其研究之用。访阅时间多安排在秋高气爽季节，以利书的保护。解放后，先后接受过宁波不少大藏书家的捐赠，现总藏书量为 30 万卷，其中善本八万卷。

先生问及范钦是否还有后人。答曰有，解放后一段时间里，还有范氏后人在馆中工作，现已退休。凡范氏后人来馆，都是贵宾。

参观天一阁发展历史陈列时，先生对当年重修天一阁委员会主席陈宝麟书写的一段文字很感兴趣，嘱"抄下来这一段，很有意思"。遂抄录如下：

范侍郎钦素好购书　先时尝从道生钞书　且求其作藏书记　至是以其幸存之余归于是阁……吾闻侍郎二子方析产时　以为书不可分　乃别出万金　欲书者受书　否则受金　其次子欣然受金而去　今金已尽　而书尚存　其优劣何如也　中华民国二十三年八月东光陈宝麟书

晚饭至宁波华侨宾馆品尝宁波风味。每上一道菜，即有人向先生说明其做法、来历、传说、吃法等。先生说，可以搞成座谈餐，边吃边学习有关知识。现在有导游员，可以培养导吃专业人员，帮助大家提高吃的素养和文化水平。

吃到宁波年糕时，先生与众人讨论起年糕什么时候不在家里做了的问题。先生认为，这其中记录有事物变化的信息。

5月26日　从宁波到杭州

早饭后，先生想起昨天下午在天一阁访问事，说：忘了问他们一下，天一阁藏书用不用香草。用的话，是不是广西的香草。同他们联系一下，问一问。

即告先生，《宁波市志》有记载，是用香草。

上午，先生出席宁波市第十三届运动会开幕式。我留在住处，询问天一阁藏书所用香草事。

查《宁波市志》下册第2447页，第一行有言："书夹芸草以除蠹鱼，橱安英石以避潮湿。"

查《辞海》上册第1270页，"芸香草"词条：别称有"臭草""牛不吃"和"香茅筋骨草"。禾本科，多年生直立草木，丛上，高可达1米以上。叶片狭线形，长可达25厘米以上，宽1—6毫米，具白粉，有特异香气，嚼之味辛辣，并有凉麻感。

打电话给天一阁博物馆徐良雄先生，请教有关问题。得知天一阁确是用芸香草（纱布包起来放入书橱）防虫。为此每隔几年要到广西去采购一次。

把查询结果写于一张稿纸，放在先生书房写字台上，以便先生回来后及时看到。

下午4时离开新芝宾馆，往宁波火车站，乘288次列车到杭州，换乘32次列车返京。

行前与先生谈三大册《宁波市志》中有关史料。先生指着厚重的书说：这样的书你用好了。我现在需要写的东西太多，顾不上使用这些书，你还要写这里的文章，用得上。拿去用好了。

5月27日　从杭州到北京

行车途中，与先生谈编辑出版《费孝通文集》事。

说到早年发表的文章如何尽量找全，提到了《观察》杂志，先生说：

那时给《观察》写文章，凡是《炉边天下》栏目的文章，一般都署名。不署名的文章是以编辑部名义发表。多数是时评，内容也带点译介，主要是英国援华会定期邮寄资料给我，材料很新。我看到的比较及时，把时局的有关内容介绍给国内读者。

那时华北是《中建》杂志，由王艮仲出钱，费青主办。华东是《观察》，云南是《时代评论》。我写给《中建》杂志的文章，别的杂志转载，影响很大。

我记得最清楚的一篇是《东北为天下先》。

新中国成立后，《经济日报》要办"星期评论"，让我写文章，开个头。我写了《蚕丝业的系统工程》，以费达生的名义发表，写生产、加工、销售的关系。后来说的"一条龙"，就是从这里来的。

新中国成立后的一两年里边，还是写了点东西的。《我这一年》就不错。

还有一本《大学的改造》。现在手边没有这本书了。需要找一下。

这本书起了作用的。院系调整推迟了一年。

还有一篇文章，也写得不错，就是跟在《知识分子的早春天气》后边的《"早春"前后》。

这篇文章手边也没有，也需要找一下，就在《光明日报》上。

说到最近两次考察，先生说：

有两个重点。一个是太湖，一个是港口。现在太湖暂告一段落，基本问题清楚了。

讲港口，我们讲东方大港。东方大港可以是一个港，也可以是一组港。

上海有历史优势，没有深水优势。宁波有深水优势，没有历史优势，深水优势发挥不出来。

宁波的前途是搞新加坡，不靠上海，靠深水港搞起来加工中心。

亚太地区将来的几个经济中心是香港、高雄、东京，宁波应该争取一个。

晚10点多，288次列车晚点一小时抵北京站。

6月2日　北京

先生昨日写就的《说太湖的水》文稿今嘱谭华捎来，并在手稿首页写有短信："冠生：请修正，尽量压缩一些，并请打印，回给我再看一遍，做送《半月谈》之用。"

即遵先生嘱，打印，校对。为明天随先生往山东调研做准备。

6月3日　从北京到山东

中午随机关送站车到北京站，随先生乘547次列车赴山东。

列车启动后，先生说：

看了一遍最近一期《现代传播》杂志上谈倪萍的一组文章，很有意思，受了启发。我们不再搞一个人为的栏目，免得成为人家说三道四的目标。"新三家村"实际还在，但是不打出这个旗号。

我们写专稿，老老实实地写，写社会问题，说家常话。这些问题同大家日常生活密切相关，大家关心。我们把亲眼看到的问题写出来，大家议论。专稿多了，自成系列。

倪萍主持《综艺大观》，是成功的。她想转一下，跳跃一个台阶。用她自己的话说，准备不足，没有跳上去。我从《瞭望》转到《半月谈》，也是个转折。

《半月谈》的读者很多，影响广泛。利用一个现代传播媒介，做点好事。主要是开风气。

比如我们在宁波华侨饭店吃饭，边吃边有人讲。我说它是"言以助味"的实践，可以写出来。

现在很多场合的吃饭，就是大吃大喝，喝酒，谈生意，没有别的内容。

我们开个风气，就像导游一样，有人"导味"。讲各个菜的来历、传说，有趣味，也有文化。有饭菜自身的味道，也有民俗风土的味道。俗中见雅，亦俗亦雅，把饭吃得文明，有修养。

讲精神文明建设不是空谈，从吃饭上也能反映出文明不文明。用点心思，培养"导味"，也是文明建设的一件事。

6月4日　烟台

早6时，列车正点抵烟台车站。乘接站车，入住东山宾馆三号楼。

上午10时，在住处一楼会议室听取烟台市领导介绍市情。听过，先生说：

烟台我来过好几次。第一次来，是1988年，十年了。

十年前，我的主要题目是扶贫。山东的沂蒙山区我花了一个多月时间，写了一篇《沂蒙行》。

今年以来，我去了广东、江苏、浙江，现在又来山东沿海，都是国内较为发达的地区。一个总的印象是，发达地区又上了一个台阶。

原来的乡镇企业在村里边搞，农民去工厂务工，不用出村。我叫它"离土不离乡"。现在变了，乡镇企业走向集中，放在镇上搞，农民既离土，又离乡。

其中出现一个新事情，就是土地的规模经营，集中起来。土地的规模经营搞起来后，对科学技术的要求比过去迫切了，吸引科技下乡。科技进入了生产，大幅度提高产量。

这又带来一个问题，东西要卖出去，就要扩大流通，发展"三产"。

过去看农村的穷与富，只看工农比例。工业比较高的地方，会比较富。农业比例高，就偏穷。现在不同了，是看"三产"的比例。"三产"成了发展快慢的衡量指标。

烟台的生产总值中，"三产"占多大比例，希望给我一点印象。

上次我来山东，在淄博看过一个村子，临淄的西单村。这个村子搞起了生态循环。不是过去的马桶文化基础上的循环，而是传统的循环被打破以后，重新建立起来的适应现代化的循环。

这次我想再去看一下。如果它的办法别的地方也能用，这个价值就大了。

这次还想看一个残疾人大学。我的上一辈人，从小就教育我，一个人要做点好事。一个人有了钱，能想到帮助残疾人掌握一技之长，这是做好事。这样的事我支持。

不要去用"正规化"要求他。用正规化去衡量，中国的事情就没有了。

我脑筋里边的正规大学，中国还没有，连北大也不够。

乡镇企业功劳那么大，可是要用正规化去要求它，它就发展不起来，也没有今天。

6月5日　烟台

早饭后在市区访问永康残疾人大学。先生是该校名誉校长。

听过校长和几位同学的情况介绍后，先生说：

我很同情你们，联想到了我自己的一段经历。我的一位老师潘光旦先生，在清华读留学预备班的时候，因为跳高伤了腿，没有得到很好的治疗，病菌侵入了骨头，最后不得不锯掉一条腿。

这样一来，发生一个问题，残疾人能不能送出去？有人认为送出去不妥，意思是中国这么大个国家没有人了，送个残疾人出去留学。也有人认为这样正体现中国文化的优点，实事求是，从实际出发，包容万物。

学校里开会讨论这个问题。校长很开明，认为潘光旦人才难得，应该送出去。

他出去后，不负众望，学得好，学问大，我有很多东西就是从他那里学来的。

另一个例子是我的姐姐，叫费达生。她在家乡帮助农民改良蚕丝，对人民的贡献比我大得多。"文化大革命"中，她受了很多委屈，眼睛得了黄斑病，现在已经看不见东西了。但是她还在种蓖麻，养蓖麻蚕，搞蚕种改良。这说明一个问题，残疾人仍然可以做事情，可以大有作为。

潘先生虽然只有一条腿，他仍然搞调查，伏在马背上到湖南，去湘西，调查土家族的情况。他去之前，土家族的同胞生活在山里，与世隔绝，大家都不知道。潘先生去做过调查后，写了很多文章，也给中央写报告，使这个少数民族得到了正式承认，成为我们民族大家庭的一员。

这是一件了不起的事情。这个事情就是一个残疾人搞出来的。

残疾人在生理方面有缺陷，生活上有许多困难，这不是他自己的责任。因为残疾而在求学、就业等很多方面得不到正常的平等的机会，这是个社会问题。不残疾的人应当帮助他们。

我相信凡是有人道主义情感的人，都会发自内心地为残疾人做些事情，让他们多一点方便、多一点温暖。办起来这个学校，是个好事情。时间不长，说实话，还不像个大学，但这不要紧，要紧的是它给残疾人一个希望。

人有希望很重要。我听说了这个事，为你们写校名，乐意当名誉校长，也是这个意思。

我能为你们做的事情不多，写了字，算是表示一点心意，心里多少舒服一点。

残疾人有缺陷，也可以找到优势。他心静，世事的干扰不多。不去管自己的荣华富贵，只想争得一个与健全人稍平等的机会，为社会出一点力，证明自己有用。这样，他心无旁骛，集中心思钻一门，钻出成绩来，可以因残得福。

这时，一个面容端庄的聋哑姑娘站起来，想对先生讲几句她在学校学习、生活的情况和感受，可是因为太过激动，一直说不出话来。

先生连声让她"就像在家里一样"，也没能消除她的紧张。

最后，她只能用哑语讲出来"欢迎您来""祝您健康长寿"两句话。

待坐下来后，她用手势告诉一位懂哑语的老师自己方才的心情，流露出一种特殊的优雅。

大会上，从残疾学生集中坐的地方发出的掌声特别响亮，能感受出那是直接从心里发出的。

6月6日　从烟台到莱阳

上午随先生参加第二届亚太经合组织国际贸易博览会开幕式。

下午 2 时半启程，沿烟青公路疾驶 90 分钟，抵莱阳市。入住莱阳宾馆。

下午 5 时，在住处三号楼三楼会议室听取当地领导介绍市情。

1996 年高考上线 700 人。四年前考上大学而于去年毕业后回到莱阳的仅 50 人。

日本市场上的芋头，70% 是莱阳出口过去的。

全市 90 万人，农民 80 万人。

每亩地的产值，种粮食可有 1200 元到 1500 元，种芋头可有 5000 元，种蔬菜可达一万元，用塑料大棚种蔬菜可达三到五万元，种樱桃可达十万元。

6月7日　从莱阳到淄博

上午访问烟台龙大企业集团。该集团是乡镇企业，主要搞农副产品加工，属于先生倡导最力的"一点五产业"。因其工作条件较苦，胶东一带的本地人不大愿意来干。

现有 7200 名员工中，约有一半来自河南、河北的贫困地方。工人月工资六七百元。产品大部分出口日本、韩国、香港、新加坡。企业所需原料生产带动了当地六万户农民。

现在正由粗加工转向深加工。粗加工的部分生产转移到了聊城，在当地投资 1000 万元。

先生大概了解该企业情况后，希望总经理宫学斌讲讲自己的经历。

宫说自己以前是农民，后来到一个砖瓦厂当会计。当了三年，厂子亏本了，让他当书记。

附近的土泥资源挖光后，砖瓦烧不成了。他到南方去考察，找办法，发现内地有很多瓜果出口到香港，想到莱阳梨也可以这样做，回来就成立了果菜保鲜公司。开始时没有出口权，依靠外贸部门，钱让外贸赚走了。后来发展到有了出口权，自己可以直接出口了。

先生听得很高兴，因为该企业的路子完全符合"从农业里长出工业"的路子。

返回住处后，先生说：今年我们已经跑了广东、江苏、浙江，现在又来到山东。几个地方的农村，用的办法不一样，做的却是同一篇文章。农村经济发展到一定程度，要求土地适度集中，搞规模经营，同时要和市场联系得更紧。广东是股份制，浙江是稳制活田，江苏是保留口粮田，山东是合作社，都是跟着发展，因地制宜，从农业里长出来，不脱离当地的生产力水平和生产特点。

这几个地方的情况放在一起，写一篇文章，材料够了。我已写有一篇关于太湖水的，再写一篇老镇新镇。有三五篇，可以找《半月谈》商量一下了。

下午随先生乘548次列车由莱阳抵淄博。入住鲁中宾馆。

6月8日　淄博

上午在鲁中宾馆贵宾楼三楼会议厅听取淄博市领导介绍市情。

先生听后说：这次来，主要是看发达地区。看一些过去看过的地方，看变化。

从深圳开始，珠江三角洲、广东、浙江、江苏，最后一站是山东。我前些年主要是去穷地方，研究东西部差距问题。这个差距，现在大家都注意到了。我这一次从广东看到山东，最大的感受是亲眼看到了南北的差距。

从农民人均收入上看，一个台阶一个台阶地上去。黄河三角洲比长江三角洲和珠江三角洲明显要差一步。下个月香港回归。回归以后，从南边过来的经济推动力量会更大。

这股力量传到环渤海地区，会推动出现几个大的中等城市，作为区域经济的工商业中心。

淄博是我看中的一个地方，有希望成为一个三四百万人口的工商业中心城市。

这次顺着沿海地区，从广东看到山东，农村里有一个显著的变化，就是出现了现代化农业的趋势。农业生产走向规模化。各个地方要解决的，是同一个问题。用的办法不一样。

生产力的发展，推动着生产关系的变化。

是各个地方的农民在因地制宜地摸索办法。不是上面下来的办法。

这个风气看来已经开始吹到山东的一些地方了。

我在中部地区用了几年时间，找到了一个公式：公司加农户。实质是农业加流通。

这个"加"字很有意思，可以加进去很多东西。

6月9日　淄博

上午访问博山区的万杰集团及所属万杰医院。

万杰集团位于博山区岜山村。过去很苦，逃粮荒，逃水荒。打深井打到650米才见水。

1981年6月，靠六万贷款起家。如今已是企业集团，进入到金融运营、资金运营、资本运营阶段。万杰医院现有伽马刀、X光刀、中子刀和PET系统。

先生在PET系统做全面检查后，高兴地说："查了一遍，我身体没有问题！"

下午与淄博部分企业家座谈。先生嘱记录企业情况概要。

淄博二毛纺厂：主要生产西服面料。固定资产1.5亿，年产值一亿。抓管理，降消耗，增效益。十年里节约出来的费用相当于同期上缴的利税。1989年夏季后，国内纺织民品滞销，我们"让开大道，占领两厢"，主要占领制服面料市场，如公安、税务、工商、检疫、海关等部门所需，站稳了脚跟。现在的一个难题，是银行为摆脱风险，让我们为不少效益不好的企业承担贷款担保。现在的担保金额已超过两亿元。

兰雁集团：主要生产牛仔服装面料。1984年由生产灯芯绒转产牛仔布。第一个项目是用80万美元租赁一套生产设备，11个月还清租赁款。现在是国内同行中最大的企业。固定资产3.5亿元。从棉纱、织布、后整理到成衣的所有设备，全都是国际先进水平的。面料80%、成衣90%外销。兰雁牌牛仔裤是目前国内牛仔裤四大名牌之一。每年用棉一万吨，其中80%的美国棉，价格低，分量足，质量好。

新华医药集团：前身是八路军一个后方医院，现为国内三大医药集团之一。1996年销售收入13.7亿元，实现利税1.6亿元。国内医药生产分三大块，抗生素生产主要在石家庄的华北医药集团；维生素生产主要在东北医药总公司；淄博新华医药集团主要生产解热镇痛类药物，是大众常用药。利润率较低。作为国内医药行业进行股份制改造试点的第二家企业，新华集团的股票已于1996年在香港挂牌上市，行情持续看好。

先生听过企业家发言，点头致谢说：感谢大家提供了很多的发展实例和想法，帮我学到新的东西。刚才说的让效益好的企业为效益差的企业做贷款担保，我还是第一次听到。这是个大问题，要提出来，让大家知道。要注意这个问题，找点解决的办法。

整个局部、全局，都在变化。问题当然会有，但也会有解决办法。

我们这个民族，在世界上生存了几千年，肯定有办法在里边。

中国的工业化怎么办，大家想办法。乡镇企业就是中国农民想出来的办法。

农民要干，也有人不想让干。我们写文章，讲出道理来，树立信心，坚持干下去，事情就干成了。开始是"草根工业"，现在长成了大树。

今天上午去访问的万杰集团，去年的销售收入已经有几十亿了。

全国讲起来，也称作"半壁江山"了。

乡镇企业就是中国造，不是外国货。是中国农民想出来的办法。

返回住处后，先生问及今年 11 月份去新加坡做学术交流的题目及准备工作。遂将福源集团目前进行的企业与乡村联手改革思路及进展情况做简要汇报。因下午 4 时还要开企业家座谈会，未及详尽。

汇源果汁公司总经理来看望先生。先生建议增加品种，如西红柿果汁，西方人很爱喝，有市场。先生又说：我肯支持你们，帮你们想办法，是因为你们的事业发展起来对农民有好处。

6月10日　从淄博到济南

早饭后离淄博赴济南。驱车 90 分钟，抵济南南郊宾馆，入住五号楼。

下午在五号楼一楼会议室听取省领导介绍省情。张瑞凤副省长读过文字材料后，省人大常委会主任赵志浩以交谈形式向先生补充介绍农业、工业、教育（主要抓职业教育）、精神文明建设等方面的情况。

先生听后说：近两三个月，我出门找老师，从广东、浙江、江苏来到山东，想抓住沿海发达地区，向农民和基层干部多学东西。这些地方我都到过，也比较熟悉。现在再走一遍，看最近有哪些变化。

"行行重行行"，在"重"字上做文章。

这次看到的一个变化，是正在出现农业生产的现代化。跟着生产力的发展，生产关系正在变。怎么变，各个地方都在想办法。从农村劳动力上看，开始从离土不离乡转向离土又离乡。

家庭联产承包责任制正在起变化。

广东是搞股份合作制，浙江是稳制活田，江苏也在摸索。动起来了，但不说出来。山东的莱阳是搞合作社。我们跟在这个变化后面看，要跟得紧一点，看得清楚一点。

要知道这个力量是从什么地方出来的，是怎么出来的。政策也要快点跟上去。看到农民想什么，正在干什么，需要在什么地方帮助他们，然后才好跟上去。

这是小平同志的办法，是个好办法。

我们讲生产和生活的现代化，讲得很高兴。大家都想快一点。但是这个现代化是要付出代价的。现在的问题是大家都想现代化，又不肯为现代化付出代价。

现代化的代价问题要研究。我民盟的工作已经交出去了。明年春天，人大的工作也到期了，可以用更多的时间来研究这个问题。

6月11日　济南

早饭后，将福源集团的改革措施、效果及振衡的思路详细讲给先生听。

先生边听边问，大致清楚后说：这是个不错的实例，可以作为一个农村改革的个案来写。缘起、过程、效果、设想，四个部分，够了。

准备两份东西，一份纲要，一份详细些的。用纲要讲，详细地给人看。不要紧张，大胆去写。最后要写出你自己观察后的看法，也就是你认为它的意思在什么地方。

与先生谈过后，与振衡通话。很巧，福源集团租种的千亩麦田昨日收割完毕，获得历史上少有的丰收。农民得到实惠，看到好处，目前已有二三十个村庄要求加入农业公司。

福源集团的改革，可说初见成效。其中最重要的内涵是工农联手、城乡互动、协同发展。

6月12日　从济南到滨州

早饭后驱车往滨州。车程120分钟。抵滨州后，入住清怡宾馆。

今利用休整时间，为《知音》杂志写《费孝通的一世情缘》。全文

8500 字。

6月13日　从滨州到惠民

上午在房间写《青山踏遍》初稿。

写作过程中，先生进门，说"来慰问慰问"。即起立，请先生坐。落座后，先生说：

我们回去后，就把说定的这一组文章都写出来，交给《半月谈》，让它去发表。

再往后，就不要用我的口气写了。你们自己写。你们也要出来。趁我还没有死，把你们推出来。要充分利用传媒。这一代知识分子不懂得利用传媒是出不来的。

我还不是借了报纸刊物的阵地才发表了很多文章？

一边写，一边要团结一批人。志同道合，能交流，能启发，形成集团，形成气候。

你们这一代应该还可以。沈昌文不错，多同他保持联系，多占领些阵地。

我现在的阵地分三层。通俗的是《半月谈》，再上来一层给《读书》，纯学术的给《北大学报》。这样够了。

午休后启程。驱车40分钟，到惠民县。入住惠民宾馆。

稍息，即随先生在住处听取县领导介绍县情。

惠民是山东省确定的11个重点扶贫县之一。目前全县吃财政饭者甚多，仅副科级以上干部就有924名。

先生说：我是第二次来惠民，看到了明显的变化。这次我在想，你们怎么能更快地发展。有几个问题，可以多想一想。

一个是这里怎么借助远近的大中城市发展自己。比如，这里的蔬菜种植已经很有规模了，下一步要发展流通。现在和北京的大钟寺建立了联系，这个路子对头，还要继续扩大。这里古代是齐国的地方，有经商的历史传统。要发扬这个传统。蔬菜不仅向国内的大中城市去卖，还可以想办法出口，去日本，去韩国，为他们种植无污染的蔬菜。接通这条路子，供应他们的市场，你们就能发大财了。

二是农民自己也要动起来。先要有点商品经济头脑，树立经商意识。不仅是愿意去卖，还知道人家想买什么。我到日本，去乡下看农民。他们去城里卖的菜，是挑好的，洗干净的。坏的不要。往摊上一摆，看上去很舒服。人家高兴买，他也可以卖比较好的价钱。日本、韩国的工业化发展太快，土地本来就少，盖很多工厂，就更不够用了。我们这里慢了一步，但也有好处，土地多，还有荒地可以开发。

三是农业生产的经营规模需要扩大。我们家有个小保姆，是你们惠民这里的人。现在是收麦季节，她回来帮助家里割麦子。我今天问了她一个上午。她家里有四亩地，这样的耕种规模是小农经济。世界变到今天，小农经济是没有前途的。要想办法慢慢扩大规模。地块大了，比如一百亩上下，要提高产量，你就要机器，要科技，这就快了。跟着的问题，是劳动力从土地上解放出来，让他往哪儿去，那是又一个问题了。

6月14日　从惠民到沧州

早饭后，先生说：我们给《半月谈》的这组文章，最好有个栏目名称。我想了五个字，叫"观察与思考"。你看怎么样？

即对先生说：用这个意思，叫"边看边想"也可以。至少可做方案之一。

先生说：这样也好，通俗一点。一边看，一边想，用心思了。不是无目的地随便看，不是视若无睹。一边用眼睛，一边用脑子。

又对先生说：您说的"观察与思考"，让我又想起"公司加农户"。在淄博，您说在"加"字上做文章，对我想问题有启发。我觉得，这个

"加"字在我们眼里可以比在农民那里多一层意思。一层实指，一层虚指。实指，就是公司加上农户；虚指，是说在公司和农户之间可以加上很多东西。有的地方是加基地，有的地方是加合作社，有的地方是加市民。做的是同一篇文章，同一个大题目，各人的写法不一样。结果或者说目的是一个，流通活起来，农民富起来。

先生说：对，很好啊。你回去把这想法写出来。各个地方比较一下，两千字，一篇很好的文章。

午休后离开惠民县。驱车100分钟，抵河北沧州。入住沧州迎宾馆。

6月15日　沧州

上午随先生参加沧州解放50周年纪念大会。

后驱车至南皮县访问沧州水库。

华北缺水，以河北为最。河北缺水又以沧州为重。故先生对沧州百姓的吃水用水问题很关心。曾为此做专题调查，并协调国家相关部委解决打机井及配套资金问题。

续写《青山踏遍》书稿。拟集中笔墨突出先生一生坚持实地调查的行迹，争取写出一位20世纪的行者，一位现代"夸父"。

6月16日　从沧州到北京

上午续写《青山踏遍》。11时提前吃午饭，随先生乘426次列车返回北京。

7月1日　北京

得沈昌文先生信，嘱三事：

一、代购一本费老画册，供台湾《联合报》发表先生《人文价值再思考》一文时选配图片；

二、《甘肃土人的婚姻》一书译稿经与出版社方面交换意见，社方认为该著收入"新世纪万有文库"恐因印装过于简陋而对不起费老，故拟作为学术论著单行本印行，以示郑重；

三、下次三联书店举办的"下午茶"活动计划在7月10日前后举行，希望根据费老的日程具体确定。

7月5日　北京

三联书店"下午茶"雅集今举行。先生兴致颇高，准时到场。稍后董鼎山、冯世则、冯亦代、黄宗英、丁聪、沈峻、王蒙等名士学人陆续到场。

先生与《读书》杂志的黄平谈起钱穆，表示想写一篇谈钱穆的文章，意思是他为什么被冷落，在大陆知识分子中影响不大。

先生说：也可以换一个角度，不直写钱穆为什么被冷落，而写我为什么直到现在才读钱穆的书。我最近集中看了他几本书。很多地方，语言不同，表达不一样，想法却是一致的。他很不容易，不是科班出身，自学出来，成一家之说，一套道理，应该有很多人读一读。但事实上很多人读不到，没有读。这个事情很有意思。

王蒙插话说：对，叫你没影响，你就没影响。

费：你写《组织部新来的年轻人》时候，有多大年纪？

王：22岁。

费：你是最小的"右派"不是？

王：我还不是最小的。最小的只有十六七岁。刘绍棠就比我小。

此时，李先生说：费老，你应该把反右时跟毛泽东的谈话写出来。

费：不能写。不好写呀！

李：为什么？

费：只是我们两个人之间的谈话，没有第三者在场，不能证明啊。

李：你是功成身退，得大自在。

费：我抓住了几年。清华两年，英国两年，联大五六年。十年时间里边下了点功夫，出了东西。

李：费老，你知道有个"费孝通模式"吗？

费：我不知道。

李：这个说法流传很广。意思是你懂得中国的路子该怎么走。你也懂得中国知识分子。你那篇《知识分子的早春天气》写得好啊，可惜我手边现在找不到了。

费：你找他，张冠生。让他负责给你。

7月9日　北京

为先生复印《钱穆教授传略》一书。逐页复印之余，浏览其中内容。

晚饭前，带上昨日准备妥当的钱穆著述和今日复印的《钱穆先生传略》到费老家，一并放在先生案头。先生欣然，说："过几天出门的时候，可以带到路上看了。我要好好看！"

请示先生，能否把《知识分子的早春天气》放进《私情与杂语》一书。先生应允，并说："还有一篇《'早春'前后》，写得更明确些，也可以放进去。我手边现在没有这篇文章。请你帮我找到，复印下来。"

即告先生，会尽快找到，亦告前天已把《知识分子的早春天气》复印件寄给了李先生。

7月13日　从北京到商丘

昨晚随先生乘105次列车往商丘。原定发车时间晚9点半，不知为何突然提前两小时。

包括费老在内的十余人闻风而动，分别从北太平庄、国管局、中央电视台、民盟中央等处赶往西客站。我刚上车，列车即启动。定神看，先生先我而至，稳坐于客厅沙发中。

铁道部专运处的人见费老一行如此迅速应变，紧密配合，大表感谢说："你们帮了我们大忙！费老真是好脾气。若是换个首长，早就发火了。"

今晨近 7 时，列车抵商丘站。随接站车进市区，入住豫东宾馆。

上午 10 时，商丘地区领导到先生住处介绍当地情况。先生说：

这儿是我比较熟悉的一个地方，来过好多次。希望这里能快点发展，愿意为此出力。

商丘是京九线从北京出发的第一个大站。我是人生最后一站。

最近我到香港，感想很多。其中一个是怎么利用香港发展我们的腹地，发展京九沿线地区。

现在要加快发展，比经济实力。香港回归很顺利，因为我们有了实力。

京九路通了，香港回来了，这班车要搭上。怎么才能搭上，这是对我们的考试。

考试分数是老百姓给，历史给。

我愿意帮你们的忙。这次来看福源，冷静观察，大胆改革。失败了不要紧，试验嘛！成功了就出来一条路子，像当年万里在安徽搞出办法，给包产到户换个名字，叫"联产承包责任制"，救了中国。经过 20 年，要起变化了。

现在整体上处在要变未变的状态，局部已经开始变了。

7 月 14 日　商丘

上午随先生访问双八公司及双八村。

福源集团公司在双八农业公司的探索，切中当前农村改革要害，以农民承包土地入股、适度规模经营、引进实用科技、工农同步发展为主要手段，深得先生农村经济思想学说真谛，实践证明初步成功。

先生看得十分高兴，村民更如过节似的开心。相互呼应，十分动人。

一开始，地方上负责治安的人总是把先生身后想跟着走几步、看几眼的村民驱走。待先生主动走向那些又好奇又有点怯生生的孩子们时，他们似乎突然明白时机到了，一下子就涌到先生身边。

先生两臂伸开，搂住两侧孩子们的肩膀，在场者无一不是笑逐颜开，小村庄整个欢跃起来。

摄影、摄像记者抓住难得场面，猛拍一通。

下午，在先生住处会议室与福源集团干部、职工座谈。先生如是说：

对你们搞的探索，我很赞成。先是企业负债，逼上梁山，搞改革，抓住了产权这个要点，而且是保旧创新，避免震荡，出了成果。然后以公司为基础，改造小农经济，还是走保旧创新的路子，帮农民搞起庭院经济。

现在这条路子通了，这个办法是通的。你可以搞成功，别人也可以学。

要培养林老板这样的人出来，扩大这个事业。不是光为扩大福源集团，而是为改造小农经济，为国家走出一条路子来。

福源集团把工业改革延伸到了农村体制改革，引导小农经济进入市场经济，中国必定要走这条路。

安徽蒙城有很多牛，靠小农经济养了出来，但缺少一个经济组织。用福源集团这套办法，就能把那里的牛运到深圳去。

有人希望我介绍学生来，帮助商丘发展。我的学生里边可没有林老板这么厉害的。

你这一个麦季，农业公司赚了七万多元，农民增加的收入是多少元？他们去工厂务工，工厂也有钱赚，工厂赚了多少元？

这套办法能为当地生产力增加多少财富，大体上可以算一笔账出来。应该算一下。

虞城的试点停了，不要紧，方向对头了。路子是对的，有实际效果，农民欢迎。

农民离开土地是有成本的，你拿出了这个成本。从什么地方拿？还是从土地里边出来的。

农民从土地上解放出来，看到了一个新世界，正在开始进入这个新世界。你用科技的力量，保证农民不劳而获，可是他不愿意过不劳而获的日子，他还要出去增加收入。

探索一个从小农经济走到现代化农业的路子，力量在科技。

先生对福源集团提出三条建议：

一、考虑利用从土地上解放出来的劳动力，发展乡镇企业；

二、找小钱（先生的一位深圳朋友），接通深圳，利用香港，扩大出路；

三、准备一份文字材料，在年底的深圳会议上发出去。

7月15日　从商丘到郑州

早饭后驱车离商丘赴郑州。车程三小时。入住中州宾馆。

下午，李长春书记等省委领导向先生介绍省情。先生听后说：

联产承包责任制救了我们，发挥了很大作用。到现在，20年了。

一个制度，只要社会在发展，它就会起变化。20年了，不可能不变。

我们要保证变得稳。

现在，广东搞股份制，浙江搞稳制活田，江苏搞两田制，山东正想办法。

福源集团的办法，比广东、浙江、江苏要高明一些。实际已经发生了作用，效果出来了，农民欢迎。

我生命不长了，留一句话：河南有条件为国家的发展走出一条路子，现在有了苗头，要多动点脑筋。

发展乡镇企业，中部地区脱了一班车。现在京九路通了，又有一次机会。不要又一次脱了班车。

7月16日　郑州

李长春书记到先生驻地表示看望之意。先生对李说：

我去香港参加回归交接仪式，一个旗上去，一个旗下来，很感动人。历史都在里边了。

我在那儿就想这个问题：怎么利用京九路，接通香港这个大市场，发展我们的经济。

香港要持续繁荣，需要借助我们中部地区这一块广大的腹地。

第二个浪潮就要来到中部地区了。怎么引导农民从小农经济进入一个新的世界，是个大题目。

农民自己都在想办法，摸索路子。但是他缺点东西，有时候，摸索到了，却看不出意义。我们就是要快点跟上去，认真总结。很可能出来一个新东西。

随先生到中共郑州市委，听取陈义初市长介绍市情。

先生讲到现在要考虑城市建设的空间问题，详细询问市民休闲用空地的相关情况。

7月17日　从郑州到荥阳

上午随先生访问荥阳市。市长介绍市情说，城里一些搞房地产的公司因市场低迷而转向，投资农业，租赁农民土地后，改种经济作物，主要是花卉与蔬菜。

也有养殖的，如养猪。每年给农民每亩地1000斤小麦，税赋仍由农民自交。雇农民种花卉、蔬菜者，给工资。现在已有三家公司，用地600亩，涉及三百多家农户。其中一家深圳公司搞无公害蔬菜，种出来直运深圳。

另有城里的公司到北邙乡开发缺水地带的荒地，打井，改良土壤，然后承包给农民耕种，双方得利。

先生听后说：这里把城市的资金引到了农村，是个好办法。这个事情的意思，是帮助农民进入现代化的生产与生活。

7月18日　郑州

先生今天参加越秀酒家学术讲座，以"香港归来话回归"为题，讲"出一口气之后，更重要的是争一口气"的现场感想，并谈到"文化自觉"的题目。又谈近来读钱穆先生一些著述的心得。

讲座由沈昌文先生主持。沈公说：

今天是越秀学术讲座第75讲，是费老来讲的第四次。

记得费老第一次来讲的时候，就表示，他很愿意通过这样的形式，跟读书人交流。他说自己就是个读书人，所以很愿意到越秀来，参加学术讲座，跟读书人交谈。

我们这次很有幸，知道费老到这里来，我们就赶快组织郑州的读书人，今天请到了几十位。大家来听听费老最近想的问题，更主要的是请大家跟费老交流。

费老希望不仅是他讲，而且大家也讲。

费老最近经历了一个很大的事情，大家在电视里都看见了，就是费老到了香港，现场参加香港主权回归的交接仪式，并且有很重要的讲话。

费老作为一个读书人，一个学养深厚的社会学家，一个活跃的社会活动家，在那样一个现场，肯定是有很多想法的。所以我们就请费老给我们谈谈香港回归问题。

他这次来这里，是了解农村改革问题的。这个问题，我认为可以很广泛地讨论。

费老接着沈公的话说——

各位都是朋友。我在全国很多地方跑着做调查，每次到河南，沈昌文先生总要把我抓到这里来，同大家见见面，聊聊天。我很感谢他。

今天我嗓子不大好，连着几天讲话，有点力气不够，大概同年龄有关系吧。

心想敞开，嗓子敞不开了。

沈先生今天给我出的题目是"香港归来话回归"。我来讲，就是照着题目写文章。

这次我去香港，是人家希望我去。对我来说，这个仪式很重要。可是我年龄大了，很多活动连在一起，需要相当的体力，也是一场体力活动。

主权交接仪式的时间，是在半夜，7月1号的凌晨零点。我们一定要准时到场。

我的身体吃得消吃不消？他们怕我出洋相，出点问题不好看。我说我一定平安。

这是我最后一班岗嘛，我一定要站好这班岗。说起来，这也是我一生当中一件大事。

我这一生经历了两件高兴的大事，第一个是审判"四人帮"，我是参加审判"四人帮"的法官嘛。第二件事情，就是收回香港。这是一件历史性的大事，扭转历史的一件大事。

所以我说我一定要去，而且勉力为之，争取不出洋相。

我们是6月29号下午到的深圳，住一晚上，有点小活动，总会有人看看我。我也积蓄点力量。

第二天下午，我们是坐飞机去的香港。按说从深圳到香港可以开汽车去的，前几个月我去香港中文大学讲下一期《读书》上要发的文章，就是从深圳开着汽车，一直到中文大学，一个钟点就到了，一路都很顺。

这一次去，组织活动的人怕挤，怕车一挤，我们不能按时到地方。

同时，香港组织了一个欢迎会，欢迎我们去。我们是中央代表团嘛，以江泽民同志为首嘛。他们要欢迎一下。所以我们坐了飞机，一起，一降，不到 20 分钟。

为了回归交接仪式，香港新造了一个大厅。我们被安排在一个很漂亮的旅馆里边，洋式的，西化的，我们在里边休息。时间到了，我们就去，准时看国旗的一升一落。

一落，英国旗和香港旗下来；一升，我们的国旗升上去。

这个场面很感动人。一辈子啦！我们从小就知道"国耻""国耻"的，有"国耻纪念日"嘛。

我说，出了一口气！

我今年 87 岁了，再过几个月就 88 了。从生下来就在"国耻"里边了，87 年没有断啊。

这一次总算出了一口气，翻了身了。我第一个想法就是出了一口气；第二个呢，我在现场看着那个场面，我在想：我们还要再争一口气，就是今后香港要好好发展。

主权回归，这是中国历史上的一件大事。我很荣幸，能参与到这个仪式里边。

要说好看，在现场还没有在电视上边看得全，看得清楚。真的要看回归仪式场面，在电视上看要比现场看好得多，这是实话。可是，能参与到场面里边去，毕竟是一种安慰，出了一口气嘛。

看着咱们的五星红旗升上去，心里另有一番滋味。

过去，英国旗是不落的，过去英国是"日不落"嘛，大英帝国的领地上，太阳是不落地的。这次要落了，而且是我亲眼看着落下来的。这是个值得纪念的日子。

接下去，要争口气。"一国两制"，大家都知道，报纸上都有。话说出去了，很多人觉得我们不一定能做成。我们要争口气，要真的把"一国两制"做出来。

这个事情，要费很大力量。全国人民要借此把自己的私心杂念放在一边，创造一个历史奇迹。

过去的人类历史上,"一国两制"没有人搞过,以前也是很难想通的。

小平同志能想出来这个办法,这里边的道理讲起来长了,中国文化的一个特点在里边。这就是"中"啊,"中庸之道"的"中"啊。不是西方的想法。

两个不同的制度可以并存,一同发挥它的作用。

我们要做成这件事,做好这件事,就能打开一个缺口,为人类历史打开一个缺口。

做好这件事,不是靠运气,不能靠运气,只能靠我们每个人争气。

贯彻"一国两制"的方针,就是香港要稳定,不改变他原来的这一套,要继续繁荣,这个是不容易的事情。很多人感到奇怪呀,这能行吗?很多人不习惯呀,做惯了我们这一边的老办法。

这些办法,会不会过到香港去呀?要避免这样。"一国两制"嘛,"两制"就是两套办法。

实现"两制"不容易,靠领导争气,也要靠我们每个人争气。我们每个人自己的想法、行为,我们做出的事情,都要符合"一国两制"的要求。

这个事情不是那么简单的。很多的习惯势力会成阻力,我就不举例子了。

人家要看我们的好看啊,这个有啊,世界上边有的人想看啊。他就是想象嘛。你们腐败啊,你们贪污啊,现在你们收回了香港,看你们怎么办啊。

怎么办?我看这也是个机会,我们可以当作一个机会,把香港的事情做好,也借机会净化一下自己。我们有很大的进步,可是我们并不是样样好啊。这个事情大家都知道。

我们也有缺点,把缺点暴露在香港这个地方,就麻烦了。

所以,收回香港,也是对我们的一次考试。要想考得好,大家都要争气，每个人都要自觉地看到，自己的想法和行为都会影响到这个事情，影响到大局。

大家都来想香港这个概念。今后我们怎么用香港？

我最近在想，我的家乡也好，河南郑州也好，整个中原地区，现在需要考虑一个问题，每个人都想一想，怎么借香港的力量来进一步发展、繁荣中国内地的经济和文化，还有各个方面。

用香港的时候，怎么能够信守"一国两制"的承诺，这里边可能会有矛盾的。很明显，老办法不一定行啊。所以必然有一个"争气"的问题。

我很希望，大家都想到这一点，想得深一点。一事当前，多想想，这么做对"一国两制"好不好？是不是尊重香港人的"港人治港"？

我们出的主意、想的办法，是不是尊重香港人自己的自治权。要真正尊重他，就得先要理解他。

我们很多人还不理解，香港这一套是什么东西啊？

"两制"要做好的话，我们这一"制"要懂得人家那一"制"，人家也要懂得我们这一"制"，我们要仔细研究一下，怎么把"两制"都做好，不要因为"两制"的不同而引发出来矛盾。

真是矛盾起来了，"一国两制"就做不好了。

现在很多人在那里看嘛，有些人不怀好心嘛。这要说明白，不是所有人都有好心好意。我们希望"一国两制"成功，可是也有不少人希望"一国两制"失败，他就可以做文章了。

所以，这里会有个斗争，这个斗争，我们每个人都要参与。群众要参与，就是要监督，大家都要监督。我们准备做的事情，对于"港人治港"、经济继续繁荣这个总原则合不合。

我们自己想要借着香港发财，做的事情如果影响到"港人治港"，搞得不对了，那就不是贪污的问题了。那会是更大的问题，这里先不说了。

可是，要完全照我们自己这一套搞，照我们这边这一"制"搞，肯定是会有问题的，还要好好想想，细细想想。

我们要当心，至少不能让"一国两制"因为我们自己的行动而出了问题，阻碍了"一国两制"的成功。

所以我说，香港回归，这口气出得很痛快——150年了嘛——改变了一个局面。

这个局面的形成，不是那么简单的，不是哪个人一味地想卖国造成的。历史没有那么简单。鸦片战争能打起来，原因很多，其中有互相不懂的因素。东方不了解西方，西方也不了解东方。这个局面怎么能改变过来，是人类的一件大事情，可以说是最大的事情。

我最近写了篇文章，题目是《人文精神价值再思考》，说的就是这个问题。

沈先生说，这篇文章准备在下一期《读书》杂志发表，而且是两个制度下都发表。

我的主要意思是，我们要首先懂得自己、理解自己，然后要懂得人家，也让人家懂得自己。

要使得人家懂得自己怎么回事，我们自己先讲出来嘛。

东方世界是什么样的，东方人怎么回事，东方文化一向主张的是什么，社会主义到底是什么意思，为什么可以同资本主义共处在一个国家里边，把道理讲出来嘛！把道理讲清楚嘛！

这里边，思想上确实有很多东西不那么容易接受。要讲清楚道理，要碰到很多具体困难。

我们怎么克服这些困难？一个要做的事情，就是对过去的认识进行再认识，什么叫好，什么叫坏；什么叫正确，什么叫不正确，重新考虑，再认识一下，再思考一下。

这也是对我们的考验，能不能适应新的形势，新的要求？要争这口气啊！

这个事情，现在还不能说得太透。要把它说清楚，我可能也没有这个能力。但是意思是这个意思——要注意到这个问题，就是我们怎么来重新认识自己。

最近几年，我写了一些文章，主要讲"文化自觉"。这是我晚年做的最后一篇文章。

在北京大学一次讨论会上，我讲了这四个字，"文化自觉"，意思是先要从文化上认识自己，有自知之明啊。文化要有自知之明嘛。

我们都是读书人，都算是文化人了，都在这个文化里边活了这么长时间了，可是并不真正了解什么叫中国文化。文化里边的好东西，为什么说好？不好的地方，不好在哪里？讲个道理出来，就叫文化自觉，叫自知之明。

要人家懂得你，你自己都不懂得自己，那怎么行啊？

这篇文章很大，不好做，可是不能不做，躲不开的。

要研究一下，用什么方法去认识自己？这就牵涉学术方面去了。

所以，我提出来，社会学、人类学的一大任务，是帮助大家认识自己。

我早先念的社会学，在外国叫人类学，或者叫社会人类学、文化人类学，也可以叫比较文化学，都是一个意思。学科意义上的东西，我们今天不去讲它了。

我的意思是两点：第一个是我们出了一口气，第二个是我们要争一口气。

刚才讲的是现场的感想。主权交接仪式按时完成。中国人做得很不错，英国方面做得也不错。当然心情很不同。大英帝国在世界上边公开地把旗降下来，不容易的。

我过去写过文章，叫《英伦曲》。我的意思是，你们把过去这一套丢开，就会有新生命了。

要看到这一点。英国要想重新建设一个新的英国的话，必须把历史上的帝国包袱解下来。

他们还是不错的，大的方面讲，属于自然的解散，逐渐的解体。大英帝国的解体没有出太大的困难，没有造成世界上太大的悲剧。

当然也有一点不甘心，撒切尔同阿根廷打了一仗，意思是说我英国并不是弱了，打给你看看。不要说我们英国什么力量都没有了。

它胜了。老大帝国还是有点力量的。

可是到中国来，它换了思路了。我们说它是"识相"。这是上海话，意思是知道自己的限度。中国老话叫"止于不可不止"。

这就是我们最近20年发展出来了力量。假如没有最近20年，我们很难有本钱同英国人谈收回主权、"一国两制"的。

这个局面的发生，说明我们自己的力量是壮大一点了。

力量一壮大，人家就开始怕了，很多人就趁着机会在那里讲，这个狮子醒了之后，要咬人了，"黄祸"又来了。据说美国这方面的议论很多，很厉害。

他们制造一种空气，说中国强大之后，就有能和美国抗衡的力量了，就是我们的敌人了。

过去很长时间里，美国一直是世界的老大。老大有特殊心理，怕别人比他大。武大郎开店嘛，不许人家比他大啊。

现在我们中国大起来了。他们找出了很多计算方法，证明一段时间之后，中国的经济总量上来了，就是一股可怕的力量起来了。

照这个眼光看，中国是个可怕的敌人，这个可怕的敌人天天在长大。他们的这个心理，说明我们确实强大一点了。

继续这个势头，是可能的。假如我们再努力20年，而且能保持现在的速度，到2020年前后，我们就可以说，在世界上边，我们不算一个小国了。那时候，面貌就确实改变了，格局就真的改变了。改变格局的条件，就是看我们能不能继续发展，能不能创造，能不能争气。

我参加了香港主权交接仪式现场活动，觉得出气之后，要能争气。能不能争气啊？这个话，我还不敢说。要证明能争气，需要一段时间。

我是看不到那个时间了,不知道了。要看下一代的志气了。

即便是真的争气,问题也还没有完,争了气之后,强大起来之后,该怎么办?这是第二个问题。是不是也像美国一样,我们做老大?

现在,我们说中国"绝不称霸",这个话说了很久了。从毛主席就开始说了。我看这个思想很不错,我们不讲霸道,我们讲王道。我们不主张以力服人,那么就要以理服人、以德服人。这个"德",就是全世界都需要的一个新的价值标准。

我写《人文精神价值再思考》,就是强调不要以力服人,而要以德服人。

当老大并不容易啊。我们如果有机会当老大了,一定要做一个好的老大。

好的老大什么标准?就是一个说理的、维护和平的老大。

说到这里,做事怎么样,重要的是胸襟。不能像美国一样,占领全世界的资源和市场,而且越来越厉害。有一点不对,他就发脾气。在联合国,人家有难处,他还不肯拿钱出来。为什么?靠他强大,有力量,现在他的力量比我们大啊。这一点是事实,要承认。

可是现在这个力量对比的格局正在发生变化。美国之外的世界里边,力量越来越大,不是他能压倒得了的。压不倒了。这个越来越大的世界力量里边,有我们中国一份。

照着我们现在这个势头发展,当老大不是没有可能。

等你们长到我这个年龄,很可能会碰到这个问题的。

这是西方人曾经面临的问题,就是怎样做好老大。

他们没有做好。我们有机会的时候,能不能做好?

对这个问题,不能临渴掘井,要未雨绸缪。我们脑筋要清醒,现在就要清醒。

我们今天说的发展势头,主要还是经济总量。可是要说内涵呢?我们还差得很多。我们这套文化,虚弱很长时间了。几百年里边,没有真正振兴起来。

这几天，我在看钱穆的书，看他的《国史大纲》。我的历史知识不够啊。我也推荐给大家看看这本书。

钱穆不容易啊！我们算是一个家乡的。他没有太高的学历，完全靠自学。

他教过中学，后来进了燕京，我也进了燕京，都是在1930年。他是老师，我是学生，可是我同他没有打交道，不认识他。他进不去当时的学术圈子。

到西南联大的时候，他也进了联大教书，我也在联大兼职教书，可是我们碰不上头。

回想起来，有我自己的原因。我们不尊重历史，缺乏历史知识，缺乏对自己历史的尊重，所以不想去找钱穆那样的人。

我当时要做的事情，不是去历史里边看历史，而是去农村里边看农民生活的现实。

我的历史知识，是后来逐步补了一点。是研究少数民族历史的时候，考虑中华民族多元一体格局问题的时候，有了一点补历史课的意识，觉得需要全面过一遍，才能有点描述和总结历史的基础。

可是我的历史知识确实不够，从小就没有好好念历史书。我小的时候，父亲是讲新学的，我的妈妈是开办蒙养院的，所以我从小念新书，念的是"人、手、口、刀、尺、狗、牛、羊"，"四书""五经"不念的，到现在我也背不出来的。写文章要用到孔子说的话了，我要现查的。

比如"人不知而不愠"，我不是脑筋里边记住了、冒出来的，我是查书查出来的。

所以，对历史典籍，不是科班出身，没有经过早期的、中国历史文化知识的训练。这是我这一代人知识缺少的一块。"四书""五经"没有好好念，对内容有点印象，可是背不出来。用得着了，就需要临时去查。所以，我的中文水平，可以说是"三脚猫"，底子不行啊。

念书还有很多字不认识，念不出来啊！比如你们郑州附近的一个地方，昨天去看的，地名叫"荥阳"。"荣"字下面，把"木"换成"水"，我就不认识，问了才知道。

这种情况多了。一个服务员，姓"爨"，一个繁体的"兴"，把下面两点换成"林"，下面再写"大火"。这个字，我在云南昆明看见过，我念不出来。他们念"cuan"。像是羊肉串的"串"字的发音。我看见这个字，就想"羊肉串"，就记住读音了。

所以说，我没有国学的底子，因此对于中国的历史没有认识，特别是不知道中国历史的变化。这里边的变化对我们每个人都有影响，只是我们平时意识不到而已。文化不自觉啊！

沈先生是编《读书》杂志的，我今天就说说自己的读书嘛。我读的书，是"新学"的书。我父亲是考了科举最后一班，考了个秀才。科举废了以后，这个功名他就不要了，出去留学了，去洋学堂了。

我开始读书的时候，也是在教会学校里边。更远了，比父亲离得还远。所以中国文化的底子不够，没有基础。现在感觉到缺少了这一块，时间太晚了。老啦！补课也补不上了。

因为这个原因，我关于"文化自觉"的说法，也是一种"洋"的说法，是从西方学术概念里出来的。我读钱穆的书，读出来他也有这个意思，他也讲文化自觉，可他是从中国历史和文化里边看出来的这个要求，领悟到了一种历史的规定性，讲出了中国文化的这种精神。

我的说法，因为缺少国学底子的基础，只能是"洋"式的。虽然说的是同一个东西，但是能看出来思想资源的差别。

思想资源不够，道理就很难说透。小平同志讲"中国特色社会主义"，可是要问问什么叫"中国特色"？我们讲不出来。跟我们对中国历史和文化一样，讲不出来啊。对不对？只能人家怎么讲，我们照着说——有一套说法的——最早是封建主义，后来是资本主义，最后是共产主义，一定是这么一个过程，中间会怎么样、怎么样——这一套我们很熟悉，对不对？历史决定论嘛。

还是西方的一套，一个过时的格局，我们现在还在沿用，还在支配一些人的思想，而没有从我们自己的历史里边找出一个真正的格局。对不对？当然，这一点也很难。

所以我说，文化自觉，要靠下一辈人，回到自己的历史里边，从实际出发，找出我们自己的格局。这是中国特色的底子。

我嘛，只能是把这个问题提出来，看到了它的重要性，破破题，至于做文章，我没有国学的底子，跟不上了。我提出问题，写了文章，无形中也是对自己的测验、考试。从答卷看，考不上去啊，本钱不够了。

再深一点讲，这个问题是谁提出来，不重要，重要的是它一定会被提出来。是这个时代一定会提出来的问题，是中国和世界发展到这个阶段上自然会碰到的问题。

从这个意思说，也是对一代人的考试，甚至是对几代人的考试。

我老啦，跟不上你们啦，可是我还没有死，我还可以看，看你们怎么跟上去，看钱穆先生怎么说。我找来他写的书，书都找不全啊。我看了没有几本，想看他说的事实在什么地方、道理在什么地方，看下一辈人能从钱穆先生的书里边借鉴什么思想和思想方法，得到上一辈的帮助。

我看钱穆说得很不错，他抓住了中国历史的精神。或者说，他是向领会中国历史精神的方向追求。这一点，我们今天用得上，值得后人去学。

我也想学钱穆先生，向这个方向追求，可是我没有他那样的底子。补课也来不及了。

我们今天在说读书，所以我劝这一辈人、下一辈人，尤其是读书人，还是要多读读中国的书，熟悉我们自己的历史，知道我们是怎么走过来的，中国文化的形成过程究竟是个什么样子，能说得上来、说得清楚，那么再讲"中国特色"，就有底子了，有基础了。"文化自觉"的文章，就有条件做起来了。

不过，说说容易，做起来不容易。整理中国历史，认识中国文化，这个事情很繁重，文化自觉的任务繁重得不得了，靠大家努力了。这是我最近想得比较多的问题。

因为没有钱穆先生的底子，对"中国特色"，我没有足够的知识从中国历史里边去看，我是换了一个角度，从现代的、西方的、人民的生活里边来看中国的特点，写了点文章，是在40年前写的，是抗战的时候，在西南联大讲课时候写的讲义，后来变成一本书，叫《乡土中国》。

我的方法，同钱穆先生不同。他是借助书本从中国历史里边总结出来的一些他认为是文化上的精华，我是从农民生活里边看出来一些中国农民的特点。一个方向，两个层面。

用的材料不一样。他是从历史上的事实出发，我是从看得见的现实出发。

我的这个方法，来自我小的时候发生的五四运动倡导的科学精神。现在讲，是现实主义。首先是从事实出发，尊重事实，看不见的东西我不能胡说八道。说理之前，把事实拿出来。

钱穆先生拿出来的也是事实，属于史实。我接触的面和他不同，方向是一个，是要说出中国文化的特点和道理。

另一个不同，是他一直有条件读书，研究。虽然也很难，可是能在困难中接着做。

我中间损失了二十几年，我说是自己一生中的"学术空白"。后来恢复了研究条件，也还是接触现实，心思是从现实里边找条出路。

找来找去，发现自己虽然和钱穆先生有很多地方不同，可是经过思考，得出了不少相同的结论。说得好听点，算是殊途同归吧。

归到哪儿呢？很有意思，从事实里边、从现在人的生活里边，看到了现实当中从历史里边保留下来的东西，就是历史文化，现实中还存在、还活着的，还在发挥着作用。

我从我的"第二次学术生命"开始，到现在，花了不到20年的时间，18年吧。从现实当中看到了中国农村的生机，看到了中国农民生活的改善，跟着它看！把看到的事实记录下来，写了两本书。一本是《行行重行行》，另一本是它的续集。

两本书写了同一个主题，就是中国乡镇企业的发展，还有乡镇企业发展带动的小城镇发展。

我的方法还是去实际当中看，去调查，我们叫"田野工作"，就是直接去看农民生活。

田野工作是人类学里边的一派，我跟老师学来的，不是什么新东西，是从西方学来的东西。把这套学来的东西用到现在，感到不够用。

我自己反省、反思，我这套方法不是没有道理，有它的道理的，对的，可是不够！

西方学来的不够，应当结合中国历史的事实、背景、研究方法，触类旁通嘛。

现代中国人的生活，《乡土中国》里边说的中国农民特点，是从历史里边来的，是我们的先人传下来的。我只讲了特点，没有讲出来传下来的过程。

讲讲这个过程，很要紧，有些道理是要从过程里边才能看出来的。所以说，没有过程是个缺陷、是个遗憾。可是这个缺陷，我已经没有办法弥补了。我快要88岁了，人生有限啊！这不是空话，活到这个年龄，有很多事情，你想做也来不及了。

所以，我说我希望下一代人，包括在座的各位，还得要从两个方面努力，就是历史和现实两个方面。光看历史，不够，光看现实也不够。

你如果足够尊重现实，大概一定会回到历史里边去找现实的来路。

现实当中的中国人碰到了哪些问题？其中有什么大问题？我还是关心。

这一次，我去香港参加主权回归交接仪式，事情结束后，回到内地，我们从广东开始，快速访问，到浙江，到苏南，到山东，到河南，看了五个省，我从现实当中看出来一点新的苗头，又是一篇大文章。

这篇文章，今天没有时间讲了，将来有机会再讲了。

我先答复刚才一个同学提出的问题，就是怎么去理解中国文化的精华，我想应该是两个办法，就是历史的了解和现实的观察。

历史的了解，可以通过读书。现实的观察，就要同人接触。不光是同人家写出来的东西接触，而且还要同活着的人、进行中的生活接触，听他们讲，会有很多东西值得注意、值得思考。

对现实观察到一定程度，会去思考它背后的东西，去想它是怎么来的，为什么来了，意思是要懂得它。要懂得现实，就离不开历史。

任何东西，总有个来处。现象背后，有个更深的东西在那里。

你要懂得我，要从我小的时候开始。光了解我的一生，也还是不够的。我的父母是个什么样的人，对我就很关键。对不对？

我们看到的世界，是前人留下来的。要懂得现实，离不开对历史的了解。

所以我说，要从两个方面，用两个办法，把现实和历史结合起来，我们就可以更好地懂得自己，懂得中国文化，这也就是我说的文化自觉。

7月19日　从郑州到新郑

今访新郑。随先生看了轩辕故里、始祖山（原名具茨山）。

市领导介绍情况时，突出强调"人文始祖圣地"的概念。先生说：历史悠久，是一笔文化财富。但更重要的是现在怎么样。我们现在要是搞得好，就对得起祖先。要是搞不好，那就是不肖子孙了。

返途访问升达大学。该校创办人王广亚先生确定校训为"勤俭朴实，自力更生"，要求学生"宁静，好学，礼让，整洁"，很有点"民国"气象。先生看过，频频点头。

7月20日　郑州

随先生访问金阳光花木景观发展中心。该中心负责人冯少聪向先生介绍创业经过和经营现状。先生对这项"朝阳产业"的起步表示很浓的兴趣，细致询问人均收入水平与鲜花消费水平的关系。

后至金阳光大酒店，听郑州铁路局领导介绍该局改革思路。先生说：铁路系统目前遇到的困境是逼上梁山。一旦到了这个地步，就会出现英雄好汉。

该局党委书记任喜贵大概读过《乡土足音》，知道先生名字的来历，但他要"重释"一下，表示对先生的理解和敬重。他说："孝"是忠于人民和国家，"通"是一生行路不息，为中华民族开通走向世界之路。

7月21日　从郑州到新乡

随先生访问新乡卫辉张武店神农集团。

村里的欢迎标语独具特色——"费老您好""热烈欢迎农民的知心朋友费孝通教授""请费老多多保重身体"……应该是在此任村委会主任之职的清廉的主意。

清廉是费老学说的自觉实践者。

先生看见标语，很舒心很高兴。

村总支书记杨希同向先生介绍村中经济发展现状。讲到农民大批养鸡，村里搞合作社，帮助一家一户接通大市场时，强调合作社承担市场风险。引出如下对话：

费：你有没有把握都销得出去？

杨：没有绝对的把握。

费：你想没想过搞鸡蛋的加工？

杨：希望听听费老的指教。

费：我的意思是，把鸡蛋当作原料，加工增值，降低风险。比如，蛋黄蛋清能不能分开？分开后，加工成更高级的食品，或其他用品。如果能找专家解决这个问题，买来这项技术，你能赚大钱啊！

7月22日　从郑州到登封

随先生往登封，先后参观了塔林、山门、大雄宝殿，得观少林寺大概。后访问嵩阳书院。

行车途中，先生想起一桩往事，说："小孩子的眼睛厉害，看见我双下巴，看出了我贪吃，还说我像个弥勒佛。"

返回郑州途中，访问新密市。先生下车，说："来看看老朋友，看看新变化。"

听过市领导介绍情况，先生说：这是我第三次来 Smith（先生第一次听到"新密市"的名字时，即用这一英语名称替代）。这次是路过，停一下，看看老朋友。没有时间去细看了，很对不起。下次再来时，补上这一课。

我去过袁庄乡的方沟村，去看一个老乡。他是个教员，我们同行。我记得很清楚，他家里有老式的纺织机、人力车、磨面机、榨油机，好几个时代的劳动工具都有，很有意思。我希望有机会再去看看他，看看他家的变化。这次没时间去，请代我带个口信给他，问他好。我没有忘记他。

7月23日　从郑州到信阳

先生今天接受记者采访。对话如下：

记者：费老，您是"一个大时代的大记者"，躬行一生，年事渐高，对我们这样的小记者有什么希望？

费老：接着做下去啊。我不是个什么了不起的人，是个很平常的人。我做的事情，每一个人都可以做到。我在文章里边讲出来的道理，也是大家都明白的道理。我只是把这个事情坚持下来了。

记者：您这样可不可以说是"活到老，学到老"？

费老：我没有想老还是不老的问题。不要去想这样的问题，只管去做事情，全心全意，就行了。

记者：人们对现在的科技有不同看法。一是认为中国社会发展中的科技贡献率还很低，需要大发展；一是认为科技发展已经走到头了，没什么发展余地了。请教费老怎么看。

费老：现在的问题是，科学技术和人的智力活动怎么能变成生产力。很多有知识的人，脑筋里边想的是学历、学位，要得个什么博士，级别。大脑活动都花在这个上面了。还缺少真心真意地把自己的智力活动落到社会基层、结合生产实际、变成社会财富的人。科学技术，说到底，要靠人去体现它，让它发挥作用啊。

午饭后随先生乘火车赴信阳。入住浉河宾馆一号楼。

7月24日　信阳

上午在先生住处听取信阳地委领导介绍区情。先生听后说：

我是第二次来信阳，继续"行行重行行"。跟着不断发展的实际变化，学习新的东西。

三年前我来这里时，时间较短，没有深入进去，但看到了"公司加农户"这个路子。

小农经济通过公司同市场结合，走向现代化。苏南的乡镇企业是第一班车，中部地区的公司加农户是第二班车。这个试探看来是成功的。

现在大家都在走这个路子。"加"法不同，各有花样，但总的是一个模式。

下一步，农户从家庭联产承包责任制得到的土地会慢慢集中起来。我这次一路上在看这个问题。

今年从广东开始，看了四个月。各地小法不同，都在摸索。

在湖北武汉附近的孝感那里，我看见了农民养鹦鹉，他们家家都养，一个村子都在养。满村都是，我去看了，哎呀，声音闹得很。养小鹦鹉有什么用呢？南洋的人要买去放生。买到手，再带走，运输的过程需要笼子，这就带出来了编鸟笼的生意。生意做大了，就成了产业。

就像我的家乡，江苏吴江县，养鳖的发了财，供应饲料的日子也好过，生产鳖精的更厉害，赚大钱。制成粉，装到胶囊里边去，出口，赚外国人的钱。

养鳖不用多大场地，一个池塘就可以了。

养鹦鹉也不用专门找地方，农民院子里就可以，小孩子也能养。

这样，农民的庭院就有了生产功能，闲散劳动力就能变成钱，增加收入。

劳动力的一些价值就出来了。这样做，农民很容易接受。

农民容易接受的东西，不是大道理，是实惠，是实实在在的利益，每天能赚钱。

所以，我们搞乡镇企业，不能一开始马上就搞大型的。开始是搞初步的，普通劳动力能做的，一学就会的。

慢慢有钱了，再搞进一步的，那时候农民可以拿钱出来投资了。股份制也有条件出来了。

现在我们国家农村里边办起来这么多乡镇企业，哪个不需要投钱啊？钱哪里来的？国家没有给啊。是农民养鳖养鸟儿赚来的。有的地方养蝎子，蝎子满身都是宝啊。

也有靠种蔬菜、水果赚钱的。只要开动脑筋，农民增加收入的门道多了。

你们这里种草莓，这么大，这么好吃，不多。接下来可以搞加工，草莓汁，草莓酱……

我从草莓想起了猕猴桃。猕猴桃本来是中国出产的，后来给新西兰引进了，偷走了。他们用我们的猕猴桃搞加工，占领了国际市场。

今天我去看的金牛镇，也是这条路子，你们当地的特产——茶叶，他们找到路子了。

茶叶能不能再加工成其他产品？新西兰搞猕猴桃加工走出的路子，

我们能不能借鉴？搞加工，我们有优势，我们的劳动力便宜嘛。国际市场很大，我们国内市场也不小嘛。

说到底，发展乡镇企业第一步，就是找到农民劳动力变成生产力的事情做。

这方面的工作，需要国家关心，政府帮助。让农民自己去找到门路，推销产品，他不行，没有优势。国家在这个时候要出面，为农民服务。先帮农民把劳动力变成生产力，第二步是想方设法提高他们劳动的价值，这就要重视市场的作用。要肯跑路，找市场。

我们在计划经济时代，不注重市场。卖东西的人就坐在那里，神气得很，你买不买都不关我的事，我不上心。现在不行了，现在你得出去找路子，找市场，创造市场。

从市场的角度看，金牛村的潜力很大。现在本地劳动力都不够用了，外边的劳动力已经进来了。劳动力的流动是好事情，可是需要引导，全国一起流动，都挤到大城市里去，肯定会出问题。

光是花钱建设城市一项，就不得了，国家得花多少钱啊？人口太集中，有些问题不是花钱就能解决的。

所以我说要发展小城镇，当作一个农村人口流动的蓄水池。小城镇的产业发展起来，在农村也能过上好日子，就会留住一部分人，还会吸引外边的人过来，就像金牛村这样。

从一个小村子看世界，现在全世界都是这个趋势，从城市中疏散出去。发达国家更是这个样子，以前纽约市中心的人，现在都搬到郊区去住了。人的位置慢慢置换了，现在市区是外来的移民人口住进去了。这个事情讲起来长了，今天先不讲了。

总起来说，我主张我们有个总的方针，1000万人口以上的大都会尽量少建。那样的城市花钱太厉害，不上算。要发展10万人以下的小城镇，叫它星罗棋布。

政治上的中心，就是中等城市。比如信阳这样的地方，要成为一个地区性的中心。

这个中心附近，安排次一级中心，中小城市，你们帮助他们发展，形成一个格局。这样想法对不对？请你们考虑。

我刚刚到了两天，看了金牛镇，看得还不够，可是看到它的流通已经开始了。你们的路子是对的，做得也很好。昨天去看到的大型商场里边，各地方的人都来了。

如果以这样的路子为基础，把整个河南南部的流通中心发展起来，那就厉害了。

这方面的事情有个例子，在山东，叫临沂。临沂在沂蒙山区。沂蒙山同大别山差不多，可能比你们这里还穷，穷得不得了，是个革命根据地。革命根据地都是穷地方嘛。可以看到红军家属的老太太，大别山也一样。

可是现在不一样了，现在的临沂，成了一个商业中心。成了中心，发展很快，而且把一个地方的经济都带起来了。带动力就来自市场。

所以我说，有了市场，才能发展乡镇企业。没有市场，乡镇企业搞生产，要亏本的。你买原料要钱，劳动力要钱，水电也要钱，生产的东西卖不出去，当然是要亏本的了。

乡镇企业最初依靠的市场，是贩运。在一个市场里，花上一千几百块钱，买一个铺位，这就是流通网络的一个站点，是流通的开始。你们已经开始了，很不错。现在是要发展出去。

尤其是当领导的，要有意识地促进流通，把各个县的力量和需求吸收进来，吸收到这里，来买东西。他要来，要有车，有路。那就造路啊。有路人家才能来到啊。买东西的人多了，需求量大了，零售就不够了，就会出现批发的形式。那就发展起来了。

发展起来的一个标志，是带动了农民搞副业，搞加工。这个方面，我们天地很大。可以搞的事情、发展的行业多得很。传统里边的很多东西，都是宝贝。

老祖宗给我们留下了资源，也留下了本领，历史不要割断嘛。我们这里，有些什么特产资源，是老祖宗几千年里边培养出来的，我们接着把它发展下去嘛。

老百姓都熟悉这些事情，我们可以因势利导，帮他们把劳动力变成生产力。有了资金了，他自己自我发展的条件就有了。

关于资金，光是指望扶贫款，恐怕是不行。国家拿出几亿扶贫款，分到这里就没有多少了。就那点钱，全国分啊，到中间环节，还不一定都来。所以还是先要让老百姓有钱。

老百姓有了钱，力量就大了。你们这里是700万人口，一个人一年增加100块钱，就是7亿，多大的力量！增加100块钱，路子对了，不难啊。

我看过的很多例子，比如搞养殖，一年增加几百块钱，轻松就能实现。

一个地方，从实际出发，有什么路子可以富民？这是当干部的要经常想的问题。我们来帮助他们通过劳动，真的拿到钱。他们口袋里有钱了，要去买东西，市场自然就有了。市场回过来推动生产，让这个良性循环转起来，一个地方很快就能起来。

我讲的不一定对，我们大家研究，你们考虑政策，让老百姓富起来的政策。

晚饭后，先生讲此行写文章的打算，对费皖老师和我说：

这次跑了一大圈，不能没有结果。要写篇东西出来，还是"行行重行行"的样式，写农村的新变化。给《瞭望》周刊发表。文章由你们来帮我写。

我这一星期里边还要为下一次研讨班写一篇论文，题目是《读马老师遗著〈文化动态论〉书后》。

另外，这次一路上看到的东西还可以写一组小文章，给《半月谈》。我想到的题目有"家庭绿化""嵩阳书院""养鸡二十年"，你们再想想还有什么题目，也动手写。

不要再用我的口气，要用你们自己的口气写。

我们再和《半月谈》的李勤商量一下，培养两个人出来，把费皖和冠生两个人推出去，让他们独立出来发文章。

我很想把嵩阳书院写篇文章出来。在那儿看的时候，我又想起了钱穆的文章。

中国文化为什么在黄河一带首先发展起来，这个题目很有意思。夏、商、周，三代建都，都在这一带转。安阳、新郑、洛阳、商丘、开封……我想这与农业有关系。

小麦，水稻，这是个过渡地带。

7月25日　信阳

早饭后驱车一小时，抵鸡公山山顶，入住友谊宾馆。

先生开始写《读马老师遗著〈文化动态论〉书后》。

7月26日　信阳

先生续写《读马老师遗著〈文化动态论〉书后》。

昨至今，依据已写出的内容，梳理出《青山踏遍》一书框架如下：

  前引
  一、童年时光
  二、从东吴到清华
  三、走进瑶山
  四、从瑶山到江村
  五、负笈英伦
  六、学成归国
  七、民主教授

八、学术丰收

　　九、从乒乓球看天下大势

　　十、从老树新枝看早春天气

　　十一、从瑶族多系看多元一体

　　十二、从毕节山区看全国脱贫

　　十三、从小纽扣看大市场

　　十四、从草根工业看中国特色

　　十五、从茶马贸易看区域经济

　　十六、从针头线脑看一点五产业

　　十七、从小镇人家看文化消长

　　十八、夸父追日

　　后记

下午下山，仍住浉河宾馆。

晚饭前给先生看《青山踏遍》框架，得认可。

7月27日　信阳

早饭时，问及先生的文章进度。

先生说：写得还可以。我放松了些来写，已经写出来9页。这才是第一部分的一半。

7月28日　信阳

先生续写《读马老师遗著〈文化动态论〉书后》。

我续写《青山踏遍》收尾部分内容。

7月29日　信阳

与先生谈谢泳文章里表达的对先生的理解。

先生说：时间凑巧的时候，可以和谢泳见面谈谈。

为此打电话给丁东。丁东去了云南，家在太原的高增德先生却在北京丁宅。与高先生通话，听其直说"缘分"。由高先生处得知谢泳电话号码后，即拨通谢泳电话，无人接听。

7月30日　信阳

在《天一阁丛谈》一书中读到该馆藏书使用广西瑶山金秀自治县灵香草的记载，即告先生。

先生拿过书，细致阅读后嘱，和小钱联系一下，看能不能找到人研究灵香草的加工问题。

先生认为，应该有加工增值的可能性，说：我第一次到瑶山调查时，就听人说，当地的人用灵香草避孕。这个说法是不是真的可靠，再落实一下。有科学依据，再加工提炼，制成生物性避孕药品，贡献可就大了。

下午，先生和信阳地区、县、乡镇三级人大机关工作人员见面，座谈。

先生的谈话有录音，待整理。

7月31日　从信阳到郑州

早饭后，随先生乘576次列车往郑州。午时至。仍住中州宾馆。

大约四个小时的车程，用来整理先生昨天下午谈话的录音。列车快速行进时，摇晃加颠簸，写字颇不易，工作效率受影响，但终于列车抵郑前整理完毕。先生昨谈话如下：

我这次来，是重访信阳。听说这里有个人大干部培训中心，我来看一下，同大家见见面，谈谈心，讲讲我当人大代表的一点体会。

我从1987年起进入全国人大常委会，做人大工作，至今已经有十年。从我自己的年龄算，是我78岁到88岁这一段。一生当中的最后一段为国家做工作的时光，就花在当人大代表、做人大工作这件事情上边。

在这十年的人大工作中，我有一个比较深的体会，就是要当好一名人大代表，就要加强学习，向人民学习，向实际学习，到具体的生活中去了解人民的实际生产和生活。

我就是这样要求自己的。

一个人大代表，怎么才能代表人民呢？首先要知道民情。了解人民的生活实情，他们有什么困难、什么问题、什么希望、什么要求？我想，这应该是我们加强学习的一门主要功课。

学好了这门功课，真正懂得了民情，才符合一个人大代表的基本条件。不然的话，就戴不上"人大代表"这顶帽子。

我是怎么去学这门功课的呢？我觉得人大代表必须拜人民做老师，向人民学习。

要真正地走到基层，到人民中间去，了解他们的实际生活情况，从他们的生活变化中去看中国经济是怎么发展起来的。

我进入人大工作以后，在各级人大和政府部门的支持和帮助下，坚持常年不断地学习了解民情这门功课。在了解的基础上，去理解他们的生活，懂得人民生活变化中的意义。

按我的理解，改革开放以来，人民生活变化的意义，最根本的一点就是，证明了坚持发展生产力的重要性。也就是小平同志讲的，发展才是硬道理。

前不久，我参加中央代表团，去香港参加政权交接仪式。这是一件值得纪念的历史大事。

中国国旗升上去，英国国旗落下来，一升一降，历史都在里边了。

我在那里一边看一边想，为什么会有这一天？因为我们的经济发展了，生产力提高了，国家强大了。如果生产力不提高，还是解放前那个积贫积弱的样子，英国不可能乖乖地把占领的殖民地归还中国的。

说发展生产力，这是书本上的话，也许不符合老乡们的说话习惯。说他们都懂的话，发展生产力就是要让人民富起来，生活就会好起来。这就叫硬道理。

对人民的实际生活变化，第一步是了解，进一步是理解，再进一步，作为一个人大代表，要学会去看出中国经济发展起来的这条路子。

中国人当中，农民占大多数。怎么能改善他们的生活，靠什么办法，让他们的生活从原来的样子变到了现在这样——弄清楚这个经过，就能看出一条路子来。

为了真正了解这个经过，我花了将近二十年时间，直接到村里边去看，去农户家里边问，看他们怎么住、怎么吃、做饭是烧柴还是烧煤。这都是农民生活的具体内容，不去看怎么能知道？

只有走进农民家里，才可能把农民生活的真实情况了解清楚。

这样去做实地调查，是一名人大代表的必修课，也是我的老本行。

去农民中间了解他们的生活，我从大学毕业以后就开始搞了。反右以后，中间断了一段。"改正"以后，又把这门功课接上了。我说这是我的"第二次学术生命"。

从"改正"到现在，近二十年里，我一边跑，一边看，一边问，一边记，把我实际看到的变化和过程记录下来，走一趟，写一篇，这些年的调查结果，出了一本书，叫《行行重行行》。

我一趟一趟地走，不是坐在屋里想。想是想不出来的。也不是翻着报纸看，光看报也是看不出来的。前几天，我在郑州周围的几个县市做调查。在荥阳的一个村子里，看到了一个农户在用太阳能设备洗热水澡。这可是中原农民生活当中的一个大变化。

这是我不到农民家里就看不到的事情。这就是实地调查的一个好处。

不是看了报纸上的数字就满足，也不是对书里边已经写出来了的就相信。书里边说的话不一定对，报纸上的数目字也不一定准。

我写调查报告，一定要是我实际看到的东西和从看到的东西里想的事情，一点一点交代清楚。

我想，如果注重实际调查能在人大代表中形成风气，大家动手，那我们人大代表工作的质量就更高了。

我这二十年里边就是这样，一趟一趟地去跑，从农民生活中去看变化。看中国经济究竟是怎样在发展、在变化。实地去请教，拜农民做老师，用心学好这一课。题目是"中国农村经济发展过程"。

最近，我又出版了《行行重行行》这本书的续集。续集里边有我1994年来信阳调查后写的一篇《信阳行》，写了我看到的具体事实和想法，算是向信阳人民的汇报。

这一次我又来到信阳，是继续我的行程，来看这里的变化。

进入90年代以来，我实地调查的一个主要题目，是中部地区和东部地区经济发展的差别，还有中部地区怎么能快点赶上来。

大家都知道，以河南为代表的中部地区，从农民收入的总体情况来讲，比东部地区的广东、福建、浙江、江苏要差，大概要差一半。农民收入也要低一半。这是个大问题。

作为一名全国人大代表，要关心这个事情。究竟差在哪里？用什么办法能增加中部地区农民收入，改善他们的生活，缩小和东部地区的差距？我在想这个事情。

我的家乡在苏南，那里的情况我比较熟悉。进入80年代以后，靠发展乡镇企业，变化很大，生产力提高很快，人民生活也有很大改善。可是，中部地区没有赶上乡镇企业这班车。

到80年代后期，中部地区开始有了一些乡镇企业，但还形不成气候。还没有形成一个主要的力量来解决发展农村经济的问题。

到了90年代，中部地区的农民想出了适合当地情况的办法，叫"公司加农户"。有了这个办法，农民一家一户的生产活动和产品，可以通过公司接通市场了。

我们讲发展社会主义市场经济，不能空谈。市场经济是实际发生的具体事情，"公司加农户"就是实际推动市场经济发展的一个办法。我就一趟一趟地跑，跟着看这个办法的发生和发展。

我在中部地区第一次看到"公司加农户"，应该说是在河南省的民权县。

第一次去民权，看到一个葡萄酒厂依靠千家万户种葡萄来造酒。

第二次去民权，又看到一个工艺品公司的出口抽纱产品分散在千家万户中加工。

这是我在农民生活中看到的实际例子，但是不认识它，叫不上名字。我试着叫头一个例子是"庭院经济"，叫第二个例子是"没有围墙的工厂"。

到了信阳，看到了类似的例子，也听到了农民起的名字，叫"公司加农户"。我一听，就觉得这个名字好，很清楚，比我的说法高明。这是我第一次来信阳学到的一课。

这几年里边，这个办法怎么样了？有没有新发展？有哪些新发展？我带着这些问题，这次再来看看。这次是先从商丘看起。

商丘有个福源集团，去年成立起来的一个农业公司，把一个村里边原来分散在几百个农户家里的1000亩地租赁过来，采用大型农业机械，引进科技成果，用现代化办法经营土地。

农民过去从这1000亩土地上获得的粮食，由农业公司如数提供给他们。这些农民就从土地上腾出手来，劳动力从土地上解放了出来。

他们有的进城务工经商，有的搞长途运输，有的专门搞塑料大棚，大大增加了收入。农忙时候暂时回到土地上帮工，还能得到工资。农民很欢迎这个办法。

我去家里问他们，他们说，这个办法好啊！过去一年到头在地里忙，力不少出，钱不多挣。现在公司来种地，我们去外边挣钱，粮食不少收，钱也挣得多了。希望公司再多种点村里的地。

农民欢迎，公司也有利润，说明行得通，是个把"公司加农户"这个路子引向现代化农业的好办法。

由公司对土地进行大规模经营，保证了现代化农业有条件可以实现。1000亩土地上边，可以变出很多花样来。但基本的东西还是五个字：公司加农户。这五个字灵得很，也很值钱。

还是这块土地，还是这批人，用上这五个字，就改变了小农式的生产和经营，就能有效地提高生产力，增加农民收入。五个字，一条路子，使农业生产发生了大变化。

在郑州西边的上街区，有些农村的土地被城里的房地产公司租赁过去，种大棚蔬菜、花卉，搞养殖，有些产品直接销到深圳市场上去。

到了郑州，又有新花样，出来了一个"双加"模式，叫"公司加市民加农户"。公司发动城里的下岗职工和农民结合起来，搞养殖、种植，大家增加收入。这都是人民群众在实践中想出来的办法，都是生财之道、致富之道，都是让老百姓富起来的办法。

一条路子能生财，能发展生产力，里边自有道理。看明白这个道理，用它去推动更大地域的发展，就是我们的硬任务。

中国的生产力发展到今天，香港顺利回归。再发展一步，全国统一大业的基础更牢。为了这一天，就要坚持发展生产力。

怎么发展？就从脚下做起。大家都是地方干部，都有一块土地给你干事情。这就是本钱，立身之本。好高骛远没用处，就在本土上老老实实向人民学习。

了解人民的生活，了解当地的资源，发现群众的办法，跟上去，说出道理，推广一步。

比如"公司加农户"，这五个字不是我们念经用的，要把它变成实际工作，走出一条路子。这条路子是中部广大农业地区加快发展的宽广大道。

8月1日　从郑州到晋城

早饭后乘火车离郑州，赴晋城。王韧今早从上海赶来，一道出发。

列车启程，送行者远去。车窗两边向后掠过的景物中便有费老留心的"民情"。

几十年田野调查实践的丰富经验，使先生能从一个地方的烟囱密度大体推测当地的工业化水平，能从农民的住房和衣着判断他们的收入大致有多少。

先生见王韧赶到，来了谈话的兴致，便从这次访问信阳临走前听说当地有个费姓人集中居住的村子谈起，说到这一路上"有趣"的话题。

王韧巴不得先生有谈兴，连忙跟上话题，一边听，一边问。此后一个多小时的车程中，先生从个人姓氏说到天下大事。我未做记录准备，张秘书的录音机又出了毛病，只好先用心听。

好在王韧做的录像有同期声。遂与王韧约定，返京后到中央电视台一起整理先生这段谈话。

8月2日　晋城

随先生访问晋城高平农民小康村（城东农民城）和泽州县陈沟乡山耳东村。山耳东村也像十天之前新乡张武店村一样，贴出了"欢迎农民的知心朋友费孝通副委员长"的标语。

先生看到，很高兴，在标语前留影。

8月3日　从晋城到北京

随先生访问泽州县巴公镇东四义村。在村中依次看高翔住宅区、东湖公园、幼儿园和文化中心。在幼儿园，一群小孩子都晒得黑黑的，为欢迎先生表演节目。

节目质量不能说高，先生还是兴致勃勃地看。看到高兴处，进入情景，居然学着孩子们的动作，把双手放在头顶，指头模仿起动物耳朵的摇晃动作，童真满面，返老还童。

晋城的领导对先生的到访是真心欢迎，一开始就能感觉到。今晚要返京，他们请先生利用下午的时间做个报告。先生答应了，但说不是报告，而是汇报。先生说：

我来晋城这里，是找老师。找农民和基层干部当老师。这里我来迟了。

前几天我在濮阳见到你们马市长，知道了晋城也在中原经济协作区里边。

我访问过这个协作区，但没有走到晋城这里。这次是来补课。

两天里边，我看了三个村子。城东村、山耳东村、东四义村。一个总的印象是，保持了艰苦奋斗的精神，结合现在的地方条件，做出了突出的成绩。

山西我来过多次，最早是来学大寨。前几年又来过，参加山西大学的一个座谈会，还去看了乔家大院，有很多感触。回去后，我写了一篇文章，《晋商的理财文化》，讲山西的票号和汇票，能流通全国，是当时的一个经济中心。

在中国接受西方文化之前，能把金融事业搞到相当于一个欧洲的规模，这是了不起的。山西人应该看重自己的历史。

这次来，看到了晋城的现状。我在想一个问题：改革开放以来，中国农村经济发展到了什么样子？是怎么发展过来的？晋城现在处在一个什么位置上？下一步该怎么办？

改革开放以来，第一步是实行联产承包责任制。这一步的意义，是农民自己负责耕种土地，有了自主权。苏南一带抓住这个解放劳动力的机会，在过去社队工业的基础上，大搞乡镇企业。在计划经济之外，出来了以乡镇企业为主体的市场经济。

我跟着这个变化看，先从家乡做起，后来走出家乡，到浙江、福建、广东，又到西北地区，内蒙古、甘肃、宁夏、青海，看到了东西部地区的差距。

小平同志主张"三个有利于"，东西差距却是三个不利于。

怎么缩小这个差距？中部地区很重要。我又到中部地区看。

乡镇企业是农村经济发展的第一个台阶。中部地区没上去，是因为条件不同。要找出适合当地特点的办法。在工业和农业之间，有一个宽广的地带。

在一、二产业之间，可以有很多事情做。我叫它"一点五产业"。意思是从副业做起，搞大农业——农林牧副渔式的农业。从农业里增加积累，长出工业。

我在中部地区的第一站是民权。在民权看见了从农民种葡萄到工厂做果酒的链条，公司为农户服务。还有个工艺品公司，帮农家女利用工余时间搞抽纱，出口，我说它是"没有围墙的工厂"。

后来到信阳，听到了"公司加农户"这个名词。又到焦作，公司和农户之间又多了个"基地"。焦作靠你们这里下去的煤发展。这里怎么样？

从地图上看，晋城和焦作对面。焦作现在不错了，晋城怎么样？我这次来看一下。看了三天，印象很深——资源丰富，家底殷实，老本很厚实。

但山耳东村的书记很明白，说再过30年，老本就该吃完了。

资源开出来，拿给人家去发展，农民得不到应有的好处。我这个农民的知心朋友表示反对。

农民是聪明的。不是光挖地下的煤，吃老本。他们想出了办法，从地下转到地上，在山上种果树。矿井里的废水经过处理，抽到山顶上的蓄水池里，用来浇树。

地下和地上结合起来，是个好办法。

今年"两会"后，我利用现代化交通条件，从广东、江苏到浙江、山东，又到河南、山西，快速调查，心里边有一个题目：农业生产要发展下去，下一步的路子是什么？

我一路上看到了很多办法，都在摸索。

广东是土地入股，浙江是稳制活田，江苏是两田分离，山东是半截子机械化，河南商丘是公司加农户。农业公司租赁农民的土地，利用大型农机，任用农业院校的毕业生，使用科技成果，一季麦子已经盈利了。这个办法里边，有很多道理可以总结出来。它有很多好处，用科技，用人才，农民免去了摊派，解放了生产力。

你们这里也有高水平的办法，今天上午在东四义村看到的农民住宅，布局上比江阴的华西村要合理，要实用，要科学。

农村中的文化中心搞什么文化，要想一想。都搞卡拉OK，那不是平衡的文化。

中国文化有自己的特点，农民熟悉，喜闻乐见。不要搞样子让人家看。

华西村搞金塔，世界公园，就是给外边人看的，不是给农民用的。

要搞让农民能实际享受到的休闲娱乐的文化设施。让他们真正得到文化的修养和熏陶。

8月4日　北京

早8时，552次列车正点抵永定门车站。返家后稍作休整，即往中央电视台新闻评论部机房，由王韧帮助找到一个工作台，利用编辑机整理先生几天前赴晋城途中与王韧的谈话。

依据录像同期声照录如下：

王：费老，我跟您到商丘，拍完您的福源集团调查过后，就回上海做节目去了。今天又赶来，刚好是半个月。半个月里边，肯定有不少有意思的事情吧？

费：当然啦。这半个月你不在，你吃亏了。确实有些事情很有意思。比如信阳就有个记者，拿着《逝者如斯》来找我，说我《寻根絮语》里边有个地方写错了。我写江夏是在信阳东南，他说应该是东北。我想，如果是我写错了，那个错误一定是有点根据的。不可能是我随意说出来的。江夏在什么地方，我曾经查过，总有个出处做根据。在什么书里查的，已经记不清了。大概是《辞海》。

王：您怎么觉得这件事情有意思呢？

费：这不是很有意思吗？江南的费氏家族的人，都是从江夏费氏这里过去的。写《寻根絮语》的时候，信阳这里我还没有到过。我想江夏应该是在湖北一带。为什么呢？我印象里边，《三国演义》里有江夏。江夏打过仗的。一个姓刘的人守在那里，名字想不起来了。总是有这么个人。《三国演义》的地方在现在的湖北汉口一带。湖北嘛，总是离信阳很近了。站在鸡公山上往下看，一个缆车一下子就能到湖北。听说来鸡公山旅游的湖北人比河南人还多。

我们费姓这个部族里边，有个名气很大的人，大家都把他抬出来，就是费祎。三国时候，诸葛亮不是有个《出师表》吗？《出师表》里有他名字的。"祎"这个字，写出来的时候，我们读"wei"，查字典，读"yi"。两个读法，这不是同一个语言。外边来的人带过来的这个读音。

费祎是诸葛亮的接班人。诸葛亮传给他的，说他好，可以代替我来管事了。我们的家谱就是从他开头的。再往上不敢说了。据说还有，商汤时代的人，名声很坏。子孙不要把他放到家谱里边去。

费祎也是诸葛亮的好朋友。不然他们不会合作，一同到四川去。诸葛亮的原籍不是南阳，是在山东，在临淄一带。东汉末年，打乱仗的时候，一大批人从山东迁移到河南，一个移民潮。其中包括我的祖宗和诸葛亮。

他们都是从一个地方出来的知识分子。来来往往，见面，喝茶，开座谈会。有个集团的，包括徐庶。我的想法，当时有一群人，是知识分子，精英人物。这批人到四川去了，诸葛亮带着去的。还有一支，沿长江南下，到了我现在的老家一带。

到了江南，我们还是讲"江夏费"。我记得清楚，小时候晚上要出门，要提着照明用的灯笼。灯笼上有"江夏费"的字样。这个灯笼你们都不知道了。你们是用电筒的，我们是用灯笼。

现在的灯笼都是装饰品了，很少提灯笼了。我就根据灯笼上写的"江夏费"去寻根。昨天算是寻到了信阳。这一段很有意思。

王：您这是很偶然的吧？这次到信阳不是为寻根的。

费：偶然得很。我要休息一下，要挑一个度假的地方。度假是现在的一个特权,高层次的特权。我度假去过北戴河,最远去过镜泊湖。这次到哪儿去呢?我没有去过的地方,有庐山、黄山。我想这次既然去河南访问,可以到鸡公山。

王:您以前就知道鸡公山?怎么知道的呢?

费:我知道鸡公山有道理的。这里是汉口来的人多。汉口是中国的一个"火炉",最热的地方之一。当时汉口有租界,外国人在租界里边。一到夏天就待不住了,要找个凉快的地方避暑。南边是庐山,北边就是鸡公山。这里很出名的,各国领事馆都来这里避暑。外国人花很多工夫研究中国地形,研究占领什么地方……

王:不是无的放矢。

费:当然啦。不是盲目的,有战略意义的。他们找到几个经济中心,搞租界。五口通商嘛。汉口、香港、上海、天津,就是这几个"口"嘛!汉口是中部地区的一个战略中心,可是汉口太热,是个"火炉",所以一到暑期,都到鸡公山来了。鸡公山上现在还有各国领事馆当时的建筑。

王:您这次看这些建筑了吗?

费:路过的时候看了外表,没有进到里边看。这次去,主要是写文章。我住的地方没有现代设备,没有空调。我是不喜欢空调的。我有成见。太冷了,不要。可是现在看来,现代化的空调还是比自然的空调要进一步。又赶上停电,电扇不能用,还是下山了。

实际生活例子证明,现代化设备还是比传统文明要进一步。鸡公山历来是个避暑胜地,可是没有现代化的空调设备,这个暑还是避不了。在山上住,还不如在信阳市区开着空调写文章更舒服。这很有意思。这一段我就讲给你听。现代化避免不了。两种情况让你挑选,你总不能太热啊。

王:费老,您对找您那个记者说的事觉得可靠吗?

费:我和他没有见面。他对小龙讲了。拿着书说,要改一个字。从

"南"改到"北"。

王：那您对这个地方更有感情了。

费：我是说，这段故事很有意思。给我提建议的这个记者，说他知道这里还有个村子，聚居着姓费的好多人。我要是今天不离开信阳，就想去看一看这个村子。这一带有很多怪姓，平时很少见的。说明是历史上的一个移民中心。这次出来碰上的这些事情很有意思，可以看到历史的变化和其中个人的变化。很有趣。

王：费老是喜欢有趣还是有意义？

费：有趣就可能有意义。有意义的东西肯定有趣。

王：费老这次出来十几天了。上半段是在调查，下半段是写文章。

费：我上半段是看农村的变化。我的思想也在跟着发展。看到了农村现实中现代化的初期状态。我给《半月谈》写了一篇文章，谈我在山东农村看到的"半截子现代化"。

王：这个题目有意思，"半截子现代化"。

费：我家里有个保姆，叫小霞。我放她的假，叫她回家收麦子。她收完麦子回来，我让她讲给我听。她家里收麦子，是半截子现代化，体力劳动最重的环节用机器，其余还用人力。我觉得这里边有意思。这是中国农业现代化的第一步。从这一步，就联系上了福源集团这 1000 亩土地。

（说到这里，先生喝水。后随手把茶杯放在车窗台上，眼光投向远方大地。）

王：费老，您对乘火车旅行已经非常适应了。

费：就像在家里一样。福源集团这套办法对农民有利的。有利益在里边。农民有利益，福源集团也有利益。你做很多事情，一点利益都没有，那你成个傻子了。你总得吃饭哪。

福源开始是逼上梁山，快破产了。一个肉联厂，国营企业，很大的，国内有名的，结果亏本了。它要重新搞起来。有人干，这就是大家的利益在里边。

搞产权改革,抓住了要点,很快就活了。搞活以后,向农村发展,去村里租赁,有偿交换农民的土地使用权。这样就出来一个新的办法。

这个办法农民高兴,因为有利益。我去问他:为什么你愿意?他说:我过去一直在土地上,力不少出,钱不多挣。现在公司给我粮食,我可以不去管地,出去挣钱了。

王:当初搞联产承包,农民有利,很高兴。现在福源集团这么搞,农民也有利,也高兴。

费:是啊。这前后两个办法中间,是生产力的增长。打破了过去的生产关系。现在需要的是大农业的生产,是现代化的农业。不能停留在小农经济上边。小农经济的基础上,不走福源这条路,一般就不能发展成为现代化的大农业生产。

王:费老,您看见了农业生产的半截子机械化,中国现在是不是半截子现代化?

费:现在是半截子现代化。半截子,是在进步。我家的小霞已经不愿意回去了。她到了北京,觉得还是比家乡好。就像我上了鸡公山,没有空调,还是觉得下山写文章好。

王:费老这次出来,看到了这个问题。

费:这个问题我看了很久的。不是我想出来的,是农民实际生活中的客观事实提出来的。生产力发展了,生产关系必须跟上去适应它。各个地方的情况不同、看法不同,办法也不同,但都在变。过去说联产承包责任制一百年不变,也说过香港的制度五十年不变。现在不说这个话了。不变是不可能的,关键是要知道它怎么变。要自觉地变,大家都能够接受的变。

王:现在农村的这种变化是老百姓自己在变。

费:哎!是农民在变。农民在想办法。福源集团的一批知识分子也在想办法。他们比较懂得农民,所以想出来的办法农民能接受。联产承包就是农民想出来的，是农民自发的。农民的自发，是小农经济的办法。讲穿了，是回到小农经济里边去了。原来依靠行政力量把农民集体化了，承包责任制又把它变回去了。这一下子农民高兴了，积极性来了。

王：为什么农民现在又高兴用福源这个办法了呢？

费：因为所获利益多了，挣钱多了嘛。福源的知识分子想出来的这套办法，不是农民自发的。

王：这个办法是知识分子帮农民想出来的。

费：是知识分子和农民的结合。想问题，有不同层次。福源是想把工厂搞活，让大家有饭吃。也许还有更进一步的想法。我是把看到的农村变化上升一步，上升到理论的高度。

王：现在全国这种现象是不是挺多？

费：我这半年就是跟着它走，看它用各种不同的办法来解决这个问题。问题是在事实里边发生出来的。地还是这些地，但过去的办法满足不了现在进一步提高生产力的要求了。

中国是搞社会主义市场经济，要借助国家的力量、政府的力量。企业搞改革，要得到党政方面的支持，结合当地的实际情况，得到农民的理解和支持。这样可以办很多事情。

现在就是这个公式。十五大就是上面要打通。

现在福源的办法还不是一个被认可的制度，是一个允许你试探的办法。允许存在，但这个存在他可以拿走的。说你违法了，就完蛋了。可以枪毙的！我们要冒这个风险。弄不好当"右派"嘛。最坏枪毙嘛！蒋介石是搞暗杀，杀了闻一多。现在我们党嘛，是要为人民服务。

假定它坚持这一条，那么一切对人民有利的事情就应该做，是不是？这一点还要上边通。要真正执行的话，到了十五大了。

中国就是这个制度。人家不懂。外国人不懂。离开了中国也讲不清楚这一套。

现在还有民主党派。民主党派就在这个制度里边，要去理解它，发挥它的作用，发挥增加生产力、推动社会进步的作用。

王：咱们这个社会是不是可以用"半截子"来形容？

费：半截子就是过渡啊。这个历史不会完的，一直是半截子。我们要实现现代化，现代化也在那里发展。各个时期的现代化是不同的。

王：您把民主党派放在这个过程里，要它为社会进步做事情，这一点很了不起。

费：我的话，最简单地说，是做好事，做实事。这个话，真正懂得的人不多。你做点实事，不要吹牛，不要在那里空讲。

王：费老，我在芸芸众生当中是个还比较能听懂您的话的人。当我遇到一个人，他告诉我他是费老的学生以后，哎呀，我真是肃然起敬。后来又听说他还没有听过您的课，我又为自己感到庆幸，因为我有机会听您这样谈话。

费：我表达得不好啊。我没有事先设定的想法，出来之后看到了事实。把我自己也放到实际里边去，利用一切机会接触实际。我叫它"文化自觉"。

自觉就是知道自己要做什么事。这个不容易。我担心很多知识分子不自觉，跟着外国人走。他也想问题，不是不想，但他跳不出人家的想法。

王：这些人没有他自己的一些基本的东西。

费：他不接触中国的实际。他不懂啊。他讲得很好听，很好看，可是很多人看不懂。没有用啊！我是说，你写的东西要有用啊。

福源集团的老总听懂了我的话，觉得有用，再下去更有信心了。我一提醒，他觉得对。可是我这个提醒对不对？这很难说。

小平同志说，摸着石头过河。这个河有多深、多宽、多少石头，没有人说得上来。我是苦在这一点上了，不知道河有多宽，只知道这块石头摸到了，可以再摸第二块石头。不断地探索。

探索就是在第一块石头上站住了，再去站第二块石头。在第一块石头上站不住，就落水了，就淹死了，没有探索第二块石头的机会了。我过去也做调查，不够自觉。现在比较自觉了，花了不少代价。我知道自己在那儿摸索……

王：以前调查是靠禀性。

费：不是禀性，是进了大学，走上了一条路子。就像你一样，做了一部片子，得了奖，还想再做一部，做得更好一点。我还不是和你一样啊。

王：费老已经得了很多国际奖。现在你还要什么奖？

费：现在要给自己一个奖，就是这一生做了应当做的事。钱穆很好，去世之前很满意，觉得自己要做的事情都做完了。功德圆满。可是这好像还不够，你怎么知道你要做的事情做完了呢？永远不会完的。不会结束的一个大梦。一个人生大梦。不是我一个人的梦，而是民生大梦，直到世界上没有人为止。

这一天总会到来的。世界上的一切都会过去的。世界上什么事情都会发生，现在自觉了一点，知道这一段历史里边还不会有大的星体撞击地球。究竟将来怎样，很难说。

我去访问张武店。他们说要造百年不会坏的房子。我说你这是有点空想。你造房子是给人住的，你怎么知道百年之后人家还会住你造的房子呢？可是下边这句话我就答不上来了——既然这样，还造不造房子？造什么样的房子？我答不上来了。

王：您现在看到的农村，跟60年前看到的农村比，变化大吗？

费：变化很大。我写《江村经济》是无心插柳。一系列的偶然性，出来了这本书。我最近有一篇文章，《青春作伴好还乡》，就是写这种偶然性。我不知道有多少人能看出来这一点。

王：我感觉到了。我拍费达生的片子就很偶然。我问小黑板上的字是谁写的，费达生大声说"瞎子写的，瞎子写的"。这句话把我的心震得疼了好多天。以后我每次都是带着朝圣的心情去看她的。

费：去朝圣，这是你的心情。我还没有朝圣的心情。她就是我的姐姐嘛。她这一生的一个大遗憾，她说，我不如我弟弟会写。那时候她讲给我听，我来写。可是写也不容易，一个题目想出来，表达不容易，很苦啊！可那时还算没有其他干扰。

现在写文章，哪有那么好的条件啊。我如果不要吃饭，凌空一跃，就好了。可我还是个人啊，要满足我的基本需要，就得去应付不少事情。请客吃饭还得去，不然就没有我这一套了。

这一套也包括我去应付杂事冗务这一部分，所以还要逢场作戏，认真地逢场作戏，不是假的。不带上逢场作戏这一套东西，你没有逢场作戏的心情，就做不来这一套。做出来不一样的。

王：你不想明白了，就做不到这一步。

费：哎！我想梅兰芳的戏那么好，就是认真地逢场作戏，认真到投入全身心的地步。实际上已经不是梅兰芳，而是洛神来到了他身上。他之所以成为梅兰芳的道理，不是一般地逢场作戏，让人家看得过去，而是忘记了自己是在演戏。

王：费老谈的还是个自觉的问题。您现在看农村的变化应该是自觉的了。

费：我只要求自己能自觉地看出一点道理来。刚才你讲路两边的房子，这里是两层楼上。过了一刻钟，这一块地方和刚才那块地方明显不同了。收入多了一半，进入半截子现代化了。富裕了就好一点。过去农民太苦了。不公平啊！

这个想法还是原来的。不是一上来就想到要富民，而是觉得不公平。不应该是这个样子。不应该有那么多人受穷。不合我的想法。花了这么多劳动力，可是种出来的东西给人家拿走了。不应该啊！这是我早先的想法。"自觉"这两个字还是今年才开始用。

王：富民还是可以讲的吧？

费：富民还是要讲的。做点实事、好事嘛。可是人不能停留在这一步，要开拓。不能停留在旧框框里边。

9月6日　从北京到阳泉

早饭后随先生乘659次列车赴山西阳泉做实地调查。

一上车，就把昨天往三联吴彬处取得的第九期《读书》杂志交给先生。

先生一声"好啊"，捧起便看。其中首篇文章便是先生的长文《人文价值再思考》。

下午3时45分，列车抵阳泉车站。乘接站车至阳泉宾馆。

9月7日　阳泉

上午，在先生住处一楼多功能厅，阳泉市常务副市长张诚向先生介绍市情。

据说阳泉在历史上是多水地区。现在的阳泉之"阳"，过去是"洋"。这一带以水为名的地名很多。后来由于矿业发展，破坏了地表水系。现在民众日常用水靠打井。打一口成一口，但水位较深，有数百米。

阳泉在改革开放前有点"五小工业"基础。苏南乡镇企业被打压时，阳泉这里坚持发展乡镇企业，顶了过来。加上煤炭资源丰富，品位高，易开采，现在全市农村已基本实现小康。且是全国文化、体育、计划生育先进市。是全省唯一没有贫困县的市。

张诚副市长介绍情况到最后，引用了先生一句话："生命、劳动和乡土结合在一起，就不怕时间的冲洗了。"大概读过先生的《爱我家乡》。

会后上楼返回住室。先生嘱，讲讲日前去商丘双八村跟踪调查的情况，并告最近看到一份中央文件，对土地租赁是允许的。先生说："有了尚方宝剑。"又把其笔记本拿出说："我已经抄到了本子上边。你也抄下来。"

即遵先生嘱，抄录如下：

不断完善以家庭联产承包为主的责任制和统分结合的双层经营体制。少数经济发达地区，农民自愿将部分责任田的使用权有偿转让或交给集体实行适度规模经营，这属于土地使用权正常流转的范围，应当允许，但必须明确农户对集体土地的承包制不变。使用权的流转要建立在农民自愿、有偿的基础上，不得搞强迫命令和平调。

在不改变农户承包经营的基础上通过发展农工贸一体化的产业化经营，来实现农业生产的专业化、社会化，以取得规模效益。发展农工贸一体化的产业化经营，既巩固充实发展了家庭承包经营，又使农户分散的经营纳入了社会化大生产的轨道，是我国农业逐步实现现代化的一条重要途径。

第一轮土地承包即将到期，土地承包期再延长三十年不变。

下午随先生访问阳泉千亨实业总公司、氧化铝厂、下千村农户以及阳泉开发区中的康达小区。

9月8日　从阳泉到西安

上午随先生访问平定县金属针织布厂、平定县碳素集团公司和阳泉矿务局。

下午举行座谈会。阳泉市领导请先生讲讲话。先生即兴说：

吃饭的时候，我说过，我胃口很好，但消化不灵。这几天我在阳泉访问，也是这样。想看的东西很多，看到的也很多，但是消化得还不够。理解得也还不错，却不够。

阳泉这个地方，我从小就知道，是个煤城。煤城这样的地方，有个问题，就是煤挖完了以后怎么办？前些年我去阜新，也碰到这个问题。我希望自己多想想多看看这个问题。所以阳泉的同志到我家里去，希望我来，我很高兴能有这个机会。我是带着这个问题来阳泉的。

山西这个地方，我是零散地看的。云冈石窟、五台山、太原、晋城、大寨、乔家大院等等。看过乔家大院，我写了一篇文章，叫《晋商的理财文化》。山西在历史上很有作为，通过票号的全国流通，搞出来了大规模的金融事业。

云冈石窟、五台山，这是文化上的奇迹。说明山西从经济到文化上有一种底子上的力量。这是我来山西的原因。来这里可以促进自己多想问题。

今年"两会"以后，我从深圳开始跑，广东、浙江、江苏、山东、河南、山西。上个月去了晋城，这个月来到阳泉。一个总的印象是，中部地区起来了。再有几年，中部地区会有一个大发展。这个时期看来不远了。

1997年，不是一个普通年份。一是香港回归，二是全国各地的发展形成了一股劲儿，将会推动十五大以后在改革开放道路上再往前跨一大步。

社会发展很快，变化很大，使我感觉到知识不够、跟不上。可是跟不上不行，跟不上就落在后边。跟上了就能改变这个世界。

大寨精神就是要改变一个贫穷落后的物质世界。

今天上午看的金属针织布和硫化铁矿的升级增值，就是跟了上去。用现代化知识提高了生产力，十年里边上升了五级，从几十块钱变成了几万块钱。

这个事情后边，是一个化学公式的变化，是知识发生了作用。

说到化学，我是1928年学的。那个时候，讲化学是用英文。没有汉语词汇。民盟的一个老前辈，曾昭抡先生确定了汉语的化学名词，才有了后来中国化学事业的发展。这就是知识发生了作用。后来中国人在世界上得了诺贝尔物理学奖、化学奖，就是我们在西南联大时期培养的学生。其中也有曾先生的功劳。

中国人并不笨的。到了国外很厉害，得诺贝尔奖。为什么他在国外能得奖，国内得不了奖呢？因为国内的条件还不行，还不能让他充分发挥出来。知识分子学到的知识不能发挥出来，心里很苦的。我们民盟是个知识分子政党，责任是帮助知识分子发挥作用。

我也是个知识分子，自己的体会是要发挥作用，要做学问，就要跟着时代的发展走，跟着基层的人民和干部学。向实际做事情的人学，向农民学。所以我不肯停，老是跑个不停，"行行重行行"。

每一次出来，都能学到新东西。实际的社会生活就是我的大学。农民的实际生活就是我的课堂。从里边学点道理出来。我的学习条件不如基层干部。我要到一个地方去，要事先做很多准备工作，要有很多人帮我，要去求人，听人家安排。

基层干部的课堂和老师，随时随地就在身边。老百姓那里有很多了不起的道理。我是先听当地的干部讲些情况，然后去农民家里边看，看他们的实际生活怎么办。生活确实改善了没有，是怎么改善的；他现在是用什么做饭的，是烧柴呢，还是用了煤气；有没有电视看，等等。生活到底怎么样，是可以看出来的，一进门就可以看出来。

昨天我连着看了两家农户，都没有见到老人，看来农村的家庭结构正在发生变化。老人到哪儿去了呢？老一代同下一代的关系怎么样了？两代之间的关系正在改变。

中国社会正在发生变化。这使我想到很多问题。我问一个家庭主妇，给不给父母钱？她说给。真的给不给，我不知道。但我看她说话时的表情很自然。让人感到她认为给老人钱是很自然的事情。

9月9日　西安

上午8时45分，列车正点抵西安车站。乘接站车至市区，住西安人民大厦。

这次来西安的预定日程本来不紧，但临时有变——中共十五大的开幕式要破例请民主党派领导人参加。先生要在明天下午赶回北京。然后径往四川。

下午 3 时，陕西省副省长潘连生向先生介绍省情。介绍过程中，有两个记者皆持高档相机频频拍照。原以为是省市报社记者，后来知一个是省人大办公厅的专职摄影，一个是省人大自办的小报记者。遂想起昨天上午在阳泉矿务局时，现场共有六个记者。按常规情况，应该是省、市、县、镇、矿务局各层的摄影者。其所用相机，全是 Nikon 牌，其中四架 FM2、一架 F3、一架 F4。都用世界标准的高档相机，未免太过奢华。

9 月 10 日　分别从西安到北京、成都

早饭后随先生访问西安高新技术开发区，听取区情介绍。后听舒仲花粉公司的情况介绍。

中断预定日程。先生回北京。我与费皖老师往成都，等候先生从北京赶回来。

9 月 15 日　成都

昨先生由北京到成都。住金牛宾馆。

今上午 9 时，金牛宾馆芙蓉楼二楼会议厅，四川省、成都市贯彻实施《科技进步法》情况汇报会开始。先生带队的全国人大常委会《科技进步法》执法检查组听取专题汇报。

徐世群副省长、贺大经副市长先后汇报省、市情况。后者水平明显高于前者。前者套话连篇，浮泛空虚，后者正气贯注，一针见血。主持人请费老讲话时，先生说：

刚才贺副市长的汇报很好，提出的问题很重要。现在的一个大问题，是我们国家的经济怎么同世界接轨。我们现在用"发达国家""不发达国家"区分不同实力的国家。所谓发达，发达在什么地方？生产力。生产力为什么发达？几百年里边积累起来的科技实力。

这段时间里边，我们是半殖民地半封建状态，科技发展不起来。四

川这个地方，两千年前在世界上是领先的。李冰父子的都江堰，就是当时的高科技。中华民族后来也有印刷术之类的许多先进发明。可是再往后，我们这些子孙没有接下来，落后了。

生产力比发达国家低很多。这是初级阶段的一个特点，要承认。我搞的这一行，在技术上也落后了。最近二十年里边，我看着计算机发展起来，但是跟不上去，学不会，掌握不了这个先进工具。所以，走不出我过去学到的知识范围。我觉得自己落后了。很多在基层工作的干部都比我强。

一个多星期前，我到山西阳泉，亲眼看到了高科技进入了乡镇企业。

阳泉市郊区有个荫营镇，镇上的一个下千村搞工业。一开始是硫铁矿，后来每年都加一点科技进去，十年里产品换了五代。单位产值从几十元到上万元。农民也富起来了。住的房子赶上我们这些城里的教授。

他们在实际的生产过程和生活当中体会到了科技的好处。所以我去访问的时候，不是我向农民讲科技进步，而是农民同我讲怎么依靠科技进步。

我从阳泉到了西安。在西安听说陕北榆林地区发现了很多矿产和油气资源。我说那里相当于德国当年的鲁尔。把榆林的资源和西安、宝鸡的科技人才优势结合起来，陕西经济会有个大的腾飞。

四川的人才和科技智力资源也很密集。少数民族（阿坝、甘孜、川西）地区的自然资源也很丰富。四川的出路，也是科技资源同自然资源结合起来，城与乡结合起来，工与农结合起来，攀枝花与西昌结合起来，开辟南方丝绸之路，向南发展。

古代的四川，前有李冰，后有诸葛亮。诸葛亮发明木牛流马，主要是搞交通。我们今天还是要走诸葛亮的路子，开山门，通市场。

9月16日　成都

先生今天在成都市内做贯彻《科技进步法》的实地调查，访问成都红光实业股份有限公司和前锋电子股份有限公司。返回住处时，先生表示希望去看杜甫草堂。

9月17日　成都

上午随先生访问杜甫草堂。先生兴致很高，在好几个地方要求"拍个照"。

草堂工作人员求先生留字。先生嘱"想几句"。遂拟联如下：

忧黎元写诗史少陵已古
敬草堂缅先贤百姓至今

后访问武侯祠。途中预先代为先生拟联：

隆中一对经纶天下
出师双表昭映千秋

9月18日　北京

得谢泳所寄先生发表于《观察》杂志的31篇文章复印件，并附有先生《观察》文章目录如下：

《没有安排好的道路》，二卷，十期。
《美国在旅程的尽头》，二卷，十一期。
《在记录与起码之间流动着》，二卷，十三期。
《有条件的父母之爱》，二卷，十五期。
《不令人服输的成功》，二卷，十六期。
《美国对华政策的一种看法》（文摘），二卷，十六期。
《猜不透上帝的意志》，二卷，十七期。

《蛮一点，孩子》，二卷，二十期。

《道德上有个毒刺》，二卷，二十一期。

《论绅士》，三卷，一期。

《欧洲仲夏夜之梦》，三卷，二期。

《如是他见》，三卷，三期。

《论知识阶级》，三卷，八期。

《小康经济》，三卷，十一期。

《美国之内》，三卷，十二期。

《从冷仗说起》，三卷，十六期。

《论师儒》，三卷，十八期。

《莱茵河的魏玛阴影》，三卷，十八期。

《只要这不是个选举年》，三卷，二十期。

《华莱士竞选的道德意味》，三卷，二十一期。

《西欧靴底烦恼处》，三卷，二十二期。

《圣雄甘地》，三卷，二十三期。

《关于日本复兴会不会威胁中国》，四卷，一期。

《巴力门·电影业·中国出路》，四卷，二期。

《无独有偶》，四卷，三期。

《关于"乡土工业"和"绅权"》，四卷，四期。

《拆炉话北美》，四卷，五期。

《郑兆良和积铁》，四卷，七期。

《再论美国大选》，四卷，九期。

《读赫尔回忆录》，四卷，十二期。

《和平之谜》，四卷，十四期。

《杜威入选与对华政策》，四卷，十九期。

《两分三裂的民主党》，四卷，二十二期。

《评晏阳初"开发民力建设乡村"》，五卷，一期。

《铁幕安在》，五卷，十期。

《美国在华还能做什么》，五卷，十四期。

《英国并未忘情远东》，五卷，十七期。

《知识分子与政治学习》，六卷，二期。

《什么叫搞通了思想》，六卷，六期。

《不改造就落后》，六卷，七期。

《从往上爬到大家互助》，六卷，九期。

《从"为人民服务"引起的谈话》，六卷，十期。

《进步的包袱》，六卷，十二期。

谢泳告，在北图检索《观察》杂志很方便。索书号：R050517。

9月22日　北京

得谢泳信，寄来其两篇文章。一是《一二·一运动中的三个教授》，二是《一个学科的消失》。两文皆与先生有关。因秉笔直书，难以发表，故希望转先生一看，也算派上点用场。

随信寄有其搜集到的先生与胡适交往的史料。如下：

1943年，先生由云南大学推荐，应美国之邀作文化交流时，曾拜会胡适。胡适日记中有记载说：

"费孝通教授来谈。他谈及国内民生状况，及军队之苦况，使我叹息。他说，他的村子里就有军队，故知其详情。每日每人可领二十四两米，但总不够额。每月三十五元，买柴都不够，何况买菜吃？如此情形下，纪律哪能不坏？他说，社会与政府仍不把兵士做人看待！兵官每月四百元，如何能不舞弊走私？"

先生与胡适的另一次交往是通信。《观察》杂志第三卷第四期，发表有胡适致先生的一封信。此信由先生交储安平发表，《胡适书信选》等书均未收。该信全文如下：

孝通先生：

昨天在《观察》二卷二十二期看见大作《负了气出的门》，开篇两节里就有两个大错，不敢不奉告。

第一节说丘吉尔"显然地歪曲了历史，即使没有歪曲，也不免是断章取义"。丘吉尔说"他身体流着的血，一半是来自美国的"。他的母亲是美国纽约的 Jennie Jerome，当然可以说他的血一半是来自美国的。他说的是史实，并没有歪曲历史，也没有断章取义。

第二节里说怀德海名字里有个 North，这并不错。但你解说错了。你说"原来他是 North 将军的后裔，而这位将军是奉命来镇压美国独立的"。这样一位将军，小怀德海说的大概是指美洲独立时的英国首相 Lord North。当时北美十三邦最恨的是英王乔治三世和他的前相 Lord North。

先生既发愤写"美国人的性格"，似乎不可不多读一些美国人人知道的历史。如上述两则，都是人人知道的常识。若不改正，必遭读者耻笑，故不敢不奉告，想能蒙原谅。

胡适　卅六年八月二十五日

此信是我南飞前一夕写的。写了后，我不敢寄出。今重看一遍，觉得朋友有切磋之责，故补寄上。乞恕！适之（卅六年九月八日）

先生于九月十日复信胡适先生，表示谢意。信的全文如下：

适之老师：

接到八月二十五日的信，十分感激，而且高兴，高兴的是因此从此可以称你作老师了。我已经把来信寄给安平兄,请他在《观察》发表,以免误及读者。

我说"歪曲历史"和"断章取义"原是想说:从历史的过程说,美国人的血是从欧洲去的,至少大部分是如此。丘老有意把自己的"血的倒流"来标榜,用意是想去歪曲 to bend 一般对于历史的成见。他自己的个例是历史上的"断章",少数例外之意,用以取义,使美国人听来高兴。行文不慎,多少也犯了弄笔头的毛病。

怀德海教授的故事是他和我说的,我没有去问清楚底细,把爵士变成了将军,罪无可赦。从美国回来后还写过一本《初访美国》,其中又有不少关于历史的叙述,不知有没有类似的错误,奉上一册,公余之暇,或可作为消遣之用。

并祝

著祺

孝通　三十六,九,十

10月2日　北京

下午3时,如约至先生家中。上至二楼先生书房兼卧室,先生兴致很好,即示刚写出的一篇文章,说:"写我传记的时候,这篇文章你用得上。只有这一份,先给你看吧。"

接过,知是《从实求知录》一书前言。该书系先生一本尚在编辑中的文集,集中了近年来在《北京大学学报(社会科学版)》发表的文章。

先生谈其后天赴江浙一带的想法说:

李友梅在浦东做调查,一年多了。有股劲儿,啃住不放,已经出了两个报告。我都看了,写得不错。我们这一次去,先见一下李友梅,再听她讲一讲,讨论一下,然后在今年年底或是明年年初到浦东去,住上十天半月,再推动一下浦东调查。

这是我们明年一段时间的调查工作前沿阵地。

东西方文明在这里碰头,很有意思。内地的课题,主要还是"公司加农户"。一是要坚持,二是要提高一步,扩大一圈,把福源集团的经验推广开。这是一条新路,现在又有了尚方宝剑。中央认为可取,而且有提倡的意思。这是个机会。

在中国做事情,不靠政治不行。这是国情特点。可是光靠政治也不行,还要知道实际,找对路子。我们就在这个中间做事情,做文章。

下一步,中国的事情要看国有企业这一块,主要是大中型企业怎么改。搞股份制也不容易。那是讲权利、义务、责任的一套。中国人历史上不讲这个。不懂得股东、法人是怎么回事。

中国人讲合伙,刘关张三结义。熟悉的是这一套。一下子转过去很难。还是要在传统上嫁接,保旧创新,"半截子"模式。股份制也恐怕不能照搬外国的。

10月4日至12日,费先生先后访问浙江、安徽、江苏三省,做实地调查。

从10月13日开始,先生回到家乡江苏吴江,在吴江宾馆休息几日。

10月13日　吴江

下午3时,先生按计划与同行的助手谈话。

费皖、李友梅、张冠生向先生报告近期各自的调查题目和感受之后,先生说:

这次出来,第一站是宁波。在宁波参加了一个国际服装节。有几个参加服装节的乡镇企业集团,雅戈尔、杉杉、罗蒙,都是从小到大,快速发展。这几个集团加起来,现在占到全国西服市场的一半,下一步目标是占领东亚市场。留心看一下国内服装情况,男的都穿衬衫了,我叫它"白领阶级"。中国式的大褂,传统样式的衣服,已经很不容易看到了。看来国内男装已经全盘西化了,女装也西化了不少。这个情况主要是在城市里边。

参加了服装节，沿着杭甬高速公路走，我一路上看农民的住房，变化也很大。绍兴这一段，盖起了不少洋楼，而且在楼上插"鸡毛"，楼也到了三层、四层，上面再装天线架，我说是鸡毛。听说实际上并没有接天线，只是个架子，目的是为了比谁更高。绍兴到宁波这一段，房子改造得很厉害，农民确实富了。

下一站是马鞍山，是个钢城，从毛主席号召大炼钢铁的时候开始建的。马鞍山有个吟诗节，文化搭台，经济唱戏。我有这个机会，去采石矶看了李白墓和朱然墓。朱然是三国时代的一个重要人物，抓获了关羽。经过了民间传说的褒贬，他后来不大有名气。朱然墓中发掘出了木屐和饭盒，这类东西现在日本人还在用。这项发掘把中日文化交流的时间从唐朝推到了汉朝。

宁波在办服装节的同时，开了个同乡会。宁波人是缔造上海的基本队伍。现在它动用这个力量，这很厉害。除了人的优势，宁波还有区位优势，主要是北仑港。北仑港可以停靠20万吨到30万吨的远洋货船，码头都有了。宝钢用的矿砂，就是从这儿的码头转运的，但是现在码头吃不饱，这是个问题。

用我的说法，21世纪的经济，是洲际经济，在国际经济上又高了一级。在洲际经济时代，我们中国必须有20万吨到30万吨的大船，才能利用洲际经济的大交通条件，否则比不过人家。现在的上海港，因为拦门沙的问题，只能进两万吨船，再大就进不去了，差距很大。要进一步发展长江三角洲，离不开利用北仑港的深水港。据说宝钢准备在宁波搞一个分公司，就在北仑港附近。

以前建宝钢的时候，我们就提过，宝钢最好要靠20万吨的码头，而不要靠两万吨的码头。当时由于各种原因，还是放到了上海。这已经是既成事实，而且已经做出了贡献。从技术水平上看，当然也是上海最高，放到上海也是有点道理的。现在再搞一个分公司，技术上高一层，又靠近北仑港，对这个我很赞成。过去的事情有很多原因，就不去说它了。

一条路走不大通，再走一条更通的路嘛。利用北仑港运矿砂，每吨可以节约一美元，这是一大笔财富。现在宁波缺的是高科技人才。

说到人才问题，我又想到陕西。前不久我又去了一次，也讲到这个问题。陕西人才密集，这个特点是历史形成的。从抗战开始是一次，开国后苏联援助一次，后来准备打仗搞三线建设又一次，三次大规模地集中科技人才，都是集中在西北地区，多数集中在西安和宝鸡两个地方。

我在《行行重行行》里写过，说那里是个"隐蔽的上海"，意思是那个地方有一股看不见的强大的技术力量。当时有个调查结果，当地潜在的技术力量比上海还高，可是用不上，没有发挥作用。这一次去陕西，听说榆林地区发现了大储量的煤、油、气矿，我叫它是"华北的鲁尔"。

当年德国和法国的工业，都是利用鲁尔的矿产发展起来的。如果现在陕北的资源和陕西中部地区的人才优势结合得好，可以搞出来一个中国的鲁尔区，大有希望。这么大的一个产业区，如果搞起来，一定要有个大的出口，这就要靠东方大港，靠宁波北仑港这样的地方。到底怎么结合得好，国家应该好好研究这个问题。

离开马鞍山，从南京到苏州，走的是沪宁高速公路。我是第一次上这条高速公路，一路上没有休息，一直在看，看得很有意思。主要是看房子。从小农经济到初步工业化、现代化这个过程的样子，在这条高速公路的沿途两边看得很清楚。从南京出来，到镇江一带，还能看到60年代、70年代的房子，到常州附近，新建筑已经很多了。水泥的、贴瓷砖的，都有了。

从楼层上看，已经开始有三层的了。到无锡一带，开始有别墅式的农民住房，可是还没有"插鸡毛"，没有电视天线架子。我特别注意了一下，三层楼两边的窗子可以透着看过去，说明里边没有住人，是空的，没有派上用场。到了苏州，房子太密了。苏州的房子，我过去没有好好看过，这次在高速公路上看得很清楚，房子过于密集了，占地太多。

在很快的行车速度中看路两边的景物，我想起了李白的一首诗："朝辞白帝彩云间，千里江陵一日还。两岸猿声啼不住，轻舟已过万重山。"这首诗，据说是李白被贬后，流放夜郎，走到四川的时候，接到赦书，高兴了，写了这首诗。

对李白的被贬与被赦，朝野内外议论纷纷，说什么的都有，所谓"两岸猿声啼不住"，可是他不管这些，他是"轻舟已过万重山"啊。

我对这个事情，淡如水啊。要换届，我先带个头，对各个民主党派有点影响，可以帮助统战部做点工作。有三起三落才有后来，这是对的，可是我们不是学这个，那样代价太大了，学不得。小平同志三上三下，我们几起几落啊。历史过程决定了我们这样决策。意思是说，到了一个时候，就要有轻舟飞过万重山。

山是什么？重重阻力和障碍嘛。除了万重山，还有两岸猿声，议论纷纷，各种说法都有，所以我说"毁誉在人口，沉浮意自扬"。毁誉就是两岸猿声。李白这首诗很有意思。我走在高速公路上，心里有看李白墓的感受，看着路两边的景色，想想自己的人生经历，就出来了这样的感觉，轻舟已过万重山。不过，我的山还有最后一重。

沪宁高速公路，我建议你们去跑一趟。从路两边的农村外貌去看从小农经济到初步现代化的过程。要去看，要去感觉。光看书本，没有对实际生活的感觉，不行的。从农村外貌上的变化去发现和感觉农村正在发生的实际变化。花点钱，去这个路上跑一趟，很值得。变化就摆在那里，明明白白，成绩看得到，问题也看得到。

这次来吴江，主要是谈浦东问题。浦东是当前新旧矛盾和东西方文化的一个交汇点，我觉得研究一番很有意义，也是我晚年比较关心的一个题目。我说自己还有一重山要过去，指的就是和浦东有关的文化自觉这个题目。

前些天，李先生找我谈天，问我一个问题：你这篇文章怎么结束？这个问题提得很好。我的一生是一篇文章，现在快写完了，怎么收笔，这是个很重要的问题。今天我看了冠生给我的两篇文章,他的一个朋友写的,叫谢泳。谢泳的文章里认为我是自由主义知识分子。

从这里我想到,现在有一些知识分子对我有一个寄望,希望我在最后回到早年"一二·一"运动的时候,也就是民主运动的时候,回到民主教授的位置上。现在我要做个说明,借这个机会讲一下。我这篇文章怎么结尾,结束语是什么,不是我自己能决定的,而是要由整个的时代来定的。是时代定位,不是个人定位。

现在是个什么时代,整个的变化是什么意思,我处在中国应当采取一个什么态度,这确实是我一生中一个很重要的问题。

我这一生也很不容易,到现在已经是"两岸猿声啼不住,轻舟已过万重山"的时候了。也许可以这么说了,因为毕竟不会再有很长时间了。猿声嘛,让它啼不住好了,不管它了,让人家去说吧,我不在乎,这一点我做得到。不去计较对我怎么评论。可是人家对我的寄望,我总要在心里想一想。人家希望我这样一个人怎么结尾,这也许不是我个人的事情,而且也很有意思,实际上也是值得每个人都认真想一想的问题。

中国进入21世纪的时候,这个世界是个什么样的世界?我觉得是个洲际经济的世界。这是从地理上边说。从政治上说,是跨国经济时代。经济地理上,要联络五大洲,有30万吨的大船,就可以解决问题。政治上的交道,就不是30万吨船的问题了。在这个局面下,知识分子应当怎么做、怎么去履行时代赋予的责任,这是我们应当认真思考的。

两岸猿声可以不问,国家的前途却不能不想。个人这个轻舟快要过去万重山了,可是中国经济的现代化刚刚开头,整个中国才刚刚过去几重山,还会有一段很艰苦的历程。从小农经济走向跨国经济,我们不是个轻舟,是个沉重的大船。现在把中国估计得太了不起,是危险的。自我估计过头是犯忌的,要出毛病的。所以小平同志讲,要韬光养晦,审时度势。

最近我一直在想,中国现在靠什么?我想是靠人口多。人口多,有不利的地方，人均少，比较穷。但也有好的地方，就是力量大，加起来就不得了。加起来是什么呢？两个字，统一。这是从秦始皇开始的。

他脑筋里边很坚定，中国靠统一能增强力量，一分散就没有力量了。多元一体的关键是一体。中国的力量不是靠多元，而是靠一体。

中国是个刚开始搞现代化的国家。现代国家有三个要素：土地、人民、主权。这是政治学的基本知识。中国的政治体制是中国共产党领导的多党合作制，这是命定的。中国的历史过程到了这一段就要出来这个东西，没有其他办法的。不能去学外国的民主形式。怎么发展民主，不在形式上边，不在是不是轮流坐庄的西方形式。西方管用的，未必中国管用。我们要的是一个统一体，经济的统一、法制的统一、政治的统一。这是我们的一个传家宝。在统一的前提下，才能去讲民主的形式。

社会主义民主的实质内容，是发展群众路线，真正实现群众路线。这个说法大家都同意，可是现在并没有真正做到。现在是官僚政治。群众怎么想，怎么说，当官的人可以不听的。不听不要紧，不会影响他做官的。笑骂由人，照样做官。这个情况，现在开始有点变化了，群众可以对当官的进行评议。我觉得这是个开始，是实现群众路线的开始，而且具体化了。

比如，政府官员按规定到人大述职，讲你做了什么事，有什么功绩，人民代表听了之后可以发表意见，评议你，批评你，这个很厉害的。这不是西方式的，可是管用，据说有些不合格的就被评议掉了。

我是从积极的方面看这个事情。怕人家议论，怕人家利用，怕人家造反，这都是消极的。积极的就是拿出具体办法，真正让群众的意见起作用，一步步地发展，直到监督法能形成。监督法在我们这一届人大还不成熟，可以寄希望下一届。现在的执法检查，也是能起点作用的。这就是一步一步在做，不是空讲。比如教育执法检查，法定的教育经费投入不到位，比例数字下降，事实在那里，有关领导没话说的。

光想一步就实现投票，那是空想。人都不认识，名字都不知道，凭什么投票？报纸上公布一段简历，能当根据吗？你知道那是真是假？有些就是假的啊。西方也是这样，也有假的。选举是要给钱的。没有钱怎么办事情？马鞍山搞吟诗节，吴江搞丝绸节，都要钱的。

现在上海搞八运会，也要很多钱才能搞起来。钱从哪儿来？你不出他出，总要有人出这笔钱。听说有市民捐钱，问题就在这个地方。谁出这笔钱，出了钱之后他有什么权利，谁来保证这笔钱花到了正地方，这要有个说法。英国的情况就是这样，出钱的人有权监督你，是不是照着你说给大家的那样去做了。

在一些重要问题上，我们应该不断地更自觉一点。政治上，经济上，文化上，都应该这样。我最近在写文化自觉的文章，我想，"费孝通"这篇文章，还是在文化自觉这个题目上结束。寻找一个全球社区应当有的一种基本性的共同认识，这是文化自觉的第一步。

文化自觉这个题目，我能想出来，并且做起来，离不开我的老师马林诺夫斯基。马老师自己在人类学方面过了两关。第一个就是从书本到田野，从别人的文字记录到自己的实际观察。

这个话要从20世纪的前半段说起，甚至更远一些。

在西方的中古世纪，不发生"人是什么"的问题。上帝造的嘛。研究人等于研究上帝的意志，这是神学范围，不是科学范围。到了哥伦布，发现了美洲大陆，碰上了不同的人群，碰上了和欧洲人不同的人群。以前都是欧洲人在那里活动，打来打去，打了500年。

到了新大陆被发现，碰到有欧洲人以外的人，出现了研究人的问题。不是研究自己，而是研究和自己不同的人。也可以说，研究的目的是要证明人有差别，证明欧洲白种人是上帝选拔出来的高贵种族，具有特殊地位，这使他们有理由去利用别的地方的资源。航海史就这么开始了。

航海史是人同人接触的历史的开始。有了航海，就有了人群同人群接触的交通条件。有了这个条件,就出来了达尔文。达尔文就是坐上船去看不同的人,开始研究人是什么东西,是从哪儿来的。进化论就是这么研究出来的。

在洲际接触带来的洲际调查中,白种人认为,其他种族的人是他们的负担。到很远的地方去解救他们,也是白种人的责任。为了解救他们,就要研究他们。白种人自己是不用研究的,上帝定的。所以,那个时候对人的研究,实质上是要研究其他种族的人为什么不如白种人。

人类历史上有几件大事,要联系起来看。西班牙人、葡萄牙人一上美洲大陆,就对着当地的土人开枪。当地土人进行反抗,武器上不如欧洲人,被杀死很多。欧洲人采取的办法是基本杀掉,再划出一块地方,叫作保留区,让印第安人在里边生活。对这些印第安人,拿出一些钱来,把他们在保留区里边养起来。他们可以进入白人区买东西,但不能在里边生活。白人区里没有印第安人的社会地位。这个办法的目的,是不杀你了,让你在里边自生自灭。

我到美洲去看过印第安人的生活环境,很有意思。他们家门口都有汽车。白种人用废的汽车,不要了,他们就弄到家门口,也不修理,就摆在那里,好像很阔气的样子。修理费用太贵,又舍不得丢掉,就成了摆设。那是加拿大的一个保留区,印第安人在里边生活,吃、住都不成问题,基本保障条件都有,但是他们不满足于这样的生活。要改变现状,怎么办?只有丢掉自己的文化和生活方式。从社会最底层进入白人社会。

他们的地位很低,连一般的工作都很难找到。

最厉害的是澳大利亚。那里不是像美洲那样发生战争,而是种族灭绝式的办法,见一个杀一个,就这么消灭掉。有一个岛上的土著统统被打死,这个事情是后来才发现的。现在澳大利亚大陆上的土著也没有多少了。

后来是非洲,英国人和法国人去那里,改变了掠夺和统治方式,比西班牙人和葡萄牙人搞的种族灭绝要高明一点。他们入侵亚洲的时候，碰上了抵抗，而且顶住了。因此，不能用打杀和抢夺的办法了，换了商业贸易的办法，同亚洲人做生意。

英国不是自己直接占领印度，而是通过东印度公司占领了印度。英国皇帝给了东印度公司建立军队的权力。一个地方一个地方地收买，一个地方一个地方地攻打，出面的都是东印度公司，不是英国。对中国，也想用这个办法，可是给林则徐挡住了。一开始双方的力量对比还不是太悬殊。英国派大使来，中国皇帝还要他下跪，并且告诉他，我们中国什么东西都有，不需要和你们做生意。英国人拿出了钟表，我们没有。海盗牌香烟，我们也没有。又来了鸦片，就这么做上了生意。

英帝国是靠海盗精神起家的。他们不觉得"海盗"这个称呼有什么不好听，而是认为表明了他们的兴国力量，有吉祥之意。他们仗着海盗精神，到处去抢。西班牙、葡萄牙的海军路过英国海峡，他们也要抢，为此打起了仗。英国有个纳尔逊，这个人很厉害，拼命靠近西班牙的船队，往死里打。打败了西班牙，英帝国才起来。是纳尔逊打出了英帝国。可以说，没有这个人就没有英国。

这几件历史大事，是一幅殖民主义的图画，也是人类学产生的背景。人类学并不是拥护殖民主义的，可它是殖民主义的一个副产品，或者说是殖民主义生出来的一个孩子。它是要用理性去认识和了解人的一个结果。

用科学和理性去认识世界，可以说是英国民族的一个传统。英国出来了达尔文，证明人不是上帝造的，而是逐步演化出来的，提出了进化论。进化论证明了人类演化过程是从简单到复杂，从低级到高级。人类学要证明人的文化也是从简单到复杂，从低级到高级，也是一步步演化过来的，这样就出来了人类学。

马克思接受了摩尔根的学说，借助当时的资料和科学成果，讲社会发展史，属于19世纪下来的一套。那时候只有这些资料，不能怪马克思不对。他借用当时的资料和科学成果,是对的。可是后来的人用它来证明,马克思主义就是讲原始社会群婚制这一套,那是自己糊涂,不看事实,不科学。这不是马克思不科学,而是后来的马克思主义者不科学。

所谓的马克思主义者,不是要实现马克思主义,而是要借马克思主义做官,这当然就不是马克思主义了。

早期人类学的研究对象,是他族,而不是本民族。当时研究本民族是犯忌的,这个关不能破的。而且,研究他族的办法,是先让人家写东西来,利用人家的资料,发挥自己的聪明,看出人家看不出的名堂,把它写出来,而不是自己去直接观察。用人家的资料来写,不是第一手知识,没有感性体验,是间接的。

到了达尔文,这种情况起了变化。他是从书本走向田野的第一人。在人类学领域,马林诺夫斯基开始要自己去看,去搜集资料,去亲自体会,然后再写。这一点他做到了,破了这一关。这是他的贡献,但他的限度也在这里。他破掉了第一关,还有第二关。第二关他想到了,因为他说过人类学家要看到其他的文明的人类。可是他没有能破这一关,因为人类学家可以研究本民族的文化,这个话他没说过。

我写的《江村经济》,是人类学者研究本民族文化的第一本。这是个偶然事件。我在瑶山调查时受了伤,回家乡养伤,正巧我姐姐在开弦弓村里办了一个厂。我看了这个厂,把自己看到的事情、看出的意思写了出来,就这么简单,是偶然性在起作用。马林诺夫斯基当年的实地调查,也有偶然性在起作用。他是个波兰人,波兰当时属于奥地利,奥地利当时是德国的盟国。

第一次世界大战从德国开头,同盟国和协约国打。协约国中,英国帮法国,法国先打,抢鲁尔区。马林诺夫斯基属于波兰,是奥匈帝国这一边。他到了澳大利亚,澳大利亚属于英国,英国就不许他活动。有条法令的,类似软禁。他是伦敦大学的教授,学校出面保他,可以在搞研究的地方待,但不准出去。这一待就是两年。没有别的事,他就做调查。

对他的调查，偶然性起了大作用。是历史决定的，又是偶然的。

我现在把巧事看得很重要。一个人要是没什么巧事，就很难成什么事情。有时候，偶然碰上一个人，这事情是天定的，要看你有没有感觉。突然会有一个时候，你感觉到这个地方来过的，看到过的，完全对得上号。这种感觉我有过，而且是很多次出现过。一切东西都对，都是应当的那副样子，逃不了的。

有些事情你觉得偶然，实际是必然，有天意的。《塞莱斯廷预言》这本书里就讲这个道理，从人类社会过去的历史中总结出东西，预言未来，说明偶然因素的重要性。看上去是个小说，实际上却不是编出来的。作者对西方历史熟得很，真是念书念出来的，合乎西方文明发展的实际情况。

这本预言书在美国是畅销书，卖了600万本。我在想这本书为什么这么畅销。600万人买，就不止是600万人看，看的人肯定更多。为什么呢？我想是因为人们现在有一种需要，要认识自己的文化究竟是什么样的一种文化。西方文化到底是什么样子的文化，这本书里边讲出来了，而且讲到了现在的西方文化上哪儿去，这就是我说的文化自觉。

这本书我看得很高兴，和我想的问题以及人生感觉合到一块儿了。这本书碰上了一个热点问题，这个热点就是文化要认识自己。假如民间没有这样一种意识，这本书不可能这么畅销的。历史到了这样一个时候，就要找一个人来讲这个问题。这就是黄仲则写"应是鸿蒙借君手"这句诗的意思。李白的诗不是他自己在写，而是有个看不见的手在那里驱动他写。这个看不见的手就是文化，是当事人所处的文化变革条件。

我自己的一生，就是很多偶然事件联系起来，构成了我这个人的生命过程。最近我在《读书》杂志上发表了一篇文章，叫《青春作伴好还乡》，里边也讲了这个意思。

文化的变迁，发生在一个个具体的人的思想和行为上边。文化自己不能变，它没有一个头脑在那里想新东西。想问题还是发生在一个个人的头脑里边，看不见的手在那里活动。这只手今天在吴江把我们牵到了一起，坐在这里谈话，是什么理由呢？没有什么理由的。讲起来可以有很多理由，可是也可以不成理由的。

今天可以不这样的，对不对？我要是去上海看运动会，今天在这里谈话这个事情就没有了，是不是？很多因素在同一个时间和地点碰头，发生一个事件，这是偶然的。

可是到了自己身上，就成了一个具体的、有时候是决定性的事件，甚至对一生都有决定性的影响。这就妙了。一个人要黏滞在一个事情上，一心想要怎么样造一个东西，那很难说，做不到的。它来了，碰上了，就成了。突然而至的事情，决定了你的一生。

对这类偶然因素的汇合，中国人叫"缘"，叫"命"。没有缘不行的。缘是什么呢？就是一套社会关系在很多条件下总合性地碰到了一起。这个东西不是假的，是真实发生在人们的具体生活当中的。我写《个人·群体·社会》，也是在想这个问题。把这三层都弄清楚了，懂得个人是怎么回事，就会知道能动性在个人。

个人能动性的效果，是由很多条件合成的。可是动是个人在动，变是个人在变。一个事情来了，接受不接受，选择不选择，主动权是在个人，然后有各种条件促使你变。这个道理，说起来也很清楚。就像我们今天坐在一起，谈这些话，不知道要有多少条件碰到一起才行。要把每个人都在同一个时间里安排到这儿，很不容易。我希望潘老师来，她就没有来成。现在这个事情发生了，可能影响很大，但它是个偶然事件。

人的灵感也是个偶然性的东西。什么叫灵感呢？很多概念碰到一起，成为一个念头，一种思想，靠什么？只有灵感才能把这许多概念结合在一起，就靠这个。有个吴江老乡看了我写的东西，来同我讲，说我讲得不错，能东搭西搭。我说对，你懂了。东搭西搭，把原来分散的东西搭在了一起，搭出了名堂。事情就是这样的。可是为什么能搭在一起,怎样才能搭在一起,这就要花力量了,要花很大力量。灵感不是轻易能来的。

文章是怎么做出来的?就是东搭西搭。你能搭得起来,讲出道理,这就是本领。搭来搭去,用实际生活中的具体例子去说明变化,这就是实证主义。承认客观存在,思想符合实际,这才有搭起来的可能。你要想东搭西搭,首先要知道什么是东,什么是西,弄明白了才能搭得起来。

我的老师就是这样搭来搭去,搭出来了一个马林诺夫斯基。他在特罗布里安岛上不能离开,就同当地人搞得很熟。穿门过户都可以,东啊西啊都弄明白了,在那里东搭西搭,搭出来了一个当地人的生活系统。

那是个封闭、静止的世界,生活是固定了格式的。什么时候吃饭,怎么个吃法,到什么年龄结婚,都有一个框框,逃不出去的。这个框框给他抓住了,写出来了,了不起了。这一段他的确写得好,有才气。这个岛上的人怎么生活,他把它说明白了,讲得头头是道。

客观上看,这是个不肯变动的社会。就像我们的老一辈,每天怎么样生活是格式化的,不用去想。比如我父亲,到一个固定时候,去茶馆,其他朋友也都到那里去了。不用事先约的,都是一定的,是生活的规律性决定的。从生到死,有一个程序,必须照这个去做。这个程序和它的结构,被马老师发现了,讲出来了,描写出来了。

对于没有去过这个地方的人,可以按其中的道理去认识当地的文化。马老师认为,每一个地方的文化都有这一套道理,任何文化当中的人都生活在文化的框框里边。这个框框是上一辈人传下来的,后人学而时习之,到一定时候就学会这一套了。这是确定的,甚至和谁结婚,生下的孩子给谁,也都是定了的,已经安排好了。是一个安排好的人生,一个平衡、固定不变的体系。

马老师把这套生活体系勾画了出来,第一次世界大战也结束了,他就回去当教授,写书。他画出来的文化表格,就是讲人们的生活这盘棋是怎么在走,人的生活网络是怎么结构的,一条条地讲明白了。吴文藻去访问的时候,马老师送了他一本,是底稿,讨论用的,不是定本。根据这套表格,出来了一套理论,叫结构理论。法国的结构主义理论受了他的影响。列维-施特劳斯常到英国去的,他的分析还是没有脱离一个静止社会里存在的一套文化法则。

从死材料到活材料,从书本到田野,这是马老师走出的一大步,是人类学的发展。可是,材料也有很多问题。材料是活的了,你怎么相信它是真的呢?凭什么判断是真是假呢?为什么他同你这么讲呢?是真正的事实还是造出来的呢?这里边都是问题,多了。但毕竟和书本不同了。书本是人家写的,我不知道实际是怎么样。可是我这个是自己听到的,的确是这么听到的嘛,听过之后还可以去查查对不对,比光看别人写在书本上的材料的确进了一步。

马老师到实地亲自去看,现实就推动他思考。在一个非洲殖民地,他看到了当地人生活的变化。到1937年的时候,他写了一本《文化动态论》,是笔记,没有定稿。死后才出版,是他的一个学生帮他整理的,也是我的一个同学。这个同学跟他到美国去,他却死在那里了。

为什么马老师死在美国了呢?他是波兰人,反对民族压迫。一个时候是德国占领波兰,又一个时候是俄国占领波兰,连续几代人受压迫,波兰人很苦,流亡的很多。马老师流亡到了英国,入了英国籍,可他心里还是波兰人,波兰的一个知识分子。他同情波兰人民,心里边反对侵占这一套,所以对肯尼雅塔、对我都特别好,觉得心是可以相通的,都来自受压迫民族嘛。

英国对马老师好,主要是语言上好听,事情上好办,给他一切优待。可是在深处有一种隔膜、文化上的隔膜,不是一条心。后来英国打仗了,他就到美国去。美国给他的待遇很高,终身教授,请他讲种族关系。可是他在美国没有找到在英国时候那样的学生,学生中没有能和他相通而接得上的人。他觉得很悲观,也很寂寞,因为他讲这一套不适合当时美国文化的根本局面。

他讲种族平等，美国社会上种族冲突很厉害，在客观上是冷淡他的。不像在英国，他在那里讲，我们这些学生服他的。在美国，学生中找不到知音。到社会上去，听得到表面上的好话，心里却不通，合不拢。没过几年，他就发病死在美国。本来不该的，他自己也没有想到。《文化动态论》怎么结束他还没有做打算呢，突然就去世了。好多文字都是事后别人替他整理的，不是他自己写的。看得出来，好多话还没有讲出来，还没有说透，看得不舒服，很难读。

这本书我看了两遍，还要再看，然后写一篇文章。这篇文章很不好写。怎么解决民族冲突，马老师在书中提出了一套办法的。

种族关系问题是美国社会的一个关键问题，非常重要，又不能公开讲透。亨廷顿写了一本《文明的冲突与世界秩序的重建》，他的思想来源主要就是美国的种族冲突。这个问题现在压在里边，不能说了。现在美国黑人太多了，白种人少了。原来有一批清教徒，是当年第一批上岸的人。这批人很厉害，创立了美国文化。

但现在人数越来越少了，原来这批欧洲种人变成少数民族了。这是个很大的事情。在美国要投票的，人数少了，票就少，所以他们现在很紧张。为什么以色列和巴勒斯坦冲突中美国一定要支持以色列呢？因为犹太人多，犹太人的经济力量最大，要靠这批人，不能让步的，一让步总统就可能做不上了。美国的民主就是这样的。

我想到了马老师的《文化动态论》。我正在写读他这本书的文章，打算在明年的北大高级研讨班上去讲，讲他这套理论是怎么来的。

马老师对我还是很赏识的，因为我的想法与他的能合得起来，他的要求和愿望在我身上实现了。他走出了从书本到田野的第一步，这也是从书斋到社会的一步，促使他发生了从静态到动态的变化。下一步，他希望从西方人眼中的化外之地走向对文明社会的研究，丢掉猎奇与好古的毛病。

就在这个时候,我写了《江村经济》,把他正在想的事情做出来了,所以他很夸奖。但我是马老师的学生,现在也还在读老师的书。为什么会有《文化动态论》这本书,背景和经过我是知道的。它的内涵是什么,有哪几个关键的问题,同他过去的文化论有什么不同,有哪些观点上的矛盾和冲突,为什么改变了看法,对这些我都要交代一遍。最后讲他的生非其时。

10月14日　吴江

继续昨天和先生的座谈。

张冠生讲商丘福源集团的土地租赁改革试验。

费皖讲郑州"双加模式"改革实验。

李友梅讲浦东开发中的农民问题。

——听过,先生说:

搞社会学的人应该有一种自觉的意识,一定要站在社会生活的实际变化里边。一个社会学工作者,只有置身于社会发展潮流当中去,才能亲身经历和感受社会正在那里变动。

这是我自己的经验。我不把自己放到发展变化的最前沿,抓不住这些问题的。现在我支持浦东的课题,想把你们放到最前沿去,李友梅在做,不知道你们能不能吃得消。压力很大的。

现在正是一个大变动的时候,要对这场变动有所理解。这一套东西怎么出来的,往什么地方去,要对大变化中的社会系统活动有所认识,并且把它讲出来,置身变局之外是办不到的。推动我们思想活动的动力,就是我们实际接触的事情。你能吸收实际当中的变化因素,了解变化的事实,那你的思想一定是活泼的、新鲜的。

你们刚才讲的这些事情,就是我在这一年里看到的变化。福源集团的老总到家里来看我,同我讲,企业发展的下一步要吃掉两个乡镇。我问什么叫"吃"呢?后来我到广东去,从深圳开始,我懂得这个问题了。

农村中实行的家庭联产承包责任制正在发生变化。

这个责任制曾经发生了很大作用，现在就要过去了。不是我要它变，不是我去造反，是客观形势要变。大家都碰到了这个问题，都在想办法。

我要求自己置身于这场变化里边，看看它是怎么非变不可的道理。

各个省，各个市，各个县，只要是动脑筋的领导，都在那里想这个问题，都在找解决问题的办法。胆子小的不敢想下去，但是客观形势逼着你，回避不了，不想也不是个办法，想嘛，有框框，于是就看上边。上边的领导很重要。领导很小心，不能多动。因为全国的情况很复杂，你这里一动，一阵风刮起来，就吃不消。这个我理解，一定要稳。可是想问题的人心里清楚，到了该找办法的时候，不能就这么僵下去，还是得动，不然解决不了问题。

大家都在讲农业产业化，产业化不是空的，要具体。要搞产业化，不动这个社会结构是不行的。人的关系是需要变一变的。农业生产的结构是要变一变的。

毛主席当年也在想这个问题。他还是比较懂得中国农村的，想到了要搞合作化、集体化。这在理论上是对的。可是在怎么做的问题上，他超越了时代条件。条件还不够，硬要来，结果没有搞成。他当时不大知道基层的情况了。谁知道情况呢？老百姓都知道。

他们在实际生活当中，每天都碰到具体问题。走得通走不通，老百姓是知道的。所以我说要走群众路线。我们要提高自己的认识，靠谁呢？不是靠老师，也不是靠书本，而是要到实际生活里去找老百姓，向他们请教。今天我们这样谈各自的调查发现，就是从老百姓那里来的。大家都觉得有收获，得到了启发。老百姓知道行不行，可是他不一定想得很深，这就是我们的任务，从实践当中进行总结。

我们今年从沿海到内地看了一路，看了多半年，跟着实践当中的变化走，这是我的决策。我感觉时候到了，熟了。时机到了，要抓住做文章。邓小平南下就是抓时机,做文章。他不是在北京讲,是到汉口去讲。这里边原因复杂极了。在什么时候讲,到哪个地方去讲,他抓准了。

先是武汉,后是珠海、深圳。他去讲话起了多大作用啊。他不是创造这个局面,而是到了一定的时候,抓住实际破题,把关键点出来。

现在对农业改革和农业产业化来说,就是一个很关键的时期。各个地方都在想办法,各个省都有希望,就看各地领导是不是真想问题,真做事情,真为民众。公司加农户是个好路子,福源集团又提高了一步,我想这应该是江泽民时代的一个中心课题。

我们这些从事社会学研究的人,一定要站在时代潮流冲击的焦点上,这时候你能摸得着时代变化的脉搏。这个不容易的,得不怕当"右派",弄得不好就当"右派"。也许不再反右了,但可以是别的名堂。还可以有波动,还可以让你入另册的。当然我们不要自己去找麻烦,可是麻烦找到你的话也不要怕,扣帽子也不要怕。扣也不大灵光了,大家也不会接受了。

总的意思是说,社会变化本身,会出来一条适合这种变化的路子。这条路子不是哪个人想出来的,是人家在那里走了,我们去看出来了。群众创造的东西在实际中发生效果,我们的本领就是要能看出来,说清楚。现在我们找到了几个地方,看到了一些变化,并且深入了进去,都很有意思。

浦东是个新旧体制矛盾和中西文化交汇冲突的地方。商丘的办法是条适合广大中部地区发展的路子,实践证明已经有了效果。我这辈子就要一个东西,就是理解中国的变化,这个变化要有富民强国的效果。自从走上社会学这条路,我想的就是这个问题。

中国的社会学,说起来很曲折的。先天不足,后天营养也不好。一个学科,绝不可能速成的。挥之即去可以,一刀就砍掉了,却没办法招之即来。所以院系调整的时候,我向毛泽东提出要求,不要断掉,留一点苗苗行不行？当时我是公开提要求的，这话是在怀仁堂讲的，去查应该可以查得到。

从当"右派"到"文革"结束，从1957年到1980年，二十多年的时间我没有利用好。可是人生还在继续，脑筋也没有闲着。没有多少人会有我这段经历。没有那一段也就没有后来这一段。没有那二十多年就没有后来这18年。这18年变化很快，问题也很多。浦东的农民没有土地了。农民世世代代就是靠土地生活，现在没有了土地，怎么生活下去？确实是个大问题。皮之不存，毛将焉附？

过去在知识分子问题上，出了个皮和毛的说法，很有名。知识分子成了毛，划入另册，使知识分子没有了着落，失去了灵魂寄托，很苦的。

浦东的问题摆在那里了，既成事实，回不去的，怎么办？我想应该培植新皮，保存旧毛。化整为零，旧皮生新皮。具体办法不在一条道上，要多想办法，大家合力，把"龙头"举起来。龙头要真正抬起来，上海自己的力量不够，要看得远一点。

工农结合，打通江浙两翼，靠两翼的力量解决浦东农民的就业问题。苏、锡、常、通、杭、嘉、湖、甬，八员大将的力量不小，有解决问题的能力。上海要舍得拿出点钱，让人家得点利益。互利互惠，共同发展。首先是上海郊区，然后向两翼扩展。

这里边的关键是先要想通，转变观念，区域着眼，走出封闭，改革开放，工农结合，化险为夷。要做到双方有利，这是对等原则。

我现在有了"轻舟已过万重山"的感觉，但还在船上做事情。浦东的事情也还在心上。中国现在正在走一条路，不是学外国，而是要自己找出来。我为找这条路子所做的最后一件事情，是做"文化自觉"这篇文章。

陈寅恪、吴宓、冯友兰、金岳霖这些人都是大家，思考问题的层次很高，但还可以再高些，这是一个民族思考能力的需要。最近有人在

《读书》上写了金岳霖，我认为他并不是这篇文章里写的那个样子。他是被误解了。他的思想很复杂，普通人不容易理解他的内心世界。

五四这一代知识分子快过去了，句号画在什么地方，确实是个问题。我想通过我个人画的句号，把这一代人带进"文化自觉"这个大题目里。最后能不能带进去，是我的任务了。这是我要过的最后一重山。

这次走沪宁高速公路，我有了"千里江陵一日还"的感觉。两岸猿声还是在啼，而且啼个不住，不会停的。轻舟却不去管它了，沉浮意自扬，飞过万重山。可是能不能"还"到白帝城，那就不知道了。所以我很羡慕达姐，她这篇文章已经写完了，而且收尾收得很舒服。可是她自己还不知道她这篇文章已经写完了，有意思。她还在那里摆弄蓖麻蚕，那是郑先生的志愿，她还没有完成啊。她就这么天天做着蓖麻蚕的事情，继续着他们夫妇的梦。这条船可以把她带到生命的结束。

你们也许可以看到我们两个是怎样结束的，看我们把自己这篇文章最后写完，这很有意思。我嘛，太自觉了一点，不必管嘛，人家在替你写，也不是自己就能决定怎么样。可是我还是要参与，希望自己能自觉地参与到时代的变化里边。

我还是在最后一段时间里边增加自己认识的科学性。究天人之际，通古今之变，成一家之言。这一究、一通，就接近科学了。怎么去究，怎么能通呢？我这一生就是从实际生活求得知识。所以北大准备在100周年校庆时为我出本书，我取的名字叫《从实求知录》。

10月15日　从吴江回北京

按计划，今上午先生到同里镇去，主要是去与姐姐费达生见面。顺便看一下已经落成并开始使用的同里湖度假村。

先生到同里之前，吴江接待部门已将费达生先行接至同里湖度假村。上午10点一刻，先生走进度假村主楼6215房间，看望在此等候的姐姐费达生。

费达生剪了短发，发型像个小男孩。先生一见面就说："漂亮了，年轻了，成小妹妹了。"然后又对姐姐说："你就是在同里出生的呀。我说要在你出生的地方看望姐姐，今天这个愿望实现了。不过今天你不像姐姐了，像个小妹妹了。"

先生对在场的人讲姐姐一生的追求。费达生即拿出一个塑料袋，里边装着蚕丝团和捻筒。她向众人演示由蓖麻蚕丝团中捻出丝线并卷到捻筒上的手工操作过程，并讲述蓖麻速生，较桑树快得多。

为显示费达生良好的身心状态，其义女凤珍与她玩起了当地的"拍大麦"游戏。两人以极娴熟的动作飞快地相对交错拍手。费达生动作之灵巧、敏捷，真是令人惊叹。若不是亲眼看见，实在难以相信一位94岁的老人可以这样的灵活。

先生在一旁看得兴起，也要与姐姐拍上一段。实际拍起来的时候，先生在速率上明显逊于姐姐，便说："看，确实是小妹妹吧。"又对众人说："上次我看望姐姐，是在今年春天。她对我说，还有五年，就到100岁了。我听后，有很多感想。她已经看到了100岁，我就不敢想那么远。1980年的时候，我说'还有十块钱'。现在已经大大透支了。"

拍下了先生与姐姐玩拍手游戏的珍贵照片。

午休后，先生三访江村时见过的一个小女孩（《江村经济》中文版所置照片中第一幅上被抱在怀里的孩子）也来到度假村。先生高兴地与这个名叫沈洁的女孩相见，说这个场面与三访江村时的情景联系起来，"是历史的折叠"。

热闹的场面中，费达生老人此时处在中心话语之外。她一边努力辨听弟弟与众人的开心谈话，一边仍在用手不停地从蚕丝团中往外捻线。

沈洁今年13岁，在卄弦弓小学读六年级，有些拘谨。另一个当年一同被先生抱过的女孩也在现场，尚未开蒙，动作大方，说话声音也大，还大吃香蕉。沈洁则手持香蕉始终未吃。

先生注意到了两人的不同反应，说：我在留心她们不同的表情，理解她们。沈洁已经大一点了,不好意思吃香蕉了,知道点规矩了。那个更小的女孩还不知道。这个区别很有意思,有文化内容在里边。

10月16日　从吴江到北京

列车行进途中,先生谈起钱穆,说:

钱穆不留在大陆,也不去台湾,拂袖而去,宁愿流亡。到香港创办新亚书院,靠讲课的收入来维持生活,很艰苦。后来蒋介石给他造了一栋房子,叫"素书楼"。他在里边安心写书,写了很多书。他晚年去世之前,自己觉得很满意,要做的事情都做了。这是他自己的心情。可是作为旁人在外边,可以提出一个问题:怎么知道要做的事情就是那些呢?写文章不光是自己的事情,也是历史行为在一个学者身上的具体表现。也许要做的事情不止那些。这不是自己能确定的。

我现在有了"轻舟已过万重山"的感觉,但还在船上做事情。从山外来看,中国现在有一条路,不是学外国,而是要自己找出来的。中国式的民主是什么,怎样来实现,前天我已经讲到了。前天讲的东西很重要,整理出来后要修改完善。回去后录音我也想再听一遍。也许是一篇很重要的政治宣言。

这个方面要画一个句号了。我最后要搞"文化自觉"了。

本来,明年的"两会"和今年民盟的代表大会上我还可以讲一篇,最后讲一篇。可是这样讲影响太大了。我想还是不讲了。怎么从参政议政开始,走到社会主义民主,这条路子是有讲头的。可我还是取消了。

这个事情要靠党内自己觉悟。我不去参与人家的事情了。我这个轻舟已过万重山了。

10月27日　北京

日本法政大学董事长、校长清成忠南教授到先生家中访问。先生说:

我现在还有公职,开会太多,时间不能充分利用。到明年春天卸职后，如果身体还好的话，就可以集中精力了。我80岁的生日是在东京过的，印象很深。希望90岁的生日还有机会再去。

我过去开的题目不少，现在要把它都结一结。现在怎么样，怎么想的，都讲得清楚一点。

最近我在写读马林诺夫斯基的《文化动态论》的体会。我当年在那儿听他讲，现在把我的体会讲出来，同"文化论"连起来了。

现在我们正在研究浦东开发区中的农民问题。

外来的力量使当地突然发生大的变化。怎么适应变化？怎么转化？是个很有意思的问题。

农村家庭关系也发生了大的变化，在很短时间内的变化。

文化在变，大变动。值得认真观察研究。

10月30日　北京

说洲际经济。

新华通讯社音像中心拟拍摄一部大型纪录片，暂名《奔腾的长江》。摄制组按计划于今天上午到先生住所采访。

先生头天晚上从电视新闻中看江泽民在美国与克林顿会谈时，联想到下个世纪的世界格局，心事浩茫，竟至夜不能寐，直到凌晨2时方入眠。

晨起后，既有人来访，先生很有兴致地谈起与昨晚新闻有关的想法说：

今天我想讲的东西，过去还没有讲过，是一点新的想法。

现在这一刻，我们是30号，在美国还是29号，正是江泽民主席在华盛顿和克林顿会谈的日子。1997年这一年里，我们有三件大事：第一件是香港回归，第二件是中共十五大，第三件是中美首脑高峰会谈。这三件事都是划时代的、继往开来的。从7月到10月短短三个月这段时间，是中国的一个历史转折点。在我们面向21世纪的时候，这是一段非常重要的日子。这个转折点的背景，是上下几千年的中国和世界历史。

我在燕京大学读到四年级的时候，有个老师开的一门课叫 *Chinese Renaissance*，意思是"中国的文艺复兴"。他是以19世纪后期到20世纪初来中国的外国人写的书做基础，来讲他们眼中看到中国的大变化。讲这门课的时候，他指定我们去看哪本书中的哪一段，我就按着所指定的章节去看。现在回想起来，印象最深的有一段。太平天国的时候，曾国藩攻打南京，他手下有一员大将，名叫胡林翼，胡林翼在采石矶那里看形势，看到一艘外国轮船从长江里开上来，逆流而上。他一看到这个场面，就昏了过去，只说了一句话：这个世界要变了。他这话很有意思，说明这个人看得很远。他看到了一个转折点，历史的转折点。一方面是中国几千年的文明史，一方面是来自西方世界的工业力量。这个工业力量已经进来了。这是工业文明的力量，比太平天国的力量要大得多。这个力量才是真的对手。从长江水面上的一艘外国小火轮，看到中国的一个新的局面要到来，这确实需要相当的远见。

我在今年访问马鞍山时回想起这段往事，是什么意思呢？是说长江三角洲这一带，是当年那个历史转折点的具体空间。那艘外国小火轮从长江口往里边走，是一个象征，轮船象征西方工业文明，长江象征源远流长的中国历史。当时轮船作为一种兵器，驶进长江，预示着一场历史的转折。一个兵法家，看到了一种新兴力量。从太平天国到现在，大概150年了。150年的中国历史，证明他看得不错。他预料的局面成了事实。

事隔150年，这三个月，中国和世界历史又走到了一个转折点上。这是20世纪向21世纪的转折。这两个世纪有什么区别呢？我从经济上看，有一个想法，算是老叟狂言吧，就是要从国际经济转向洲际经济。前不久我去看了北仑港，又到马鞍山访问，去看李白墓，也去了采石矶。从采石矶下来，我讲了一段话，说是到21世纪，我们面对的将是洲际经济，而不仅仅是国际经济了。这在接近20世纪末的时候，已经可以看出一点苗头。最近两年看得更清楚了。最清楚的是欧洲共同体，欧盟。冷战时代的局面已经完全改变了。俄国加入不加入已成了个热门问题，里边就有洲际经济的背景。这次江泽民主席访问美国之前,克林顿到南美跑了一趟。在他的想法当中,想把南、北美洲搞成一个共同体。21世纪开始的时候,世界经济的一个基本格局,将是欧洲、北美、东亚三大块地方成为三个经济增长点,开辟以洲际范围为基本支点的经济来往。以欧洲、北美、东亚为基地的工业力量,利用非洲、澳大利亚、南美洲的资源,形成一个远洋交通所联系的全球社区。在这样一种格局中,中国要适应这个变化,要跟得上去,至少要有个深水港,有能停靠20万吨以上级货轮的码头。有了这样的接触点,中国才能进入洲际经济。

孙中山是有眼光的,他提出要搞个东方大港。我最近一个时期出去调查就注意这个问题。我们现在应该就把这件事做起来了。东方大港建在哪里,具体内容是什么,都要弄清楚。我跑了几趟,在内容上清楚了一点,东方大港就是个20万吨以上级轮船能停靠的港口。在长江三角洲这块地方,有几个地方具备搞20万吨以上级大船停靠的港口?已经发展起来,具有相应规模的地方,是宁波的北仑港。现在,北仑港的深水码头成了宝钢运送原料的一个转运站。澳大利亚的矿砂用20万吨的大船运到北仑港,再从这里换两万吨的船送到上海,供应宝钢。这样转运,每吨货物的运费要增加一美元。这是个具体例子,说明洲际经济时代的一个特点,原料从很远的地方来,利用巨轮,大进大出。有了深水码头,才能适应这一局面。新加坡能成为东亚的一只小老虎就是个实例。

有人主张现有的北仑港可以发展成东方大港的底子或一部分。当然并不排斥在上海附近的海域进行更深入的勘测,看看是否还有更合适的港口。中山先生所提出的东方大港也可能是个由若干港口联合组成的。这主要是决定于地理定势和现代建港科技的发展。如果以北仑港为底子来建立东方大港,当前的问题是怎样把北仑港和上海这个经济中心结合起来。上个月我去北仑港访问时,听说又搞一条高速公路,越过钱塘江,以缩短沪甬之间流通距离的设想。当然也可以考虑采取河底隧道的方式来解决这个问题。至于采取哪种方式,主要是决定于哪种方式便宜和投资有没有来源。但无论如何现在应当早日为长江这条黄金水道在21世纪洲际经济的格局中定个位。无疑的是，它将成为东亚地区和世界五大洲经济往来的一个重要的门户。

在洲际经济中，东亚地区可以成为中心和门户的地方，香港也是一个。但是香港的发展要依靠华南这一块腹地的开发。没有腹地是不行的。长江三角洲是一块东方大港的广大腹地，是中国历史上开发了很长时间的地方，是块熟地，不是生地。有这样的优势，如果现在定位比较准确，将来搞得好的话，可以超过香港。香港不过是个洲际经济的联络点，它自己没有腹地，要靠华南。珠江三角洲比起长江三角洲来，长江三角洲要更"熟"一些。江浙两翼的熟地，加上长江的出口，是个不错的结构。

全球经济的眼光，也许还要进一步扩大，那就是去利用太空资源。人类发展自己的下一步，不但是跨出大洲，而且要走出地球，利用月球、金星这类地方的资源，即太空资源。这在21世纪可能会成为现实。全球经济一体化的意思，一方面是以洲际经济为特点，全球五大洲成为一个联系密切的整体；另一方面是这个整体不仅利用分布在各洲大陆上和各大洋水底的资源，而且要去利用地球之外的太空资源。

最近几天中美两国首脑在华盛顿的见面和会谈，象征了人类社会进入洲际经济时代的开始。将来要经常面临的问题，不光是国与国的关系，还有洲与洲的关系问题。现在的洲际关系中的问题，首先是经济发展的不平衡。20世纪里边，帝国主义采用了通过掠夺别人发展自己这个模式，至今还没有一个可行的方式来替代它，工业中心吃原料中心的事情还在继续。现在美国想以北美为中心，搞出南北两个美洲的经济联合体来，困难很多，就是因为原来的帝国主义发展模式是地区剥削地区。这个模式的残余还在发挥作用，还没有转过来。洲际之间的不平衡，可能是洲际经济时代开始的第一个阶段里避免不了的。在发展上看，工业中心快，资源中心慢，这是历史事实。20世纪里边，印度、中国、非洲这些资源中心，供应欧美这样的工业中心，是一种不平等的局面，造成了不平等的结果。为什么要打鸦片战争？还不是人家要我们的资源和市场嘛。

在中国历史上，长江三角洲这一带，是文化发源很早的一块地方，可以回溯到旧石器时代和新石器时代。新石器时代已经有很好的手工艺制品了。我在宁波曾到附近看河姆渡文化遗址，看到那时已经有种植、纺织、玉器，还有建筑在木桩上的集体居住区。农业出来了，手工业出来了，建筑业也出来了。六七千年以前已经有这么发达的文化，很了不起。可是当时各地文化并不统一，而是一个区域一个区域分开的。各个区域之间不平衡，经过夏、商、周各代发展下来，直到秦汉，成为一个统一体，成了一个多元一体的强大国家。多元一体的观点，也可以用来看待今天的中国和世界。从中国文明起源和发展的历史，一直看到今天这样一个大转变，出现了一个以大洲为单位的合作体系，一个洲际经济时代。当然里边会有许多曲折，短则一个世纪，长则一千年，现在只是洲际经济的起步阶段。今天在中美两国首脑会谈的时候，讲这个话，可以做个纪念，算是我们对今后历史的一个展望。

在这个宏大的格局下讨论长江经济带的发展，中国经济的发展，就要树立起区域经济的观点。东亚地区的一个经济中心应该落在上海。上海应该瞄准这个大格局和大目标去做事情，不要分心。把贸易、金融、科技、信息抓上去，把工业分出去，一层层地分出去，利用贸易中心的力量把腹地一层层地带起来，这才是区域经济中的大上海，一个中国经济的龙头。这个大的格局，我从早年到现在一直在用心思，带着问题到处走、到处看、到处问，一步一步看出来的。回想起这个思想的根子，可能就是我在燕京大学选修"中国的文艺复兴"这门课里讲的采石矶那一节。从那个时候开始，我就在一生当中的实地调查里边，一步一步地跟着历史的发展看，从一个地方到几个地方、到全国，再到全球，看这段历史的整个发展变化过程。总的思想格局是多元一体。一直到前些天，从北仑港到采石矶，想法又有所发展。说起来很有意思，从采石矶下来，我从南京上高速公路，到苏州，一路上看到的城乡外貌，是一个从小农经济到初步工业化、现代化的过程。就像我一生看到的这段中国历史发展变化的一个缩影。西方文明的影响，已经深入我们生活中衣食住行的各个方面了，都在那儿变。在这个全球趋向一体的局面下，我们中国文化能为人类社会贡献点什么，应该认真想一想，不能光等着穿西服、喝可口可乐、看西方电影。

下午，先生出席"北京大学社区研究奖颁奖大会"，在会上讲话说：

我很高兴来参加这次社区研究奖颁奖大会。我有很多感想，想在这里吐露一下。今天有这么多年轻人来参加，这把我的思想拉回到我进这个校园的时候。1930年，我正好20岁，同你们差不多大，或者更年轻一点。那时候还不是北京大学，还是燕京大学，但校园还是这个校园，未名湖还是我们最熟悉的地方。我就住在未名湖畔的宿舍里边。当时我的年纪和你们差不多，但心情同你们现在不完全相同。因为时处抗战前，我第一年来，正好是"九一八"事变发生的时候，我们都进城去游行。我是南方人，不大适应北方的气候，感冒了，得了肺炎。

联系今天各位获奖者的发言，我就想起我们当时的心情。我本来是学医预科的，想做医生的，预备"救人一命，胜造七级浮屠"的。后来一看，问题不在救一个人，全国发生问题了。农民那么苦，我们年轻人也没出路。因此不在于一个人生病不生病，而在于社会好不好。所以我抱了很大的希望，想到北京来念社会学。可是我同你们一样年龄的时候，没有你们幸福。我们找不到路，究竟我们的出路在哪里呢？当时马克思主义已经有了，可是我们也接触不到。在燕京大学校园内，影响不大。所以我们是自己想找一条出路。

我们住在宿舍里边，大家讨论。我第一个发言，说社会学不应该离开实际。我们这批学生嘛，不满意老师。老师讲的内容接触不到中国问题。究竟中国人怎么生活的、中国社会是怎么样的，听不到。可是念了很多外国书。到我们的时候，老师倒是已经用中国话上课了，当然很多老师还带点英文，因为有的概念很难翻译，说不出来就用英文代替了。"社区"这个词，就是我们这批小年轻想出来的。community 和 society，英文里边都叫"社会"，它不分的。当时我们碰到一个外国教授，叫 Park，芝加哥来的。他提出 community 的概念和 society 不一样，"Community is not a society"。我们没有办法了，不能翻译成"社会不是社会"，所以大家想出来一个词，叫"社区"，比较具体。"社区"现在用得很广了，进入中国文化里边去了。当时就是我们几个年轻人，同你们一样大时想出来的。我这样讲不是为了争取发明权，可是历史就是这样，的的确确当时逼着我们要翻译 community 这个字。我今天不多说了，只是想说明当时我们念外国书，连翻译成中文都是问题，没有这个概念。就在这个时候，大家决心要自己搞。今天就是很好的例子，不是老师出的题目，是我们在生活里边自己找问题去研究的。

我大学三年级的时候，1933 年，Park 来燕京大学，他说你们要念社会学，其实你自己就在社会里边。我们自己就有父母，有兄弟姐妹，都在社会里边生活，没有一天离开社会的，没有一件事情离开了别人做的。他说你们就从生活里边去看。可是我们的生活局限于未名湖的生活，完全特殊的，同外边接触不到的。我们到城里去，坐学校的校车，几个朋友，去看一场电影，吃一顿饭，玩一天。回来还是这么一批人，各地方来的大学生。所以我们说要跳出未名湖畔的生活圈子，去看看同我们不一样的生活。这是 Park 对我们最大的启发。

他带我们到天桥，让我们去看看那里的生活。还带我们到监狱里边去。我第一次去给犯人量体质的时候，看到有人浑身上下一个个黑点点，原来是扎针吸毒留下来的疤。这个生活我怎么懂呢？书上面讲毒品，可毒品怎么样的我就不知道了。从这件事上我理解到，不是每个人都像我一样生活的，所以我们学社会学的，要去研究人们的生活方式，研究人同人的关系。可是我们理解的圈子很小，就是自己家里从小养成的，父母教我们的那一套规矩。到了学校，就是燕京大学的那一套规矩。燕京大学这个小社区，它同北京大学、清华大学也不同。我们学生见了面就知道，你是不是燕京的人。燕京人的特点是三句话离不开几个英文字。他举止行动同北大师大不一样。师大最穷，北大学生是住在公寓里边的。公寓出来的学生，是顾颉刚这一类的人，可以成天出去看戏。顾颉刚就是通过看京戏，联系到历史，最后搞出来一个《古史辨》。《古史辨》根本就是从北大生活里边出来的，不会出在燕京大学学生身上。燕京大学学生接触北京的生活太少了。一天去一趟，就回来了。我们自己有自己的生活方式。

就这样，我们逐渐理解到各种不同的生活，都有一套道理。为什么北京大学出顾颉刚，不出在燕京大学，因为北京大学的学生有机会看戏，他们没有拘束的，上不上课不要紧的。燕京大学很严，上课要点名，谁缺课了考试要扣分数。北大很松，听不听课不在乎。可是它可以发展出来很特殊的人才。他们的接触面同我们不一样。一个大学有一个大学的风气，有它文化上的不同，也是 community 嘛。

当时我们通过吴文藻教授搭桥，从芝加哥大学请来 Park 教授，接触到芝加哥学派。刚才我们有研究"浙江村"的，Park 的学生也在芝加哥研究 Russian Town。芝加哥也有很多像浙江村一样的社区，因为有各国来的很多移民。我们是国内的移民，它是欧洲来的移民，有 Russian Town，有 Polish Peasant。Park 的同事研究从波兰到美国去的农民的生活。这个方法的核心是要看到和我们自己生活不一样的小社会，进行研究。我们的世界是多种样子生活的人住在一起。所以首先要跳出自己已经习惯和熟悉的生活圈子，到生活里边去看社会。人类学嘛，更厉害一点，到另一个文化里边去看。跳出白种人自己的生活，去看一个不同于白种人的生活，从这里边也才能看到人类生活的共同性。

我们接受 Park 的建议。他启发我们直接去看生活，越看越有意思。看人家，才能看到自己。这是我们人类学和社会学的任务，研究人的生活内容。这个是最容易的，因为我们自己就在生活里边。可是太容易了，大家觉得当然这样，就不大会去想和理解它了。吃饭嘛，用筷子，用惯了之后就不觉得稀奇了。可是只有我们东方人用筷子吃饭。只有从我们自己熟悉的生活里边跳出来，看到和我们不同的生活，看到以后就有了启发，想它为什么和我们不一样，来理解我们为什么这么生活。这样就出来了人类学和社会学。

我同你们差不多隔了两代了，很多事情，我也不容易理解了。对于我女儿的心情，还能懂得，我的外孙女的心情，我是不很懂了。她的内心生活究竟是怎么样的，已经又是一个世界了。这个变化很大、很厉害。社会发生变化了，就在我们身边。假定我们有意识地去注意几代人的变化，就是我们社会学的学问了。我家请小保姆，农村来的一个小姑娘，到我们家里就变了。这是一个最好的社会学材料，就在我面前。大批的乡下农民，年纪很小的时候，到城里来了。来了之后，变了，回不去了，被城市消化了。这是一个大问题、一个文化变迁。作为社会学的研究对象来看，是很好的材料。一个人一个人摆在那儿，到处都是。可是现在很多人不明白自己就在里边。我们都在大潮流里边。去看社会，直接去接触生活，这是社会学人类学的起点。同时，进得去还要出得来，这个不容易的。作为一个观察者，一个科学研究的人，怎么能进得去一个和自己不同的社会，而且又能够出得来看它，讲出道理，这不容易。最近我提出"文化自觉"，就是文化只有靠自己来认识自己。办法就是社会学里边讲的，去看生活，看到自己的生活，分析自己的生活。最近我写的几篇文章，是反思我过去写的东西，就是在看自己为什么当时有这种想法，怎么看出来的。这中间有一个道理的，这个道理又高一层了。这就是逐步深入下去，从看别人到能看自己。

这一次的社区奖，我很支持这个事情，目的就是要启发大家主动去找问题，直接去看生活。人生一台戏啊，这台戏怎么才能唱得好，要想明白。我最后一台戏怎么唱，现在该考虑这个问题了。这两天，我们面前正在上演大戏。昨天晚上，江泽民和克林顿会谈，这是决定性的。两个文化怎么相处，这个世界是什么样的世界，大家应该想一想。必须合作才能创造一个21世纪的世界。我讲过"多元一体"，就是总结人类的运动规则得出来的。20世纪是民族国家的世界，是资本主义精神在政治上的表现。中国刚刚进入nation state，可是这个世界又开始一个大变化，出现全球的一体化，扩大成为一个全人类的社区，因此很复杂了。要建立一套规则，50亿人怎么能在一个小小地球上相处下去，生活资源够不够，不够哪里去拿，是不是要从太空里边拿。21世纪是一个大变化的时代，一般人还无法想象。我们社会科学要贡献自己的力量，创造一个大家能接受的世界经济关系的基础，一个经济秩序。进一步就是要建立一个道德秩序、伦理的秩序。人与人怎么相处，同一出戏一样，要搞出一个规则来，有规则才能游戏。人同人相处也要有规则。文化社会学、人类学要研究的就是人类共处的规则，一个"moral order"。归根到底，还是一个"多元一体"。在全球文化里边，也一定要有一个相同的综合性的东西。昨天晚上的会谈，代表两个大洲，讨论东亚和北美怎么相处，我把它看作新时代的"破晓"。可是它要进一步下去，很复杂，问题很多。我们要理解它，懂得它的目的，这就是我们社会学和人类学的任务。

个人的生命是有限的，可是人类和文化还要延续下去。我们要有预见性，能看清楚，然后才能选择。这是大事，轮到你们去看出中国要走什么样的道路。在我20岁进入燕京大学时还没有看到有这么一天。你们现在面临着考虑下一个世纪中国的走向。这就需要一个全球性的背景，人类发展的总的规律，要掌握这一个。我们现在还不是真的明白和理解这个规律性。可是我们五四运动出来的人还是相信实证主义，相信科学还是能够认识事实的。我们不懂的事情太多了，可是我们懂得可以控制自己的生活，控制文明的发展，要依靠我们理解文明、理解文化，就是要"文化自觉"。要有自知之明，可以对付21世纪到来的问题。这是每个人都要解决的问题。我们要做个明白人。这句话说起来容易，可要做起来很不容易。我们已经过去60年了，还刚刚开始。要恢复早期的精神。

前些天我到采石矶去,顺便去看了李白的祠堂。讲解员提到了一首诗,我小时候就知道,"轻舟已过万重山"。这个气魄很好。我们中国还不是"轻舟已过万重山"嘛。以前多少困难啊,长征、抗日、解放战争,还有"文化大革命","万重山"啊,我们还不是过来了。可是前面还有"万重山",要你们去过了。怎么过,就是自知之明多一点,多一点社会学,多一点人类学,那么你们就容易过"万重山"了。

10月31日　北京

上午8时半,如约与三联书店沈昌文先生、浙江文艺出版社罗俞君编辑同至先生家中,具体商议选编《费孝通散文》之事。

沈先生送给先生一套《新世纪万有文库》。先生很高兴,趁着兴致向沈公和小罗披露:杨绛是我的第一个女朋友。现在要把我的散文和钱锺书、杨绛的放在一起,这个很妙的。历史真是妙!

我的散文很广泛,同他们不是一个样子。我的散文融化在我的文章里边,包含着我的学术思想。最近写这几篇都是散文啊。

早先写的《访美掠影》就是用散文笔法写的人类学著作。分析美国文化。

比《重访英伦》深一步。我要讲的都隐在里边。很多人都看不出来。

散文不是讲文学。文学与文章是两回事。文学是钱锺书高,文章是杨绛好。

她的散文比钱锺书好啊。《干校六记》写得好。

《洗澡》写成小说,不是她的长处。

钱锺书也是论文好。《围城》我不把它看得很高。

我不念文学。我的散文是自由体。一般散文没有这么写的。

不是为写散文而写散文。"干校家书"是写给我哥哥的信,不是为文章而写的,但可以当散文看。里边很有意思。要细看。要懂得我的人才能看出意思来。

《早春天气》发表后,成都有个我哥哥的好朋友,我叫他"稀有金属"。他直接从希腊文翻译亚里士多德的。对我的这篇文章,他说了一句话:这是传世之作。

这篇文章影响了整个局面,影响了我的一生。没有多少散文能影响政治的。

周总理说好,毛主席也说好,但是个反面文章。这就危险了。

后来打"右派",另有原因。不是因为这篇文章。

这几年我写的都是散文。《新华文摘》转载的《文化自觉》也是散文。

人家写散文不用去翻书的,我写散文要去查的。

文章不能直写,背后都有东西的,直接写出来就不好看了。都是隐喻。

好就好在隐喻上边。不直接说出来,懂得的人就懂了。

"两岸猿声啼不住,轻舟已过万重山。"不懂的人说这个那个,不用去管他了。

我也写过:毁誉在人口,沉浮意自扬。笑骂由人了。

读文章,要进得去,出得来。要能冷眼旁观。老是留在里边,就完蛋了。

你进得去,受感动,同他一起流泪,还要出得来,看看为什么流泪。

文学家很残酷的,用人家的眼泪浇他的生活。

《逝者如斯》的第一首诗,里边有杨绛的影子。她可能看出来了。

《杨绛散文》前边的手迹里边,有答复我的意思。

那个时候,男女不能直接往来的。1930年到1933年,我们第二次同学。

女生上完课,出来走在一条路上。我们男生也在堤上走。可是按当时的游戏规则,男女只能对对眼睛,不能说话的。

后来我又去,堤还在。大学生还在那里走。可是时代不一样了,世风大变。

"犹拂三代人",像戏一样。大家都是戏里的人物。

人也是散文。每个人都是一篇散文。

11月2日　北京

今天是先生87周岁生日。前往拜贺,将已整理出的《谈洲际经济》带给先生修改。此文系根据大前天(10月30日)先生接受电视台采访的谈话录音整理出来的。当时先生很想把思考得比较充分的"洲际经济"题目畅快发挥一下,却被采访者不识时务地打断,没有尽兴,实在可惜。而采访者硬问的那些问题,对他们要制作的节目实无实质意义。

11月15日　从北京到南京

随先生乘K65次列车往南京。入议事园休整。

早饭时,先生说起日前一事:

我去看滕王阁,要我写字。写什么呢?讲解员给了我一幅字,是苏东坡抄写的《滕王阁序》。

我挑出来一句,"老当益壮,宁知白首之心"。写下来了,算是交了差。

回到住处,又翻书查看这篇文章。一看不当紧,书里边不是"宁知白首之心",而是"宁移白首之心"。一个是"知"字,一个是"移"字,哪个错呢?我说该是都对。后来再查别的书,说是"'移'亦作'知'"。看来都对。但毕竟是两个字。我写得怎么样呢?会有人没见过这个写法。

人家会说,连《滕王阁序》都不知道,这不是冒充文人吗?心里想这个问题,睡不着觉了。

"知"和"移"两个字,哪个先?哪个后?是谁改的?在什么情况下改的?改得好不好?出这几个题目,可以做一篇文章。

停了一会儿,先生又说:我自己想,"知"字王勃写不出来。他写

《滕王阁序》的时候，年纪还小。他怎么能知道白发老人的心事呢？

苏东坡抄写到这一句，觉得这个"移"字不好，把它改成了"知"字。

饭后，回到住室。先生拿出由我负责整理、这次特意带着的《费孝通教授吴江谈话录》打印件，已经改得密密麻麻，但尚未改完。先生嘱接着修改，把讲民主的一段拿掉，把江泽民的名字虚掉。"加上我这一生过去做的事情，从头讲起，脉络上有个交代。第一段是从瑶山到江村，再到云南三村，然后中断了20年。第二次学术生命开始到现在，是从《行行重行行》到学术反思，再到'文化自觉'。这样，起承转合都有了。收笔在'文化自觉'。"

下午驱车由南京到无锡。走沪宁高速公路。抵达后入住太湖宾馆阳光楼。

11月16日　无锡

上午随先生到锡山市锡州宾馆，参加"发达地区城市化进程中建筑环境的保护与发展研究项目成果鉴定暨验收会"。会议由建设部主办，项目由同济大学、东南大学和清华大学联合承担。

项目总负责人吴良镛院士讲了基本情况后，先生讲话说：

我当年给你们讲课。现在老师与学生的位置发生了转变。学生成了老师。我来听你们讲课了。这一课使我想起了梁思成先生当年提出的一个大问题，就是城市建筑环境的保护与发展问题。

建国后，我和梁先生一同进了北京市建设委员会。以他为主，我做他的帮手。北京城怎么建法，他有一套想法，既保护，又发展。可惜不被采纳。拆了老城门，他很痛心。我也很同情他。

后来我开了一门课，叫"建筑社会学"。人家觉得太深，就改为"城市社会学"。但这门课后来断了，没有讲完。到现在都没有讲完。我还没有讲的东西，你们把它写出来了。

你主要讲了天人之际,我觉得还要加上古今之变,探讨传统与现代化怎么结合的问题。

推陈出新,不是跟着西方走,而是为人类的发展贡献中国的东西。

梁先生破了题,我们后人应该接下来,拿出像样子的成果。用具体的东西体现中国特色。

下午参观灵山铜佛像。出发前与先生谈上午的谈话,先生说:上午有一点没有讲透。他们一直在强调环境,讲环境是以人为中心。讲天人之际就不是这样了,更高一层。

天人之际的思想里边,天与人是平等的。不存在谁是中心的问题。

雨中驱车祥符寺。灵山位于马山区。马山区委书记向先生介绍区情后,请先生题字。先生即嘱:灵山佛高八十八,我也虚度了八十八。圣俗两界本来不通的,是文化起到了联结作用。就是这个意思,写成几句诗。

遵先生嘱,写出四句:

灵山佛高八十八,
我今虚度亦八八。
圣俗两界孰可通,
一脉相承是文化。

回到住处,先生意犹未尽,说:诗里边,要加进去印度文化传到中国,中国文化容纳印度佛教的意思。即告先生,返程车上想到,要在第三句中加进去"缘"字,既合佛家讲究,也是圣俗两界的天然媒介。先生点头。即改后两句为:

圣俗两界缘何在，
文化一脉融印华。

11月17日　无锡

早起，见先生在客厅做体操。即请王韧赶快拍摄非导演情景下的现场实况。

早饭后随先生访锡山市洛社镇。该镇工业经济已占经济总量的95%以上。最大的镇办企业年产值在十亿元以上。

主人谈到教育问题时，先生插话说：我在想，总讲教育投入，最大的投入在什么地方？可能是在老百姓家里。最大的投入者是谁？可能是家长。现在没有人算这笔账。

下午开座谈会。请来无锡有关职能部门的负责人，与先生座谈农业生产的土地规模经营问题、海外乡镇企业发展问题。

11月18日　从无锡到上海

先生今天休息，要写游滕王阁的文章。

张秘书一家昨日返沪。怀亮和雨斌外出。我一人陪先生。真是拍摄先生外出调查途中写文章的绝佳机会。可惜王韧昨晚亦返沪，惋惜之至。

先生要过方格稿纸和钢笔，即动笔写文章，嘱我帮助查对年号和有关资料。如康熙五十一年为公元何年，又如苏东坡由海南北返途中是否经过南昌、是在什么时间，等等。

因途中少书，先生住处亦无书房及所需工具书，即拨通大侠电话，问所欲问，得告如下：

元符三年，徽宗继位。靖国元年（1100年）得赦免。4月21日下诏，6月初东坡父子动身离儋。往送者众。东坡有诗二首记归。

一

渐客愁闻归路遥，
眼明飞阁俯长桥。
贪看白鹭横秋浦，
不觉青林没晚潮。

二

余生欲老海南村，
帝遣巫阳召我魂。
杳杳天低鹘没处，
青山一发是中原。

东坡父子过琼州海峡后，9月底到广州。游历一番，11月离广州，经三水、清远、韶州到赣江、九江、湖口等地，终染病常州，于1101年8月24日在常州病逝。

把如上内容记录于稿纸，奉于先生案头时，先生已写满四页稿纸。

静观先生著述情景，莫大享受。

近午，先生接近完稿。

根据时间和字数粗算，先生今天的写作效率为每小时近千字。

见我落座于旁，先生推文稿嘱："你看吧。一边看，一边改正错字，补上漏字。有些字一时想不起来，就空下了。你帮着填上。"

即拜读先生手稿。自首句"1997年秋，有事于江西，道出南昌，事毕主人邀作滕王阁之游"开始，至最后"过了几天，有友人从北京来，听到了我想写这篇小记"止。

先生待我读完一遍，说："我写到这里为止，下边是你的事了。把它续完好了。我写这一部分你也可以改改。"遂应命收起先生手稿。

午休后驱车离无锡，赴上海。上车后，先生嘱我坐到第一排："我有话对你说。"

落座后开车。先生说:"我中午又想了想。我写的后一段还要改一下。'宁'字,加个问号就是'岂能'的意思,加个惊叹号就是否定的意思了。可以这样讲,也可以那样讲。这里边的文章要写出来。我在最后做个结,你要写的东西不采取续的形式也好。另写一篇,说的又是同一个事情,而且是接着我写的说。这是个新办法。你可以不同意我的说法,反驳也可以。写成两篇,实际上又是一个题目。这样写也许更有意思。"

谈到前天在无锡市参加的会议,先生嘱:"回北京后,帮我找两本梁思成的书。那天的有些想法,我也打算写成文章,写出梁先生达到的境界。他已经从科学又高了一层,进入了艺术境界。吴良镛这一代人还要在现有基础上再高一层。这样梁先生的事业才真正后继有人。我那天说梁先生后继有人,是感慨我自己。梁先生后继有人了,我是后继无人啊!"

下午 3 时离无锡,走沪宁高速路。下午 5 时抵上海。入住锦江宾馆贵宾楼。

11 月 19 日　上海

先生请李友梅来谈浦东新区农民问题调查情况。

李友梅所说,有如下内容:三峡工程有移民问题。因蓄水而淹没原来的耕地与房屋后,农民移到新址,有土地和住房,有了继续生产和生活的基本条件。

浦东新区这里,现代工业"淹没"了原来的土地,但农民没有另一块土地可以迁移,也没有"淹没"后在企业里就业的机会,浮在半空中没有着落。政府也缺乏相应的机构与人力来管这件事。

对这批离开土地的农民,是当作包袱,还是看成一批人力资源,这里边有个观念问题。但一个现实问题是,浦东缺乏高层次管理人才,而不缺乏一般劳动力。

后工业社会的生产观念与工业社会不同。工业社会的生产是对原料的加工制作，后工业社会的生产可能是无形原材料，例如别人手中的生产条件、交易渠道、科学技术、社会需求（如物业管理等），生产行为可能不是机件的加工制作，而是多种生产消费因素的空间组合。

先生说：我们现在所处的就是这样一个新老一体的社会。既有前工业社会的东西和工业社会的东西，也已经开始了后工业社会的东西。在我的家乡，有苏州老市区，有苏州新区，也有苏州工业区。三块地方合在一起，就是现在的苏州，是苏州人生存和发展的现实环境。

现在不少人在做事情，但是交流不够。大家不明白别人在做什么。不知道别人的东西有什么地方可以对我起帮助作用，启发作用。

现在的中国社会学还停留在李景汉时代。吴文藻开始做起来的事情还没有扎根。有人还在那里打架，你搞我一下，我搞你一下，拉山头，树大旗。这样搞下去，社会学没有希望。

中国下一步的经济生长点，香港、广东、上海。北方还没有起来。我鼓励天津争取，但天津劲道不够。原因我也说不清楚。环渤海也没有起来。我们推了一下，效果不大。

11月20日　浦东

今随先生到浦东做实地调查。

先到浦东新区管委会，又到金桥开发公司，再访金桥镇，最后访问三桥村农户。

如此逐层深入，先生是在有意识地支持李友梅在当地持续进行的农民问题调查课题，同时增加自己对浦东发展过程与现状的了解和理解。

先生说：浦东是新旧体制与东西方文化汇合的前沿地带。在这里做调查，能帮助我认识中国的古今之变，看清楚中国是怎么在变，同时也提供知识的服务。

由浦东返回锦江饭店途中，王韧对先生讲近来在上海青年中流行的一个短语，叫"走远了"。这个短语有多义性，甚至可以表达完全相反的意思。

先生表示看法说：这可以理解为当今社会的语言变化跟不上社会变化的一种现象。

语言表达能力有退化趋势。没有能力用不同的语言表达不同的意思，只好用一样的语言表达不一样的意思。这个事情很有意思。

11月21日　从上海到杭州

早饭后出发，别上海，往杭州。天雨且雾，车速不高。

10时半抵嘉兴，在此听取当地领导介绍情况，并吃午饭。

未料午饭间先生出现口歪、流涎水、说话不自如的样子。怀亮扶先生站起来时，腿脚也有点不听使唤。怀亮忙掐先生的合谷和足三里等穴位。情况稍有缓解后，急找医生做紧急处理。又联系杭州，请求速派医生过来。

过些时候，去看望先生。见先生已可以坐在沙发上看报纸，大体恢复正常。

上前问候。先生说：刚才那一下子，对我是个信号。头脑很清楚，想什么都知道，就是说不上来。生理上没有什么痛苦的感觉。

我知道了，这样死去并不痛苦。这对我是个好的信号。

同时也是个提醒，89级台阶（指89周岁）并不好上去，要慢慢来。

晚8时40分，先生被抬进杭州来的救护车里。

躺在救护床上，先生用惊奇的眼光环视车里的设备。

乘此车到杭州。晚10时20分，抵浙江医院住院部。

11月22日　杭州

与浙江文艺出版社罗俞君见面，商议《费孝通散文》选编事宜。

已确定的事情：我提出选编文章目录建议，经先生认可、确定。

文字量与该社已出版的钱锺书、杨绛散文大体相当。

出版前，先生作序，我写后记。

11月23日　杭州

往浙江医院先生所住病房，陪床看护先生。

先生卧床输液时间相当长。输毕，很想起来坐坐。体力并不是病态的样子。也想说说话。

谈到这次浦东考察，先生说：

四级跳，累了点，但效果还不错。

李友梅的一个特点，是主动。她主动找我的。一开始是民盟中央办多学科学术讲座。她把我讲的东西整理了出来，就是后来出版的《社会调查自白》。

前年又参加北大的文化人类学高级研讨班。再往后就是浦东的课题。

学生和老师的缘分，有偶然性的。我和老师的结缘也有偶然性。

现在有不少人说是我的学生，打我的牌子。我讲课的地方多，没办法否认。

说是我的学生可以的，打牌子也行，只要去做好事就行。

但真正的学生是要传东西下去的。能把我的东西传下去，才说得上是我的学生。

11月26日　从杭州到北京

随先生乘CA1510航班回京。

先生拟返京后完成《游滕王阁小记》，命我续写一篇。

航程中，琢磨怎样完成这份考卷。列举暂时想到的相关问题：王勃身世；其写《滕王阁序》的背景、缘由；赋的写法及古文对仗句式的规则；诗文改字的类似事例；"宁"字的古意和用法；"移"字的合理性；"知"字的合理性；查《古文观止》较早版本；比较对照《滕王阁序》

的不同版本；争取说清楚何以苏东坡写过"知"字以后诸版本仍多用"移"，并对苏帖改字之事闭口不提……

抵京后，先生被一辆救护车直接送往北京医院。

11月30日　北京

到北京医院住院部202房间看望先生。先生已基本恢复正常，口授拟于下月中旬深圳会议的讲话要点。先生说：

这次去讲话，是贡献一点我的个人意见。让大家听听是不是有点道理，是不是可行。

京九铁路筑成以后，大家对它有个寄望，希望它能成为今后中国经济当中比较发达的地带。我就从这里讲起。

讲正题之前，还需要个帽子，先说小平同志的改革开放和共同富裕思想，再从十五大报告里拿点东西出来，比如看看里边讲地区差距的地方。在这个帽子下边讲我的想法。

京九铁路正式通车以前，是随统战部组织的各民主党派中央领导人考察团走过一次。

我体会这次考察的目的，是希望民主党派为这条铁路沿线地区的经济发展出些力量，体现参政党和执政党在以经济建设为中心方面的紧密合作。

怎么出力量呢？我想，民主党派的一个特点和优势，是知识分子比较集中，智力密集。这个特点要求我们要多知实情，多出主意，多想办法，以供参考。

带着这个想法，在那一次团体考察之后，我又接着去看，走了许多地方，看到了很多当地群众想办法发展生产、增加收入的例子，感受很深。也有很多想法。

京九铁路的两端，"京"代表政策，"九"代表市场。香港回归后，九龙代表的这个市场就能和内地更好地连接起来了。中间的桥梁就是深圳。希望深圳的同志能看到这个关键地位。

南中国的进一步繁荣与发展,必须扩大它的腹地的实力,加快腹地的发展。只有腹地发展了,南部的经济重镇才能根基牢靠。

京九铁路的建成通车,香港主权的回归,为南中国扩大腹地提供了难得的机遇,也为我国广大中西部地区的发展提供了机遇。

我理解这个机遇的意思,就是一条铁路为沿线地区接通了一个市场的门户。

下一步的事情,是带货上路,进入市场。带货就是我们要拿得出东西,上路就是利用现代交通条件,进入市场就是我们拿上路的东西变成财富,增加农民收入,增强地方的经济实力。

只有这样,机遇才有实际意义,否则就落空了,也很难证明这条路是个机遇。

为了机遇真正变成生产力,我们现在要赶紧动作起来,抓几个基地,也就是抓京九线上的几个经济生长点。

从地图上看得很清楚,京九线的东西两边各有一条大动脉做邻居。东边是京沪线,西边是京广线。京沪线上有天津、济南、南京、无锡、苏州、上海;京广线上有石家庄、邯郸、郑州、武汉、长沙、广州,都是已经发展起来的中心城市。

比较起来,京九线上就缺乏这样大中规模的经济中心。所以京九线上要先抓几个点,培养几个中心城市。培养的办法,可以以省为主体,以市(地区)为重点,分段处理,具体操作。

选那些有底子的地方,比如山东的菏泽、肥城,河南的商丘、信阳,湖北的麻城、黄冈,安徽的阜阳、蒙城,江西的九江、南昌等。

12月4日 北京

依据先生所嘱要点,写出深圳会议讲话初稿。下午至北京医院,请先生阅改初稿。

先生已改出《不任长江空自流》一文，题目换成了《长江三角洲的发展前景》，文字亦有增删。先生仍有未尽之意，说："要改还可以改。先就这个样子吧。你不来的时候，我也可以改。我写完文章，就输入了脑筋里边，可以坐在那里想哪一段怎么改法，在哪里添几句。哪里写得不好，去掉几句。这样的修改，可以不看纸面文字，就在脑筋里边进行。"

12月10日　北京

先生已将《私情与杂语》一书清样仔细看过。除校出差错，又将《知识分子的早春天气》和《"早春"前后》两文从正文拿出，放在正文后，编作"附录"。

先生说：这两篇文章在当时很热闹、影响很大。现在主要是历史价值，就放在最后吧。你要写我的传记，这本书很重要。

接过校样，见先生用毛笔在宣纸上写有"往事重重"四字。先生建议以这四个字做书名。

对先生讲近日为续其《游滕王阁小记》之文，以书店为图书馆查找资料的过程和初步收获。先生听得兴味盎然，说：这就是我讲的智慧游戏啊！多有意思的事，学问就是这么做出来的嘛。

12月11日　北京

先生嘱至吴彬处退还《往事重重》校样时，问一下《长江三角洲的发展前景》一文，最好能抽回来。因为最近几天想了想，觉得此文自己还不太满意，还是再突出些、更充实些后发表才好。但若是因为抽稿而给编辑部带来不便，那就算了。

又嘱与沈昌文先生联系，请他到家里来闲谈。先生说：我现在的重点是写作，需要知道点外界的信息，知道人家对我写的东西怎么看，有些什么希望。

12月12日　北京

上午往三联书店四楼,将《往事重重》一书校样交《读书》吴彬。问及《长江三角洲的发展前景》一文,知已定下发表在明年第二期《读书》杂志,不便再撤下来。

下午至先生家,汇报上午送书稿、问文章的情况。先生说:《半月谈》杂志听说我有写一篇明年开笔文章的想法,希望我快点写出来,好发表在明年第一期。

即问先生想写点什么。先生说:主要是怎样看当前中国在国际上的地位及新一年里的方略问题。

1997年里,香港回归、十五大和江泽民访问美国会晤克林顿,三件大事顺利完成,开了新局面。可看作中国历史上的一个转折点。

此时要冷静观察,既不能头脑发热,高估成绩,也不能低估了中国的实力。

先生说到这里,来了兴致,嘱当即起草。即遵嘱动笔,就在先生书桌上铺纸而写。题为《迎虎年》。写至中途,楼下几番催促吃饭。

先生说:吃饭去。吃完饭你回家,下边的文章我接着写。

12月20日　从北京到深圳

随先生往深圳,住麒麟山庄,参加"京九沿线地区经济合作与社会发展研讨会"。

下午大会发言。先生坐在主席台正中位置,闭目细听。

我代替王韧指点深圳电视台记者张进拍摄现场,请其留意发言人的神态和听众的反应。

12月21日　深圳

今天是大会中心发言时间。发言人依次为费老、钱老(伟长)、孙老

（孚凌）和邹老（家华）。

先生早早来到会场，一个人独坐主席台中央，翻看有关资料，做发言准备。一个极好的细节，若能拍摄下来，当十分宝贵。可惜说好提前赶到会场的张进未能如诺。实在遗憾！

先生讲话，如旧法。讲稿打印给与会者，不再拿着照本宣科，只做"旁白"。

先生的旁白滔滔不绝，超过了预定时间，张秘书几次递纸条，催促结束。先生说：我的意思是要具体。讲具体的人和事。比如商丘的林培玉，要理解他千辛万苦地做事情的意思。没有这样肯吃苦的人埋头苦干，一个地方是很难起来的。

天下事真是巧。先生在深圳会场讲林培玉的时候，河南民权的林培玉正在深圳。

他从报纸上知道费老在深圳，多方打听，终于找到麒麟山庄。

多年未见的老朋友"他乡遇故知"，由衷喜悦溢于言表。

12月22日　深圳

上午，先生与丁石孙一道会见深圳市的民盟成员。地点在深圳市人大常委会礼堂。

先生说：今天来和大家见面，我想聊聊天。说个故事，谈谈老来心情。

今年重阳节，我去了马鞍山，到了采石矶，看了李白墓，想起了李白的诗。后来我从南京走高速公路往苏南去，一路上感到自己也可以说是"轻舟已过万重山"了。

前几天我去上海，看浦东开发当中的农民问题。看过后去杭州，路过嘉兴时，吃粽子，听当地领导讲乍浦港的情况。我听得很起劲，讲了很多话，可能是有点累，吃午饭的时候，突然有点小中风，要上天了。

"轻舟"差点成了"沉舟"。高科技又让我浮了上来。

我想，慢慢沉也好，可以多看看。"沉舟侧畔千帆过，病树前头万木春"，笑看年轻人前途无量，也是赏心悦目的事。

我很想多干点事，但生命有限，供血上不来，就干不了。干不了就多看。

多看看，写点东西，也算做点事。上天给我多少时间，我就干多少事。

我在燕京大学读书的时候，有个瑞士老师，讲"中国的文艺复兴"。那个时候的大学，教课和现在不一样。瑞士老师 de Vags 先自己下功夫读书，读得很多，然后一本本、一段段地画出来，让我们自己去看。看过做笔记，交给老师检查。

一上课，就给我们一张纸，上边写着下一节课前要去看的书。我们就自己去找。

其中有一本书，讲太平天国时曾国藩的一员大将胡林翼在采石矶上看见长江里开上来一个小火轮，当时他就发昏了，说这才是真正的对手，比太平天国厉害得多。他看见了工业革命的力量。

现在中国还不是个轻舟，而是一条很沉重的大船。在一条很曲折的河道上走，很容易搁浅，触礁。我们任重道远，要自我勉励，不辜负这个时代，不辜负几千年的历史文化遗产。

先生讲话结束时，有很多盟员写了纸条交到主席台，希望先生答问。

先生就有关问题做了回答后说：这些问题提得很好，一时半会儿答不完。大家可以多交流，讨论起来。不要把这些问题丢掉了。抓住不放，做出文章来！

1998 年

1998年1月5日　北京

与王韧同道拜访费老。

先生见到王韧,很高兴,说:"你得奖了,祝贺你!你可以请吃饭,表示庆祝。我们一起吃涮羊肉。来我这里。你买羊肉和汤料,我为你提供涮锅。"然后,话归正传,谈到上次在上海听到的"走远了"一语。先生表示,这是今天的人们面对社会巨变而在语言跟不上去的一种现象。用一个短语表达多种意思,乃至相反的意思。

1月9日　北京

清廉来京。下午一同去拜望费老。

正逢《中华儿女》杂志社社长杨筱怀采访先生,题目是《中国农村和乡镇企业》。

先生一落座便说:咱们不搞采访吧,我们一起聊聊天。对话形式的,更好一些。

先生谈到自己与农村、农民的联系和感情,说:我们家乡的一个习惯,是家里有奶妈。我是奶妈带大的。奶妈从农村来,所以我是吃农民的奶水长大的,对农民的事情知道得多一点。

说到这里,先生指着清廉说:我去他们村里访问。村里贴了条标语,说我是"农民的知心朋友"。这个称呼比博士头衔还好。我乐意接受,也很感谢他们。

1月12日　北京

往三联书店与沈昌文先生见面。

先将费老看过的《甘肃土人的婚姻》一书封面彩色样张退还，又把从深圳带回的精装本先生画册赠予沈公。

谈及先生近日文事，沈公有意找人翻译出版马林诺夫斯基的《文化动态论》和史禄国的著述。嘱向先生转达此意。

1月21日　北京

费老近来重读《史记》，读出了新的心得，要我去听。

今至先生家中，刚落座，先生便说：我们去年11月中旬去无锡，参加了一个城市建设方面的会议。我在会上讲了一段话，你还记得。我讲的主要意思是，吴良镛他们的研究有了成果，梁启超的后代梁思成后继有人。

梁启超是当年王国维他们国学研究所的第一批教师。他脑筋里边的国学是什么呢？没有弄清楚。我提出来自己的想法，就是司马迁说的一句话：究天人之际，通古今之变。

我从这句话上发挥了一下，说吴良镛他们的研究成果对"天人之际"下了功夫，有所发展。可是在"古今之变"上没有太花工夫。这也是个出文章的地方。下点功夫，会有东西出来。

说过这个话，我回来查书。找到我手边的《古文观止》，查出司马迁这句话是在《报任安书》里边说的。我一看，出问题了。文章里的原话不是"天人之际"，而是"天地之际"。

这书是中华书局出的，有权威性。这样一来，是我弄错了。可是我脑筋里边的"天人之际"的印象是怎么来的呢？是我错了，还是书上错了？或者是两种说法都有根据呢？

"天人之际"和"天地之际"，一字之差，意思却差得很远。我就找

"天人之际"这个说法的来源。《报任安书》是太史公写给朋友的一封信。可是我很小的时候曾经听说,这封信是假的,是"齐梁小子之作"。是谁说的这句话,我记不得了。现在看这封信,的确不太像太史公的话。

从心态上看,当时那种情况下,司马迁的心情很紧张,会不会说出这样的话,是个问题。如果先把这封信放在一边,"天人之际"这个说法还有根据没有?后来,我在《太史公自序》里边找到了。这篇自序应该是他自己写的。他在自序中提出了"天人之际"这个概念。

正在这个时候,来了个巧事。天下巧事多啊!不是有意布置的。

有个人代表一个联谊会(注:中国高校校友海外联谊会)来看我,送我一套书,是文白对照的《史记》(注:乃国际文化出版公司1998年第二版《文白对照全译史记》)。巧得很,这套书里附上了《报任安书》。这一来,我想看看是不是中华书局弄错了。一查,是"天人之际"。在文章后边还注明了《报任安书》最早来自《汉书》,班固的。

这下好办了。班固写《汉书》,不太远,汉朝的时期。我想请你去查一下《汉书》,这是第一件事情。查查《汉书》和《文选》里边是"天人之际"还是"天地之际"。那是靠得住的。

我的想法,应该是"天人之际"近于历史的真实。"天地之际"这说法是没什么道理的。

"天人之际"是讲自然世界和人文世界的关系。"天地"还是一个东西,都是指自然界。

我脑筋里边的"天人之际",是从钱穆那里来的。钱穆讲的"天人之际"是从哪里来的,我不知道。他也没有讲清楚。到老年时,人家让他从蒋介石为他盖的小楼里搬出来。他很生气。搬出来没有多久就死了。死前对他的老婆说:"天人之际"还有新的意思!什么意思呢?他没有讲出来。

我准备写一篇文章,你不是知道吗?叫《有朋自远方来》。钱穆对于我,很远啊。可是他对事情的看法有些地方和我很接近。我想在今后的文章里发挥这些看法。

在中国文化的变迁当中，知识分子里边有好几种态度。一种是陈寅恪的态度，一种是金岳霖的态度，还有冯友兰的态度、钱穆的态度，都不一样。

金岳霖是批判自己，彻底批判，旧东西表示都不要了。

冯友兰是嫁接式的，想从自己原来的思想体系里边改造出新的东西，把两个凑起来。可是他最后又回到早先的老本上，但最后这个回归的东西在大陆没有出版。

陈寅恪埋头研究，不问不管新的东西，自己搞出一个天地，做他自己的文章。可是他不愿意全面地研究中国。单讲一段，明清之际的变化，用隐喻法。

钱穆是自我流亡，到香港去。

起初我认为是北大不要他，现在看来不大像是不要他。他不愿回来，避开了。

避开西南联大之后，他不愿回到北京，不愿意参加到共产党的马列主义文化圈子里边去，要在外边搞出来东西，继续他的传统。先在香港创办新亚书院，后来到台湾。

蒋介石是支持他的。可是后来台湾群众不支持他，把他赶出来了。

这几种不同的态度，很有意思。

对"天人之际"，我有一套看法，就是世界观和人生观的问题。这个世界观和人生观，我是根据史禄国，从科学上、生物学的基础上来讲的，也是从马林诺夫斯基的理论上下来的。

首先一个命题是：人也是自然的一部分。自然发展到一定时候，有了人这样一种动物，具有一个特点。这个特点是智力，使他有别于其他动物。

动物有记忆，有条件反射。人除了这些之外，还有创造性，有历史的积累和连续性，有过去、现在、未来。现在还没有把这个特点讲清楚。

人对于人文世界还欠缺自觉。天人之际，古今之变，并不清楚。

司马迁的父亲叮嘱儿子，要研究这个东西。这才是真正的人的学问。

天人之际，就是人文世界和自然世界的关系。我是这样来解释它的。

人文世界是自然世界在一定阶段上的异化。有了人文世界，自然世界就出现了一个对立面。可是这个对立面仍然在自然世界里边，复杂性就在这里。

人文世界有延续性，所以在"天人之际"中又出来了一个"古今之变"。

人类学是研究人文世界的学问、人的学问。研究人是怎么从自然界中异化出来的。

钱穆是抓住了这个题目了。他讲"天人之际"，这个题目不是哪一个人要讲，而是人文世界发展的需要。无论经济、科技怎么发展，还是要回来的，回到"天人之际"的问题上来。

中国老一代知识分子的态度不同，上面讲的四种，加上我，五种了。现在需要第六种。要有人讲清楚"天人之际"。

这两天看书，一个"天人"，一个"天地"，两个说法。也许是个错字，也许是两个时代的不同观念。我是维护"天人之际"的。这样讲更有道理。

所以，请你帮助我做这件事，查查《汉书》和《文选》，把其中的东西写出来。"天地之际"是怎么出来的，什么时候出来的，把它查查清楚。有人说这封信是"齐梁小人之作"，我觉得有可能性。司马迁当时的心情，不是《报任安书》的心情。

1月23日　北京

下午2时30分，至韬奋图书中心二楼，与沈公会齐，同往北太平庄四号院八号楼先生住宅。上至二楼先生书房兼卧室。问好，落座，开始谈话。

沈：费老，我想过一段时间，找几个同是搞学问的老人，一起见见面，聊聊天。

费：好啊。咱们不叫"俱乐部"。那样让人联想太多。有些人老是有些奇奇怪怪的想法。现在社会变化太快，我总觉得跟不上。去年年底我去上海浦东调查农民问题，我问我的警卫员，对上海有什么印象。他说了一句：上海夜里比白天好。这话很有意思，背后有个东西，就是日夜颠倒。

这是现在社会大变化的一个现象。比如说上海年轻人现在流行说"走远了"，这话没有一个定义，可以表示肯定的意思，也可以表示否定，还可以表示不肯定也不否定。不明白说出来，让你自己去想。这个语言现象，是上海大变化中的一个小标志。亦此亦彼，这个变化很厉害。

人文世界在发生大变化，快得连语言都跟不上。人没有办法清楚地表达自己在这个大变化当中的想法和感觉，就找了个办法，用同一句话表达不同或相反的意思，借助语气间的潜台词和别人的"意会"来传达思想。

过去的时代里，只有极少数人在这个境界里表达思想，如李白、杜甫、苏东坡等。现在，每个人都碰到了这个问题。这是个特殊的历史时期。人不是以前的人了。

要表现这个社会现实，很苦的。有些东西很难抓住，一下子就滑过去了。苏东坡写韩愈，前两句怎么写，开头怎么开，不知想了多长时间。后来灵感来了，一下子抓住，就出来了。"匹夫而为百世师，一言而为天下法"，写得妙极了。文化高度自觉的人才能这样。

开国大典上，毛主席讲"中国人民站起来了"。我在旁边听了这话，明白他的意思，但觉得不够具体。香港回归时，我站在政权交接仪式现场，旗子一上一下，这时感到那句话具体了。确实是站起来了。

可是对这个现实，全世界还没有普遍承认，中国人自己也认识不足。

今后人类的发展怎么样，我们12亿中国人有责任。我们要培养文化自觉的人。

中国有好东西,传下来的好的想法和主张有利于世界大同。

2月10日　北京

在潘家园旧书摊上买得几本旧杂志。其中,1948年5月16日出版的《知识与生活》说,先生曾于1948年4月25日在清华园的演讲中就"知识分子问题"发表看法。1948年8月5日出版的《中建》杂志说,该刊曾于1948年7月5日组织"知识分子今天的任务"讨论会。先生在这个会上的发言中也表达了自己的看法。先生认为:

在一个社会中,知识是多方面的。农人有耕田的知识,木匠有制造桌椅的知识。然而一般所说的知识分子,很明显的并不指这些人。狭义说来,指的是具有"文字知识"的人,他们的特质是不与实际生活发生直接关系;脱离实际生产,以文字为工具获得他们的生活资料。

中国的文字给我们的知识很有限。关于生产的知识是被人瞧不起的。被看重的知识有两套,一套是玩的、消遣的知识,一套是政治上的东西。

现在的社会终究不同于以前了。它不只有了量的变化,亦起了质的变化;现在的知识分子也就得随着变化。他不能还只是一个劳心者,而且应是一个劳力者了。用一句老话,就是"手脑并用"的人。

今天文字要改变,文字带来的知识要改变,有知识的人要改变。那么,转变到哪里去?

先生在1948年画下来这个问号,生命力很强,今天仍需回答。

自彼时至今,50年时光中,先生似乎一直在回答这个问题。不是用语言,而是用行动。

2月15日　北京

关于先生的家世及姓氏渊源,信阳地区一位景姓专员曾给先生一份罗山费家湾费氏族人情况的考证材料。今往先生家中索看。

进宅，上二楼，轻手轻脚进门。先生正伏案写作。不宜中断先生思绪，即往靠北墙的书架前，打开玻璃门，无目的地取书看。见其中一本厚厚的旧书，书脊用透明胶带贴了两长条。书页早已变黄。封面颜色像是擦不掉的灰尘被整体蒙住一样。

选定，取出，见是 Peasent Life in China。是先生当年在英国出版的博士论文。仔细辨认这本书的布质封面颜色，不大能肯定。直到放在阳光下，才依稀看出，似乎是深褐色。

翻开扉页，见 Peasent Life in China 之下，有两行小字：A Field Study of Country Life in the Yangzee Valley。此页后面，专门用一页纸印了汉字：江村经济　费孝通著。

再看马林诺夫斯基所作序言，洋洋八页。文末注明写于 1938 年 10 月 15 日。

看到这里，先生的写作大概是告一段落，抬头。

正是期待的一刻。请安之后，与先生说起此书。

先生说：这本书是一个朋友在旧书摊上买的，送给了我。我原来有这本书，不知到哪儿去了。可能是"文革"当中被抄走了。

问先生最早得到这本书是什么时候。先生说：书是 1939 年初版。十年以后，我在清华大学收到了寄给我的这个版本。当年我是在英国看完清样以后回国的。离开英国之前，马老师已经拿到了他序言的稿费，40 英镑。他把这笔稿费给了我，让我用于回国。到我在"李闻事件"后重访英伦时，《江村经济》已经重印了三次。书局和我算清了稿费。

言及"李闻事件"，遂由先生《疏散》一文问其云南大学时期的生活情况。

先生说：那个时候我写文章，署名"江同"。吴江的"江"，王同惠的"同"。

当时杂志很多，进步杂志经常被查封。上海进步文人的办法，是封一个换一个。这个办法对昆明也有影响。"一二·一运动"后，出现了一批小报，形成了当时文化领域的一个特点。

我那个时候最红，写出来一篇文章，好几个地方都用。云南大学一个学生办起来了《生活导报》杂志，我给《生活导报》也写了不少文章。

杂志一出来，我们这些教授就在青云街沿街卖报，还送到人家家里去。

2月26日　北京

下午如约与吴彬等三联朋友同至先生家中。

先生说：今天上午去开会（指中共中央向民主党派领导人通报"两会"换届推荐人选），我说了一段，站好最后一班岗，然后就回归知识分子队伍了。

吴彬说：费老您一直就在知识分子队伍里嘛。您不是一直给我们写文章吗？

3月10日　北京

先生打来电话，说两件事。一是《甘肃土人的婚姻》一书清样已校阅完毕，可以退给沈先生了，嘱取走转交。二是希望早日得到今年第三期《读书》杂志，上有他的《游滕王阁小记》，享受先睹为快之乐。

3月11日　北京

由吴彬处得到先生嘱要的第三期《读书》（其手边仅有的一册），连同刚刚出版的《青山踏遍》一并送呈先生。

先生拿到《读书》后说："我先看你写的这一篇。"遂翻至21页，看《寻"移"问"知"漫录》。认真读过一遍后说："很好。这样的文章好玩儿，也有意思，又不费脑筋。"然后拿起《青山踏遍》说："今天下午有事做了。"

4月21日　北京

　　与浙江文艺出版社罗俞君同至先生家中拜望。将初步确定的《费孝通散文》所选篇目给先生看。先生看过，表示同意，并对小罗说："你可以去请杨季康为我这本书写个书名。看她写不写。"又向小罗问及杨绛近况，表示理解她的苦处，但是自己帮不上她什么忙，尽管很想帮助她。

4月22日　从北京到衡水

　　随先生乘435次列车赴衡水。入住衡水迎宾馆贵宾楼。
　　先生说：去年年底在深圳说过，京九铁路要吸取陇海铁路的教训，不能再"酒肉穿肠过"，要想办法"穿羊肉串"，发展沿线中心城市，辐射带动周边农村地区。为了这想法，再上京九线，一站一站地跑，看看有什么"肉"，要长什么"肉"，怎么个长法。第一站是衡水。

4月23日　衡水

　　上午在先生住处三楼会议室开座谈会。衡水市领导向先生介绍市情。先生嘱详作记录。
　　衡水地区缺水。每年总需求22亿立方米，总拥有量为其一半。制约农业发展的主要因素是水资源缺乏。20世纪70年代这里的河道还可以行船直达天津。现在河床已干。历史上曾十年九涝，现在是十年九旱。由涝到旱，不过20年时间。
　　工业生产中，乡镇企业发展很快。1997年的乡镇企业总产值达455.8亿元，占全部工业总产值的87.7%。
　　安平丝网是传统优势产业。明朝年间始有马尾罗，至今从高速公路护网到航天器的空气过滤网都可以造。丝网产品占全国市场的80%。

冀州暖气片是改革开放后在中央电视台做广告的第一家。技术依托是清华大学。"文革"期间他们出钱保护清华大学教授，让他们外出旅游。教授们知恩图报，为当地生产出了大力。

先生听到这里说：你们保护了知识分子，得到了好处。

昨晚看电视节目，说到钱牧斋，先生说：清朝立国后，压迫明朝遗留的知识分子。

下午访问冀州。大禹治水后，划天下为九州，冀州居首。迄今历史四千余年。历史上有经商传统。京津一带的冀州籍人，比冀州当地人还多。"文革"中，冀州人利用当地条件保护教授们，又利用教授的知识生产暖气片。开始是铸铁件，现在有铝、铜等材料铸件。有出口产品，相当精致。

不产煤炭和铁矿，却成全国最大暖气片生产基地。

不产茶叶，却形成全国最大茶饮料生产基地（旭日升冰红茶）。

不产手表，却成全国最大手表集散地。瑞士梅花表在冀州设独家代理机构。

晚饭前，先生谈下月初在杭州的一次国际研讨会上拟作中国工业化、城市化演讲稿的修改要点。

4月24日　衡水

上午随先生访问深州。先在市里温泉宾馆听市情介绍。

先生主要询问当地农副产品深加工情况。市领导汇报中突出政绩，其中说到农民借助传统窖藏方式储存水果，后反季节销售，提高售价，增加收入。

言及此，先生依习惯欲寻其源，问：是在哪个村子、由谁先做起来的？

介绍情况者当即被问住，无以解答。

下午，先生走进庄火头村。这是个林业村，主要种梨树，纯粹在农业生产范围中发展经济。访问农户前，先生提出：看两家，一家好的，一家差的。

进得王满乾家，墙上挂着"忍"字条幅和"人生箴言"。

先生看了说：中国农民懂得做人的道理，并且认真去做。我见到农民就心里舒服。

与王满乾谈话中，先生把上午座谈会上问而不得的问题成串提出：

你是怎么想起来用这个办法储藏水果的？

从电视上看的？外出打工的孩子回来讲的？串亲戚听说的？

刚开始的时候，要花多少钱做投入？你的钱够不够？

不够的时候，你是怎么凑钱的？

能不能从农业银行或者合作社里借钱？

找亲戚或是邻居能不能借到钱？

现在在村里借钱，还需要保人吗？

如果需要保人，保人要有什么样的资格？

…………

在官方的座谈会上得不到应有解答的问题，在农户家里，先生一一听到答案。

下午参观衡水特艺厂的鼻烟壶内画工艺。据说，鼻烟壶起源，是当初使用者清理鼻烟壶内壁时无意中剔下枝形、竹形痕迹，受到启发，以后演变成有意识的加工。从艺术特点和风格看，现有京派、鲁派、冀派和粤派。

又看金鱼养殖。主人是过去宫廷御用养鱼世家第十代传人。下乡到衡水，在当地安家落户。先生看过多个品种后说：我觉得金鱼是人为所致病态发展的一个典型，想起了龚自珍的《病梅馆记》，看着"狮子头""大眼泡"，觉得是鱼生了病，心里很不是滋味。

下午4点半,在先生住处三楼会议室开会。先生讲对衡水今后发展的想法,说:

京九铁路建成后,我想这条路要吸取陇海铁路的教训,避免"酒肉穿肠过"。要穿起来一个"糖葫芦",意思是发展起来一串中等城市。衡水是"糖葫芦"的第一个。

充分利用已经有的条件和办法,加以总结,推广,可以在几年之内出来一个基本路子。

最基本的情况,是一个传统的农业地区。光靠农业可以吃饱,但进入不了现代化。

实现现代化要靠工业。工业不是天上掉下来的,而是从农业里边长出来的。

你们已经有了一个很好的农业底子,人均土地多,回旋余地大。这是最大的资本。

土地,加上人力,是我们的老本。人力不光是体力劳动。今天下午看的"两绝"(指鼻烟壶和金鱼),说明这里也有智力劳动的优势。

另外,从人力里边出来的还有当地的经商传统与广泛的社会关系。能不能设想搞出来一个南有温州、北有冀州的局面?或是作为一个方向?

外边人多,有经商传统,这里和温州相似。"两头在外"(指暖气片、冰茶、手表等)这一点,比温州还厉害。你们已经找到了一条路子:传统加科技,异军再起。

一学温州,二学张家港。善于搭台,请人唱戏。

4月25日　从衡水到邢台

早饭后离衡水,赴邢台,访问清河羊绒市场。当地官员动用了近十辆轿车在两市公路交界处迎候,张扬之至。车队行进在公路,长长一大串,老百姓看着也不好。摆谱习气可恶。

车队入清河羊绒市场。先生下车,向正在交易中的商户问生意。

今不逢集，交易活动规模一般。市场中闲人不少，对来"视察"的车队规模之大感到好奇，一下子就把先生围在了中间。

七嘴八舌中，除了零散信息，先生更在意追根寻源，想知道这个市场是怎么形成的。

经询问，清河羊绒市场的销售量占全国市场的60%，世界市场的40%。起源是在70年代末，这里搞社队企业，一个供销员到内蒙古，看到当地堆积的废羊毛（原来都运到外地当肥料入地），向人家要了一些回来，在清河利用梳棉机，梳理出了羊绒，卖出了好价钱。从此开始了清河的羊绒加工产业。随着发展，形成了自发的市场。后来加以规范，成为今天的规模。虽然这里不产羊绒，却是国内羊绒加工与销售的最大集散地。

先生留意相关信息中的"三个发展时期"。

家庭工业起步时期，是80年代中期。当地不跟风向转，体制模式不争论，姓"资"姓"社"也不争论，不划成分，不搞比例，环境宽松。到80年代后期，趋于鼎盛。1989年，国际制裁，羊绒卖不出去，盛极而衰。

规模拓展时期，是90年代初期。利用原始积累，扩大规模，上水平，高科技。家庭作坊扩大，投资200万元以上者有76家。投资1000万元以上者有28家。

转变升级时期，是90年代中期。羊绒加工从分梳走向深加工，增加羊绒纺纱、面料、成衣等品种。出现联合、股份、集团化趋势。现在感到人才、技术、管理都跟不上。

先生又了解清河汽车配件创业情况。知其起源于70年代初期，搞社队工副业，做汽车胶垫。当时质量不高，出了问题，弄到了国务院。李先念批示后，河北省把清河当"资本主义尾巴"割了一回。但当地太穷，没有其他出路，仍然偷着干。

改革开放后，一旦放开，该产业如雨后春笋，成为汽车密封条的国内最大生产基地。设备也具备国内先进水平。

清河还有硬质合金材料的回收加工。清河县有6000农民为此跑销售。

当地顺口溜：你赚钱，我保护；你发展，我铺路；你纳税，我服务；你有难，我帮助；你违法，我查处。

先生听后讲话说：我看得很高兴。看到了农民的智慧和创造，看到了家庭的建设性作用又一次得到了印证。中国农业碰到困难，一回到家庭，就活了。

中国的现代工业怎么发展？看来还是要借一点家庭的力量。

家庭所具有的经济力量，一般感觉不到，其实很大，要把这个力量用起来。

这是现实阶段上中国经济发展里边的一个基本力量。

中国的一个传统，在家庭中是父慈子孝，在家庭之外是桃园结义。

关公为什么变成了财神？这里边是有意思的。讲信用，讲义气，人家相信你，你就有了财富。人与人的关系搞好了，就能产生财富。

清河的农民想出了办法。我还在想这个问题。我要是能跟着他（指最早把羊毛弄到清河的供销员戴子禄）跑一趟内蒙古就好了，就能懂得他怎么去的，怎么想的，怎么把羊毛弄到清河来的。

清河的经验给了我很大的信心。出了清河这条路子不容易。我希望有机会再来，把清河的路子弄得更清楚一点，理解得更深入一点。

4月26日　从邢台到石家庄

早饭后驱车离衡水，赴石家庄。上午10点半至，住白楼宾馆。

下午在住处修改先生一份文稿。下月初，先生将在杭州一个国际研讨会上演讲，主题是中国农村工业化与城市化道路。费皖老师已写出初稿，今遵先生所嘱要点做修改。

4月27日　石家庄

先生到石家庄后，访问衡水的兴奋之情犹在，即于应酬的空隙时间开始动笔写文章。兴之所至，随手挥洒。手边没有方格稿纸，就写在一个"工作手册"式的笔记本上。文中有如下字句：

"'两会'之后，我正式摆脱了公职，觉得'轻舟已过万重山'，可以平民身份自由支配自己的时间了"。"路上我睡了一会儿，起来后，因为冠生给我找到了一本陈寅恪的《柳如是别传》，我早就想看了。见了此书，就急不可待地读起来，以致没有按习惯在车中瞭望窗外田野，就钻入《别传》，一会儿已经天黑，错失了瞭望外景的机会"。

4月28日　石家庄

早饭后，把先生的笔记本奉还。先生说起读《柳如是别传》的感想：

我想到了一个词，叫"归宿感"。陈寅恪写这本书，有找归宿感的意思在里边。

"归宿"和"认同"这个词不一样。包括"认同"，但比"认同"要深。

"认同"可以不发生情感上的联系，"归宿"里边一定有情感。这是文化上的归宿。

柳如是的归宿是"前朝"。王国维也是。"各领风骚数百年"里边，也可以找到这样的意思。

"各领"不是"兼领"，不跨过某一文化的界限。两朝领袖不好当，滋味难受。

上午的活动是参观平山县东冶甲鱼养殖场。随先生出发，走出楼门时，先生说："你写我的传记，哪里是我的归宿，这一点很重要。也很难。我的归宿感在什么地方？你可以先想想。"

4月29日　从石家庄到北京

随先生乘568次列车（汉中至北京西客站）回北京。

途中先生继续谈读《柳如是别传》的感想：这本书考证得很细。读着不容易，需要花很多时间。我看了一本，不准备连着看完下册了。现在还有很多事情得做，都要花时间。

陈寅恪为写这本书，要读非常多的书。他很聪明，也很有才气，但是把这么多时间用来写这样的书，有点可惜。但是在他，好像也只有这样做，也只能这样做。

他借柳如是的心思说自己的心情，要找个文化上的归宿感，都是前朝人物。

我想看《柳如是别传》，主要是想知道那个时代的知识分子的心情和文化意识。

那是过渡时期、变化时期。从明朝到清朝，是一变。从清朝到民国，又是一变。从民国到中华人民共和国，又是一变。现在改革开放，还在变。社会在变，知识分子也在变。

我的上一代，像钱穆、顾颉刚等人，还似乎是留在过去。我这一代就不一样了。

我和胡适有点像。可以认为是同一个类型的知识分子。

写一个人怎么样，可以和其他人放在一起做比较，一比较就容易看出特点。

5月3日　北京

往先生家。将三联书店舒炜借去的十余本书奉还先生。

先生称赞日前在衡水为其买到的《钱穆与七房桥世界》一书写得好，"解决了我的一个问题"。

即对先生说，待写完其传记，若有条件，打算以同里、松陵为背景，专门写一下费家五兄弟姊妹。先生说："最好能写两代人，把父母也写出来。我可以给你讲！"

5月8日　从北京到杭州

随先生乘 31 次特快赴杭州。上车后，先生问：这次带了什么好书？

即将专门为先生准备的《历劫终教志不灰——我的父亲顾颉刚》和《凝动的音乐》两书交给先生。

途中说日程。张秘书告，杭州会议结束后，即赴东阳。在东阳时可能会去参观一个影视城。

先生听成了"饮食城"，面有喜色。待弄明白是好莱坞那类地方后，不无遗憾地说：要是饮食城多好，可以吃好东西啊。

5月9日　杭州

早 6 时 50 分，31 次特快正点抵杭州东站。王冰来接站，入住西湖国宾馆三号楼。

下车时，先生嘱咐，住下后给浙江文艺出版社的小罗打个电话，问问最近出有什么好书。

下午随先生乘船游西湖。先生带着初由高位返归"平民"的感觉，兴致很高，谈笑风生。

船至三潭印月景点，先生下船，上岸步行。在九月桥上见到桥下两侧水面的睡莲叶片上有游人为求吉利而投上的硬币，也想试试运气。一投未中，再投一枚，如愿落于叶片上。

行走之间，每见孩童，先生都有拉住说话的兴致，并要求合影。可惜有的幼童未尝经历过这种场面，紧张得很，甚至哭将起来，无从拍下先生希望的画面。幸有女孩大方活泼，欣然与这位素不相识的老人合影。先生如愿以偿。

事后，先生说：天天关在屋里看书，也不行。这样出来走走挺好。可以见到很多不同的人，大家都很自然，有哭有笑。笑得自然，哭得也自然。

坐在家里，人家去看我，有个目的。递上一张名片，寒暄几句，意思不大。

出来同平常生活中的人们接触，处在自然的状态中，他们不知道我是谁，也不拉着我照相。有时候倒是我拉着别人照相，很有意思。

5月10日　杭州

昨游西湖时，船上专门放了首长题词签名的册页。先生写道：

　　人把西湖比西子，西子一去不复返，西湖千古万世放光彩。

今随先生往浙江农业大学参加"中国农村工业化与城市化协调发展国际研讨会"。先生做主旨演讲。该文稿或可入《费孝通晚年谈话录》。

5月11日　从杭州到东阳

早饭后出发，离杭州，赴金华。8时40分启程，11点半抵达。入住东阳宾馆。

下午休整。

5月12日　东阳

上午在住处三楼会议室随先生听取东阳市领导介绍市情。

去年全市工业总产值230多亿元。其中乡镇企业占96%。乡镇企业中，个体、私营经济占70%多。农业产业化程度较高。

教育之乡，建筑之乡，工艺美术之乡。

浙江省小康县。农民人均收入4300元。人均耕地4.9亩。

一村一品。有的村搞磁性材料，占同类产品世界市场70%；有的村是缝纫机配件，占世界市场80%。东阳人有经商传统。

乡镇企业目前最大问题是机制上的灵活性逐渐丧失，人称"二国营"，产权不明晰。

先生听后说：

我们处在一个变化很快的时期。里边是什么意思，大家不大容易感觉到。国际上风云变幻，东南亚金融风波过去以后，这类事情今后还会有，而且可能更多。

我们得有本领、有准备，才好应付这个局面。

应付变局，首先要站稳阵脚。阵脚在什么地方？在草根工业，在家庭工业。

所以还要保护草根，进一步培养草根。不管怎么样，要活得下去。到了时候，春风吹又生。

同时，要注重开发国内市场，培养国内市场。这是我们自己的市场，是靠得住的。

国际市场也要开发，但心里要明白，那靠不住。谁也不知道世界市场会怎么样。

变是一定会变，变好当然好，但是变坏的可能性是有的。不能不有所准备。靠人家不如靠自己。

会后，先生走访了两家私营企业。

下午访问横店集团。先游影视城的秦王宫。先生建议搞一个秦文化博物馆。

横店原是四个自然村，传统上完全靠农业，人均不到半亩地。1976年农民人均收入75元。改革开放后，办工业，从小到大，富了起来。以富带贫，至今合并了共108个自然村。1997年农民人均收入5280元，年产值50多亿元，其中高技术产品占60%以上。现在影视城的目标是东方好莱坞，发展影视产业。磁性材料产量全世界第一，打败了日本。

先生说：横店要横行天下。现在变化很快，下个世纪，经济来往不光跨国，而且跨洲，一洲一洲地来。中国在世界上地位不一样了，任务也很重。

发展中国家要跟中国走的。我第一次到温州，写了《小商品，大市场》。重访温州，又写了《家底实，创新业》。前些天温州市长到我家里去，我又送给他们六个字——"造码头，闯天下"。

5月13日　从东阳到金华

早饭后，东阳电视台受杭州电视台委托，采访先生。

先生说：横店模式是采取了苏南模式、温州模式、珠江模式的优点，各取所长，成了一个新的模式。在中国讲，这里是带头的地方。徐老总带领老百姓艰苦奋斗，20年里边，从贫穷到富裕。这是一个证明，证明中国农民可以富起来。中国农村可以发展起来。

结束采访后，先生访问花园集团。

午饭间，徐文荣对先生说，自己是个农民，心思就是为农民多办点好事，不想当官，绝不拍马逢迎。这些年来，全金华市党委常委以上的领导们，家住哪里，统统不知道，更没有想到要去。到横店来参观的领导，也尽量不陪吃饭。但是费老是个一辈子为农民做好事、为农民说话的人，来三天，陪三天；来一个星期，陪一个星期。

徐文荣又对同桌就餐者（包括横店镇、东阳市、金华市、浙江省几方面的陪同人员）说：现在当官不是凭真实才干，而是凭拉关系，拍马屁。

浙江省人大办公厅一位陪同先生考察的周姓主任说：那只是一部分嘛，多数还是好的嘛。

徐说：你别以为我们老百姓都不知道，我们都知道的。我看至少有90%是靠拍马屁上去的。反正我不想当官，就不拍马屁。不光是不拍，领导说得不对而且人过分的时候，我还敢拍桌子，敢辩个是非。你敢吗？你不敢的。你还要靠他提拔才能再往上去呀！

上次省里有几个老干部来这里参观，参观后吃饭。吃饭时候问我们的一个党支部书记：你到底是共产党的书记还是国民党的书记？他的意思是，现在中国还有许多地方很穷，那里的老百姓还吃不饱饭、上不起学。我们这里花钱搞度假村，还不如去支援穷区，办希望小学。

我想你要是真心为穷区着想，为什么自己却高高在上，到处游玩，为什么不去穷区帮人家，却来指手画脚说我们？问那样的狗屁问题，问得有点太过分了吧？我当时不在家。要是我在场，我一定要掀掉饭桌，让他们留下饭钱。马上走开。我们不欢迎这样的人！

午休后离横店，赴金华。下午3点启程，雨中行路，山色空蒙。下午4点半抵达。入住金华宾馆。

5月14日　金华

上午在先生住处听取金华市领导介绍市情。

金华工业以乡镇企业为主，其产值占到86%。乡镇企业中，个体、私营占77%。最高的地方是永康，占93%。

下午先后访问阳光公司、天球工量具实业有限公司。先生在实地调查中感受到新一代乡镇企业家的成长气息——上一代靠胆子大，闯天下，新一代要靠文化高、技术高。

阳光公司总经理曾永强勤于实践与思考，提出"智慧经济"概念。先生听得高兴，聊得开心，当曾永强提出希望先生为公司留几个字做勉励时，即问"你要我写什么字？"曾答："以民族责任为使命。"先生说："我再给你加几个字，表达我的希望。"

于是，曾准备的笔记本和钢笔被换作笔墨纸砚。先生写下"以民族责任为使命，希望新一代企业家早日成长"。

5月15日　从金华赴福州

今天参观、休整。晚饭后随先生乘177次列车往福州。列车启动后，先生说：

我们这次来金华，最大的收获是，在浙江农业大学研讨会上讲的想法得到了验证。

我们不是空想、空谈，实际当中已经在发生这样的事情。下一步乡镇企业双层发展的格局，已经可以看得见一些苗头。高科技的东西，信息产业的东西，跨国经营的东西，确实已经进入乡镇企业里边去了。

发达国家把"店"留在本国，到发展中国家去办"厂"。

用你的资源、你的劳动力、你的生产设备，生产他所要求的东西。

不是强迫，不是武力侵略，而是双方自愿，给你好处。

这是同过去的殖民主义一个很大的不同。

这个办法适用于很多发达国家与发展中国家的下一步发展，是一个全世界范围的前"店"后"厂"格局，是世界经济下一个发展阶段上普遍适用的一个模式。

这次调查得到的东西，值得好好总结一下。可以先给《半月谈》写两篇文章，把问题先提出来。文章主要讲事实，少谈道理。

如果要讲道理，这个道理深了，是一篇大文章。现在刚破题，还不是做结论的时候。

5月17日 福州

上午10时45分，177次列车抵福州站。乘接站车到西湖宾馆，入住五号楼。

先生谈途中所读之书，说：《钱穆与七房桥世界》我已经看完了。写得很好。

钱穆的文化归属是在中国传统文化里边。在这点上，他像陈寅恪，是前朝人物。花了那么大工夫写《柳如是别传》，哪里是写柳如是，是在写他自己啊！

《柳如是别传》我只读了一册，受到很大启发，值得读下去。可是对我来说，要读完，投资太厉害。我投不起啊。不过我还是喜欢读一些过渡人物的传记。

金松岑、柳亚子、我父亲，是从清末向民初过渡的人物。金松岑有《天放楼笔记》，写出来了心情，还是要读的。

柳亚子在南社很活跃。我父亲为什么不加入南社，我一直想不明白。他也不对我们弟兄讲，成了一个谜。但这里边肯定很有意思。

这几天在看顾潮写其父顾颉刚一书（指《历劫终教志不灰》）。哎呀，有意思极了。很多事情都是我经历过的，很熟悉，太熟悉了！

他已经不是钱穆的心情了。他是从五四运动里边出来的人，很激烈很鲜明地冲击传统，但不是不要传统。他比我大十多岁，是两代人。

到我这一代，从传统向西学走得更远一些。虽然是传统的底子，但可以说受西方的影响很深。

阿古什看到了受西方影响的这一面，但没有看到传统的底子。所以他没有写准。对我的定位没有定好。你已经写出来的关于我的文字，定位比较准。再努力深进去一些就很不错了。要好好努力，我是看好你的。

这一代人的东西，应该争取多留下一些。你对杭州的小罗讲一下，让她去找杨绛，请杨绛写钱锺书。回到北京后，请沈昌文先生到家里来，我们谈一谈，抓紧时间把老一代的想法留下来。

拿北大来说，像冯友兰、金克木、季羡林这些人为代表的老一代知识分子，都应该有一本像样的传记或是自述。主要是说真话，留下历史真实。

请沈先生出面做这些事。他能跑，也能找得到这些人，说得上话。他在出版界与知识分子的联系当中有号召力，也有经验，可以把这件事尽快做起来。

5月17日　福州

上午随先生访问仓山区仓山镇的华昌活塞管厂和万里通讯电缆厂。

该镇解放前是福州的外交官聚居区。现在区内以师范大学为龙头的学校众多，是个"学区"。因学校密集，镇里起念专门修建学生公寓，形成一个专门物业。既使学校免去学生宿舍之筹建，又为镇里增加了收入。据镇领导讲，修建学生公寓的投资，四五年就可以收回。

先生对这一具有教育、经济、文化内涵的"保旧创新"之事表示很大的兴趣。嘱了解得细致一些，可以考虑作为给《半月谈》写文章的题目。

5月18日　从福州到泉州

早饭后随先生驱车离福州赴泉州。8点半启程。途中在莆田兴化明珠宾馆休息。

正午时分抵泉州。入住泉州宾馆。

午休后在先生住处听取泉州领导介绍市情，以农村经济发展与小城镇建设为主题。

先生多次插话询问小城镇人口、村庄建设规划、农民家庭工厂等情况，表示希望看到实例。又提及在浙江农业大学的演讲，嘱张秘书拿几份给主人看，请他们给予批评。

5月19日　从泉州到南安

早饭后随先生驱车离泉州赴南安。8点半启程，9点即达，入住华侨大酒店。

稍息后在先生住处听取南安领导介绍市情。先生听后说：

讲得很好。你们注意的问题，也是我现在很关心的问题。

我在浙江东阳题词时，写了一句"希望新一代企业家早日成长"。

现在已经进入了洲际经济时代，需要有新一代企业家出面，来应对这个局面。

我是这次出来才看到这个问题。我们大家一起研究。

下午访问福建省南安轴承总厂和福建省南安市辉煌阀门厂。前者为地方国营企业，后者为民营企业，在当地皆有代表性。往返途中，汽车沿山间公路行进，不时可以看到传统形制的闽南民居。样式独特，色彩缤纷，工艺考究。尤其是屋脊图案之精美、镂雕之细腻、造型之繁复，可谓前所未见。不过，这些传统民居多数散落在高岗及山坡下，沿路新建的民居则一概"现代化"了。传统民居只能在现代化楼房的缝隙中偶尔一闪，退隐到历史中了。

先生对此自然会觉得"很有意思"，但未多加评说，只感叹"这老房子好看啊！"，并主动要求以老房子为背景拍下照片。

酒店门前不远处有两家书店。往看，为先生买得《从严复到金岳霖——实证论与中国哲学》。自购一本钟叔河先生的《书前书后》。

5月20日　南安

上午随先生访问南安市蓉中石油化工厂和森源木业制造有限公司。

下午先生接受当地记者联合采访。谈到华侨在家乡开办学校时，先生说：我的老伴就曾经在印尼教书。她回国后我们结的婚。

谈及昨天下去访问的辉煌阀门厂准备从重庆下岗工人中招收二百多人来南安工作，先生说：这是个新事情。乡镇企业要吸收下岗工人，很有意思。乡镇企业与国有企业合作，解决下岗工人的再就业问题，这可以成为一项大事业，为国家做出大贡献。

记者提到先生早年对乡村工业的研究与主张，先生说：我是最早讲发展乡镇企业的人，现在是"异军突起"了，成了大事业。事业是中国农民干出来的，不是我的功劳。但可以说像我这样的知识分子出了力量，讲了实话，政府也看到了效果，形成了共识，并且形成了一条大政方针，解决了一个大问题，出来了一个国家经济的支柱。

会后回到住处，与先生谈乡镇企业开始吸收城市剩余劳动力的话题。先生说：这是可以拿给朱镕基的东西。

5月21日　从南安到石狮

上午在先生住处顶楼会议室参加"南安经济发展战略研讨—专家企

业家座谈会"。

南安金鹿集团董事长张华安介绍其企业发展过程，再二再三地向先生强调"小商品是个大市场"，并谈切身体会说，企业家是科技成果的最大推广者，企业家同时应该是科学家。政府应该有意识地培养企业家队伍，为他们的大规模、高起点发展提供服务。

香港南益集团驻泉州首席代表吴长谋谈及投资环境话题，说他们最早在南安投资办厂时，若要往香港打个长途电话，需要用手摇电话机先后经过公社、南安县、泉州地区、福州市、上海市等环节，逐级上转，才能接通香港地区。

听过企业家的发言，先生说：

到南安来，打算了很久。我在50年代和潘光旦先生一起，到过福建的畲族同胞聚居的地方。现在我已经88岁了。到我这个年纪的时候，我的祖父和父亲都不做事了。

我今年在"两会"后告老还乡，还想做些事情。卸去公职后，继续"行行重行行"，仍然到处跑着去看，而且越看越有意思。

我先回到家乡，我最早搞调查的地方——江村，想看看农民在乡镇企业面临困难的时候，怎么想，怎么办。我相信他们肯定会有办法。

小平同志讲的"异军突起"，就是农民想出来的办法，是从困难中打出来的生存之道，救了中国经济。这样过了20年，现在的形势、格局都不一样了。

世界经济一体化的趋势正在加快。各国经济发展很不平衡，经济动荡与风暴随时有可能起来，影响到很多地方。怎样在动荡与风暴中稳住阵脚，立于不败之地，应该认真研究。

刚过去不久的东南亚金融危机当中，我们为什么没有受到大的影响？我看和我们的经济发展特点有关。所谓中国特色社会主义，就是从中国土地里边长出来的一种经济发展模式。

中国的土地是什么样的？我认为是泥土性的、乡土性的、农耕传统的、重视家庭的文化。

乡镇企业的异军突起当中,有家庭这个经济细胞的活跃,家庭发生了生产作用。

在中国文化中,家庭的意义很深。我们大家都感觉得到。一家人一起干,信得过,肯出力,负责任,不计较,这样就比较容易成事。可是不能总停留在这个地方,也不会停留在这个地方。

现在已经出现了双层结构的苗头,公司加农户。这是一种新型的乡镇企业结构,而且上边这一层发展得很快。我看到过不少实际的例子。比如我家乡的七都镇,现在有两大支柱产业,我叫它"两丝"。一个"丝"是传统产业,蚕丝千家万户搞;一个是电缆,现代化产业,大型企业搞。

千家万户的力量集合起来,也很厉害。两条"丝"的产量都占同类产品全国市场的六分之一。谈起规模来,动辄就是几十亿。

既要脚踏实地,又要胸怀全局。

全局是怎么样的?美国打伊拉克,没有打起来,原因很复杂。

今天仗不好打,说明光有军事力量不行了。经济力量是第一位的,政治力量也在经济力量支配之下。政治家在想办法让企业家发挥作用。

江泽民到美国去,克林顿到中国来,都是政治搭台,经济唱戏;首脑人物搭台,企业家唱戏。

小平同志南方谈话,就是给经济搭台。这个"台"大了!光是南安,三年里边就冒出来5000个企业。一台大戏。南安领导说,当地80%的总量是从乡镇企业出来的。

我80年代初期访问美国后,回来写了《访美掠影》,写了一个想法:今后的世界是一个斗智的世界。不是靠胆子,而是靠脑子。这个话现在看来是说对了。实际经济生活中已经在斗智了。

外国人用脑子通过信息网络赚我们的钱,不再投资办厂,而是用我们自己的原料、劳动力、设备、技术、管理、产品去赚钱。一切都是我们做，只有销路是他的。他就靠这个去赚大钱。

我在浙江金华看了一个天球工量具厂，他的一套家庭维修用具，卖给美国经销商一套40美元。美国市场零售200美元。凭一纸订单，每套工具赚我们160美元，是我们卖价的400%。

先生讲过之后，冯先生介绍情况说，去年中国经济增长9%。从结构上看，是三分之一国际贸易，三分之一国内消费市场，三分之一投资拉动。

午休后启程离南安，赴石狮。入住振狮大酒店。

稍息即往福林鞋业公司访问，是个家族企业，董事长和总经理是堂兄弟，读书不多。一个小学三年级，一个初一。十年创业，已有相当规模。现在迫切感到文化水平太低，只能动手，不能动口。在买方市场中，一步跟不上，半年就淘汰了。

5月22日　从石狮到厦门

上午随先生访问跃进村农户。该村是由一个军垦农场演化发展而成。都是外地移民，甚富。去年全村农民人均收入8800元。民居多为新建，一家一楼，每楼三层，大且豪华。楼梯在室内，从一楼上二楼，有粗厚铁栏的防盗装置，如同有些防备严密的办公楼。室内各房之间的窗户，除安装玻璃，另有防盗铁窗。看得出，这里的人不缺钱，缺安全感。

午休后启程离石狮，赴厦门。走高速公路。抵达后，入住悦华酒店。

稍息后即在先生住处听取厦门领导介绍市情。从其所讲中第一次听到"从筑巢引凤到关门打狗"的说法。先生听后说：

你提出的问题，都是我关心的。你讲的这些事情，吊起了我的胃口。我先做个自我批评，东南角这块地方，对我来说，基本上是个空白，了解得很少。没有下功夫调查。今天算是开个头。今后希望有机会补补课。

现在讲厦门的发展，我想首先有个定位的问题。深圳先走一步，紧接着就是厦门。在就要进入21世纪的时候，厦门在国家经济发展中应该是个什么地位？扮演什么角色？首先有一点很明确，台湾跑不到哪里去，早晚要回来。回来后加上你这里的力量，会成为中国东南一个中心。

眼下要为这个前景做准备。发展腹地，壮大实力。

闽南赣南腹地很大，资源很多，有潜力大发展。

21世纪是洲际经济的世纪。过去历史上的殖民主义发展方式搞不下去了，要出现新的办法。非洲、大洋洲、南美洲的发展余地很大。很多地方的经济开发还是处女地。

但是不能再像老式殖民主义那样去搞，而是在开拓那里市场的同时，也帮助当地发展。

这里边，我觉得有中国很大的一个机会。

最近一个时期，克林顿到南美洲等地跑了好几趟，看来不大成功。

美国在历史上的形象不太好，它是殖民主义的源头。欧洲人去非洲，也吃闭门羹，因为他们早年靠强力掠夺人家，甚至杀人，形象也不好。

中国自己也是发展中国家，最近20年很有成就，大家看得见。我们的经验，人家也用得上，所以说我们有机会。

福建在历史上华侨多，有闯世界、求发展的传统和本领。这是我们的一大本钱。

要发扬这个传统，还要出去。历史上华人出去是为活命，求生存，孤军奋战，有了积累，叶落归根，回报家乡。

现在条件不同了。今天出去是有了实力，求发展，要让企业出去，让产业出去，继续打"侨"牌，打出新意来。

不光是让华侨回乡投资办厂，而且有进有出，我们也去帮助华侨开拓海外市场，发展海外经济。

5月23日　厦门

今天休整。随先生乘船环游鼓浪屿。

行至一处码头，上岛小游。远看岛中高处日光岩，人满为患，难有近前的兴致。

下午在住处整理沿途搜集的资料。

5月24日　从厦门赴上海

上午随先生往厦门郊区访问农户。所访农户房子是三层楼，外观豪华，室内空荡荡。车库中停放的汽车是黑色凌志。阔气得很，不是一般农民。

先生仍然很细致地听主人介绍情况，但在返途中说这样的家居"大而无当"。

下午往上海。随先生乘176次列车。

5月25日　从厦门到上海

行车途中，先生谈从浙江看到福建的观感和想法，说：

这次主要还是看农村，是老题目的继续。

我从江村开始，后来到小城镇调查，由点到面，看到了现实发展过程中出现的不同模式，进一步又进入区域发展的调查。

区域的形成，有各种情况，都很具体。

一个中心城市，带动周边农村地区，形成一块区域。

以一条交通干线为轴，穿起来多个中心城市，形成一长条糖葫芦式的区域，叫经济带。

比如京九铁路、京浦铁路。京浦路上有上海、无锡、南京、蚌埠、徐州、济南、天津、北京，一连串很像样子的大中城市。

京九铁路刚建成通车不久，沿线地区的中心城市还没有起来。但是这个区域的发展要求快点发展中心城市。中心城市也一定会在沿线地区有底子的地方生长出来。

通车提供了"穿糖葫芦"的交通条件，使这个区域的发展更具体地可以进入操作。

我们现在的题目是跟上来，及时提出"穿糖葫芦"的意思，并帮助当地的干部和群众，及时着手做起来。

中心城市和周边农村地区的发展，离不开乡镇企业。

现在发展乡镇企业，和十几年前发展乡镇企业的情况不同了。我在参加浙江农业大学与加拿大贵而富大学举办的研讨会上，提出了对当前发展乡镇企业的想法。

核心内容是"双层结构"。上面一层搞大的、集团化的、高科技的、跨地区跨国的——这一层的企业要成为国民经济的骨干；下面一层搞小的、千家万户的、依托家庭和乡镇的。

这一层还不能少，还要培养"草根工业"。这是稳住阵脚的办法。有了国际风浪，我们有回旋余地。

这次出来，在浙江中部和闽南地区都看到了具体例子，证明我的想法不是空想，现实当中的事实可以印证。

一个经济区域，可以是一个中心城市作为龙头，也可能是几个中心城市结构成的一个龙头。

如果把京九铁路沿线地区作为一个经济区域来考虑，"糖葫芦"上的一串中心城市就是龙头。

南昆线、成昆线沿线地区的发展，也应该是这样的路子。

再扩大一点眼界，把整个中国看成一个经济区域，它的龙头肯定不是一个中心城市，而是多个中心城市的联合。

从沿海看，从南往北，有台湾、香港、上海、天津、大连等，都是地位重要的中心城市，都是我们通往海外的出口。

当年帝国主义侵略中国，怎么个打法，怎么个占领法，他们是花了工夫、费了脑筋的。

五口通商是有道理的，布下了格局，而且着眼于中国的经济结构。今天我们要下功夫大力发展的，不还是包括这五个口吗？

五口通商的时候，画了一个图。孙中山写《建国方略》，又画了一个图。

现在我们可以重新考虑这个图。我自己也算是画了一个图。

三段时间,三个格局图。有哪些相同,有哪些不同,弄明白了,是一篇好文章的内容。

我今年还想写一篇大文章,就是从马林诺夫斯基到帕克。这条线,我要弄清楚,现在还不太清楚,还在看书。

这条线意思太深,如果能弄清楚,写出来,会写到人类社会的基本问题、实质问题,写出来人是怎么一回事,社会是怎么一回事。

我曾经写过一点想法,说人是在神兽之间。我是想说说人的本性,就是 human nature,为什么会有情感的、理智的、心理的、宗教的等等精神现象?这些现象对于人和社会的意义是什么?

我快90岁了,争取90岁上把这篇文章写出来。90岁这个年龄还在想这类问题的人,不多。尤其是要想出点名堂,提出观点,形成理论,再把它系统化,真是不多。

这篇文章和北大学报上发表的那些文章,是一个系列。

系列的文章,北大要出书,叫《从实求知录》。

这本书很重要,会令有些人对我的看法有震动的。

我这个人的位置在什么地方,不是国内的人来定位,而是国际定位。

晚7时许,176次列车正点抵上海站。乘接站车至市区,入住锦江饭店贵宾楼。

5月26日　上海

先生很关心李友梅所做的浦东开发过程中农民问题研究课题的进展。

上午邀请李友梅课题组及金桥镇、严桥镇、浦东新区社会发展局、浦东新区城市工作委员会、复旦大学社会学系等单位的有关人士到住处座谈。

严桥镇党委书记山佳明介绍情况说,因为进行浦东新区开发,镇上原有的土地基本被征用光了。农民立足之地发生了几千年没有过的变化。原来世代耕作相传的土地没有了，何以生存？

镇上发动农民，拿出因土地被征用而得收入的一部分，集资入股，成立由由实业发展总公司（"由"字的意思是"种田人出头"），投资建起四星级的由由大酒店，作为镇上的标志性建筑，标志着镇上的农民在生活上仍有实实在在的东西可以依靠。

家园仍在，仍有归宿。过去的归宿是土地，现在的归宿是产业。

这位书记甚有眼光与魄力，已在上海理工大学社会工作系设奖学金有四五年之久。因为他发现读这个系的学生很少，想通过设立一笔20万元的奖学金鼓励更多的学生读这个专业。

同时，他与学校约定，只出钱，不出名，不宣传，不上报。

与会者都觉得与先生座谈机会难得，时常出现抢着说话的局面，气氛热烈。

最后大家要求先生讲讲。先生说：

浦东这个课题的背景，是中国从小农经济向现代工业经济的转变。

改革开放以来，我们首先是从沿海地区开始，从几个经济特区和开发区开始，引进现代化。

在这个过程中，上海从启动时间上看，迟了一步。其他几个特区先走了一步。但上海一启动，浦东开发一提出来，就有更大的影响。迟一步也有好处，可以后来居上。

上海既碰到了先走一步的地方都碰到了的共同问题，也碰到了其他的地方还没有碰到的问题。做实际工作的同志感到脑筋不够用、知识不够用，需要请来有关方面的专家，一起商量办法。

我几次碰到赵启正，他说"浦东呼唤社会学"，表达他们需要社会学的愿望。我说，我们也需要地方去调查，研究、培养人才。

双方有共同的要求，我就找了李友梅。她刚从法国回来，那里是后现代社会了。

我说我们还没有进入现代，但为进入现代准备了一个试验的地方。你先去看看那地方怎么进入现代。将来再看它怎么进入后现代。

我的主张，是从实际出发，尊重事实，从事实里边看问题。

知识在事实里边，而事实在先，人对它的了解在后。事实发生以后，人才能知道它。事实没有出来，你不可能知道。

所以，规划是很困难的。规划在人家动手前边，我们的研究工作是做在人家后边。

看了事实，才提出问题，看人家是怎么解决的，解决问题的办法是什么，道理在什么地方。能不能提高一层，能不能推广，对这些问题的分析和解答，这是我们的事情。

比如，刚才严桥镇的同志讲到的，行政区划同行政管理具体工作的矛盾。行政工作是为解决人民群众工作、生活里边的问题而设立的，并且有一定的具体范围、地域界限。如果这个范围、界限不再符合快速变动当中的实际生活要求，而又来不及做出相应的调整，就会出现问题。

这些问题是什么性质的，是怎么出来的，又是怎么解决的，弄清楚这些，讲出道理来——我所了解的社会学只能做到这个程度。要想让社会学的东西变成规划，很不容易。

规划要知道规划对象发展过程中的各种关系，关系发生在事实当中，事实发生在规划之后。

在事实发生之前，靠一些数目字加上计算机的计算，不一定能符合事情发展的实际情况，尤其是在一个变化很快的地区。

浦东领导和有关部门肯投入经费，设立浦东这个研究课题，是给我们一个机会，可以入手研究中国现代化的过程。我很高兴，让李友梅来试试。

她很用功，试了几年，还不错，提出了一些看法。比如"两张皮"啊，"农民怎么样变成工人"啊，讲出了一些道理，也积累了不少资料。

我鼓励她继续做下去。我也到金桥开发区看了一下，同当地领导商定，再续两年合同，接着做下去。把浦东开发区作为标本去研究，放开思路看问题。

哪里去看呢？参与到实际过程里边去，看事实，提想法，也许会对实际工作有点帮助。我们也许只能做到这一点。

我希望自己能理解的社会变化，在范围上要更大一些。不光是浦东，还要有全国的格局。

从80年代后期，我开始注意到东西部的差距，为这个问题进行关于区域发展的实地调查。对东部地区怎样带动中部地区发展、最终加快西部的发展，提出过一些建议。

京九铁路通车后，加快中西部地区的发展有了更好的条件。我在想，怎么能让这个交通条件切实变成生产力，变成农民手中增加的收入，就想到了一个题目，叫"穿糖葫芦"。意思是要在京九沿线地区发展起来一连串的中心城市。这些中心城市有力量带动各自的周边地区。

这一串中心城市出来之后，使东西部地区之间有一个沿京九线分布的经济发展地区，能带动中部地区快点赶上来，进一步带动西部。

现在我刚刚有了这个设想，也沿着京九线走过一次。现在想更具体一些，在沿京九线的每个省都看几个有点底子的城市，重点看。现在刚走到山东，明天我们就到菏泽去。

上个月去的是河北的衡水。我想一段一段去看，一直看到广东，根据调查到的情况，提出一些建议，想办法以中心城市带动农村发展，沿京九线把这些中心城市穿起来，把这个地带的传统的农业经济转变到现代化的经济。

浦东的课题，可以说是处在我们国家发展前沿地区的题目。

在这个地方，现代化的东西已经进来了，不是你要不要的问题。你非要不可！问题是怎么个要法。

今天我们座谈，谈出了一个很重要的问题，行政工作怎么适应变化和切实帮助一个地区的发展?

随着社会实际生活的变化,行政机构也要改革,以适应现实发展的要求。刚才谈到的问题很多,内容很丰富,其中的主要问题、实质性的问题,是现在的行政设置、行政手段、行政区划怎样才能更适应浦东发展的要求。

这个问题不仅在浦东有表现,在中国很多地方都有表现。

我访问过淮海经济协作区、中原经济协作区、闽浙赣皖协作区、黄渤海地区等地方,这些跨市、跨地区、跨省的民间联络协作机构,说明市场经济条件下,发展要求突破原有的行政区划。

这些协作区在不改变原来行政区划界限的情况下,通过建立民间协作机构,建立起经济联系,推动经济发展。

浦东这里的情况有特殊性,从你们谈到的情况看,不动现有行政设置、行政区划,已经不利于经济发展了。但是核心问题我看还是一个,就是我们的行政区划怎么样跟得上经济的发展。

我今年88岁了,还可以再工作两年。估计到90岁的时候,大脑工作就可能不大行了。现在已经感到有点慢了。刚才座谈当中讲的许多具体事情,节奏很快,我听着很费劲。尽力地跟上,想办法进入角色。

像看戏一样,要求自己进入角色。看他的唱功、做功,也就是看他面对着什么问题,解决了什么问题,运用了什么办法,看看里边还有什么不足。

当然我是在尽量跟上,提出的看法不能保证一定是对的。但我还是要思考问题,而且要联系到别的地方,对性质相同的问题做出比较。从一个地方比较到中国,从中国比较到世界。

下一个十年,会是大变化的十年。世界经济的格局正在超越我们过去所熟悉的单一民族国家。

单一民族国家出来以后,欧洲搞了一百年、两百年,搞殖民主义、帝国主义。现在,这个局面要告一段落了。

两次大战之后，结束了一个时代。西欧国家霸占全世界资源的局面，不能再继续下去了。殖民主义也是开发不发达地区的一个办法。印度给它吃进去了，进入了殖民主义的范围。但中国没有被吃下去，从文化上看，没有被破坏得太厉害。

现在，我们要争取一个新的局面。怎么样在这样一种时代条件下，吸收新的科技，形成新的生产力，开发我们的资源，使生产力大大提高，是我很关心的问题。

现在是经济当令的世界，政治在服务于经济。克林顿最近忙着到中国来，还不是为了钱？

他要平衡国内的经济局面。他又到非洲去，到南美去，说明一个事实，现在已经进入洲际经济的时代了。先是跨国经济打破了单一民族国家的格局，再是进入了一个洲际经济的局面。

我们要进入的世界经济，就是一个以洲为单位的经济来往局面。这个局面要求我们的沿海地区首先要发展起来，有能力参与到世界经济里边去。

现在华南有香港、广州，华东有上海、浦东。华北将来还需要一个中心，大概在天津一带。

东北也需要起来一个中心。台湾问题解决以后，加上福州、厦门这一带，经济力量也很厉害。东南一角也就有了中心。

说到这里，我就又想到了我们历史上曾经有过的"五口通商"。

帝国主义侵略我们的时候，是动了脑筋的。它们有对经济地理的研究分析，有科学道理在里边。

我们今天在沿海的发展，还是在搞这些"口"的建设，希望它们的发展能推动整个国家的经济发展。

上海浦东开发区的任务，至少要负责接通世界经济，把长江三角洲地区带动起来，成为长江沿岸地区的龙头。用这个龙头带动长江地区的发展。

我的意思是说，浦东乃至上海的发展，要有一个定位。

它在中国和世界经济的发展中处在什么位置？

我们今天为浦东的发展花费很多力气，又是调查，又是座谈，又是写报告，这些事情的意义在什么地方？忙来忙去忙的是什么？为的是什么？这些问题都要心里边有点数。

比方说严桥镇的事情，可以说是在解决一个镇在发展当中的问题，也是在为浦东的发展摸索路子。把严桥的事情办好了，可以提供新局势下的发展经验，推动浦东的发展。

浦东发展起来，上海这个中心的基础就更稳了。它就可以担负起带动整个长江流域的任务。

所以，要把我们的工作放到全中国、全人类的发展里边去。这样做，我们的工作就很有意思了。

这也是李友梅现在做这个课题的意义。研究工作的意义很深，可是我们的力量还很薄弱。还需要培养一些人。

浦东的发展、上海的发展，都会提出很多问题、前沿性的课题。这个基地很好。

最近我准备写一篇关于芝加哥社会学的文章。为了这个，我正在读帕克的书。

从书里边可以看到，美国社会学发展最快的时候，就是芝加哥为代表的美国中部地区的城市发展的时候。随着中部地区的城市发展，出来了一个芝加哥社会学派，在社会学里边贡献很大。

在中国，北京只是一个政治中心，真正的社会变化还是在上海这样的地方。

上海发生的问题，北京人并不真正懂得。比如行政区域问题，他还不懂行政区域的意义。他还是只讲税收的问题，考虑上海能拿多少钱出来。

这是我随意说，也许把他们看扁了。但是道理在那里放着。

一个人不碰到具体问题，不动脑筋的。理论也进不去的。所以我们不要怕碰到问题。越有问题，困难越大，越有滋味。抓住问题，想个道理出来，那就提高了。

今天的讨论，提出来了一个行政区划同社会发展的关系问题。

应当是以人民生活的改善和社会发展为主导，行政区划和具体行政工作配合上去，而不是以拿钱为主。我觉得这是个基本概念问题。

政府干什么？老百姓讲得很清楚，就是要钱要人。以前的确是这样。要税，要兵。当然这都是为人民、为国家，不是坏事情。现在我们的单一民族国家还没有完全建立起来。还得要努力把国家的基础打得稳一些。但是为了这一点，我们的行政工作确实需要改进。

只要这个方面能切实改进，跟得上社会发展的要求，中国肯定会更加强大，因为生产力发展了。再进一步，我们还要参与新的世界秩序的建立。起步之地就是自己的工作岗位。

你们有了一个很好的机会，就是浦东的课题。在这里可以看到许多别人看不到的新鲜事物。

我很羡慕李友梅，还可以跑，可以做很多事情。我是不行了，只能坐在车里边看，表面得很。

先生讲到这里打住，休息，并同与会者一一合影留念。

5月27日　从上海往山东

上午独往延吉四村看望邓云乡先生。同邓先生谈起费老嘱咐——用书的方式留下一批老年知识分子的经历与心得。邓先生意会，建议同时考虑台湾学者的著述，并赠其新著《皇城根寻梦》。另以一套《燕京乡土记（增补版）》赠王韧，嘱代转。

返回住处后，同李友梅一起讨论先生传记、浦东课题。

去年曾在吴江建议其考虑把浦东研究成果写成一本《后来居上》，以回应美国学者的《先走一步》一书。今又讨论此书想法，李友梅嘱参与其中。

先生谈最近续读钱穆的一些感想，说：

读了钱穆的几本书。我想给《读书》写篇文章，题目就叫《有朋自远方来》。

这个题目是我读书时的真实感受。本来好像离得很远，可是读他写的东西，就觉得这个人一路走过来，面对面地碰到他了，接触到他了，可是两个人的思想没有交流。

我在想一个问题：为什么新中国成立后他不到北京来？他不来北京，也不去台湾，选择了流浪。到了香港，创办新亚书院。这是为什么？我认为他是因为没有进入北京的学术圈子。

圈子是一种专利，专利要有资本。这个资本恐怕首先是要留洋。钱穆有一段时间进了燕京。顾颉刚把他引荐到了燕京。可是这个圈子主要是北大和清华。这中间有一种隔膜，不好说，说不清的。

我还在想这层隔膜到底是什么东西。北大有一个以胡适为代表的、从文化上看是东西结合的学术集团。不是留学生，没有点西方文化的味道，很难打得进去。

顾颉刚学问很大，可是也没有太上去。他的力量用了一点，可是在里边势力不大。

他们这一批人，游离于当时的中心，士大夫知识阶级的中心。

当时清华园用庚子赔款所培养出来的人，就处于这个中心。这批人起了很大作用的。现在对这个作用还没有看得太清楚。

思想也好，学术地位也好，都是这样。

傅斯年也好，陈寅恪也好，都是这样。

陈寅恪后来归属于明清时代，同胡适比，有差距。这是历史的差距。

共产党后来批判了胡适，可是接受了这个集团。接受了这个知识分子集团。

反右斗争又打倒了这批人，形成分离。

可是共产党自己没有培养出来一个知识分子集团来抵抗这个集团的力量，没有形成一个这样的知识分子集团出来。

毛泽东没有做这个事情。他实际代表的是中国的东西。

周恩来、邓小平去勤工俭学，带了一点法国味儿，但没有真正进入西方的学术文化里边去。

共产党这一边，实际上没有一个学术中心。

反右斗争的目标很明显，就是打击过去有很大影响的知识分子的核心力量。人文方面的影响基本上都打倒了，特别是社会学和其他一些社会科学，同马列主义不一样的。

马列主义本来是从西方来的。他们理解的马列主义不是西方原有的样子，却又认为就是真正的马列主义。这个事情很怪，还要研究。

国民党吸收的主要还是以清华为代表的中西合璧的这一种人物，如胡适、傅斯年、顾毓琇等，不吸收钱穆这样的人。

本来共产党是可以吸收钱穆的，可是他也不要。国民党后来用了钱穆，也没有大用。

五四运动形成了一个知识集团核心，讲民主，讲科学，讲理性，反封建，反传统。

陈寅恪同五四运动划开了界限，没有参与到五四运动这个主流里边去。

他的归宿在五四运动之前的时代，同王国维相似。归属旧文人的文化圈子。

陈寅恪的一首诗中，开头一句就是"国魂消亡史亦亡"，说得很清楚。

国魂消沉了，历史也就没有了。说得妙极了。

钱穆的心情，是要维持中国的传统。（此时，张秘书要先生休息，以应付晚饭时的宴请应酬。先生谈话暂止于此。）

晚随先生乘462次列车离上海，赴山东。

5月28日　从兖州到济宁

上午近9时，列车正点抵兖州站。乘接站车到济宁，入住运河宾馆。是上次随先生访济宁时住过的地方。

下午至曲阜，重访孔庙、孔府、孔林。

在孔府门前小摊上为先生买到袖珍本《论语》。

5月29日　济宁

上午访问菱花味精集团。下午访问小马青村。该村农户建筑统筹规划，整齐、干净、朴素，统一供气。比在厦门郊区看到的豪宅感觉好出许多。

5月30日　从济宁到菏泽

早饭后驱车离济宁往菏泽。公路上已可不时见到准备麦收的收割机。田野里也看得见零星的割麦人了。

抵菏泽后，入住牡丹大酒店。稍作休息，即在先生住处听取菏泽地区领导介绍区情。

丁校长带领民盟中央研究室、宣传部、组织部、社会服务部诸位负责人亦到场参加座谈。

先生或许有示范之意，使丁校长带领的新班子能接下来这一工作方法。

下午访问曹州画院。

5月31日　菏泽

上午随先生访问牡丹花木中心。下午访问曹县庄寨镇。据说该镇是唐末农民起义领袖黄巢的故里。地处鲁豫两省六县接合部。近年以泡桐木材交易与板材加工为主，发展乡镇企业，连续八年税收增长超过

70%。镇长自称这个镇是"暴发户"。

日程上未安排访问农户。先生自己提出，想去看看农户，就进了一座二层小楼。

户主外出了，女儿丁丽娜（15岁）在家写作业，没有丝毫准备地接待了先生到访。

先生兴致很高，说"一走进农民家里，我整个心思就活了"。他问了女孩的名字，问生活情况。因非事先安排，即兴访问，随意问答，而小女孩童言无忌，想到哪儿就说到哪儿，使得先生十分开心。临别前，还在她的作业本上用英语写了"好好学习，天天向上"，并题名留念。

晚饭后，在先生所住房间开会。丁校长这次考察，一是要参加民盟地方组织六省一市的"片儿会"；二是在菏泽与先生会面，一起做京九铁路沿线地区中心城市发展思路的实地调研。

晚开会，即商议明天上午的座谈会上讲些什么话，怎么个讲法。

从这个会上延伸出来的一个结果，是先生把京九铁路沿线地区"穿糖葫芦"的课题分出一部分给丁校长，共同进行。先生在有意识地将民盟中央最近十余年来倾力开展、颇有成效的区域发展研究工作整体性地交接给新一届领导人。

先生说：一定要到实际中去看。新生事物越来越多，不去看马上就落后。

未来的十年里边，中国会有大变化。

要加深自己对中国社会变化过程的认识和理解，必须去看。

中国现在已经进入了世界经济，可是智囊团跟不上。为什么？因为不接触实际。不到实际里边去看发展，就看不清局势，就不会真正懂得现在的政治。

现在的政治主要干什么？我的理解就是服务于经济。

政治搭台，经济唱戏。接触实际，越看越有意思。

下午在庄寨镇丁寨村看到的农家，为什么给女儿取名叫"丁丽娜"？

农民取洋名，说明观念变了。这个变化不是空的，而是有很生动的实际生活内容。

6月1日　从菏泽到聊城

上午开座谈会。丁校长先从参政议政角度讲了一段，同时声明：只是讲话，但不"重要"。一个人一生中能有几句话说得上"重要"就很不错了，所以已经嘱咐过民盟中央宣传部的同志们，今后的有关稿件中，避免"重要讲话"的用语。

先生讲话时，风趣特点充分表露。先生说：今天我是随意讲，改"童叟无欺"为"老叟无忌"。在儿童节这一天，老人也沾点儿童的光，可以倚老卖老，不虑人忌。

先生称商贾始祖陶朱公（范蠡）为市场经济第一人。

带西施来菏泽是为国色天香之地又插上一朵牡丹花。

说到自己的出生，先生说：我是1910年的阴历十月初一那天出生，是"鬼节"。

又说到几天前看济宁博物馆，一块展板上有杜甫《忆昔》诗中"齐纨鲁缟车班班，男耕女织不相失"。先生说：这就是我写《江村经济》的意思啊！

午休后驱车离菏泽赴聊城。车程三个半小时。入住东昌宾馆。

6月2日　聊城

上午安排了三个参观项目：孔繁森纪念馆、光岳楼、山陕会馆。走到光岳楼时，先生有兴致登临，但限于体力与攀缘设施，只能达到二层。

下午又是密集的参观项目，先后访问了双力农用车集团、聊城客车厂、济（南）聊（城）高速公路及其与京九铁路交错之处的立交桥、京九铁路聊城编组站和火车站。走马观花一圈。

6月3日　聊城

上午随先生访问凤祥集团。

该集团以生产切割鸡肉为主,带动农民千家万户养鸡。这本是先生大力推广的"公司加农户"经济模式,先生的兴致自不待言。未料下车伊始,主人既不安排参观生产车间,也未请先生进会议室听取概况,而是就在厂区一个十字路口当街摆下两把椅子,让先生和丁校长坐在强烈的日光下,听其大讲合资、出口情况。同时又让人搬来一张桌子,也放在当街路上,铺纸备墨,要"费老给题词"。此时,张秘书一句"回去再写",罢了此事。

先生宽厚,当街晒了一阵,虽不好受,起身时还是笑着说:"晒晒太阳也不错。"

6月4日　从聊城到济南

早饭后驱车离聊城,赴济南。行程100分钟。抵济南后,入住南郊宾馆七号楼。

下午访问济南北郊的山东清河集团。这是一个以村庄为基础,短短五六年间快速发展起来的企业。听着主人介绍的发展思路和成效,先生多有会心之处,不断竖起大拇指,最后说是"清河走上了城市化的快车道"。

该集团董事长兼总经理李春圃熟知先生对乡镇企业的理解与支持,甚表崇敬。谈到中国经济发展,认为外国人盯着中国市场,中国人更应该开放国内市场。中国有九亿农民,是最大的市场。但是农民收入少,等于没有市场。农民有了钱,市场就起来了。国营企业也就从根本上活起来了。这些观点与先生的一些讲法十分接近。先生听着自然高兴。

清河集团副总经理张立柱说,清河集团以商带工,仅是几家大型商场就吸收了四千多名城市下岗职工再就业，占商场员工的70%。先生听了，更是为乡镇企业的新贡献叫好。

6月5日　济南

随先生听取山东省领导介绍省情。丁校长和先生先后谈想法。先生说：

再有一年多时间，我就90岁了。这个年龄，本来该告老还乡、回家休息了。可是我从反右开始，到"文革"结束后为我"改正"，丢掉了23年。丢了的这段时间，我不甘心，想找回来，所以现在还不能休息。还得跑，行行重行行。

我这个岁数，要进大学没有人收了，可是我还得学呀。怎么办呢？农村工业和农村经济是我这一生的一个主题。我就到农村去，到农民家里去，找农民请教，拜他们做老师。

我确是从农民那里学到了很多东西。山东我来过很多次，年轻的时候到北京上学，路过德州，买扒鸡吃。现在我老了，经过德州，还是扒鸡。几十年里边，没有大发展。有铁路而没有大变化，这叫"酒肉穿肠过"。

60年当中想出来一句话：农业里边出工业。济宁的菱花味精厂从老玉米加工出来味精，就是一个典型的例子。

小马青村的秸秆气化，整个改变了农村的面貌。实际生活的变化会造成很多新兴产业的发展。

农业出工业，就是加工再加工。菏泽曹县庄寨镇对泡桐木材的加工，才是初步加工，变成板材卖出去。

晚饭后瑞琳和叶涛夫妇来，为先生带了厚重之至的《图片中国百年史》，是瑞琳近年编辑的力作。

先生用惊奇、赞叹的眼光看着这部大书，称赞瑞琳为保留国家百年历史做了好事。

6月6日　从济南回北京

上午随先生乘410次列车离济南返京。

正值麦收时节。先生坐在他习惯靠窗坐的位置上，看铁路两边麦田里的收割场面，喃喃自语：都使用收割机之后，这么多劳动力怎么办呢？

6月13日　北京

随先生往华北大酒店姑苏厅参加雅集活动。系沈昌文先生依据费老嘱咐所邀集。

最先到场者是李锐，第二位是曾彦修，先生第三。然后依次是沈昌文、庞朴、蔡仲德、资中筠、陈乐民、龚育之、王蒙等。

沈先生首先向诸位说明这个活动的缘由，是前不久到费老府上拜访时，说起了这个事。后来大家谈到不定期地小聚一次、见见面、谈谈天的想法，颇得众贤达赞同。即由沈先生代为联络，找一个大家都在北京的时间，定一个地方相聚，就有了今天的活动。

接下来，由费老开场。先生说：

我快90岁了。耳朵不大好了，嘴巴也不大灵，再加上南腔北调，有些话就讲不清楚。可是脑筋还在动，就同昌文兄商量，想找点办法。

在座的不少人的文章我都看过，就是没有见过人。做编辑工作的人同这些作者都有来往，不妨再做点工作，让大家有机会见见面，有点来往，交流交流思想。

我现在感觉到，社会的变化的确是太大了，各个年龄组不通了，讲话都讲不上了。各人讲各人的，圈子越来越小。这样恐怕不行，所以需要扩大一点，大家多接触接触。

尤其是年老的人，不甘寂寞，不甘孤独，需要有机会见面。思想也见面。大家都不拘束，自由主义一点，想讲什么就讲什么。

我们都经过一段历史，有些事情让人害怕讲话，尤其是讲真话。现在，到我这个年纪了，没有关系了，再怎么样也是这个样子了。

平时希望能见面的人，我们隔上一段，就找个地方聚聚，请昌文兄主持，做东。这也许是个好办法。

慎之兄也找我谈过，也觉得这个办法好。我们只是见见面，谈谈天，没有聚会闹事的意思。老人会，大家高兴。老来有个节目。

现在50岁的人当令，可是大家都会老的。

我们民盟有个传统，八十称"老"，楚图南先生被大家称"楚图老"。曾昭抡不足80岁，我叫他"曾公"。现在我也可以称"老"了。

老年人有个苦处，活动不灵便了。不去请他出来，他不大肯动了。我们今天这个办法，也可以督促大家出来活动活动。不要太死，死水一潭不行的。老是不动就孤独了。一孤独思想就停了，身体不死心先死。

昌文兄愿意出力，出面组织组织，帮助我们老年人活动活动，我很感谢他。

这可以让我们延长生命，思想的生命。

李先生说：我们国家也好，整个世界局势也好，现在似乎是都到了又一个关口了。

应当说，自从1989年以来，到现在，是思想上相当停滞的一段。思想沉潜了，奔学术了。另外也有下海的。最近一个时期，好像又有点松动的样子。大家都有这种感觉。李锐老和平时来往较多的几位"老"，也有这样的感觉。

国际上的情况，先从近邻看，从去年7月开始，出了个东亚经济危机。到最近，苏哈托下台。苏哈托的前途如何，没人知道。32年的统治，如此下台。3月的大选当中，一般的评论意思是，你就不要再当总统了。可是他照样当，信心十足。把自己的亲信扶为副总统，把自己的女儿第一次弄进内阁当部长。干了三个月，一个晚上就下台了。

近几年东方有个大问题，很吃香，就是所谓"亚洲模式"。对这个问题，国内好像是我发表了唯一的文章。照我看来，虽然提起这个话的人是李光耀，实际却是因为日本"二战"后30年里经济发展居高不下。《日本名列第一》的出版，正是那个高峰时代。

以后又有"四小龙"。我觉得学术这个东西有时候很势利，你只要发点财，就说你好。中国发展起来了，也说你儒学好啊。可是台湾"中央研究院"的院长吴大猷说，台湾的经济起飞跟儒学一点关系都没有。我倒觉得他的话有点道理。

杜维明曾经问丹尼尔·贝尔对儒学怎么看。丹尼尔·贝尔说：如果要向现代化以来形成的西方的标准价值观提出挑战的话，那是没有好结果的，而且在全世界都要倒霉的。

20世纪快过去了，真正像样的思潮我认为只有两个，一个是资本主义，一个是社会主义。

社会主义现在倒霉，这是很明确的事实，但是社会主义是不会断根的，也不应该断根的。这是我的思想。是不是我太"左"了？我相信自己并不"左"。但是社会主义永远都只能在自由主义的基础上得到真正实现。20世纪末年，对我们国家是吉是凶，我不知道，但是对于思想界，我认为是个大好时机。

中国现在到底应该走什么路，有点看不清楚。看不清楚的时候，要求我们这样的人多动动脑筋。100年的教训，我们几乎是亲身经历了。现在确实非常值得前瞻后顾，深思一番。共产党究竟是怎么走过来的，尤其是这五十多年是怎么走过来的，要走向何处去。（先生插话：应当想一想）确实应该想一想。像李锐这样敢于想又敢于奋笔直书的同志非常少，但是敢于想的人却是非常多。

6月15日 北京

随先生参加北京大学主办的"第三届社会文化人类学高级研讨班"。该班是北大百年校庆系列活动重要内容之一的"纪念百年校庆社会学人类学系列讲演",上午在北大勺园正式开班。主题:文化自觉与跨文化对话。先生是首讲,题目是《读马林诺夫斯基〈文化动态论〉的体会》。先生说:

我当老师当了六十多年了。我的一个习惯,或者说是传统,就是讲课不照书本宣读。这并不是说我不做准备。我是把要讲的稿子先写出来,交给大家看。上课的时候就以讲稿为基础,即兴发挥,称之为插话。今天也是这样,我的讲稿《读马老师遗著〈文化动态论〉书后》已经印出来发给大家了,我就不照着念了。

请大家听了我今天讲的内容之后,回去再把讲稿看一看,严格地审查一遍,看有什么不对的或不明白的地方,把问题写下来,提出来,交给马戎同志。我还会来,希望有机会就主要的问题来和大家讨论、对话。这是我的第一点声明。

第二点,我的毛病很多,讲话南腔北调。从小学的苏州话,乡音难改。懂得中国话的朋友,也不一定能懂得我的话。同时,我现在讲课不像以前了。年纪大了,能不能连续讲一个钟点,不大有把握。去年还可以讲一个半钟点,今年我试了一下,大概讲上一个多钟点就有点吃不消了。

讲习班时间有限,我的力量也有限,只能缩短一点讲。

这一次研讨班的活动,是把两件事情合到了一起。一件是为北大百年校庆而举办的"21世纪:文化自觉与跨文化对话"系列学术讲座。我们为此请来了各国同行中熟悉的朋友,大家聚在一起,进行学术交流,时间是两个星期。

接下来专门有一个星期,是继续我们的高级研讨班。这个班重在大家讲,大家讨论。我们把两件事情联结了起来,让大家先参加系列演讲,再参加研讨班的讨论。

我为这次研讨班准备的讲稿写了半年,去年暑假里边开始动笔,反复地想这个问题,最近才写完。我觉得这个问题很重要,同时也和这次的系列讲座能结合起来。

我的题目叫《文化自觉》。"文化自觉"是我在上一次高级研讨班提出来的一个概念。通俗地讲，就是了解自己，有自知之明。一个人应当对于自己所属的文化有一点认识。用科学的方法实现对自己所属文化的认识，叫"文化自觉"。

我写这篇讲稿的目的，还是在对我的学术思想进行反思。学术反思是这几年来我为自己定下的一个工作内容，就是要求自己对过去发表过的学术思想回头多想想，我的思想是怎样来的，为什么这样想，现在看来是否还有点道理，是否要修正，甚至改动。

这可以说是我个人的"文化自觉"。学术反思是对个人而说的，文化自觉是学术反思的扩大和发展。从个人扩大到自己所属的文化，从个人的学术发展扩大到一门学科的演变。

学术反思是个人要求了解自己的思想，文化自觉是要了解孕育自己思想的文化。所以我说我这篇讲话既是我的学术反思，也可以和这次系列讲座的主题相结合的。

因为要取得文化自觉到进行文化对话，以达到文化交流，大概不得不从学者本人的学术反思开始。学术反思到文化自觉我认为是一脉相通的。

我这篇讲话，其实不仅是我个人的学术反思，思想的再思考，也是对我所学到的社会人类学的反思，对社会人类学这门学科还可以说是一种文化自觉的尝试。

我觉得，人类学也好，社会学也好，从一开始，就是要认识文化、认识社会。这个认识过程的起点，是在认识自己。

我这个人作为一个生物体，是在既定的文化里边长起来的，一切离不开自己所属的文化。但是尽管如此，要了解自己所处的文化，这个事情并不容易。

我记得1979年我访问芝加哥的时候，已经提出跨文化交际这件事，主张进行文化之间的交流。跨文化交流的基础，就是得从认识自己开始。

我一生所做的事情，就是希望能认识自己。搞了这么多年，写了不少文章，也只能说是认识自己的开始。文化，我叫它是个人造的人文世界。这个人文世界是我们的祖先和我们自己造出来的。

造得怎么样呢？我们自己生活在里边，可是并不清楚这个问题，从来也没有人对我们讲过。

我现在老了，想要看一看，自己从小学来的这一套文化，究竟是个什么东西。它的内容是什么样的，怎么去分析它，怎么去理解它，看它在我们生活中发生了些什么作用，又怎样发生变化，它是怎么变动的，为什么变动，动到哪儿去……这些问题，我认为就是人类学者、社会学者要去观察和研究的题目。也就是说，要用我们现在所掌握的认识客观事物的科学方法，直接去看、去观察、去分析社会生活里的事实、秩序、格局和基本规律。

这既是在认识社会、认识世界，也是在认识自己。

这样得来的认识才能运用来满足我们生活的要求。

我们大家所处的这个人文世界造得怎么样？怎么造的？为什么这么造？这是几个基本问题，是我所说的文化自觉的第一步。

在去年的研讨班上，提出了这个概念，还只是在说要做这个事情。今年的研讨班，我们已经开始把这个事情做起来了。我们请了很多专家，进行跨文化的交流、对话，参加讨论，本身就是一次跨文化交际。可以说，我在第一、第二届研讨班上的发言，都是为了今天这样一种交流做准备的。

事情很凑巧，昨天晚上，我得到一本北京大学出版社刚刚出版的我自己写的书，书名叫《从实求知录》，是我最近几年发表的学术反思文章的结集。

为什么叫《从实求知录》呢？意思是书里边记录了我从实际中得到知识的经过。

我这些年来所得到的知识很少，也不见得都正确，但是我确实是从实际生活当中得到的。这本书就是讲我这一个人求知的经过，从中也可以看出我的思想在 60 年里的发展脉络和发展过程。

从 1995 年开始，我觉得自己有点老了。以前我没有感到自己是个老人，这是老实话，就像孔子说的，"不知老之将至"。1995 年以后，做事情有点力不从心了，感觉到有个"老"字来了。讲话的时间一长就讲不动了，走路要人扶着了，一样一样地表现了出来。

总的感觉是力不从心。心里边还想着做这个做那个，可是实际上做不来了。我这个生物体和在文化世界里形成的精神要求合不到一块了。

感觉到自己老了之后，我就在考虑一个问题。我虽然老了，可还没有死。从老到死还有一段时间，叫"老而未死"。老而未死这段时间里边，我应当做些什么事情呢？

中国人有个说法，叫"身后之事"，我也开始考虑身后之事了。从前写《生育制度》的时候，我发挥过一个观点，认为社会同人一样，都有新陈代谢，英文里边叫作 metabolism。我为此专门创制了一个名词，叫"社会继替"。

社会自身的发展，要求人口不断地再生产。新的进去，老的退出来。退出来的过程中，有一个老而未死的阶段。在这个阶段上，他会想一个问题，即个体受到生物体的限制，不能再活下去了。这是上帝决定的。中国人叫"命"。天命如此。到这个时候，人会感觉到，有个东西在自己死后还会继续延长下去，这就是人文世界。

想到这一点，会产生一种感觉，想再做点事情，留点影响给身后的世界。

我在 1995 年之后，开始考虑这个身后之事。想到的具体要做的事情，是写我的反思文章。站在现在的位置上，回头去看去想自己思想的来路和过程，看看这套想法是怎么来的。我想自己大概还有几年的时间，能用来回头看看自己写过点什么，为什么这么写，写得对不对，自己做点反思。

我为什么想到这些呢？这大概是"文化大革命"对我的影响。

那个时候，人家强迫我回头想自己，进行自我批判。没有经过"文化大革命"的人，对这一点不大容易懂得。我们经过这段历史的人，在思想上得到了这么一种训练。

后来我又写过一篇文章，题目是《我看人看我》，意思是看看人家是怎么看我的，看看我写的文章起了点什么作用。这事情很有趣味。大家到了我这个年龄，可以试一试。

自己看自己，批评自己，再看别人怎么看自己、批评自己，不仅有趣，而且可以有启发。通过这样的思考，可以对问题看得深一点。

我怎么去进行反思的呢？一个办法，就是拿我的老师开刀，在老师身上做文章。思想有它的来源的。我学的这套东西哪儿来的呢？我的思想哪儿来的呢？应该说是从我的老师那儿来的。

我的几个老师当中，第一个影响我的是吴文藻先生，第二个是潘光旦先生，然后是三个外国人，一是帕克（Park），二是史禄国（Shirokogorov），三是马林诺夫斯基（Malinowski）。

作为学生，我从这些老师身上得到些什么呢？关于吴文藻先生，我写了一篇文章，叫《开风气，育人才》。他在中国提出来两个重要思想，一个是社会学中国化，一个是把人类学和社会学结合起来，运用人类学的方法发展中国的社会学，从实际调查中出思想、出理论。

潘先生对我影响比较重要的思想是"两个世界"，一是人同物的关系的世界，一是人同人的关系的世界。我在潘先生思想的基础上提出了"人文世界"这个概念。我这个概念是从潘先生的思想里边来的。

对人文世界怎么理解呢？这个话要说得远了，意思也深了。太史公司马迁写《史记》，是承父命。他的父亲要他做的事情，总起来讲是两句话：一是究天人之际，二是通古今之变。

"天人之际"是什么意思呢？可以有不同的理解。我的理解是，天是指自然世界，人是从自然界里边发展出来的，天人之际就是人在这个物质世界里边处的地位。

人是自然世界的一部分，不是天外来客。人逃不出这个客观的物质世界，但是人有能力可以利用这个物质世界来创造一个人文世界，用人文世界来利用自然以取得人的生存和发展。

人既是自然世界的一部分，又是自然世界的对立面。

马林诺夫斯基的一个关键思想是，文化是人造的东西，是为了人的需要而造的。

在自然界里边，从没有生命的状态里出现了生命，又从生命里边出现了文化。这个过程到现在还没有完，还在进化，还在发展。连起来看，就是历史。

要弄清楚这一套，就需要究天人之际，通古今之变。这也可以说是中国人历来做学问的基本内容。人的知识，大概就是从这一"究"一"通"当中来的。

根据我的理解，人类学、社会学的目标，也可以表述为"究天人之际，通古今之变"。这个话，古人早就说清楚了，但是我们到现在还没有通，还不大明白。

我现在确实感到时间不多了，力不从心了。劳申布什（Raushenbush）写的帕克传的最后一章题目是 *So Little Time*（《时间之少》）。时间之少，生命之短，到老才体会得真切。现在我真是觉得整天想问题都来不及，更不用说把问题想明白再写出来。

我在反思的时候，先回到自己老师那里。这一来，我发现自己对几个老师的东西都没有吃透。要真正理解上一辈人并不容易。

最近我在看什么书呢？讲讲也许很有意思。我在看几本传记。陈寅恪、顾颉刚、傅斯年，还有钱穆，这些人的传记很吸引我。

他们是我的上一辈人。我想看看他们一生关切的是什么问题，他们这代人是怎么过来的，这里边很有意思。

顾颉刚是我的同乡，他讲的话我很熟悉。从传记里边看到他那么说、那么做，我就想，如果我处在他的时代，也会那么说、那么做，逃不出去的。

我看这些人的传记，是想争取多懂得他们一点，也是想多懂得自己一点。

在我的老师里边，中国的老师，只是差了一代，理解他们就不大容易了。外国老师理解起来就更不容易。史禄国写了很多东西，我也看过不少，可是到现在我还不能说自己懂得这位老师。

我跟他学体质人类学，他对我影响很大。这种影响从当时一直持续到现在。十年前，我提出了"中华民族多元一体格局"，觉得是自己的发明，还很神气。现在一看，史禄国早就讲了。

今天我把这个话说明，这是史禄国影响我的学术思想的一个例证。

为了参加这次研讨班，我从去年暑假开始，看马林诺夫斯基的一本书，*The Dynamics of Culture Change*（即《文化动态论》）。我好好读了一遍，用去差不多一年的时间，才写出了参加这次研讨班的文章。

我应当说明，这是 My teacher in my eyes（眼中的老师），只是我眼中的老师和他的想法，是我的理解。

这本书对我的影响很大。我从这本书里边看到了马林诺夫斯基学术思想的具体变化和发展。他最早成名的著作和他早年的文化理论，是从他参与特罗布里恩群岛（Trobriand）土人的实际生活里边出来的。

特罗布里恩群岛那个地方，有点像中国的陶渊明在《桃花源记》中描写的那个样子，是个孤立的、封闭的、静态的文化。马林诺夫斯基确实是很深入地理解了特罗布里恩群岛岛民的日常生活和情感，从中看出来了文化表格，即文化的结构，写出了《文化论》。

后来他到了伦敦，做了教授，就不同了，他不再到特罗布里恩群岛去了。他要考虑下一步怎么办，人类学往哪儿去。他后来接触到了非洲殖民地上土人的情况，看到当地的原有文化快要被西方殖民主义破坏尽了,他心里不舒服,对殖民主义这一套很反感。

他希望还能保留住原来的本土文化。马林诺夫斯基当时的心情,可能跟我在1957年时候的想法有点类似,想凭借自己的知识去改造天下,像堂·吉诃德。

他热心于应用社会学,想改造殖民主义,为殖民地的人民做点好事。这与总的形势是冲突的,成了个不可能实现的梦。想靠书生去改变它也是劳而无功的。

但是在这一段经历当中,马林诺夫斯基却看到了一个正在发生文化巨变的社会,看到了文化变迁的现实,这使他后来写出了《文化动态论》。

这是人类学历史上的一个很大的转折,从静态的分析转向了动态的研究。

他把这个转折作为一个人类学的大题目,认为新的人类学必须以对变动中的文化的研究作为自己的主题。他明确地提出了这个主题。

可是人生有限,他没有机会由自己来完成这么一个主题的转折了。

马老师离开伦敦大学到美国之后,耶鲁大学给他终身教授的地位。可是,他还没上讲台讲课,第二年就去世了。去世之前,他用了八个月的时间到了墨西哥,去研究小城镇。

这个事情我去年才知道。马老师明确地意识到,人类学不能走老路了,需要面对动态中的文化事实。文化怎么在变呢?那个时候,我已经回到国内,正在搞云南三村调查。实际上的主题是变动中的中国内地农村。

这个调查是和马老师当时的主张及调查平行进行的,是在《江村经济》的基础上的延续。

我想说的主要意思是,马林诺夫斯基的学术思想,始终没有离开他所接触到的实际。实际是静态的,他的思想也是静态的。实际发生变化,他的思想也发生变化,他的理论也发生变化。

我们看书不能不看人,要看是谁写的,什么时候写的,为什么这么写的,为什么有这套思想。弄清楚这些,才能理解作者、懂得作者。

在这三届研讨班上,我写了三篇文章。一篇是《从马老师学文化论》,第二篇是《重读〈江村经济〉序言》,第三篇是《〈文化动态论〉书后》。

三篇文章写的都是我跟马老师学习的体会。第一篇文章我提出了几个重要的变化,和马老师在人类学上的贡献,就是从书本研究到实地调查,从对野蛮人的研究到对文明世界的研究,从静态研究到动态研究。

我再二再三地写文章讲马林诺夫斯基,表明我对自己的老师学术思想的发展有思考的兴趣。

这个兴趣的出发点,不是个人性的,而是我在思考人类学、社会学乃至整个的人文科学、社会科学到底怎么向前走的时候,意识到了老师的思想发展对我们会有启发。

今天的人类学、社会学的主题又是什么呢?这是我们大家都很关心的问题。

我想,要回答这个问题,必须先看清楚我们现在处在一个什么样的大环境里边,看清楚全人类的文化是在怎么变化,这样才能看到我们努力的方向。也就是说,先要定好位,才好往前走。

这里边的意思,还是我反复强调的一条,不能脱离实际,要坚持从实求知。当前最大的实际,就是人类社会从 20 世纪向 21 世纪过渡时期的文化变迁。

1989 年,我参加过一个国际儿童教育方面的学术会议。我在会上说,在儿童教育方面,当前要做的最重要的事情,就是为他们准备一个能适应 21 世纪人类生活的脑筋。

21 世纪会是个什么局面呢?这个话要从 20 世纪说起。我曾经用过一个比喻性的说法,说 20 世纪是一个世界性的"战国"世纪。意思是这样一个格局中有一个前景,就是一个个分裂的文化集团会联合起来,形成一个文化共同体，一个多元一体的国际社会。

我觉得人类的文化现在正处在世界文化统一体形成的前夕。要形成一个统一体，而又尚未形成。要成而未成的这样一个时期，就表现出了"战国"的特点。

这个特点里边有一个方向，就是多元一体的世界文化的出现。

我们要看清楚这个方向，向这个方向努力，为它准备条件。如果不是这样，而是老在那儿打来打去，不知道什么时候什么人发了昏，扔个原子弹，毁灭整个人类社会，即使人类没有全部毁灭，文化也得重新再从头创造一遍。

我们要避免人类历史重新来一遍，大家得想办法先能共同生存下去，和平共处。再进一步，能相互合作，促进一个和平的共同文化的出现。这个文化既有多元的一面，又有统一的一面。

我虽然看不到这一天了，但是可以想象天下大同的景象，而且还想通过现在做的事情来影响这个鼓舞人心的前景。

所以，我还在想身后之事。不能说我快死了，看不到那一天了，就跟我没什么关系了。中国人不这么想问题的。我虽然快死了，文化还存在，人类还存在，地球上的人还得活下去。活下去就会碰到这个问题，就得想办法解决这个问题。我们有责任为后来的人们想想问题，做点准备。

怎么准备呢？要形成一个世界文化统一体，首先要知道世界上有多少个文化集团，每个文化集团是什么样子，和平共处的关键在什么地方。

思考这些问题时，可以回到马林诺夫斯基那里去。他在《文化动态论》中得出一个值得我们发挥的结论：人类必须有一个共同的一致的利益，文化才能从交流而融合。

这个结论很重要，是他从非洲殖民地上看出来的。

换句话说，殖民主义不可能解决文化共存的问题。

我们中国人讲，以力服人为之霸，以理服人为之王。霸道统一了天下，也不能持久，王道才能使天下归心，进入大同。维持霸道的局面，可能最后会导致原子战争，大家同归于尽。

我希望避免同归于尽，实现天下大同。所以我在 80 岁生日那天提出这样的四句话：各美其美，美人之美，美美与共，天下大同。

我今天勉为其难讲这些话，希望得到大家的批评讨论。

6月28日　北京

上午，北京大学社会学人类学研究所承办的"第三届社会文化人类学高级研讨班"结业。

下午，先生邀请由台湾前来讲学的李亦园教授到家中叙谈，主题是"老来所想"。

潘乃谷老师在场。我负责录音、拍照及录音整理。依据现场录音整理文字如下：

费：今年春天全国人大换届的时候，我从原来的工作岗位上退了下来，但是退而未休。你也到了退休的时候了。我们有这点共同的地方。我想我们找这个机会见见面，谈谈我们今后的打算。

我的生命大概还有几年。我们是老朋友了，我也想听听你的意见，看我今后做点什么事情好。

前些天在北大研讨班上的讲课插话里，我讲到了自己最近几年的一个感觉。85 岁以前，我天天在那里忙着做事，不觉得自己老，有点"不知老之将至"，这是确实的情形。过了 85 岁，感觉到自己有点老了，做事情吃力了，力不从心了。要做的事情做不成了，要走的路走不动了，想写文章力量不够了，写一阵就要休息了。

感觉到自己衰老之后，对生物性的个人同社会性的和文化性的个人之间的不同，看得比过去清楚了。生物性的个人是会死的，这是自然规律，是天命，在这个问题上只能听天由命。

我们在社会上生活的过程中，同别人打交道时真正接触和发生作用的，实际上不是个人的因素，而是社会性的因素、文化性的因素。这些因素是超越了人的生物性的个体存在的。

人可以死，可是人所处的这个人文世界却是长存的。人文世界的延续过程不但比我们个人的寿命要长，而且它的意义也更大。

一个人从进入这个世界到离开这个世界，最长不过百年。

在这段时间里边，我们从前人那里继承过来已经创造的文化成果，在这个基础上又做了一些事，为人文世界增添了一点东西。

这点东西会留在这个世界上，不管好事还是坏事，抹不掉，也改不了。

作为当事人，在老而未死的时候，回过头来想一想，自己在世界上留下了点什么。这是一种老来的心态，很有意思。年轻人不大想这个问题，还想不到这个问题。

我今年已经88岁了，算高寿的人了，想到这个问题了。今天你来，我想对你说说我心里的打算，同时也想听听老朋友的意见，希望我再做点什么事。这会影响到我今后几年的生活。

这两年我出去走走，感觉身体还可以。医生做检查，也说没有什么大毛病。在生命的最后这段时间里，我想做点人家希望我做的事情，也是我自己愿意做的事情。所以我想趁我们聚谈的机会，交换一下看法。

李：我很高兴有今天这样一个机会。您说是聚谈，这是您对我的客气，我应该说是请教。我是从今年7月份开始退休，也想学着费先生做人做事的办法，退而不休。虽然离开了正式的职位，但是学术研究工作还要继续下去。

清华大学要给我一个荣誉讲座的工作，每年还有一笔经费，可以做研究用。我在"中央研究院"还有一个最近确定下来的研究主题，跟养气有关。题目叫《文化·气·传统医疗》。

中国文化和西方文化在认识客观世界上的一个最本源的区别，是用身体与心灵的内在体验的方法来了解世界。这个课题需要进行好几年，希望能通过研究来解释这样一种中国认知传统的根源是怎么样的。我在就要开始下一段的研究工作的时候，能有机会向费先生请教，我感到很难得。

费先生很客气，在计划今后几年做事情的时候，想听到我的意见。我首先想说的是，您在此前所做的事情，比别人多得多。虽然现在年纪老了，但是您正在思考的问题、正在发展的思想，对整个学术界还是具有很重要的意义。

我昨天晚上还在想，您对于人类学、社会学的贡献，既有理论上的一面，又有实际上和实用上的一面。这是一般的学者很不容易做到的。您有一个"志在富民"的愿望，把学术研究作为实现这个愿望的工具，开辟了很多具体的研究题目，使田野调查既产生了理论的学术成果，也收到了具体的富民效果。

一般做研究的人，大半不难想出一个很理论的东西，但是未必实际可用。我在最近的一篇论文里边就辩论了这一点。我认为一个好的学者不一定纯粹是理论的，在应用上面做出实际的贡献，也许更重要一点。所以我觉得您的"志在富民"的学术实践非常重要。

您从对乡村的研究到小城镇，到对整个大的区域的格局和战略性的研究，不仅具有促进国家生产力发展的实际意义，而且在人类学、社会学领域具有重要的方法论上的开拓意义。

过去人类学家研究的多是一个很小的村落，不大容易跳得出来。而您实现了从村落到小城镇又到大区域的跨越，这是人类学本土化的一个非常重要的成果。

"志在富民"这四个字，我听着是响当当的。一个读书人读到了"志在富民"这样的境界，而且真的做出了实际的贡献，确实难得。

我昨天读到了您赠送的新书的序言。您在讲"从小培养21世纪的人"这个题目时所表达的思想，又是非常之重要。对整个人类的发展前途做出分析，提出设想，主张不但"各美其美"，而且要"美人之美"，在人类为进入21世纪而做的各项准备当中，这一点也许是最为重要的。

世界已经形成了一个地球村,容忍多样性应该是大家在互相交往当中的一条基本的共识。亨廷顿写《文明冲突与世界秩序的重建》,就是认定西方文明和东方文明、回教文明一定会有冲突,怎么避免这种冲突是重要的。

对这个问题,人类学家的主张似乎要更积极一些,不仅是避免冲突,也不仅是容忍别人,而且还进一步到欣赏别人。您提出的主张,是人类学家面对世界问题而做出的积极性、建设性姿态的一个证明。

我想,在我上面说到的两个方面,一个是在实践的方面,怎么使中国的经济和社会更进一步地发展,成为一个强盛的国家;一个是在理论的方面,怎么使整个人类和平共处、相互合作、走向天下大同的发展前景,这是我在您的著述当中体会到的两个最重要的主题。

您为这两个主题已经花费了大量的心血,写出了很多重要的篇章。但是从更久长的历史来看,也可以说是刚刚破题。您离百岁还有十多年,还有机会也有力量进一步思考。这十多年里,在这样两个主题下面的社会发展还会提出新的问题,推动您的进一步思考。

您的文笔实在是漂亮,思考得又深入,可以不断地加一点,再加一点,把更加厚重的东西留给后人。我有一个书柜,专门放您的书,台湾的繁体版也都有。前些天我又翻了翻,总的感觉以上面说的两个方面最为突出。我希望看到您在这两个方面的思考有更进一步的发展。

费:我昨天送给你的这本书,书名叫《从实求知录》。"从实求知"这四个字表示了我的科学态度。一切从实际出发。"实"就是实际生活,就是人民发展生产、提高生活的实践。从"实"当中求到了"知"之后,应当再回到人民当中去。

从哪里得到的营养,应当让营养再回去发挥作用。中国人讲"知恩图报",我图的"报"就是志在富民。我写过一篇文章,讲"人生的天平",这是吴泽霖先生提出来的。我们从社会所得到的投入,和我们为社会所做的事情,是天平的两端。

拿我来说,从小受到比较好的教育,并不容易。我父亲只是一个普通的公务人员,全家靠他一个人的工资生活。我的母亲很节俭,目的就是要让孩子都受到好的教育。母亲去世后,姐姐供养我念书。清华毕业后,出国留学用的是庚子赔款,是人民的血汗钱。这些都是社会花在我身上的投资。社会对我有这么多的投入,我自己产出多少,这个问题不能不想。

我觉得自己的产出远远不够,这不是虚话,是实情。

我最近准备写跟帕克学社会学的文章。我在大学时期学他的社会学,可是没有学通,现在感到需要重新看。我把自己上大学时候读过的教材找出来重读,包括帕克的书,有些地方还是看不大懂,还要细细地想。这也是从实求知。

有了几十年的学术工作实践,再回到提供早期学术训练的基本课程里边,进一步体会实践知识怎样接通书本知识,书本知识怎样推动受教育者更自觉地进入学术实践。

说到教育问题,我们这一代算是好的了,下一代人的条件比我们要差,主要是基础教育差。

讲起来很有趣,我父亲是最后一代的秀才,科举制度在他那一代取消了。改变办法以后,在考取的秀才中挑出比较好的,送出去留学。我父亲被送到了日本,学教育。

他留学回来就搞新学,办了一个中学。后来他到了南通,张謇请他去那里教书。我名字里这个"通"字就是这么来的。

我母亲创办了县里第一个蒙养院,我从小就在这个蒙养院里边长大的,所以我没有进过私塾,没有受过四书五经的教育,连《三字经》《百家姓》也没有念过。"人之初,性本善",这话很有哲理,可是我从小没有念过。

我念的是"人手足刀尺",是商务印书馆出的小学课本,是新学的东西。我父亲是处在文化变迁时期的一个人物,他主张新学,不要旧的一套，在儿女身上不进行旧式的教育。所以我缺了从小接受国学教育这一段。

最近我在看顾颉刚、傅斯年、钱穆这样一些人的传记，他们都是从私塾里边出来的，是我的上一代人。我和上一代人的差距的一个方面，就是国学的根子在我这里不深。

李：我这一代就更没有了，完全是新学了。

费：因为缺少国学的知识，我也吃了很大的亏，讲中国文化的时候，我不容易体会到深处的真正的东西。看陈寅恪写的书，我想到了两个字：归宿。文化人要找安身立命的地方，就是在找归宿。我从小没有进到旧的文化教育里边去，所以我的归宿是在新学教育的基础上形成的。

陈寅恪的归宿是过去的时代，他写《柳如是别传》写得真好。他能同明清之际的知识分子心心相通。我同上一代人比，在中国文化的底子上差得很多，这是真的。可是这又不是我一个人的事情，是历史的变化造成的，是不能不如此的。

但是也要看到一代人有一代人面对的问题，一代人有一代人的长处。我这一代人的长处是比较多地接触了西方的东西。

李：您是先有了一个西方的架构，再倒过来看自己，思考问题。

费：阿古什为我写了一本传记，用一个西方学者的眼光来看我，缺了一段，就是我的中国文化的底子。可是我的中国文化底子既不是顾颉刚那样的，也不是钱穆那样的……

李：他们是纯粹从大传统里边、从经典里边得到的传统文化，您是从一般人的实际生活里边得到的中国文化。这不一样。他们也许没有对实际生活的系统观察和体验，您是经常性地接触实际生活，面对生动的现实进行思考，提出问题，发表意见，这一点是他们所没有的。

费：我是自觉地把自己放到农民里边去。可是实际讲起来，还不是真正的农民的心理。我的本质还不是农民，而是大文化里边的知识分子，是士绅阶级。社会属性是士绅阶级，文化属性是新学熏陶出来的知识分子。

最初我是从教会学校东吴大学出来的,有西方文化的基础。后来到了英国留学,就更进一步接触了西方的文化。回国之后,我自己有意识地投入中国农民和少数民族里边去。我对旧的大文化的了解不深,对新的农民小文化的了解也不深。在这样一种底子上进行学术研究,我觉得自己的知识很不够。

这样一种分析很有意思,代表了我一生的经历。这不是我自己造出来的经历,而是历史决定的。我这样一个人,生在这样一个家庭、这样一个时代,经历这样一番变化,回头看看,的确很有意思。

李:像陈寅恪、顾颉刚他们那样一种学术研究,没有办法提出一套可以供全世界的学者了解的、人们如何相处的理论。您一开始就提出的"差序格局"的想法,是从旧学出来的学者很难提出来的。您提出的理论,是一个有了一番国外经历和西学训练的中国学者提出的对自己民族的看法和理论。这个理论架构是有长久生命力的,直到现在,研究生们还经常引用这个理论。

我在想,在您这样一类理论观点的基础上,能不能再追进去一层,看看在中国人的生活经验当中,在中国的文化秩序当中,哪一些可以提供给将来在21世纪生活的人们,有益于他们懂得容忍别人、谅解别人、欣赏别人,形成一些大家愿意共同遵守的基本规则,超越东西方的界限。

如果中国文化里边确有这样的值得挖掘出来的东西,也只有您这样的长期思考、深入思考,并能提出全局性主张的人,才能把它挖出来。

费:实际地讲,这确实是我一直在考虑的一个问题。社会上的文章里边经常讲"有中国特色的社会主义",马克思主义到了中国变成了毛泽东思想,现在又变成了邓小平理论,这也是中国化,同德国的马克思,已经有了很大的差距。

这说明有一个中国文化里边的东西,也可以说是中国特点,在那里影响外边进来的东西。这个现象值得我们好好研究。

总是在那里讲"中国特色的社会主义",特色是什么?特色在哪里产生出来?现在还没有人能把它讲得很清楚,原因就是并没有好好研究。

西方的学者,像涂尔干那样的,他就可以把西方资本主义的特点讲出来。像韦伯那样的,他就可以把资本主义精神的特点和文化背景讲出来。

在我们这里,马克思主义进来后变成毛泽东思想,毛泽东思想后来又发展成了邓小平理论,这背后有中国文化的特点在起作用。可是这些文化特点是什么,怎么在起作用,我们却说不清楚。

我觉得,研究文化的人应该注意这个问题,应该答复这个问题。

李:您提出一个命题,做出一个暗示,可能会引导后人跟上来,接着往前走。关于这个问题,最近几年,您有时候也谈到过一点想法,以后还可以继续思考,把思考结果提供给大家。

年轻人没有您这样的身世,没有您这样的经验,一时还不具备您的思考深度,所以既需要您点题,也需要您破题,需要您把想到的写下来。虽然不一定很成熟,但是可以暗示他、刺激他思考问题,也许就能上路,逐渐地发展起来。

我看您最近写的文章,都还是很有意义。忽然就提出一个人家想不到的事情,忽然就提出一个人家想不到的问题,启发了人家的兴趣和思考。

一个人的生物性生命是有限度的,他的文化思想的生命却是可以长久地延续下去的。您的学生,或者是别人,看了您的文章,再把其中的思想发挥下去,文化的生命就这样延续下去了。我们常讲的涂尔干,他的思想经过斯特劳斯等人的发展,学术的生命就延续了一个多世纪。

费:看到历史发展的继承性,前有古人,后有来者,这大概就是中国文化思想一个特点。

我有一次和胡耀邦在一起谈话,他表现出一种重视家庭的思想,把家庭看成是社会的细胞。他的这个思想是从实际里边出来的。我是赞同注重家庭的重要作用的,这个细胞有很强的生命力。

我们的农业生产在人民公社之后回到了家庭,包产到户,实行家庭联产承包责任制,生产力一下子就解放出来了。

我从这个事情上再推想一步,我们的农村工业化,恐怕也离不开家庭力量的支持。最近我又到浙江、福建、山东等地的农村里去跑了一圈,亲眼看到了真正有活力的就是家庭工业。

家庭工业规模很小,一家人在一起搞,心很齐,肯出力,不浪费,效率很高。当然它的技术水平还不高,但是劲道很足。一回到家庭,怎么干都行,甚至能发挥出超常的力量。如果整个国家能把这个力量发挥出来,那我们就不得了。

胡耀邦讲过家庭的重要性之后,我就在想这个问题,我的《生育制度》的话题还没有讲完,中国社会的活力在什么地方,中国文化的活力我想是在世代之间。

一个人不觉得自己多么重要,要紧的是光宗耀祖,是传宗接代,养育出色的孩子。把这样的社会事实充分地调查清楚,研究透彻,并且用现在的话讲出来,这是我们的责任。

要让陈寅恪、顾颉刚这一代人做这样的事情,恐怕不行。我们这一代人的长处是接触了这个现代化的世界,我们的语言可以与世界交流,可以拿出去交流,人家可以懂得。我叫它跨文化交际。

我们这一代接受新学教育的人才能做到这一点。这是我们的长处。上一代人的长处是对传统文化钻得深。

为了答复中国文化特点是什么的问题,上下两代人要合作,因为要懂得中国文化的特点,必须回到历史里边去。我们这一代人中还要有人花工夫,把上一代人的东西继承下来。

不能放弃前面这一代人的成就。这条线还要把它理清楚,加以发挥、充实。

陈寅恪、顾颉刚的成就是清朝的考据之学,它是有根的。我们要保住根根。这也是中国思想的一个特点。傅斯年多少接下来了一点，胡适已经近于我这一代了。我们要接下上一代的好东西，发扬下一代的新精神。

在这个文化的传承过程当中，自己要找到自己的位置，明确在这条线上我处在哪个地方，该做点什么事，做到什么程度。我在想这些问题，想得很有趣，可是能讲这个话的人已经不多了。

我们下面这一代人，像我的女儿，她就不大能懂我的意思了。不能怪他们，教育破坏得太厉害了，接不上啊。

看来继承性应该是中国文化的一个特点，世界上还没有像中国文化的继承性这么强的。继承性背后有个东西，使它能够继承下来，这个东西也许就是亲属关系，亲亲而仁民。我一时还讲不清楚，但是在慢慢想这个问题，希望能想清楚，把想法丰富起来、表达出来、讲明白，使人家能容易懂得。

表达可以有各种办法，我喜欢写散文，最近写了一些散文，在《读书》杂志上发表，文章有长有短。长文章写我思考时间比较久的话题，短文章容易表达临时来的一些灵感。

李：您为这次学术演讲做准备的这一篇学习马老师文化动态论的体会，也很重要。您讲到，马老师看到了非洲殖民地上的本土文化面临着解体和消失的困境。现在我们倒过来看中国，我们虽然没有被殖民，但是受到的压力是很大的。直到现在，仍然处在东西文化冲突的过程当中。

中国文化在20世纪里边发生了很大的变化，这是大家都可以看到的事实。我想听您谈谈，在现在的情况下，中国文化再向前、向外发展下去，有怎么样的可能性，会是什么样的道路。

费：现在我正在想这些问题。

李：您这一篇文章，虽然讲的是别人，但是暗示的是我们自己。这一点，我想我是看出来了。暗示的意思，是要考虑我们自己应该怎么样再往前走。在21世纪快要来临的时候，中国文化应该发展的道路可以是怎么样的,这是个大问题。这一点不一定现在就展开全面的讨论,但是不妨有机会就讲一点,平时也不放松思考,多想一想。

费:你刚才讲的话让我想到一个新的话题。我最近在想"一国两制"这个事情。"一国两制"不光具有政治上的意义,它本身是一个不同的东西能不能相容相处的问题,所以它还有文化上的意义。

这个试验很重要的,很有意义。在人类整个历史里边,是一个很重要的事情。

人家认为,资本主义和社会主义是对立面,可是到中国来,它们可以并存,"一国两制"。邓小平想到这一点,不一定是从理论上边想,他是从实际生活里边感觉到可以这样做,后来实践也证明可以这样做。这就伟大了。

我不是把他看成一个神仙,能够预先知道后来的结果。我是看到了文化在里边发生作用,中国文化骨子里边有这个东西。在他身上,在一个特定的时候,这个东西发生了作用,他来了灵感,可以"一国两制"啊,为什么一定要斗来斗去呢?这样想了,这样做了,结果是好的。

把对立面合了起来,和平共处,而且作为一个历史事实摆出来,让大家看,可以这样做,这样对大家有利。我们应当这样去理解这个事情,看到在世界文化的发展过程中,不同的制度有和平共处的可能性,可以出现对立面的统一,再进一步去看它的来源,有一个中国文化的本质在里边。它可以把不同的东西合在一起。

没有这样一个本质,那就不会有今天的中华民族和中国文化,也不会出来"一国两制"。

当然,我们现在对中国文化这个本质还不能从理论上说得很清楚,但是它确实是从中国人讲究的"正心、诚意、修身、齐家、治国、平天下"里边出来的。

这里边一层一层都是几千年积聚下来的东西,用现在的语言不一定能很准确地表达它,可是用到现实的事情当中去,它还会发生作用,这一点很了不起。这一点可以通过"一国两制"的实现得到证明。

我们中国文化里边有许多我们特有的东西，可以解决很多现实问题，可以解决很难的难题。现在的问题是我们怎样把这些特点表达出来，让大家懂得，变成一个普遍的信息，从中找到一个西方文化能接受的概念。这个工作很不容易做，但是不能不做。

我相信中国人有他的本领，这个本领是从文化里边积聚出来的。你讲大文化、小文化讲得很好，大文化是在吸收小文化的过程中出来的，小文化就是实践啊，就是几千年里边从中国这块土地上出来的东西啊。实践的经验不断提高，形成原则性的东西，这样大文化就出来了。

大小文化的关系，我们还可以进一步发挥一下。在讨论大小文化的关系当中，找到中国文化的特点。

李：在21世纪的人类生活当中，您认为中国文化应该怎样扮演更积极的角色？

费：现在是一个很重要的时刻。去年我去香港参加政权交接仪式的时候，感受很深。我在现场不是看热闹，而是在想"一国两制"这个问题。我希望大家想这个问题时能提高一点来看，沉下去想一想，再提高到理论上分析，就可以有一个新的看法。

这的确是一个创造，也是中国文化对当今世界的一个贡献，会影响到今后东西文化并处共存的问题。我们可以容忍不同，如果大家都可以容忍不同，多元一体的局面就有条件了。

多元一体是中国式的思想的表现，包含了各美其美和美人之美。要能够从人家和你不同的东西中发现出美的地方，才能真心地美人之美，形成一种发自内心的、感情深处的认知和欣赏，而不是为了一个短期的目的，为了经济利益。

李：您的这些想法可以一段一段地整理出来，慢慢地加以深化，好好地发挥。也许不能很快地发表出来，但这是一个很重要的大题目。

费：看来世界必然会出现一个互相依赖的格局。首先是经济方面的互相依赖，这次亚洲的金融风暴表现得很清楚。风暴一起，谁都逃不掉，"看不见的手"把大家弄到了一起。

所谓"看不见的手"，我体会就是经济、文化、社会的综合力量。虽然看不见，可是它的确存在，存在于文化的基本原则里边。

李：在这次的东亚经济危机当中，中国就扮演了一个从来未有过的特定的重要角色。人民币不贬值，成了一个稳定东亚经济的强大力量。这样一个角色，中国自从进入20世纪以来还从来没有过。过去，是日本在东亚经济中占据一个稳定全局的地位，但是在这次危机当中，它成了一个变数，中国成了一个稳定全局的角色。

在这样一个转换当中，是哪些因素使中国的重要性在一夜之间凸显了出来，值得大家深思。其中会有经济的因素，有财政的因素，等等，但是在这些因素之外，还会有文化的因素……

费：能想到人家，不光是想自己，这是中国在人际关系当中一条很主要的东西。老吾老以及人之老，幼吾幼以及人之幼，设身处地，推己及人，我的差序格局出来了。

这不是虚的东西，是切切实实发生在中国老百姓的日常生活里边的，是从中国文化里边出来的。"文化大革命"对这一套的破坏太厉害，把这些东西否定了。我看不能否定，实际上也否定不了，这些好的传统还是会有人接下来，还在现实生活里边起作用。

我们这些研究文化的人类学家，应该把这一套讲出来，讲明白，让人家懂得。中国文化天天在现实生活里边发生作用，实际得很，我们要从实求知，从实际生活里边学，再把学到的东西讲出来，这是我们知识分子的责任，尤其是研究文化问题的知识分子。

司马迁有两句话，叫"究天人之际，通古今之变"，搞研究的道理就在里边。就是要从实际当中"究"出来学问，再把它"通"到实际当中去。面对金融危机，可以这样做，也可以不这样做。人家贬值，我也可以贬值嘛。为什么中国人选择不贬值呢？有对人的关怀在里边。

中国人之所以这么做，因为他是中国人，他有一个文化的根子在发生作用。

最近几天我看世界杯足球赛，给我一个很大的启发。人同人即使是在竞争激烈得不得了的情况下，也是可以和平相处的。不同的球队放到同一个球场上争胜负，冲突和竞争一直在发生。可是大家有一个共同的规则，有公认的体育精神，就可以在竞争中友好相处。

我写汤佩松的文章时，在《清华人的一代风骚》里边就讲到体育精神。运动员和协力的精神，可能是社会生活里边所需要的一种普遍的精神。

说到底，我们还是要相信，中国也好，外国也好，这么多人在这么长的历史中走过来，必然会有好的东西积聚起来。现在人类世界希望有一个天下大同的前景，需要我们这样一些研究文化的人出点力量，把各个文化中积聚起来的有利于人类和平共处的东西提炼出来。

我们中国的人类学家有责任先把中国文化里边的推己及人这一套提炼出来，表达出来，联系当前的实际，讲清楚。

现在做这个事情的人还不多，至少可以说还没有形成风气。我们的社会科学、人文科学要造成一种好风气，承认我们中国文化里边有好东西，当然也不是都好，这就需要提炼，把好的提炼出来，应用到现在的实际当中去。

在和西方世界保持接触、积极交流的过程中，把我们的好东西变成世界性的好东西。

首先是本土化，然后是全球化、国际交流。能够做这个事情的学者队伍现在还没有形成，还要培养。从现在起的几十年里边，培养这样一批人是一件很重要的事情，也很不容易。我们在北大开高级研讨班，就是努力在做这个事情。

我们曾经有过一段反面的历史，要把传统的东西统统打倒，"文化大革命"达到了顶点，连我们自己都怀疑，中国文化这套东西是不是好的。

现在，这一段历史过去了。

去年是个转折点，香港回归，一国两制，全世界都看到了中国的地位。中国人又有了自信心。我们要发挥自信心，先要沉下去想问题，想明白我们今天在国际上的地位是怎么来的，接着努力下去，我们要警惕自我中心主义。

现在又出现了东方中心主义，觉得中国多么了不起，好像关起门来也可以成大事了。说到这里，我想起了自己感到忧虑的一个问题，就是潘光旦先生常讲的民族整体的素质。

从知识分子这个群体来看，是比不上上一代了。

从抗日战争开始到改革开放之前，动荡得太厉害，破坏得太厉害，一直没有停，年轻的一代没有条件向学问的方向走。没有良好的教育，怎么可能出来高素质呢？

所以现在我觉得首先需要安定，大家有时间喘口气。国家有心情办教育，学生有心情学知识，把今后的世界所需要的人培养出来。这些人有比较高的文化素质，不忘人类发展的大目标，懂得不同的文化怎么相处，而且善于把中国文化中的好东西发扬出来，补充到世界现代化的过程里边去。

李：您讲到这里，我们是不是可以把话题回到刚才谈起来的"志在富民"上面去。您最近对于区域发展问题的调查和研究，有没有新的题目和心得可以谈一下？

费：我今年已经开始做起来的一个题目，是想利用京九铁路穿成一串"糖葫芦"。意思是利用铁路干线的交通条件，促进一连串中等城市的兴起，通过这些中等城市对周边农村地区的辐射和带动，形成一个位于东部沿海地区和中部地区之间的经济发展速度明显提高的区域。

能够说明这个想法的一个例子，是现在已经比较发达的津浦铁路。南京到上海之间就有苏州、无锡、常州、镇江等一串中等城市。我希望在京九铁路上也促进各地加快发展起一串中等城市来，所以把这个题目说成是"穿糖葫芦"。但是不应吹大话,而应具体去做。

我沿着京九铁路一站一站去看,有没有切实的基础,有没有条件,已经有什么条件,还缺什么条件。这条线上的有些地方我曾经去过,这一次再连起来全部走一遍。

傅斯年的家乡聊城我也走到了,实地一看,很不错,有一定的实力。那里造的双力牌农用汽车,适合农村的需要,很实惠。乡镇企业的产品,不仅在国内畅销,而且销到了南美和非洲。

这个事情很有意思,是世界已经开始进入洲际经济时代的一个例子。

我前不久在《读书》杂志发表文章,提出了"洲际经济"的题目和自己的一点想法。聊城的农用汽车又给我新的启发。开拓洲际经济是我们的方向,我们的对外贸易不一定都要集中在美国、日本这样的地方,可以向南美、非洲这样的发展中国家和地区开拓市场。

我们的劳动力便宜,吃苦耐劳,这是我们的长处、优势,把这个优势发挥出来,学习新技术,抓住适用技术,生产出适合发展中国家需要的产品。这是个很大的市场。

如果中国中部地区有更多的企业能进入这个市场,增加农民收入的问题就解决了,中部地区就起来了。农民手里有了钱,国内市场也出来了。这是一箭双雕的做法,我们在开拓了国际市场的同时,自己也富了起来,国内市场也有了。

我经常说,市场就在农民的口袋里边。农民有了钱,要买电视机,买洗衣机,这个市场大得不得了。就是要多搞这样的东西,适合农民需要的,农民买得起的,能使农民进入现代化生活的产品。这是我在许多地方都看到过的例子。

过去北方农民都睡在炕上边,冬天冷的时候,就在炕下边烧点柴火取暖。现在住楼房了,堆柴烧柴不方便了,取暖也想更干净、更方便,所以要用暖气片了。暖气片不难造,又有那么多农民需要,所以成了一些乡镇企业发家的一大门路。

最近一次我到农村去，看到农民在这方面又提高了一步。他们在想办法利用过去废弃掉的庄稼秸秆，制造类似于煤气的生物气。一个村子只需要几十万元的一套设备，就可以提供全村人烧饭、烧暖气所需要的能源。

农民自己在那里找现代化生活的出路。

我看到这些一样一样的发展和提高当然高兴，就鼓励他们，并且把这其中值得推广的道理讲给他们听，他们也很高兴。我现在正在做这个事情，沿着京九铁路走了一半了，还要接着走完。

我一路把看到的情况记录下来，准备到最后向上提出一份建议，关于促进京九铁路沿线地区发展的设想和实际操作的办法。

我一路走，经过的地方的农民和基层干部都很欢迎我，县长、市长也很欢迎我。

我为他们致富出主意出得对，可以帮助他们改善生活，自己心里也很舒服。

我确实感受到，中国农民的确有本领，吃得起苦，有办法，干起来没有人挡得住。只要相信农民，放手让他们去发展生产，就可以维持一个比较好的局面。

如果能这样稳定下去，我们就会有几十年的时间，把中国文化好好研究研究，从理论上边提高一下。这个路子大概可以这么走。当然我的力量是不够了，你现在可以独当一面，可以更多地发挥作用。

台湾这一面，我们的力量达不到，你可以把这里的信息带回去，鼓励他们想大问题，不要只看到一个小天地。站得高一点，一个大天地在那里等着我们大家去大有作为，这个前景真是太美了。我们现在有条件，真正把祖宗的梦想实现出来，天下大同。

马林诺夫斯基在《文化动态论》里边讲的一段话，可以使我们得到一个很好的启发。在殖民主义的情况下进行的文化接触，里边是霸权主义的做法，结果是破坏文化。霸权搞不得，不能再走这条路。文化接触要得到一个积极性的结果，必须要在平等的基础上进行。

平等相处，相互理解，取长补短，最后走向相互融合。

用我们的说法讲，就是天下大同。

我们还是要将心比心，推己及人，老吾老以及人之老，幼吾幼以及人之幼。这样想问题，就是希望不要出现太大的曲折，不要因为使用核武器解决冲突而使人类文明再来一次。

这两天中美两国首脑会谈，从积极的方面看，是建设性的。两个大国能和平一个时期，就不得了。我们还是从和平共处上想办法，不光是共存，而且要共同繁荣，把人类的发展水平提高一步。

李：我很高兴今天下午有这样一个机会，来听听费先生在这些问题上的想法。我想，费先生谈到的这两个主题非常重要。

一个是从理论上看中国文化的特点和它可以对人类的未来发展所能做出的贡献，主张相互容忍，相互理解，相互欣赏，寻找人类在21世纪实现共同繁荣的道路，为天下大同准备思想的和物质的条件。能够做出很有深度的思考的人，到底是极少数。您能把中国文化中深藏的好东西挖掘出来一些，提出几点重要的思想，帮助后来的学者进入题目，学术的生命就可以得到延续和发展。

再一个是实用的这一面，"志在富民"这个主题也非常有意思。在一般情况下，人的思考方式容易集中到一个方面去，着重于理论的，大半就忘掉了实用，能够做到实用的又往往回不到抽象的理论的方面去。您在一生的学术活动中能够兼及两面，一面是理论的思考，一面是努力把知识转化成物质财富。京九铁路完成以后，您能够马上想到要"穿糖葫芦"，这里边又会出现将来的人可以看到的地区发展的事例，而且应该可以提炼出来"糖葫芦理论"。

我看费先生的身体很好，头脑的思考也非常敏锐。说不客气的话，我今天有一点考你的想法。平时读您的文章，您的文字有很感人的力量。今天听您谈话，又在现场感受到了您思考问题的力量。我很感动，也很为您高兴。还有很多年的时间可以利用，您可以逐步把想法一点一点整理出来，我希望有更多的机会读到您的文章，听到您的想法。

费：那你就多来几次。你可以提出一些问题，我们共同研究。我们都退出事务工作了，老来求知，多几次"有朋自远方来，不亦乐乎"，多几次"学而时习之，不亦说乎"。

6月29日　北京

北大的高级研讨班今天起进入第二阶段，开始进行"席明纳"。上午的主讲人是李亦园、庄英章、王斯福、查尔斯。先生是评议人。四位学者先后讲了各自的题目后，先生评议道：

李亦园先生讲到了人类学本土化问题。中国的社会学发展，从吴文藻开始，提出"社会学中国化"。其中的意思没有什么奥妙，主要是因为当时的中国在社会学课堂上不讲中国的事情。东吴大学也是这样。那时候用中文讲课好像是低一级。高水平的讲课是要用英文讲。所以，提出"社会学中国化"，第一步要做的事情很明确，就是语言先要中国化，用中文讲课。吴文藻先生开了先例，用中文讲了。可是内容还是外国的。他当时讲社会思想史，不是中国的社会思想史，而是从孔德、斯宾塞一路讲下来。这样讲课并不容易，发生了很大困难。因为社会学里的很多概念不是中国概念，所以实际讲起来的时候，是多语种一起讲，有点洋泾浜的味道。就像上海人讲 number one，他不发 number one 的音，而是说"拿摩温"。广州人坐出租车，不说"给钱"，而是说"给 fare"，用上了我这个"费"字。吴先生在课堂上要把西方的很多概念翻译到中文里讲，讲出来让没有在西方生活过的中国学生能听懂。这不容易。这样讲课，就是在文化交流，是跨文化的。千方百计，想尽办法，用中国的语言表达外国概念。可是，我们还不一定能听得懂。比如 nationality，这个概念所代表的一套，是外国的。中国从来没有这套东西。理解起来当然要发生困难。民族学院的名字让翻译成英文，nationality institute——这是我想出来的，可是意思不通啊。nationality 是国籍啊。我们填表的时候，有一项就是 nationality，就是指国籍。"国籍学院"，这意思不通啊。可是不用这个词又用哪个词呢？只好就用 institute nationality，暂且表示是民族学院。可是，not English。从这里可以看出来一点跨文化交流会碰到的困难。每一个词、每一句话，背后都有丰富的文化内容。这些文化属于特定的民族，而不属于其他民族。所以，你懂我、我懂你并不容易。比如吴文藻先生讲到"社会"，说社会就是 society。可这只是翻译了一下，并不是对社会的说明。什么又叫 society 呢？What is society？说社会就是 society，这是答案吗？不是的。大概要用一套话，才能说得清楚一点。社会是怎么来的？我们中国过去连"社会"这个词都没有。严复最早翻译西方社会学著作的时候，不是"社会学"，而是"群学"。"群"是中国的概念。这个"群"对应的英文词是 group。group 并不能等同于社会，还要再加上点东西才能成为"社会"。"社会"这个词中国过去没有，我的上一辈也不懂这个词。大概是日本人想出来这个词之后，用汉字把它搬到中国来了。用了这么长时间，大家都知道这个词了。它是什么意思好像也懂了，其实并没有懂。也很少有人认真想过"社会"到底是什么意思，该怎样翻译。我们这些念社会学的，学了这么久，要是问一句"什么是社会？"，还是各人各讲。所以现在发生一个问题，大家接触了，文化碰头了，互相之间讲出来的话，要避免在对方那里引起误解。这是跨文化交流的第一个要求。

为了实现这个要求，我们这些先走一步、同外国文化有所接触的人，有责任做点工作，把随着文化交流进来的这些概念，在自己的母语里边找出尽量准确的词汇来表达它们。可是这并不容易。史禄国使用的 Ethnos 这个词，我到现在也翻译不出来。不好翻，讲不清楚。他使用这个词的含义很深。在不同文化已经进行接触的现实当中，我们怎样能互相懂得，而不造成误解，这是个很有意思的题目，也是个很迫切的问题。

最近几天，美国总统来中国。克林顿同江泽民的会谈和讨论，就是跨文化对话。什么叫"人权"？对一个词汇的理解带有了政治因素，成了大问题。弄不好要死人的。人权是什么内容？文化不同，对它的解释就不同。中国叫"人权"，美国叫 human rights。可是 human rights 的内容也在变。因为它后来有了黑人，有了种族问题。不同的历史、不同的文化，赋予一个词汇的意思是不一样的。不光是不同的群体之间是这样，就是个体间的文化交流也有这样的问题。互相懂得，这是很难的。实际上从来没有这样的事。我讲的话人家都能真正懂得，那不可能。这又牵涉语言的问题。这是个更深的问题了。现在我们讲社会学中国化，也是有个语言问题。刚才李先生对社会学中国化的内容分析了一下，其实内容还要丰富。怎么样能使不同文化的人、不同历史背景的人，能进行 cross-culture communication，这是人类学、社会学的一个根本问题。

我在这里说老实话，现在看中国新起来的一些学者写的文章，我看不懂了。他们叫 post morden，post modernity。他们写文章表示自己是 post modernity 的来源。用了各种名词。结果是你们看不懂，我也看不懂，外国人也看不懂。可是写文章的人心里也很奇怪，你们应该懂啊。不懂就说明你们落后了。我是后现代，你不懂后现代，那你是顽固的老头子。这下子糟糕了。所以现在有人写文章，目的不是让人家懂，而是证明自己写东西了。我能写出来，而你不懂，那就是我比你厉害。有些人就是要把文章写到这个地步，写到你不懂。你不懂就要听他的，他就有了权威。这套东西背后有个 power，有个支配别人的心理。你不懂是因为你的文化落后，落后了你地位就不行了。所以我们要讲 society today，要讲 anthropology today，就要研究这一套。

现在让我们回到"中国化"这个题目。李先生刚才分析了"中国化"是什么意思，有什么内容。这是我们讲座的一个任务。我们做教授的也有这个责任。我想跳出这个题目，再讲一点想法。

我们现在天天讲"中国特色"。我们的社会主义是有中国特点的社会主义。我们的理论是中国特色社会主义理论。老是讲"中国特色""中国特色"，什么是"中国特色"？没有讲。据说中国特色社会主义理论是邓小平思想的最主要的部分。什么是邓小平思想？说是中国的马克思主义。说"中国的马克思主义"，意思是马克思主义中国化了。"中国化"的意思就是有了中国特色了。"中国特色"是什么呢？没有人出来讲清楚。大家都在说"中国特色"，可能并不懂得。可是你不能说不懂。说不懂，你这个人就不行了。这一套很厉害的！不求你懂，可是你得冒充懂。都觉得有个大家都知道、照着走的"特色"，可是每个人都在那里搞自己的"特色"。有点像是讲 post modernity 一样。都在讲 post modernity，可是如果提出问题：What is post modernity？没人懂得。你们不懂，我也不懂。不懂还要讲，为什么？有它道理的。这就又深一层。anthropology today 要研究这个问题，要回答这个问题。为什么会发生这样的情形？要能说清楚。还要能说清楚什么是"中国特色"。李先生今天讲的话，实际的意思就是要求我们能用人类学理论说清楚今天的中国现实。

说老实话，很多问题大家以为清楚，而实际不清楚。该怎么看呢？我说"以为清楚"也很重要。因为我们需要一种认同，需要共同性。我们首先要吃饭，可是不能停留在这个地方。尤其是，我们作为一个科学家，要用科学态度对待碰到的问题。不能糊里糊涂。过去也许还可以糊里糊涂地过下去，现在不行了。文化在那里碰头，人同人的接触越来越多。不弄清楚就没有共同语言。没有共同语言会引起大的麻烦。这方面有很多具体例子，今天就不在这里多说了。

人类社会的多元文化里边，能不能出现一种共同性呢？最近正在巴黎踢得很热闹的世界杯足球赛，说明可以实现不同国家的球员在同一个场上踢球，而且在结果上承认输赢。人同人怎么相处，尤其是怎么合作，争取到一个比较好的结果，在球场上表现得很充分。我一面看球赛，一面觉得是很好的一课。很好的一堂人类学课程。文化背景这么不同的许多球队，在球场找到了大家都遵守的规则。这一点很不容易，可以引起我们的深思。如果将来世界上各个不同的文化能像不同的球队这样相处，我们这个世界就和平了。当然还会有足球流氓,那毕竟是少数人。我们另外对付他们。所以说,学人类学也好,社会学也好,不要离开了现实。从中美高峰会谈到法国足球赛,都是正在发生的实际生活内容,都可以成为我们接触实际的课堂。人同人的交道就在其中。和平相处是可以做到的,现在也是必须做到的。在朝着这个方向走的过程里边,人类学的新使命是充当文化翻译。我们需要培养一批人出来,通过他们的文化翻译工作,不同文化的人能互相懂得,能一起去找到共同的东西,以便有把握对付大家未来的共同生活。

这样的文化翻译工作,我是做不来了。因为我老了,生物体的限制不允许我去追求这个问题了。可是这个问题还存在。文化发展碰到的困难还是要解决。前赴后继,需要后一代赶上来。我们可用的时间有限,要抓紧。人都是要死的。你们现在看起来很好,很年轻,很漂亮,再过几十年,还不是跟我差不多啊。说不定还没有我现在的劲头呢。和我年纪差不多的,还能像我这么动笔的,不多了。杨庆堃、许烺光、林耀华都不行了。他们脑筋不行了。我现在还可以瞎说八道。快90岁了,这样已经不错了。可是,世界不是八九十年就完了,它还要继续下去的。文化也还要继续下去。所以我们得想办法解决这套问题。不解决就不能继续下去了。这是"逼上梁山"的事情。克林顿同江泽民的对话,逼得很厉害。美国人想懂中国人说的话,想懂得中国人怎么想法。既然这样,我们中国人有责任,讲给人家听嘛!什么是中国特色?什么是中国文化特点?讲不出来,人家怎么理解我们呢?现在能讲这些问题的人不多,包括在座的人。可是,就是这批人,将来要答复这些问题。

现在我留一点希望给你们。我这个年龄的老人有权利以希望告终。你们还有50年时间可以做事情。要好好利用这50年,来解决我们谈到的问题,解决文化之间的 communication。让大家都能互相懂得。为让别人懂得自己,先要自己懂得自己。我们要能讲出来,什么是"中国特色"。这是社会学中国化、人类学中国化的一个很具体的问题。我把这个问题提出来，提给大家，也提给自己。我现在还答复不上来。现场在座的能答复上来的我想也不多。怎么办呢？我的主张是从实求知，从实际当中得到知识。理论从实际里边出来，经得起考验。要真心觉得实际里边有好东西，才肯到实际里边去。光是守在屋子里，活动在小圈子里，写 post modernity 的文章，写不出真学问来。说得厉害点，那是混日子。我留下一点希望的同时，也留下一个警告：不能再混下去了！人类学、社会学的当前急务是做文化翻译。我们要培养这样的人。这是我们花很大力量办高级研讨班的一个主要想法。这一次，花力量从世界上请来了很多有代表性的人类学家、社会学家，你们有机会一个一个地当面听讲，这个机会来得不容易。要理解这个研讨班的意义。不要觉得对我写论文有用我就听，没有用我就不听。你写出论文，得了学位，并不是一定说明你文章好，更不能说明你一定会解决问题。问题还在前面！可能你还没有怎么想。可是不想不行，逼上来了，而且是大问题！所以我们要真心用功，要在这个时候找准人类学、社会学在人类历史上的定位，找准我们在人类学、社会学发展上的定位，从实求知，用求来的"知"服务于社会。

7月2日　北京

先生已将同李亦园院士对话的录音整理文稿改定，又在《从实求知录》一书扉页上签名。嘱费、李对话录依照约定传真给李院士，书转交给沈先生。

7月5日　北京

随先生至北京大学勺园，参加第三届高级研讨班结业式。

金光亿、乔健两位先生和加拿大一位教授先后讲过他们的田野调查后，先生做评议说：

听了我们从国外请来的很多学者的讲课，也听了我们自己人的讲课。

我总的感觉，是历史对我们的要求很高，而我们的力量还不够。历史的要求和我们能做到的事情之间，还有一个很大的差距。我们所在的这个学科，能不能赶上时代对我们的要求？我们提出认识自己，究竟认识了多少？我感觉差距很大。至少我自己是这样，认识得很不够。讲着讲着，就讲不出来了。

乔健先生今天讲了山西的乐户，说明对他们有了一定的了解。可是再进一步，我们就讲不清楚了。我们刚刚找到了问题，可是还没有把问题弄清楚。不但要讲分离，而且要讲融合。大变化中间，分化与融合在同时进行。历史上如此，现实也是如此。既有分，也有合。在对社会进行研究的过程里边，很多问题我们是刚刚碰上。进行深入思考和研究的功夫还不够。

比如，"中国特点"指什么？我们现在还讲不清楚。可是感觉到有这个东西，这已经很不错了。为什么有这些事发生？会有什么结果？今后会怎么样？这些问题都摆在我们面前，必须讲得明白。可是我们现在还不具备这个能力。所以我们要多多地学。

怎么学呢？多看，多想，而且不能靠别人，要靠自己。我觉得我们新一代人已经开始意识到了，还是得靠我们自己，得自己动手拿出东西来。

这次我们请了这么多著名的学者，他们也讲了很多东西。我们能接受多少、吸收多少，还是个问题。今天是第三届高级研讨班的最后一次开会，可是研讨班的实际工作还没有结束。首先是要把研讨班的论文集印出来，然后要反复读读，仔细看看，认真钻研。先看清楚外边来的人所具有的水平，再看看我们自己做到什么程度了，定出一个标准来，看我们现在同外边同行的差距有多大，差在什么地方。即使把外边和我们的知识都加在一块儿，也还是不够的。全世界这点知识还不够解决当前人类碰到的问题。一个和平共处的、天下大同的世界是我们的目标，可是现在还差得远。弄得不好，不是天下大同，而是天下毁灭。不是一定会大家一起好下去的。现在的核武器可以几十次地毁灭人类。

在向和平的方向努力的过程中，中国人、中国文化要积极地参与到里边去。不是光感觉到我们不错了，人家看得起我们了，我们在世界上可以说话了。说话是可以了，可是我们的本领够不够？实力够不够？我们的生产力、综合国力比以前是大大提高了，可是在世界上并不是最强的。尤其是人均水平，我们还很低。只是因为人多，加起来的力量显得强一些。同时，下一步的发展真正要依靠的东西，还不光是已经有的物质力量，而是要斗智，靠智力取胜。最近兴起的讲"知识经济"，大概也是这么个意思。我在差不多二十年前从美国访问回来后写了一本《访美掠影》，其中有一篇叫《斗智的世界》。现在我们进入了一个新的世界，不再是斗力的世界、打拳的世界，而是一个斗智的世界。

我到匹茨堡去访问，讲话，我的老朋友杨庆堃送我一个当时最新的录音机，比打字机还要大。当时的电子计算机有多大呢？要放满北大的姊妹楼。那里是我做学生的时候找女朋友的地方。我们要去找女朋友，她们住在女生宿舍。我们就到那里去打电话，约定在什么地方见面。现在的录音机可以放在口袋里了，电子计算机可以做成笔记本式的了。多快呀！

20年里边变化这么大。我们经历了、看到了这场变化，可是要真正理解这场变化之大、之快、之深，吃透它，那就不容易了。

从70年代到90年代末，出来了一个新的世界。过去的蒸汽机革命，造就了一个工业化、机械化的世界。现在的电子计算机，又造出来一个电子化、信息化的世界。我们要跟上去，眼睛跟上去，脚步跟上去，思想跟上去，感情跟上去。不跟上去，就理解不了这一场大变化。

人同人的关系、团体同团体的关系、国与国的关系、文化同文化的关系，现在都加入了斗智的因素。"智"就是文化嘛，就是文化活动的重要形式嘛，文化就是智力活动的结果嘛。

现在我总感觉自己跟不上去，就是智力水平不适应当前这个世界了。当然我是老了，记不住了。这是一个问题。第二个问题，是我们还是不深、不广、不高。很多东西，一问，就说不出来了。比说出来更重要的，是解决问题。

现在有很多问题解决不了，没有知识啊！将来我们中国人能不能活下去？全世界人类能不能活下去？关键就是要有应付当前局面的知识。要什么知识呢？这就说到了我们人类学者的本职工作了——就是人们之间的相互理解。

你们还要活下去，还有几十年，还要生孩子，还有下一代。下一代还有下一代。怎么活下去，确实是个大问题。我们有责任为下一代的人想一想，要提高我们的知识水平，提高我们利用现代化条件获取知识的能力。我自己在这方面就不行。你们可以坐在计算机前，利用键盘写文章，直接输入电脑里边去，我的文章还得一个字一个字地写。这说明我落后了一个时代。没有进入电子时代当中来。当然人是进来了，可是脑筋、技能没有进来。

你们是新一代了。希望不要像我一样。你们要真正进入这个时代，利用现代化的条件获取现代化的知识。这个时代对我们的要求很高，而且必须过关。不过关不行，要倒退的，要失去生存条件的。这两天我看世界杯足球赛，英格兰倒退了，德国也倒退了。人家进你不进是不行的。

实际上，世界的发展就是在那里比赛。经济实力的比赛，学术上的比赛，就在那里发生着。我们对于人类的文化是不是有条理地认识了？我觉得还没有。当然说到研讨班，大家觉得比前两届大有进步。这个话我同意的。可是要讲我们的实际水平，那还是很低的。我们才刚刚开始。说老实话，我很着急。天天看书，也来不及看。我并不鼓励你们闷在课堂上、书房里做书呆子，可是你们基础还是差。讲起来东也不知道，西也不知道。所以还要补课。

我们搞"社会学重建"，根据就是小平讲的"补课"这两个字。提到补课，是因为我们缺的东西太多了。要补啊！现在我们大家要补啊！可是"补"是个苦事情，不是吃糖，很艰难的。人家来看我，看我在那里看书。我看什么书呢？我在看 Introduction of Sociology。我找出了我在燕京大学上学时念的书，重新看一遍，看看这个学科的基本知识。不是假的。这两天，我在看帕克的《城市》(City)。我发现自己过去没有看懂他的文章，现在好像是懂一点，比过去懂得多了一点。是不是真的懂了，还不敢说。所以我们要好好补课。

补课嘛要有方法。先要把基本的东西搞清楚。不要糊里糊涂。这一次讲课的内容印出来后，大家都可以多看看，同人家比一比，看看人家的水平，想想我们是不是比得上人家的水平。如果觉得比不上，那就得多想想。我们可是高级研讨班呀。"高级"这两个字不要看低了，它要有条件的，是要在社会学、人类学上边下过功夫的，至少是要掌握了学科基本知识的。现在看来，这些基本知识还是很不够，还要补课。

在补课的事情上，我们老一代人的责任，是帮你们创造点条件，帮助你们补课。要叫你们的水平至少能在国际上拿得出来。不能关了门说我们不错了，我们很好了，哪个杂志上登了我的文章了。这不稀奇。你拿到国际上去比一比，看看抵用不抵用。人家是要评的、要比的。这不是假的，是要硬碰硬的，所以要有自觉。自己要有自知之明。知道自己缺点什么，怎么补课。当前最主要的就是补课。

我们人类学、社会学过去有过一段曲折，碰上点艰难，可是不能因为过去曲折了现在就不管了，有理由比人家差一点了。还是要下功夫，追上去。这次我们请来的学者，不少是第一流的、第二流的。我们都听了。可以回去比一比，自己比，在心里边比。把他们当成一个标准。比过之后，心里有个数目，知道还差多少，怎么追上去，从什么地方去追。说老实话，现在还是个追上去的问题，还谈不上超过，至少在我自己还不行。看都看不懂，要点在哪里都体会不出来。那就糟糕了！

这一次，讲的人多了，进行得太快了一点，不大好消化。在能理解的范围内，看看究竟同人家的差距有多大，得到一点自知之明。我们大家出力量，赶上国际水平。

外边的要求越来越高,不知道就不能生存。不要人家一说我们好,就自己觉得了不起了。其实还差得远!所以,最后我想到这两个字:补课。要好好补课,自觉地补,认真地补。

7月30日　北京

先生打电话来,告已读了《有涯随无涯》一书,觉得其中《扬州昨夜,深圳今宵》等文很有意思,约后天面谈。

8月1日　北京

带上昨晚草成的《我的一个梦想》一文到先生家中,请先生改定。

今年年底先生要到香港参加王宽诚基金讲座,以"中国农村工业化与城市化问题"为题发表演讲。文字篇幅在万字上下。先生嘱考虑起草初稿。

另,炎黄文化研究会年内也有个研讨会。先生也要到会演讲。题目是"中华文化在新世纪面临的挑战"。先生嘱初稿要点。

8月18日　北京

先生为写《温习帕克社会学札记》,正在读 Winifred Raushenbush(劳申布什)所著 *Robert .E.Park: Biography of a Sociologist*(《帕克:社会学录传记》)。该书导言是帕克第一代及门弟子 Everett C.Hughes(埃弗里特·休斯)所写。其中提到帕克主张的一种叙述事物在时间中变化经历的体裁,即"自然史"。先生以此概念示我,觉得对我写先生传记有用处。

即对先生说:传记的主线已想明白——一位学人,一门学科,一个时代。

先生说:这就是"自然史"的路子。

8月29日　北京

带上初成的《中华文化在新世纪面临的挑战》文稿,与女儿一起到先生处交稿。

先生称赞前些日完成的《中国农村工业化和城市化问题》初稿"写得很好"。然后站起来与我女儿比身高,一个劲儿感叹:长得真快,比我高了。

9月4日　北京

往三联书店,见吴彬、黄平等。

前些时曾送一篇先生的旧文,先生在文章题目旁写道:"请冠生同志问一下《读书》,愿不愿意重新发表一次我的'老文章',1983年在哈尔滨讲的一次话,已经15年了……"

及见,黄平说:费老这篇文章给我们一个启发,打算开设一个栏目,叫"旧文新刊",由此开始吸引众多作者那里早先写出但因各种缘故一直未能面世的佳作。

9月6日　从北京往江苏

随先生往北京站,乘425次列车赴南京,做苏北调查。

上车后,即向先生汇报《读书》发表"老文章"和选编《费孝通散文》一书进度。

先生知《读书》编辑部认为"老文章"篇幅过长,拟作删减,表示请编辑径删即是。后用铅笔在《费孝通散文》拟选目录上标出可删篇目。

先生由此谈起一生写作的"几条线":

一、桂行通讯→江村通讯→行行重行行;

二、桂行通讯→兄弟民族在贵州→多元一体;

三、初访美国→重访英伦→一夜过了一夏;

四、鸡足朝山记→武夷曲→海南曲;

五、时评、政论;

六、学术反思。

9月7日　从北京到南京

行车途中，先生读《费孝通散文》初定目录，说：绝大部分都能从篇名回想起文章内容，个别的一时想不起来了。

遂对先生一一讲及，助其回忆。

午间近12时，435次列车正点抵南京站。乘接站车至东郊宾馆，入住三号楼。

9月9日　从南京到淮阴

早饭后起程，随先生乘汽车离南京赴淮阴。近午方至。住淮阴宾馆。

午休后在先生住处二楼会议室听取淮阴市领导介绍市情，侧重讲洪泽湖问题。

洪泽湖既是一个自然形成的湖泊，又是大陆一座最大的综合利用的平原型水库。正常水位时，面积为2000平方公里，容量30亿立方米。水源中，以淮河来水量为最大。年出湖径流量平均为340亿立方米。目前水体污染情况不严重，总体上讲，水质控制基本接近地表水二类标准。1994年有过一次严重污染，大鱼小鱼都死了。国家环保局长和江苏省领导察看现场时，渔民一起跪地，一片哭声。他们生活没了着落，忧心忡忡。

先生说：过去老是把洪泽湖当成包袱，时间长了，成了一个心理负担。这个观念该改变一下。水是资源，要想办法开发利用。过去从毛泽东开始，光讲"治黄""治淮"，不讲"用黄""用淮"。要发展，就要用它。多做一点将来的人说我们做得对的事情。

9月10日　淮阴

早饭后随先生访问洪泽县。先往湖堤附近的围网养殖基地，听渔民说其生产和生活。先生和渔民交谈时紧握着老乡的手，流露内心激动的情感。

王韧从上海东方电视台请来的摄像师孔庆国相当机敏，拍下不少很好的细节。

午饭吃洪泽湖的水产。先生吃得兴起,居然要尝点白酒。吃到一种鱼汁粉丝时,先生说:这个菜好,有滋味,在里边。写文章就得写到这个地步,要入味,味在深处。

9月11日　淮阴

上午随先生连续访问两家农户。

下午先生休息,写文章。主要是为《费孝通散文》写序言。

先前曾从《博览群书》(今年第二期)上为先生复印过一篇文章,题为《文学圈外文章高手》,是一位读者评价先生的文章。先生的序言即从该文题目引出话题。为叙说自己何以在"圈外",甚至写到生日是"鬼节",证明自己是入不了人世的小鬼。有趣,亦有味。

9月12日　从淮阴到连云港

昨晚把先生写出的序言《圈外人语》初稿誊写清楚。今早先生即索,拟作修改。

早饭后,出发前,先生已改过一遍。去掉了一小段,变动了结尾的句子,交给我看。

原结束语:我想这本小册子以《秀才先生的恶作剧》起笔,以《与君同消万古愁》作结,也可以象征性地概括了我这一生了。是为序。

现改为:我想这本小册子以《秀才先生的恶作剧》起笔,以《与君同消万古愁》作结,岂是编者想发挥象征派的手法之一例乎?是为序。

随先生乘汽车离淮阴赴连云港。8时半出发,近午时抵达。入住松竹苑宾馆。

9月13日　连云港

早起后,先生又将《圈外人语》一文索去,继续修改。结束语改为:

我想这本小册子以《秀才先生的恶作剧》起笔，以《与君同消万古愁》作结，莫非编者是个象征派，想用隐射法来总结我这一生？怕的只是我这一代人的千年忧患此生还难用得上"消"这一字。是为序。

文章改定，先生交我说：好了。我这一篇就这样了。你再写一篇，像上回写滕王阁的文章一样，两人对话形式，两篇文章一起交给《读书》，继续对话。你写这一篇，可以发挥一下钱、杨与我的关系，用阿古什的话讲，曝点光出来，但不要太多，不说透，留点余味。这段故事有趣，人家要看的。那个医生不是说我们"有缘"吗？就从"有缘"说起来。这是第一点。再一点是在洪泽湖吃鱼汁粉丝，有味道，但是看不见肉，滋味在里边。我这篇序就是鱼汁粉丝。我在文章最后提到了"隐射法"。你可以在钱锺书的《管锥编》里边找几句有关的话，一定有的。把钱的原话放进去。另外，我怎么改文章也可以写进去，不是一挥而就，而是改了又改。写文章不容易。

上午随先生访问连云港东海县水晶市场。先生几年前看过这个市场，这次来看其发展与变化。

9月14日　从连云港到盐城

上午随先生先后访问朝阳镇的一个山村和墟沟镇的一个渔村。

从昨天到东海县访问，到今天在连云区活动，先生接触到不少人。他一边在访问现场接收农民、渔民的生产和生活的具体信息，一边在留意一些体质人类学问题。返回住处途中对我说：你注意到没有？你老家这一带的人，都长得比较高大，也长得比较好看，怪里怪气的模样看不到。

待回到松竹苑，先生又指着门口的服务员说：这些小姐们的个子也高，都超过我了。在苏南一带，一米六几的个子就算高的了，包括男的也是这样。

午休后随先生离连云港，赴盐城。下午3时出发，傍晚6时10分抵达，住盐阜宾馆。

9月15日　盐城

上午在先生住处四楼会议室听取盐城市领导介绍市情。李全林市长主讲。

先生这次是第四次访问盐城，情况较熟，老相识较多。会场多了亲切，少了客套。

江苏是目前大陆没有国家级贫困县的唯一省份。但省内自定了贫困县标准——农民人均年收入不到1900元者为贫困线以下。

9月16日　盐城

任务突来——李瑞环要在本月22日主持"风雨同舟"座谈会，纪念中国共产党与民主党派合作50周年，请先生在会上发言。要求有个预先审定的讲稿，到时照本宣科。张秘书为此交我一份文稿，嘱改出适合这个会议用的就行。遂忙此事。

下午原定访问大冈镇，因先生午饭后拉肚子，临时取消。正好可改先生发言稿。

9月17日　从盐城到南通

早饭后随先生离盐城赴南通。中午抵达，入住南通大饭店。

南通人大常委会沈瑞芬副主任为先生找到了一些其父当年在南通执教的史料，其中一些情况我是第一次知道，如费朴安的"朴安"不是名，是字，名为"玄韫"。在南通师范任地理教员。其教地理一事，先生也表示原来不知道。另有张謇先生当年为创办师范而延聘教员始末纪略文字，对撰写先生传记有用。事见《育人碑集》一书。

9月18日　南通

因先生拉肚子，上午的考察活动临时取消。

先生休息。我与庆国往南通师范第一附小拍摄校园及"育人碑"。碑额上三字系费达生书写。碑文是张謇先生当年所拟校训及今日该校校风。

下午先生身体转好,访问了通州市二甲镇,实地了解小城镇发展情况。

9月19日　从南通到苏州

上午随先生访问长乐镇张謇故居。先生在张謇铜像前留影。

因有台风预报,行程更改,时间压缩。一行人马草草吃饭,即赴海门乘船过江,以便赶在台风到来之前过得长江,按时返京。渡江之后,访问张家港的日程亦被取消,直赴苏州。下午3时抵达。入住南园宾馆。

晚与李友梅电话联系,知其明天来看望先生。

9月20日　从苏州回北京

李友梅一早乘火车从上海赶来苏州,半晌即至。见到先生,即告复旦大学邀她去执教。先生说:

这是个好事情。去打出一个码头。上海要有一个社会学的中心。这是一定会出来的,时候到了就会出来。如果能到复旦去,可以把复旦搞成一个类似美国芝加哥大学那样的社会学中心。

人事问题很复杂,到处都是这个样子,不要去管它。一个人一生的时间很有限,很快就过去了,要把精力集中在学术上边。可以积极考虑去复旦的事,但不急着马上去。嫁妆准备好了,就嫁出去,成家立业。

我就是这一辈子没有嫁出去。"圈外人语",这个话意思很深。我一辈子没有进圈子。唱戏要有台子,我没有,只是清唱。清唱一生。别人不为我搭台子,我自己搭。搭来搭去,快搭好了,别人就拿去了。

人生有意思极了。我的"干校家书",大概是第七封信,讲"巧克力事件"。这个事件是成人社会里巧取豪夺的一种演示。巧克力是象征,有甜头。身份、名气、社会地位,包括找对象,都是资本。很多人忙来忙去忙什么呢?就忙这些东西啊!

今后的问题,现在要提出来。社会发展里边有一条线,看我们的预见是不是碰得上这条线。像打麻将,要哪一张,扔哪一张,才能碰得上那条线,有时候是凭感觉。碰上了,牌运就来了。我研究小城镇,可以说有点预见,有点像"巧克力事件",看着它一步一步在那里走,最后和了牌。

人和社会要统一,社会和自然要统一。自然界里异化出来的人,还要回归到它的母体。异化回归于同化。

我的学术研究在 40 年代有个高峰,后来就低下去了。不光是低,而且丑化。不光是别人丑化我,我也变得丑化我自己。后来又有机会"行行重行行",是在一定限制下出来的。利用可以给我的一点条件去做事情,可是不太可能回到当年的高峰状态了。

晚随先生乘 410 次列车由苏州往北京。

9 月 21 日

由苏州返京的车程中,先生问《费孝通散文》的编后记写得怎样了。即以要点相告——拟由曹聚仁先生关于潘光旦、王昆仑、冯友兰及先生的散文评语起笔,从"圈子"谈中国古代文化兼容并蓄的气象与后来画地为牢的弊端,再谈圈外人所拥有的自由与自在,即不为圈子所限制,不用煞费苦心去写供圈内人消遣的文章。留得性情在文中,可以兴,可以怨,所谓嬉笑怒骂皆成文章。这样或更接近文章之道,自然会更有文缘。由此延伸到先生当年《乡土中国》《初访美国》出版后风行各界及今日文章的众多读者。最后点明这本书的作者是寻常公众场合中不易看到的、富于个性和不合时宜的一个学人。由于书中所选篇章多注意了个人经历与情感记录,不妨从中读读先生的心路历程,以呼应先生序文的收笔。

先生听后说：你尽量放开写。我让你查找钱锺书论隐射法的原话，不一定要写上去，不写也可以。

下午4时40分，列车正点抵北京站。结束此行。

9月26日　北京

先生回京后又拉肚子，住进北京医院住院部（北楼408室）。今身体转好，询问《费孝通散文》编后记是否写出，说想早点看到文稿。

午饭后骑车往先生病房，带了"编后记"。先生看过，表示满意，且童心大发，当即嘱我去住在同楼的钱锺书先生那里，把文章给杨绛先生看。

张秘书表示今日不妥，明天再说。

9月27日　北京

为《费孝通散文》一书选先生照片与手稿文影。共选出15幅照片。最早一幅是先生未满周岁时被母亲抱着与兄、姐在家门前的合影。最近一幅是先生与李亦园先生在家中谈话情景。选出手稿两件：一件是毛笔所书，系先生赠冯亦代先生"访日杂咏"诗作；一件是钢笔所写，乃《圈外人语》草稿。

下午再赴北京医院先生病房，带了昨晚改过的"编后记"。先生正输液（左手），以右手执文稿，又细看一遍，边称"好"，边在天头写下"介绍同事冠生同志求教　孝通"，嘱我"去拿给杨绛看看"。

即随怀亮下楼，至311房间。房门半开半掩，杨先生正在病床边忙。钱先生仰卧于床，人很瘦，两眼向门外望。杨先生得知来意，即说："你们在走廊沙发上坐一下，我这就看。"

杨先生读了约十分钟。起身到门口，面带微笑说："你就是张冠生吧。我看过了，文章写得很好。谢谢你！"又轻声交谈几句后，告辞，返先生病房。

先生面带兴奋之色问："她怎么说？"即将杨绛先生的原话如实转告于先生。先生颔首。

10月17日　从北京到温州

先生午间由上海飞温州。我由北京飞温州。乘CA1539航班。抵后乘接站车入市区，入住景山宾馆。是1994年随先生重访温州住过的地方。

晚饭后先生召集会议。张秘书、费大姐、李友梅、张曼丽参加。我做记录。国务院发展研究中心最近成立中国小城镇研究中心。该中心拟联合人民日报社开高级研讨会，请先生到会发言。需为此准备文章。

10月18日　温州

上午随先生访问温州港、正泰集团、德力西集团和北白象镇前岸村一个农户。

前岸村共有240户农民，近千人口。人均年收入15000元。人均资产超过12万元。所访户主在沈阳做生意。听说先生来访，特意赶回来见面。

下午听取市领导介绍近年发展情况。先生曾于1986年年初和1994年年底两次访问温州。

温州发展以市场为主。建一个市场，兴一门产业，活一片经济，富一方百姓。哪里有市场，哪里就有温州人。哪里没有市场，只要有了温州人，很快就会有市场。

国内市场上，西装市场温州占十分之一。国际市场上，眼镜市场温州占百分之五十。

国家技术监督局在温州设立检测鉴定中心，成为华东地区质量认证中心。

近年温州市场有些乏力，义乌小商品市场年交易额186亿元。温州却找不到百亿元以上的专业市场。最大的专业市场在瑞安，年交易额为五十多亿元。

利用级差地租原则发展基础设施建设。政府"一毛不拔"，事业兴旺发达。能源保障体系，交通运输体系，邮电通讯体系，城市公共设施体系（博物馆、图书馆、青少年宫、老年人活动中心……），自然灾害防御体系……

先生对温州民间经济实力的强大和贡献表示佩服。

10月19日　温州

上午随先生访问东方灯具市场、温州装饰材料市场和温州家具市场。

1994年先生重访温州时，曾到过东方灯具市场，结识了主人滕增寿。这次来，又一次走进皇宫般金碧辉煌的集团办公室，坐在上次坐过的同一位置，听滕增寿讲"东方之路"。

下午先生在住处接受浙江电视台采访。我为先生起草前晚讨论的文章，晚饭前完成初稿。

10月20日　温州

上午随先生访问龙湾港、温州轴承集团、庄吉集团。

下午开座谈会。先生讲话说：这次是三访温州。题目与钱市长讨论过，叫"筑码头，闯天下"。三天看下来，有很多收获。一个是钱市长讲清楚了什么是"市场"，也讲述了市场的变化历史。不是空讲，是具体事实。第二个是码头问题。什么是码头？我提出了这个事情，但也不清楚。这次清楚点了，就是起飞的条件。有硬件，有软件，有港口码头，有信息码头。

冲破旧框框，闯出新路子。这是温州精神。

中国在世界上真正站起来，是改革开放以后，是小平南方谈话以后。

"开放"的观念，刚开始是请人家来投资，开门让人家进来。现在这个观念有新发展，走出去，参与国际的发展。靠自己打出天下。这次来，看到很多苗头，如轴承集团在考虑把商业运作引入工业生产。我还要再来，跟着看温州的变化和发展。

10月21日　从温州到丽水

早饭后随先生离温州赴丽水。汽车沿着瓯江走，在山间公路上颠簸了两个多小时。近11时抵丽水。入住莲城宾馆。

下午听取丽水地区领导介绍区情。当地"九山半水半分田"，是浙江省内相对贫困的地方。

先生听后说：我第二次来丽水。解放后我搞过一段民族工作，想过到丽水来。刚才从电视片上看到了畲族群众生活、歌舞场面，感到很熟悉。心里边存着的对少数民族的印象都被引出来了。我有很多感想。主要是我国经济发展不平衡，一些少数民族地区还很落后。怎么能把少数民族带动起来，同步进入现代化生活，是国家的一个大问题。

我在英国留学回国时，在船上找到几个青田人，一生在外面，挣了钱都寄回家，造一所好点的房子，再造一座坟。叶落归根。一生梦想，就是两所房子一座坟。劳苦一辈子，躺进坟墓里才开始享受。这很惨哪！一代一代地循环，过去好几代了，还是没有富起来。

现在要打破这个循环，进入现代经济、市场经济。怎么进入市场？自己先要有东西，让人家买走。有了东西要出去，就得有交通条件。现在丽水通了铁路，是个机遇。怎么利用这个机遇？我看还是要从最基本的经济细胞的活力做起，从家庭做起，这是根本。让现代工业进入农村，让家庭首先承担农村工业化的职能。

我这一辈子没有什么大贡献，无非就是根据中国的情况，出点主意，从家庭做起，让穷人富起来。

晚饭后，先生召集小会，讲今天凌晨4时醒后想到的"三访温州"文章要点。拟讲温州经济自改革开放以来的发展过程作为主题，希望借温州的实例揭示中国市场经济发展过程中的条理和逻辑。

10月22日　丽水

上午随先生访问纳爱斯化工用品有限公司和温州丽水市羽绒有限公司。纳爱斯的老总与先生寒暄时称：听很多人说起过费老，为老百姓致富，点石成金。

下午随先生访问丽水市郊联城镇的九坑村。该村的12户农户是从山上搬下来的，仅有八年村史。靠种桃子一项，去年人均收入13000元。桃子原名"迎庆"，由外地引入九坑村后，丽水人命名为"九坑桃"，供不应求。

10月23日　从丽水到金华

上午随先生离丽水赴金华。山路，两小时车程。路况好，车速甚快。约10时半抵金华。入住金华宾馆。仍住上次住过的2507房间。

下午与金华市领导座谈。该市国有企业的所有制改革涉及百分之八十的老企业。

环保问题，先要绿水青山，再要金山银山。从小抓起，搞环境保护实验小学。市区彻底禁鸣喇叭。今年投资1.67亿元，建污水处理厂。

10月24日　金华

先生早起后开始写诗。诗句如下：

我从丽水来，赠汝畲妹带。愿你系住青春永不变。
悠悠婺江水，东流不回归。八咏楼前太阳升，侍王府里壁生辉。
从此乌篷舱里不载愁，词人骚客无所忧。

> 你不信，试看照片集。八十老人何所有，满脸笑容

写到这里，到了吃早饭的时候。先生暂未想妥后面几个字，嘱我续之。

先生诗里几处用典。我因随先生两次访问金华，知其故，遂加注如次：

我从丽水来——写这次行程。

赠汝畲妹带——先生在丽水时，畲族一位姓蓝名石花的年轻女性在共餐时送给先生一条彩带，乃该族民众送给最尊贵客人之物。先生到金华后，将此彩带转送给金华宾馆服务员施展。

八咏楼、侍王府——皆先生初访金华实地访察之处。

照片集——是施展用心搜集的先生初访、重访金华时的留影与报纸消息作为资料纪念的影集。

读过先生所写诗句，知大概是要为施展的照片集题词而用。即在"满面笑容"后补上"频颔首"三字，以描述先生与施展合影及报纸新闻照片的神态。

先生见到最后三字，表示同意，连说"好玩"。并嘱我为施展的第二本影集也写几句。即遵先生嘱，作一打油诗，如下：

> 四季迎宾客，客中有达贤。
> 转益多师者，学问在眼前。
> 他人耳边风，逢我是机缘。
> 善意加用心，做事并不难。
> 费老访金华，消息每见报。
> 昨天是新闻，今日成史料。
> 逐页看图文，老翁开怀笑。
> 挥笔奖勤勉，勤勉通正道。

随先生访问兰溪市诸葛镇诸葛八卦村。车停村中，见白墙黑瓦的典型江南民居建筑连绵成片，青灰色磨砖雕花门楼鳞次栉比，披檐门头隔街相望，淡雅群屋倒映水中。真是漂亮！

据说村中有明清古宅近二百座。先生称奇。

10月25日　金华

随先生参观龙游"千古之谜"地下石窟。

其石壁采剥凿痕机理、巨型石柱、空旷大厅、穹顶坡势……均能给人极深印象。

当地领导陪同先生看过一号洞窟后，请先生"作指示"。先生说：这是科学问题，应当科学对待。首先是要对历史文化遗产负责，先搞清楚再开放。这个地下空洞不是少数人能干成的，也不是为少数人用的。要有个集团，有个权力中心才行。部落也好、国家也好，是大群体的需要。具体一点，为什么搞这么个地方？怎么搞起来的？做什么用？起码应该弄清楚轮廓。在弄明白之前，先要保护起来。

10月26日　从金华回北京

先生邀请一些当地年轻企业家到住处座谈。为表鼓励，与他们一一合影，并表示"希望年轻一代企业家快点成长起来"。

下午随先生乘102次特快回京。

列车启动后，先生嘱：到家后与沈（昌文）先生联系一下。我的《温习帕克社会学札记》可交《万象》连载。到明年开90岁生日欢聚会前刊完并结集，在会上送亲友。至于原来要搞的聚会，先不搞了。我想的就是单纯的文人雅聚，没什么具体题目。见见面，聊聊天。现在搞得有点政治色彩。参加的人都是老干部，不能忘情于政治。我虽然很喜欢他们，但我不打算那样做了。我要退出政治了。

11月3日 北京

先生嘱往其宅。到后，先给我看一封杨绛先生看过《费孝通散文》编后记写给先生的信。然后说：杨先生不希望我这本书的前言后记中讲出来当年这段故事。这个事本来很简单。我就是想把这段历史了结一下。说出来，都是事实，又是好事。一个人，要有这个境界，就是超脱出来。我看人看我。实际是通过别人的看法增加对自己的了解。是我看我，看在历史里边活动着的我。看出点名堂，笑一笑，还要觉得妙，说得出来妙在什么地方。这就妙了。

11月20日 深圳

先生赴香港讲学今日返内地，经文锦渡到深圳。入住迎宾馆松园。

我由北京赶赴深圳，与先生会合。

行前有统战部孙凌雁嘱转告先生一事，即"部里"希望先生这次到深圳时能与千家驹先生见一面，谈一谈。先生如果应允，可以接触千家老，"部里"可作配合——来一位领导或工作人员。

见先生后，首先报告此事。

另，离京前，北大潘老师嘱转告先生两事。一是《文汇报》11月13日发表了批评王铭铭的文章，二是印度方面表示了请先生前往讲学的意向，希望得先生答复。上海大学李友梅老师也打来电话，嘱转告先生两事。一是她在法国留学时的导师和研究所希望到中国来采访先生，希望有个肯定答复；二是"美国之音"对先生这次香港讲学活动的报道很不友好。

先生听后说：与千家驹见面是可以的。我同意了。王铭铭底子打得还不够，上得太快，冒得太猛，批评一下有好处。"美国之音"的报道，我不怕它说坏话，倒是怕它说好话。

11月21日　深圳

上午9时，在先生住处二楼会议室开小会。深圳市领导向先生介绍市情，重点讲今年。

据说深圳市财政收入仅次于上海、北京，名列大陆第三。外贸出口连续五年大陆第一。高技术产业发展迅猛，"华为"全年销售收入超过百亿，"中兴"通讯年销售额达30亿。

先生说：对深圳的发展和带头作用，我最关心的是在京九路上怎么发挥带头作用。我希望利用京九路穿起来一个"糖葫芦"，意思是发展起来一串中等城市，带动广大农村地区的发展。

11月22日　深圳

上午随先生访问福田区沙头下沙村。该村历史已八百多年。从1992年成立沙头下沙实业股份有限公司。外来人口十倍于当地人口。

听过公司领导介绍情况后，先生到村中参观祠堂，访问农户，并观看红树林保护区。

11月23日　从深圳到东莞

随先生乘车离深圳赴东莞。90分钟车程。入住东莞宾馆。

稍作休息，先生谈他读我所写其传记书稿中反右一章的心情，说：我没有好好看完。我没有对你讲过这一段经历。能写出来，很不容易。只是我很难再去心情平静地面对这段历史。你写的这些往事，前边我看得还可以，到后边人家批我的部分，就看不下去了。这段东西又要被勾出来了！我不希望被勾出来，那样心里很难受。所以我不想看后边的了。当年批我，并不是一点道理没有。它有道理的。一定要抓住我点什么东西，才批成那个样子。每人心里都会有黑暗面，我也有。这点东西被人抓住了，把它夸张、扩大得很厉害。这是真正叫人难受的地方。

下午与东莞有关部门座谈近年积极发展与工业结构调整问题。先生说到"前店后厂"这个叫法，不无欣慰地说：这是我的发明啊。你们是先进地区，碰到的问题不是局部的，是全国性的。能不能试一下，找出办法，解决几个。

随行的苏州电视台摄制组采访先生。先生谈到童年时说：我是家里最坏、最顽皮的一个孩子。妈妈最疼我，怕别人欺负我，就让我上女校。她不知道女学生里边也有欺负人的。实际上我也受过女学生的欺负。她们几个合起来打我，但比男生打得文明一点。后来我再大一点，体育成绩好了，是学校体操队的，练习双杠、跳马，有时候还参加表演，叠过罗汉。

11月24日　东莞

上午随先生访问黄江镇的佐丹诗木器厂。该厂主是温州永嘉人。20万元创业，十年间资产增至亿元。

先生问了木器厂的发展过程后，同镇领导谈该镇人口、土地、农民收入、外来务工、乡镇企业等，不时发问，问得很详细。

下午未安排考察活动。独自出门去附近一家书店。上次随先生访问东莞时，曾在该店为先生买得杨绛父亲杨荫杭著作《老圃遗文辑》。这次来，见先生的《学术自述与反思》在架。

11月25日　东莞

随先生访问厚街镇的东莞宝联制衣有限公司。是先生一位亲戚在此地所办企业，已有18年历史。据厂主周穗女士说，原先企业是在香港。先生一次访问香港时，鼓励她到内地发展，把工厂开到内地去。她很快就到这里投资办厂，后来又到江苏常熟和上海兴办企业。

下午未安排考察活动。在住处读先生的《从实求知录》。

11月26日　从东莞到广州

上午随先生访问长安镇的步步高电子工业有限公司和广东金正科技电子有限公司。该镇经济发达，企业众多。本地人口不足十万，外来务工者有40万。

下午随先生离东莞赴广州，入住珠岛宾馆。

12月4日　深圳

早饭后，将《从实求知录》《往事重重》和《钱穆学术思想评述》交给先生。先生正与李友梅聊天，见我至，嘱"你们俩分分工。你写温州，李友梅写珠江三角洲"。

李友梅嘱看《霍英东奖金委员会中国地区评选委员会新闻发布稿》。该稿称：

费孝通教授在过去60年中一直献身于中国社会学与人类学的教学与研究，他的成就受到国内外学术界的推崇。他在中国社会学和人类学的建立上，及对80年代中国社会学和人类学的恢复，都担当了领导与推动的角色。费教授著作宏富，*Peasant Life in China*（《江村经济》），*Earthbound China*（《乡土中国》）等英文著作，堪称中国农村研究的经典。《乡土中国》《乡土重建》等书，洛阳纸贵，影响深远，讲理论与实践，融会一炉，处处展示知识分子忧时济世的情怀。费教授的学术生涯，因"文化大革命"中断了20年。80年代后，他虽任政府要职，却无时或忘其学术工作。近年《行行重行行》《小城镇，大问题》等著作不只充满圆熟的理论趣味，更有实践力行的深邃智慧；它们对中国的现代化具有深刻的启示性与重要的贡献。

下午随先生参观关山月美术馆。后至深圳菁华中英文实验中学访问。该校奉行"以德为先，以人为本"，主张"教育是人的灵魂的唤醒"，力争"学生在校是好学生,在家是好孩子,在社会上是好公民"。夏姓校长希望先生看后"多讲几句"。先生只说了12个字:勇于创新,已见成效,值得赞赏。

12月7日　从深圳到珠海

早饭后随先生乘汽车离深圳赴珠海。9时出发,11时许抵达。入住君悦来酒店。

下午在先生住处会议室听取珠海领导介绍市情。黄云龙市长主讲,表示很希望听到先生从社会学角度对珠海加以了解、分析与指导,说:珠海的发展,非常需要费老这样的"顶尖"学者予以指点,希望费老能多来、常来,想什么时候来都欢迎。想住多久都欢迎。

先生说:我是第一次来珠海,是来"补课"的。我一直坚持做社会调查。珠海这个地方没来过,说出去也不大好听。我想有些很有意思的问题。香港已经发挥了很大作用,澳门能发挥多大作用?我在想这个问题。澳门与香港的区别在什么地方?珠海怎么发展起来?都需要研究。珠海最近在交通方面已有很大的改善。交通的发展,使珠海在整个区域当中的地位起了一个变化。在珠江三角洲,珠海与深圳应该是"两个眼"。深圳这个"眼"发展得不错。我希望看到珠海这个"眼"的发展与活棋的作用。我要带着问题来看。如果要满足要求,至少要看几个星期。因为这次要到香港开会,时间不能长,所以只能下次来看。

珠海对我吸引力很大。我一看见海就心旷神怡。你们讲珠海是个花园式的海滨城市,我说要发扬这个"花园城市"的概念,可以吸引很多人来,形成中国的一个特点。发展一个地方,要抓住它的特点。这里气候好,除了台风,其他都好。将来这儿可以成为一个大家都希望来过冬的地方,成为一个旅游中心。这可以起很大的作用。

珠江三角洲是中国将来的一个很重要的经济区域。不论怎么发展,一定要包括珠海在内。深圳先走一步,珠海可以从深圳得到很多经验。

正面的、反面的，快速发展阶段上的办法、问题等。还有周围其他城市，比如中山市，社会保障体系搞得比较好，文明建设也很有成就。珠海有很多好条件，可以建成中国的夏威夷，建成一个人们来工作、休闲的好地方。有魅力的城市，舒适的生活，充分的供应，再加一点烹调技术，让人们吃得好、过得好，招待全国人民来这里过冬，还有国外的游客。

澳门对珠海到底产生了什么影响？又通过珠海发生了什么影响？我在想这个问题。80年代中期，我在澳门停了一个多星期，看见了赌场。这不是好事情。怎么不让它影响过来？澳门是最早的殖民地，是被抢去的。说到底是这么一个情况。葡萄牙是早期的帝国主义，还不如英国。英国还讲点文化，葡萄牙却是海盗起家的国家，影响了我们的珠海。我对这段历史没有很好地研究，但觉得这个问题很有意思。20世纪当中，帝国主义得到发展，我们吃了帝国主义发展的亏，变成了半殖民地。葡萄牙不是发达的帝国主义，而是老牌的帝国主义、海盗式的帝国主义。可是，它为什么进不来？英国人是做生意，进来了；葡萄牙人是明火执仗地抢，可是没进来。从这里看，中国人厉害！在这儿把它挡住了。

这个起破坏作用的力量，历史上是怎么挡住的？现在对负面的东西怎么个挡法？都值得研究。

12月8日　珠海

上午随先生访问珠海体育中心、圆明新园，参观海边街景、市容。

下午随先生访问拱北商业区小贩集聚地。先生与经商人交流，如鱼得水。

在书店为先生买得黄仁宇《放宽历史的视野》和陈平原《中国现代学术之建立》等书。

12月9日　珠海

上午随先生访问亚洲仿真系统控制工程有限公司。实地观看"靠脑袋生财"的生产现场。

下午，先生接受珠海电视台采访，与珠海民盟市委机关工作人员见面，与丽珠集团、格力集团及信印摄影中心的企业家座谈。

为明天先生到珠海三联韬奋书店与读者座谈，沈昌文先生今由北京专程赶来，午夜时分方至。

12月10日　珠海

上午随先生访问珠海湾里的珠海港。

下午先生往珠海三联韬奋书店与读者座谈。沈昌文先生主持，请先生"先讲一段"。先生说：

80年代中期，我有一次到澳门去讲学，路过珠海，没有停，所以这回算是第一次来。通过三联书店，我们读书人可以见见面、聊聊天，这是个好事情，思想靠交流。这是个可以坚持下去的办法。

最近，北京大学出版社为纪念北大成立100周年，为在北大教书的人出了一批书。我也是在北大教书，目前的工作就是当老师，教书。其他的工作我都辞退了。所以这次出书，我也算是一个，出了一本，叫《从实求知录》。我能保住教书这份工作，跟毛主席有关系。反右斗争告一段落后，有人问毛主席：费孝通这个家伙怎么办？他说：还是当他的教授吧。所以我才有今天这份工作。从反右到现在，已经40年了。如果从我留学回来开始当教授计算，到今年正好是60年。

教授嘛，主要是教书。我这个教授同别的教授不大一样。我教书不算多，还是做调查研究多。《从实求知录》就是我最近几年里写的一些调查报告和学术文章的汇编。定下要出这本书的时候，我想，用一个什么书名可以概括我写这些文章的意思呢？很自然地想出了"从实求知"这四个字。这是我60年来写文章和教书最深的一个体会。

接触实际，得到知识，把它写出来，就是文章。这个事情做起来不大容易，但是讲起来就是这么简单。首先是要真正看见，而不是自己凭空瞎想。要根据实际情况具体地想,而不是抽象地想。要从实际当中出文章、出书,而不是从书本里边出文章、出书。从书本中出书,那就不好了。我的主张是从实际生活里出书。三联书店的名称当中就有"生活",所以我和三联书店很有缘分。

我自己有意识地接触实际生活,写文章,最早是在我家乡吴江的一个村子里。这个村子叫"开弦弓"。当时我是因为在瑶山调查时受了伤,回到家乡养伤。一边养伤,一边同村子里的农民接触,谈话,了解到当时农民生活的基本情况。到英国留学时,我用这些调查材料写了一本书,叫《江村经济》。按人家的说法,这是我的"成名作"。从这本书开始,我就进入学术界了。

这本书是1939年在英国出版的。当时我已经回国了,看不到这本书。过了十年,我从云南回到北京,在清华大学教书,见到了这本书,是英文版的。建国以后,我做少数民族工作,在全国跑,忙得很,没有时间把这本书翻译成中文,只是坚持从实求知的路子写了不少有关少数民族的文章,也出了书。这些年来,少数民族问题的题目一直放在我心里边,只要有机会,就会在接触到的实际情况中去想这个问题。到1987年,我去参加香港中文大学举办的泰纳学术讲座,把我这些年从实际生活中求到的有关少数民族问题的"知"总结了一下,提出了"中华民族多元一体格局"的想法,得到很多同行的赞同,算是现在民族理论上的一个指导。

"多元一体"的意思,是说我们国家这么多的人,这个中华民族,是在历史过程里边慢慢聚起来的。聚到一起,融合成了一个作为核心的民族,称"汉族"。没有被吸收到这个核心里边去的,就称"少数民族"。这些少数民族和汉族形成了一个民族大家庭,都是中华民族成员,叫"多元一体"。"多元"就是很多个单元,"一体"就是多个单元形成了一个整体。

过几天,我要到香港去,参加中华炎黄文化研究会的学术讨论,讲中华文化在21世纪将面临的问题和挑战。现在不光是一个国家形成了多元一体格局,整个世界也面临着"多元"怎样走向"一体"的重大问题。从国际社会讲,"多元"早已经出来了,"一体"却还没有形成。单元之间有很多矛盾,矛盾尖锐的时候还会打仗。人类历史上打仗的时间很久了,可是现在打仗和过去打仗不一样。过去是局部性地死一些人,现在可以大规模大范围地毁灭人类。扔一个原子弹,谁也挡不住。在这个局面下,不形成多元一体格局是很危险的。

我们中华民族历史上一向讲求"和而不同",有好传统,有形成多元一体格局的历史经验。在当前这个世界局面下,应当对世界性多元一体格局的形成承担起我们的责任。这也是我从实际当中求到的一点"知"。这一点"知"来得并不容易,"求"得很艰苦。我在广西、贵州去访问少数民族,很多时候只能是徒步走路,有时候可以骑马。马也很苦,很累。我就骑过一匹马,最后累死了。这说明要求真知就会有很大代价,但你不能因为有代价就不去实际当中求知了。从实求知是我们知识分子应当对社会尽到的一份责任。

对社会尽责任,不光要有这个心思,还要有相应的知识。所以要讲求知。比如讲中国文化,要是外国人来问我,中国文化是什么样的文化,我讲不清楚。所以我现在还在补课,找出我读大学时候的课本,重新看。一边看,一边想以前学的东西有没有道理,学得对不对,当时老师讲的东西合不合现在的情况。把我想到的内容写出来,现在正在写,我叫它是"补课笔记",是系列文章。第一篇题目就叫《决心补课》,不久就会在沈昌文先生主持的《万象》杂志上发表。我还要接着写下去,把自己补课的情况和心得报告给读者。总的意思还是离不开"从实求知"。根据我实际看到的事物讲,而不是空讲。凡是不懂的地方,我就说不懂。这也是实事求是。比如说你们珠海,我是第一次来做实地访问,不懂得这里的情形。可是我愿意从实求知。眼见为实。我到了这里,看到了实际的情形,我就可以懂得一点。看得多了,对珠海的发展有了切实的了解,就可以总结一些道理出来。人的脑筋可以说是反映实际的一个机器。我们读书人有责任把我们身处的实际变化读出来、记录下来、反映出来。

现在我们能接触到的实际，比前人的范围大多了，已经能够接触到太空的实际了，可是还远远没有到头。太空之外，还有太空。山外有山，天外有天，人类还会不断地发展下去。怎么发展，就要看我们的努力了。相信中国人能去为人类发展做点事情。中国历史上出过许多极富聪明才智的人。我们对人类的科学发展也有很大的贡献。实际上讲，中国历史上不是没有科学家，而是没有把它表达出来，反而要由外国人来写。比如李约瑟，这个人我认识。他写了《中国科学技术史》，证明中国历史上有科学家，有科学知识，有科学系统。可是后来很多人不去从实求知了，而是从书本到书本，做起了八股文。这个历史教训值得记取。

现在，我们正处在一个新时代的开始的关口，有必要从历史中取得经验，恢复我们文化传统中的好东西。从实求知，开展一个新的局面，开出一种新的风气。文化人嘛，还是要发挥我们的文化特点，解决我们面对的问题。现在我们面对的最大问题，就是全世界的不同文化怎样才能合得拢。最近我在《读书》杂志上发表了一篇文章（指1998年第11期《读书》首篇文章《从反思到文化自觉和交流》），就是讲我对这个问题的看法。主要意思是首先要认识我们自己，认识中国文化。这是个大题目，不能靠几个人，要靠大家。靠大家来认识中国，发展中国文化。

12月11日　从珠海到深圳

上午送沈昌文先生返京。

下午随先生离珠海回到深圳，仍住松园。

12月12日　深圳

与李友梅一起帮助苏州电视台摄制组拍摄先生的专题片。皆谢绝上镜头。

12月13日　深圳

先生找我谈话，说了两个意思。一是希望外语尽快过关，送我出国深造；二是为写先生传记可以问他任何问题，可以随时问，以利帮我尽量写好。

内心感谢先生厚爱，但自知斤两，不敢妄求深造。能写好先生传记，已是莫大造化。

至于可以放开，随时向先生问任何问题，还是先生头一次表明这个态度。此为大奖，甚知足。

12月14日　深圳

先生今赴港参加炎黄文化研究会的学术活动。

我与李友梅留守，各自写先生嘱咐的文章。

12月17日　香港

先生在香港参加"中华炎黄文化研究会年会"，发表题为"中华文化在21世纪面临的挑战"的学术演讲。

其间，香港凤凰卫视中文台的时事清谈节目——杨澜工作室对先生做了电视专题访问。

访问在12月17日下午进行。先生对杨澜工作室提出的七个问题逐一作答如下。

杨：21世纪即将来临，回顾过去，东西文化问题的论战一直此起彼伏，有人提出应从"他者"的眼光来看待21世纪的中国文化，而您却提出当前需要的新风气是"文化自觉"，那么应该如何理解"文化自觉"？

费：应从"他者"眼光的意思是站在别人的立场来看中国文化在21世纪会处在什么地位。像20世纪那样，把中国文化看成一个被动的事物，要它变成怎样和怎样使它变。比如有人想使中国文化变成西方文化，等等。我不同意这种"他者"的立场。

我认为一国的文化是这一国的人民历代创造出来的,是历史的产物。各国的人民是各国文化的主人。一国的文化变动应当是该国人民自己的选择、自主的选择。

文化自觉是各国人民对自己文化的自知之明。自知之明是自主选择的必要条件,也是前提。自己不明白自己的文化,也就谈不上自己在变动中做出自主地选择了。

杨:如何在新的历史时期充分发扬中华文化的包容性这个特点?如何把它作为我们实现"文化自觉"的一个入口?

费:文化的包容性就是吸收其他文化的能力和态度。以语言这个文化要素为例,一个人能说多种语言或多种方言,就表明他的文化包容性比较大,或是说他在语言上能包容多种语言或方言。

文化有多大包容性,决定于对不同文化的态度。20世纪的欧美文化的包容性就没有我们中国文化的包容性大。在态度上讲,就是他们具有文化上的民族中心主义,就是觉得自己的文化比别国或别的民族的文化要高、要好、要文明,把别国文化看作野蛮的,甚至认为去同化别人是白种人的神圣责任。英国人统治印度有很长时间,但是他们只要求印度人说英语,而很少在印度殖民地上工作的英国人会说印度语。我说这表明英国文化缺少包容性。

我说文化的包容性可能是文化自觉的入口有两个意思。人们要对自己的文化有自知之明,就要从文化包容性入手,因为只有对其他文化抱着包容的态度才能认识自己。对立导致文化冲突。

西方对当前世界文化前途的分析很多就是从文化冲突入手的。我不必举例了。文化冲突在西方已经有很长的历史了。西方国家强大了几个世纪,到20世纪发生了两次世界大战。

我是反对从文化冲突的观点上去看今后世界前途的。从文化包容性来对待世界上的不同文化才是比较正确的态度。

我认为中国文化在历史上是一直主张发挥它的包容性的，是反对文化对立、对抗和冲突的。因之，我们对中国文化要有自觉，也可以从中国文化包容性这个特点入手来进行研究。所以我说，文化包容性可能是我们对中国文化自觉的一个入门处。

杨：如何理解"一国两制"就是中华文化的包容性的继续发展？香港如何继续为内地的现代化尽一份力及在两岸的互动中怎样扮演一个特殊而微妙的桥梁角色？"一国两制"在香港实施成功，是否也同样适用于台湾？

费：我上面所说关于文化包容性的话，也意味着我对"一国两制"的一种体会。我们中国人能采取"一国两制"的办法，来消解殖民主义在我国历史留下的一个遗迹，能以和平的方式收回英国由中国夺取的香港这块土地，不单是一个现实的历史事件，而且可以体会到这个历史事件所以能出现的深层原因，可以看到这个历史事件所具有的文化背景。

也许正因为中国文化具有它的包容性，才能把一般认为只有采取暴力的手段才能改变由暴力手段造下的历史事实这个看法加以改变。香港的和平回归确是创造了一个意义深刻的历史事件。如果我们回头看中国几千年的历史，就容易明白，中国已经不止一次把对立的思想体系或文化包容了进来而加以消化。亨廷顿在他的文化冲突论中，把不同的宗教认为终究是一种冲突的因素。但是看看中国的历史就可看到，中国文化怎样包容佛教和伊斯兰教，而能在当前的中华文化中和平相处。

我倾向于相信"一国两制"所宣示的精神还会发扬扩大，进而成为文化融合的一座桥梁或一条渠道。我希望香港不仅将成为现代化的一个窗口，而且成为世界文化交流的航道。在文化交流中，不仅是起流通的作用，而且不可避免地会导致创造性地汇通和融合的作用，成为世界一体新文化的实验室。

"一国两制"的含义正在人民大众的生活中不断在创新。它一定能在祖国的统一上，即消解大陆和台湾的两岸紧张关系上取得又一个历史性的创新。

杨：在东南亚国家或地区中，以华人为主的社会，在这次金融风暴中所受到的冲击相对较为轻微，虽然在这些国家之中找不到任何经济因素上的共通之处，但有不少专家指出，在中国文化里面可能有些特殊的文化价值（即"亚洲价值"），促成了这种现象。您如何理解这种"亚洲价值"？是否应改名为中国价值？

费：如果时间允许，我也愿意把以上的看法延伸到最近东南亚的比较紧张的经济风暴。我同意你说的中国文化里面可能有些特殊的文化价值促使这次风暴的打击而显示出不同的轻重。要理解这次风暴，我认为也不应当把它单纯地看成一个经济上或金融方面的风暴。要深一层去理解，我相信也不能离开这地区的文化因素，其中中华文化的传统力量也是不可低估的。

杨：日出东方是一种灿烂，日降西方亦是一种辉煌，这是有目共睹的自然景观，然而值得深思的现象是：为什么东方拥有灿烂的精神文明，而西方却拥有辉煌的现代物质文明？是西方文化的科学性、开放性思维指向，使西方走在了东方的前面吗？

费：我不主张在世界历史上会出现日出东方日没西方的现象。同样我也不同意东西方轮流做东的文化循环论。我是主张多元一体论的。文化是众多的起源，各自发展，各有个性，但是不断地要有一个共同体来把各种文化统一到一个和平共处的秩序之中。这个秩序既有其统一的一面，也有各自发展个性的一面。具体地说中国文化必须向世界各种文化开放，而永远保持它的自主权，为自己的生存和发展做出自己的选择，接受其他文化的优越的成分，而保持它的个性。

杨：美国和其他西方国家经常用人权思想评价国际关系和他国的国内关系，而有不少学者认为用中华民族的"和合文化价值"作为评判标准，将比"人权"评判标准的内涵更深刻，外延更广泛，层次更深和更进步，请谈谈您的看法。

费：欧美各国讲人权，是从个人的天赋人权出发的。这个大前提是忽略了人和集体的相互渗透的作用，所以我认为是有片面性的。离开个人不能有集体，但是个人是生存在集体之中的。离开集体就没有个人。中国传统文明一直是兼顾个人和集体的。所以把个人间的和洽作为基本存在的条件。你谈到的和合文化价值就是符合我们东方精神的。

要说明我的立场，我承认东方的标准从人和社会的关系上看是比较全面的，不像只讲"个人"一面那样片面。西方的"人权"评判标准有它历史文化的背景，我认为是不够全面和进步的。当前西方的思潮我认为也正在走向全面进步。所以我比较乐观地认为，不需要几代人，我们这种基本看法是会被21世纪的人类认同的。

杨：如今的社会尚处于"由之"的状态，并没有达到"知之"的境界，而人们的生活本身已进入一个世界性的文化转型期，这也是中华文化在即将进入21世纪时所面临的一个难以回避的挑战，我们应该如何去面对这些困惑并做出正确的定位？

费：最后一点意见是，我主张当前最关键的问题是要推进文化自觉的思潮，就是当代世界上各民族的人民都要有"自知之明"，以科学的精神来对待自己的文化，认识别人不同的文化。不能依旧像过去的时代那样处于"由之"的状态，而要尽快地进入"知之"的境界。

人类对自己的生活方式要有自主权，同时要能进入各民族和平共处的秩序之中。

我提出"文化自觉"，不仅是对我们中国人说的，也是对世界全人类说的。

12月19日 深圳

中华儿女杂志社传真来一份文件，系该社拟明年创刊的《乡镇导刊》发刊词，由社里为先生代笔，希望借先生名望扩大影响。此事杨筱怀社长与张秘书说过，得同意。但代笔文字质量上弱了些，遂需重写一篇。

任务归我。

抓紧写出草稿,请先生过目。先生很快看过,未改一字,签名通过。

因文稿用纸系客房所放,纸太薄,不适合传真机所需。往宾馆服务台找到几张厚些的白纸,重新抄写一遍,传真给中华儿女杂志社。完成任务。

12月20日 深圳

松园一楼客房布局为环形,可绕一周,再周而复始。先生今晨特意来我住的十号房,正巧我也出门找先生。两人都是顺时针方向,未能碰面。待知道先生去找我,忙赶到先生房间。先生见面即说:刚才我去找你,是想告诉你,钱锺书先生昨天故去了。是李先生打电话到家里告诉小霞的。这一下杨绛更难了。一个人,也没个孩子。我们这些人,想帮忙也帮不上。老人到这个地步,真是惨。

12月21日 深圳

同王韧、李友梅一道与先生聊天。

先生谈话要点如下:

从农村到城市,从腹地到中心,从航船到网络,从小城镇、大问题到小城镇、大战略。

先生说:从不发达状态到初步发达状态,看不发达的社区接受现代化的力量是怎么样的一个过程。现代化的力量怎样使一个不发达社区产生变化。这是个文化接触的问题。其中有个城市发生力量的题目。

我的出发点,是中国的贫困。农民自己要吃饱穿暖。这是接受变化的动力。但旧义化并不提供解决问题的办法。我做出了乡土经济的文章,同时也被乡土文化束缚住了。

上海东方电视台编导王韧为积累素材,与先生聊天,同时录像。做好录像准备后，先生开口：

费：今天要我讲什么？

王：我想问的问题太大了，就从大问题说开去好吗？说说从江村到浦东。这个浦东是个大概念，包括了沿海开放的窗口。或者说，用个不恰当的比喻，叫"后工业社会"的东西，就是你送李友梅去法国学的那套东西，也就是用来观察、分析最先进的社会组织的东西。

现在中国最先进的那么几个地区，浦东、深圳、厦门、香港等。这些地方对于中国的将来，它们应该如何起作用？你是怎么想的？这样的地方对于你的研究具有什么意义？

费：我最近在想自己一生学术工作中的发展和变化。我讲讲自己的研究重点在几段时间里的变化，好不好？这不成熟的。

过去，我写文章也好、讲话也好，主要是从农民的命运的角度去看农民身上所起的变化。

农民碰到问题了，他自己要变，后来确实变了。怎么变的呢？除了他自己想变、努力去变，还有外部的力量在推动他。

外部的力量来自什么地方呢？这就要去注意城市。如果说广大农村是腹地，那么它的发展是离不开中心的。这就是我的题目从农村转向城市的道理。

我最近一个时期在研究题目上的一个大变化，就是从农村转向城市，从腹地转向中心，从比较不发达的地区转向比较发达的地区。

我最早是从少数民族地区开始的。一般地说，少数民族地区是比较典型的不发达地区。

我这一生的路子，也可以说是从最偏远的、最不发达的地区逐步向发达地区走，看它怎么发展。重点看不发达地区怎么接近和接受发展的力量，然后怎么发生变化。

这也是一个文化接触的题目。

我是想看出来一个不发达的社区接受现代化的力量是怎样的一个

过程。

几天前，我去香港讲中国文化在21世纪面临的挑战，就讲到了重点要逐步从乡村转到城市。不是城乡脱节，而是要形成新的城乡关系。

看来，我的研究题目的变化，也表现了中国社会实际正在发生的变化。

一开始，中国的问题就是农民问题，这是对的，绝大多数人的生活问题当然是很根本的问题。怎么从贫困到温饱，再从温饱到小康，小康实现后还要发展，这个变化需要什么样的条件？具体的变化是怎样一步一步发生的？下一步会怎么样？

我一直在做这个事情，在看，在记录，在观察过程当中的动力。

我是从文化接触的角度去理解这个动力。动力从两方面来，一方面是农民自己要求改变生活，摆脱饥饿和痛苦，他们追求改变现实。可是怎么去改变，怎么能确定一个正确的解决问题的方向，就不仅是在农民自己，不光是农村的问题了。这就要看到另一方面，城市。

旧文化并不提供解决问题的办法。社会发展需要城乡文化接触、中西文化接触。中国的一些大城市就是在城乡文化、中西文化的接触和交融中发展起来的，并且在历史上发生了很大的作用。比如上海，就带动了整个长江三角洲。现在搞浦东开发，又会带出一场中西文化接触里边的大变动。

除了大城市，还有中小城市、小城镇，都可以归结到城市的力量上去。

城市和乡村的关系是互动，不是单向的，不是城市只去带动农村，城市的发展动力也包括来自农村的发展。农村经济本身发展出小的乡镇，有个交换的场所。农产品越多，农村经济越发达，需要的交换场所越大、越多，小城镇就是从这里出来的。

当然，到小城镇这一层，还是乡土经济。我们不能被乡土经济束缚住。中国经济有很长一段时间是被乡土经济束缚住了，所以我写了《乡土中国》。

如果我自己严格批评自己，我也要考虑自己受乡土文化束缚的问题。我做出了乡土经济的文章，同时也可能被乡土文化束缚住了。

中国是"被土地束缚的中国"，我是"被乡土束缚的费孝通"。

现在我要求自己的思想要开出新局面，要看清楚中国正在变化中的乡土经济是处在一个什么样的世界上。世界经济的前沿已经从工业社会过渡到了后工业社会。我们中国的经济要进一步发展，就要接得上工业经济和后工业经济，这个问题要看清楚。

现在不是能不能接得上的问题，而是一定要接上的问题。

我们面对的是国际社会上流行的、工业经济和后工业经济的、西方文明的、变化很快的东西。在"接得上"的过程里边，中国的乡土经济还会变。这一次又到珠江三角洲，看得更清楚了。

我在今年上半年说过，现在不是乡镇企业的问题了，是小城镇的问题了。意思是说，不是光提发展生产力的时候了，要整体考虑一个大的环境，从社会整体的长远需要去考虑怎么样发展生产力的问题提出来了。

王：也就是社会的整体发展问题，不是乡镇企业的问题。

费：当然发展路子还是要走乡镇企业的，这不错的。问题是现在一定要注意小城镇了。所以现在一个阶段，我的一个重点是总结发展小城镇的问题。这个问题包含乡镇企业的发展。以前我说乡镇企业的发展促进小城镇的发展，现在光讲这个话已经不够了，所以我觉得自己也要变化。

王：当初一直强调小城镇建设，讲"小城镇、大问题"的时候，和最早关注农民问题的时候，你有没有关注过大城市对农村起作用的问题？

费：没有很好地关心大城市的问题。这个因素没有在我思想里边占有很重要的地位。

问题总是会有个来路的。我讲小城镇问题的时候，是从乡镇企业的发展上看到的。讲乡镇企业的时候,是从农村中国的副业上看到的。讲副业的时候,是从农民的穷困上看到的。

从农民的穷困上,看出了发展副业的重要性。农民搞副业,就是我说的"牛郎织女"嘛。那么解决生活问题,在农业之余,要搞副业,就提出了一个"牛郎织女"的题目。

"织"代表小手工业。从手工业再往前走一步,乡镇企业就出来了。

乡镇企业发展的本身,推动了小城镇的改变。

以前的小城镇是农民交换东西的地方。日中而市,买卖东西,物资交流,慢慢成为一个据点。小城镇除了交换之外,也成了生产中心。

我的思想的变化,跟着事实的变化在发展。农民的副业提高了,农村工业从手工业变成机器工业了,工业向小城镇集中了,乡镇企业出来了。这是中国社会里边正在发生着的事实。

不是我的思想自身在变,事实出来之后我才想到这些东西的。

从小城镇开始,我就看到一个经济中心发展的重要性。也就是说,不光是小城镇了,中等城市的题目也出来了,一层一层的发展都出来了。

从城市又看到一个区域,感觉到区域问题的重要了。这是一个思想发展变化的过程,也是中国经济发展过程的反映。实际反映在思想上面,实际变化之后,思想和认识跟着变化。

我要求自己赶上这个变化。想赶上,还没有赶上。

这一阵子到深圳、到香港,感觉到我们正在碰上一套新东西,逐步地看到了城市的整体结构在变。可能这就是李友梅在法国学的一套东西,要面对的实际吧。

生产结构、工业结构从普通的手工业到机器工业,这个过程我是熟悉的。而从机器工业到信息工业,即信息产业化,我就不熟悉了。

昨天我还在想这个问题,知识经济的第一步,是人同人关系中的交换信息的产业化。生产要同消费结合,市场就是买卖之间的问题。有买有卖才有市场。

消费者需要什么东西，这是一个信息问题。不是生产之后让人家买，而是买东西的人的需要决定我们的生产。谁能真正把握消费者的需要，谁就能得到市场。

现在是买方市场，以前是卖方市场。计划经济就是我给你什么你买什么，买东西要听我的。

现在变化了，不是生产者来决定了，要靠外面的形势变化的信息了。这就是信息的重要性。捉摸不住，起伏不定，就不行。

金融危机也好，经济危机也好，它是出现了生产不符合消费者的要求，找不着市场。这里边，中心和腹地的关系更明显了。腹地的需求决定中心的动作，中心的生产满足腹地的消费需求。

重要的是，要明确腹地要什么东西。这是信息业发展的问题。信息产业化，人要为这个需要提供服务。现在讲互联网了，互联网就是要加快信息的流通。

我去年去浙江金华的时候，看了一家生产家用维修工具的工厂。满足人们家庭正常维修所需要的工具，美国人的汽车房里都有的。他们不可能每次出了问题都找人来修理的。他们很多人的工科水平都很高，给我留下了很深的印象。美国人喜欢这种由自己动手的工具。

金华这家工厂就制造他们需要用的工具，是成箱成套的，里边用来量的、锉的、锯的、钻的，什么都有。这样的一套工具，在美国要卖200美元。可是这家工厂卖给美国商人的时候才卖40美元。那160美元哪儿去了呢？就由订货的人拿去了。

金华这家工厂的厂长说，这不公平嘛。但是我不让他拿160美元，我连40美元也拿不到。东西要卖出去才能拿到钱，市场在他手上，卖到哪儿去我不知道。要想不光拿到40美元，也拿到那160美元，就得掌握足够的市场信息。

明白我的意思没有？

我有个干女儿，叫周穗。她原来在香港开一家小服装工厂，做童装。

我80年代初去香港访问，去看她的小厂。香港的很多小工厂都挤在一座大楼里，有的是一层一家厂，有的是一层好几家厂。我叫这样的厂是"蜂窝工厂"。

在厂里，我就想到了《西游记》里孙猴子的变身术，我要是有他的本领，吹一口气，把这些工厂吹到内地去就好了。内地的土地便宜，工资便宜，为什么要在香港挤着办这么个小厂呢？

我建议周穗去内地办厂。后来她听了我的话，把厂子搬到东莞去了，现在发了财。但是事情并不这么简单，两边还是要有分工的。工厂的办公室要留在香港，在那里接订单，接了订单后拿到内地来做。这样的分工我叫它"前店后厂"，前边开店，后边办厂。

周穗来内地办厂，她的老公在香港开店。店老板最重要的事情就是维持好他的订户。他是真的把订户当上帝看的，没他们不行的。他们不订货，厂里出来的东西就卖不出去了。

他们就是"拿160美元的人"。这些人能站得住，说明市场是需要这么一批人的。可是再往后，情况就要变化了，后工业社会来了，信息产业来了，网络经济来了，上网了。在网上，消费者可以从生产者那里直接订货。

王：在网络专家眼里，那一幢大楼他不看成是大楼，他看成是一个个终端连接起来的网络。现在很多单位上网了，网上销售的情况也很多。

费：这样一来，生产厂家不需要中间"拿160美元的人"了。将来我们这些原来只能拿40美元的小老板直接用网络跟用户碰头，就可以拿200美元了。这就和我们刚才谈的中心城市有关了。它应该成为这样一个中心，可是现在还没有出来，还是过渡时期呀。

现在在变，将来还会变，变成什么样，我不敢说，也跟不上。敢说的有一点，中国离自己拿200美元的那一天还远，还要花很大气力。

这个意思是说，要看到理想和现实的差距。你们几个都知道开弦弓的航船。从航船到上网，几千年在里边呢。要靠我们的航船发展到上网，那不容易。不容易也得做,高新技术、信息产业、知识经济的问题都已经提出来了。美国的微软公司老板已经赚了大钱了。我们欠账太多,得赶快赶上去,差距越大越被动。

王:现在来我们中国拿160美元的人,拿的是大头,还趾高气扬的。所以上海的晚上比白天漂亮。怀亮对你说的话很对,就是这个问题呀。背后是不是这个问题呢?

费:这个问题我还没有摸透。可以问问李友梅,她学的就是后工业社会的东西。我是说,现在发展的前沿工业,已经到这一层了,可是在中国还很少,很多地方、很多人还没有碰到,更没有感觉到有一个大道理在背后。

我们的小城镇还没有接触到这些东西,还在那里抠抠弄弄,很有意思。他觉得,我这个40美元是从那160美元里出来的。

周穗思想的背后是有"上帝"的,不能得罪的。对拿160美元的人,还要恭恭敬敬。

金华那个厂长想拿下那160美元,可是拿不动,只有接受"上帝"。我也同金华的厂长一样不甘心,但又不敢放弃"上帝",否则本钱可能没有了。李友梅的主意是用信息产业化来想办法取消拿160美元的人。

王:你现在是不是萌发了这样的想法,网络经济或是信息产业化有可能使我们跳过某一个落后的阶段。

费:建立一个网络也很不容易,要费很大劲的。

王:钱锺书先生已经去世了,你和他同年,89岁了,还在研究160美元怎么能让中国人拿到的问题。这比起过去你早年研究的题目,问题是越来越大了。

费:《江村经济》里边看到的是农民的穷困;重访江村看到的是农民从合作化里拿几十元的时候;三访江村看到的是农民拿一百多元的时候,是"万里"时代;现在是"邓小平"时代了,距离拉开了。有人从外国人手里拿了40美元,还想去拿160美元。也有人连40美元还没有拿到呢。

明白我的意思吗？现在主要还是靠外边人的经验呀。我听金华的一个小老板讲，他们这些经营40美元的公司还复杂得很呢。外国人挑来挑去，看不中你，40美元也不给你。

王：意思是很多工厂去竞争一单40美元的生意，对吧？你研究的问题，从江村调查，到1957年重访，到三访，到现在，从航船到了网络，显然是你在跟着社会发展的脚步在走。

费：不知道跟上没有，还不敢说。

王：回过头来看，你过去的几个脚印都是跟上了的，是走在前边的。现在你在为金华的小老板想办法解决怎么拿160美元的问题。

费：我的办法就是用网络呀。

王：现在已经有很多公司上网了。电视也已经数字化了。磁带上记录的都是数字，它用压缩技术。将来数字化有什么意义呢？双向传送。你要看电视节目，不是我送给你看你就看，而是我把节目都存放在数字库房里，你可以按图索骥，到某个门牌号码里去拿东西，用电脑连接。将来就是"互动"电视。

费："文革"结束后我第一次到美国去，就接触到了这类问题。写《访美掠影》的时候，我提到了现代科学技术对社会变化的影响，比如计算机的影响，说我们已经进入了一个斗智的时代。可是当时的思考没有现在这么深，变化没有现在这样具体。回想起来很有趣，不过是20年的时间，计算机的影响整个出来了。一个微软公司，打出一个电子世界的天下。

王：费老你感到力不从心吗？

费：我感到来不及了。人家写文章能用电脑，我不会用，还得用笔，被限制住了。人家用电脑查资料，又全又快。我查阅资料还得一本一本翻书，慢得很，很多时间要花在查资料方面，要找冠生帮我，没有他帮着查，就更慢了。

王：这就是理想和现实的矛盾。你想多做一点事，多走一点路，多看一点东西，多思考一些问题，把问题尽量想得往前面一点，但是现在事实上身体跟不上了，时间不够用，而且碰到的问题是计算机引出的新问题，你还得用老办法。这样的矛盾有没有影响你的心境呢？

费：我很急呀！可是也没有办法。问题还不在我有没有办法。前不见古人，后不见来者，后继无人呀！

王：是不是一代大师都会感觉到后继无人，是不是有普遍规律？

费：以前没有觉得世界变化这么快，也确实没有这么快，做学问靠脑筋记的，要背书的。像钱穆、顾颉刚、梁漱溟他们，都经过这一段的，脑筋里记了很多东西，顺口就说得上来。我没有经过这样的训练，从小没有很好地背书，没有他们的本领，也没有接受过好的新的训练。我看到了自己这一点，觉得很可怜。

王：我们看到的是你活跃的思想和矫健的身影，很感动人的。

费：我嘛只是在努力，努力的结果怎么样，不敢说。我写的这篇《文化动态论》，写我的老师马林诺夫斯基的，看懂的人不多。他写最后一段的时候，想把自己的角色穿插进去，但没有穿出来，留了个尾巴，很重要，是个方向。可是这个方向没有人懂。

现在我在研究帕克，用帕克的东西接上马林诺夫斯基的东西。从一个少数民族土人，到现代化，到后工业社会。马林诺夫斯基从西方人眼里的野蛮社会里走了出来，走到文明社会。帕克接着走，就在文明社会里研究，后来他到南方黑人社会里去了，主要是想看美国文化的变化。他说，我要到黑人里边去做黑人，才能理解美国社会的变化。他是要到文化接触的事实里边去研究。

王：是不是你的老师和你之间有一个共同点，注意的、写的都是这个社会里最大、最根本的问题？

费：他说自己是思想的探险家嘛。他要从最基础的东西上面探到底，看它怎么样发展到现在。我也有兴趣跟上中国的变化，可总是觉得跟得不够紧。东南亚金融风暴来了,一个大变化,更觉得跟不上了。观察陶渊明那样的社会很容易,它不怎么变的,是个"不知有汉"的社会。现在不是那样了,汉家宫阙成了历史遗迹了。现在是洲际经济的时代了。

王:有没有考虑到香港、深圳作为中国的经济中心,还是浦东、厦门?

费:香港的地位要认真考虑。"一国两制"是政治上的地位,经济上的地位还没有定位。香港究竟要在我们中国的经济里边起到什么作用,还是很少有人想这个问题。慢慢来,确定一个我们的目标。

王:费老你讲的文化接触,概念是怎么样的?

费:就是人的接触嘛,就是互动,否则就没有文化了。人嘛,有三层,第一层是生物人。我老了,就是生物人发生了问题,快到生命的界限了。第二层是社会人,我的社会地位、社会影响、社会接触面,都是这一层的内容。第三层是文化人,里边有天人之际,有古今之变,今后还可以接下去。

我的东西通过记录之后,将来还可以影响别人。文化要靠传的,不是靠个人的生命延续的。中国人知道有这个东西,也讲了很多话,做了很多事情。可是没有提高到科学的认识。把文化的实质和社会分开,是我的一个发展,三层论。

王:这个想法是什么时候产生的?

费:最近一段时间里边想出来的。

王:总的来说你对自己还满意吗?

费:杨澜也问过我满意不满意。我说应当是满意的。从老天给的条件说,我应当满意了,已经优于人家了。当然一部分是我自己求的,没有我的主观努力,有的条件也不会来。可是光有主观努力也没有用。说老实话,像我这样脑筋的人多得很,可是这样用的人不多,在我这一行里边没有。我当然应当满意了。

王:我们以前感觉到做学问很高深,而你的著作让人觉得学问没有那么高深。你从开弦弓农民生活的变化里边写出来一本书,写到现在,一直是在写中国人生活的变化,从普通人的生活里边做出了大学问。这个是由什么决定的呢?

费:两个东西。一个是自己的认识,要这样做,值得做,做到底,否则我做做官就行了。可是我不满足这个,这是我的主观努力。我这一生"十块钱"要花得有道理,不能光买点花生米吃,这话就是这个意思。另一个是给我的客观条件,这是老天给我的,不能说是我自己创造的,能做这么久我也想不到的。有了条件,怎么用,又是我的主观努力,我对自己的要求,我过去的训练,我平生的经验。

王:在老百姓的基本生活里边找问题,想问题,找方法,找出路,中国会有不少人觉得这不是学问,他们认为看不懂的东西才是学问。你是怎么坚持过来的?有没有想过走别的路?

费:开始嘛是从吴文藻这里开始的,我不能忘记他。他认为不要完全靠书。接下去我碰到的几个老师都是这样的,这是我的命运。史禄国和帕克都认为要到生活里边去,一直到马林诺夫斯基,也是这样。

我从瑶山调查开始,江村调查接上去,总觉得不自己试一试就不知道里边的味道,心里不踏实。即便试过了,也不一定就能写出真东西。

我写了这么多年,六十多年,好像还只是在表面,不是深层的。深的一层还不敢碰它,适可而止了。超过了当时的文化高度,人家也不能接受你的东西。

王:这是不是你理性的表现,是对中国的认识成熟的表现?

费:这不敢说,学来的东西用用而已,是从老师那里学来的。再深下去,自己的条件没有了,力量不够了。

王:从大瑶山到魁阁,又到浦东……

费:魁阁这一段、"文化大革命"这一段也是很重要的,印象很深的,也要动脑筋的,想的一个问题是要不要活下去。

王:"文化大革命"也是要动脑筋的?

费：不光动脑筋，那是触及灵魂的，消极地触及，但力量很强。

王：过去有些东西你不愿意回忆，今天为什么你会主动讲到"文化大革命"呢？

费：不怕它了。

王：反右还是怕的？

费：有时候晚上还会做梦，那东西还来。好像一下子给人家……说不出来了。受冤了。

王：对中国的知识分子来说，反右是不是比"文革"还厉害？第一次被打闷了……

费：不是打闷了，是不懂什么意思，不知怎么来的。

王：你讲过你那段时间政治上也不是很成熟的，根本没有经验来应付。现在回过头来，实地调查这个你一以贯之的东西，一直坚持它是为什么呢？

费：我做个什么样的人好呢？没有其他的选择，逼着我不能不这样做。主观、客观条件促成的，我这么做最合适，而且这么做不觉得很吃力。我不是愁眉苦脸这么做的，好像一个拼命读书的人在那里做学问，不是这样的。我是乐于这样做的，这样做事情比较能使自己感到满足，可以这么说。现在发生的一个问题，就是社会变化的步子太快了，我赶不上了。要做的事情也做不出来了。以前还是"行行重行行"，现在主要是反思的文章了。具体问题下的调整，个人的、社会的、文化的，都只能这么做了。

王：费老你今天谈开了，把你思想的路程展开了，我很受触动。

费：我并不觉得自己分数很高。你给我批的分数高了，实际没有这么高。

王：但不管怎样你坚持下来了。

费：可以坚持到90岁，持之以恒呀。

王：回过头去看，自己也会感到不容易。你最近见过费达生吗？她不是问你"我这个蓖麻蚕还要不要做下去"吗？

费：我不敢回答她，回答不出来。她给我的问题太大了。对她来说，不这样做也是没有其他选择的。她身体还好。

王：你们费家的五个兄弟姐妹应该说都非常杰出。

费：我的大哥是个革命家，他是"五卅"运动的组织者。这个运动里边出来了陆定一，他是跟我大哥做事情的；还有一个"稀有金属"，叫什么名字我一下子说不上来了。费达生是老二，你清楚的。老三是费青，他身体不好，气喘，感情不稳定，后来在1957年死了，怎么死的我也不清楚。他知道我变成"右派"了，他也死了。老四叫费霍，是建筑师，跟我舅舅搞建筑。他没有发挥他的长处，因为近视，从小看不见月亮，后来戴了眼镜才看见了月亮，受身体的限制很大。

王：费老，今天谈得差不多了。谢谢您。

（此次谈话，李友梅有录音，王韧有录像。）

12月22日　深圳

继续听先生聊天。李友梅录音，王韧录像。

费：香港在中国经济发展当中应当取得一个地位。我们也应该注意到这么一个题目，就是今后几十年的一段时间里，香港同内地的关系，它所产生的作用以及我们应当采取的政策。

这里有两点：我们应当怎样对待它，它应当怎样对待我们。这是要管几十年的事情。

从全世界的经济来看，香港作为中国的一部分，要发挥它的作用。它是个特区，发挥特区的作用是个大事情。

我很早就接触香港了，那是30年代殖民地时期。我想把西方的东西接受过来。我的特点是前半段是"洋"的，教会学校出来的嘛；后来"中"接着"洋"，"中"里有"洋"，"洋"里有"中"，中西结合。我了解农村不是因为我生在农村，而是我到农村去找我文化的根。

去英国之前，我还没有把乡土的东西有意识地作为我文化的起点。后来就是有意识地、自觉地去找了。从英国回来之后搞云南三村，就很有意识了，明确地知道中国文化是被土地束缚着的文化。

至于论文，我去开弦弓养伤时，也没有想到会出一篇论文。也是巧，他们当时认识到了人类学的问题：光钻在土著人群里找不到学术的出路。这是我对他们的贡献。后来我理解这个东西是到去年我写马老师的《文化动态论》以后。我今天的学术道路与当时的历史情况有关。从抗战，到解放，后来又"文革"，其中无论哪件事变一变，我就不是现在的我。

王：你来过深圳好多次了，对深圳的社会发展状况有什么看法？

费：我看过傅高义的一本书，叫《先行一步》，可以反映出深圳的特点。改革开放是从这里最早开始的，很不容易啊！刚开始中央领导内部也有不同意见。现在大家都承认了，发展速度确实很快，是有成绩的。

王：我最近在《读书》杂志上看到你写的一篇文章，谈到你现在开始学术反思，提出了文化自觉的课题。

费：传统文化基本上是从农业文化发展出来的，我叫它"乡土文化"。我是从农村研究开始的，研究老乡的生活。我也可以算是老乡出身，从镇里出来的。

王：你觉得发展小城镇有什么意义？

费：小城镇是农村的经济中心，工业化的中心、流通的中心。农村人口的集中，首先是在镇上聚集起来，所以镇是乡土文化转变为现代文化的基地。

现代化的小城镇为乡土文化的转型提供基地。

现代化的第一步是工业化，农民自己在农村中开办乡镇企业，叫"工业下乡"。然后再集中到小城镇，发展小城镇。接下去，人集中得多了，生活等各方面都改变了，同传统的小城镇不一样了。我提倡的小城镇是现代化的开始，是农村现代化的中心。

这次我去顺德、中山、珠海等地跑了一圈，看了乡镇企业和小城镇的最新发展，又有新的发现，现在一个比较大的中等城市群也开始出现了。

王：你为什么喜欢去做实地调查？我看到很多青年学者从书本到书本，写了好多书。

费：我主张做学问应从实求知。从实际出发，从生活中去理解生活，理解什么是文化。离开了生活，我想做的学问就没有了。

王：你接下来有什么打算？

费：回北京过年，补社会学的课，写补课札记。

王：明年有什么打算？

费：从小城镇开始，发展到中等城市。我要沿着京九线一直走到深圳。如果京九线沿线的中等城市可以发展起来，深圳就能发展得更好，因为它有了有实力的腹地。

深圳是一个向香港和世界的开口。我希望京九线赶快充实起来，我叫它"穿糖葫芦"。

王：你这一生够丰富多彩的了。

费：我这一生的经历确实很有意思，可是当事人并不好受。现在的问题是如何画好最后的句号。不过现在也不必多想，想也没用，自己做不得主。

王：你昨天说"乐此不疲"？

费：只能这么说，没有其他选择。

王：我认为这其中有两个东西，一个是自己在认识过程中发现了社会有这个要求，一个是自己也愿意对这个要求做出反应。

费：另一方面也确实没有什么其他选择。很多情况决定你只能选择这个。各种因素连接成一个网，人在网络里跑不出来。只能跟着走下去。以前自己写的文章现在看看很有意思。

王：文化自觉是反思的结果。像钱穆这一辈的老学者都进行过反思吧？

费：从他们的书中可以读出来他们的反思。我觉得他们这一批学者和现在有一个断层。他们希望对中国几千年历史有一个综合认识，然后把它讲出来。

我的文化自觉就在这里，想把它看清楚，讲出来，但是他们讲得出来，我讲不出来。

我的力量不够。我在想能不能把胡适的东西加进去，也就是杜威的现代科学的基础。

西方学术在这一点上发展得很厉害。我们就吸收它这一点，在人的问题、人的活动、人的思想和创造方面集中起来，先从五官接触的东西中得到一个认识，然后再考虑超出五官感知的东西，就是神、冥的东西，这就是灵。

人要有点灵感，光就事论事不行，还要有人生意念。

到了哲学和认识论中，我就不行了，没花过工夫，现在补课也不行了。

在世界发生大的变化时，每个人只能接触一个方面。重要的是如何找到其中的干流，看它怎样流，表达出来。

我们现在的困难是面太大，时间太长。

西方可以只管文艺复兴以后的事，前面的事可以不管。但我们中华文化几千年来形成的是一个整体的格局，我们跑不出去的，这是一点点积累起来又传下来的。

中国文化包含在家族里边，家族维持着文化的延续。其实，可以说亲属关系维持了文化的传递。亲属关系比家族关系更广泛，文化的基础是生育关系。

王：你认为是生育的基本问题决定了文化？

费：还是在生育制度、在人的传递上。生物学上说基因是可以一直传下去不变的。在传下去的过程中，不变的就是中国人说的"传种"。

"传种"在中国人的心目中早已超出了生物学的范畴，上升到了意识形态，成为一种自觉。

"传种"是一种责任，这个东西很厉害。

儒家的东西就是围绕着这种自觉出来的。我的《生育制度》写到这里就没有再写下去。

王：今天我们要到老百姓家里去，他们不让我们去是有道理的。村里把神台都砸了，对此老百姓是不接受的。

费：现在老百姓都不讲出来。因为现在生活都不错，经济上也有保障。一旦以后出现什么大的危机，这些想法就会暴露出来。现在不表达，保留在里面。

王：为什么你要讲文化自觉呢？

费：自觉嘛，就是要有自知之明。这样可以主动一点，有主动权、选择权。人总是要保存自己的，文化也是用来保留人的。

王：文化有时是像基因一样的东西，有时也是工具。

费：对，用它来维持身体之体。否则体没了，种也就没了。自觉的同时也要维护它的自尊心。那么矛盾来了。要保种，又要保文化。当保种和保文化发生冲突时，只有改变文化，才能保证身体也就是"种"的存在。关键是让基因延续下去。延续的过程中会发生变化。关于"变"，中国人讲过很多，只是没有碰到过现在这么快的"变"。

王：你讲的文化自觉是指？

费：自觉的目的是自主，知道自己选择什么样的变化方式。

王：这是为了保"体"还是为了保文化？

费：不是保文化，是保人，保"种"。中国人在保"种"上还有点自觉。不过克隆一来就发生根本变化了，不需要母体了，不要传统的一套了。

王：那么文化呢？

费：我现在的"体"快要死了，但文化还在。你们即使不同我谈话，还可以通过看我写的东西了解我的文化。文化是不会死的，即便死了还能复活。

古代的东西现在发掘出来就又活了。活人还能同它对话。

文化自觉就是从自己身上认识到文化的存在，再推到文化究竟是怎样的，为什么会这样，怎样解释。文化自觉的好处首先是可以影响自己的行为。

我喜欢写东西，希望有人把我的东西弄出来，传下去。但只是我的想法，别人怎么想我不知道，不可能钻到别人身上去想。

第一步是意识到自己的行为有它的原因，不是盲目地跟着别人走，叫"各美其美"。

第二步是别人觉得好的东西，你看了也觉得好，有道理，肯定它，就是"美人之美"。

再进一步，是"美美与共"，我们称之为"大同"。

王：你写的众多的书中最喜欢哪一本？

费：我自己认为《生育制度》比《江村经济》重要。马老师从他的学科角度更看重《江村经济》，我也是过了几十年后才理解他的看法。

写《生育制度》，我用几何图形表示相互工序。从功能到结构，从结构到几何。

"老而未死"这一段很重要。我的文章会产生什么影响，不能不考虑。我在人家眼里是个什么形象，这个形象会发生什么作用，不能不想。发生的作用对文化的传承有没有好处，不能不想。

文化自觉从自己身上开始。认识自己是个什么样的人。进一步，认识形成我这样一个人的社会力量。分析这个形成过程。解释这个过程的原因和意义。

钱锺书先生去世了。我原来想让冠生在《费孝通散文》的后记中写出来当年我和杨、钱的交往，表达出来历史的妙处，可是没有"妙"出来。这个话只有冠生知道。

妙不出来，没有开出花来。我对别人的了解还不够。

《江村经济》是起哄起出来的。

寻根到农村，真正用心去找，是从《云南三村》开始。

真正看到马老师的用心是最近。我写《读马老师遗著〈文化动态论〉书后》，看懂的人不多。

1999 年

1999年1月4日　北京

　　写出《费孝通在1998》一文，对先生去年全年的实地调查按时间顺序做了回顾，突出要点。

　　谢泳寄来《西南联大与中国现代知识分子》一书两本。嘱转先生一本。

　　即骑车至先生家，送上谢泳赠书。先生表感谢，又一次说到找时间与谢泳聊聊。

1月17日　北京

　　先生打电话来，问近日写作进展。嘱"先把温州的文章写出来。传记不急，什么时候写出来都可以"。

1月21日　北京

　　群言杂志社今开座谈会。先生来主持会议。

　　把已草成的温州文章《筑码头，闯天下》初稿交给先生。

　　沈昌文先生知先生今来机关开会，顺便来看望。先问伤情（先生去年年底从深圳返京当天晚上在家中从床上掉下），后征求先生对《甘肃工人的婚姻》一书版式、印装工艺的意见。

1月27日　北京

先生在家中二楼接受《光明日报》记者采访,谈自己与《光明日报》的交往。

先生表示,主要是因为与储安平的交情,才有与《光明日报》的交道。

1957年的《"早春"天气》就是专门为储安平写的。

反右以后,报社没了储安平,先生与这家报纸的缘分无人接续,也就不了了之了。

2月17日　北京

上午如约赶到先生家中。中央电视台大兵正奉王韧之命在拍摄先生过春节的家庭场面。

先生在看李友梅最近所写《城乡协调发展的新思考》一文。

因来访者一拨接一拨,一个上午过去,先生才看完这篇文章。其间被打断五六次之多。

潘老师今天也登门拜访先生,并与李友梅谈及学科建设问题。此为先生近来想得较多的事情。

3月9日　北京

如约到先生家中。先上楼与先生叙话。

先生告近期打算——

帕克的文章继续写;

温州的文章在《瞭望》发表后,反响很好。此事告一段落;

广东的文章接近定稿;

关于苏南模式的起源、发展和效果,再写一篇总结性质的文章;

中部地区也想写一篇总结性质的文章;

《浦熙修文集》要出版，要写一篇序言类的文章；

冰心去世的纪念文章想不好，不打算写了。

先生问及传记进展情况。告正以"自然史"写法正常推进。先生说：帕克传是自然史的写法，但它有个主题，讲帕克怎样成为一个社会学家。我的传记主题不容易找。我算是个什么样的人呢？

3月12日　北京

把先前写出的《费孝通1957年纪实》改为传记中反右一章。

先生看过后说：传记里写反右这一段的文字，可以少些。留待以后专门出书。同时也表明一种态度，就是不一味抚弄伤处，而是向前努力做事。

4月22日　北京

下午3时，与瑞琳一起如约拜访先生。瑞琳本想具体谈"田野笔记丛书"选题实施进展情况，因同一时段先生有诸事需处理——中共广西区委《领导广角》杂志采访；南京驻京办事处来人商议下月到宁调研日程；北大所潘老师、王铭铭与先生议事……瑞琳基本无暇细谈，只好匆匆一说。我亦不得多聊，仅仓促与先生对话如下：

先生：好久没有见面了，传记写得怎样？

冠生：写到了最难写的时候，很难找到合意的语言表达。

先生：我知道你写到后边会比较难，但也没法帮你，只有不催促你。慢慢写。

冠生：先生放心，受难为，就会有长进。我有信心。

5月5日　从北京到南京

昨晚随先生乘107次特快往南京。今10时半，列车正点抵南京站。乘接站车到东郊宾馆，入住3号楼304房间。数次随先生到南京，皆住此室。

午休后,南京市领导到先生住处介绍市情。市委副书记汪正生介绍农业和农村工作情况。

先生听后说:

我的研究重心这几年发生些转移,从研究农村转向研究城乡关系。

过去比较多地注意农村对城市的影响,现在比较多地注意城市对农村的影响。

意识到应该多发展中等城市,带动农村发展。

今天听了南京的农村情况,受到了启发,是个很好的例子。

我动了心,很想多看看。这次看不过来,以后再来看。

希望能多学一点。看来我这胃口越吊越大了。

会间有雷阵雨,会后雨停。先生邀"到外边走走"。

即陪先生出楼门散步。院内树多草密,确实宜人。

散步途中,先生嘱明天访问高淳县时留意资料,为《半月谈》杂志写出一篇短文。

5月6日 高淳

上午随先生访问南京市高淳县。先后到了高淳陶瓷公司和凤山乡武家嘴村。

高淳陶瓷公司生产炻器,既非陶,又非瓷,但外观与陶瓷无别。据说品质优于陶瓷,主要是强度高,更耐高温。该公司产品基本全部出口。公司综合效益指标为全国同行第一。

武家嘴村全村搞水运,造船,农民人均年收入超过三万元。村中家庭资产在百万余以上者占70%,最高者超过千万。村委会提供联系业务、结算、事故处理、资产借贷等项服务。

据说高淳因历史上交通闭塞,当地百姓口语中保留下了许多古时说法，颇雅驯。例如"赶快"，当地人的说法是"驾马驶"；"天热的原因"，当地人说"天热之故"；"提不动"说"拎它不起"，等等。先生听得颇有兴致。

5月7日　从南京到上海

早饭后随先生乘汽车离南京赴上海。约三小时车程。抵沪后入住衡山宾馆。

下午在先生住处听取上海市政府农委副主任袁以星介绍上海农村情况。

上海户籍人口1300万，外来流动人口300万，农村城市化水平为42%。1978年，郊区农村人均收入123元，1998年为5400元。

80年代中期，上海提出"建设小城镇"。受到温州龙港镇的启发，开始在奉贤搞小城镇建设。1993年初，上海农村工作会议提出"推行农村城市化战略"，从自发到自觉。

郊区工业向园区集中，农业生产向适度规模经营集中，农村居民居住向城镇集中。

五个层次：市区、十万人左右的新城、中心镇、一般集镇、农民居住点。

晚与李友梅谈先生传记的写作进度和感受。友梅告，先生这次来沪初衷之一是想推动上海大学成立一个区域发展研究中心，开展课题，培养人手。

5月8日　上海

先生今开始看已写出的传记文稿中魁阁时期之后的部分。

上海大学党委书记来拜访先生，谈建立该校的上海区域发展研究中心有关事宜。

双方甚有共识，决定尽快设立。由先生担任中心主任，李友梅做常务副主任。意在上海发展起来一个适应社会需要的研究机构，培养人才。

先生说：

时候到了。上海的发展，需要有这样一个中心，为它下一步的发展服务。当年的美国芝加哥学派，就是因为这样一个城市的发展，促成了芝加哥大学出现了城市社会学派和它的代表人物帕克。

王韧来采访先生，希望谈对上海的印象。

先生说：

最早接触的大都市，就是上海，眼中是一个五光十色的新世界。

在上海坐马车，看见大世界里的哈哈镜，和从小看的镜子不一样，人在里边会变。

变不要紧，要紧的是要知道为什么变。

现在上海的样子变得更厉害。我来看，也是想看它怎么在变，为什么这么变，说出变的道理来。

最近我在调查当中有点思想上的变化。一个人思想是不是发展，要看他是不是接触实际。

我的思想的变化，看来是因为实际发生了变化。

总的看我的历史，我是从农村出发去认识中国，提出一个让农民生活好起来的办法。

找了一辈子，现在看来，发展乡镇企业是个办法。

再进一步看，光靠农民这一边，还不行，还要从外边给他一个刺激，让他有发展的条件。

这个力量看来是在城里边。经济的发展，文化的变动，带动力量主要还在城市。

我想，要理解农村的变化，它的变迁动力还是来自它和外界的接触。

城市是人口集中的地方，人际交往比较多，交流比较多，容易出新想法、新花样。这样就会发展。

中国农耕文化几千年里变化不大，在于小农经济。自给自足，鸡犬之声相闻，老死不相往来。交流太少，对外界交流更少，自然就缺少变化。

这段时间以来，我在留心影响农村变化的主要因素，着重了解城市对农村的辐射作用，包括人口的集中、产业的发展，从小到大，从简单到复杂，背后的推动力量中，总是有个中心在那里发挥作用。

现在我们国内经济发展不平衡，有的地方快，有的地方慢，快慢之间看得出来。

有个和外界接触得怎么样的问题。农民如果经常和外边接触，他的脑筋就活，办法就多。

靠近城市的农村，一般都会比偏远的农村发展得好一些、快一些。

再大一点看，长江三角洲一带发展得快一点，原因是靠近上海，有上海的辐射和带动。

前一段时间我到昆山访问，昆山就是很好的例子。它靠近上海，借力发展，不过十几年的时间，农民收入已经达到了世界中等发达国家的水平。

我是1936年在江村接触到乡镇企业的，住在我姐姐帮助该村农民办起来的机器丝厂里边。看这个厂对改善农民生活的作用。

后来，我的一个主要时期是魁阁。在云南找一个没有现代工业、只有手工业的村子，比较着看。觉得发展乡村工业是个比较根本的办法。

改革开放以来的事实也是进一步的证明。

这段时间北约打南斯拉夫，我想了很多问题。其中一个就是，我们要保本，还是要发展乡村工业。这是草根工业，遍地生长。

现代化战争来了也不怕，打不死的。可是光有大工业就不一样，一下了就能打死。

"草根工业"的提法来自西方文化。罗斯福曾经说过"草根民主"。我借了过来，提出"草根工业"，主要是讲基层的经济，讲群众性的。

英文讲基层的民主，我讲基层的经济。把基层的经济发展起来，就稳住了脚跟。

5月9日　上海

上午随先生访问浦东新区。

在上海界龙实业股份有限公司听取乡镇企业发展过程情况介绍后，先生说：

我是来学习的。没有真正办过厂。里边的很多东西不了解，就需要向搞实际工作的人学。

乡镇企业发展到一定程度，小城镇就出来了。

一个小城镇，很多问题在里边。规模多大，多少人，怎么个住法，社区服务怎么搞，生产、办公、商业、娱乐、看病……都要有个规划。

经济上走在前边的地方，可以摸索出一套办法来，做个样子。

5月10日　上海

上午随先生访问奉贤县，实地调查小城镇发展情况。

马天龙副县长和江海镇汪鸣镇长先后向先生介绍情况，告奉贤的城市化水平是46%，江海镇居民区的绿化率达到32%。

先生说：我提出小城镇问题，发表了文章，是在1983年，是纸上谈兵。

这十几年里，从当年的议论变成了现实。中央也认为确实应该发展小城镇。上下都齐心了，正在切实地把小城镇做出来。

中国农民要改变他们的生活、生产、理想、观念，看来还是要在小城镇里去实现。

十亿中国农民生活的变化，是当今世界最大的一件事情。

奉贤的小城镇发展受到了温州龙港镇的启发。

温州的办法是中国市场经济的具体操作。

我们前几天商定了一个事情，在上海大学成立一个研究中心，研上海地区的发展问题。

上海是全国经济发展格局上的龙头,研究上海的题目就是有全国意义的题目。

奉贤有20来年的发展经验,上海大学可以来点儿秀才先生,帮助总结一下,写出文章,推广出去。奉贤可以成为中国发展农村城市化工作的实验室。

我们争取在一年里边写出来一篇很好的文章。明年这个时候,再来这里开个会。

5月11日　从上海往温州

先生把目前写出的传记初稿看过,嘱用心完成最后的部分。先生说:

写得很好,可以通过了。人生有很多偶然因素,碰上我这么个人也不容易。

你为写这个传记,下了不少功夫,也得到了不少东西。这是真东西。

"改造"这一段,你用了我的一篇检查,段落很长,可以缩短一点。再用你的话表达出来。不然就像是我真心说那些话了。

比如留学,检查中是否定的,其实不是真心话。

检查是违心的。那个时代的一个特点是强制。用强制性的办法让人就范,写检查。

不这样,知识分子就过不了关。

反右这一段,我成了代表人物。

对知识分子的办法,比"改造"更进了一步,从强制就范升级为严厉打击。

这后面究竟是什么原因,我到现在也很难说清楚。

现在大家都知道反右斗争搞错了。这是历史结论。

我也把它看成一段过去了的历史,不想多谈它。

还是向前看的意思,对整个人生历史与作为采取一种建设性的态度。

所以传记里反右这一章不必多作发挥，少写一点好了。

可以用旁白式的语言把我这个态度说明白。现在的文字有点多。

"文革"这一段，我从一开始已经有了点主意，就是接受这个现实，但是不被现实压倒。

当然也有压力太大、悲观的时候，也想到过自杀，但总体上是平静地等着运动过去。

"干校家书"里边的文字可以说明我当时的真实心情。

"文革"对知识分子的态度比反右又进了一步，从整体性的整肃发展成了无序混乱，随便可以打死人。

我算是幸运的，没有受太厉害的斗争和折磨，活了过来，熬到了"改正"。又被作为正常人对待。

最后这20年，我对自己还是满意的。尤其是最后一段，还是试图超越一下，并且还能真的试一试。

反思的意思，实际上是想再提高一步。最后是不是提高了，要别人来评价。

到目前，我觉得还是可以的。当然有人也有不同看法，认为没有完成最后的回归，回到民主个人主义者的位置上。

我的实际是立言重于立功，甘心做个旁观者，而不做操作者。

立德还差得远，那是孔子的事情，我做不了。

我这一生碰上了一个剧烈变动的时代，做这个时代的人不容易。

变动的实质是过渡。过渡时期的人，处在文化边际的位置上，安身立命之地不容易找得到、稳得住。

这个时代不简单，旧的东西都打破了，新秩序怎么才能建立起来，还没有人看到并把它讲出来。所以我说，大有文章可做。

我最近在想中国的事情，想得很多，可是很难表达。

对"文革"这样的大事，还讲不出它的道理来。

也许讲这个事情深层道理的时候还不到，讲的也还不是真话。

这个传记缺一个东西,就是我参与政治的一面。学术与政治是怎样结合的,在政治上起了什么样的作用。

当然这个话不好讲,也不是时候。可以放一放。

这本传记还不是结束,人还在,还在活动,还在思考,还不是盖棺论定的时候。

将来也许还需要写,那个时候再写政治也不迟。

做人最好是糊涂点。太清楚了,苦啊!

韦君宜这本书(指《思痛录》)我看完了。写得不好,没有深一层的东西。

事情是写了,但是文章没有做出来。

基本的意思只有两句话:我成了整人的工具,现在想起来很悔恨。

在她那样的位置上,这样想问题很不够,应该再深进去。

叶老(指叶笃义)这一本(指《虽九死其犹未悔》)不错。他很不容易。这么多事他都记得住,厉害!

晚随先生乘252/253次列车赴温州。

5月12日　温州

早6时多,列车正点抵温州。乘接站车至市区。入住温州饭店。

早饭后,与先生一起为即将在山东画报出版社出版的田野笔记确定书名。建议可以考虑"芳草茵茵"做正题,副题为"田野笔记选录"。得先生同意。即电话告知瑞琳。

想出这书名,缘由是先生随胡耀邦出访欧洲四国时,曾在英国作诗,有"芳草茵茵年年绿,往事重重阵阵烟"一句。辽宁教育出版社的"书趣文丛"第五辑有先生一本,先生选了《往事重重》做书名。"芳草茵茵"亦不妨借作书名。

又为《瞭望》周刊出刊800期约先生写点"寄语"确定内容。先生嘱代为起草几句,大意为:希望能从《瞭望》中看到更广阔的世界,看出中国发展的方向。

下午,温州领导向先生介绍该市发展小城镇的情况。温州市委书记蒋巨峰主持座谈,常务副市长阮晖照本宣科。听过情况介绍,先生说:

这次来温州,同上次来,差了半年。时间上接得很紧,但看来应该说来得很及时。

这半年里,我又跑了不少地方。这些不同的地方提出了一个共同的问题,就是小城镇发展问题。

十几年前,我写文章提出了小城镇的问题,认为小城镇是个大问题。

现在过了十几年,小城镇已经不仅是个大问题,而且是个大战略了。

不是纸上谈兵了,是大家在有共识的基础上实际做起来了。

我说是到了时候了,不能不研究这个问题了。

怎么研究呢?我还是老办法,到实际里边去看。

真正在研究问题和找出办法的人,是做实际工作的人。主要在市、县一级。

根据我看到的情况,温州、上海、苏南、广东,都碰到了这个问题,说明这是经济比较发达的地方普遍碰到的问题。我希望能多看到一些实际例子,总结一下,找出点办法。

这不是哪个人要做的题目,是时代提了出来,我们不得不做的题目。

我快90岁了,没有多少时间了。做事情的时间有限,先破个题吧。

现在小城镇的发展碰到很多矛盾,比如有体制问题、政策问题,牵涉大政方针,甚至是法律问题。

要动这些问题不容易,新政策出台也很难,但不能等。

能不能用偷梁换柱的办法,不动大的体制,又可以实际把事情做起来?

还是要闯出路子,敢于试验。这个事情不容易,是一场考试。

看来,到2010年,温州要交出一份考卷,要多得几分,对别人有启发。

我们这一代人，碰到了一场大变化，要跟得上。有什么变化，要说得清楚。变化后面的道理要讲得明白，不能糊里糊涂。

5月13日　从温州到平阳

早饭后随先生访问温州市平阳县。

一小时车程后，抵平阳的庄吉工业园区。县领导在平阳宾馆会议厅向先生介绍县情。

下午访问鳌江镇。在镇上一所私立学校听取镇领导汇报小城镇建设情况。先生听后说：

平阳我是第一次来。看了一遍，补了一课。这个镇在三五年里吸收了将近四万农村富余劳动力。

小城镇建设是当前基层经济与社会发展的一个大事情。

我最近出来，碰到了很多年轻的基层干部。新一代已经起来了，今后的事情靠你们了。

5月14日　从平阳到永嘉

早饭后随先生离平阳往永嘉。车程约100分钟。

下午游楠溪江。此乃出尘之地。先生有兴致的地方，除了自然，还有人文。

在苍坡古村中漫步时，遇老人、孩童，先生皆有招呼、问候，聊上几句，享受古风。

5月15日　从温州往南昌

早饭后随先生访问桥头镇纽扣市场。进入市场后，在右侧一个营业大厅绕行一周即出场等车，返回温州市区。

温州市市长钱兴中于午饭间与先生餐叙，问：费老，这次来，给温州留下什么话？

先生说：我还要来，等下次吧。

午休后，随先生至温州站，乘486次列车赴南昌。

列车启动后，先生问这次来的感受。即如实相告。

5月16日　从南昌到赣州

晨5时半，486次列车正点抵南昌站。乘接站车到市区一家宾馆小休并吃早餐，随后返回南昌站。公务车已挂到617次列车车尾，乘此车赴赣州。

下午2时40分，车抵赣州站。乘接站车至市区。入住赣南宾馆。

夜读先生的《杂写戊集》和《逝者如斯》。

5月17日　赣州

先生这次来，主要是参加"面向21世纪赣州经济发展高级研讨会"。

会议一如近年模式，由民盟出人，地方出资，以速成方式研讨一个地方的发展问题。由先生支撑场面，壮大声势。

赣州地委宴请工作水平确实不算高，但无繁文缛节，也没有太多浪费酒食与时间。当称可嘉。

5月18日　赣州

会议今上午进入闭幕阶段。先生做压轴讲话：

我到江西很多次了，来赣州是第一次。

新中国成立后不久，随全国政协参观团到过井冈山。后来到过九江、鹰潭、景德镇。

1996年随统战部走了一趟京九线，又到了江西。

我的体会，国家修这条铁路，是要把中部地区的经济快点发展起来。

我来的路上在看农民住的房子，看样子农民的收入大概在2000元上下。

怎么能利用铁路加快发展呢？我就想到了几条铁路。一条路是沪宁路。我最早坐火车，走的是沪宁路；20岁到北京上学，走了津浦路。后来又走过陇海路。

从经济发展上看，最差的是陇海路。差别最明显的一个标志，就是铁路沿线也没有一连串的大中城市。

城市怎么起来呢？一个条件就是要有个支柱产业。这个产业怎么来呢？这就很有意思了。

我在河北衡水看到了旭日升冰茶，在江西景德镇看到了板鸡、茶色素，在南京高淳看到了农民造船……其中的一个道理，就是传统加科技，异军突起。

传统怎么去找？我总结了四个字：衣食住行。抓住一行，发展起来，就可以成气候。

比如穿，我在火车上看种田的农民的衣着，点了百多个人，不穿衬衣的只有两个。

有几个道理。第一个道理是把农民的劳动力变成生产力，比如河南民权的抽纱；第二个是把当地资源变成财富，比如河北广宗的沙土。关键是要肯用心思。

下午读先生的《温习帕克社会学札记》第一节到第十一节。

窗外下小雨，正是读书天。

5月19日　赣州

上午随先生访问南康。沿来路两旁看家具市场、成衣市场后，抵南康宾馆，听当地情况介绍。

市长说：南康之地资源较少，出了一批能工巧匠。经济特点是无中生有，有中生"特"。

书记说：费老的文章，见到必读，对基层经济的发展很有用处，确实有效。

下午参观八镜台，是当地一处名胜。后看蒋经国当年任赣州专员时的故居。

晚饭后，先生谈京九线考察计划说：

这次结束后，可以给中央上一个"奏折"了。

写一下来历，是中央统战部组织民主党派领导人考察京九沿线地区。

主要写我们对"穿糖葫芦"的设想和建议。

关键词是：从农业里长出工业；传统加科技；中心城市带动农村地区。

5月20日　赣州

上午随先生访问赣州东郊沙河镇。京九铁路赣州站选址在该镇。

先生听了镇领导所作情况介绍后说：

这个镇正像一个小娃娃开始长起来。

这里是无中生有，有中生"特"，"特"在其人，人能联系四方。想办法让农民增加收入。

在基层当干部很苦，但是也很有意思。

白手起家做一件事情，建立一个新型的小城镇，对人民、对国家有贡献。你自己的生活也很有意思。我很羡慕你。

下午参观茅店镇洋塘股份合作制果园和赣州鑫业工艺有限公司。果园的红土丘陵和工艺公司车间里高度密集的人工劳动场面给人印象深刻。

后至梅苑宾馆，听赣县领导介绍情况。先生听后说：

这次来看赣州，感受到了"人气"两个字的意思。人气在这里积聚，而且有能量出来。

这两天，看了几个市场，从南康的成衣市场，到今天的光彩大市场，能看到一个小孩子长大的过程。

我两天前在赣州会议上讲话，讲得不够劲，气不够，是因为我没有看到这里的实际面貌。

今天感受就好一些了。这里的发展迟了一步，可是积聚了元气，再加上人气，搞得好，五年十年就可以大变样。

我快90岁了，没有多少时间了，但还是希望能帮助京九铁路沿线地区现在还落后的地方发展一步。

眼睛要看到农民家里去，那是出人气的地方。

刚才看的车间里做工的小姑娘，1400个，她们拿到工资是要回家交给妈妈的。

发展一个地方的经济，进入到家庭里边，最快。从农业里出工业，帮助农民增加收入。

我没有钱，也没有权，但是可以讲话，帮你们争取一些有利的条件。为你们打打气。

我再活十年的希望不大了。如果可以活到那个时候，而且还可以动，我要再来看。现在的小孩子到那个时候已成高中生了。赣县也大发展了。

5月21日　从赣州往南昌

上午随先生参观苦瓜酒厂、洪都摩托车装配车间、万新集团。

程序性地走了一遍，标准的走马看花。

下午在驻地一号楼一楼会议室开会，赣州领导向先生介绍当地发展乡镇企业、个体和私营经济、小城镇发展情况。先生听后说：

我是第一次来这里，几天里看了一些地方，感到很新鲜。

你们不是资源贫乏的地方，有很多资源可以开发。这里是农业地区，还是要靠农业。

从农业做起，农业里边长出工业。

先搞农副产品加工，打出牌子，无公害蔬菜，绿色食品。

100万本地人在外边，把他们变成本地产品的推销员。打开市场。

工业化，一步一步来。积极引进劳动密集型企业，把农民的劳动力变成生产力。

实事求是，搞现在就可以起步的项目，先让人们有事情可做。

苏南20年前的"草根工业"已经长成参天大树了。

经济发展有它的规律，生长的力量在它自身。我们要做的事情是帮它成长。

晚随先生乘436次列车离赣州赴南昌，由南昌返京。

6月10日　北京

随先生参加"纪念曾昭抡同志诞辰100周年座谈会"。先生即席讲话说：

几天前，我接到一份通知，说民盟中央要举办纪念曾昭抡先生诞辰100周年座谈会，问我能不能参加，我说我一定要来。

说过之后，我就想，曾昭抡先生在我心中究竟是什么样的一个人？这个问题不清楚不行。

在历史里边该怎么评价曾先生，我没有资格讲这个话。在我心目中他是什么样的一个人，却要定个位。想来想去，觉得有四个字比较妥当一些，就是"爱国学者"。

他正代表了那一代的爱国学者。

从年龄上讲，我比曾先生差十年，晚他一代。

他那一代人，我接触到了。可是我不属于他那一代人。

下一代人认识上一代人，不容易。我上一代人的特点在哪里，不容易看得清楚。

我看曾昭抡先生，是小一辈看前辈。两辈人在历史里边的位置不同，发生的变化也很大。

我希望自己能超脱出来我这一代，设身处地去想想上一代知识分子的精神特点，领略一代风骚。

我写过一篇文章,叫《清华人的一代风骚》。

这一代人在精神上有共同之处,在各个学科上都表现了出来。

说老实话,我能看出来这一点,但是并不能完全理解。

他们生活中的很多事情,我觉得很奇怪。比如讲曾昭抡先生,在西南联大时期,他已经很出名了,是系主任。因为潘光旦先生的关系,我同曾先生也比较熟识,经常听到有关他的笑话。

传说这个人连鞋都穿不好的,是破的。

他想不到自己要穿好一点的鞋,还是潘太太提醒他要换一双。

最突出的是,下雨的时候,他拿着伞,却不知道打开。

我们这一代人觉得这批老头子是怪人。可是我们同情他们,觉得怪得有意思。

不修边幅,这是别人的评价,是好话。他们的真实心理,是想不到有边幅可修。

他的生活里边有个东西,比其他东西都重要。

我想这个东西怎么表达呢?是不是可以用"志"来表达。"匹夫不可夺志"的"志"。

这个"志",在我的上一辈人心里很清楚。他要追求一个东西,一个人生的着落。

我最近看了不少写上一代知识分子生平的书,比如陈寅恪。他一定要在明朝到清朝的知识分子当中找到他可以通话的人,所以写《柳如是别传》。

他感到语言能通、能交流思想的人,还是在明清之交。

志向不同,讲不了话的。

代沟的意思,就是没有共同语言,志不同也。

现在,我们同下一代人交往,看不出他们中的一些人"志"在哪里。

他也有他的志,有他追求的东西,有他生活的着落点。可是我们不能体会他了。这和我们对老一代人一样。

我看曾昭抡先生那一代人，包括闻一多先生，他们一生中什么东西最重要，他们心里很清楚，我们理解起来就有些困难。

曾先生连家都不要的。他回到他家里，家里的保姆不知道他是主人，把他当客人招待。见曾先生到晚上还不走，保姆很奇怪，闹不明白这个客人怎么回事。

这是个笑话，也是真事。说明曾先生"志"不在家。

他的"志"在什么地方，我看得不一定对，但我看到了两个主要的东西。

第一个是爱国。这是我看上一代人首先看到的东西。他们的爱国和现在讲的爱国不同。他们真的爱国，这是第一位的东西。为了爱国，别的事情都可以放下。

第二个是学术。学者要有知识、有学识。开创一个学科，或一个学科的局面，是他一生唯一的任务。

一是爱国，一是学者，曾昭抡先生身上这两个东西表现得很清楚。

现在的学者，当个教授好像很容易，搞教学可以，到科学院也可以。他已经不是为了一个学科在那里拼命了。很难说是把全部生命奉献于这个学科了。

曾昭抡先生对待化学，是和对待他爱人一样的。

他创办化学学会会志，用的钱都是自己掏出来的。不是人家要他拿钱，是他主动把工资拿出来办这个杂志。杂志比他的鞋重要。

他为这个学科费尽心力，像一个妈妈对待自己的孩子一样。

在我国，把实验室办在大学里边，据说他是第一个。

通过实际获得科学知识——他解决了这一个很基本的问题，抓住了要害。

人生经历当中的有些东西，随着历史发展就过去了，像"六教授"、像"右派"，这些东西都过去了，不再讲了。可是实验室对于获得科学知识的重要性是不会过去的。这是学习的需要。

将来说起曾昭抡先生在历史上的贡献，我看他在中国化学学科上的贡献会比他当部长的贡献重要得多。

在我心目中，曾昭抡先生是个真正的学者。"学"的根子，是爱国。所以我说他是爱国学者。

我们民盟也是从爱国这两个字上长出来的。我和曾先生差不多同时进民盟，都是在40年代。

进民盟没有别的理由，就是爱国。当时我们觉得，再那么搞下去不行了，要当亡国奴了。要救亡，所以要加入民盟。不是想当官、想当部长才进民盟的。

他后来被打成"右派"，官做不成了，他也不在乎。他觉得这样很好，编写了很多教材，培养了很多人才。

他在的那个学校，我去过，在珞珈山上。高高低低的路不大好走。他还是老样子，穿的还是破鞋子，走路碰在树上，碰破了头也不在乎。

他心里边装着的，就是一个学科的发展。志在此也。

知识分子心里总要有个着落、有个寄托。一生要做什么事情，他自己要知道、要明白。

现在的人，很多不知道他的一生要干什么。没有一个清楚的目标，没有志向了。

过去讲"三军可以夺帅，匹夫不可夺志"，现在他们没有志气了。没有一个一生中不可移动的目标了。

我觉得"志"是以前的知识分子比较关键的一个东西。

我的上一代人，在这个方面比较清楚。像汤佩松，把一生精力放在生物学里边；曾昭抡把一生的精力放在化学里边。没有这样的人在那里拼命，一个学科是不可能出来的。

现在科学院里的人，可以在一门学科的考卷上证明自己学得很好，分数考得很高，得到硕士学位、博士学位，得到各种各样的名誉，可是他并不一定清楚进入这个学科追求的是什么，不一定会觉得这个学科比自己穿的鞋子还重要，比自己的老婆还重要。

我对现在的年轻人不大了解，也不大理解。

我这一代人不能完全理解上一代人，下一代人也不能完全理解我这一代人。

相差十年，就有了不能理解的地方。我希望大家能互相多理解一些。

中国文化要是再有一个蓬勃发展的时候，科学界就不能缺曾昭抡这样的人。

我希望有这一天。知识分子靠的是知识，国家发展也需要积累知识。这是根本。

曾先生当部长的历史很快就过去了，可是他花钱办的化学杂志还存在，他拼命发展的学科还存在。他的"志"转化成的东西还存在。

我不知道新的一代继续下去的人心里还有没有这样一个东西。没有这个东西就危险了。

没有"志"了，文化就没有底了，没有根本了。

我很担心。

7月3日 北京

下午如约到先生家。先生交代《芳草茵茵——田野笔记选》一书序言大意说：

这篇序言，你帮我写一下，不用太长。

先把内容讲一讲，同"田野"联系，说明是我去认识当地人民生活的笔记。

是笔记式的，不是论文式的；是我进入调查题目过程中的散记，写出了我进入调查之前的准备，和调查当中的印象、感觉，也写到了一些调查题目的背景；是我的正式论文的衬托。

这些笔记是个人性的、散记性的，不是学术性的，是客观在我主观上的一些反映。

不妨看成是我的思想来源的一把钥匙。

先生接着谈今上午到北大光华管理学院参加"超越市场与超越政府"研讨会的一些感想说：

今天上午开会，是厉以宁的一本书出版了，讨论这本书的题目（《超越市场与超越政府——论道德力量在经济中的作用》）。

他提出了道德问题。我觉得"道德"这个概念的高度还不够。

更大的问题、更重要的问题在道德问题之上。

道德是讲好还是不好的问题，现在有些情况不是用好不好能讲清楚的。

我认为更重要的问题是个"人气"问题。

反右前我写《知识分子的早春天气》，就是要表达那个时候有一股人气，很厉害！是知识分子心情上的一个高峰——准备进入新时代了。

当时要求"改造"，是真的要改造，不是假的。不是装样子。冯友兰、金岳霖都能说明问题。

不是外力强加而内心不服，是真正主观上的要求。

当时我在清华大学负责这个事情，心里很清楚。那是一股正气，是发展社会的真正需要。

"早春天气"的"气"，不光是自然天气，更指人气、正气。

我在当时感觉到了一股正气，就把它写了出来。

但当时也还有点邪气。后来邪气出来了，占上风了，压倒了正气。

这一下，气不通了，隔了。正气也下去了。这是个很麻烦的事情。

气可鼓而不可泄，泄了气就不容易恢复。

现在的知识分子里边，这股正气是不是恢复了？我看还没有。

现在知识分了自己的气也不通，"隔"得厉害。不讲真心话，不能交流，也不去交流。

很多知识分子心里不是早春天气，而是晚秋天气，是晚秋的感觉。暮气十足。想的事情是少惹祸，自己弄点小题目，收收尾，平安着陆。

不为社会说话了。

我最近有点文章和谈话，在说这个问题。一篇是写浦熙修的，你已经看到了；一次是纪念曾昭抡的谈话，你已经帮助整理了出来。我看还不错。讲了点话，把问题说了出来。

知识分子的作用，就是讲话嘛！我今天上午的讲话，潘老师录了音，你可以要过来听一听。可以写到传记里边去。

7月26日　从北京往佳木斯

随先生在北京站乘439次列车赴佳木斯。车刚开，先生就说：

中国的一些小民族，如鄂伦春族，在强大的汉族文化的压力下，该怎么办？我认为第一步要发展本民族的经济，形成一到两个支柱产业。

陈连开的一个学生，说了赫哲族的情况。我想到了同一个问题。这就是我们这一次去调查的意思。帮助小民族找出来继续发展下去的路子。

我去看过鄂伦春的情况，是坐小火车进去的。村子里有一些房子造得不错。一问才知道，这几户的主人都是干部。

他们的生活条件是政府包下来的，是吃皇粮的人。子女的教育也是供给制的办法。

我觉得，这个办法恐怕不行。当时我提出一个想法，能不能在当地发展一些生产，比如当地人熟悉的一些养殖业。

我建议他们养鹿。他们说，我们这里的鹿不行了，品种退化了。

我表示愿意帮他们想办法，找到优良品种。回到北京，我就找到当时的农业部长何康，写了封信给他。他很认真地做这个事，通过苏联找来了鹿的新品种。这个事后来怎样，我没有听到反馈信息。

我讲这个事，是说明一个意思。我的思路，就是想办法让这类少数民族通过发展生产实现经济自给，而不是靠政府包下来，国家养起来。

那样很难，国家很难，他们自己也很难有个根本的出路。

我这个想法是怎么来的呢？我到美国和加拿大去访问，看过那里的印第安人保留区。

保留区里边的情况很有意思，盖起了一座座小房子，房子里边我进去看了，可以满足基本的居住和生活条件。房子门前都有一辆汽车，这汽车是个样子，不能开的，放在家门口做装饰品。

美国人都要有汽车的，印第安人也要有，但他们的汽车是人家用废后不要的汽车。

保留区里边的人，也是被养起来的，吃穿不发愁，还有些钱花。可是他们没有事情做，拿了钱去喝酒，进入不了真正的美国社会生活和文化圈子，总是在圈子外边。

印第安人的外貌和我们中国人一样的，是典型的蒙古人种，大概是从我们这边过去的。本来可能和我们一样吃苦耐劳，可是养起来的办法把他们的志气消磨了。

人没有消灭，还把你养了起来，给你钱花，表面上像是负责任的，但是弄得你没有了生产的条件，也没有了生产的动力。有一辆破汽车做样子也就满足了，整天喝酒。

这样下去不是个办法。生存能力都没有了，实际上等于自我消亡。

我们不能走这个路子，我们在这个问题上要做个样子出来。

在不同民族的互相帮助之下，走自力更生的路子。发展自己的经济，发展自己的文化，使中华民族包括的各个民族都能兴旺发达。这一点，经过努力是应该可以做到的。

那个赫哲族的学生讲，他们正在想办法发展生产，比如利用乌苏里江的大马哈鱼资源，搞鱼子酱，很名贵。以前他们是捕鱼，现在开始养。除了养鱼，还养貂。

从采集捕捞发展到了养殖，这是个进步，应该鼓励。

他们还有个宝贝，桦树皮，可以加工成产品卖钱。

我的意思，就是利用当地资源，发展加工业，形成一两个支柱产业，这样经济上就有路子了。从起步，到发展出支柱产业，这个过程里，我们要帮助他们。传统加科技。

科技的范围很大。从生产管理到市场经营，都有科技的因素。

他们需要，我们给他们创造条件。发展起来，搞出来一个弱小民族在现代化社会提高生存能力、发展现代经济、进入现代化生活的一个标本。

这个事情做好了，会出来一个东西、文化上的东西，同美国的保留区政策形成一个鲜明的对照。

我们总说自己是个民族大家庭，现在的问题是这个大家庭怎么发挥作用，保证每个家庭成员都得到发展，过上好生活。

做这个事情，起步的时候，要注意借助于当地的历史传统。

鱼、貂、树，都是当地历史上传下来的资源，现在要用起来，就是搞加工。

传统加科技，发展当地经济。经济现在不太发展，一个原因是对当地的资源利用不够。

我坐火车一路看，大片大片的土地，我们只利用了一点很有限的土地资源，只是种老玉米，对老玉米的利用也很简单。

怎么利用这块大地，是个大题目。我们现在只利用了一小点儿，还可以大有作为。

我们这次去的目的，就是大致确定一个充分利用小民族当地资源发展经济和文化的方向。

这是我在生命的最后一段想做的一个事情。

回想当初，新中国成立后，我进入国家事务，是从文教委员会转到民族委员会。

李维汉的一个措施，影响了我的一生。这个事情同你写的传记有关系了。

当时我转到民族工作中，花了不少时间，用了不少心思。后来反右、

"文革",中断了。没有结果。现在重又拾起来,生命也到了最后。

想把这个问题提出来,希望能搞出来个样子,积累成功的经验。

这个事情有国家的意义,有文化上的意义,对我个人也很有意义。

从国家和文化意义上看,南斯拉夫前一段打仗,说明欧洲到现在也解决不了这个问题。

我们可以拿出个样子,说明这个问题可以在和平与发展中解决。这也可以成为中华民族多元一体发展的一个具体例子。

我过去讲多元一体,是从历史里提炼出来的一个理论。

现在我们要做的是,现实当中多元一体的一个实验。

对我个人的意义,是李维汉希望我做出民族问题的文章,我也做了这么多年,最后有个交代。

人不能对别人的信任不当一回事。我对李维汉要有所交代。

先生嘱我用心搜集资料,在调查过程中确定一个有意思的题目。返京后写出一篇文章,交《半月谈》杂志发表。

先生谈到另一篇嘱我起草的文章,即胡耀邦逝世十周年的纪念文章。先生说:

主要写关于《小城镇,大问题》的发表前后。

胡耀邦重视这个事情,我是在天津听李定说的。

他告诉我,胡耀邦到云南考察,看到了小城镇衰落的情况,说了话,意思是农村如果没有一个小城镇发挥中心作用,人也留不住,发展也很难。

我听了这个话就说:"好!我也是这么看的。我写篇文章吧。"

我同李定谈了想法,说明是受了耀邦同志的影响。后来就把文章写了出来。

我们两个人看到的相同的事实,使我们想到了同一个问题。

我听了他的想法,觉得我应该把文章写出来。

文章发表之后，胡耀邦看了文章，做了批示，也支持了我。

写到这里就可以了。就是这么个来源，这么个关系。

也不要把我们的关系写得太厉害，好像要借他的力量，我不想这样。

到现在，经过十几年的实践，党内也承认了。这很好。说到事情的来源，还是归功于他们吧。

7月27日　佳木斯

下午2时许，439次列车抵达佳木斯站。乘接站车至市区。入住佳木斯宾馆北楼。

下车前，先生嘱把昨天关于鄂伦春的一段谈话整理出来。

住定之后，即开始整理先生谈话录音。

7月28日　佳木斯

先生晨起散步，到我住的613房间小坐。甫坐即说：我这一年的花样很多，值得集中到一块儿。

即对先生说：我的感觉里，您的很多比较厚重的著作，评价起来都不太难，可是薄薄一本《我这一年》，却不容易说得透。其中包括了太多的时代内容和历史信息，是您一生中两个时代的联结点。

进入1949年之后的中国历史记录，自由主义知识分子不再有过去的空间，您的思想也发生了一些调整和变化。《我这一年》里记录了这个变化过程中一些值得深思的东西。

现在如果能出一本《我九十这一年》，既是对《我这一年》的呼应，体现您著述活动的一个特征，又能体现一个知识分子在50年"新中国"历史中顽强的文化生命力。大有看头，大有说头。

先生对"大有说头"表示认可。

上午在住处七楼会议室听取"佳木斯市经济社会发展情况汇报"。

常务副市长许兆君向先生介绍市情。所讲甚得要领，从中增加了知识。如世界上现在只存在三大块黑土地：一在美国，一在乌克兰，一在中国佳木斯。又如中国大陆版图最东端的乡镇和哨所都在佳木斯。再如"佳木斯"乃满语，意为官人、文人打尖休息的驿站……

下午随先生参观佳木斯纸业集团有限公司。据说该企业曾是亚洲最大造纸厂。如今是中国商品包装纸和技术用纸生产基地。其主导产品纸袋纸占全国产量四分之一。绝缘浸渍纸、弹药筒纸、蚕种纸、盲文纸为国内独家产品。

7月29日　佳木斯

随先生访问佳木斯郊区敖其镇赫哲族自治村。遵先生嘱，详记所见。

先生走进村民葛立国家中。目前全家四口人，其母是满族，妻子是汉族，他和妹妹是赫哲族。兄妹二人皆从事教育，母亲务农，妻子操持家务。

住房为红砖白瓦，睡通铺大炕。炕边上放有木箱。

箱上横放棉被，旁有密码箱。炕上有花布包着的席梦思床垫、毛毯和被单。

取暖用暖气片和通炕的暖气管道。

房间布局是北方农村常见的横排三间，不同的是进门后不是堂屋，而是一条走廊。

走廊分开东西两屋。每屋有一道墙和玻璃窗分开里外间。里间即炕，外间为起居室，会客、吃饭、看电视等皆在其中。

葛立国夫妇住东屋，其母和妹妹住西屋。东西两屋室内摆设属于两个时代。

葛立国炕头无零散用品，一件整体感很强的大立柜占据炕头，铺盖诸物皆入其中。

外间亦是城里常见的现代化家具，高档梳妆台、大屏幕彩电，还有大幅婚纱照高悬于墙。房间洁净、敞亮。

其母和妹妹所住之屋则属于老式面貌，炕面上铺着垫子、床单，炕头是十来件铺盖，叠齐摆放。两只本色木箱显得古老。

外间有木桌、钢木结构的折叠式圆饭桌、四脚木凳和塑料凳、旧电视机。旧家具上有无绳电话，旧木桌上有个削笔器。屋里显得拥挤、凌乱。

住房前后皆有庭院，种有茄子、玉米、豆角、大葱、西红柿等。

该村南靠完达山，北临松花江。以前村民以打猎、捕鱼为生。现在动物减少，也捕不着鱼了，转而务农。种玉米、大豆、水稻，生活习惯与汉族没有差别。

先生与户主聊天时，留意搜索带有赫哲族特征的生活器物，未见。

赫哲族自治村为敖其镇镇政府所在地。全镇3560户，15000人口，分属汉、回、蒙古、朝鲜、满、赫哲六个民族。清朝曾将赫哲人编为满洲八旗。1984年恢复了赫哲族称呼。

开发沼泽，种水稻，养鱼。多民族聚居，小型多元一体。

7月30日　从佳木斯到同江

早饭后随先生由佳木斯赴同江。公路两旁大平原一望无际。拖拉机后边翻出的黑土地亦生平首次见到。先生也感叹自己是头一次见到这么大的平原土地，"开了眼界"。

上午10时许，抵富锦。是行程计划的中途休息之地。

先生在富锦宾馆三楼会议室听取市委书记高景峰介绍市情。高照着准备好的文本汇报，先生边听边问，如"一亩地的水稻比一亩地的玉米能增加多少收入？""从富锦下水直接出海的船吨位有多大？""插秧方式里有没有抛秧？""农民人均收入是多少？"等等。

午休后继续行程。在富锦码头登船，乘坐一艘军事巡逻艇走水路往同江。

下午2时45分起航，下午5时10分抵同江港。乘接站车至市区。入住江河宾馆。

同江是边陲小城，全境六万人口。有民谣说："一条街，两盏灯，一个喇叭全县听。重工业，挂马掌；轻工业，被服厂。"

赫哲族目前全部人口四千多人，其中三千多人在同江，一千多人在饶河。先生嘱长江与我随其看过同江后，再去饶河。

8月3日　佳木斯

上午在先生住处七楼会议室听先生讲访问赫哲族的感想。

早饭前先生曾特意嘱咐"搞好录音"。在座谈会上，先生说：

这几天，在佳木斯和同江的同志们帮助下，我看到了自己多年来想看的东西，有很多感想。趁今天这个机会，和大家谈谈心。

我想分三点来谈。一是我的来意，二是我们国家这个民族大家庭该怎样对待小民族，三是要帮助像赫哲族这样的小民族发展，不能离开区域经济的发展。

第一点，我在家里排行最小，知道当小弟弟的好处，也知道小弟弟的难处。

后来我参加民族工作，对小民族有同情心，想来看望小民族的同胞，比如人数只有几千人的赫哲族，是我多年的心愿。这个话要从50年前说起。

开国的时候，我是清华大学的教授，是个知识分子。

我是在解放前参加民主运动，同共产党合作。解放后，我代表民盟参加了第一次全国政协会议。

这个会议制定了"共同纲领"，成立起中华人民共和国中央人民政府，我也进入了周总理领导的政务院，是文教委员会委员。

1950年，李维汉同志把我从文教委员会商调到民族事务委员会，同时参加中央访问团。

这个事情说明，我是通过参加民族工作进入革命队伍里的。

当时，我们国家有多少个少数民族，分布在什么地方，他们的历史怎么样，现状怎么样，都还不太了解，需要搞清楚。中央访问团的任务，就是到全国各地区调查。

我们带了很多东西去访问少数民族，把东西送给他们，把新中国的少数民族政策直接交代给少数民族。

我是中央访问团的副团长，去了西南和中南两个大区。

当时我们一直访问到少数民族同胞的家里，把国家的少数民族政策交代到少数民族兄弟本人。这是周总理亲自布置的工作。

周总理讲，这是中国历史上几千年来的一个新事情，是改天换地的事情。从民族之间的恃强凌弱，转变到大小民族一律平等。

现在看来，这也是全世界的一个新事情。

我很高兴有机会参加周总理直接领导下的民族工作。可是到反右以后，没有条件再做下去了。一直到1980年，我得到了"改正"，才又得到机会，接上了50年代工作的断头。到现在，又做了20年。加上以前的工作，我做民族工作大约有30年。

这30年里，我接触比较多的是西南地区。北方的一些少数民族的情况，我还很少直接地接触。

我想，自己快90岁了，最后一段时间里边，需要了却一件心事——要到没有去过的少数民族聚居地访问一次。

赫哲族是我国最小的少数民族之一，我很想看看赫哲族同胞的生活情况。

我是汉族，属于最大的民族。大小应该见见面。

反右以后，我一直有此心愿，现在要补课，到赫哲族同胞家里拜访一下，问他们好，表示各族人民大团结。如今，我这个愿望实现了，欠下的这一课补上了。我也可以交账了。

说起来，这是我个人的一个心愿。这个心愿的形成，却离不开各族人民的平等团结这个大背景。

周总理说过，中国的民族政策，我们历史上没有，世界上也没有。

新中国成立后，提出了民族大家庭中兄弟民族一律平等的概念。现在看来，这个概念越来越重要了。

最近欧洲科索沃的战争，就是因为民族不平等、不团结。

这样的局部战争，有可能引起世界大战，人类毁灭也有可能。

西方国家到现在还不能解决的问题，我们50年前已经开始解决了。

50年来的历史证明，我们做的是对的。这样的政策，不光我们适用，将来也会适用于全世界。

西方有个亨廷顿，写了一本《文化冲突论》。他认为，民族之间文化不同，一定是要冲突的，不会团结的。他代表的这种思想，同我们是根本抵触的。

我相信，世界上各族人民要向前发展的话，会走我们的路，不会走他们的路。

这个话不能空讲，要拿出事实来，做出样子来。

第二点，大小民族一律平等。这是个关键。

大的不应该欺负小的，小的要争口气，赶快发展起来。

在民族大家庭的支持和帮助下，各个水平不同的小民族逐步提高到同一水平。这是个愿望，相信是个可以实现的愿望。

新中国成立50年来，我们为实现这个愿望做了大量工作，也取得了明显的效果。

我也见证了这个历史过程。最近20年来，我利用在政协、人大工作的条件，在国内到处跑，访问了不少少数民族地区。除了西藏和台湾，各省我都去到了。没有到西藏，但到过甘南藏族自治州，看到了藏族同胞生活水平的提高。

第三点，黑龙江我来过多次，去过黑河、大小兴安岭，拜访过鄂伦春族同胞，也去过镜泊湖。这次有机会来到佳木斯、同江，看到了从来没有看到过这么广阔的三江平原的农耕土地。

过去说是北大荒，我说应该叫三江宝地。

我在来这里的火车上想了一个问题：我们的土地这么广阔、这么肥沃，我们到底用了多少？我认为用的还只是一点儿。潜力还很大。缺的是什么呢？缺的是人的因素。

这么好的大片土地，没有配上足够的人力。现有的人力也没有充分发挥出来。这块宝地能给我们国家提供的财富，我们还没有拿到。

现在我们最大的任务，就是集中人力，想各种办法，把这块宝地真正开发出来。

赫哲族同胞居住在三江平原。赫哲族的发展不是孤立的，要在三江平原的发展谋划中推动和实现赫哲族的发展。

我觉得，应该看得大一点。不要离开三江平原的发展来讲当地少数民族的发展。也就是说，要发挥民族大家庭的力量，大哥哥要帮助小弟弟。不是单单发展哪个小民族，而是要把整个三江平原发展起来。

我从走上学术道路以来，用了六十多年时间做调查，积累了一些心得。

第一步，农业要发展，离不开副业的配合和工业的发展。为此我提出了发展乡镇企业的问题。从农业到副业，从副业到工业，出来了乡镇企业。

第二步，乡镇企业发展起来之后，我提出了小城镇建设的问题。现在小城镇建设已经成了我们国家搞现代化的一个方向。

第三步，小城镇的发展离不开农村和城市的配合，我又提出了区域发展的问题。城市要发挥辐射和带动作用。没有中心城市的带动，农村也发展不起来。

进入了市场经济之后，这一点更清楚了。没有一个中心、一个市场，很难带动腹地的发展。农产品也只能停留在生产粮、棉、油的初级阶段上。

要想进入多种经营，改变农产品结构，就要有市场的需求，有工业的带动，有中心城市的辐射。三江宝地要发展，需要树立区域经济的概念。

现在你们这里修建同江到三江的公路，是发展区域经济不可缺少的硬件设施。

有了交通网络，就可以加快人的流动、物的流动。你们现在走的路子很好，可以叫"绿色食品之路"。这是充分利用这块宝地、充分开发农业资源的路子。

全世界都在要求没有污染的食品。三江平原可以提供丰富的绿色食品。

这里地处边境，对外交往方便，地缘优势得天独厚，可以大力发展绿色食品，包括粮食、蔬菜、山珍、野菜等。

我在浙江横店集团访问时，这个集团的老总说，他想在东北买一块地。这说明有眼光的人看到了这块宝地的开发价值。这可能是开发三江平原的一条路子。

这个路子还会继续扩大。不光是国内投资，还会有国外投资。

佳木斯地处三江平原的中心，要定个位。要发展成为一个地区性的中心城市，发挥积极辐射和带动作用。

我最近几年在做京九铁路的题目，想法是发展沿线地区的中心城市，我说是"穿糖葫芦"。

现在你们修同三公路，也有了"穿糖葫芦"的交通条件。

要考虑发展中心城市的问题，方向是像沪宁铁路的苏州、无锡、常州、镇江一样，带动沿线地区发展。

发展中心城市的一个要点，是搞起一些支柱产业，要有几个上亿元产值的大企业。

在三江平原地区，要想办法充分利用农业资源，引进科技，加工再加工，这是最根本的。同时要注意城镇规划，优先发展基础设施建设，如路、水、电、通信等。

没有这些条件，企业发展不起来。这是政府要做的事情，是硬件。

有了硬件，再搞软件，如教育、文化、卫生等，使离土离地的农民聚居到城镇上安居乐业，享受现代生活。

这些都搞起来了，一个地区的发展就有了眉目，一个新的佳木斯就出来了。

一切事物的发展都离不开已有的基础。不要丢掉自己的优势。

原有的传统优势，加上现代科技手段，可以产生新的力量。

做事情要有人，要靠科技，靠知识分子，大力吸收知识分子。

吸引人的办法多种多样。要出主意，想办法。这是考验我们地方干部的一个题目。

市场经济要有名牌。你们发展名牌的基础不错，有三江平原，有赫哲族。

这个最小的民族发展起来，是我们民族平等的一块牌子，可以展示我们和睦的民族大家庭。

同江发展起来，饶河发展起来，都可以是个样板，是个窗口。亮亮相，和对岸的俄罗斯比一比。

你们底子很好，住在金山上面，完全可以发展得很好。

同江的书记希望我十年后再来看。我也希望能再来。

8月9日　北京

如约往先生家。带上遵先生嘱起草的《芳草茵茵》一书序言初稿和《五十年国庆有感》初稿。

先生略动几字，即签名，颇夸奖，并嘱回家后再加上一句，意思是社会变化越来越快，确实是感到跟不上了。

8月27日　从北京到大同

上午随先生乘43次特快由北京往大同。近11时发车，下午6时许抵达。乘接站车至市区。入住宏安国际酒店。

8月28日　大同

随先生听取大同市领导（市委书记、市人大常委会主任、市长等）介绍市情。

主题是资源型城市的产业结构及目前困境。

8月29日　大同

早饭前把依据"佳木斯谈话"录音整理出的文字稿交先生审阅。

先生略作补充后，确定题目为《小民族，大家庭》，嘱交《半月谈》杂志发表。

上午随先生参加大同市旅游经济发展研讨会。

副市长张甫介绍全市旅游工作现状及打算，旅游局局长李方明介绍创建全国优秀旅游城市工作进度，浑源县县长雷雪峰介绍利用恒山做旅游文章的成效。

先生讲话时说：

大同的本钱，主要有三个方面。一是自然历史留下的煤炭资源，二是社会历史留下的文化遗产，三是区域性的人文历史留下的经商网络和人力资源。

其中前一种开发得较多，后两种资源还很少开发。例如，我这一代知识分子中较为熟悉的朋友中，还很少有人到过大同，去过恒山。我自己甚至连有个北岳恒山都不知道。

我不知恒山，实属高级知识分子的惭愧，也是恒山缺少知名度的一个例证。

下午随先生访问云冈石窟。云冈石窟研究所所长告诉先生，日本人研究云冈石窟的水平很高，乃至分有京都、奈良等不同学派。

8月30日　从大同到石家庄

先生上午访问农户。我留守在住处，整理先生画册所需照片。

下午4时，随先生乘672/673次列车离大同，赴石家庄。

8月31日　从石家庄到衡水

早6时许，列车正点抵石家庄站。乘接站车至市区。到白楼宾馆稍停。

到石家庄是路过。由此转道衡水，参加京九铁路沿线地区联席会议。

下午3时随先生出发，乘中巴车赴衡水。两小时车程。入住衡水迎宾馆。

9月1日　衡水

衡水市让同时举办的四个会议（京九沿线地区市长专员联席会议第三届年会、加快京九沿线地区发展研讨会、京九综合开发试验市实施方案论证会、深州蜜桃节经贸洽谈会）共享一个开幕式，今天上午举行。先生应邀出席，并参观建国50周年衡水发展成就展览。

下午先生参加研讨会。

听过河北省、山东菏泽、河南商丘、天津技术交易所、南开大学经济管理学院代表先后发言，先生说：

很久以来，我就在盼望今天这个会的召开。希望自己有机会参加这个会。

我这个心情，跟我在老年阶段想做的事情有关。

再过一两个月，我就进入90岁了。在这个世界上，我已经活了90年了。这个年纪，可以说是长寿。但是做事情的力量不够了，有点力不从心了。比如讲话，前几年我还可以讲上几个钟点。现在再要长篇大段地讲，恐怕不行了。所以今天我想简单点讲。

为了京九铁路沿线地区的发展，沿线地区的干部群众做了很多工作，取得了很大的成绩。我觉得很高兴，想在这里讲一点感想。

京九铁路沿线地区的发展，大概是我这一生中最后的一篇文章了。

我这一生的几篇文章，第一篇是讲中国农村社会的结构问题。那是 60 年前在 30 年代写的文章。我在家乡的一个农村里做了调查，得到的最基本的认识和最深刻的体会，是中国的农民太穷了。

当时我认为，中国农村最基本的问题是农民的饥饿问题，是群众吃不饱饭的问题。我因此给自己立了一个做事做人的志向，叫"志在富民"。

第二篇文章是在云南调查的过程中写的，书名叫《云南三村》。

我从云南调查中得出的一个结论是，中国农村要发展，必须农业里边出工业。这是根本解决中国农村饥饿问题的一条路子，也是一条富民之路。这实际上也是主张搞乡镇企业这个想法的开始。

我从乡镇企业接着做第三篇文章，就是发展小城镇。

改革开放以后，我开始了"第二次学术生命"，又有了调查实际情况的条件。

我根据自己在农村调查中看到的实际情形，写出了文章，主张发展小城镇。这是 80 年代初的事情。现在发展小城镇已经成了国家的政策。

接着小城镇的第四篇文章，是区域发展。

我做文章的办法，是到实际当中去看，把社会生活及其变化当作自己的实验室。

区域发展这个题目，是我在实践中看出来的。

有意识地观察一个区域怎么在动、怎么在发展，是我最近几年里要下功夫写的文章。

为此，我确定把京九铁路沿线地区的发展作为我具体的调查区域和调查内容。

这几年，京九线上的不少地方我都去过了。比如山东的菏泽、聊城，河南的商丘、信阳，河北的衡水，安徽的阜阳，江西的赣州，等等。

现在还有湖北的麻城、广东的惠州没有调查，还欠着账。

我还要去。这样才能把一生里边最后一篇文章写出来。

我最后这篇文章的具体调查区域选定京九线，有一个过程。

1996年，中共中央统战部组织各民主党派中央的领导同志，在京九铁路全线正式通车之前走一趟，到沿线地区看看。

我体会，中央的意思是在我国沿海地区得到相当的发展之后，要加快发展中部地区。

投资建设京九铁路，就是这个意图的一个证明。

铁路建成后，京九沿线地区有了大交通的条件，这个条件要快点起作用。

要它起作用，需要大家出力。各方面都出点力。我们民主党派也应该出点力。

大家一起沿着京九线走一趟，是给我们一个了解具体情况的机会。

这一路，我印象最深的一站是安徽的阜阳。在阜阳，我看见了一个卖牛买牛的大市场，有成千上万头牛。我过去还很少见过那样的场面，看得很激动，当时就送给了阜阳的干部几句话："做牛王，念牛经，发牛财。"

阜阳的群众利用秸秆养牛，做出了成绩。这个事情令好几个民主党派的负责同志为之激动。我们都觉得有意思。

要发展中部地区的农村经济，就要从这样的事情做起。这也是我在第二篇文章里提出的想法。

怎么才能富民呢？要发展副业，要从农业里边出工业。

中国农村要发展，不搞工业不行。农村要走上工业化道路，首先是搞乡镇企业，不要脱离农业。例如发展养牛，搞牛肉加工，牛皮加工，这就是从农业里出工业的具体例子。

牛肉加工出来，牛皮加工成商品，要卖出去，变成钱，这就进入市场经济了。比如要卖到香港去，京九铁路的交通条件就发生作用了。

京九铁路通了，怎么好好用这条路，加快沿线地区的发展，是全线通车后需要认真研究的一个大问题。我觉得大家都应该关心这个事情，出主意，想办法，帮助沿线地区的人民尽快走上富裕道路。

我建议在深圳开个会，各民主党派的负责同志和京九沿线地方负责同志一起到会，大家商讨加快发展的具体办法。

我记得那个会商丘的同志也去了。商丘有个双八村，我去看过，印象很深。他们做了一件很重要的事情，就是土地承包到户以后怎么样能实现机械化耕作和企业化服务。

一个肉联厂改造的企业，在双八村租赁了大片土地，让企业中的一些人才出来组建农业公司，收到了初步效果，大受农民欢迎。远近村庄的农民都愿意把自己分到户的土地租赁给这个公司。

这是我在实际中亲眼看到的一个例子。我坚持的一个办法，就是到农村去看，到农民家里去看，看他们有什么想法、什么办法、他们的生活在怎么变化。

从这里边找到能让更多农民富起来的办法。

今年我去了京九线上的赣州，印象很深。我在这个老区学到了很多东西。其中有个说法，叫"人气"。那里的领导对我说，当地的人气很旺。

我一开始还不大明白"人气"是指什么，后来懂得了。人气很旺就是农民发展生产的积极性很高。大家都要快点致富，目标也很明确。

他们首先利用京九路的交通条件搞流通，建设市场，要以商兴镇，带动经济发展。我去他们新建的市场看，的确很活跃，很热闹。人气很旺，可以感觉得到。

能有这股人气，很可贵。一个地方能不能发展，在考察其他条件的同时，要看它有没有人气，人气旺不旺。

人气很重要，人的积极性和精神面貌很重要。这是我从赣州学到的一个观察办法。

增加农民收入，是我们国家一个具有根本性的问题。

我在最近一两年的时间里，花了很多时间去看小城镇，看了各种各样的小城镇。在小城镇发展得比较快、比较好的地方，肯定是农民收入提高得比较快的地方。

我在我的家乡江苏看，小城镇搞得比较好的地方，农民的人均收入一般在 5000 元左右。农民的收入增加到这个数目字的时候，小城镇自然就起来了。

这不是主观意志的结果，而是一条客观规律。它自己到了时间就熟了，像桃子一样，时间到了才好吃。

根据我的经验，农民收入达不到 5000 元的时候，小城镇很难起来。农村生活的现代化也谈不上。怎么办呢？我的看法，就是要富民。

要想方设法增加农民收入。这个事情要具体化。我是希望看具体的事实，不喜欢讲大道理。

具体化的意思，就是一个村子一个村子地富起来，不是假的，是真的成为事实了。

农民手里真的有钱了，达到人均每年 5000 元了，这时候，小城镇就起来了。

农民有力量盖房子了，要买家用电器了，要求有现代化的社区生活了，有力量也有心情外出旅游了，小城镇的时机就成熟了。他们就开始真正进入现代化的生活了。

所以，可以说，农民收入的普遍提高，是决定一切的因素。我们当干部的，最大的责任就是提高农民的收入，提高人民的生活水平。

农民的收入怎么提高呢？我的看法，就是抓两头。

一头是工业下乡，千家万户搞小工厂，活跃细胞，富裕农家。

一头是抓龙头企业、支柱产业，在城市发展上亿元产值的大企业和几十亿元产值的企业集团。

农家殷实了,细胞活跃了,大企业起来了,农家的生产和大企业的生产接得上了,血脉流通了,一个地方的经济就有基础了。

江苏的一些企业,在改革开放初期只是几万块本钱的小企业,现在已经发展到具有几十亿资产的大企业了。这不过是20年之间的事情。

我再给大家讲一个具体例子。这是让我很感动的一个事情。

我过去回家乡,到南京去过很多次,但是没有到南京下面去过。南京是个大城市,管辖着很多县、乡、村,我过去不去的。

今年春天我又到南京去,市长让我到下面去看看,说下面有个村子,农民人均收入已经到了三万块钱。这么高的收入,我有点不信。我过去跑过很多地方,还没有见过农民人均收入达到三万块钱的。我要去看看真假。

这个村子在高淳县,在石臼湖边,叫武家嘴村。这个村子的农民过去会打渔,也会驾船搞运输。那时候是小木船。

改革开放以后,村子里脑筋比较活的人想出了新办法,过去是木船,现在要造铁甲船。

他们造铁船不是先开造船厂,而是借助石臼湖,在湖边搭个架子就造。农民请来懂得造船技术的人,枯水期开始造,到汛期正好造成,借着水势下湖,到长江里边去,拉沙子,搞运输。从九江到上海浦东,运一船沙子可以赚几万块钱。

我去村里一个老太太家里,她有三个儿子,每个儿子都造一条船,几百吨、几千吨。这样发展村里的水运业,人均三万块钱的收入,是完全可能的。

这个村子不光是家家户户搞水运,村里还成立了一个公司,为村民发展水运业提供服务。比如联系生意、签订合同、投入保险、结算账目、调解纠纷等。

公司和农户的生产结合起来,我叫它"公司加农户"。这是我去河南信阳调查的时候学来的说法。我认为这是个好办法。

各地情况不一样,"加"的内容不一样,但这个公式是适用的。

比如你们衡水有个深州,盛产蜜桃,很好吃。可是你们的销售方法还没有普遍提高。我从石家庄到衡水的路上,看到路两边摆了很多小摊,卖桃子。卖桃的人就在那里等人来买。我说这叫"守株待兔"。

这还是最原始的办法。摆在公路上,又不是集市,等着路过的汽车停下来,司机来买。那能卖上几个桃子啊?现在你们搞洽谈会,推销自己的桃子,这很好。但洽谈会只能一年一次,常年的销售还是要走"公司加农户"的路子。

京九铁路沿线地区的农民要快点增加收入,区域经济要快点发展起来,首先要求我们的干部要解放思想。思想观念的解放,能带来生产力的解放。

一个农民蹲在公路边上卖桃子,赚的钱都是自己的。用"公司加农户"的办法搞销售,一部分钱要被公司赚去。如果还是老思想,就不想让公司进来。可是你观念要是变了,就会看到公司参加进来的好处。它能通过现代化的营销手段,让农民赚到更多的钱。

在社会的经济活动里边,赚钱的机会有的是,钱有的是,关键是要找到办法,找对路子。

农民自己肯出力气去找办法。我们要多去和农民接触,打交道,交朋友,去问他们的想法。他们是有知识、有经验的。

我这么多年的办法,就是多找农民谈话,多向基层干部请教。

人家给我学术上的这个奖那个奖,其实我自己并没有什么发明创造。我只是多向农民请教,对他们讲的东西,我记下来,动动脑筋,想一想,再把它写出来。这就成了名人了,有了名人效应了。你们要找我题字了。这个名人效应的形成很简单,你们也可以这样做,也应该这样做。到下面去,同做实际工作的人打交道,多请教。

先生讲上面这段话时，兴致很高，也有些激动。晚饭前后身体因劳累有些不适。呼吸道有炎症，肺有啰音，心脏有早搏。经医生会诊，决定取消由此往上海的计划，即返北京。

9月2日　衡水

先生原定今天参加论证会等活动，因身体不适而取消。

既无事，正可整理先生沿途讲话录音。找出先生的大同讲话，整理文字如下：

听了市领导介绍大同的情况，我学到了很多东西。我想讲讲总的印象。

首先是我很能理解你们的情形。你们讲得很清楚，也符合我在全国各地到处跑所看到的趋势。你们为大同今后的发展想出的办法，我很同意，同时我也知道会有很多难处。

大同以前是靠煤炭吃饭的，靠了很多年。这是个最基本的事实。

相当长的一段历史，很难一下子转过来。过去煤很值钱，大家争着要。你们的日子不难过。现在市场有了变化，能源多元化了，又要减少大气污染，煤不大值钱了。你们碰到了难题。

怎么渡过这个难关，创造一个适合将来经济和社会发展的新局面，是现在最大的问题，也是你们最主要的责任。

难题的出现，原因很多。首先是过去值钱的家当现在不大值钱了。至少在今后一个时期里是这样；二是天不帮忙，缺水，不下雨，旱灾减产，农民吃粮发生了问题；三是体制在变，上边有点靠不住了，主要得靠自己。

怎么个靠法呢？总的讲来，要看得远一点。你们确定的方向很对。我所想到的，你们都看到了，而且实际在做了。煤是我们的家当，还得叫它发挥作用。作为原始形态的燃料，它不大值钱了。可以想办法转化，加工，让它重新值钱。

我看这个希望要寄托在科技上。没有科技来帮忙,大概不容易。

现在整个世界在变,变得很快。能源发生了变化。以前靠煤,是主要能源。现在搞核能,还发展多种能源利用。对煤的需求降低了。这个局面要求,要想办法搞煤的转化。

转化要靠科技。变化中的世界在降低了煤的原材料价值的同时,也会提供转化煤产品的科技成果,提供提高煤产品附加值的手段。我们要对这个方面的情况有所了解,引进有关科技成果。

引进成果要有资金,要下本钱。不下本钱转化不过来。

这不光是大同面临的问题,也是全国的问题。大家都应当考虑这个问题。怎么帮助原来主要靠煤炭吃饭的地方,能有一个缓冲,有一段喘息的时间。这是国家应当处理好的一个问题。

除了煤炭资源外,你们还有土地资源。我们国家还是以农业为基础。农业生产需要水,没有水长不出东西。你们这里缺水,雨水少,地下水也少。不光是这里,整个华北这一大块都缺水。

在我们国家,缺水的问题也是一个全国性的问题。水利问题一直是我们的一个大问题。一个是煤炭的转化利用,一个是水利问题,是我们国家的两个基本问题。这两个基本问题你们都碰上了。

要找到缓冲和解决这样的基本问题的办法,很根本的一条是怎么利用我们已经有的东西和条件。总的讲,还是离不了在土地上边想办法,做文章。

你们根据大同的条件,想到转变产业结构,搞出几项新的产业,比如用旅游收入来代替煤炭在大同经济中的作用。这作为长期打算是可以的,可是要根本调整过来,扭转局面,也很难。要费很大力量。

旅游事业的发展要有前期投入,光靠现有的老本还是换不来多少钱。

旅游嘛,首先得要人家来看,才有收入。人家怎么才会看重云冈石窟呢?怎么才能比较方便地在大同吃、住、行,舍得花出这个钱呢?都是有待解决的问题。

云冈石窟这样的文化遗产，只是我们发展旅游的本钱。要让这点本钱生钱，就得先投资。不光是在基础设施上、在经济上投钱，很多方面都得投钱。这才能兴起旅游产业。

这个问题，明天的会上大家会讨论，我要在会上再学点东西再发表意见。

今天我主要谈谈另一块，就是农业问题。我现在考虑的是你们在调整产业结构的路子上怎样才能走得顺一点。

现在考虑农业问题，再靠老办法不行了。原来的本钱上边，要加科技了。

我提出一个公式，叫"传统加科技"。这不是我想出来的，是在实际当中看到的。

很多具体例子是在乡镇企业里边看到的。所以我说，传统加科技，异军再起。

小平同志讲过，乡镇企业异军突起，在中国改革开放以来发挥了很重要的作用。

很多地方的农村和农民因为搞乡镇企业富了起来。江苏、浙江一带沿海地区的农民，从乡镇企业中得到了不少实惠。

刚解放的时候，这一带的农民人均收入不到100元。改革开放前也才100块多一点。现在已经达到5000元了。增加得这么快，主要靠的是工业下乡。

农民进了乡镇企业，成了工人。这个变化意思很深，他们进入了机器时代。我们国家也从农业时代进入了工业时代。

农民靠着工业下乡，把人均收入快步提高到5000块，这是个了不起的成就。

下一步，想要再提高一层，从5000块到10000块，光靠初级阶段的乡镇企业恐怕不行了。需要加上科技了，需要改变产业结构了。

最近几年，乡镇企业碰到了一些困难，原因很多。其中一个主要原因是科技含量比较低。

我看到不少中小企业顶住了困难，站稳了脚跟，又得到了新的发展，主要就是在传统产业上加进了科技。我说几个我看到的具体例子。

今年春天，我在南京高淳县去看一个村子，叫武家嘴村，就在石臼湖边上。

靠水吃水，村里农民有打渔和搞水上运输的传统。新中国成立后，有一个时期，把个体水上运输当"资本主义尾巴"割掉了。村民靠着水，不能吃水，收入成了问题，穷得被人叫作"渔花子"。

改革开放以来，政策活了。村里的农民又开始恢复水上运输。他们先是利用原来的小木船搞，挣了钱，有了实力，开始找技术工人，造铁甲船、火轮船。

造船的地方就在村子周围的水边。枯水季节搭个架子就开始干，等汛期到来，刚好把船造好，顺势下水。这些年来，他们的造船规模从几十吨发展到几百吨、几千吨。

我在村里亲眼看到他们正造的四五千吨大船。现在村里家家都造船，生一个儿子就造一条船。装上现代化的机器，可以从石臼湖直下长江，甚至能出海。

从九江运沙石到浦东，一趟能赚几万块钱。

村子里有很多新房子，都是他们挣钱新建的，面目一新。

过去的水上运输，加上现代科技，实现人均三万块钱的收入，了不起！

原来的木船，加上科技，成了轮船。原来的开船本领，加上现代化的管理，带来了幸福生活。

农民是聪明的，他们找得到出路的。我们当干部的要引导他们，帮助他们，支持他们，给他们条件，放手让他们发展。

我去年到的景德镇，那里有一个农业研究所，在体制改革中碰到了困难，发不出工资。他们自己想办法，搞出一个配方，在鸡肉价格上做文章，开发出一个新产品，叫"板鸡"。

我在那里品尝了板鸡，确实很好吃。上海人对这种板鸡很感兴趣。他们抓住这个机会，开发出了一个大市场。这个市场带动了农民养鸡的事业，很多农民养三黄鸡，增加了收入。

现在市场上卖的很多肉鸡，是从养殖场出来的。饲料里边有激素，鸡肉不好吃。大家都不爱吃。这是农村发展农家养鸡的机会。

我这次从北京出来，在路上看到了一个大广告，说我们这里供应的是农家鸡。现在农家鸡值钱了，这是有道理的。大家在吃饱之后，希望吃好。环保意识提高了，希望吃绿色食品。比如农家鸡，不喂它有激素的饲料，没有化学成分的污染，大家就欢迎。

农民养出了鸡，我们要帮助他找到市场。做这些事情要有人、有机构。这套机构为农民提供产前、产中、产后服务，连接千家万户，我叫它"公司加农户"。

两个加法公式。一个是传统加科技，一个是公司加农户。我已经提倡了好几年了。这是我从农民实践中看到的。看到的办法有实效，我觉得对路，就把例子集中起来，分析出里边的道理，找到公式，做一点宣传和推广工作。希望尽到一个知识分子的责任，有利于千家万户富起来。

讲到知识分子，我觉得大同现在有一个发挥知识分子作用的好机会。

你们有大同矿务局，矿务局里有不少人才，知识层次都是比较高的。这批人要是能在大同的产业结构调整中间充分发挥作用，会对大同的经济发展大有好处。你们已经开始用这批力量了，还要更充分地利用。

比如引导他们下乡。我想他们是愿意的。由于煤炭生产在萎缩，他们拿到的工资比以前少了。这种情况会持续一个时期。他们会自己想办法，我门路去改善生活。

这个时候，我们要帮助他们找出一条路子，下乡去发展，组建公司。他们会有这个本领的。这是懂得经营的一批人。

矿务局这类部门，当前的一项重要工作，就是要抽出一些人，拿出一些钱，帮助干部和职工解决再就业问题。这项工作里边会出来一股力量。

要引导和利用这股力量，把坏事变成好事。

煤炭生产不景气了，及时找出办法，把在过去产煤过程中积累起来的、有利于转产的力量拿出来用，包括人才和设备、资金和管理。把这些生产要素引入新的生产过程。

要找到新的门路，创造新的财富，最重要的是人。

矿务局有很多人，懂得现代化经济，懂得经营管理。把这些人用起来，去发展农村经济，可能是一条有效的路子。

这个事做好了，这些人高兴，有了新的创业天地；农民高兴，增加了收入；矿务局也高兴，解决了它的下岗问题，帮它卸下了一个大包袱。

下岗问题，不要只看到它消极的、不利的一面，也要看到好的一面。其中有新的发展机会，就看我们怎样用这批人。我们干部的脑筋要用在这个地方，去找出办法，利用发生的问题去调动出来新的力量，把坏事变好事。

这个事情可以有意识地做起来，有计划地推动它。过去用于煤炭生产的一些机器设备改造一下，可以搞一些农副产品加工，也可以搞农业生产需要的简单工具和维修。

我在江西的一个村子里，看过一个退伍军人组织农民生产脚踏车飞轮，和大工厂配套，占领了很可观的市场。现在这个村子已经发展得很好了。

一个村子里的小产品可以和大城市里的大企业配套，说明城市可以发生对农村经济的辐射和带动作用。我们有责任帮助农民，主动地找市场，主动提供服务，接受辐射。我把这叫作"攀高亲"。

城市是人口密集的地方，工商业发达的地方，是个大市场。你们这里正在修建大同到北京的高速公路。路一通，和北京的联系就可以更紧密了。

这是个机会。要利用机会,紧紧抓住北京,攀上这门高亲。这样一来,出路就多了。

干部的责任是帮助农民找出路,政府的作用是给农民搭起戏台。这叫政府搭台,农民唱戏。

你把台子搭到北京去,他就能把戏唱到北京。可是他没有力量搭台,农民不可能一个人或一家一户地去跟北京的市场建立起长久的、广泛的契约关系,政府才有这个力量。

另外,你们还有一个优势,就是过去生产煤炭的历史中和全国各地的用户建立起来的合作关系。这个关系网络还会发生作用,也是你们的本钱。

关系不要放掉,合作内容可以变化。过去是煤,现在可以是农副产品,可以是煤炭转化的产品。

你们从大城市把生产任务拿过来,再辐射到农村的千家万户去。

农村可以发展家庭工业,这对增加农民收入大有好处。这一点,我有很深的体会。

我的家乡是吴江。过去我调查过的一个村子里,现在办起了很多家庭小工厂,家家户户织羊毛衫。附近的一个横扇镇也是发展织羊毛衫的家庭工厂,没有多少年,就富起来了。

有几家农民我认识,他们的家产已经有几十万、上百万了。我认为这是个很好的路子。当地农民的人均收入已经到了5000块。估计你们这里要差一半。

形成这个差别的原因很多,机器没有普遍进入农户可能是一个重要原因。

你们现在还是在吃饱肚子的阶段,要想办法尽快赶上去。一个办法就是引进实用科技,搞家庭工业。

农民需要的科技不用太高,开始搞点小机器进农家。小机器,实用

1999 年 | 571

技术，都很简单。农民一学就会。机器进了农家，就可以充分利用农民的劳动力，许多闲散时间都可以用来生钱。

大同这个地方，有经商的传统，农民有做生意的本领，要充分利用他们的聪明才智和劳动力，利用历史上形成的关系网络。这个力量要发挥出来。

生活在变，社会在变。变化很大。变化当中有机会的。

我们要抓住机会，利用已有的本钱，赶上时代，为大同的百姓造福。

9月3日　衡水

今仍不参加会议。继续整理先生实地调查讲话录音。

9月4日　从衡水到北京

早饭后稍加休整，随先生往衡水火车站，乘68次特快返京。

行车途中，先生嘱回京后买一本《毕竟是书生》。想看一下周一良先生如何回忆自己的经历。

下午1时许，68次特快正点抵北京西客站，此行结束。

9月8日　北京

北大潘老师寄来先生在厉以宁教授《超越市场与超越政府》首发式上讲话的录音整理文稿。加上我整理出的先生在曾昭抡先生诞辰百年纪念会上的录音整理文稿，皆系先生自认"讲了点真话"的文字。先生嘱，送《读书》杂志发表。即办，奉交于吴彬。

9月15日　北京

随先生参加"纪念潘光旦先生诞辰100周年座谈会"。先生即席讲话说：

接到参加这个会议的通知，我就开始想该怎么讲，花了很多时间。

晚上睡觉的时候，也在想这个问题。来参加这个会，怎么来表达我的心情呢？

想了很多，也有很多话可以讲讲。可是我来开会之前，我的女儿对我说：不要讲得太激动，不要讲得太多。我想还是尊重她的意见，因为我马上就到90岁了。到了这个年龄，不宜激动。

可是到了这个场合，要不激动很不容易。

我同潘先生的关系，在座的大概都知道。从时间上讲，我同他接触之多、关系之深，在座的里边除了他的女儿之外就轮到我了。我甚至比他的女儿接触他的时间还长一点。小三出生之前，我已经和潘先生有了接触了。在清华大学，我和潘先生住得很近，是邻舍。到了民族学院，住得更近了。有一个时期，我们天天见面，一直在一起。

我同潘先生的认识，是在我来北京上学之前，也就是1930年之前。我们是在上海认识的。以后可以说是生死与共，荣辱与共，连在一起，分不开了。

这一段历史很长。我要是放开讲，可以讲上半天。可是今天只能少讲一点，将来有机会再说吧，将来是不是有机会，我还不知道。

昨天晚上我在想，要讲潘先生，关键问题在哪里？我觉得，关键是要看到两代人的差距。

在我和潘先生之间，中国知识分子两代人之间的差距可以看得很清楚。我同潘先生的差距很清楚。我同下一代人的差距也很清楚。差在哪儿呢？我想说，最关键的地方是在怎么做人。

做法不同，看法不同。做一个什么样的人，自己才能觉得过得去？不是人家说你过得去，而是自己觉得过得去。这一点，在两代知识分子之间差别很大。

潘先生这一代和我这一代差距就很大。他是个好老师，我不是个好学生，没有学到他很多东西。

潘先生这一代人的一个特点，是懂得孔子讲的一个字：己。推己及人的"己"。这个特点很厉害,懂得什么叫"己"。

这个字要讲清楚,很难。归根到底,要懂得这个字。这是同人打交道、做事情的基础。

在社会里边,人同人之间的关系,有一个"己"字。怎么对待自己,推己及人。老吾老以及人之老,幼吾幼以及人之幼。首先是个"吾",就是"己"。

在英文里讲,不是"I",不是"me",而是"self"。

弄清楚这个"self"是怎么样,该怎么样,是个最基本的问题。

可是现在的人大概想不到这个问题了。很多人倒是天天在那里为自己想办法,做事情,但是他并不认识自己。不知道应当把自己放在什么地方。

潘先生这一代知识分子,对这个问题很清楚。他们对于怎么做人才对得起自己很清楚。对于推己及人立身处世也很清楚。不是潘先生一个人,而是这一代的很多人,都是这样。

他们首先是要从"己"做起,要对得起自己。怎么才算对得起呢?不是去争一个好的名誉,不是去追求一个好看的面子。这是不难做到的。可是要真正对得起自己,不是对付别人,这一点很难做到。

考虑一件事情,首先想的是怎么对得起自己,而不是做给别人看,这可以说是从"己"里边出来的一种做人的境界。这样的境界,我认为是好的。

怎么个好法,很难说清楚。如果潘先生还在世的话,我又该去问他了。

在我和潘先生交往的一段很长的时间里,我把他当成活字典。我碰到问题不懂,不去查字典,而是去问他。假定今天他还在,我会问:

这个"己"字出典在哪儿?

在儒家学说里边,这个世界的关键在什么地方?

为什么它提出一个"推己及人"?

"吾日三省吾身"是要想什么?

人在社会上怎么样塑造自己才对得起自己?

潘先生在清华大学开过课,专门讲儒家的思想。我那时候在研究院,不去上课的,没有去听。

后来我想找到他讲课时候别人记录下来的笔记。有个新加坡的朋友叫郑安伦,听过潘先生的课。我要来了郑安伦的课堂笔记,可是他记得不清楚。

我后来想,其实不用去看潘先生讲了些什么,他在一生中就是那样去做的。他一生的为人做事,就是儒家思想在自己的生活中表现了出来,体现儒家主张的道理。

这个道理的关键在哪里?我最近的一个想法,是觉得关键在于"己"字。"己"是最关键、最基本的东西,这是个中心。

决定一个人怎么对待人家的关键,是他怎么对待自己。我从这个想法里想到了自己。

我写过一篇文章,题目是《我看人看我》,意思是讲我看人家怎么看我。

潘先生同我之间的一个不同,是他自己能清楚地看待自己。我这一代人可以想到,要在人家的眼里做个好人。在这个问题上要个面子。

现在,下一代人要不要这个面子,已经是个问题了。

我也管不了了,只管自己。我这一代人还是要这个面子,很在意别人怎么看自己。

潘先生比我们深一层,就是自己怎么看自己。这个很难做到。这个问题很深,我讲不清楚,只是还可以体会得到。我这一代人还可以体会到有这个问题存在。

孔子的社会思想的关键,我认为是推己及人。自己觉得对的才去做。自己感觉到不对的、不舒服的,就不要那样去对待人家,这是很基本的一点。

可是普遍地讲，现在还没有做到。我看人看我，我做到了，也写了文章。可是没有提出另一个题目：我看我怎么看。我还没有深入到这个"己"字，可是潘先生已经做出来了。

不管上下左右，朋友也好、保姆也好，都说他好，是个好人。为什么呢？因为他知道怎么对人，知道推己及人。他真正做到了推己及人，而且一以贯之。

这样去对人好不好呢？先想想放在自己身上怎么样，体会一下。己所不欲，勿施于人。

今天讲潘先生，就主要讲这一点。我想这一点会受到大家的欢迎，因此可以推广出去，促使更多的人这么做。

现在的社会上缺乏的，就是这么做人的风气。

年轻的一代人找不到自己。自己不知道应当怎么做。不能知己，就无从"推己"。不能"推己"，如何"及人"？我想，潘先生这一代知识分子达到的境界、提出的问题，很值得深思。

现在，怎么做人的问题，学校里不讲，家里也不讲。我们今天纪念潘先生因此很有意义。

怎么做人，他实际做了出来。我作为学生，受潘先生影响很深。

我的政治生命、学术生命，可以说和潘先生是分不开的。我是跟着他走的，可是，我没有跟透。直到现在，我才更清楚地体会到我和他的差别。

在思考这个差别的过程中，我抓住了一个做人的问题，作为差距的关键。

我同上一代人的差距有多大，我正在想。你们同我的差距有多大，也可以对照一下。

比较一下，就可以明白上一代人里边为什么有那么多大家公认的好人。

潘先生这一代人不为名、不为利，觉得一心为社会做事情才对得起自己。他们有名气,是人民给他们的,不是自己争取的。他们写文章也不是为了面子,不是给人家看的,而是要解决实际问题。这是他们的"己"之所需。

我们多用点脑筋,多懂得一点"己"字,也许可以多懂得一点中国文化。

有些纪念文章说潘先生"含冤而死",可是事实上他没有觉得冤。这一点很厉害。他看得透,懂得这是历史的必然。他没有怪毛泽东。他觉得"文化大革命"搞到那个地步不是毛泽东的意思。

为什么呢?他推己及人,想想假定自己做毛泽东,会是什么样的做法。根本不会是这么个做法。

这就是从"己"字上出来的、超越一己荣辱的境界。这使潘先生对毛泽东是一直尊重的,尊重到底的。

他没有觉得自己冤,而是觉得毛主席有很多苦衷没法子讲出来,最后演化成了一场大的灾难。潘先生经历了灾难,可是他不认为应该埋怨哪一个人。这是一段历史的过程。

他是死在我身上的,他没有抱怨,没有感到冤,这一点我体会得到。

他的人格不是一般的高,我们很难学到。

造成他的人格和境界的根本,就是儒家思想。儒家思想的核心,就是推己及人。

10月6日 北京

上午随先生参加"乡镇企业发展座谈会"。与会的乡镇企业代表多来自先生家乡苏南地区。

先生讲话时说:

一生过得满意,一个原因是总算看到了工业下乡变成现实。农民生活得到了提高。

我写了一生,最近汇编文集,一共14本,印出来了。

"文革"时批判我写文章是"放毒",现在印出来公之于世,让大家看看,让后人看看,到底是毒草还是好草。

11月2日　吴江

费老90寿辰庆祝活动今在吴江宾馆开始。

上午是"学术演讲会"。丁校长主持,费老、金耀基、何芳川先后演讲。先生说:

我很高兴,有机会在90岁生日这一天,讲讲我过去的工作,向大家汇报一下。

我一生里边没有做别的事情,只是在写文章。我从14岁开始,写了一生。前几天还在写。

我的一生也是一篇文章。最近,我一生里边写的东西由我的女儿、女婿汇集到一起,出版了文集。有450万字,分成14卷。这么多文字,想看一遍,要花很多时间,不太容易。

我今天想讲个提纲,说几篇值得大家看一看的文章。

《秀才先生的恶作剧》是我写的第一篇文章,是很小的文章,可以不算数,但也很有意思,是根据小时候听说的民间传说故事写成的。

"秀才"嘛,就是知识分子。他利用断句的不同,能把同一句话解释成两种意思。利用文字能颠倒黑白,在好坏之间随意变幻。这篇小文章就不去说它了。

我写的第一篇比较重要的文章是《花篮瑶社会组织》。从里边可以找到后来我的很多思想的来源。比如《江村经济》里边讲社会结构,这个问题在《花篮瑶社会组织》的第一章就讲了。"花篮瑶"的最后一章里还有后来"多元一体"思想的苗头。

第二篇文章是《江村经济》,得到了我的老师的看重。据说是人类学研究文明社会的开头一本书。

《江村经济》和《花篮瑶社会组织》是一个理论框架,奠定了我一生的学术方向。

所谓"里程碑",就是这个学科发展到一定时候要起变化,我赶上了这个机会。

第三篇文章是《内地农村》。当时我从英国留学回来,想回江村。可是因为日本人入侵而打仗,回不去了。我就到了后方,云南昆明。

我到了云南大学,我的老师吴文藻在那里,办起了社会学系。我到了系里,同时还成立了一个研究站。这个站设在一个魁星阁里,所以也叫"魁阁"。有张之毅等一些年轻人在那里搞研究。我当他们的总助手。组织课题,刻写蜡版,做一些服务性的工作。

这个时期,《江村经济》在人类学界已经有了影响。有人有不同意见,说我太自大了,说我"狂妄"。理由是,你只调查了一个村子,怎么能说"中国农民的生活"呢?这个问题问得有道理。

一个局部只是整体的一部分,不能等同于整体。

但我也有我的道理——认识一个整体事物,总要从一个一个局部开始。

我当然不能指望自己把中国农村的每一个局部都调查过来,但我可以有意识地接触不同类型的农村,通过认识不同的类型,接近整体。

从昆明开始,我就去找不同的典型,用社区比较研究的方法去搞调查。我调查了禄村,张之毅调查了易村和玉村。

那时候正是第二次世界大战期间,美国是盟国。罗斯福总统邀请中国教授去美国访问。云南大学让我去。在美期间,我写了《云南三村》。

《云南三村》讲的是从完全属于农业性质的村庄到手工业、商业比较发达的村庄。属于三个不同的类型。玉村是玉溪附近一个靠近经济中心的村子。

云南时期以后,我就被打成了"右派"。我的学术研究中断了 23 年。到"第二次学术生命"开始,已经是 1980 年。

从那个时候,我开始"行行重行行",根据在实际里边看到的情况,我写了《小城镇，大问题》，表明自己的看法。20年后，大问题成了大战略。我早年提出的工业下乡也成了现实。

中国农民从工业下乡中得到了实惠，增加了收入。这使我感到有所安慰。我自己提出的"志在富民"，换个说法，就是小平同志主张的生产力发展。

现在我到了90岁，有些新想法。这次开会之前，北大研究所为我印了《九十新语》。

新在什么地方呢？我过去写过一本书，叫《中国进入机器时代》。经过几十年的发展，现在要走出机械化时代，进入电子时代、信息时代。电子计算机的发展很快，不停地更新换代。

70年代末，我在北大看到了当时的计算机，在姊妹楼里放着，两个楼只装了一部计算机。现在，计算机可以装进口袋里了。

这样快速的变化，在我们的日常生活中表现得很充分。大家都会感觉到。

在这个世纪就要结束的时候，一个大变化出来了。将来怎么样，还说不清楚。可以肯定的是，这个变化必然要影响到人与人的关系。

我们今天这样一个会议，也离不开时代的变化。有些外国朋友，昨天还在美国、日本，今天就已经坐在一起开会了。这样一件事情，会引发我们这个社会、这个学科的大变化。

大家希望我长寿，多活几年，无非是希望我有机会多做点事。做什么事呢？是要迎接一个新时代的变化，看出一个方向，开出一条路。

我自己的路走了六十多年，集成了14卷。这条路可以说和国家的发展并到了一起。

我从农村开始，一步步进入小城镇、区域经济，又研究中心城市。这两年我重点跑京九铁路沿线地区，提出了一个"穿糖葫芦"的题目。希望今年京九铁路的"糖葫芦"能穿下来，调查有个结果。以后争取再到西部，提出一点进一步的看法，这一辈子的文章也就写完了。

我从小在家靠父母、靠我的姐姐完成了全部教育，以后就是靠国家和社会。我希望回报社会，通过我的学术工作，推动农村经济发展，让农民富起来。

我去浙江余姚附近看过河姆渡文化遗址，有7000年历史了。中国文化还会发展，还要继续下去。

对它的发展，我们都有责任。不要让中国文化在我们这一代断了。

下午是"欢庆会"。各方面代表先后发表祝词，热情洋溢。先生最后起身说：

无言胜有言。刚才大家说了很多好话，是一面之词。这些一面之词不是虚的，却还有另一面。

我自己应该多想想另一面。正负两面构成人的一生，光看一面是不完整的。

我从小考试，一直考到大，考到老。我多次表示，自己的分数不高。今年90岁，大概还有几年。我要争取在最后几年再增加几分。

2000 年

2000年8月9日　北京

如约到北大潘老师处。

先生今年晚些时候仍要参加炎黄文化研究会的年会,且要讲话,需要有人起草讲稿。潘老师为此征得先生认可,任务交我。

为助我顺利完成,潘老师好意准备了先生最近两篇讲稿,一是《创建一个和而不同的全球社会——在国际人类学与民族学联合会(IUAES)中期会议上的主旨发言》,二是《在"21世纪人类的生存发展国际人类学学术研讨会"上的讲话》。两文分别由王铭铭、麻国庆起草。

另外还有先生提供的一本参考书——《全球化与中国》。

潘老师建议发挥一下先生最近讲过多次的"三级跳",即从农业社会到工业社会再到信息社会的过渡与转变。

8月14日　北京

早饭后到办公室,如约把先生炎黄讲稿传真给潘老师。

与潘老师通话,确认所传文件字迹清楚。

9月5日　北京

潘老师寄来于长江的博士论文,并附费老看过该论文后的一些感想。先生希望把这些想法表达在炎黄文化研究会的年会讲词里面。

潘老师把记录下来的先生所谈"乡规民约""磨合"等原话抄出寄

下，嘱咐修改时选择合适的地方加进去。

今遵嘱在家中电脑上调出该文原稿，将先生近日所谈分成两段，分别加在原稿第二节开头和第六节末尾，完成二稿，全文如下：

一

全球化是近年来人们越来越注意讨论的一个话题。经济的全球化，全球市场的形成，再加上电子化的信息沟通手段，引起了社会各个方面的文化生活的重大变化。现代化过程中可能发生怎么样的具体变化，目前还不好预测。不过这也许不妨碍我们回顾一下全球化进程的来路，看看是个什么样的过程，这对我们认识这一段历史的发展，理解我们身处的现实，保持一个清醒的头脑，跟上现代化的时代潮流，应该是有益处的。

据我所知，对于全球化过程开始时刻的确定，存在着多种看法。其中有一种观点似乎更为合理，正被不同领域的学者接受。这种观点认为，全球化过程开始于15世纪末的航海大发现。航海技术克服了海洋障碍，人类的洲际交通成为可能，加上后来以机械化大生产为特征的工业革命，使西方那些生产力领先的国家向世界各地的扩张成为现实。它们对世界市场的拓展和向亚非国家殖民的活动，是全球化过程开始阶段的根本特征。此后，到19世纪70年代告一段落。在这一阶段，最具有典型意义的例子是大英帝国霸权的确立。以英国为代表的欧洲国家在世界范围内进行大规模拓殖，用武力摧毁了亚洲、非洲、南北美洲的古代文明中心，把西方的制度、文化强行施加于这些地区，逐渐确立起以英国为首的西方中心地位。

在接下来的一个历史阶段，即大约从19世纪末到20世纪70年代初，美国崛起，并长期保持着生产力领先的发达国家地位。第二次世界大战以后，英国霸权让位于美国霸权，中心地位被美国取代。在美国维持霸权的经济秩序中，全球化进程明显加快。运输和通信技术的革新，使物资与信息的流动可以跨越空间障碍。经济交往的规模和频次大为提高，促进了经济组织的革新。以跨国公司为代表的经济力量对生产要素和全球市场进行新的整合。所谓"国际惯例"即共同游戏规则的出现，是经济全球化进程在贸易交往制度上的反映，是与经济活动伴生的文化现象。更值得注意的一个历史事实是，由美国霸权主导的全球化进程，使美国模式的制度、文化价值观念等成为许多国家模仿的对象。

经济全球化的第三个阶段，是从20世纪70年代直到现在，目前还在继续发展。这个历史时期的最突出特点，是霸权受到强有力的挑战并在事实上逐渐淡出中心地位，全球化进程的参与者以及驱动力呈现多元化局面。许多曾经被压制的力量和众多的新兴力量纷纷登场，走向前台，在全球化进程中积极强化自身的角色分量和参与权利。在这种多元格局里边，许多问题的产生和解决已经超出国界。所以，全球意识、全球共识、全球纲领、全球行动等越来越多地成为不同民族、不同国家、不同文化的人们的自觉追求。目前，全球化进程正在摆脱由单一中心为主导的局面，正形成多元推动、多元共存、多元发展的强大趋势。这是包括中华民族、炎黄文化在内的当今世界各地的不同民族、国家和文化所共处的历史阶段。

二

上述的史实使我想起孙中山先生的一句话："世界潮流，浩浩荡荡，顺之者昌，逆之者亡。"我相信，中山先生的话也是我们在座各位的共识。我国避免不了要进入全球化这一世界潮流。既然如此，我们就应该对自己所处的变局有一个清醒的认识。

我想，当前所说的全球化，指的主要是经济的全球化，人类社会在政治、文化、意识形态和生活习俗方面还是多元的。全球化这个总的趋势，不可能一下子就出现，而是一步一步变化的。第一步是经济的结合，形成全球市场，构成一个分工合作的经济体系，而其他方面还没有合起来，还保持着民族国家的分割状态。民族国家是19世纪以来形成的格局，新的经济体系看来已经在冲击它，但还没有好的代替办法。优势国家统治劣势国家造成的殖民体系在"二战"后发生了变化，但殖民主义造成的南北差距还存在。搞得不好，经济全球化可能会加剧南北差距，扩大贫富悬殊。这是20世纪没有解决的问题，看来退不回去，只能顺势下去，想办法解决南北贫富差距问题。

经济上的休戚相关和政治上的各行其是、文化上的各美其美，在人类进入全球化进程的时候，会形成一个大的矛盾。这给我们带来一个不能不面对的课题，即文化自觉和文化调适问题。过去有过"化外之民"的说法，现在则到了一个想做"化外之民"而不得的时代。

我国要顺着潮流走，要融汇到潮流中去。先进的东西要学习和掌握，要接受现代化这个大的方向，但要软着陆。软着陆的前提，是知己知彼。要看清自己的条件，盲目接受是不行的。我们在这个方面的历史教训很多，这里不去多讲了。现在要紧的是，我们不光要知道我国是在这个潮流当中，还要知道是处在这个潮流的什么地方。也就是说，需要对自己有一个比较客观、比较准确的历史定位。

在这个问题上，我希望能够向这次研讨会贡献一点我从自身经历中得出的具体认识。

可以说，我这一生经历了20世纪我国社会发生深刻变化的各个时期。这段历史里，先后出现了三种社会形态，就是农业社会、工业社会和信息社会。这里边包含着两个大的跳跃，就是从农业社会跳跃到工业社会，再从工业社会跳跃到信息社会。我概括为三大阶段和两大变化，并把它比作"三级跳"。

第一个变化是我国从传统性质的乡土社会开始变为一个引进西方机器生产的工业化时期。一般人所说的现代化就是指这个时期。这是我一生中最重要的一个时期，也是我从事学术工作最主要的时期。在这一时期，我的工作主要是了解我国如何进入工业革命。我为此做了力所能及的实地调查，从个案分析到类型比较，写出了相当数量的文章。从这一时期开始，一直到现在，到接近我一生的最后时期，在离开这个世界之前，我有幸碰到了又一个时代的新变化，即信息时代的到来。这是我所说的第二个变化，即我国从工业化走向信息化的时期。

就我个人而言，具体地说，我是生在传统的经济社会里面，一直在经历着我国走向现代化的过程。作为一个见证人，我很清楚地看到，当引进机器的工业化道路还没有完全完成时，已经又进入了一个新的阶段，即信息时代。以电子产品作为媒介来传递和沟通信息，这是全世界都在开始的一大变化。虽然我们一时还看不清楚这些变化的进程，但我们可以从周围事物的发展事实中确认，由于技术、信息等变化太快，我国显然碰到了许多现实问题。我们的第一跳还在进行当中，有的地方还没有完成，现在又在开始下一个更大的跳跃了。我国社会的这种深刻变化，我在自己的一生里边都碰到了。这使我很觉得庆幸。虽然因为变化太大、太快，我的力量又太有限，要求自己做的认识这世界的事情不一定能做好，但我还是尽心尽力去做了。事实上，我所有的学术研究工作，都是和中国社会变化"三级跳"的大背景联系在一起的。

三

我国社会的第一跳是以我国各地不同民族的农村生活为基础的。我生长在江苏一个以农业为基础的小城镇里。它最早的历史可以追溯到7000年以前的良渚文化。这个文化开始有了农业和家庭手工业。在考古学上，我们可以很清楚地看到这个时期的村落生活。这就是我国第一跳的基础，也是我们乡土社会基本的性质。

那个时候，从全国讲，文化形式也有很大的不同，已经是一个多元文化的基础。多元文化逐步交流融合，成为多元一体。这里也就开始了我进行研究的第一个阶段。我和前妻王同惠合写的《花篮瑶社会组织》

这本书可以作为代表。从中能够看出花篮瑶社会和以我们家乡为代表的汉族社会文化的区别,以及它是如何受到汉族的影响的情形的。

我第二阶段的研究题目,是从我国7000年前的良渚文化到近代以来开始进入工业化时期的我国农村的变化,可以我的《江村经济》为代表。代表传统的文化基础和社会组织的一个农村,面临着全新的科学技术和机器生产的早期冲击——这也是我对《江村经济》的定位。这是我们现代化开始的原初的形态。接下来,我又写了《禄村农田》,反映了内地农村不同于沿海农村的特点。这便是我们的现代化最早的过程。从地域上讲,是由东向西、从沿海到内地的。

我的《江村经济》讲的是沿海地区的农村,开始了工业化。《禄村农田》描绘的却是一个形态比较原始的乡土社会。禄村在离昆明一百多公里的地方,受现代工商业影响较小,没有手工业,几乎完全靠土地维持生计。通过对禄村的研究,我看到了与江村不同的土地制度。这是我第一个时期里第二阶段的工作。这个阶段到1949年告一段落。

1949年,我国社会进入了社会主义改造时期。新中国逐步实现了对工业的国有化政策。在产权方面,对农村的土地和城市的企业进行了新的界定和安排。直到中共十一届三中全会以后,随着农村改革的进展,乡土社会的工业化问题被历史性地重新提出,并在最近20年里得到全局性的实践。我国农村的工业化进程因此获得了真正强大的加速度。我自己的第二次学术生命也和我国农村工业化的全面推进同步展开。我在这一阶段的研究工作主要体现在《行行重行行》一书中。

在这个时期,因为受身体条件的限制,我已经不可能在具体的地方长期进行观察和访问,主要工作就变为结合第二手材料和访问的材料进行类型式的比较研究。对于同一时期的不同类型的研究,可以帮助我们看到一个社会的动态,特别是在现代化和城市化过程中如何改变的。

在这一阶段,我主要提出了乡镇企业和小城镇发展两个主题,目的是解决农民的出路问题,促进我国城市化发展水平,提高广大城乡居民的生活质量。同时，我还以"全国一盘棋"为出发点，既注重沿海地区的发展研究，也关注内地和边区的发展，特别是边区少数民族的共同繁荣问题。我曾经提出一些多民族的经济协作区的计划和建议，如黄河上游多民族地区、西南六江流域民族地区、南岭走廊民族地区、内蒙古农牧结合区，等等。

作为一个多民族的国家，从历史上开始，就在不同民族聚居的交错地带建立了经济和文化的联系。久而久之，形成具有地区特色的文化区域。人们在这个区域中，你来我往，互惠互利，形成一个多元文化共生的格局。我所提出的经济协作的发展路子，就是以历史文化区域为出发点。现在回过头来看，可以更清楚地看到，我对我国经济和社会发展的多元一体的设想，是有国际经济社会多元一体的全球化进程做背景的。

四

经过80年代开始的最近20年的改革，到新的世纪的最初时刻，我们已经可以从我国经济发展和我们与世界经济的联系中看到经济、社会和文化的巨大变迁，预感到21世纪即将给人类的生存和发展带来全新的面貌。为了提请人们及早注意适应新世纪的要求，在十年前的"21世纪婴幼儿教育与发展国际会议"上，我做了题为"从小培养21世纪的人"的讲话。

在那次讲话中，我谈到，20世纪是个世界性的"战国时代"。意思是说，在20世纪里，国与国之间、文化与文化之间、区域与区域之间，有着明确的界限。这个界限是社会构成的关键。不同的政治、文化和区域实体依靠着这些界限来维持内部的秩序，并形成它们之间的关系。这是我们共同经历过的历史事实。而展望21世纪的时候，我似乎看到了另外一种局面，20世纪那种"战国群雄"的面貌已经受到一个新的世界格局的冲击。民族国家及其文化的分化格局面临着如何在一个全球化的世纪里更新自身的使命。

我做出这样的判断,不是没有根据的。近几年,我特别注意到区域发展过程中全球化的力量。我看到,信息产业的发展带来了一种十分严峻的挑战。美国在最近十多年里发展起来的"微软"公司,实力已经达到几千亿美元。这是个当代信息技术的密集型产业,是最新现代化技术的世界级"龙头"。它的作用已经使城市中的许多产业的传统操作技术面临深刻的危机。在这样的情况下,我们不能不重新考虑我国农村工业化和城市化的问题。

我有一次访问广东的顺德,当地的领导同志对我说,根据当前的经济发展趋势,他们认为乡镇企业的概念已经过时了。为什么这么说呢?因为经济发展的现实告诉我们,小城镇的规模看来不具备接受信息技术产业的能力,应该使一批紧密相连的城镇和中心城市尽快兴起,以便接受快速发展的信息产业的较高要求。另外,产业组织的跨国化,同样也对小城镇的发展提出了新的问题。

为及时解决这类问题,顺德从1992年开始进行机构改革,政府把三大产业分离出来,组建工业发展公司、农业发展公司和贸易发展公司。1993年起,实行股份合作制,并改革企业的医疗保险和养老制度,真正转变了政府职能。企业在解决了体制问题之后,接着就解决市场问题。市场问题不是一个简单的地区性的问题,而是牵涉香港以及世界其他地区,牵涉地区与地区之间的新型关系,牵涉大型中心城市的发展问题。

跨地区和跨国界的经济关系,除了表现在市场的超地方特征之外,还表现在近年来跨国公司的大量发展上。跨国公司在产权方面与具有民族国家疆界的国有、私有企业不同,它们没有明显的地理界限。它们的最大特征就是"无国界性"。在经济全球化的进程当中,不仅外国人来中国设立他们跨国公司的办事处、子公司,拓展业务,而且也有越来越多的中国人到海外办公司、开工厂,甚至开设大型专业市场。

我家乡的震泽丝厂在美国开办了公司；我访问过的青岛海尔集团在海外开了分厂；我所熟悉的温州人在巴西开设了"温州城"……这样的经济交融，已经不是简单的"西方到东方""外国到中国""中国到外国"的老问题，而是一种新型的国与国、区域与区域之间交流和互动的新发展和新的经济组织形式。

五

从沿海地区和内地的局部地区看，我国一些企业乃至产业对经济全球化进程的融入已经相当自觉。但是从我国广大中西部地区看，整体情况还不能让我们很乐观。相比较而言，我国属于全球化进程中的后来者，而且是"后来"而暂未"居上"。由于历史的原因，我国的现代化进程曾经一再被延误，失去过很多宝贵的时机。

从19世纪40年代开始，我国由一个古老的文明中心被帝国主义的坚船利炮强行纳入了西方国家主导的全球化进程。包括我的朋友费正清在内的许多学者都认为，鸦片战争之前，中国的文化体系平行于其他的世界体系，并且一度比西方世界体系更为发达。但是长期的封闭导致政府腐败、科技落后、经济凋敝、装备松弛以及心理上的抱残守缺、妄自尊大，致使这个庞大的体系逐渐失去活力，终于被西方列强的殖民扩张所压倒，无从自主，只能在全球化进程中处于依附地位。

一个世纪以后的1949年，中国实现了独立与自主，却在苏联经济模式的影响下脱离并抵抗了西方主导的全球化进程。在对全球化主体潮流的脱离和抵抗中，我们虽然坚持了政治上的独立，却也造成了自身的封闭与僵化，无法从全球化进程中获得发展动力，结果在现代经济和文化等方面严重落伍，而世界的发展没有停下来等我们。"沉舟侧畔千帆过"，我们明显是落后了。

1978年，我们终于下定了改革开放的决心，主动并且逐渐深入地加入了全球化进程的各个领域当中，奋起直追。在政治上，我们与西方各国加强接触和了解，融洽了在"冷战"时期冻结的关系；在经济上，我们以经济特区为先导，依次开放沿海城市、沿江城市和内地，进行经济体制改革，建立市场经济体制，积极与国际惯例接轨，形成了加入经济全球化潮流的制度性保障。正是在这样的情况下，出现了我们在第一跳还没有完成的情况下已经不能不进行第二跳的局面。

这一局面来之不易，值得倍加珍惜。而这一局面给我们提出的艰巨使命，更需要进行深入的思考。第一跳还没有完成，已经必须跳第二跳了。这是我们走改革开放的路、融入全球化潮流所必然要碰到的局面。怎么办？小平同志说，要冷静观察，沉着应付，摸着石头过河。这就是科学的态度。我们要大刀阔斧地进行改革，又要小心谨慎地应付局面。不看清潮流的走向，不摸清自己的底子，盲目地进入潮流是不行的。我们的底子是第一跳尚未完成，潮流的走向是要来第二跳。

在这样的局势中，我们只有充实底子，顺应潮流，一边补课，一边起跳。不把缺下的课补足，是跳不过去的。历史不是过去了就算了，历史会对今天发生影响的。就物质与精神两个方面说，或者说就硬件与软件两个方面看，我们曾经有过精神（软件）讲得多、物质（硬件）讲得少的时候，现在却是物质（硬件）讲得多、精神（软件）讲得少了。这叫"矫枉过正"，这就是历史的一种影响。在当前的发展过程中，重理轻文，差别太大，从长远看，像这类负面的东西、"文革"的影响太大了，不能不记取。

改革开放，不能只学外国的表面文章，而是要拿来现代化过程中形成的先进的文明成果为我所用。我们是要提高生产力水平，提高综合国力，提高人民群众的生活水平，是要把中国文化很好地、很健康地发展起来。现在中国的大问题是知识落后于要求。

最近20年的发展比较顺利，有些人就以为一切都很容易，认为生产力上来就行了，没有重视精神的方面。实际上，我们与西方比，缺了文艺复兴的一段，缺乏个人理性的训练。这个方面，我们也需要补课。这决定着人的素质。现代化的发展速度很快，没有很好的素质，就无法适应现代化的发展要求。这是个文化问题，要更深一层去看。

六

中国文化的历史很长。古往今来的很多思想家为我们留下了十分宝贵的思想财富。中国传统文化思想的一大特征，是讲平衡和谐，讲人我关系，提倡天人合一。刻写在山东孔庙大成殿上的"中和位育"四个字，可以说代表了儒家文化的精髓，成为中国人代代相传的基本价值取向。

我的老师潘光旦先生早在20世纪30年代就讲"位育"问题，认为在社会位育的两方面中，位即秩序，育即进步。位者，安其所也；育者，遂其生也。潘先生对"中和位育"做了很好的发挥。潘先生是个好老师，可惜我不是个好学生，没有能在当时充分意识到这套学说的价值，没有在这方面下够功夫。直到晚年，才逐渐体会到潘先生当年的良苦用心，体会到"中和"的观念在文化上表现出的文化宽容与文化共享的情怀。

11年前，在一些学界朋友为我召开的80岁生日的欢聚会上，我展望人类学的前景时，提出人类学要为世界文化的多元和谐做出贡献。我说了四句话，十六个字："各美其美，美人之美，美美与共，天下大同。"作为一个人类学者，我希望这门学科自觉地探讨文化的自我认识、相互理解、相互宽容问题，确立世界文化多元共生的理念，促进天下大同的到来。实际上，这也是中国的传统经验里边一直强调的"和而不同"的思想所主张的倾向。

对于中国人来说，"天人合一"是一种理想的境界。天与人之间的社会规范就是"和"。这个"和"的观念，是中国社会内部机构各种社会关系的基本出发点。在与异民族相处时，把这种"和"的观念置于具体的民族关系中，出现了"和而不同"的理念。这一点与西方的民族观念很不同。我认为,"和而不同"这一古老的观念仍然具有强大的活力,仍然可以成为现代社会发展的一条准则和一个目标。承认不同,但是要"和",这是世界多元文化必走的一条道路,否则就要出现纷争。而现在人类拥有的武器能量已经可以在瞬间毁灭掉自身。如果只强调"同"而不讲求"和",纷争到极端状态,那只能是毁灭。所以说,"和而不同"是人类共同生存的基本条件。

"和"的局面怎样才能出现呢?我想,离不开承认不同,存异求同,化解矛盾。化解的办法中,既要有强制,也要有自律。从社会学的角度看,一个基本问题是个人与社会的矛盾、自由主义与平等主义的矛盾。自由要承认竞争为主,竞争就有优势劣势之分,就形成了过去的格局。要解决这个问题,不能单靠社会控制的强加式外力,还要有自我控制的内力。世界各国既然现在都属于一个地球村,这个"村"里就应该有一套"乡规民约",大家认同,自觉遵守,否则就要乱套。"乡规民约"与法律不同,是习惯化的、自动接受的、适应社会的自我控制,是一种内力。中国老话里讲"克己复礼",这个"礼"是更高境界的乡规民约。

要实现个人与社会的相互统一,不同文化之间的相互理解和适应,大家都自觉地遵守"乡规民约",需要一个磨合的过程。只要愿意共存共荣,就必然要磨合。事实上,我们现在就处在这个磨合过程中。当前,需要有一个对磨合的认识和态度,要意识到,这个磨合过程需要种种的临时协定,作为大家有利的"乡规民约"。有了这个方面的共识,才会有比较自觉的磨合行为,才会有比较好的磨合状态,才能比较顺利地从经济全球化过渡到文化上的多元一体。经过不断的磨合,最终进入"和而不同"的境界。

依照进化的观点和规律,21世纪的人类应该比20世纪的人类生活得更加聪明。事实上,已经有人在讨论新的发展观,提出了不同于传统发展观的几个特点,比如合理开发资源,讲究生态效益,又比如注重社会平等,倡导精神追求,促进人的全面发展,等等。我们可以发现,这些现代人类提出的准则，是中国传统文化精神一向坚持的倾向。这样的史实，应该有利于帮助我们树立起应有的文化自信。

当今世界上，各地不同的文化都已经被纳入到全球化的世界体系中，已经不存在化外之地。全球化潮流发端于西方世界，非西方世界在接受西方文化的同时，应当通过自身的文化个性来对全球化潮流予以回应。我近年来在很多场合提到的"文化自觉"，就含有希望看到这种回应的意思。

"文化自觉"是当今时代的要求。它指的是生活在一定文化中的人对其文化有自知之明，并对其发展历程和未来有充分的认识。也许可以说，文化自觉就是在全球范围内提倡"和而不同"的文化观的一种具体体现。把这个话放在炎黄文化研究会的年会上讲，我觉得应该有更充分的理由表达一种愿望，就是希望中国文化在对全球化潮流的回应中能够继往开来，大有作为。

最近在许多文章中经常提到的"中华民族的伟大复兴"，应该包括一个很重要的方面，就是中国文化的复兴。为了这个前景，我们有必要加强人文主义，提倡新人文思想。有如潘先生讲的，在原有传统文化的基础上，吸收西方科学精神，建设新的人文精神。回到今天我的讲话的题目上，面对经济全球化的世界潮流，我们在开始第二跳的时候，要记住把这些想法带上，把"天人合一""中和位育""和而不同"的古训带上，把对新人文思想、新人文精神的追求带上。这样去做，我们就能获得比较高的起跳位置，也才能跳得高、跳得远，在真正意义上实现中华民族的伟大复兴。

潘老师为帮助我改出二稿，附信如下——

冠生同志：

　　昨去费老处给于长江论文写评语。今费老来所答辩，刚刚结束。顺利通过，也提出不少可以继续研究的问题。现寄一本给你，请提意见，对研究费老思想也有用。

昨我去时，他谈到炎黄文化会上的文章，总的都不用动了。他想补充一段内容，也是通过看小于论文时想出来的。他说是帕克时代未解决的问题，现在我们碰到了，需要解决。社会学者应关心的。我把记录抄给你，加在其中你认为合适的地方即可。我按他的原话写，可能有重复处，便于你取舍。

全球一体化是势所必然。这是人类发展总的趋势。但不可能一下子就出现，是一步一步变化的。第一步是经济的结合，形成全球市场，是一个分工合作的经济体系。而其他方面还未动。人与人还保持了民族国家的分割状态。民族国家是19世纪以来形成的格局。新的经济体系看来已在冲击它。尚没有代替的办法。过去的殖民主义造成南北分裂，优势国家统治劣势国家造成的殖民体系，在"二战"后发生了变化。改革中出现了经济全球化，搞得不好可能加深贫富悬殊。这是上个世纪未解决的问题，退回去不易，只能顺势下去。如何想办法解决南北贫富差距。

从社会学角度来看，基本问题是一个个人与社会的矛盾，前期是自由主义与平等主义的矛盾。自由要承认个人竞争为主，竞争就有优势劣势之分，形成过去的格局。要解决这个问题，不能单靠社会控制的外力强加个人，还要有内力的自我控制。即地球村要有一套乡规民约。这与法律不同，是习惯化的、自动接受的适应社会的控制，内化（或内发）的。所谓"克己复礼"，这个礼是更高境界的乡规民约。

要社会与个人统一，做到个人与集体相互适应，需要一个"磨合"过程。现在正处在磨合过程中。当前需要一个磨合的认识和态度。这方面端正后才会有共识。需要促进这种共识。最后才能达到文化的"多元一体""和而不同"。所以我说在这个过程中需要种种临时的协定。经过一个时期，最终达到和而不同。

7月10日　北京

北大潘老师嘱为费老起草去台湾讲学的讲词。为此寄来所里的一份《工作论文》，是王铭铭为先生起草的《人类学与二十一世纪》。另有先生在潘光旦先生文集出版座谈会上的讲话要点，先生说：

我有一个建议和希望，请北京大学花点力量，搞一个组织，建立个基金，由北京大学出版社把上一代代表了一个时代的知识分子的论著整理出版。像梁启超、胡适开始的这一代学者，留下了不少东西。由于抗日的战乱和"文革"的洗劫，很多材料不易搜集。这次出版的《潘光旦文集》，无论在材料搜寻和文章的校勘、校对方面，都下了功夫，可谓精品。希望很多老一辈学者留下的东西也能像潘先生的一样，都整理出版。

中国文化正处在大变化的时代。看这种变化，要通过每一代知识分子写的东西。潘先生属于这个大变化的前一段。就社会学看，陈达、吴景超等人的遗作，也需要整理。看这一段知识分子如何吸收西方文化，如何发挥中国文化。他们在文化变迁的过程中，自身也有变化。我们可以从这一代知识分子的变化中研究中国文化的变迁。这一笔账总是要结的。我们从中会看到前一代人是如何走过来的。结这个账，大有好处。这是在继续一个传统。

正因为这个道理，在座的也需要整理自己的东西。它对于将来都是很宝贵的。能写的都要写出来。为了给将来的人看，每个人都要参与。不要妄自菲薄。因为这一代人也代表了一个时代。时代在变，要有表现。我们写出来的是人们生活中的东西。

下一代人也要准备写。现在条件好了，每个人都可以写。这不是个好坏问题，而是它代表了时代思想的变迁。时代借我们的手，写下了这些东西。从中看到文化如何变迁，如何传递，每一代人如何走过来的。

所以我建议，把这个能看到时代变迁的"大文库"搞起来。对上一代人的遗作，是抢救性的，需要抓紧。后继的只要重视，应不成问题。

当然我很赞成北京大学提倡的精品意识,要出就出精品。无论写作者、编辑者、出版者,都要为此贡献一分力量。

7月11日　北京

北大潘老师打电话来,说去看望费老时,先生表示赴台讲词还要加上一段,就是近来常讲的"磨合"之意。先生大意为:

从目前的中美关系、大陆与台湾的关系看,都还需要一个磨合过程。这个过程就需要很好地研究。怎么磨合?必然是逐步的,一开始可能是零星的、局部的。形成共识恐怕还远,不妨先磨合出共同的目标,至少不能翻脸。要避免僵局,留有余地。僵起来,无路可退,就两败俱伤。我们在文化上形成共识之前,要重视这个磨合的过程。"磨合"这个概念,是中国的,还是西方的,要研究一下。

潘老师问费老:您说的磨合,是不是我爸讲的"分寸""节制"?

先生答:是一个意思。

7月24日　北京

北大潘老师来电话,说近日去看费老,老先生确实老了。一是看上去老态明显,二是先生自己也有明显感觉,以致在著述方面表示"没有什么打算了"。经常犯困,总要睡觉,精力大不如前。

8月21日　北京

遵北大潘老师嘱,开始为费老起草参加第七届"现代化与中国文化"研讨会的讲词初稿。

经多方考虑,写出开场白如下:

我想我是最后一次来参加"现代化与中国文化"研讨会了。在我实现这个"最后一次"的时候,也实现了一个"第一次"。我第一次来到了台湾。在我这个即将谢幕的老人身上,像这样的"最后一次"和"第一次"的重合与衔接,也许是偶然的,但事情本身所具有的文化意味还是对我有所触动。我又一次感受到了个人生命的短暂和文化传承的久远。同时也意识到,这个系列性的"现代化与中国文化"研讨会,是使我们的短暂生命融汇于久远文化的一种有效方式。在我晚年所做文化反思的过程中,这个研讨会给了我很大的鼓舞,给了我多方面的启发,使我常有"吾道不孤"之感。让我在这里对在座各位新老朋友表示由衷的感激。也请允许我对前六次的会议情况做一点回顾,使我这篇告别式的讲词有一个合适的开场白。

8月22日　北京

续写先生参加第七届"现代化与中国文化"研讨会讲词初稿。文字如下:

认真追溯这个研讨会的渊源,应该是在上个世纪的70年代末。当时,大陆持续十年之久的"文革"刚刚结束,百废待兴。"百废"当中,自有学术。关注中国发展的海外学者当然注意到了这一点。国家兴亡,匹夫有责。人类学、社会学界的朋友,如金耀基先生、乔建先生、李沛良先生等,还有从台湾到香港讲学的杨国枢先生,他们出于对中国学术发展前景的爱护,讨论到了中国社会科学界在理论和方法上过分依赖西方的现象,提出了一个"社会科学研究中国化"的长期讨论主题。

这是一个使我感到非常熟悉和亲切的题目。70年前,我就是在吴文藻先生提出"社会学中国化"这一主张下进入人类学、社会学研究领域的。那是我第一次学术生命的开端。经过一段历史的曲折,当我的第二次学术生命正在开始之时,我又听到了熟悉的声音,我感到自己又一次被召唤。

我注意到,金、乔、李、杨诸位先生的动议,首先在台湾引起了反响。1980年年底,台湾举行了"社会及行为研究的中国化研讨会"。我从事后报道这次会议的大陆媒体了解到了这次会议的有关情况,认为它对中国学术的发展具有建设性，表示出希望它能扩大召开的愿望。

经过一番努力，重新确定名称的"现代化与中国文化"研讨会第一次会议于1983年在香港中文大学举行。两岸三地的社会科学工作者在隔绝了很久之后相聚一堂，讨论大家共同关心的问题。我也有幸与会并参加了讨论。我想，那是一个良好的开端。我必须说，那是让我难忘的经历。

转眼之间，18年匆匆过去。在各位同人的努力下，我们把那个良好的开端延续到了今天。当年参加研讨会的陈岱孙先生、梁漱溟先生、梁剑韬先生等老朋友都已经过世了。我自己也日渐衰老。老而未死的这段时间里，我要求自己做一点文化反思。

我愿意相信，先我们而去的陈岱孙先生、梁漱溟先生、梁剑韬先生以及他们所代表的老一辈学者，是带着对人文世界的思考告别这个世界的，是带着希望后人把人文世界改造得更加美好的心情告别我们的。由于科学分工的原因，我们所在的学术领域可能不同，研究的题目也不一样，但可以相信，我们是"百虑而一致，殊途而同归"。我们关注的大题目是一致的，总题目是同一个，也就是我们坚持了多年的这个研讨会所标示的主题：现代化与中国文化。我们都希望中国文化在全球化、现代化潮流中取得发展主动权，实现新的复兴。

8月23日　北京

续写先生参加第七届"现代化与中国文化"研讨会讲词初稿。文字如下：

18年来，在这个总题目下，我们先后确定了七个主题进行研讨，展开交流。这七个主题分别是：中国传统文化对现代化的影响，中国家庭及其变迁，宗教与伦理，中国人观念与行为探讨，社会科学的应用与中国现代化，面向21世纪的中国社会学、人类学，科技发展与人文重建。

我想，这些题目既表达了我们对国家发展现实与前途的关心，同时也可以作为一个标尺,来衡量我们对国际背景、国家现实的认识和思考深度,来检测我们提出的思考成果可以在什么样的程度上应用于国家的经济建设、社会发展和文化复兴的现实进程当中。通过前六次会议,我们已经提出了相当丰富的思考成果。这次会议之后,我们的成果会更加丰富。我衷心地为这些成果的出现和积累而高兴,并且把这些成果理解为我们大家在科技快速发展的时代致力于人文重建的初步努力。

就我个人而言,当上述七个题目被并列在一起的时候,我发现,在我从上个世纪30年代到今天的学术工作中,所面对、所思考并为之奔波的,始终都是可以归入这些问题的题目。事实上,我写下的许多文字,都可以归结为对这些题目所做的直接或间接的讨论。我一生学术工作的全部背景,也都可以用"现代化与中国文化"这个题目的内涵加以表达。这样说,应该不算过分。因此,在今天这样一个场合,在"科技发展与人文重建"这样一个题目下,我愿意不揣冒昧地把自己一生中的全部学术工作理解为一个大陆学者在科技快速发展的时代为人文重建而尽的一份心力。

我这一生,基本上经历了20世纪中国社会发生深刻变化的各个时期。这段历史里,先后出现了三种社会形态:一是农业社会,二是工业社会,三是信息社会。从现实看,这三种社会形态的关系不是你来我走,而是同时并存,三位一体。这个三位一体社会形态的形成过程,包含着两个大的跳跃。先是从农业社会跳跃到工业社会,又从工业社会跳跃到信息社会。我用自己改造的一个词汇概括这三个阶段和两大变化,叫作"三级两跳"。

第一跳,是中国从传统性质的乡土社会开始进入一个引进西方机器生产的工业化时期。这是我从事学术工作最主要的一个时期。在这个时期里,我的工作主要是了解中国传统的基层社会情况。在此基础上,了解中国如何进入工业革命。

具体工作是从对少数民族的研究开始。在瑶山里真正接触到了基层社会的情况。当时那是一个一点现代工业都没有的社会。我把调查到的情况记录在了《花篮瑶社会组织》一书里边。后来，从瑶山到江村，接触到了一个已经引进现代的机器、初步的工业生产已经开始引起社会组织发生变化的个案。我根据在这个村庄里所做的调查，写成了《江村经济》一书。再往后，在编写《云南三村》的时候，我从个案分析进入了类型比较阶段，对现代工业进入中国农村的条件和过程有了更多的认识。解放后，我在这个方面的工作一度中断。改革开放后又继续进行，在《行行重行行》中接着记录中国农村引进工业、发展乡镇企业的过程，直到农村工业产值占到了中国工业总产值的半壁江山。

第二跳，是中国从工业社会向信息社会发展的一步。这一步开始于我生命过程中的最后一段时间。在离开这个世界之前，我又碰到了一个大的社会变化。我这样一个生在传统社会里的人，事实上一直在经历着中国从农业社会走向现代化社会的过程。作为一个见证人，我能比较清楚地看到，引进西方机器所带来的工业化过程还在继续着的时候，中国社会已经又进入了一个新的发展阶段，即信息时代。以电子产品为媒体，来传递和沟通信息，组织工业生产和商贸流通，甚至组织社会生活，由此带来对传统人文世界的猛烈冲击——这是全世界都在开始的一场大变化。

虽然我们一时还看不清楚这个变化的过程，但我们可以从周围事物发展的大量事实中确认，因为科学技术的发展变化太快，我们显然在面临着层出不穷的新事物、新问题。我们的第一跳还在进行当中，不少地方还没有完成，现在又要开始一个更大幅度的跳跃了，而且整个世界的发展不容许我们有任何的犹豫和迟缓。人家是准备好了开始起跳，我们准备不足，也不能不开始起跳。

这样的现实，也使我面临新的课题。70年前开始的题目尚未完成，了解中国如何进入工业革命的任务还在继续，又要开始一个新的题目，即了解中国如何进入信息时代，思考我们如何在这样的一个时代站稳脚跟，继续发展。

接二连三地碰到社会形态的大变化，接二连三地接到时代给予的题目，对一个人类学、社会学工作者来说，我当然会感到十分庆幸。但因为这种变化幅度太大、速度太快，我的力量又太有限，尤其是"第二跳"引起的大变化又发生在我年老力衰的时候，要及时跟上去，更感到力不从心。我在进行自我"补课"的同时，非常迫切地需要从同行学者那里汲取思想上的营养，需要大家帮助我尽量缩小我的认识和世界现实的距离。

我是带着这样的心情来参加这届研讨会的。因此，我在"科技发展与人文重建"这个主题下陈述我的意见的时候，并不意味着我以为自己对这个问题有什么了不起的见解，而是要在在座各位面前坦诚地讲出自己的所思所想，以便各位更加真切地了解我思想上的不足和认识上的局限，从而惠我以真知灼见。同时，为了比较清楚地说明我对于今天所讨论主题的思考过程，也许有必要对我过去曾经试图接近这个主题时的情况稍做回忆，亦请各位见谅。

8月24日　北京

续写先生参加第七届"现代化与中国文化"研讨会讲词初稿。文字如下：

回想起来，对科技发展所带来的人文世界里可能出现的问题，我最迟是在20世纪40年代末已经注意到了。我曾在当时写下的文章里讨论到比较具体的问题，表达了自己的想法。在《幸福单车的脱节》（1945）里，我写下的第一句话就是"科学并不一定带来了幸福"。这个看法的根据，是我当时在美国做实地访问时接触到的大量事实。在《机器和疲乏》（1945）一文里，我的想法略作展开，写了这样一段文字——

科学的发展推进了技术：第一是新动力的利用，第二是把每个劳工的动作化繁为简，第三是加强了各劳工间动作的组合。以往，不论在农业或工业里，体力是生产活动的主要动力。身体是生产的唯一的基本机器。手脚之间，手指之间，耳目手之间，成为一个有机的配合。两只手，创造了人类的文化。……技术的发明，大大增加了人类的生产力。可是从生产活动本身说，有机配合，靠人的神经系统的配合，一变而为机械配合，靠力学原理的配合了。这样把人在生产过程中的地位完全改变了。以往人总是为主，……技术变质后，主要的配合离开了人，人成了整个配合中的一部分，甚至是从属部分了。……参加活动的劳工却是在简单的从属动作中去服侍机器。个人的动作因为机器的总配合也得到了配合。配合的中枢不是人而是机器。人可以变成机器的一部分。

这是我在初访美国时，从事实中获得的一点观感。虽然在当时随笔式的文字中来不及做比较深入的分析，但是已经可以清楚地意识到，科技发展带来的大工业生产，已经开始改变了人与人的关系、人与物的关系、人与自然的关系。这种能够改变世界基本关系的力量，随着科技的进一步发展，也许会渗透整个人文世界。

从愿望上讲，科技发展本身的建设性作用，应该包括促进完成个人在社会里的参与。所谓个人在社会里的参与，就是充分地承认每个人之间的相依性和互相的责任，把个人动作的配合体系贯通于集体活动的配合体系当中。这样说来，科技发展所带来的人和人的相互性也就是丰富人性内容的力量。可是，如果是把生产活动分割在其他生活部分之外，单就这一部分的活动去组合一个趋向于全球性的分工合作体系，同时又在别的部分上鼓励着个人化的发展，在这种情况下，科学的发展、技术的日新月异，反而会使其负面作用凸显出来，造成一种并不适合人性发展的社会情态。

这些当时写在随笔文字当中的想法，时隔半个多世纪，现在再看，不能说是无谓的担忧。这半个多世纪里，科技发展的速度和花样都达到了令人吃惊的地步，人文世界也随之发生着巨大的变化。我小的时候，可以直接接触的自然物还是很多的。现在可以直接接触的自然物越来越少了。很多已经经过了人文的改造。过去纯粹作为自然之物的动物，如牛、羊之类，现在居然可以借助科技手段进行复制了。电脑和网络的发展，更是在我所熟悉的人文世界里增加了一个让我感到陌生的虚拟世界。这个虚拟世界的出现，使大批社会成员尤其是青年群体的交往方式、交际手段、交流语言都在发生着一点也不虚拟的深刻变化，影响着当代人的生产方式、生活方式、价值观念、意识形态等各个方面。

在上个世纪的最后一段时间里，我曾经从科学技术快速发展给中国经济、社会、文化带来的变化中，预感到21世纪将给人类的生存和发展带来全新面貌。为此我写了文章，呼吁"从小培养21世纪的人"。我谈到，20世纪是个世界性的"战国时代"。大意是20世纪里的国与国、地区与地区、文化与文化之间，都有着明确的界限。这个界限是社会构成的关键。不同的区域、文化、政治实体依靠这种界限来维持内部秩序，并形成他们之间的关系。

这是我们共同经历过的历史事实。而在科技以加速度发展的情况下，将来会是怎样的，我们谁也不清楚，谁也不敢说。我们对新时代、新条件尚不清楚，自然不能预言。但有一句话可以说，就是需要适应已被改造过的和正在改造着的自然。变化了就要去适应。适应的第一步，就是承认现实、认识现实、理解现实。历史不能退回去，科技发展也不会停下来。不能拉住科技发展的轮子，等另一只轮子。能做的就是在落后的一面多用点力量，在人文世界的健全、均衡、和谐方面多做点努力。

科技快速发展时代的人文重建，范围很广，题目很多。我比较关心的，是科技发展所带动的经济全球化现在碰到的文化多元化问题。还有就是，我们这些从事社会学、人类学的人如何为经济全球化和文化多元化的调适做出切实的努力。

在我们共同经历的最近半个世纪里，科技的发展对促成不同人文类型之间的交流与融合，确是提供了技术上的方便，有不少学者用"全球化"这个概念来描述这种人类不同群体和文化之间发生的交流与融合现象，来概括世界性的交互影响正在给人类生活带来的深刻变化。我想，至少在目前，在我们找到更恰当的词汇来描述这一变化之前，"全球化"这个词仍然是有意义的。不过，当前所指的全球化，实际上更多是就人类的经济和科技活动而言。若是天真地认为"全球化"正在造就一个文化一体的世界，那就离开实际情况有太大的距离了。

以我亲身经历的许多事情可以证明，由于人类不同群体在文化上的差异，同样一件事情、一句话，会在不同文化环境中引起不同的反应，甚至会出现倾向相反的反应。相信大家也都有过类似的观察和体验。我在五十多年前写《初访美国》的文章里曾说，各种文化里长大的人不容易相互理解，这是当前世界的一个严重问题。以往，世界上各地的人民各自孤立地在个别的处境里发展他们的生活方式。交通不便，往来不易，各不相关。现在却因交通工具的发达，四海一体，天下一家，门户洞开，没有人能再闭关自守、经营独立的生活了。

在经济上，我们已经进入一个全世界分工合作的体系，利害相连，休戚相关。一个世界性的大社会已经形成，但是各地的人民却还保有并运用着他们从个别历史中积累而成的文化。这些不同类型的文化，向属于不同群体的人民提供着不同的价值观念、意识形态、政治信仰、社会理想。所以，一方面是迅速扩展的互联网大幅度缩短着文化群体之间的距离，是经济的牵一发而动全身，是跨国公司在体制和市场方面对民族国家为核心的各种制度的明显冲击；另一方面，则是政治上的各是其是，文化上的各美其美。文化之间的频繁交流，不等于文化差异的消失。

让我在这里把话题回到"三级两跳"。

我个人认为，"三级两跳"中出现的最大问题，就是经济全球化已经开始碰到了文化多元化的问题。文化是什么？就是共同生活的人群在长期的历史当中逐渐形成并高度认同的民族经验，包括政治、文化、意识形态、价值观念、伦理准则、社会理想、生活习俗、各种制度等。这是在千百年历史中形成的民族经验，具有相当强的稳定性。拿现在的中国来说，我们固然在科技、经济等方面与世界其他地区的交往更加频繁，共通之处越来越多，但我们的老祖宗经过几千年积累的文化遗产却不会随着这种"全球化"的发展而消失。实际情况恐怕正是相反。

我们的文化传统正引起众多有识之士的注意，引起政府和人民的重视，引起不同文化的兴趣。我们说大陆人民和台湾同胞"血浓于水"，所谓"血"，指的主要就是我们共同拥有的共同文化之血脉。相信随着世界性科学技术和政治经济的交往不断加强、日益加深，中华民族的儿女会更多感受到对我们民族、我们自己文化的肯定和认同。与此同时，中国文化也正在为世界其他地方的人民所承认、所了解、所喜闻乐见。一些深切了解西方现代文明之缺陷的西方学者，更是呼吁要与中国展开跨文化的对话，试图从我们老祖宗留下的文化遗产中寻找解决西方现代文明内在矛盾的方案。我愿意把西方学者的这种努力也理解为是在科技快速发展的情况下寻求人文世界的重建。

科技快速发展时代的人文重建工作，需要全世界的人文和社会科学家携手努力。我们在"现代化与中国文化"这个主题下讨论人文重建问题，意味着我们应该意识到，面对一个新的世纪中全人类将持续面对的大问题，我们这些属于世界上人口最多的国度的社会学、人类学工作者，应该有一份特殊的责任感、使命感，应该争取在这个问题上对人类做出较大的贡献。我们的老祖宗曾经提出"和而不同"的社会理想，我们应该让这个古老的理想在新的时代发挥出新的建设性作用。

对于"和而不同"这一世界文化交流模式的探讨，各国的社会学家、人类学家尽可以见仁见智，提出不同的研究方法。我个人之所以关心这个问题、提出这个问题，是因为我相信，在人类历史上，文化的发展从来没有过采用单一模式的情况。即使现在，也同样随着文化的不同而有所区分。

70年来，我用社会科学的方法，包括20世纪以来的实证主义方法，对农业文明、工业文明进程中的文化变迁进行了力所能及的调查和思考，得出的基本看法之一，是文化之发展并非单线进化论。单线进化论的观点认为，人类历史的发展、人文世界的变化有一个单一的、直线上升的、台阶式的阶段性。这一点恐怕不能完全排斥。但我们同时应注意到，在文明进程中，不同的文化走过了不同的道路，文化发展过程并非都是单线式的。好的东西不断积累在共同的文化中，不适宜的被淘汰了。文明进程是一个能去旧创新、有选择的、新陈代谢的过程。这种过程是必然的。其中很妙的一个现象在于，一时认为没有用的文化，沉默一个时候又会出现，发扬起来，还很解决问题。因此，任何过于武断的结论，都不适宜文化问题的讨论。

我想，从文化发展事实中观察到的这一现象，从农业文明到工业文明过程中得到验证的这个道理，对于信息社会同样具有意义。

信息社会到底会怎么样，我们现在还不是很清楚，而只能模糊地感到。这种以信息技术为中心的社会形态，正在给我们的生产、生活和文化带来前所未有的冲击。信息社会里，将出现取代体力劳动和机械劳动的新型劳动方式。表面上这种劳动方式似乎很简单，其背后潜在的力量却十分之大。进入这样一种社会形态之后，各种文化的自我价值认识必然会遇到很大的挑战。我们仍然不能简单地认为，这种发展会是单线进化的。

信息技术能促进不同文化之间的交流，这是肯定的。但运用信息技术的还是人，而人是生活在不同的文化或价值观念体系中的。这样的生活必然给人的创造带来深刻的影响。所以，"和而不同"的道理在将来的社会里还会有用的。

我希望，"和而不同"能够成为我们在科技快速发展时代进行人文重建的一个基本共识。从树立这个理想，到实现这个目标，要走很长的路。五十多年前，我在《文化的隔膜》里曾经写过："世界上各式各样文化里成长的人现在已开始急速地渗透往来，我们必须能相安相处，合作分工。可是我们在心理上却还没有养成求了解、讲宽容的精神，说不定我们因之还会发生种种烦恼、种种摩擦。在将来的历史学家看来，也许会说我们在建立天下一家的世界过程中曾付出了太大而且不必须的代价。"我是不希望付出太大代价的，而且我还抱有比较乐观的想法，相信经过历史的磨合，最后靠中华民族的经验和人类的经验，我们一定会建立起一种新的人文精神。

当然，我们现在的认识还远远不够。这跟历史有关。过去的一段时间，在19世纪到20世纪里，我们否定自己的经验和文化太多了。应该回过头来，重新认识一下，有一个文化上的自觉。

在最近几次有关文化问题的讨论中，我用"和而不同"来概括我国文化传统中人文价值的基本态度，也用"和而不同"来展望21世纪的人文世界可能出现的面貌。这不是我的发明，这是中国传统文化的遗产。我反复申说这四个字，包含着我个人对百年来社会学、人类学在认识世界方面诸多努力的一个总结，也隐含着我对人文重建工作基本精神的主张，更饱含着我对人文世界未来趋向的基本盼望与梦想。也就是说，我们所做的学术研究既要体现人文世界的实际面貌，同时又必须为人类群体之间的相互依存提出值得追求的方向。

在这方面，我们是有榜样可以学习的。我的老师潘光旦先生继承包括"和而不同"在内的优秀传统文化思想，主张"中和位育"，这给我留下了深刻的教益。他所代表的老一辈学者为我们开了一个头，提出了看法，指出了方向。我希望能多少把它接下来、传下去。但真正地做，要靠下一代了。任重道远，可以大有作为。

我觉得自己已经到了"轻舟已过万重山"的时候，但我又说过，中国现代化这条大船很沉重。我寄希望于下一代开船的人、掌舵的人。相信下一代能解决问题。因为我们中国历史长，人又多，久经考验，应该能在21世纪找出一条路子来，而这条路也是21世纪人类的路子。

在就要结束这篇讲词的时候,我想特别强调一下争取文化选择的自决权问题。在人文重建的整个过程中,我们可以接受外国的方法甚至经验,但路由自己决定。文化自觉、文化适应的主体和动力,都在自己。自觉是为了自主,取得一个文化自主权,能用以确定自己的文化方向。相应地,在我们这些以文化自觉、文化建设为职志的社会学、人类学工作者来说,也要主动确定自己的学科发展方向。

我在第二次学术生命开始之初,曾经在《迈向人民的人类学》中提出自己的宣言,提出了人民社会学、人类学的道路。所谓应用社会学、人类学,是指结合实际的、为人民寻找道路的社会学、人类学,任务是很明确的。

我认为,我们所从事的这门学科,承担着为人类了解自身的文化、认识世界其他民族的文化以及探索不同文化之间的相处之道提供知识和见解的使命。当然,社会学者、人类学者可以很轻易地告诉人们,我们关注的是人文世界的面貌及在其中的人们"和而不同"地相处的逻辑。但要真正实现这一认识、理解和相处的目标,远不是那么容易的事情。人文重建的艰巨任务,还需要我们一代一代地脚踏实地,胸怀全局,全力以赴,前赴后继。

最后,让我用"和而不同会有日"这句话来表达我一向的信念——在我意识到自己很可能是最后一次来参加这个系列讲座的时候,再次表达出这一信念应该是适宜的。同时,我再借用一句"家祭无忘告乃翁",来表达我在此时此地的心情——在我第一次来到台湾参加文化交流活动的时候,想到两岸统一时的"家祭",我想也是适宜的。我们在文化上毕竟是同宗同祖、同根同源的一家人。

(费先生计划中的台湾讲词初稿到此打住。零时草就。近7时以电子邮件方式借马戎教授的信箱传给潘老师。)

附 录
（1981—1999）

　　以下史料，系费先生多年里陆续交我保存的一些谈话录，希望对我写其传记有所助益。虽不是由我现场记录后整理出来的文字，仍属于其"晚年谈话"。附录于此，以期尽可能多地保留史料，减少遗漏。

张冠生

1981 年

1981年5月20日

先生参加第二期社会学讲习班开学典礼。先生说：

今天我很高兴，见到了许多老朋友，也有不少新来的同志。大家来自各地，最远有来自西藏的同志。我多年做民族工作，今天看见西藏的同志来学习社会学，特别高兴。

两年以前，1979年3月16日，我们就在这间礼堂里举行了中国社会学研究会成立大会。这个总工会招待所，与我们新中国的社会学结下了历史的因缘。

我们生活在这样一个变化很快的社会里，总感到事情太多，时间过得太快，对已经做的工作不容易满意。但回头一看，我们的进展还是很大的。

记得第一次开座谈会讨论恢复社会学的时候，很多人，包括我在内，信心不足，顾虑重重。今天讲一讲，大家可以做个比较，看到我们确是前进了一步。

三年前，乔木同志委托社科院规划局陈道同志召开座谈会，讨论恢复社会学的事。通知了30多人，到会的不到20人。我知道有一个我的老学生，因为要求重建社会学，1957年被错划成"右派"，弄到北大荒劳动了几年。收到开会通知时，他老伴说，你好不容易爬出来，现在不能再陷进去了。结果他不能来了。这件事说明，当时与搞社会学有关系的人，都还有很多顾虑。

从那时开始,我们进行了工作。直到 1979 年春,乔木同志又把我们找去,说必须开展社会学的研究工作。我们请乔木同志出马,为社会学恢复名誉。于是他在社会学研究会成立会上讲了话。这个讲话,可以说是我们重建社会学的根据。正是根据这个讲话提出的方针,我们开展了这两三年的工作。讲话中提出的问题,现在仍然存在。经过几年再看,会有更深的体会,希望大家认真读一读。

这期讲习班,限于条件,不能办得很大,但比去年是扩大了。除了 50 名学员,旁听的还有 50 多人。这也说明,现在大家基本上都认识到社会学确实是个能对社会主义建设做出贡献的学科,是实现"四化"所需要的一门科学。三年来主要的成绩,就是得到了这个认识上的转变。现在还像三年前那样顾虑重重的同志,是不多了。积极鼓励、支持我们的同志,却大大增加了。

我们每天都收到全国各地青年、干部、解放军战士的来信,问"什么是社会学?""怎样学习社会学?""读什么书?",甚至寄钱给我们,要求买书。大家都对社会学很热心。这也说明在我们身边确实存在大量的社会问题,需要我们科学地解决。

我们从一个古老的社会,从一个半封建、半殖民地社会,要转变到社会主义社会,这是前人没有经历过的伟大事业。在这个过程中,必然会不断涌现大量的新情况、新问题。我们不能搞主观主义、形而上学,必须有一个马克思主义的科学态度,加强对社会情况的认识。以各种方法、从各种渠道去认识。这是一项巨大的、复杂的工作。其中有一部分,就是我们社会学要做的事。

现在很多同志都向往这个工作,希望参加到这个行列中来。已经有很多地方在搞社会调查。社会调查是我们党的优良传统。许多同志发挥主观能动性,自己在那里搞调查,摸索经验,实事求是地了解我们的社会情况。通过大家的努力,我们一定可以总结出许多好的经验,成为我们建立这门学科的基础。

北京、上海、武汉等地都开始自己搞了,我们要大力支持。一个学科的发展,要靠群众的创造性。这也是我们党多年的成功经验。

这三年来,思想认识上的转变,是一个重大的转变,为社会学的发展开辟了道路。如果大家还怕三怕四,步子就不可能迈开。

1979年,我们虽然成立了中国社会学研究会,工作做得还是很不够的。但是社会学研究会的成立带动了地方上的积极性。据我所知,上海、天津、武汉、吉林、黑龙江都已经成立了社会学学会。在筹备中的就更多了,北京市的社会学学会也在筹建中,各地的活动是很重要的。我们中国社会学研究会一定要尽力支持大家,帮助大家,起推动作用。

有了社会学研究会还不够,还要有一个专门机关,有专业的国家干部,去做具体工作,为重建社会学"跑腿"。于是在中国社会科学院筹建了社会学研究所,去年上半年正式成立。

国外一听说中国重建社会学,都很感兴趣,要联系,要交流。美国今年的社会学年会邀请我们去参加。西德和日本也积极要与我们建立联系。

关于重建社会学的工作,过去我们说是"恢复",要恢复这门学科,要恢复大学里的社会学系。经过了两年的工作,我们体会到,我们要做的事已经不是"恢复"两个字所能包含的了。三十多年前社会学的那一套,今天已经不够了,很多已经不适用了。我们新中国所需要的社会学与过去不同,已经起了本质的变化。我们现在的工作,实际上是创建新中国的社会学。

什么是新中国的社会学?"新中国"包含两层意思:第一是中国的;第二是新中国的,是社会主义的。社会科学有没有历史性、地域性、阶级性?有。从自然科学来看,中国的算学与英国的算学也许没有什么不同。但是以地质学来说,李四光老先生能搞出新的发展,就因为他首先充分研究了中国的地质特点。社会科学更是如此,有其共性,也有其个性。早年的社会科学,以西方为中心,以为西方社会得出的结论,可以普遍运用到世界各地，强调一致的方面，搞标准的西方化。现在，西方社会学家也承认，这样是行不通的，也开始承认各国、各民族都有自己的特点。

马克思主义就着重一方面要看到共性，另一方面要看到个性，尤其要看到两者的关系。我们在民族工作里搞民族区域自治，就是以承认区别来达到统一。承认各民族发展的特点，来共同建设社会主义的新中国。这是按客观规律办事，否则就要受到教训。

我们既承认各国、各民族的社会有统一的一面，有共性，但也要承认个性，承认区别。西方社会科学界正在逐渐认识到这一点。我今年到国外去跑了两次，也和一些外国的社会学家讨论过这个问题，许多人同意。我们应当注意到各种社会的个性。以各国的社会学来说，也存在着许多根本性的区别。

西方社会科学中的每一概念，都有产生它的具体的社会条件和历史条件。当这些概念传入中国，又有一个与中国特点相结合的复杂过程。早年在我们的刊物上常见到，"德先生"（民主）、"赛先生"（科学）、"普罗"（无产阶级）、"布尔乔亚"（资产阶级）等的翻译名词。这些名词是按外文的读音直译的，因为在中国原有的语言中找不到相应的词汇。

一个概念要进入一个社会，总是有一个复杂的过程。这本身是一个值得我们研究的问题。毛泽东思想的伟大之处，正是它能把马克思主义的理论和中国实际相结合。只有和中国的实际结合了，马克思主义才能在中国起这样伟大的作用。

要看到一个社会的个性，要了解它的不同的具体的历史条件。我们不能脱离那个历史条件，随便抽出一个概念望文生义。当然我们同时承认个性、特殊性后面有共性，有规律性的东西。但只有通过研究具体的、有个性的事物，才能理解一般性的概念。

以现代各国的社会科学来说，也有着发展各国社会学的趋势。我去年访问加拿大，就看到加拿大的社会学并不是一致的。东部英语地区主要受美国芝加哥学派影响和控制，接受美国的那一套，和法语地区就不一样。西部正在发展本国工业，大力开发资源，在民族工业的发展中产生了民族意识。于是西部的社会学者近年来就开始反对东部那种跟美国走的社会学。他们说，加拿大的社会学为什么要研究美国提出的问题呢？比如加拿大的黑人并不多，也就不能像美国一样大讲黑人的问题。他们要求研究加拿大的社会问题，发展本国的社会学。

今年我去澳大利亚，因为我们要编写《概论》，我请他们提供一些他们所用的社会学教科书。他们拿来的第一本书就是《澳大利亚社会》，副题是《社会学概论》。他们向我解释说，他们是想通过分析自己社会的性质、特点和问题来讲社会学的一般概念。这和我的观点恰巧相同。

社会学是不能离开具体的社会历史特点和社会发展过程来讲的。所以我们的社会学一定是新中国的，要有中国的内容，要为中国人民服务，要为社会主义中国、为"四化"建设服务。社会学不能离开自己的社会，我们首先要能清醒地、自觉地、科学地去认识自己的社会、自己的国家，这就是新中国的社会学。

过去没有条件产生这门科学。旧中国的社会学，是反映半殖民地半封建社会的，我们不能照搬过来。中国已经从半殖民地半封建社会转变成了社会主义社会，我们的社会学要反映这个转变。

所谓恢复社会学，是恢复过去有过的这门学科，不是恢复这门学科的旧内容，内容必须是新的。当然新的也不能脱离旧的，这里有一个批判继承的过程，要能古为今用。我们要重建社会学，还必须付出长期的、艰苦的劳动。正如毛主席所说，科学是老老实实的事情，是没有捷径可走的。

怎样创建新中国的社会学呢？首先要有人。这在当前是个大问题。1979年社会学研究会成立时，坐在这个礼堂的人，大多已白发苍苍。最年轻的，即1952年以前从各大学社会学系毕业的，或念过社会学这门课程的人，也都超过50岁了。所以乔木同志在讲话中就说："在座的前辈都已经 80 岁了,也有年纪比较轻的,当然也不是很年轻了。所以一定要解决接班人的问题。……总归要赶快带徒弟,要教学生,即在大学里边恢复社会学系。不能在全国综合大学同时都设立,那么就在有条件的地方先设立。……我们希望从我们开这次会到有些大学设立起社会学系,这中间不要开追悼会。"

我们办起了社会学研究所之后,对于乔木同志这两句话体会得更深了。我们要搞出好的社会学研究成果来,必须先培养一大批能专心做社会学研究的人、新的一代社会学者。现在我们的社会学研究所还没有条件立即开展大量的、专门的研究工作,还得费精力来推动和帮助各大学开办社会学系,培养社会学工作者。

乔木同志提出在大学里恢复社会学系的任务之后,教育部对此十分重视。要恢复社会学系,首先要解决两个问题:一是教师,二是教材。要带徒弟,先要有师傅。师傅要教徒弟,还得有教材,编教材要有资料。一环扣一环,缺了哪一环都不行。我们社会学研究所要各大学给我们培养研究人员,各大学却要我们提供教师和教材。这样就使教学与研究两方面非结合在一起、非合作解决不行了。

教育部和社会科学院一起出力,培养社会学的师资和编写教材,是出于形势的需要。现在我们正在这样做。越做越觉得这样做法是对头的,会有效果的。

当然,培养年轻的社会学工作者也得采取多种方法。我们去年听到上海复旦大学开办了社会学系,感到十分兴奋。他们首先上马,从有关的学科教师中调出力量,自力更生,边学边教,迈出了第一步。这是一个值得重视和珍惜的尝试。我们一定要尽力支持,并向他们学习。

与此同时,教育部今年春季委托南开大学开办了一个社会学专业班。从各个学校调来了"七七届"的大学生四十多人,专门学习一年社会学课程,打算把他们培养成为各个学校教社会学的教师。我们社会学研究所责无旁贷地协助南开大学办好这个专业。这也是一个培养接班人的方式。

复旦的办法，南开的办法，都以 20 岁到 30 岁的青年为主要培养对象。当然这个年龄组是至关重要的，但是在时间上看，还得好多年才能使用这批力量。有人就提出我们还应当对 40 岁到 50 岁这一年龄组的人加以培养，也许可以更快些。这个年龄组的人不能全部脱产来学习，所以我们利用假期，开办了进行短期补课性质的讲习班。我们去年办了一期，取得一定的收效，所以今年再办一期。请大家来此参加学习，就是这个目的。

去年办的那一期讲习班，创造了一条经验，就是这种讲习班可以和大学里办社会学系的计划结合起来。参加讲习班的同志中的一部分人，有回到原来的大学里去讲社会学课程的任务。他们发现，个别备课不如大家聚在一起搞。我们社会学研究所同意参加他们编写教材的工作，所以由教育部组织成立了一个编写《社会学概论》的小组。这小组已经工作了快一年了。如果这个办法经过试验确是可取的话，还可以推广，采取相似的方法再搞几门课程的教材。

另外，去年讲习班里复旦大学来的同志回校后，以讲习班的讲义为基础，和其他几位同志一起开始编写《社会调查方法》教材。初稿编写成后，也可以再召开几次讨论和编审的会议，帮助他们完成这项工作。这又是一种办法。

我们要想一切办法，能在今后一两年内准备好六门社会学课程。有了这些基本课程，已经办了的社会学系就能充实了，准备要办的系也可以上马了。

教材建设中有两个目标：第一是要以马克思主义为指导，第二是要以中国社会的资料为主要内容。

我们说以马克思主义为指导，就是指我们新中国的社会学不能离开历史唯物主义的基本观点、基本方法、基本理论。但是，历史唯物主义本身并没有、也不企图代替关于社会各方面现象的具体研究的科学。新中国的社会学就是要用历史唯物主义的理论、观点、方法去研究具体的社会，而且首先是中国的社会。对于马克思主义的学习，我们许多同志是有基础的，问题是在怎样结合到对中国社会的具体研究中去。

这次讲习班特别开了马克思主义的课程，目的就在此。目前社会上存在一种错误的思想，认为社会学是在历史唯物主义之外的另一套。我们不应该有这种错误的思想。历史唯物主义与社会学的关系，乔木同志在他的讲话中有精辟的说明，希望大家再读一番。

对待外国的社会学，也应该有正确的态度。乔木同志说："现在的社会学里有正确的东西，也有不正确的东西。不管它是否自称为马克思主义或者被称为反马克思主义，都要以严格的、科学的观点来分析。我们对现在的社会学研究中使用的那种方法可以提出批评。但这种批评应该是准确的、科学的、有限制的，即不能随便下一个无限制的断语。否定一切、肯定一切，都容易犯错误。恐怕现在的问题，正在于我们对于在20世纪下半期以来所发展起来的许多方法太不熟悉了。要去学习这种方法。哪怕是批评它，也要首先研究它。连懂都不懂，一下子提出这样那样的批评，很难成为有科学意义的东西。现在的危险是我们不知道、知道得太少，所以我们还是需要首先掌握现代社会学所积累起来的资料和它所使用的方法。"

我们当前的困难，是关于我们中国社会的资料十分贫乏，即使有，也不容易得到。所以，要以中国社会的资料为我们教材的主要内容这一条，还要有一个发掘、搜集、整理、调查、充实的过程。在这一两年里还是不容易做到的，但是这是我们的目标。树立这个目标，也有可以起推动我们开展社会调查的作用。

社会调查是建立我们新中国社会学的最基本的工作。毛主席早就提出社会调查的重要，而且为我们做出了榜样。社会调查是我们党的优良传统。所以现在我们应当尽力发掘和整理已有的社会调查成果，同时要进行当前的社会调查。上海、武汉已经在进行，北京也正在建立调查基地。我们要在实践中摸索出一套符合于我国社会的调查方法。我们应当发扬我们社会主义制度的优越性，发动群众参与社会调查工作，提高调查的科学性。

许多国外朋友也承认，搞社会学，真正的希望是在中国。这话不是随便的恭维。他们是看到了社会主义制度具备的潜力。一个不存在剥削和压迫的社会，人民是可以讲真话、也乐于讲真话的。这是社会调查的最重要的基础。在这一点上，我一直是有信心的。当然，可能要变成现实，还需要我们艰苦的努力。

我们对前途具有信心，这条路需要一步一步地走。现在我们正在迈步向前。办好这个讲习班是重要的一步。我对大家到这里来学习的积极性和主动性是有充分估计的，所以不用我再做动员报告，我要说的是，请大家多注意保重身体。天气热，生活条件没有去年好。人又多了些，功课比较紧。去年很多同志每夜搞到12点，那不好。我很担心我们有些人坚持不下去。结果还好，没有一个病倒的。

今年一开始就得提醒大家，不妨用乔木同志的话做结束："希望今天到会的同志大家保重身体。为了科学，为了科学事业保重身体。"让我们一起努力，走上这条积极创建新中国社会学的道路。

1982 年

1982 年 5 月 31 日

先生参加在武汉举行的中国社会学研究会 1982 年年会（5 月 22 日至 26 日）后，于 31 日专门谈知识分子问题说：

很高兴同武汉的新老朋友见面。我这次来武汉，是参加中国社会学学会年会的。这个会前天结束了，在我回去之前，很多老朋友把我抓住了，要我讲一场，才放我过关。那么，我不得不讲一讲了。

为什么提出知识分子问题来呢？我们知识分子经过"十年动乱"之后，现在受到了各方面的重视，主要是因为我国进入现代化的时期，"四化"需要知识分子，"四化"离不开知识分子，要充分发挥知识分子的积极性。这一条，在最近提出的《宪法修改草案》里有明确的规定。一定要充分发挥知识分子在社会主义建设中的作用。这个问题是当前大家关心的问题，也是我们为了"四化"应当提出来大家讨论的问题。我讲这个问题，首先把我对四个现代化的看法讲一讲。

什么叫现代化？为什么要实现现代化？提出现代化这个名词，这个说法，不是太久的事情，还是在 50 年代后期。大家记得，周总理提出要"向科学进军"。向科学进军的目的，就是要实现科学技术现代化，要掌握当代的科学技术，是广州会议嘛。当时说要对知识分子"脱帽加冕"，知识分子受到很大的鼓励。就是说，是在那时才很明确地提出来。

为什么要看重科学技术呢？因为我们要实现工业、农业、国防的现代化。毛主席讲，假如我们在经济上落后于人家，是要挨揍的。我们刚刚推翻了"三座大山",把帝国主义赶出去了。但帝国主义还存在,不是已经消灭了。假如我们自己不壮大起来、成为社会主义的强国,那么,我们还是要挨揍的。

近几年,大家很清楚,我们第三世界国家还是受着霸权主义国家各种方式的侵略,以致武装侵占。归根到底就是水平没有提高,抵不住。霸权主义凭借武力,进攻了阿富汗,尽管大家很同情它,还是被人家占领了。这就说明,为了保持我国的独立,不要人家占领,我们必须赶紧建立社会主义强国。首先要在经济上提高。要提高经济水平,工业、农业就得要科学技术,生产够用的东西。可我们还是老一套办法搞农业、搞工业,就不可能建立社会主义强国。

我最近到云南昆明,印象很深。以前我在云南待了很久,抗战时期待了七年。在云南大学教书。这次去,不认识了,有很大变化。很好!可是我到乡下去看看我在抗战时期住的地方,距离昆明不到一个小时的呈贡县,靠近县城附近,我们以前研究室所在的地方。在那里,我们住过相当长的时间,村子里的人现在还认识我。我一去,很多老太太说:"哎呀!我记得你在这儿问我的小女儿多大啦。你看她现在这么大,她已经有了女儿啦!"

我印象最深的是,他们还在那儿用老办法打谷子,是用两块板子连起来在上面打。这完全靠体力。大概是千年以前的老办法,到现在还没有改变,我觉得这个问题很大,那里农村基本上没有现代化。云南农村也没有其他的动力,基本上还是人做动力。生产力很难提高。假定说维持这个状态的话,尽管我们有比较繁荣的城市,新房子很多,但基础很薄弱。

要讲机械化,问题很复杂。为什么我们解放三十多年了,机器还用不进去?这是问题啦!我刚才讲的,作为生产方式、生产技术,从农业到工业,我们还没有太大的改变。和先进国家比,差距相当大。我是在三个月前去的日本。有个朋友的朋友,因为知道我是调查农村的,他要我去看看日本的农村。到了仙台农业区,那儿是水稻区。我一看,印象很深,感想也很多。他们普遍采用了插秧机。而我从昆明来,一路上全部都是人工插秧,没有看到一个地方是机器插秧。

我在昆明看的地方很有限,没有看到插秧机,可在日本看到了。那时还没有插秧,我就看他们操作。他们讲给我听,怎么应用,怎么插秧。由 40 家组成一个机构,有一套插秧机。这个机器是中国传过去的,是我们解放之后有很多搞机械技术研究的人发明的插秧机。我在电视里看到过。日本全部是用机器插秧。

插秧是很辛苦的。我在湖北沙洋农场劳动的时候,种棉花,种水稻,所以我知道这一点。插秧时,体力劳动很重。腰疼得不得了,一停下,就站不起来。农村都是妇女搞这个活。我们没有摆脱这繁重的体力劳动。当然,不是中国人不如日本人。一个原因,是日本农村里劳动力越来越少。因为人少了,劳动成本就高,所以机器进去就很受欢迎。

我调查过昆明附近的村子,30 年来人口增加了一倍,人更多了。这么大量的劳动力在农村里,机器是进不去的。农民讲,如果采用了机器,我们的工分在哪里拿呀?这就是说,现代化是一个很复杂的过程。

要把现代科学知识用到中国来,真正成为生产力,不是一个简单的事情。我们要现代化,不是从现在开始。我们祖父那一代,就吸收洋的东西。他们只看到技术很不错,要富国强兵嘛,要洋枪洋炮。盛宣怀、张之洞……他们看到了洋枪、洋炮、兵舰……没有这个东西不行。要造,可是发展工业一直没有成功。因为有帝国主义。

那时我国是个半殖民地半封建的国家,没有条件能真正走上工业化的道路。现在我们解放了,具备了现代化的条件了。可是,要现代化,要把现代化的科学技术形成生产力,发展我们的经济,发展我们的物质文明和精神文明,中间还有很多环节。首先,我们要懂得怎么造,科学技术我们要有。要运用科学知识到生产领域里面来,我们要有一整套自然科学知识、工业方面的技术知识,还要有怎么样使先进技术能在中国的土壤里生根、使中国社会能接受它的很丰富的社会知识。

刚才我讲，为什么日本人可以发展插秧机，而中国先发明，却不能发展，不能大规模使用？这不是其他原因，而是社会原因。首先是人口问题，劳动力怎么使用？假定农村使用插秧机，那么，机器所代替的劳动力去做什么呢？实际上，事情是倒过来的，是农村缺乏劳动力，才用机器。这才是自然的。采用机器，其他的劳动力没有事干，他不会接受的。

在人类发展史上的工业化，西方有个过程，是牺牲农民。工业化时，农民大批破产，人口外流。美国和澳大利亚的人口，都是从西方工业化过程中外流出去的。工业化从英国开始，一直到东欧国家，一批一批被机器挤出来的人口向外流动。很多人没有流出去，就死了。这是一段很悲惨的历史。

现在他们可以把20%的人口放在经营农业方面，而且越来越少了。绝大部分（80%）的劳动力不放在农业上面。一个人生产的粮食、农产品，可以供应多达70到80个人的需要。而在我国，一个农民养一个半人就很不容易。大家都挤在农业里边，拔不出来。这是一个社会科学的问题。对于这一方面，我们的知识很不够。

这次我是来开社会学年会。社会学，以前大家都不敢讲，说是一门伪科学。谁说了，谁讲了，谁就要当"右派"。现在我们感到不能不讲了。很多问题，必须要有正确的科学知识才能解决。这方面，我不必用事实说明了。我们对于自然科学知识，对于社会科学知识，对于我们的国情，知道得太少了，不是太多了。这是耀邦同志的讲话。为什么他大声疾呼，说我们对中国的国情知道得太少了，不是太多了？为什么我们在《决议》里说要大大加强对马克思主义的理论学习，加强对中国历史现象的研究？要大大加强对自然科学和社会科学的研究？这几条，是在通过《决议》之前24小时内书记处加上去的。党感到现在我们的关键问题是了解得太少，而不是太多了。就是说，针对中国情况的科学知识，我们知道得很不够。

看看全世界的情形，在 60 年代，有一个飞跃式的发展，我们称它是"技术革命"。人类对自然科学的知识进入了一个新的阶段，现在我们叫它"电子时代"。很多以前办不到的事情，现在办到了。人可以上月球，这说明我们掌握了、认识了以前不认识、不掌握的一部分自然世界的规律。我在大学念书的时候，就没有电子计算机。在美国，现在小学生都在用电子计算机玩游戏啦。

去年我在美国的一个教授家里住，他的孩子是十二三岁的小学生。他有一台电子计算机，形状同我们的电视机差不多。小孩子拉住我，要我同他去玩游戏。我说到哪儿去玩呢？他说就在这上面（指电子计算机），可以两个人在那里下棋一样地玩游戏。他父亲讲，我们就是要让他们从很小的时候就进入电子世界。电子进入人的生活中去了。新的认识、新的知识，不仅是用在上天、国防、搞洲际导弹，而且进入了人的生活领域。

有一次，我打电话给一个朋友。他不在家。不要紧，可以把话留在他的电子计算机中。只要把它的按钮一按，声音就出来了，话都讲给他听了。这是一个很简单的事情，只是一个技术电话。我们现在就没有。现在很多大面积的数据都可以进入人们的控制范围，使得我们这些学社会科学的人感到架空了。他们都在搞电子的东西，而我们还在用算盘。这是工具的差距。

历史学界有一位陈寅恪先生，以前很出名，是我们上一辈在历史知识方面的第一把手。他的本领很大。有一个本领，人家比不过他。他后来眼睛瞎了，叫学生来帮忙，他能说出哪一本书的第几卷是什么什么。把书拿来一看，是对的。他把资料装在脑子里面，什么时候需要，这个资料什么时候就拿出来了。谁都比不过他。很多学生讲，他讲课不要参考书，照样可以讲，而且讲出来是对的。嚇！真是厉害！

这个陈老先生本领大，博闻强记。现在，光讲储存知识，这不算稀奇了。假如他只有这个本领，那就比不过电子计算机了。当然电子计算机只会记，别的比不过陈老先生。可是从记忆方面讲，现在只要输进去的知识，任何时候可以为任何人提供。讲起来，这个很奇妙。你要什么，它给你。但我不是讲神话，是真的事情。

电子计算机记忆力很强，不会错。这对于我们做学术研究的人讲，那帮助太大了。我们做一项研究，首先要看看，在这个问题上面前人写过的东西。一切知识都是积累来的，是在前人的基础上发展的。你要写论文，就是说要增加人类一点知识。你要把人家已具有的知识看一遍。我们的前人，有很多同时在做相同的事情，那么你怎么知道前人做过呢？在这个问题上，前人做过多少呢？有关的问题有多少资料呢？这是我们每一个做研究工作的人都希望知道的。

这样的事，有电子计算机就很容易做。我自己去试过。它（指电子计算机）说："教授，你出个题目。"我说："我是搞中国农业的，搞人口的。在中国人口方面，你有什么著作？"它问我："在哪方面？"我说："生育率。""在哪一地区？"它就这样面对面地问我。我一个一个答完了，在一个很小的范围，它把所有的著作，图书馆里有的，都输到机器里面去，都印出来，整个过程不到十分钟。而我们要研究一个问题，查资料不知道要花多少时间，而且查不全。

现在，他们又把各个资料库都统一起来。你的资料库，我可以用，我的资料库你也能用。用电话一拨，我要哪一个地方的资料，查着很方便。查完了，就换一个地方再查。只花半天的时间，它就能把前人所做过的东西都给你，让你去研究好了。你要看哪一篇具体、详细的资料，你就去要好了。它这样方便、这样快捷，就有优势了。两个人比，一样聪明，可是他比我快，知道的东西比我多，成绩就会比我大。不是个人本领大，是条件不同嘛！杨振宁，大家都知道，同他一起读书的人，他俩在西南联大，一个上铺，一个下铺。杨振宁已经得了诺贝尔奖，而我们这位同志还在当讲师。不稀奇嘛！因为我们有一个差距。所以，要现代化，我们不能不现代化。

在科学技术方面，近年来很多想不到的事情正在很快地发展。我们必须掌握这些东西。掌握并不难，难是难在突破。一突破，大家都可以搞了，不稀奇了。

我们怎么样更快地掌握这套知识？知识越来越明显地决定我们的生产，决定我们的命运。知识发挥了它的力量，知识就是力量，没有知识就要吃亏。我们60年代碰到了一场浩劫，是反对知识、仇视知识，把知识分子打成"臭老九"。读书越多越反动，最好不要念书。很多事情让你不想念书。比如大学生毕业还不如小学生毕业，出来就做别的。一家兄弟两个，差别很大，收入不同，念过书的收入少。人家在增加知识，我们在毁灭知识。这是个很可怕的现象。

我们在50年代初期，到少数民族地区调查，多的时候达几千人，跑遍了各个民族地区，收集了不少资料。资料是不那么好、水平不高，可它是很宝贵的原始资料，第一手资料。在"文化大革命"中被烧毁了。听说贵州是一车一车拉出去烧，差不多烧完了。很多省也没有保存下来。一直到十一届三中全会以后，国家明文做出规定，要把这一套资料赶紧抢救下来，而且把它整理、印出来。这是举一个例子。我们中间有一段破坏知识的历史，这个伤痕还没有恢复。我们现在在吃这个苦果。"四人帮"把这一代人的知识破坏得很厉害，那是一下子恢复不过来的。

到十一届三中全会时，我们很清楚地感觉到了我们对这个世界的认识，从自然一直到社会，不是认识太多，而是认识太少。这句话含义很深。有的人觉得我们都懂得了。不！我们很多东西还不懂得。特别是我们积累知识的速度、发展知识的速度，赶不上人家，那是很危险的。所以说，中国四个现代化是为了我们民族的生存，不能差得太远了。

我有个比喻不一定恰当。我是搞少数民族工作的，到了美国、澳大利亚，人家跟我讲当地土人的情况。澳大利亚是去年去的，看了一个很好的地方。20万人口，当时这地方是个土著民族区。它的社会没有阶级分化，大家不打仗，和睦相处，生活水平很低，是个世外桃源。听上去，同陶渊明描写的差不多。他们不接触外界，不知道外面的变化。它同地球上别的大陆上的人差距拉得很开，一碰上就没法子抵抗。

在北美，白种人到了那里，同当地的印第安人打了好几仗。而澳大利亚没打过一次仗，的确没有打仗。就这样一个一个搞死了。明媚的山水、肥沃的土地，都被人家占了，也没有办法。组织不起来一个队伍同白人打呀！

土著民族一直和平相处，几十个人一个小村子，生活得很好。白种人来了，就没有办法，现在人口只剩下原来的十分之一，留下的只有外婆、外孙。白种人把他们的土地都拿去了，把他们养起来，但他们过不惯。

这个比喻太耸人听闻了一点。可是这里的教训很大。你在科学文化上面落后于人家太远了不行，没有抵抗力量。不要以为我们人多就可以了。我们要做强国。我们的文化在历史上是领先的，不能甘心沦落到一个屈辱的地位。爱国心大家都有嘛，我们抗战时就不愿做亡国奴。可是假如我们在知识领域里面自己站不起来，那我们还是有可能走上一条很惨的道路上去。

假如"四人帮"上台，就很危险。我们的教育已经被破坏得差不多了。现在我们吃的苦头很大啊！大家感觉到了，情况很严重。所以说，在这个时候，要响应周总理"向科学进军，向现代化进军"的号召。在1958年，周总理和陈老总开广州会议，要为知识分子脱帽加冕。可是后来还是"四人帮"的力量占了优势，搞了十年破坏。直到党的十一届三中全会之后，才扭转了整个局面，重新定出了党的正确的知识分子政策。

要搞四个现代化，我们会感到，离开知识不行，离开知识分子不行。这一问题很容易理解，可是深刻理解它还有个过程。当然，原因还可以分析。因为知识分子这个词，含义不太清楚。什么叫知识分子？现在我们讲，我们从事脑力劳动为主的工作，对社会做贡献不是凭体力劳动，而是凭脑力劳动。知识分子必须同工农接触，为工农服务，要结合。所以说，体力劳动同脑力劳动的差别是三大差别里的一个很重要的差别。这个差别在共产主义实现之前是存在的，最后当然不存在，每个人都是知识分子，都是脑力劳动者。

可是在共产主义实现之前，体力劳动同脑力劳动这中间还是有一定的差距，这个差距可逐步缩小，直至消灭。这是一个客观的社会发展规律。正像城乡差别一样，脑力劳动和体力劳动有一个差距，而成为社会上的差别。

从事脑力劳动的人，他吃饭不能靠自己，要人家给他饭吃。人家请你当老师，得听人家的话，这是很简单的道理。你看《红楼梦》里面的私塾就请了老师。为谁服务呢？为给得起钱的人服务。他一天需要多少米？米是剥削来的。这很清楚嘛。体力劳动是工农在做。中国的工农不需要太多的脑力劳动，不是说没有脑力劳动。

工农阶级是我们依附的阶级。知识分子可以依附于剥削阶级，也可以依附于劳动阶级。毛主席说："皮之不存，毛将焉附。""附"是决定于脑力劳动的性质。那么在现代化的管理过程中，生产需要知识，情况就有改变。不是体力劳动完全能解决生产问题的。老是靠体力劳动，像云南农村那种打谷子的方法，是建设不出一个现代化的国家来的。所以现在一个很大的变化是人民需要知识。脑力劳动者要为生产服务，为人民服务。剥削阶级打倒了，脑力劳动者必然依附于劳动阶级。这是历史的决定，不是哪一个人说怎么样就怎么样。

现在的知识分子与过去的士大夫不同了。这个变化是可以理解的、是可以实验的、是可以讲清楚的。符合历史实际。但是人们心理上的变化还不容易很快地跟上去，相当不容易跟上去。要体力劳动为主的工农感觉到脑力劳动的知识分子来同他一道合作，有一定的条件，就是农民要真正理解到需要现代知识。脑力劳动的知识分子要甘心为生产事业服务，成为一个生产力，这也要经过一个过程。

我去年年底到江村去调查，给我一个很强烈的印象，同我以前下乡时和干部、农民谈话比较，发生了很大的变化。以前对我很热情、客气。老太太也好、年轻的也好，他（她）不同我讲生产，不提出什么问题。有的向我发牢骚，希望我帮他一个忙。可是我这次去，主要向我提出问题，都是很具体的生产知识问题，很多他们不能解决的问题。

我举一个例子——我家乡出一种百合，营养价值很高。那里很适宜生产这种东西，挑到上海去卖，价钱很高，可以赚很多钱回来。可是这个东西容易坏，一坏就不值钱、不能吃了。他说，能不能想个办法，使这个百合保存时间长一点？我说这是食品工业的一个课题。我们有很多产品，怎么保存得好，这是一门学问，是个很好的研究课题。很多人不去研究这种问题，说没有什么意思。要做就做很尖端的。但这个问题解决起来不太容易。

我到日本、英国、香港去，见到他们的食用豆腐。我们中国有很久的生产豆腐的历史。这东西当天卖不出去，第二天就发酸，要当天做当天吃。现在日本人发明了一种东西，加进去再不必放在冰箱里。包一包，到处可以买到。拿出来，怎么吃都行。吃的时候，完全是新鲜的。我带了几块回来，想找一找这个秘密，有没有人知道。找了很多朋友，都说这个东西不太容易知道。只两块豆腐，找不出为什么是这样。

现在中国饭馆全世界都有，豆腐是中国菜中的食材之一。人家吃饭要吃豆腐，日本就供应。这个知识是化学知识，也可能是生物学的知识，它使得豆腐不会坏。如果我们能有这个知识，它为国家创造的财富可不得了。

还有一种香菌。我在澳大利亚，一个朋友请我吃饭。一吃，这个菜很好吃。他说，这是他们学校培养出来的，现在推广了。澳大利亚一年靠出口这个香菌可创收几十万元。哪里来的呢？种子是中国去的。喜马拉雅山南部，有一个山南地区，给他们找到了几个种子，加以培养，产量比普通的香菇增加十倍。他们学校实验室很大。给我照片看，可我没有时间到那个实验室去。人家种香菇，是集群式的，像塔一样。一层一层，一根一根，它的产量一看就高。它创造了多少财富呀！

这又是中国出去的东西！我看了心里有些不舒服。人家一发展就是宝贝。还有猕猴桃，不是桃，不是树上长的，是藤上长的。这个东西试验出来，属于水果中营养价值最高的，它的维生素的成分比四川的一种水果要多好几十倍。本来是中国的东西，运到了新西兰，到处培育。后来，我们广西的同志到了新西兰，人家不给看。看都不能看！

他们培植成功后，就搞大宗的出口。可是在我们这里，还是野生。现在野生的越来越少。因为一收购，大家都去，噼里啪啦地摘。摘了几年，快没有了。所以知识是很具体的。人家有钱，是因为有知识。我们的好东西就冤枉地丢在那里。这类事情很多，说明我们需要现代知识。

农民现在需要知识。他们想各种办法搞多种经营。每个公社靠水稻、靠粮食，收入是提不高的。我们要保证粮食，因为我们这批人要吃商品粮。我们都依靠农民种的粮食给我们吃。农民花的力气很大。我们要知道，农民在养我们。养了多少辈子呀！现在继续养。

农民光靠搞粮食，收入提不高。我们江苏是最好的农业区，如果大家专门种粮食的话，人均收入要超过100元很不容易。一亩收成高到一吨（2000斤），可农民的收入还是在100元以下。后来为什么可以突破100元？靠多种经营。所以我们的新政策一下去，农民的生活状况普遍有了改善。这就是多种经营的结果。

多种经营需要知识。农业里需要的知识还是少量知识，多种经营一出来之后，还要搞各种手工业，搞小规模的机器工业，都要知识。所以，现在江苏农民看见知识分子，态度就变了。他问你呀，要你去呀。他们都埋怨什么呢？说我们培养这么多知识分子，都不回乡。这句话说得对呀！

我们召集过一次科学学部委员会议，做了个粗略的统计，大概三分之一是从长江下游三角洲里出来的知识分子。教师、科学家，这地方最多。可是到乡下，却看不见。到江苏的农村里，连大学生都找不到。这个事情很严重。他们开始抱怨了。他们说,你们老是出去,你们回来回来嘛!我说这个要求是对的。为什么?农民需要知识了,要知识就得要知识分子。你回去的话,他就好好招待你了。到了工农需要现代知识的时候,知识分子才真正受到尊重。这是一方面。所以我说,现代化需要知识分子。

知识分子要在社会里面得到他真正应有的地位,要通过现代化。现代化进一步,他的地位就提高一步,而到后来,都是知识分子。现代工农业都需要知识。我在加拿大去看一家农场,有1000公亩地。而我们一个大村子还不一定有1000公亩。他一个人工作,全部机械化。他是大学毕业生。我问了他两个问题。我问:"你怎么知道现在机器怎么变化呀?"他说:"我看杂志。"他知道怎么更新他的机器。我问:"你怎么知道运用这些机器呢?"他说:"我看说明书。"

他的文化程度高,既是脑力劳动,又是体力劳动。开着车子出去赶羊。我们呢?很多买来的机器,说明书也不会看,叫人家翻译。翻译不会翻,丢在那儿,机器怎么能用呢?这是真事儿,不是假的。要有知识,才能用它们。

我再讲一个故事给你们听。我自己亲眼看到的。我到广西去参加庆祝自治区成立30周年纪念日,因为这个自治区1950年成立时,中央访问团是我带队去的。所以这次叫我去,我很高兴。一看,的确变化很大。少数民族地区变化特别清楚。可是差距也出现了。里面有四个民族:侗族、瑶族、苗族、壮族。苗族住在高山上,不轻易下山。我们要送东西给他们呀,送点化肥上去。他拿去了就撒。第二天一看,不行了,都死光了。撒得太多,苗都死了。他说是化肥不好。他为什么撒这么多呢?他们以前用的是草木灰,把树木烧成灰当肥料,多一点就好一点。化学肥料同草木灰不同,他不知道。要一家一家去讲,没这么多人呀。他自己不认得字,说明书贴上去也不行。还送了一台抽水用的小型发电机,里面有根保险丝。这个地方水位落差容易找到,发电比较容易,可是保险丝总是断,讨厌!干脆用铁丝一接,不断了。可是,过几天,一下子炸了。保险丝的目的,就是通过断掉铅丝保护机器,他不知道呀。所以,要有一定的知识水平才能用一定的工具。有很多东西,在那儿赔了多少本,他们还不知道为什么赔,就是缺乏技术和管理知识。

我们逐步知道要知识,教育要跑到前面去。现在有困难。我们的中小学,逐渐影响高等教育。从1977年恢复招生之后,七七级的第一批大学生,大家反映很好。七八级还可以。七九级、八零级就起了变化。教授们讲,很不容易教。因为七七级时收录十年里很多成绩比较好的一批,第二批还有。三四年后,这批人过去了,奶油已经刮完。当前中学的质量差,教师不好教。有一部分连书都不愿意念。有这个反映,我们应当进行一个调查,看程度是不是一年高一年。我们不在中小学想办法的话,可能一年比一年差。到大学里,就难办了。

日本在战后,他们的破坏比我们还厉害。日本人炸我们,炸昆明,他炸过了,我们还可以回去。当然房子是损失了,但联大没有停课。而美国用科学的方法炸日本,把整个东京炸完。那时候他们的确很苦,一些当时在那儿的华侨告诉我这些情况。尽管这么苦,但有一点,我觉得他们是有远见的。就是在那样情况下,小学教员的工资不变,保证小学教育。他们说:"首先要救这个。它是我们的本钱。"

这的确不错,为什么后来恢复得这么快,他们说:"我们的教育基础没有动,没有炸掉我们的教育基础。"我听了很感动。我们却破坏了自己的教育基础。这是"四人帮"的罪恶。我是审"四人帮"的人,我在审问时说:"我们自己吃苦都不算,你不要害我们下代人。"这个罪恶太大啦!

"四人帮"在北京树了一个黄帅。黄帅一出,各个校园的教员死了多少!打呀!不要教员。小学里不要教员指导怎么行呢?所以现在小学师资不行。小学教员和我都在发慌。很有趣的事情发生了。很多大学教授在家里面给孩子补课。花在孩子身上的教育时间比工作还多。因为对这个小学不放心了。我的外孙女在我们那儿一个比较好的小学里，她回来读英文，我听不懂，就教她。她说我不对。这就难了。不知她的老师怎么教的。我又不能要她听我的，那样会考不及格呀。做算术题，她不懂什么叫加法、减法。我生气，气也没有用。我不能说，好吧，我来教，别的事情我不干了。

现在，的确有很多父母，孩子是自己教。这个数目，我没有调查出来。可这个现象是有的。这是不正常的。小学教员要有教孩子的知识。我们大学教员不会教孩子，我一弄就发脾气。说什么都不懂，一气就要打她。可是小学教员能很耐心，懂得小孩子的一套。现在好的教员不多。这是大事情，是国本。

这几年，我们党和政府，注意把小学教员的工资先提高；第二步，把他们的质量提高。这数目很大，还没有很好地调查一下，究竟合格的有多少。中国的面太大了。

在我调查江村的时候，其他都上去了，农业、经济、收入上去了，教育却下降了。一个中学停办。我说，你们怎么把中学停办了？他们说，没有教员呀。

听说今年教育部要把中学教育提到议事日程上来，要好好解决体制问题、结构问题、质量问题，现在还有很多老的、有经验的中小学教师，要通过他们来带出一批新的中小学教师，更快地把我们中小学的教育基础扭转过来。不是越来越下滑，而是越来越好。这是摆在我们面前的课题。我国要走现代化的道路，离开了知识分子不行。这一点还没有被充分认识到，以致有些机构做工作的人，我说得好听一点，抱着一种听其自然的观点，没有主动发挥知识分子的积极性，为现代化建设服务。

那么知识分子的情况具体怎样？当前知识分子队伍的问题在哪里？1957年时，我在国务院的专家局工作，是总理直接领导的，就是要搞知识分子问题。后来说我在这个问题上犯错误，戴了"帽子"。现在改正了，说没有错。我当时提出，知识分子的主要问题是信任问题、待遇问题、生活问题等。后来总理认为,这是抓住了要害。

而现在问题怎样呢?过了几十年,变了。所以,我觉得调查知识分子问题,这是我的责任。我到云南去,我说光是像以前一样调查不行。以前调查,是靠我自己同人家的交情。因为我认识很多知识分子。那时我只有47岁。当时的文化骨干是40到50岁的人,一讲可以讲得很深,反映客观实际情况比较容易。我现在出去,碰到我的老朋友,头发都是白的。他们很多人都退休了。有的当了文史馆的馆长了。调查的主要对象不是他们,而是现在40到50岁的人。这一批人我不认识,要同他们谈心很难。我们的语言都不完全一样,经历都不相同。而我们过去是靠自己的体会,搞典型调查,现在数量大了,靠这种办法已经不能符合现代的要求。

调查要有典型的"点"。比如我刚才讲的,受到一点委屈,他究竟怎么样了?这是一个一个人的问题,不是"面"。要一个一个深入地下去做工作。可是要了解知识分子总的面貌,不但要有"点"的了解,而且要有"面"的了解。

过去很多社会调查的一个缺点,是我们虽然找到了问题,可是它在整个面上究竟占什么比例,却没有法子表现出来。这就容易引起片面性。这也是搞"扩大化"的一个原因。特别是后期,一部分调查人员口袋里放着两份报告,看领导的眼色行事。看上级领导需要的是哪份,就拿出哪份来。那就糟了。最坏的是"四人帮"的逼、供、信。他们也叫调查嘛。那是不符合实际的、不科学的,是反科学的。所以现在我们应当提高我们了解社会情况的方法。这是社会学嘛。

我到昆明去试了一下,时间很短。我搞了一个表格,根据十号文件的提纲,把它编成一套问卷。你画好了。数目不算太大,一共千把人。收到答复的问卷总数有三百来人。用电子计算机算了一下,初步结果有几点很有意思,过去我没有想到。

我问了一个问题:你感觉到干扰你工作的最大因素是什么?假如你

觉得两个都是，你就做两答。我们列了一个表，比如说子女问题，包括很多内容：子女的教育、子女的升学、子女的就业等各种问题，打扰你，使得你不能安心工作。比如经济状况不佳，钱不够，到月底没有钱。那么心情不好了。这样子做了一个简单调查。我想不到在子女问题上面的数目相当高。有多少呢？占接受调查总人数的15%。连51岁到60岁以上的人都有这个问题，而最厉害的是40岁到50岁的人。中间有四分之一的人感觉到这是最大的干扰。这个数目不小呀！就是中年知识分子里面有四分之一的人感觉到最厉害的就是子女上学、就业的问题。这也反映了中国社会的一个特点，就是亲属关系比较强。

外国人的孩子同父母的关系和我们不一样。父母可以带孩子玩，但在社会责任上，一般是国家负责给的教育受完了，父母就没有责任了。儿女就不能在家，在家丢脸。

我们中国不是这样，会一代一代接下去。我们是上有父母，下有子女；上有祖先，下有后代。好多人依靠子女。我们老了，不愁，至少儿女拿我们不能怎么样。我的女儿调到我身边来了，因为我老伴身体不好。领导上说要我工作，把支援边疆的女儿调回北京。那时积极去，她现在愿意抛开她自己干了十几年的工作单位回来。觉得她的父母老了，应当回去。外国不行，哪有这样的事情？管你老不老，你死你的。

我们这样，好的一面，是我们可以靠这样有个老年保险，坏的方面却很多。不管怎么样，这是中国的一个特点。我们的工作在这方面注意还不够，特别是中年人，40岁到50岁的人，孩子问题、家务问题，都很大。老年人在60岁以上，家务劳动影响工作很厉害的占20%。40岁到50岁的知识分子中，占40%多。近一半都被家务劳动拉住了。这些都是有记载、有数据的。

在座的不少是40%里面的人。回家，时间到了，我得去买菜。我自己深有体会。在学校工作，到食堂可以解决问题吧？不行。食堂11点半开饭，你上课上到12点钟的话，出来就没有饭吃了。这儿不知道怎样。

我说的是北京的情形。所以说，我们有些后勤工作，不难的事情可以变成很难的事情。再说洗衣服吧。我女儿星期天一回，我们一家总是有很多衣服要洗。那哪儿是休息呀？后来，给我"改正"，补发了工资。我就买了两台机器，一个是洗衣机，一个是冰箱。后来，还买了高压锅。买回来以后，我们家里的情况稳定了不少。为什么呢？买菜是我的事情。天气一热，每天要去买。菜不能过夜，但有了个冰箱，我一星期买一次肉就够了。买菜不容易呀，还要排队。所以一次买多点，就能省点时间。有了洗衣机，不一定等星期天了，下班回来洗一洗，很快。

可是别的人家不行，拿不到这笔钱。就是有钱，买回来了，电费也吃不消。这我没有想到。因为我是高薪。月薪60元的讲师，双职工每月才120元，一个月要挤出四五元的电费钱，那出不起。所以宁可不用这个电。

那怎么办呢？我说有个办法。对不对，还没有试。我在国外所见，也不是每家都有洗衣机。每条街上有一个房子，里面有很多洗衣机，自动化的。你把衣服塞进去，在那儿休息一下，或是去买点东西。到时间回来，衣服都给你烘干了。一个人都不要，你走好了。当然，我们不一定要搞自动化，这个太麻烦了。我们有不少待业青年，他们可以做这个事情。家务劳动要社会化、机械化，很可以试一试。

领导上关心知识分子的生活，不光是加工资。我们加工资还是有困难的。这牵涉太大。你一个机关搞一个公共洗衣房嘛。算一算这个成本，用机器划得来划不来。你们可以试办，那大家感激你呀。年轻夫妇能到公园走一圈，不在那儿愁了。第二天工作，教起书来劲头也大一点。他有时间备备课也好嘛。

冰箱的问题，我还没有想出办法来。因为现在的家用电器太贵，估计单人月收入在150元、双职工月收入在200至300元的，才能买得起冰箱。这里有一定的内在联系。到什么时间、收入达到多少时，做什么事情。如现在电视机很重要，很多人要学习都靠电视。所以说，到什么时间，他收入达到多少，他需要什么东西，都是可以调查出来的，而且是有规律的。那就可以看出这个地区、这个学校里面有多少人要用这个。我们可以想办法补贴一点。你这样一做，一半的知识分子感激你呀！花销并不太大，而且可以做生意，钱还可以赚回来，还可以给待业青年找到职业。

这是举个例子。我们要千方百计做点具体的工作，减轻知识分子的负担，消除其后顾之忧，使他们更好地工作。这样就帮助了我们的四个现代化，就是帮助了我们做好教育工作。当然，假如一个领导觉得搞得好搞不好不是他的事，那么，这个人就要照耀邦同志讲的那样，"三年不成则五年，五年不成则七年，七年之后请你下台"。否则是不行的。

我们的国家要发展，干教育的人心中要有教育。办好教育必须有一个教员队伍。教员好坏、他的精神状态、水平怎么样，决定你这个学校办得好不好。不是造房子而已。

由这一点出发，办法不同了，面貌就不同了，就符合党的政策，在落实知识分子政策上就是表现得好。但这不是勉强的事情。一切事情勉强都不行。

做人的工作，很奇怪，可以吃力不讨好。它是以心换心的事情，是感情问题。如果做到他感激你，真的动心，我什么都可以，苦一点没有关系。我们抗战时期生活多苦啊，解放前的解放区生活多苦啊，没有人说什么，二话没有。爱国嘛，不愿做亡国奴。解放中国，有奔头嘛。我们现在的领导、党的干部需要用这个精神来为国家、为人民、为民族服务，首先要把教育搞好嘛。教育搞不好，实现"四化"是困难的。

还要有一批知识分子出来。鸡要生蛋啊。假如这些蛋都是臭蛋，就不得了了。现在已经发生这个问题了。我们招的几个研究生，都是大学毕业，先要做很艰苦的思想工作。我叫他写个东西出来，很多字我不认得。他会创造，他的简化字是自己简。很多人写出文章不大通。这就担任不起我们这么大的国家的任务。所以中央文件里讲，今后在考核各级政府的工作时，落实知识分子政策的一条，是很重要的指标。

要懂得现代化的根本是人啊！我们要交朋友，要学周总理。我们见了周总理，他的确把我们吸引住了。他的确是朋友，我们从来不怕他。但他很严格。他批评过我。我在民族学院工作，有次他来参观，我向他汇报。我说："西藏的学生到了我们这里，很容易得肺病。"这的确是事实，因为西藏空气稀薄，肺病、结核病很少。总理问我百分之几。好家伙！我愣住了。我说我不知道。去问校医，校医说没有统计。周总理说："你们心中无数。你这句话的根据在哪里呢？"所以批评得很厉害。

总理虽然严格，可我们都爱他。他以身作则，是知心朋友。有什么困难同他讲，他有原则地讲给你听。要培养我们嘛。你心中无数还当什么院长啊？问题提得对。你没有数字，不能说服人。同样，现在我们要做很多知识分子的工作，究竟有多少人受家务劳动的影响？占百分之几？这不能空说的。今天有的同志要我宣传宣传社会学，这就是社会学。过去不是这样，大家一说就是"这个很重要"。这个"很"是什么意思？你比较了没有？其他因素怎么样？

我们讲两地分居。两地分居是当前的大问题，是中国的一个特点。外国人从来不懂。他们说，两地分居就是离婚嘛。可是中国人两地分居很少是离婚。什么叫"两地分居"？我一直没有弄清楚。这次我有很多体会。两地分居，是说一个在北京，一个在广州，一年见一次面，"鹊桥相会"。国家要给他一笔路费，请一个月的假。现在的问题是在一个城市里，夫妇两人不能在一个地方住，不能在一起开伙，孩子不能两个人一同管。一个在汉口，一个在武昌，两个人上班，每天都跑得够受。所以超过一定时间、距离，再加上交通条件的限制，如果要两个钟头跑一趟的话，那夫妇两人就很难住在一起住。这个人数我还不敢说，还没有定量统计出来。反正不能每天回家。

夫妇二人分开住，孩子放在哪里？一般放在教育条件比较好的地方。不管他（她）是爸爸还是妈妈，在郊区就不好带孩子。妈妈的心老是记挂城里的孩子。有的妈妈出去了,父亲不会带,那么就搞得狼狈不堪。这算不算两地分居?他说:"我们花的钱很多。每星期总得见一面。她不放心孩子啊。来回一趟要花一块多钱,要买点东西啊。两块钱去了。一个月四个礼拜,八块钱去了。吃饭也不同了。我一共只有120块钱,两地分居至少丢了十块钱。"对不对呀?这种问题,以前我没有考虑到。当然,主要还是交通问题。

从社会学来讲,它有一定的区域,在这个区域里做事情,才能同居在一起。双职工是中国的特点嘛。假如工作分配一离开这个区域,那他就成为一个不被承认的两地分居。这就有一套新的问题。这套问题还没有被充分考虑到。

这种人在昆明所调查的三百多人里占11%,即十分之一的人是这样。这个数目还不全,将来还要增加。可是现在已经不低。产生了这一类的问题:我女儿有两个孩子,她的工作地点离我家的距离,要乘一个半小时的公共汽车,来回三个小时。回到家里,人累得要死。她的两个孩子要我老伴管。我们接她回来,本来是照顾我们的,现在搞反了,我们还要照顾她的孩子。她忙得要命,天天跑啊。所以,我们了解问题要具体,不能太抽象。要想真正解决问题,那就要深入调查研究,才能反映出各种不同性质的问题,使得领导心中有数。我们不可能要每一个领导都来花这个时间,所以说我们要搞社会学。

党中央提出了要我们特别注重中年知识分子的情况。以前落实知识分子政策主要在上层。很多人说,你们这批头面人物都行时,做个样子给我们看。这不是党的意思。工作总得从头做起。你做了一个头面人物的工作,大家知道政府的政策是什么,比较容易说明问题。可是不能停留在上层几个人,应该越来越扩大。所以这一次注重了解中年知识分子的情况。刚才我已经讲了好几样,究竟严重到什么程度呢?现在我们提出了一个中年知识分子死亡率增加的问题。

据各机关粗略了解,老年人死亡的比中年人比例低。当然老年人是基数少，中年人是基数多。但现在也出现反常现象。我们拿正常状态里面各年龄组的死亡率来做一个比较，看知识分子的死亡率是不是符合正常的曲线，有差额表示反常。实际是反常的。从初步材料来看，反映出来的是中年的死亡率高。不应当死的死了。他们的压力太大了。工作多，营养不足，家务劳动繁重，还有各种各样的烦恼。所以我建议做一项具体的调查，究竟死亡率怎样？是哪一种病？健康情况怎么样？病死的原因在哪里？是营养不足？还是太紧张？有没有治疗？这样就很有说服力，使得大家不停留在一般的认识上。

中年人很苦啊！中年知识分子的面很广，动一动钱就很多，国库负担很大。下决心搞这个事情，那就需要很准确的、细致的、有说服力的材料，把实际情况表现出来。

有很多事，根据这一次粗略的调查，和以前的认识不同。比如对工作条件不满意的是27%，大多数是满意的。这个我以前估计不对。我以为较多的人工作条件太差，因为我想到我自己。实际上就是四分之一的样子。很满意的也很少，3%；一般凑合的25%；觉得还可以的34%。至少有一个比例了。

我们可以根据这个资料来分析。对于知识分子问题，不能停留在一般的印象上。我们要真正地解决问题，要根据可靠的资料。可靠的资料还要用计量表现出来。我们的实际行政工作就可以提高一步。可以针对问题的重要地方先下手。因为要做的事情很多，能做的事情不多。那么我们这一点力量放在哪里？总有一个先后。

这一套要根据真正的客观情况决定，那么这一套东西就是知识，就需要一批人去做这种事情，就需要做这种事情的知识分子。假如我们通过自己的专门的一项知识来解决我们国家需要解决的问题，必然会受到重视。

知识分子有很多事情要做。他们习惯于做研究工作。但我所接触到的一些人，他不是从具体的实际情况里面找问题，而是在杂志上面找。

看什么时髦,是什么风,来作为自己研究的课题。这叫脱离实际。我听杨振宁说,中国搞高等物理的人不需要这么多。一阵风来的时候,都要搞高等物理。那阵风很厉害,因为杨振宁得了诺贝尔奖,中国就出来了很多搞高等物理的人。

我们需要的是实实在在的学问。现在国计民生需要解决的问题成堆。广大农民需要知识,来解决他们的具体的生产问题。一到具体的生产问题,我到处找不到人。就是找到了人,可他觉得这个题目写出论文来人家不一定看得中。我就发议论了:今后的学位,给博士,给硕士,要看他的知识对于我们国家起的作用是什么。这是一个很重要的标志。要使我们的知识分子的眼光看到实际里面去,为人民解决真正的问题。这时候你的知识就成了大家的宝贝了。你的知识没有真正在人民那里建立威信的时候,就是说还没有通过它的实际效果取信于民的时候,人家对你的态度不大可能改变。这是老实话。

我们知识分子,要在这个社会里面扭转"臭老九",变成香的。从臭到香,政策很清楚了。我们党的政策是正确的。可真正要做到这一点,一方面主要是干部要真正贯彻落实党的政策、精神,一方面很重要的是知识分子要在工作中证明:四个现代化离不开知识分子,而后面的一条,我们相信是完全可以实现的。只要我们知识分子的眼睛、思想不离开人民。当然干部要考虑你的政策问题呀,你的加薪问题呀……都要考虑到。应该充分同情知识分子。

可是真正有志气的科学家,那是不管这一套的。他追求对人民有用的知识,可以付出生命的代价。做好文章的人,不一定是很得意的人。这是杜甫讲的。越是自己遇到的困难多,文章就越好。文章是他在知识界的成就。现在不是写文章,而是做真正的科学研究,是艰苦的,不能一窝蜂,而要扎扎实实地劳动。

我自己有点自知之明。尽管人家说我这个那个,30年不给我机会搞,脱离了社会实际,只能看到我的家乡和干校的情形。我也不能看书。

现在我得到了"改正",一下子就聪明了吗?不会的。我不可能知道很多东西。尽管我老了,还是要学。我还要下去,接触实际。在这三四年里,我才接触到电子计算机,可是我自己不能用。这次来,我抽出时间看我的题目怎么做法,怎么输进去的,输进去之后我这个问题有什么毛病,使得它发生困难。自己不摸索怎么行?你怎么知道国外人家怎么做研究?

所以,我在社会学年会上面说,我希望主要的领导同志至少做一个专题调查,即使你做一次也好。你才知道什么叫科学工作。毛主席讲,科学工作是老老实实的工作,半点虚假都不行。不要以为人家看不见,人家都看出来了。现在看不见,以后总要被看出来的。这一代可以被你蒙混过去,下一代是蒙不住的。世界是发展的,科学是真理啊!所以我们在座的科学工作者需要有一个志向。这就是我们中国人的志向。要赶上世界先进水平。这一点,我们的爱国主义要充分发挥出来。

我们不甘落后,你能做到的,我也能做到。我们还有一个更好的条件,就是社会主义社会。要证明在我们的社会里,我们将来的科学成就要超过他们,所以我们要看远些。但是我们要知道,我们现在的工作,的确基础很差、底子很薄。我们浪费了很多时间,浪费的要抢回来,这样子,我们知识分子真正在"四化"中能起作用,我们知识分子的地位才能真正地改变。

将来,脑力劳动与体力劳动的差别越来越小,一直到共产主义社会,消灭这条界限。一切人都是知识分子,都是劳动者。知识分子现在基本上已经成为劳动者的一部分了,是生产力。我们要体现出来,不是说了就算了,不是文件上面有了就算了。我们的知识是不是真正成为生产力,这个问题值得我们自己好好想一想。党已经指出了方向,正在落实知识分子政策。我们呢?要落实这一条,知识就是生产力,是我们"四化"必需的东西。知识分子是我们社会主义建设里面不可缺少的一部分。

我讲到这儿就完了。时间不早了。

1984年

1984年3月7日

下午,"江苏小城镇研究"课题组开会。先生说:

我们从苏州回来之后,政协写了一个报告。大家再看一看。同时,我也准备了一个比较详细一点的,发表在《经济日报》上,也可以请大家看看。

在《经济日报》发表,是有个误会,原来讲好是给《瞭望》的。文章就是我在去年9月份南京开会时讲的"小城镇,大问题"。我们的小城镇研究,过去取得了一定的成绩。下一步怎么走法?

大家不妨回忆一下小城镇研究的历史过程。

开始是我三访江村,考察的主要对象在大队。看到苏南的商品经济在发展,社队企业在发展,已经有了萌芽了。就在那次,到了盛泽。从小城镇的人口谈起。盛泽新中国成立初期一万多人,现在还是一万多人。只稍稍增加了四十多人。从乾隆到民国,300年里,人口翻了一番。新中国成立后30年,中国人口数量翻了一番。盛泽这里不翻,必有文章。

1981年冬,我四访江村时,提出来要研究小城镇,特别认为社队企业是个方向。后来到了苏州的南国宾馆,碰到那个招待员。她春节要回家,我就抓住人口问题了。

回来后,有了那次春节讲话,提出要"大鱼帮小鱼,小鱼帮虾米"。从这儿,我们就定了这个题目。开头叫"城镇在社会主义发展中的地位与作用",还没有列入国家课题,而是作为社会学所的重点课题。后来,院党组确认了我们的题目,决定了一个大体的步骤,主要由我们两个所联合起来,组织一个队伍,以吴江为范围。吴江有七个县属镇,与别的县比,吴江是"多子女",有多样性,各种类型的城镇都有。

我们一层一层地从上到下,依靠县委,先听县里的汇报,再一个局一个局地听。听完以后,有了一个全面的情况和看法,然后我们到镇里去了。先是听镇一级的汇报,逐级下伸。之后,决定了几个重点:震泽、盛泽、平望等几种类型,分兵去做深一步的研究。

去年3月,就正式列入国家计划,成立了现在的课题组。成都会议结束,我们就是五访江村了,以镇为主了。我们提出了一个中心:研究农村一个社区的政治、经济、文化中心。还提出十个字:类别、层次、兴衰、发展、布局。

五访归来,我的意见就到总书记耀邦那儿去了。我提出了六条意见。前四条是关于民主党派的问题,后两条,一是智力支边,一是小城镇。耀邦同志批示"应予鼓励和支持"。因耀邦同志出访南斯拉夫,就委托习仲勋同志找我谈话。

开始在震泽花的力量最多,大家都去了。震泽有了一个眉目之后,再到平望、盛泽、同里,最后到松陵。在这个基础上,去年9月在南京开了一个会。在组织上也有所发展。从松散的联盟,变为一个有组织的"江苏省小城镇研究会",成为多层次、多学科、多方面的综合讨论会。理论工作和实际工作部门,从背靠背走向面对面。我想,这值得把它记下来,并做进一步的发展。

去年南京回来后,政协就组织了一个调查组,目的是要沟通一个大渠道。我回来后,把《小城镇,大问题》送到中央,交一笔账,一直通到党中央总书记那里去了。耀邦同志感冒,就有时间看了。一直到《瞭望》分期刊登出来,介绍给大家看看。

这中间,也不是那么风平浪静的。这也不稀奇,客观情形都是这样。开头我们自己也不是那么都有把握,可是我们认为,从实际出发,反映实际情况，对于处理实际问题是有帮助的。还有江苏省许家屯的"不谋而合"。这次我到香港去，碰到许家屯同志，一上来就碰上他来接我们。我对许家屯说："我很感谢你对我们江苏的研究的支持。"他说："你怎么感谢我？是你们对我们的支持嘛！"我接着说笑话："我们不是串通的。"

的确，当时大家是背对背的。那时江苏搞了社队企业，受了很大压力。江苏省委在我们去之前，1982年在西康路39号开了一个月的会。这里面很有意思的。

我为什么要提这件事呢？我在香港说的，我们不是谁授意要做这件事，的确是从实际出发。做具体工作的人碰到这问题了，才提出来要解决这个问题。社队工业发展到一定基础，现在看来都符合了。当时提出这问题，但并不怎么明确。当时对社队工业争论得很厉害，甚至要否定了。在无锡会议上是否定了。

我回来后，春节在人大礼堂，我对宦乡同志讲了。宦乡同志说："好极了。你写！"我就先写了一份给社科院。后来打电话来，要我发言。我说，有什么要发言？于是就把这个话题抽出来讲了。一讲就震动了，来了个"有问题"。一有问题，大家就传开了。一传开，各种说法都来了。当时对社队工业的确有不同看法，正常的。一个新事物出来，大家不可能看法都一致。经过一段时间的观察，逐步走上被肯定的结果。到现在，估计也不是完全没有意见了，主要是承认了。中央总的态度是要搞这个，提法不同罢了。

提得最高的是薄一波同志。以前他是不相信的。他说："这样子发展下去，可以出奇迹。"胡启立同志说"大有希望""是中国式的社会主义道路""必由之路"。今天听石山同志讲，耀邦同志讲了三句话：农民致富之道；国营企业的重要补充；国民经济的重要力量。

现在，中央一号文件肯定了，作为一个方向了。经过了两年多风风雨雨。无锡会议上，听说很厉害。我是没有参加。现在很多人的看法与两年前比，有所变化。客观事物发展说服了人。可是，不是说社队企业没有问题了。问题还是很多，我们要研究的。

政协调查组从苏州回来后，写了专题报告。我们常委会通过。同时决定，有这么一个结果，肯定了我们的工作，但不会结束，还要继续搞下去，接着再探。今年还要去，怎么个办法，要我们自己提出来。现在我们这次会议，是准备下一步。

这段历史大体有个轮廓了吧？

（吴承毅插话：我们提出这问题时，侧重点是从农村商品经济发展，提出了一系列问题。那次因费老感冒，我临时讲了个题目，归纳了14点。如农民工分层转移等问题。）

政协调查组下去，到苏州，我们就更明确了。不仅是农村发展的需要，而且也是大城市扩散的需要。大城市与农村集镇发展中间的相互作用，该怎么看？从农村这边看过去，对大城市的作用，不像有些人说的，与大城市争原料、争能源，搞乱了，而是逐渐有计划地、与国营企业挂起钩来，实际上是市场需要。这么发展，有利于大城市，同时也有利于广大农村。这是我们到苏州时的基本思想。

（王淮冰插话：今天上午石山同志讲到，耀邦同志说：什么叫"以小挤大"？挤了好，可以竞争嘛。挤了你才有进步嘛。）

我们回顾一下。我们从苏州回来，从吴江一个县为中心的调查，扩展到四个市——常州、无锡、南通、苏州。看了回来后，回想一下，从9月份的会议以来，认识上有多少提高？为什么这么说？不是说我们有什么成见，不是我们有先知先觉，都不是！的确是从实际工作中去提高我们的认识，没什么其他本领。关键就是要去看、去集中。特别是现在，我们实际做的、直接观察的还不多，还只是集中了当地各级干部的经验，我们自己实际的东西不多。只是在震泽，老张、老王、沈关宝和其他人看了一些。看的时候，主要还是依靠当地干部为主，只是问人家有什么材料。一家一家看还不多，我知道的。这个底要戳穿，一点都不要夸张。欺骗人怎么行？我们不是去收集材料，主要还是问和听。参观也是他们给我们看什么就看什么,不是自己找地方,还是要依靠当地干部。

这次工作中,我的体会,是有一批新的能干的干部出现。有几个,我觉得真是自叹不如啊!苏州、南通的几个人,讲得头头是道,一笔账熟极了。看得出来精明、强干、年轻。这是我们的希望。

其实我们的目的也就是要促进各地,帮助各地干部的成长。不再是停留在他们具体的工作里面。他们的提高,要看得大一点,对不对?当然,作为科学的研究,我们还缺乏精细的观察。这是我的老实话。过分了,请大家提出来。这方面大有文章可做。

可是我们这一步做得很重要,破题了嘛。万里同志在一个报告中说,有的已经破题了,有的题都没有破。小城镇这问题已经破了,很多问题还没破。

"破题"知道不知道?以前做八股文章,第一句要把题目点破,叫破题。下面再一股一股地做文章。小城镇可以说刚破题,破得还不够大。可是"破"字可以用了。

从前面这基础,到下一段,要"烟花三月下扬州"了。为什么呢?并不是因为李白的诗好,我们跟着他做,而是有我们研究发展的必要性、必然性。所以我们回头看一看,先要总结一下,从9月到12月,中间经过一段观察,大家总的有什么启发,有什么共同的、思想上的进步。深入一点了。我想的有几点:

第一点,我们看到了事实。总要一个一个地方去看过,从片面到全面。这是认识规律。看到这个区域的特点是什么,与其他地方有什么不同的区别。我们叫它一个什么模式。怎么看出来的呢?一个人到处都要留心。我讲我自己的。我在南京坐了车出来,与罗涵先两个人一路看。从南京看到宜兴、金坛、常州,经过茅山。小时候知道有个"茅山道士",茅山有道教观。三茅宫是陈老总的指挥所。从南京到茅山这段路上都差不多,没有什么集镇,一个都没有。可一过茅山,我的印象很深,逐渐出现不同了。这个变化,有一条线在那儿。后来再到南通,到如皋,很容易看，形象化了。到常州，看到农村两层的房子了，很典型，别墅式的。以前清华园有一座座这样的房子，密密层层。可是一过江，没有了，但瓦房出来了。再过去，不行了。到金坛，看得出有一个地区的变化。假如好好测量的话，多少公里都算得出。看到有一个中心放射，逐步逐步扩大，而强度逐步减弱。到茅山就差不多没有了。

（王淮冰插话：茅山应由南京放射。南京没放射，原因是南京多半是国防工业、大工业，"大锅饭""铁饭碗"，人家找他也不理。）

不肯下放，完全不管。大家一同去的人，可以回想一下，对不对啊？

到上海附近，大观园，那是太厉害了。形象上都看得出来，是有一个中心向外放射。越远放射力越弱。物理学从这一点看比较清楚。上海是一个发展的中心。

在吴江时，局限在类别、层次里面，不上一层楼，看不到有这么一个地区。这个地区是一个经济区，一个客观存在的、各种经济力量形成的、与其他地方有所区别的、地图上画得出来线的这么一个经济区。因为它的中心在上海，所以叫上海经济区。这个已经有很多研究了。

大概包括150公里的半径，这么一个半圆形——西到常州，南到宁波，常州里面到金坛，金坛就不行了。宜兴在边上，再到无锡，是个扇形。另一边是海。所以是半圆形。这个我们以前没有看到。我第一次到吴江去，没想到这个。在平望已经感觉到它的力量，不知道这力量覆盖多大一个区域。这个经济区不是我们提出来的，早就提出来了，并且在规划了。我们看到了这个经济区的实质，包含它的特点。小城镇发展有它特殊的地位，能不能这么说？我们还没有上到全国呢。但这个格局看出来了。以前没看到，现在看到了。

我们还要从这一个概念深入下去，更清楚地看，不光从房子的形式看。这容易看到。进去后，看到市镇的格局。新房子是惊人的。这一卷相片刚洗印出来，带到香港给他们看。一面是新镇的中心大街，一面是旧城的街区。而且，我的印象，这里新的市镇大街的面貌比上海郊区要好。上海郊区面貌不行，到上海附近时，乱得很。这些地方不见得比北京王府井差呀。欧桥、沙洲这些地方，比王府井整齐多了。很多外国大使去看，简直服了，说不得了，你们怎么搞的？去看了就很明显。

我们要进一步，不能停留在表面上，要研究周边地区与上海关系的内涵。我们有了一点材料，如吴江与苏州的关系、松陵镇与苏州，还有莘塔……按这个方法去做，每一个厂怎么发生关系，它的市场、原料、经营、技术，依靠什么东西，怎么实现的，以及工人、干部的培训……逐步可以看出来。将来还可以到宝山去嘛。

我们还没有进到上海市去。上海市附近几个县还没有去。宝山、宝钢，那更厉害了。我们现在只讲我们这个区域，譬如常熟，好多衣服在上海卖出来。上海商标，江苏产品。燃料、技术、智力、人力等各方面，与上海的关系是越靠近越密切。

经济区的结果，一上来有点靠机会的，有偶然性，必然性中偶然性很大。哪个地方认识上海什么人，就行。无锡为什么可以搞机器工业呢？因为上海工人中有无锡帮。他们回了家就搞机器工业。常熟为什么靠外边？与李强有关系，外贸部出口。这都是必然性中的偶然性，通过偶然表现出来。往后，偶然性逐步要少了，越靠近越发达。所以，听说以前上海缝纫机厂不预备放在平望。后来他们看到，放在平望好啊！自然条件来了。有一条自然规律。以后偶然性越来越少。成熟了，程度高了。这可以衡量出来的。大有可为。

深入下去，可以看出一个经济区的成熟过程。锦丰玻璃厂是耀华支持的，开始搞玻璃是偶然的。这下子打中了。因为是建材工业啊。需要建材工业，这是必然性，是客观要求。农民要盖房子，要大玻璃，可是在哪里发展有偶然性。靠得近，原料上有几个条件。将来可以深一步，靠计算机。没有计算机不行。看出一个个浪头，中心放射的波浪。哪一种东西怎么发展出来，人力、财力、技术，一层层的。将来的结果会很清楚的。将来要深下去,现在还是摸索阶段,还不到这么细。这是讲上海经济区。

小城镇在上海经济区中的地位,有历史的背景,那就是租界,后来变到我们自己的城市。从历史看,它有一套租界的特点,即所谓商埠——世界经济的一个出纳口,是在帝国主义控制之下的。现在第三世界对这问题很有兴趣,都在那儿从完全殖民地中解放出来,要独立。这过程中,原来的这套经济中心起的作用怎么样?这个今天没有时间讲了。

我曾经讲过一个大变化——不是科学的,是我自己的设想——以前主要的是杭、苏、扬,沿运河发展的,对不对呀?特别是以扬州为中心。后来到你们淮阴,将来我要来看的。接下去要注意的,运河系统的一个经济的脉络,就是运输。长江运输虽然也很重要,运河也要注意。几条水运通道,在水运上面发展了很多的小城市。小城市的中心,开始是运输工人。这批人后来在上海——这是我说的啊,不一定对——上海商埠发展之后,特别是两条铁路一搞,他们失了业,成为青洪帮的底子。这个东西后来就占领了上海,沿着长江到了四川,都是失业的运输工人。

水路码头经济的衰落,改道,出现了一批这个东西。逐步以上海为中心,出现了一个上面没有人管的力量。帝国主义不好管里面的,它只要你钱,别的它不管。这个力量维持上海社会的一套体系,在中国主权所不能达到的地方。这个力量在现代史中发挥了很多的、各式各样的作用,将来也是大可研究的。

(吴承毅插话:上海先搞起来的是外滩。外滩是银行和洋行,集中地吸收殖民地原料,然后才发展工业。)

工业很迟才发展,是在第二次世界大战后。这些题目,将来你们还可以做下去。

第一,我们对调查的地方比较清楚了,现在显出来了,我们叫它一个模式。在这里有不同的类型、不同的层次。研究的结果,其概括性要有一定的限制。

这次做得比较清楚了。人家说：你们这个能代表中国吗？我们不好说能代表，我只能说它是中国的一部分。它总是在中国这个地方嘛。代表中国哪一部分呢？现在可以说，就是这个地区。明确一步了嘛，对不对？正因为这样，我们就提出来"烟花三月下扬州"了。

江苏还有一个模式在那儿，已经看到了。就是到茅山这一段。在汽车中已经领略了其风味，但内容不清楚。这一点，我们先放一放。我们还得到扬州去，从这层楼再上一层楼，去看别的模式。还会有新东西出来，我们现在还不知道。我们已经比较出很多东西。这是第一步。这是9月到12月里我们下的功夫。对我讲，有这么个收获。

第二，工农的关系、城乡的关系。以前讲社队工业，就只讲社队工业。我们这个研究与其他对城镇的研究有什么不同呢？我们是从农村的基础来研究的，这有道理。因为我们讲的是一个农村的中心。概念上要弄清。实际是农村集镇，不是农业。农村的集镇，在层次上是超过农村了，但它不脱离农村。它是农村的中心，一个细胞核。这是"镇"，小城镇的"镇"字。这是我现在的认识，将来还会不同。包括两个东西在里面：小城市和农村集镇。具体说，还可以争论。

以前我脑子里就是县城。县城以前是有个"城"的，如吴江城。因县属镇本身包含了农村的中心，但多了一点，即"镇"的意思，行政的中心。还有其他特点。可是呢，现在我还在考虑同苏州市的不同。我们说的小城市，概念究竟指什么？积极发展小城市，适当发展中等城市，控制大城市发展，这样的思路中，应当包含集镇在里面。

（张雨林插话：苏北的县城特别大，有几万人。下面的镇较小。）

在我脑子中，小城镇是包含两种意思在里面，一种，它是农村的中心。什么叫农村的中心？即经济、交换、生产品——商品交换的中心，基层的初级市场，这要说清楚。这不是零售批发，这是对农村本身的批发。不是消费者直接去买东西。还要依靠这中心去拿东西来。初步批发，第一步，区域里的批发中心。再进一步，概念上要划划清楚。各级的层次：村镇、乡镇、县镇,三种,怎么划法,大家可以出主意。不要说谁说了算,没有人说了算。

实际情况中是根据什么来划的,要讲出来一层层的层次。是否可以把县的一级划成小城市?盛泽将来是否要划成小城市?这可做理论研究。他们讲人口是外国的办法——建制市是 15 万人划市。现在 10 万人,就算小城市。常熟就算小城市。松陵不能算,而只是建制镇。我们从实际分析中再来研究一下,这个理论问题倒很有趣的。根据什么来划。

我讲的不是空的理论。这都是具体的理论。要把概念搞清楚。根据什么这么划,不是空的。因为它的作用不同,将来发展的政策就不同。毛主席把上中农、下中农这么一分,农民政策就变化了,一样道理。所以我们要根据需要、根据发展去划得更清楚。这个还没动呢,这个没做到的事还得做下去。题目多着呢!已经出了不少题目,你们自己得想了。

过去我们没对工农业、城乡关系深入研究。这一点我自己印象很深。我们的乡村工业有特点。比较西洋的、资本主义的经济发展情况,他们的城乡矛盾可以作为一个背景看,能看到一条根本不同的工业发展道路。我们现在的工业发展,是在农业发展基础上出现的。农村发展繁荣了,繁荣里面搞工业。工业繁荣了,农业也繁荣,互相促进。工农不是矛盾的。这是很大的事情。

在我脑子中,历史上工农多少都是矛盾的。还得要看历史。所以我说要请英国人来讲讲,当时他们是怎么样的。我们不能想当然。我们虽然念了书,但不是那么深。英国产业革命就是圈地运动,破坏农村,大批人外流,就产生了美国。大的杠杠都记得一点,细的东西还不清楚。可是,大体上,概括来说,工业是牺牲了农业发展起来的。即农民受苦,农民脱离土地,工业得到了便宜劳动力。这样子从一个对立面里边出来的。

上一次,在 9 月份,我们已经看到了。小城镇的繁荣、兴起,不完全是商业的发展。本来有个错觉,以为小城镇的发展是由于商品经济的发展。但事实不是这样,而是社队工业的发展促进了市镇的出现。后来跟上去的,逐步放宽了流通渠道,出现了肩挑小商贩运。但大规模的、像过去的航船那样的局面,还没有看到。那么,是什么使得小城镇发展起来了呢?就是像在《小城镇,大问题》里边讲的,是社队工业促进了小城镇的发展。现在差不多都这么看,看来这个话是不错的,是历史的一个现象。

可是,我们没有看到社队工业是怎么兴起的,以及工农之间关系的变化。我们从人来讲,是离土不离乡。从经济上讲,这次看到,农业受了工业的补贴很多。以工养农,以工补农,以工富农。以前有很多人担心,怕工业一出来,农业要萎缩,农业上的人口不够了,等等。因为对西方的印象是这样。但中国的实际结果不是这样,这里面是一个很大的东西。这一点是我们的新的、进一步的认识,即工农的结合。

在我们自己的历史过程里面,出现的是工农结合,相互促进,而不是矛盾的。它的意义还要研究下去,会逐步接近到有中国特点的社会主义。关于"特点"两个字的文章,要逐步出来了。虽然现在还没有出来,但有一个苗头了。这已经是客观存在,不是我们的创造,不要想到书里面去找,或是关上门做文章,这都没有用。客观存在在那儿,去看看。这是实际生活里面创造出来的东西。它有它的来龙去脉,它有它的道理。事实出现已经很久了。以前我们看不到,现在我们看到了。这就不同了,逐步意识到了,看到了几个苗头。但究竟它在那里普遍到什么程度,我也不知道。可是在这个区域里面,是清楚的。就是说,这个路子就是中国农业发展的道路。农业是相应地在那儿长。凡是工业不发展的地方,农业也难长。这也很清楚了。这里面开了门了。就是说,从农业里边出工业,工业回过来帮农业。这是整个讲的工农关系。

第三点,人。

9月份就看到了农民工的一个特点,离土不离乡。这次看到了的,是更进一步:离乡不背井,还有离土不离农,几个层次。离乡不背井,这解决了我的一个问题,就是把"两个眼"接通了。意思是说,人口移动与小城镇的关系。过去是两句话,现在是一句话。为什么呢?你要大规模走人,在目前这种民族关系下,不大容易,阻力很大。可是实际呢?现在已经走了,很多地方在搞劳务输出。江苏省出去的建筑工人,还有其他行业的,如打棉花的,等等。现在有组织的、公社派出的,有60万人。我同少数民族提出,你们不是不要人,是要受欢迎的人来。不受欢迎的人不要来。可是来了,这批人不一定肯做呀。受欢迎的人,是根据你的需要,不一定户口过来嘛,不背井嘛。不然中国人不肯去。中国人两地分居不要紧,与外国人不同,外国人分居三个月就要离婚了。我们分居十年也可以,老夫妻还是很好,每年回去一趟就不错了,这有民族特点。这个需要再研究了。

有很多新的事物,群众创造出来,可以提供解决我国的很多很重大问题的渠道、方法、实际的经验。我们要把它的意义讲出来,看它发展的前途怎么样。从城乡关系里面,还有很多可讲的。现在不讲了,但不要忽略新事物。

我还在那儿想,这一次我到香港去讲了一下。在实际事物中,我受到很多启发,同他们提了。现在这个现代化,就像农民工,发生一个社会细胞的变化、家庭的变化。你要讲到精神文明,过一会儿我讲我们还没有讲到的。普通的、一般的变化,不是仅仅深入在农村里面。农村的一批人,同城市里的人一直有区别。留在农村的人,还是土头土脑。可现在看来不是这样,连姑娘的发型也变化得快得很。变化进到农村了,进到了农村里的细胞。靠什么?靠一家人农工结合。家庭的农工结合、城乡结合,促进了我们广大农村里的细胞的质的变化。

这次,《大公报》登了我讲的一段。现在中国的现代化,不是只开了几个工厂,已经进入农村细胞里去搞现代化了。表面看起来,的确良的时髦衣服、高跟鞋、头发样式都来了。这种现象不是坏事情,里面还有很多内容。我们现在没有抓住它。这个渠道是怎么进去的?还不是农工结合结出来的？最近我在看同沈关宝一同去的小李的记录，有很多有趣的东西。婆婆态度的变化，很具体。细致地做调查，对一家人家，同每个人谈话，谈对婆媳关系的看法。有十几个人，从不同的角度，来讲同一个问题。那很好看。看它里面关系的变化。我叫他们复制一下，作为方法。但是现在很粗糙，她是一个人、一个小姑娘、助教。我给她一条，就是实际看见他们说什么，不是你说什么，记下来。那看得是很精彩。在方法上，是一个很好的方向。

基本资料，看他怎么想法。假定你真的到小城镇里面去，要研究小城镇，要懂得小城镇的人的想法。他们的面貌、作风，不同于乡下。街上人，这里面包含着的内容复杂得很。乡下人、街上人、城里人、上海人——四个等级。这四种人有不同的生活作风、思想状态、生活方式。这次我们接触到一点了，我很赞成。

小城镇，我们还刚刚接触到皮毛。接触到就好，接下去再看多点、看深一点。小李就看出来一个用具的变化，从家庭用具变化看到它的价值。什么叫好，什么叫坏，在两代人之间怎么变，乡下人怎么样……她过去不知道呀。农民工发展下去，就把农工之间打通了。农村很快就变成震泽的样子了。房子里的东西已经在变了。到上海去搞什么台子，已经来了。农村里的房子，上楼要脱鞋呀。过去没有过吧？他们的装备，什么立体声啦，这我不懂。有的不那么自然。变革时代嘛。进到农民家里去的东西，什么应当先进去，什么后进去，逐步怎么发展，我们没有一点研究。连问题都不看，自然在那里发展。也可以说：危险咧！

指导消费，指导他们什么东西先进去。我们跟不上。现在这个做法，是不是对呀？我是看到了这个问题。在经济日报社座谈会上，很多民盟的人在谈。在深圳，有个独立的村子，叫渔村，家家有灶香，敬财神菩萨。尽管样样都现代化了，可是香不能丢。这说明很多问题：他们对于财富从哪儿来，有个认识，从香上表现出来——是财神菩萨赏给的。所以是没有把握的东西，不是客观发展出来，是暴发的感觉。后来有人发现，里面有很多是走私。利用香港的关系，来来去去，把东西买进来，不缴税，再卖出去，发了大财。他总要表现财富是从哪儿来的——就是这炷香。

村里最大的人物，公社书记，成了共产党员了，可是这炷香不肯放。是香决定他的生活，这会有什么结果？看到了这现象了。精神方面的，意识形态呀。从什么渠道进去的？工农相结合，速度可以很快。可是进去什么，这都是文化，要研究。这是有关国家大计的事情。

这三个月里，通过大家的努力，我学到了9月之前没有想到的东西。我们自己想想，很有好处。一个人，不一定交代问题才去回想自己。我们也可以想想自己思想认识上有什么变化。通过一次调查、一次实地工作、一个阶段，想一想我过去是怎么想的，现在是不是这么想，很有好处。思想检查不是一个可怕的事情。搞得思想检查可怕了，这个检查就不行了。我们要想一想，明确自己的认识。我自己常说，不要僵化。假如我出去跑一次，回来还是这点认识，那下次不要出去了。出去干什么呀？浪费国家财产。总得有点过去没有看到的，这次看到了，总结一下。

第二部分，哪些我们还没有清楚。

我觉得，有好几个问题我们还没有钻进去。最大的一个是流通领域。表面文章有了，实际上没有深入。今年一号文件提出的主要是流通。因为一个市镇的发展关键还在流通上面。流通之后才有服务，交通才能发展起来。我们接触到了，可是详细地从这个角度去分析一个问题，还不多。我们有一篇文章谈开通公路的专门问题，可其他交通网络的变化，生产和交通费用的变化，影响到这个地区的发展，这还只是提一提，没有什么很直接的东西出来，还是在那儿踏步。知道很重要，可是没有钻进去。事物本身发展得也不够。

反映在这一段时间里边，也的确像一号文件讲的，我们现在碰到这么一个问题。农村经济商品化，可是商品化要有一个渠道。过去官商太厉害。官商，说是急农民之所急，什么道理都讲了，可是对它来说，自己没有急的必要，是很麻烦的事、有风险的事。我们现在的风险，是怕人家戴帽子，就是所谓"精神污染"这一套。大家有点怕。他们是怕被告发，赔本。比我们还要厉害呀！所以他不干，用老办法。所以我们要深入进去，交朋友。

苏州那个干部，供销社的主任，讲话行，有才能，文学修养高。我是看到了，现在都看到了，可钻不进去。我们对实际还没有充分钻进去，实际里边，有很多发展的渠道还没有开辟。现在开辟了一个简单的初级市场，用肩挑，卖点鸡蛋、青菜之类。这个可以了，一到长途运输就不行了，很不容易了。社会的舆论啦，官方的卡扣啦……什么都来了，就是不同意发展。

我们还很难看见一个农民自己做主的、真的供销合作社。政策很清楚，要农民自己搞。可怎么做啊？所以，这方面的斗争还在继续，相当厉害的一段。社队工业这一层，大体上胜了一局，有点余波。问题还不少，就是什么样的工业，原料怎么办，市场经济同计划体制怎么调配……今天不去讲，大家都熟悉，我们都讲过了。可是流通问题，我们的认识都还没有钻进去。

怎么调查？以前我们看不起做生意的，也不太懂。现在我们不能再踏步不前。现在的政策，一号文件讲得很清楚，可是这一方面都是停留在表面文章上。下面做的事情也是表面文章，做给你看。所以第一关，踏步不前的大领域，是流通领域。还没有动的阵地，打不进去。

第二个是精神文明状态。我们只是在外边跑来跑去，摸摸教育怎么样呀，等等。真的思想里边的事情，态度的变化等等，可以说没有去掏。这当然不容易。研究的方法，第一个是靠干部，请干部讲话，只是这一点是做到了的。看画展，看文化馆，看图书馆，这都看了。但这能说明多少问题呀？我不敢说。打球，有几个人打球？一年里有多少人？一间房子放在那里，样子都摆出来了。这算是我们做的精神文明的工作吗？太仓恢复一些古迹，看电影，很热闹，群众都起来了。但是表现的是什么精神状态,我们不清楚。他动了,有文化活动了,但内容我们不清楚,没有分析。

早一代人同下一代人之间的不同看法,精神面貌状态的变化,三中全会以来整个思想的变化,我都没有碰。我们都停留在问几个干部,做什么事情,之后整理整理材料。这个要做,第一步我们就靠这个。可是停留在这儿就深不进去。可能今年我们还是探索探索。可自己要知道,不要以为自己懂得小城镇的问题了。还差得远呢!你连什么叫小城镇的人都不清楚。我从文章里看得出来的。你没有进去,没有基础,没有把它的人写出来。面貌不写出来,这种人放在农村也可以,放在哪儿都一样。但实际上不是这样啊!就是小城镇的人,就是街上人嘛。

我们自己完全知道,好像在天安门前走路的人,看得出这是乡下来的人。为什么你看得出来,说不出来?这里面有一套内容嘛。所以说,精神文明,讲污染问题也好,真是不是那么容易。不是什么批判一下,报上来一篇。这些需要,我不反对,可是要做真正有效的工作,那就得真的去了解,是要深入到里边去的。

第一,什么叫好,什么叫坏,直接影响他们。上海郊区新建的大观园,一建造,住在那儿的两个生产队全部归国家管了,不算农民了,发粮票了,吃商品粮了,嫁不出去了,也嫁不进来了。没人愿意丢掉自己的粮票、商品粮。可是普通人看他们不是城里人。他们那里的姑娘,上海人不要。可他们又不愿嫁给农民,所以只能"内婚"。我们接触了,碰一碰,没有进去。这个领域还没有研究到这个深度。这个深度还要再深下去。要解决很多问题,就需要这个深度的资料和分析。

常州的冬青乡,造了一个澡堂,卫生方面有很大变化,农民开始洗澡了。这是生活上的变化。可是对洗澡怎么看法,这问题很有趣。我姐姐讲,他们学校招了一些开弦弓村的女孩子做技工,训练进修。进校后,叫她们在莲蓬喷头下洗洗澡。姑娘们吓坏了,什么东西呀?脱光了进去,那还得了?不行不行!搞了很久,现在她们愿意洗澡了。有个看法的。

以前晒衣服，下身的和上身的，要分开，晒在两根竹头上。规矩大啦！这套东西，是意识形态里的东西。为什么出来的？什么叫好？什么叫不好？羡慕什么东西？为什么？这一个门，我们还没有开。因此所谓"两个文明一起抓"，对我们，还只是纸面上的文章。我们的研究没有贯彻出来。可是要去做这一方面的调查，现在这个方式不行，现在基本上停留在总结干部的经验上。

我们做到了干部对我们讲讲，不只是参观的报告，深一点了。在沙洲，是考博士了。两个"学位委员"考县委书记，一个问题接一个问题。后来他都讲出来了。他们很高兴，同干部的关系不错。我相信。可是同群众的关系能否这样？我看还没有。从你们写的东西里也没有表现出来。要到这里边去。所以，我要把小李的东西拿出来给大家看看。她是把原始的东西拿来。我说了好多遍，可是不行。对袁方也说了多次——不能把数学也放进去了。学生对这门进不来——也不顶用。北大不这样。

我有意识地把年轻人抬一下，可不要以为自己了不起。小李的东西，年轻人包袱少一点，要有点勇气，写出来。管他呢，好东西来了。不是都好。要有几条原则，真的反映实际。不要去作文。朴素一点，好文章就出来了。现在框框太多，耍花招。小沈，我去印度之前，抽一个晚上给他写了封长信，说我要举黄牌了。他这篇文章，我闻出来气息，有点浮躁了。要赶紧埋头苦干下去。打一下，好一点了。要解放思想，即实事求是。自己想问题，锲而不舍，真的搞下去，把材料弄出来。这就要多接触实际。关在房子里想，总是想不出来的。我不要人家拿着数目字来做花样，或搞一个公式，完全是虚的，叫人家看。公式能解决什么问题？当然，可以写一个专门讨论方法的文章，但是不要把本来可以说清楚的话故意讲得让人家不容易懂。这是另外的话。有很多地方接触了，不深。有两个领域一直不行。

市镇要不要做？一个镇怎么建设，是个专门问题。我们讲市镇，总在一个经济区域里边。这个镇远不是那么太具体。什么叫具体？什么样的镇,哪个街道造什么房子,钱从哪儿来……一大套。首先是规划问题。请他们做,我们要提供很多问题给他。如市镇的结构问题。对体制和规划,出题目给他们。他们要和我们一起听。如农民工,多少农民工住在厂里,他们要根据我们的材料才能设计。规划必须要根据这个。造路,各种路,多少宽的路,有砖头砌的路,自行车可以走的路……我们提出问题,配合他们。有所分工。体制与规划、条条、框框、块块,具体规定。这也是专门的东西,我们陷进去好不好?

所以,我们要同几个单位做更好的分工,定协作的办法。今年秋天开会时,要更明确起来,互相依赖,可也要互相分工。我们的力量不放在这个上边去。

市镇今后的发展,未来学了。我们以前没怎么做。这问题怎么协作,怎么分工,也要明确一下。划定我们自己的范围。因为我们就是这么一点力量,只能集中搞点什么问题。

第一部分是解决了什么问题。我自己为例,有什么提高。

第二部分,是我们在哪几个地方踏步不前。

第三部分,讨论一下下一步"下扬州"的具体办法。提出点要求。我考虑一下,根据过去的经验,这几个月,会完了。苏北要经过一个探索阶段。要多少时间?以过去的经验,怎么可以快一点?

我有个初步意见。同王老、甄为民等四个人说过。原拟4月份政协的"部队"开下去,观看。没有个基础不要开下去。政协"部队"的渠道,能更好地向上反映。各方面的意见能通上去。假定没有很好的准备,那不行。会诊,连初步材料都没有,不行。要像过去那样,调查研究。大家反映,不能像上次那样大队人马跑,连讲话都听不见。先分兵,一口气吃四个市——扬州、盐城、淮阴、徐州,是不是计划大了一些?一口吃还是两口吃?你们想想。我们的力量吃得下吃不下?假如一口吃四个市,不要集中。也可以分两个阶段,也可以一上来就分四个小组。先依靠当地干部已有的资料。把问题提出来。问题说清楚,发动他们,商量，利用当地力量，特别是市的力量。搞一个月的样子。如果时间不够，还是集中几个点，找几个镇。先找一两个镇摸摸。结合当地市的政策研究室，挑几个具有特点的镇，做一个初步的探索，包括现有资料的整理。把基本的资料弄清楚。弄一个概貌，特别要找到这个地区的特点。

特点是什么意思呢？我们在南方已经有了一点基础，就是不同的地方在哪儿。譬如，这边没有一个上海，连云港的作用还不大，并没有一个经济中心——工业发达的、作为放射的力量。只有小的，如扬州，有几个？它的力量怎样？在这个经验里，已知的是水利搞得好，农业大发展。以前的什么江北人变成苏北人了。江北人是被看不起的。苏北人不错了，就是不出来拉洋车了。现在农业丰收，粮食多得仓库没有办法了。这种农业大发展的情形之下，没有工业基础的，出现什么情况？怎么发展？可能这是一个问题，总的问题。它出来的样子可能不会和苏南完全一样。很显然不会一样。问题也不会完全和苏南一样。据说苏州地委的干部调到淮阴搞社队企业，搞不起来。搬苏南的一套，搬不进去。为什么？困难在哪里？要去摸清楚。

我们是看到了而没有接触，是从如皋县看出去的。如皋的特点，肉特别好吃。肥肉！说明这地方粮食多，可做饲料用来养猪。现有的较大的梅林分厂，搞食品工业。"百万雄鸡下江南"，喂鸡。没有商业收购，他自己想办法。很多姑娘们骑自行车运鸡。这都是信息——一个新的模式的信息。我只看到一点。究竟怎么样，你们下去解剖。人不要太多，两三个人的小部队，下去依靠当地。大致时间一个月。4月20日左右，我同罗涵先带潘乃谷，从徐州下车，轻装，一直到扬州。小轿车不舒服，腿都伸不直。搞个面包车，从徐州起，每个地方住四五天。最后，从扬州到南京。我听你们讲，去看一看。初步探索。在这个基础上，大家在南京商量一下，要调查什么问题，确定题目。你们自己出题目，大家讨论一下。定了题，自己下去。

秋天，我们再开第二次小城镇讨论会。这次可能更热闹一点。因为很多地方要来听。不是全国性的，还是江苏范围。别的地方可以来听，作为观察员。这就要准备，论文集的第二集。还有六个月，可以在11月开，时间由你们排。

中间可能有两个事情。我认为，现有条件可以在国际上亮亮相。一个是中英交流，英方贝格由院外事局陪同见我，希望交流。调查不行，就来开个讨论会，参观。我说，好！为你们准备别的没有工夫，但小城镇已准备好了。希望他们提点可参考的比较材料。

他们来十个人左右，包括经济，多学科的，讲几个问题：一、英国早期工业革命时期的城乡关系。他们材料不少。二、第三世界小城镇的发生，城市同农村的矛盾。三、欧洲发达国家现在发生什么问题。讲完了参观小城镇。让他们在世界上去宣传。我们用中文讲，自己带翻译。地点在南京。

第二个是香港的。基本肯定了。暑假有六七个教师来看我们的社会学情况。我说，可来看看，由江苏接待。他们自费。

要交流的越来越多了。一个原则，交流不要影响我们自己的工作。我们不是为他们去做调查。可也有个责任，让外国人看看我们这几年的成绩，比较系统地看看我们这几年社会主义的发展究竟怎样。这很有说服力。经过我们的整理，说服力比较强了。不光是看表面，是看个道理出来。

寒假，出第二本论文集。

暑假，民盟要组织多学科讲座。我讲十讲。我的社会调查，包括民族调查、农村调查、小城镇调查、知识分子调查、家庭调查。每个题目讲两堂，就要300本论文集做讲义，共十天。讲师以上的来听。地点在北京。

1986年

1986年3月19日

下午，先生在民盟中央执行局总结会议上说：

民盟中央主席、副主席与执行局的关系不明确。这个问题不但我不清楚，恐怕其他几位副主席也不太清楚。我看钱伟长同志也不知道他为民盟应如何工作才好。

陶大镛同志负责《群言》工作，但我不知道它和执行局是什么关系。好像是在执行局的领导之下。执行局与盟中央各部门的关系也不够明确，各部门也无法很好地开展工作。副主席似有责任，又似没有责任。

有些部门长期没有正式的部长，大家不是不知道，可是似乎都不表示反对。原因很深刻。民盟的事好做，没人抢。担个名位，不做什么事，也不要紧。这次楚老建议我当常务副主席。但是常务副主席与主席、副主席之间是什么关系？我至今不清楚。

现在是组织不明，职权不清，家庭化。当副主席的只靠自己的积极性。现在是鼓励大家不要太积极。

过去主席、副主席主要可能是个安排地位的问题。这有它的历史条件和作用。现在情况不同了，不能停留在这上面。必须承认，安排本身是一项政治工作。现在民主党派还有这个任务。但是按当前民盟的体制，是不是可以说主席、副主席都不必做具体工作了？这一点大家不太清楚。

（林亨元插话：执行局是在特定历史条件下的过渡产物。当时因主席和几位副主席在身体健康和思维能力上都不能适应盟内实际工作的需要，负责盟内日常工作发生困难的情况下，成立了执行局这个机构。在主席、副主席领导下起承上启下的作用。执行局对一般日常工作可做出决策，重大决策问题要向主席、副主席汇报，并请主席、副主席批准。我认为执行局自成立以来做了不少工作，在特定的历史条件下起到了一定的过渡的作用。现在情况变化了，副主席成员当中的情况也发生了变化。建议今后多增加几位年富力强的副主席，由副主席联合办公，主持盟中央日常工作。此时执行局可以解散。）

今天我们谈的不是执行局解散不解散的问题。我认为执行局是要升级，不但不能解散，还要进一步提高、加强。要总结经验，改进工作。

（张毕来插话：秘书长与执行局究竟是什么关系，也没有搞清楚。现在秘书长的职责完全融化在执行局里。这样，秘书长可以取消。执行局主任就等于秘书长。在副主席中可以组成个主席团，主持工作。根据副主席工作、身体的具体情况，在一定时间进行一次调整，以发挥各位副主席的作用。）

秘书长与执行局的关系，也要明确。从盟中央过去的情况来看，都是秘书长主持工作。现在的体制实际上还是秘书长的集体化、多元化。

现在我们总觉得手上筹码不够，制度一般凑人。接受更大的任务怎么办？设常务副主席的问题，盟的章程中没有规定，执行局是集体领导，常务副主席不能管得太具体，不能再加一个力量控制执行局。

执行局主任就是秘书长。一方面要联系主席、副主席，一方面联系各部、委。现在秘书长的事应由办公厅去做。行政机构的层次要简化。

（罗涵先插话：今后修改章程时，应该规定常务副主席的职责，确定常务副主席的任务。）

不要加一层，还是秘书长负责制，逐步改变。

我个人的印象是，执行局辛辛苦苦地工作，但看不出在领导全盟工作中起了什么决定性的作用。这两年民盟做的几件大事，大多是几位副主席和地方搞的。中心"发动机"不在执行局。执行局不能满足于现在的样子,要讨论战略,要真正成为决策性的机构。是动脑筋机构,而不是事务性机构。

总方针定了,要各部去做。应起发动机的作用。发动各部、办公厅发挥作用,推动、鼓励地方盟组织进行工作,不要代替各部、代替办公厅。比如联系各地盟组织,就应该是组织部的工作。

这两年来,执行局没能起到"发动机"的作用。执行局要把具体工作放到各部门去做,同时要充实各部门的力量,而本身则是在主席、副主席领导下起决策作用。决策机构是执行局,决定权在执行局,点头在主席。

今后执行局要从烦琐的事务工作中解放出来,多谈谈形势。执行局本身也要充实力量,要由一些盟内真正能动脑筋、出主意的同志组成这个"发动机"。不要因人设事。这里有个专职、非专职的问题。如果让盟内学有专长的专家、学者搞盟的专职工作是不太可能的,但必须充分发挥他们的作用。组织机构怎样适应这个特点,还得费点脑筋想一想。

民盟究竟要做些什么工作?我的想法是,民盟要协助党做工农和知识分子联盟的工作。现在战略重点转移到经济建设上来,要搞经济建设,就不能没有知识分子。而民盟是知识分子政党中比较重要的一个。所以,民盟还要做知识分子的工作。要有意识地发展一些能为"四化"做出贡献的知识分子。这些人要和过去能为革命事业贡献力量一样,牺牲一点个人的利益。这就需要我们去做工作。知识分子愿做事,觉得条件不够,有力无处使,潜力大。要有使他们发挥力量的政治和物质条件。我们民盟就是为他们创造这些条件去工作。这是我们的历史责任。民盟要帮助党的领导做这项工作,也就是实现党的统一战线的工作。

民盟要为国家、民族把智力财富采取一定方式保留下来。在这方面,过去有的事做得比较成功。比如,朱光潜同志最近过去了,他那篇讲话(在"多学科讲座"上的讲话)却留下了。搞讲学、办学等面向社会的工作,不是为了赚钱,是为了发挥盟内专家学者在加强我国智力资源上的作用。知识分子需要信息，也需要有谈话的地方。要由我们办个刊物为知识分子服务。这就是我们办《群言》的目的。明确办刊具体方针是执行局的责任。《群言》不能脱离盟的工作，是一盘棋。

（罗涵先插话：《群言》是民盟的喉舌，这个方针是明确的。）

知识分子调查的情况，在福建已经输入计算机。但据说这项工作现在停在那里没人管。执行局应该抓一抓。做了不用，就不必花这笔钱。买电子计算机也不是装样子的。

搞好中小学教育，尤其是落后地区的教育，民盟也要尽力。闽南三角地区经济技术开发研讨会，联系经济建设实际，培养了一批参谋人才。在甘肃定西搞科学试验，都是盟内知识分子联系实际、发挥业务专长、对"四化"建设做出的贡献。

民盟做工作，需要信息。有许多工作可做。这就需要去探索。思想要开放。盟内要有一批流动的知识分子，经常为盟的工作提供信息，执行局就是要接收这些信息，起"发动机"的作用。中央统战部希望我们多做些实际工作。知识分子大有可为。我怕我们自己还没有充分看到这丰富多彩的园地。

主席、副主席中虽然有些年事已高，体弱多病，但他们都对盟的工作十分关心，和盟有着真挚的感情，愿尽力为盟做些工作。但是现在主席、副主席和执行局没有见面的机会，没有机会和大家一起研究工作。执行局和主席、副主席是脱离的，有的只是个人联系，不是组织联系。执行局有责任向主席、副主席提供情况，汇报工作。

民盟有个特点，就是盟内专家学者不愿放弃自己的专业，但他们愿为盟的工作贡献力量。我们这些人老化了，我看这也没有关系。经常要"动"，身体要动，脑筋也要动，才能延迟老化。可以经常出去走走，我就是"满天飞"，每次出去都看到发生很大变化，在我主观上也因而产生了很多新的看法。我们不能服老。对老同志，要让他们做力所能及的事。把副主席都看成不能动是不符合实际的。

执行局要经常找主席、副主席研究民盟的工作，让他们动脑筋，想问题，发挥他们的作用。要引进新人，引了新人进来，太平胡同可能会不太太平。引进了新人，新老要团结合作。民盟要开放，开放了准备要有点乱，否则就进不了新人。老同志要多负责任，不能让新同志再成为被安排的人物。太平胡同也不能老是这样太平下去。我的心是在民盟的，愿意为盟的工作贡献自己的力量。所以说这些，对有的同志也许是逆耳之言。

我们这里，"内耗"不大，关系比较好。毛病是封闭了一点，没有生气。执行局的工作的确花了不少心血，但听到有这样的反映。执行局还是这几个人，这几个人的作用是不是发挥了？我认为还是主观努力不够。思想要开放。太平胡同太"太平无事"。要搞些不太平的事情，不能死水一潭。要把盟内力量充分发挥出来。执行局的同志要认真总结自己究竟发挥了多大作用？为什么不能发挥作用？不能再抱着铁饭碗安于现状了！如果再这样下去，虽然民主党派与党长期共存，民盟可以存在下去，但不能发挥应有的作用，对不起党，也对不起民盟。

我建议执行局近期请主席、副主席、盟内有关同志谈谈心，谈谈民盟怎么办。人大、政协期间要主动找地方来的同志听听意见，主动去做了解心里话的活动。执行局从这里"开始工作"。大家动起来，各人去接触，到执行局汇报。

6月26日

先生随中共中央总书记胡耀邦于本月8日至23日出访英国、法国、德国、意大利四国。归国后，以"深化改革、开明政治"为主题，作《访欧归来一席谈》说：

今年6月8日至23日，我作为党外人士随同中共中央总书记胡耀邦访问西欧四国。海外朋友对这次访问团的人员构成甚感新奇，看不透其中的奥秘，一时间议论纷纷。其实，只要认真观察当前中国推进"开放、改革"政策的进展情况,便可以看出这种安排乃是与上述形势并行不悖的正常做法。

此次访问西欧,只有半个月的时间,但是内容很丰富,加以前后的一些个人感受,使我真正认识到,只有"深化改革、开明政治",才是促进中国走向发达繁荣的可靠保证。

这次出访,李鹏在记者招待会上说,让我陪胡耀邦出国。一是因为胡耀邦自己点名挑选的,二是因为我是学者,出去后有利于开展学术交流和相互了解。陪同胡耀邦出国的,还有国务院副总理李鹏、胡耀邦的政治秘书郑必坚、外交部副部长周南、中联部部长朱良及另外几位助手。

香港某报章写道,"有一个费孝通排第三名,这在过去是没有先例的"。开始我也不太明白这是什么团、什么性质的访问。胡耀邦是中国共产党的总书记,带了一名党外人士出国,的确是一件新鲜事。实际上这是一次国事访问。50年代章伯钧曾陪同彭真访问莫斯科;宋庆龄和郭沫若曾随毛泽东到苏联参加国际共产党会议;后来,宋庆龄还曾与周恩来访问过东南亚国家。当然,这类事已经中断了很长时间。这次让我随总书记出访,意义何在呢?我个人的看法是关系到当前改革的问题。

今年5月,我从江苏做社会调查回到北京,就出访一事做准备。我写了一封信给统战部,询问是否出去后可以讲讲我这些年研究社会学的成果。后来我见到胡耀邦,他说:"你想讲什么就讲什么,不受限制。"于是,我就带了一篇《江村五十年》的论文提要出国。

这次,我碰到了一个多年没有接触过的问题,就是对国际形势的宏观看法。换言之,就是我们一个国家、民族、党派,在整个世界历史发展中处于怎样的地位?应当起什么样的作用?这个问题,50年代就想过,但是后来就不愿多想了。"十年浩劫"中,更不敢去想。那个时候必须按照一个调子说话,我不便加入杂音。可实际上,这的确是一个非常重要的问题。没有一个宏观的看法,也就不可能真正地开展各种微观的活动。因此,无论是一个人也好,一个民族也好,一个党派、国家也好,必须在社会中、在国际环境中找到自己的位置,要有一个宏观的历史观。这也是胡耀邦带着我们这批人出去活动,在实践中所体现的。

在中国大陆,执政党共产党与其他党派的关系以"长期共存、互相监督、肝胆相照、荣辱与共"十六字为依循。如何体现这"十六字"方针?过去说"肝胆相照"是挂在墙上的一幅画。中国曾经组织过联合政府,但是不是各方面都参加了决策?我没有亲身的体验,不知道。

这一次出访,我就没有感到我与其他几位党员部长和副总理有什么区别。完全一样地说话,也没有当面一套,背后一套。大家提出许多问题,讨论很热烈,各人谈自己的不同体会。有条消息报道我在英国时说的一句话,"中国的知识分子吃香了,民主党派吃香了"。其实"吃香"两个字不像是我的原话,但却反映了一个事实:连国外都感觉到了。

这次出访,我参加宴会时,常坐在总统夫人旁边,这不是很吃香了吗?坐在我旁边的还有较高级的官员。他们问我,你是做什么的?我说我是教书的,还在开课,带研究生,我还是全国政协副主席。前半句他们懂,但后半句就不大懂。"政协"是什么机构?我说,不是权力机关,也不是决策机关,要做比较的话,它和英国的上议院有点接近,是通过一些年老的、有影响的人士在社会上造成政治影响。

对于中国的情况,国外还不大熟悉。有些新名词,用外文翻译过去,实在不易使人一看就明白。这次党外人士参加最高规格的国事访问,用事实来说明中国人的政治生活,有利于介绍我们的政治制度。

有几次,我和国外的华人在谈话中提到我是中国民主同盟的副主席,还说我们不是反对党,而是和共产党合作的党派。就好像一个球队的分工一样,有前锋,有后卫,大家互相合作,在统一的战线里争取共同的目的。

在一次宴会上,我与英国前工党首相卡拉汉先生坐在一起。他现在是英国一个国际舆论中心的主席。撒切尔夫人开玩笑地说我们两人坐到一块去了。

工党表面上是当前执政党的反对党。撒切尔夫人幽默的话，其实也道破了英国政党的实质，工党也好，自由党也好，牌子不同，角色不同，实际上都是为他们现存的社会制度服务的。我们民主党派和其他国家的在野党不一样。中国的政治结构是共产党领导下的多党合作制。这是具有中国特点的社会主义政治体制，西方学者懂得这个模式的也不多。

当前，"开放"这个名词的含义，字典上是查不出来的。现在也有许多人对"开放"的认识不完全一致。有人一谈到开放就只看到引进技术。这还是张之洞时期的看法。当然，引进技术是必然的，因为我们的生产力不发达。但仅仅这样看还不够。必须从宏观的、世界形势的变化出发去理解。胡耀邦这次出访欧洲四国，在我看来，主要是要向世界上说明我们对外开放的意义。

我实际上也是在这次陪同出访的过程中，逐步深化自己对"开放"的认识。过去我也常出国，但都是参观、讲学，还没能从整个国际形势的变化，看人类已经发展到什么地方。所以我这次出访，是一次"超级"的学习，开阔了视野。

现在，资本主义的发展已经不是第二次世界大战之前那样的模式了。当时的帝国主义是靠殖民地制度来维持的。现在这是老皇历了。我说实话，对当前世界经济里的统一和矛盾也搞不大清楚。

这一次，我们到意大利菲亚特汽车工业公司参观，他们的自动化水平之高，是我过去没有见过的。我生平第一次看到机器手的操作。那么大的工厂里没有多少工人。可只有大批生产才能用得上这样复杂的机械化操作的系统。大批量生产是以广大市场为前提的。大市场在哪里呢？这里我看到了第二世界和第三世界之间必须联系起来，才能有巩固的经济繁荣。

第三世界资源丰富，如果第二世界能以其技术和资金优势，促进第三世界的发展，也就为自己开辟了资源的供应和商品的市场。有了这样广大的资源和市场，第二世界现代化的大生产才能维持和发展。

西方舆论界已经注意到，假如在东方，在中国出现一个强大的经济实体，那么世界的力量对比将要发生很大的变化。随着亚欧两端强大经济实体的出现，在世界政治结构中，也一定会出现一股中间的强大的政治力量，制约和缓冲两霸的对抗。所以，中国的发展也正是深受战争灾难的西欧国家所乐于支持的事。中国强大起来，是维持世界和平的一大力量。

我们当前的一个重要任务，就是使国外能理解、信任我们开放政策的长期性和稳定性。要向语言不同的人传达意思，要做手势。要和社会制度不同的人讲道理，看来必须通过具体的事实来表达。举个例子：香港的新闻界曾经报道，这次胡耀邦到英国访问，没有到马克思的墓地献花圈，而是去了大英博物馆，在马克思曾坐过的第八号椅子上坐了坐，照张相。不去"朝拜圣地"，而去参观马克思下功夫埋头学习的地方，这样的事实就说明一个很大的变化。什么变化呢？我想不必用语言去说明了，大家心里会很明白，而且会心领神会，拍手叫好的。

这次访问，我想是很成功的。成功就成功在胡耀邦给各国的领导人交了底，同时也向各国人民交了底，把理解中国今后政策的钥匙给了他们。中国必须改革，必须开放，这一条不会变。英国驻华大使高兴地说："胡耀邦讲话以后，我们的工作就好做了，可以游山玩水去了。"

中国的改革是从农村实行责任制开始的，并且一步一步向更深的领域冲击。城市经济体制的改革必然会引起其他领域的一系列改革，现在已冲击到政治体制。依我看，政治体制改革大体上要解决两个关系：一是"条条"（自上而下的领导）与"块块"（地方、企业的自主权）的关系，二是党与非党的关系。

衡量是否高度的民主，就是要看民主的范围有多大，上下的关系密切到什么程度。真正做到上下一致，使全国人民的力量都能发动起来，创造一个富强的中国。我们现在正朝着这个方向努力，近几年已经有了好的势头。

中国的改革对世界发展有利，因而一定能赢得国际上的支持。苏联自身也在推行改革，美国也表示支持中国的改革。第二世界和第三世界更需要中国改革早日成功。整个形势是很有利的，但是困难在于别国几百年里完成的事情，中国要在几十年内完成，时间很紧迫。我们这批老年人不免心里更着急了。

1987 年

1987年2月18日

先生参加民盟全国秘书长会议，说：

全国代表会议后，我就到香港去了。一到香港，就有很多新闻记者问我。主要的一个问题是：一号文件出来后，政策会不会变？我说："我相信政策不会变。"

我为什么这样说？因为我的确相信三中全会以后的政策，是我们中国走上图强道路的政策。只有这条路可走，就是开放、改革。改革是不可逆转的，是个历史过程。经过"文革"，大家取得了一个很深刻的共识，这就是一定要发展生产力，中国其他问题才能真正解决。

过去八年中，我们的确在农村中看到了很大的提高。这个政策通过具体实践证明，它是走上富强的社会主义道路的政策。现在除了共产党领导的这条路之外，还有没有其他路呢？我认为是想不出来了。就是在共产党的领导下，走改革开放这条路。它所起的作用和效果，是大家都看到的。在发展过程中，从农村改革发展到城市改革。

对于整个形势的看法，我认为是稳定的。出现一些问题，不会动摇大局。所有的人都一致希望安定团结，中国不能再折腾了，否则没有一个人会有好处。我们可以进一步分析，得出这样一个结论：就是在过去一段时期内，在精神文明建设方面，特别在抵制资产阶级自由化方面，工作做得不够，甚至忽视了这一方面。要进一步发展，贯彻我们的政策，就得同时在这方面加强工作。对于资产阶级自由化的内容，各人可以有各种理解,所以党中央文件做了说明,那就是反对四项基本原则。这就明确了。

从香港回来后,我首先想到的是,民盟应该怎么办?我们六万多盟员同志的处境怎样?在盟内,对党的政策的正确执行,对四项基本原则,我们的工作是没有出这条线的。民主党派有条政治上的线,就是四项基本原则。作为党的依靠力量支持"四化"建设,我们还有很大潜力可挖。党对我们是肯定的。民主党派在这件事上也是经受住了考验。一号文件说明了这一点。

现在要保持安定团结,是广大人民包括全体盟员所重视的问题。在学生上街初期,我的发言是反映了全面真正的心理状态,不是应酬文章。安定团结不能丢。对学生上街游行,我告诉他们要知道轻重。这不仅对个人没有好处,对别人、对国家也没有好处。总的讲,我们的态度是不错的。在代表会议里,有的人对我的讲话不大满意,也有人认为,我这么一说,保护了知识分子。

我们民盟开代表会议,习仲勋同志四次出面,这是破格的。民革开会,王震同志去。民建开会,宋任穷同志去的。为什么这么隆重呢?就是要向社会讲清楚,党是重视民主党派的。现在党内还是要整理思想阵地,党的思想建设是很重要的。党好了,就一切好了。我们没有什么别的选择,中国的道路是历史定了的,要走很长一段历史时期。

对"民主教授",我有切身体会。当时因为反对蒋介石、支持学生运动,有党的领导在背后。当时有很多学生来串门。他们学习好,做事也正派。我们就要保护他们,和他们接近。这样一来,就成了"民主教授"。现在就比较复杂了。所以说,现在是如何做一个社会主义时代的进步教授,不像当时我们那样简单。

我们民盟如何开展工作?从这次代表会议中反映出,盟内40岁上下的人的意见——他们想些什么,我们还摸不透。50年代,我是知识分子主流中的人物,只有四十多岁。我的想法和大家差不多。从这次会议中接触的想法，对我教育很大。我们不了解盟内四十几岁的人的想法，民盟的工作就不好做。有的人说我们民主党派不像个党派。这句话里问题很深啊！他们进盟的时候有个想法。什么叫民主党派呢？进来一看，不像。他的想法对不对？是用他的思想来改造我们民主党派呢，还是按我们这样做？这个问题解决了没有？究竟我们民主党派是什么性质的？

民主化的话说得很多，它的本质是什么？各个时期要做哪些事？没有很好地理解它。其实，每个人都在里面生活了很久，都有看法，都还没有搬出来，看看究竟对不对。有人说我们政纲也没有。要有一个对国家政治局面的看法。他们忘了一段历史，在建国之初，有共同纲领。什么叫纲领？民主党派的纲领是什么？为什么它可以和共产党有共同纲领？这都是基本的问题。

"不像个政党"——这句话不是一两个人讲。说你们做的事都不像政党，都不是政治的。对于政治怎么看法，现在的政治是不是不大像西方的政治，也不像西方的政党。是不是把西方政党的内容带过来和我们比较，如有不同，就说这个不对头，那个不对头。他们的社会必然是那样一套东西。我们是否要跟他们走啊？全盘西化是不可能的，西化不了。

我们民主党派是怎么来的？它做什么事情？讲任务、定义，能写出来，好像问题就解决了，而不是从实际考虑，从历史发展的过程来找它的内涵、含义是什么。我们搞社会科学的，难就难在这儿。

现在四号文件规定得很细，规定了不要这样，不要那样。现在不是1957年、1966年了，是1978年了。不能用过去的经验来套。大家有忧虑，害怕，这是从1957年的思想中来的。所以我们说，要从爱护、保护同志出发，不要走1957年的路。不要到最后为了自己存在而去咬别人一口。

民盟本身要成为一个安定的因素。绝对不允许盟内有人利用这个时机搞小动作。为了希望能将安定团结真正维持下去，我们就想到要开这个秘书长会，大家来商量一下。四号文件就是针对有种种顾虑的思想、把政策界限交代清楚的。强调政策界限是代表党中央的，我们也就有了根据。

我们要保持同党一致。一致在哪儿？中央有了政策，吸收了过去所有的经验进行这场斗争，不是重复反右斗争，不是重复"文化大革命"。要为安定团结做出一切能做的事，就更好了。

要发挥我们的主观能动性，在加强安定团结方面成为一个依靠力量。党现在的方针是安定团结，并为此做出了一系列的政策规定。我们要考虑的，首先是如何在这个方针之下，真正成为党的加强安定团结的依靠力量。根据民主党派的客观条件，从思想方面可以发挥力量。如果放任自流，盟内也会出现问题。并不是没有人会干出些冒险行为的，或被别人利用来破坏四号文件所规定的界限。这点不能不有所预防。

我们要谨慎，要适应，要协助党实现安定团结，保证四号文件的贯彻。我们要加强学习，要分析思想情况。首先分析有什么内因，不可大意，不能认为党说不涉及党外，我们就不管了。

从四号文件出来之后，许多同志的思想从消极多于积极，变成要积极成为党的一个依靠力量。首先要摸清情况，不清楚的回去要注意弄清。要结合实际，不但是自己本身不要出问题，同时要起积极作用。要研究一下，大体在什么问题上要引起注意。应很好地同党商量，通过统战部的正常渠道商量。首先要通过统战部同地方党委密切联系，不要有离开党委的行动。有了问题，还要赶紧向盟中央报告。我们可以向中央统战部反映。各地出现与中央政策不相符的情况，要及时反映。两条渠道都要通畅。我们必须认真、谨慎地运用我们的渠道。

在这个形势下，民盟要做些事情，使我们真正成为安定团结的力量。

今年准备的经常工作照常进行。这本身就是安定团结的表现。正常工作一定要按计划进行，因为这些工作是符合四项基本原则的，是为"四化"服务的。今年要注意抓好两个方面的工作，一个是经常性的盟的自身建设方面——对盟员要进行教育，认识究竟盟是什么，政党是什么。在人大、政协会议之后，在几个大城市搞几次思想建设座谈会，目的是对新老盟员特别是新盟员的思想情况摸一摸，让他们谈谈，进行自我教育。讲讲盟史，十天左右。这件工作总的由叶笃义同志负责，由组织部、宣传部、学委会、文史委员会配合起来，找一些典型经验。希望我们在再开大会前有一个基本认识。

另一个方面是，我们这段时间内对吸收新盟员的方针要考虑一下自己的承受能力。首先要了解思想情况。各地大体上要对发展组织心中有数，不要放任自流，要有计划地进行发展，要看得远些。十年之后，我们这批人不在了，民盟在知识界的地位还得维持下去。同时，我们要和统战部商量，同党协商，充实我们的力量。

今年我们还要做召开"六大"的准备工作。我们的这次代表会议准备了七个月。我们是权力下放，各省的代表由各省决定。各地要对这件工作总结一次，研究一下自己的长处和缺点。对于"六大"的准备工作，要马上着手去做。

"六大"要修改盟章，还要有四分之一的人进入参议委员会，这都要事先进行研究和协商。各地都要有些年轻人。年轻化是党的方针，也是我们必须做的事。下次还要调整四分之一的中央委员。怎么做，要研究一下。这些问题都得及早准备。

我所讲的都是建议，同大家商量。要造成一个真正的民主气氛，多想一想各地的情况。要从这里做起，把民主气氛逐步发扬到各地去。在盟中央，我们试验了茶叙的方式，还是不错的。和机关的干部叙了一次。"谈话"不好，茶叙就是在一起喝茶，一起说话，把意见都讲出来。主要目的是要发扬民主气氛，要大家感到所做的工作自己有份。民主就是自己有份，当家做主。民盟是大家的，不是一个人的。有意见要表达出来，有不同意见很好，说明进步了。

7月

某日，先生谈农业问题说：对农业我所知有限。中国的农业以后怎么发展？这个题目我无法回答。关于中国农村社会经济发展，我只能根据我这几年在农村的调查讲一点个人的见解。

这几年我的农村调查和小城镇调查已经出版了几本书，这次只谈谈近两年我在农村发展问题上有什么新看法。以前谈过的不再重复，否则同志们要说我每次谈的都是一样的话，没有发展，思想僵化了。

现在我们处在一个飞速变化的世界里，思想常常赶不上客观事物的变化，认识常常落后于时代。有时刚刚摸到一些东西，新的东西又出现了。中国之大、变化之快，仅靠我们少数人是不可能掌握得了的。从这一点出发，我希望有更多的同志来关心、研究农村发展问题。尤其是那些来自四面八方的同志，见多识广，根据自己的所见所闻，独立思考，定有不少真知灼见。

我们有了一个共同目标，就是实现祖国的现代化。但为此目标应做些什么、应该怎么做，这不是凭哪一个人的主观意志和想象能解决的。也不可能根据过去某某人如何如何讲过，就"按既定方针办"。事物在发展。我们看到、已经认识到的东西很少。客观地讲，搞一个中国农村的经济发展战略，我认为任何人也是没有这个能力的。可是，我又确实想知道中国的农村过去是怎样发展的，下一步会怎么样？这是我一生最关心的问题。可以说，为解答这个问题，我已经搞了50年了。

50年当然很长，我的学术生涯里却要扣去20年。在这20年里，我得到了一个体验生活的好机会——下放到干校，做了两年农村劳动，又有一段时间在农村里，跟农民住在一起，对他们的生活有了更多的体会。

我认为，农村发展战略研究的出发点，必须是对既往历史的真实总结，而不是我们想象应当怎样就怎样。我们要从中国农村发展过程的实际中去总结、反思，总结一下发生过什么问题、为什么会发生。根据自己的体会，认为怎样才能解决这些问题，促进我们的目标早日实现。

我们不是讲要把生产力发展起来，到 2000 年进入小康经济吗？这就是我们的目标。正确些说，每一个人平均收入要达到 800 美元，或者可以说是比 80 年代初期的水平翻两番。现在我们主要是要实现这个目标。但不要忘记这里有 80% 的人住在农村。农村里的人怎样才能达到这个目标？显而易见，这是我们能否实现这个目标的关键。所以我们更有必要总结一下，这几十年来农村是怎么变的。

民盟办的《群言》杂志在今年第九、十两期刊登了我的《江村五十年》一书的摘要。在这本书里，将讨论江村的农民生活在各方面的变化，当然主要是关于他们的经济生活。我把江村作为观察中国农村的一个窗口，通过它 50 年间的变化看农村各方面发生了什么改变。我想最后应当对这个村子半个世纪的变化勾画出一个历史的总结。也许这是我一生中最后的一项工作了。书成之后，得失就任凭后人去评说了。

下面谈的，是这两年中我的确有的一些新的看法。

1986 年 2 月底到 3 月初，我到温州去了一趟。所见所感，已经在《瞭望》杂志上发表。

我为什么要到温州去？因为我曾经在江苏地区断断续续调查了四个年头，主要是苏南地区的三个市。据我观察，苏南地区农村经济的发展有基本的相同点，所以把它称为"苏南模式"。我写了不少关于苏南的文章，想从苏南这样一个局部地区来讲中国农村的发展。

我知道中国各地农村的发展是很不平衡的。从哪里下手去了解呢？我不可能一个县不落地去搞实地调查。我想我还是找一个比较发达的地区去看一看。当时我有一个说法，现在看来该改变一下了，就是说："我从这里看到的东西，可能就是其他地方将会出现的东西。""苏南的今天可能就是其他地方的明天。"这话中有一部分是对的，一部分是不对的。

从发展的基础方面去看，苏北、苏中、苏南三个地区是有所不同的。我们不妨从各地的工农比例来比较一下。农村的经济结构可以从多方面去说明，从工业和农业在生产中的比例来表达，也许是最简单也最明显的。那就是在一个地区的工农业总收入里，工、农两部分各占多少。其实我是只想据此来比较各地区经济发展的不同程度，所以对于工农业内部结构，限于时间，并没有做进一步仔细分析。

我是从去年才开始做的，以前没有条件。去年我们才在江苏挑了有代表性的七个县，进行了一次普查。普查初步结果最近才计算出来。开始时，我们用的是统计局通用的指标，但很快发现这些指标中有些不能反映实际情况。例如，村办企业和家庭工业在乡镇企业里占的比重相当大，却不能从我们的统计中反映出来。因为这些都算作农业收入来处理了。这是因为过去在统计局制定这些指标时，很少地方有村办企业和乡办工业这套东西，所以把它们当作农村副业看了。

农村里的工业活动，大体上说，是从80年代开始兴起的。此前的统计指标，当然不能反映80年代后农村发展的情况。这样给我们的工作带来了很多困难。于是我们下了个决心，从去年起重新搞了一套指标，在江苏进行几个县的调查。明年上半年，我将把结果报告写出来。到时大家都可以看到。

现在我准备在江苏更大的范围内进行一次调查，得到了江苏省委的大力支持。虽然这个调查不一定尽如人意，可比起80年代的指标又有了一些进步。这就是说，要认识一个事物，不是那么容易的。不亲自去看、去跑、去听，很容易产生错觉。

我在江苏调查时，采用工农比例来表达经济发展的水平。具体讲，1983年我们调查时，北部徐州是农重工轻，为七比三。从北向东、向南，农业成分比重逐渐下降，工业比重逐渐上升。接近长江的时候，达到一半对一半。过了长江，镇江以西还是农重工轻，镇江以东就是工重于农了，而且工的比重逐步上升。越靠近上海，比重越高。有的地方达到了八比二。地区差别这个概念表现得比较清楚。

我觉得，整个中国可分成三个部分：沿海地区、中部地区、西部地区。我以前的工作主要是在沿海地区,而沿海地区是发展最快的地区。其中又有两个快中之快。一个是苏南,受到上海经济辐射;一个是广东的珠江三角洲地区,受到香港经济辐射。其他地区发展的水平比较低,而且不平衡。

我看到了各个地区农村发展的不平衡,所以发生了一种想法,就是江苏像是在金字塔的顶端。当然很容易得出一个推论:苏南的今天就是其他地区的明天。

这个推论是不完全正确的。我通过1986年初的温州之行,才意识到在我的认识上有毛病,发生了偏差。中国农村的发展有共同的一面,也有不同的一面。假如只看到相同的一面,就发生片面性,而且会导致政策上的"一刀切",工作上的一般化。

中国各地农村有相同的地方,是因为我们有共同的历史。新中国成立前后,搞合作化,都是一起搞。不管什么地方,包括少数民族,基本大同小异。三中全会以后,拨乱反正,对内搞活,对外开放。这么大的转变,也是全国一致的。但问题在存在着不同的一面。各地由于具体条件不同,出现了多样性发展。我过去的看法里,没有着重注意不同地区的不同特点,应当说是失误。

我国到2000年经济上要翻两番。怎么翻法?要因地制宜。各地区根据各自的特殊情况,制定最适当的办法。这句话听起来比较容易懂,而真正了解体会到不太容易。拿这几年说,村、乡和镇发展乡镇企业,苏南一马当先。1982年后发展飞速,农村经济发生了显著跃进,农民富了起来。

坐火车从南京到上海去,一过镇江,农民的房子都另一个样了。走进村里就可以看到工厂。所以我说:无工不富。但这是在苏南总结出的经验。其他地方是不是也必须如此?是不是也要和苏南一样办那一类的乡镇企业?

有的地方说,我们富不起来。到苏南去看了,回去还是学不来。苏北的一些基层领导很想把苏南的一套搬到苏北去，可是搬了几年还是不行，效果差一半还多。起是起来了，但不像苏南那样快，原因就是各自的条件不同。怎么学习苏南，这是个大问题。

从这些实践中反映到我们脑子里，就应当承认不同地区的多样性，不要"一刀切"，一般化。不同地区在发展中有共同的东西，自然可以交流，经验也可以相互借鉴，唯独不能照搬。

为什么搬不过来？一切事物都有一个发展的历史，是在一定的历史条件下发展起来的。我到温州看看，就很受启发。一个地区有自身的历史条件、客观条件，不分析这些条件，就不可能做到因地制宜，只能讲空话。必须多问几个为什么：为什么苏南搬不到苏北？为什么温州不跟着苏南走？

现在我更清楚地认识到，就苏南这个模式来说，有一些带有历史性的特点。它是在公社时期，在农村经济体制没有改变的时期，出现了工业。一开始不叫乡村工业，叫作"社队企业"，属于集体所有制。实际上一个公社、一个生产队就是经济实体。公社所办的企业，在概念上是属于公社的社员集体所有。

80年代初实行的农村经济体制改革，把农业的经营权划给社员的各个家庭。公社这个经济实体是改变了。在江苏，公社办和生产队办的企业没有分给各家，保持了原来的经济实体。应当说，还是属于原来公社的社员，即全乡或全村的居民。所以，有个名词叫"大集体"。因为它不同于由若干居民联合起来办的企业，后者叫"小集体"。凡属大集体的企业，依旧由基层干部领导和管理，在相当长的一段时间是党政企不分的。它的性质不容易用现存的概念说清楚。看来我们也不必在概念上纠缠，只要把苏南农村怎样发展工业的具体历史过程弄清楚，就可以明白的。

我过去曾讲过，苏南地区乡镇工业发展有两个条件，一个是有工业基础，一个是人口增长产生的劳力过剩。新中国成立后，我国人口在30年里增长了一倍，绝大多数在农村里。人口压力在70年代已经显现，所以不得不搞计划生育。但是增长的人口挤在同一块土地上,以致农村里一般有三分之二的劳动力是多余的。在"大锅饭"里争饭吃,每个人分到的越来越少。

生活压力迫使基层干部不能不为多余的劳动力找出路,以此来增加收入。农业里出路难找,找到了工业。这时"文化大革命"发生了。苏南几个中、大城市里"停产闹革命",很多工人跑回家乡去。他们把办工业所需的技术带下了乡。这一来,两个条件合在了一起。农村人口太多要找活路,城市里的技术送下了乡,于是"文革"中期苏南一带的农村里出现了许许多多小型工厂。

这些基层干部和农民办起来的"社队企业",在当时是不合法的。它们不能公开地搞,但"文革"闹得正凶,上面也管不了,所以工厂越办越多。什么所有制、什么属性等等,在农民看来是不理会的。他们从实践上找到了一条生财致富的道路,成了他们的命根子。

这上面所说的,是具体的历史过程。苏南在上述的条件下发展了农村工业。资金是集体积累,即公社在分给农民后留下的部分,用来发展工业。钱原本是从农业里积累出来的,或者说是从草根里长出来的。我曾称之为"草根工业"。这与西方资本主义工业的开始不相同的。

"草根工业"是农民自己办的工业,不是通过政府拨款或资本家投资,而是农民自己掏净口袋投到工业里。在当时的历史条件下,不这样不行,没别的出路。农民要生活下去是最大的动力。要活下去,要活得好些。现在政策放宽,承认办乡镇企业是农村经济发展的必由之路,这已是很迟的事了。

在这以前,社队工业一直是打击压制的对象。可是它没有被打死,也没有被压住,却生长壮大了起来。因为它合乎中国的历史条件。中国人民不能忍受自己日益穷困。国家的前途也不允许农民继续停留在低水平生产上。人口的增长是一个很现实的压力,使每个人的头脑都得动一动。于是农民自己想出来这些办法来了。这就是苏南的农村工业开始时的基本情况。

温州的历史条件也促成了农村经济的改观。农村经济的发展又反过来改变了历史。同志们可以到温州去看看，形势令人振奋。温州没有走苏南道路，因为他们与苏南、苏北的社会经济条件都有所不同。苏北平均一个人一亩半地，苏南是一亩，温州只有半亩。这个地方的历史条件与苏南地区不一样。工业基础原本薄弱，它对面就是台湾。新中国成立后，因为是前线，国家认为不能投资建工业，过去一直很穷。三中全会以前没有乡镇工业，最出名的是打架不要命。

1983年、1984年两年中，外逃内逃的人都很多，到国外或内地找饭吃。在北京也不乏其人。弹棉花、打网套，十多岁的孩子背着棉花套，挨门问。一打听，多数是浙江人。在内蒙古的一些小镇里，也可随处见到浙江人跑去开的成衣铺、摆的修鞋摊。到藏族地区去，浙江人也不计其数。我在内蒙古伊克昭盟的东胜市，到邮局去打听这地方一年汇往浙江的私人寄款有多少。一查有几十万。我又问，这地方的浙江人每年能寄回家多少钱。说是一千元没有问题。可粗略地估计出来，这里的浙江人着实不少。他们为什么到处跑呢？因为家里太苦，活不下去。

浙江人出洋谋生也有历史传统。1937年，我在柏林了解到，柏林城就有上千的温州人挨门挨户地送货上门，都是零售小商品。怎么去的呢？一张护照来回用。你用完我用。外国人眼中看中国人也差不多一个模样，马马虎虎就过去了。1938年，我经法国回国，当时从马赛到上海的轮船，有一种四等舱位。我在船上遇到不少回国的侨胞，很多是温州人。其中有一位是回去"叶落归根"的。

他从年轻时出家门，到欧洲做小买卖，挣了钱，寄回家，几十年如一日。到他回国时，寄回家的钱已经造了两座房子，还有一座给自己准备的坟。他觉得人生的任务已经完成，而且死得其所，很满足了。现在去温州也能发现，温州的坟是很讲究的，互相比，看谁造得好。里面埋着的，主要就是这批人。他们辛苦一辈子，挣钱给子孙，自己也得享受一下，就造个漂亮的坟。

上面这段历史里，可以看到一个很深刻的道理。一个地区有自己独特的解决生活问题的办法。不是今天才开始的，而是有历史传统的。这里的传统，是人们在无法生活时背井离乡，远走他方，去干那些不要资本的营生。早年许多人漂洋过海，近年来全国各地闯荡，弹棉花，打家具，出门靠手艺吃饭。

我这次到意大利访问，在罗马了解了一下当地华侨。有两个特点：一是这地方许多是靠小本经营起家的，到现在还没有大资本家；第二，其中有不少是从浙江来的，还是搞中国菜馆、开商店这些老行当。虽然这批侨胞比50年代前叩门卖货的小贩生活好多了，但还是那么一种模式。温州人外出谋生，去时不带钱，出去后挣了钱寄回家，养家糊口，建屋造坟。

这个模式使我想到近百年上海这个大都会形成的历史。上海市的人口主要是从各地移入的。经商的宁波人多，有些成了大商人。包玉刚就是宁波人，要捐钱建宁波大学。宁波人开辟了上海的商场。大家注意一下，很容易看清楚。技工多是苏南人，构成了一支上海工业里的技术队伍。新中国成立前，拉洋车的和码头工人主要是苏北人。上海各区的居民口音都有差别。长宁区、闸北区还带着苏北乡音。宁波话是所谓上海话的底子。至今上海地区的划分还表现一定程度的贫富之别。上海的苏南技工和苏南发展乡镇工业是密切相关的，同时也说明为什么上海对苏北的经济辐射远不如苏南。

温州和苏南、苏北历史条件不同，它不可能发展苏南模式的乡镇企业。在以粮为纲、禁止农民"不务正业"、不准贩运、"割资本主义尾巴"的时代，温州人被搞苦了。80年代，政策改变了，允许农民搞贩运、搞流通、搞商业，温州人的老祖宗传给子孙的看家本领有了用武之地。有些在外流浪卖工的人开始用积在袋子里的钱经商，从甲地买了东西到乙地去卖。来回地倒，钱也越来越多了。有了资金，商业也越做越大，进一步在家乡办起了工业。现在已经出名的温州桥头纽扣市场就是一个例子。

大概三年前，有个姓王的农民，在外省做工。他回乡前，在一个地方买到一批处理的纽扣，回家在桥头摆个摊子出卖。从这一个小摊子开始，三年内桥头成了东方第一大纽扣市场。现在我们身上所有的纽扣，有四分之一是经过桥头来的。它把全国各地三百多家纽扣工厂都包了下来，产品应有尽有。

由于服装的时装化，需要纽扣多样化，于是各家各户买机器，开工制造纽扣。不到一年时间，三四层楼房的现代建筑，一家挨一家地形成了很长一条街。这些楼房底层是商店，二层是工厂，上层住人。问他们收入多少，他们笑而不答。看他们所住的房间、家具摆设、所吃的饭菜、所穿的衣服，没有一项不比我强。一个穷地方，发展得这样快，不是亲自去看一看是不容易相信的。

这种发展模式，只有温州人能够做到。因为他们有自己独特的历史条件。我到温州海边金乡镇去参观，看到家家户户在做贴在用具上的塑料标号。其中有一家所做的标号是人民大会堂用的。隔壁一家却是在做乌鲁木齐的一个工厂的标号。这引起了我的好奇。这个小镇的手可真是伸到了全国各地了。他们的手怎么会这样长的呢？

一旦联系到了我50年前在柏林所遇见的温州同胞，和这几年在内蒙古、甘肃街头看到的成衣铺、修鞋摊，以及在北京街头背着棉花胎叫卖的小青年，就容易明白了。原来温州有十万大军遍布全国各地。这是一个信息网、一个商品流通网。这个网是温州经济发展的基础。有了它，海边角角上的一个乡村里，家家户户都有了机器，男女老少都有了工做。我总结了温州模式的特点，是以商带工。商是指"小商品，大市场"。这使我对乡镇工业的认识又提高了一步。

在苏南，我只看到"无工不富"，到了温州才明白"以商带工"。苏南是以吸收农村剩余劳动力为起点，以家庭副业的态度来对待集体工业的。有一点像农村老太太家里养只鸡，生了蛋，卖得出去就卖，卖不出去就自己吃掉。这是我所谓的"副业态度"，是商品经济的萌芽状态。

苏南初期的社队工业具有很大的盲目性，一般是不了解市场需求，跟着别人走，一窝蜂地上产品，等到生产出来，市场已经供过于求，销不出去，积压在厂里，发不出工资，只能停产待销。开开关关，被称为"开关厂"。在这种厂里做工的农民，也不单靠工资来养家活口。在厂里做工拿工资，在他们是和副业收入一样的。这种态度表明了农民搞工业是人口压力压出来的。但是一进入工业领域，实践使他们逐步学会了什么叫商品经济。从自给经济和计划经济中长出商品经济的过程是极有意义的，值得我们深入探讨。

温州家庭工业的发展与此不同。温州是先有了买主再生产，就是市场在前，为供应市场才生产的商品经济。这个问题在苏南模式里是经过一段时间才学会的，到现在还有些没有学会。生产出的产品积压很多，没有市场，变不了商品。这也不能怪他们，因为我们有一段计划经济的历史。在那一段时期，农民不必管流通，也不能参与流通。流通系统，有供销社和商业系统经营。公社和生产队只要按上面规定的指标生产，要什么给什么，不要的就不能生产。生产越出指定的范围就是"不务正业"，严重的就得"割尾巴"。这一套农民大多已习以为常，但是生产日穷，不得不另想办法。现在要搞个有计划的商品经济，要他们更好地提高生产力，改善生活，他们当然是积极的。但怎样搞法却没有经验，有一段转变、过渡、学习的时期是势所必然的。

温州由于有他们的历史传统，懂得自己搞流通市场。国营的流通渠道不为他们家庭工业服务，他们就自己来。有点像美国的邮政。官办的邮局没有效率，就出现了私人邮政，并已形成了一个庞大的系统。

当然，这个流通领域是水闸一开，鱼龙齐下，难免会有些歪门邪道。你不去为他服务，还不准人家自我服务吗？只是骂他，不去研究他，引导他纳入社会主义轨道，当然他要发展些五花八门的东西。对于这种现象,应该采取积极的引导态度。国营商业渠道不进行适应形势的必要改革,以满足乡镇和家庭工业所需的产前、产中、产后的服务,流通领域中的混乱现象是难以消灭的。

温州和苏南不同,他们"以商带工"发展经济,几乎是民间自己搞出来的。而且在相当短的时期里,农民家家户户收入增加了,从生产到经营的整个经济过程全部都搞活了。看来生命力很强,还在继续发展。

这种一度被认为"资本主义"的苗子,用行政命令是压不死的。因为这是这地区人民的命根子。因此,我们必须进一步去分析研究,实事求是地保护和发挥群众的生产积极性,通过国家和集体为个体及联合经济服务的渠道,把这种模式纳入社会主义轨道。

上面我简单叙述了苏南和温州的两种模式。目的是要说明我们对我国农村经济发展应当采取"一个目的,多种模式"的战略方针。一个目的,就是到本世纪末我国的生产力要翻两番,多种模式是指各地区应因地制宜,发挥优势,走自己的道路。我们要相信群众的创造力。我国的农民自己会搞出适合于自己地区、自己条件的各种模式来。苏南也好,温州也好,都不过是多种模式中的一种。

经过这一年的学习,我更清楚地觉得,农村发展总的道路必须依靠农民的创造。根据他们自己的地区特点、历史养成的习惯来发展当地资源的办法,可以有不同模式的出现。

"模式"两字,不是严格的概念,其中就是口语中所说的各式各样的"式样"。看来这一阵"模式"又成了一个时髦的名词。我想提醒一下,这样提法只是为了着重因地制宜,不要"一刀切",要互相学习,不要照抄照搬。照搬人家的东西到历史条件、地理条件、各种条件都不同的地区去,是不会有好结果的。

谁最熟悉当地情况、历史条件呢?是农民群众自己。作为研究人员,作为干部,都要充分尊重、承认农民自己的创造性。他们最知道根据当地的条件创造出最需要的东西来,我们要去支持它、说明它。一旦支持了、说明了，他的东西就容易生根发展，影响其他地方。我们不过起这么个作用。

各地做具体工作的干部，要多看其他不同地方的情况，善于吸收能够用到自己地方的东西，这是不容易做的，却又非得这样做不可。

最后，就当前大家关心的几个问题讲一讲我个人的意见。

第一个问题：怎样对待不同地区社会经济发展上的不平衡？不仅全国范围内不平衡，沿海、中部、边区之间有很大的差距，就是一个省内也不平衡。江苏省我已经讲过，苏南和苏北有差距，浙江省的山区和沿海相差得相当大。这个问题值得我们去研究。一是劳动力的转移，例如我的家乡吴江县，农村劳动力实际上还没有充分利用起来。村里也还有多余的劳动力，可是一些较重的活儿，如挖渠、开池等，当地农民自己不动手，是请山区、苏北那些比较穷的地方的人来干。据说无锡已经出现了雇其他地方来的人种田的事。这是不可避免的。假如地区经济发展不平衡现象长期存在，这些情况还会更严重。

过去由于城乡之间的不平衡，为了保护城市，采取了许多切断城乡之间交流的办法，如户口制度、粮票制度等，也未必能奏效。例如现在农业户口转入城市吃商品粮限制很严，但北京却已发生劳动力市场，吸收许多农村劳动力，去干诸如挖暖气沟等工作，主要原因是这些人来自较穷的地方，劳动力便宜。劳动力成为商品进入市场后，一样受价值规律左右。

诸如此类的问题，主要是由于地区间的不平衡引起的。各地区不可能一起富起来，但也还得注意贫富差异会引起什么情况。我完全同意一部分地区先富起来、帮助后富起来的人赶上去这个原则。怎样帮助是一个值得研究的问题。现行的办法，是通过国家财政计划，从一些发展较快的"富区"抽调一定财力支援"贫区"。如果这样做能有效地促进一些地区早日脱贫致富，那当然是发挥了我国既统一又集中的优势，以达到全国繁荣的目的。但是，如果中央对贫困地区的补贴不发生应有的经济效益，那就会成为"鞭打快马"，拉了整体发展的后腿。

从实际情况来说，不能不承认，通过补贴这个渠道转移一部分地方的财力，并不容易保证这笔财力成为发展贫困地区的资金，而往往被花销在一般不生产的建设当中。在各地区间比排场、比铺张的风气没有扭转之前，很难保证补贴的效益。所以我认为这个问题应当引起重视。

我是一直主张发达地区应当帮助不发达地区，尤其是在不发达地区由于缺乏资金和人才、没有力量自身积累、其经济难于起飞时，更需要外来的支援。这种支援必须建立在区域间互利互惠的基础上。最可行的方式，是通过地区间补偿贸易、联合企业以及各种优惠的贷款，而不是无偿的补贴。

作为地区的领导，中央不必用税收等行政手段去平衡地区间的差距，而可以采取各种政策措施鼓励向不发达地区提供物力、人力的有偿支援。这种构想我认为是有可行性的。因为以我国具体情况看，发达的东部和不发达的西部互有长短。东部有较丰富的技术力量和资金积累，但缺乏工业原料和能源。东部所缺的正是西部的优势，东部的所长正是西部的急需。以东支西、以西资东的公式是个互惠互利、共同繁荣的公式。这就是说，除了通过中央补贴这个不一定会发生经济效益的渠道之外，有广阔的天地可以促进东西交流，逐步缩短地区间的差距。

应当看到，我们的国家是一个资源极为丰富的国家。现在最重要的是，要想尽一切办法赶快把资源开辟出来。我最近去苏北海边的滩涂进行了一次调查。那里有大量的土地至今还没有完全加以开发，原因就是没有资金投下去。在那里投资，如果经营得好，五年多就可以还本。

假如每一个地区、每一个工厂都不要国家补贴了，我们国家的财政就轻松了，用那些钱去投资、去生产，五六年就可以活起来了。但现在还没有走这一步。所以，不改革或改革不成功，国家财政所背的这个包袱就卸不掉。

我国的政府本来应是最富的政府，它拥有这么多的生产企业，可在事实上我们却是个很穷的政府。主要是在于许多国营企业不赚钱,还要赔本。这笔账不好算啊!各种拨款几亿几亿地拿去,是否都用在生产上了?搞了多少宾馆和会场?所以每块钱怎么花,花得是否得当,拿出钱来的人应当有权利问一问。我们有信心改变贫穷的面貌,但总得通过提高生产来改变。不论是地区或是企业,不能靠吃国家补贴过日子。中国有句话:"生之者众,食之者寡,为之者疾,用之者舒,则财恒足矣。"

现在有的地方富了起来,那里的老百姓,主要是农民,拼命劳动,发展了工业,创造了财富。这个财富来之不易啊。但是要问一问是怎么花的?对此,每一层党政领导心中必须有一个深刻的认识。

再谈一个问题,就是农村里发展工业会不会削弱农业。我完全同意单说"无工不富"是不完全的。没有农也不行。无工不富绝不能成为挤掉农业的理由。不单这样,我还认为要发展农业,必须发展工业。工农还是相辅的。

我们是经过一个人民公社时期转到实行家庭承包责任制的。这一转变显然提高了生产力。但同时要看到,在生产责任制下,农业经营的单位落到了家庭。在苏南,一家的经营面积只有五到六亩耕地。这样的经营规模,还属于小农经济。农业的经济效益与工业相比,差别很大。凡是收入高的地方,就要把收入低的地方的人拉走,这是经济规律。所以农业效益不提高,就出现了农民不愿种地的情况。

目前苏南的农民即使不那么愿意种田,但还是很少把分到的责任田交给别人去种。他是怕变,怕手上没有土地,粮食来源没有保障。一旦商品粮可以保证供应了,他们就会考虑把劳力和时间花在土地上干活是否值得的问题。

我在温州访问时,正值早春,确实看到大片闲着的土地。不少人怪工业把农民引上了邪路,以致农业萎缩。这样下去,粮食生产会下降,将造成大问题。

问题是存在的。出路恐怕不是抑工扶农,而是要让从事农业生产的人收入等同或超过工厂工人的收入,用经济规律来使从事农业的人安心从事农业。这是可以做到的,但必须进一步改革。改革小农经济的面貌,那就要扩大农场,采用机器,加上各方面的财政信贷、产前产后服务。一句话,就是在农业现代化路上迈出一步,农业劳动力的生产价值就会等同于或超过工厂工人。

苏南在怎样解决工农差距问题上有一点值得一提的经验。当出现农民因为从事农业不及从事工业收入高、而不愿种田的时候,有些乡、村就提出"以工补农"的办法。他们从乡办或村办工厂的利润中拿出钱来补贴农民。凡是种一亩田就给多少钱。后来发觉,这实质上是一种工农间的平调办法,损害了工业,也维持不了农业。去年才提出"以工建农",用工业的利润来建设现代化的农业,把更多的劳动力吸收到工厂里去,以便扩大农业经营规模,买机器,买化肥,竭尽全力地为农业的产前产后服务。这是靠集体经济的力量发展工业、促使农业现代化的一条路子。

这个办法是发挥苏南模式中集体经济实体的优势,出现了一个新情况——乡镇工业的兴起,促进了农业的改革,出现了工农并举,农业的地位也随着进一步的改革而提高了。不是走回头路,不是叫工业等一等,而是同步发展。

1986年上半年,江苏提出"以工建农",与过去的"以工补农"比,虽则只有一字之差,实则大异。但这个改变是很不容易的,需要有一个过程。

我认为,对"工农矛盾"应采取积极的态度,进一步改变农业的体制。这种改变不能像以前搞合作化那样,搞强硬命令,搞公式化或形式主义,轰轰隆隆一阵子,而要逐步采取不同的办法,各地区创造自己的经验来改变农业的规模,采取现代化的措施,使农业走上现代化的道路。这是很有意思的。

从农业里出工业,农民里分出了一部分,成了工人,这是第一步。

接着是农民办的工业回过头来促进农业的现代化，使农民变成农业工人。这能不能说是我国首创的一种战略方针？这个方针是农民自己从实践中找到的，现在已经受到了国际上的重视。我在国外碰到的人都认为，这条路是走得通的，是一条第三世界应当学习的道路。

当然，这里还有一个两种不同制度的区别。在他们的制度下，是否能走我们这样的道路，尚不可知。如果只有社会主义国家才能走这条道路，那么这就可以说是社会主义制度的优越性了。

最后一个问题，是传统农业观念对农村工业发展的阻碍作用。这条就涉及建设精神文明的问题了。英国广播公司要我来一个即兴谈话，人家问：如果你们富起来了，还会有什么问题？我说富起来是好的，可是富起来之后，钱怎么花是个大问题。对不对？

我很高兴今天我能提出这个问题来讨论。过去我们农民穷，根本谈不到这个问题；现在农民有钱了，有资格谈怎么花了。形势不是已经发生了根本变化了吗？

说实在话，这确是一个新问题。我们的农民知道穷了怎么办，但是富了以后，钱怎么花？却没有经验。过去只有地主才富，现在农民自己劳动致富了，怎么办？我个人的看法，现在我们迫切需要扩大再生产。我们还是很穷。有了钱还应当积起来从事再生产，就是要勤俭起家、勤俭兴国。

有了钱不知道怎么花，这个问题仔细研究一下很有意思，是个大问题。各地电视台通过电视机普及精神文明，这是件好事。可农村的电视机经常遇到停电，看系列片连不上。而且农民在电视里都看到了什么？学到了什么？这些问题我们都没有很好地研究过。

可是许多农民还是要买，要嫁女儿，不能没有这个嫁妆。买去了，却不一定用得上，当摆设。我几年前在天津听到一个真实的故事。有一个老头子跑到一家电器店里，一下子要买两台电视机。问他为什么买两台？他说有两个女儿要出嫁。问他家里有电没有，他说电还没有。这种事情不只发生在天津，很多地方都有。农民有了钱，盖新房，这当然是很好的。可是现在已经有农民在为还在吃奶的孙子盖房子，等他长大了好结婚。这些是现实的农民思想。至于怎样使钱进入生产领域里去，有了积累怎么叫它发生经济效益，这些问题看来绝大多数的农民还没有想到。

现在我们根本就不知道农民手里有多少钱。怎么问也问不清楚。没有这个账。储蓄在银行里的只是很小的一部分。我们的金融体制似乎还考虑不到怎样把农民口袋里零星的钱集中起来，投资到生产中去的问题。其实这不是个小问题。

我说怎样花钱是个大问题，因为这牵涉农民意识领域的改造问题。政协在甘肃会宁有一个脱贫试点，帮助农民富起来，这几年很有成绩。我去拜访一位村长，他说：这两年好了，在你们的帮助下，你看那边屋子里就有一万斤粮食，三年也吃不完。我就问他：存三年不是要坏了吗？为什么不拿出去卖？他说：不卖，老鼠吃完了我也不肯卖出去。

在他看来，粮食不是商品，而是生活的保证。可是我在临夏遇到一个回族老乡，同样也在甘肃，他的思想却不同了。去年羊毛很值钱，他自己不养羊，这年收了一万斤粮食，他卖了粮食买回许多羊皮，和老伴两人把皮上的毛剪下来卖，得了钱重新把粮食买回来。结果许多羊皮等于白捡。同样是一万斤粮食，一个放在家里给老鼠吃，一个到社会上作为流通资本。两个人的头脑不同，一个是农民头脑，一个是商人头脑。从保粮到卖粮，是头脑里的变化。

精神文明建设怎样促进我们生产力的发展，是一个很具体的问题。我们的农民在一个传统的、封闭的、乡土性的范围里生活了3000多年，要他们转到一个开放的、商品化的社会里去生活，是我们这一代必须要做的事情。否则我们不可能达到翻两番的战略目标。

农村经济的主要战略方针，是总结我们的历史经验，总结农民自己创造的一套办法，改变封闭的自然经济到开放的商品经济。我自己年龄大了，能做的事情不多了，可我还想花几年，在我走得动的时候，多去各处看看，向农民学习，替他们总结一些好经验。说不上什么理论工作，只是老老实实，传播一些中国农民怎样走上现代化道路的具体事实。如果要提高一些，或者也可以说，总结出一个具有中国特色的农村发展的社会主义战略方针。

12月20日

先生参加民盟广东省委举行的直属基层组织部分中年盟员代表座谈会，在会上说：

我到过广州多次了，但还没有来过省盟机关。今天来看看广东民盟的省委会，希望能接触中年的盟员。

我已经不是中年了，步入老年了。总觉得时间过得很快。不久前还是中年，一下子就进入老年。平时很少有机会和各地的盟员见面，所以这次到广东来，和大家座谈，觉得时间很宝贵。主要想听听大家的意见。

党的十三大以后，盟中央召开了几次会议。首先是召开了民盟的各省区宣传部长会议，研究盟内如何学习十三大文件。党的十三大是一个划时代的会议，标志我国进入了一个新时期。在这个新时期里，民盟的工作应怎样做，才能赶上时代的要求？解决这个问题的最好办法，是靠全体盟员来讨论，充分发表自己的意见和想法。接着，我们开了一次民盟的中常会，又开了五中全会，准备在明年9月至10月间召开盟的第六次全国代表大会。

我们国家在今后一段时期，就是在社会主义初级阶段里，要尽快提高社会生产力，赶上国际水平，时间不长，任务很重。我们民盟有不少学有专长的、有知识的同志，应该怎样发挥这些力量，和全国人民共同解决这个根本问题，在民盟的第六次全国代表大会上要明确的。

这几年我跑了很多地方。从江苏开始，到了浙江、福建、内蒙古、甘肃、青海等地调查了解实际情况，看看党的十一届三中全会以来农村经济是怎样发展起来的。广东我还没有研究，准备明年抽时间来广东看看。

广东是一个模式，走的路子与别的地方不一样。民盟作为有那么多专家的政治团体，有一个任务，就是帮助贫穷地区发展经济。现在民盟广东省委和省政协请了许多盟内的专家，还有和民盟有联系的专家，一起来帮助梅县地区经济的发展，正在梅县开经济社会发展战略研讨会，受到当地党委热情接待。帮助贫困地区发展经济的工作，全盟已经开始做了，广东省民盟做得很好。

民盟要代表知识分子正当利益的。这是民盟的第一条任务。在社会主义初级阶段中，还有各个阶层、各种利益集团。由于各个阶层所处的地位不同，利益要求也不同。他们的正当利益应有保障。我们民盟要尽力为知识分子，特别是教育界、文化界的知识分子，争取正当利益，并通过参政议政等政治渠道来保障他们的正当利益。今天听了大家的发言，感受很深，因为我也是知识分子嘛。

我现在的情况比大家好一点，已经调到国务院工作了。我在大学工作时，情况就不是这样了。1957年，我被降为四级教授。那时社会学不需要一级教授，因为社会学被认为是资产阶级的科学。我和许多老专家都是二级教授，就开始不公平了。我当"右派"时，一下子从二级降为四级。直到1980年才正式"改正"，恢复了二级教授。

我这二级教授表示中国的水平也不低了。比我好的才是一级教授嘛。我在民族学院时，情况和大家一样，甘苦相同嘛。现在我还是住在民族学院，没有搬家，生活待遇比一般的教授好一点。

党的十三大之前，民盟中央搞了一次知识分子情况的调查，广东也做了工作。那时正是放暑假。大家还是积极参加填表。盟中央集中了各地盟员的情况和意见，通过计算机搞出了一个材料。然后，向党中央做了汇报。这个报告以前是作为内部材料的，现在公开了，大家可以看。党中央几天时间就批下来了。胡启立同志指示劳动人事部找民盟，搞一个改善知识分子待遇的方案。

开始是民盟、九三，后来加上其他党派和中共中央职称改革领导小组,一起开会,研究怎样解决中年知识分子、中小学教师的待遇。中小学教师比我们还苦,所以首先要改善他们的待遇,进一步促进中小学教育。这样很快就订出了一个方案,中小学教师工资增加10%。虽然幅度不大,几块钱,但从整个国家来看,数目就不小了。中央政府和各民主党派负责人对话时说,看来改善知识分子待遇要一个时期,道理要向大家讲清楚,现在正不断改。

我们国家正处于大改革、大开放时期,要改变过去的许多不合理制度。可以让一部分地区先富起来。过去大家都很穷,农民就更穷了。知识分子还算有一个铁饭碗。铁饭碗还靠得住,可以吃点稀饭。近十年来,很多人富起来了,这是好事情。有人富起来就是好嘛。农民也富起来了。但据我们调查,全国还有7%—8%的农民生活在贫困线以下,就是年收入在120元以下的有七八千万人。政府抓紧在"七五"计划内把这部分人的生活提高到一般的温饱水平。

知识分子的情况是历史造成的。从1957年后,知识分子都成了资产阶级了。章伯钧、罗隆基都变成右派头子了。知识分子不单政治地位变了,人格也被侮辱了。如果我那时候死了,是死不瞑目。

从"四人帮"下台,十一届三中全会后,首先是农民富起来了,生活好了,到现在不到十年时间。那真不容易啊!农民实际好起来,是1984年以后,只用了三四年时间。来料加工、乡镇企业发展了,农村面貌变了。一切都在变。我们知识分子地位也在变,越来越好。

"四人帮"时期,民主党派是"反动组织"。许多人对民主党派不了解,不知道民盟是什么组织。青年人更不知道什么是民主党派了。现在民主党派恢复了名誉,但要人们的认识一下子转变过来是不容易的,要有一个过程。

就是在党内,统战观念也很薄弱。这一点,党中央也感觉到了。中央统战部一再强调要在党内加强宣传和贯彻统战政策。统一战线在解放前是很有影响的。那时候共产党搞革命必须要依靠群众掩护,否则很容易被国民党抓住。那时候都知道要依靠群众，要有统一战线，要和其他党派合作。可是到了50年代后期，就忽视了统战工作，认为没有也可以了，但实践证明，没有统一战线是不行的，要振兴中华，还得要统一战线，所以统一战线依然是法宝。去年，党中央19号文件在党内又明确了统一战线的法宝作用。知识分子"臭老九"的帽子不臭了，但要香起来，还需要一个过程。

党的十三大正式提出了中国共产党领导下的多党合作制度，过去的文件是没有提出过的。这几年形势发展相当快，知识分子的地位大大提高了。十三大报告明确指出：把发展科学技术和教育事业放在首位，必须坚持把发展教育事业放在突出的战略位置。能否振兴中华，生产力能否上去，国家民族能否在地球上存在下去，要靠知识分子带头，说明党和国家对知识分子是很重视的。

大家回想一下，今年1月我们在北京开民盟的全国代表会议时，当时有人搞资产阶级自由化。弄得不好又会出现一次"五七年"，气氛相当紧张。我们做民盟工作的人是比较敏感的。我们有责任要维护安定团结的局面，有责任保护几万盟内的知识分子，不能像1957年那样一下子掉下去。但很多代表不了解我们的苦衷，这是年初的事情。

十三大后，我们国家的方向更清楚了。不改革、不开放是不行的。改革是潮流，是不可逆转的。但我们国家有着几千年的封建过程。虽然现在是处在社会主义初级阶段，社会上的封建意识还相当强，加上解放后三十多年封闭的、僵化的局面，思想僵化了，现在才明确了是处在社会主义初级阶段。

"社会主义初级阶段"这八个字，不知花了多少人的生命，代价是够大的了。现在要改弦更张，大抓生产力的发展，才能解决其他的一切问题。但要一下子就好起来是不现实的，要有一个过程。大家不妨比较一下，是不是好一点了？但是不能等，不能慢慢来。要好得快一点。民盟要起促进作用。

我们民盟既然是代表知识分子，就要向党中央反映知识分子的真实情况。要用协商的方式，上街游行是不行的，那样会把安定团结局面破坏了。要采取真正反映实际情况、协商的方式，因为我们和党的振兴中华的目标是一致的。

民主党派与党中央、党的各级组织之间的渠道要畅通。现在中央一级是畅通的，什么话都可以讲，党中央都听，而且反应也很快。例如盟中央关于深圳大学的调查报告，第二天就批下来了，对民主党派的意见是很重视的。有一点要注意的，就是我们反映的情况要实事求是，不能因为党听我们的意见了，就要这要那，是不行的。反映的情况要合情合理，提的意见要有说服力，对国家大事有帮助的。

今天大家的发言，对下一步应解决知识分子什么问题很有帮助。我们要综合大家的意见，提出一套办法，向党中央汇报。从大家谈的情况来看，职称问题是亟须解决的。你们可以进一步讨论研究，提出意见。职称问题我们已经向中共中央职称改革领导小组反映过两次，提了很多意见。今后还要继续反映，要总结出几个关键的问题，但不可能一下子什么问题都解决。

从大家谈到的情况来看，评职称出现了两个问题：一是应评的没有评上，不应评的反而评上了，不平等；二是教育界的职称与其他行业的职称不平等，这一点不能讲人家，人家有力量、有条件可以升，只能讲不平衡。反过来说，现在中小学教师工资提高10%，那其他行业也可能有意见了。工人也许会出来讲：为什么我们不加？加你们？你们知识分子有什么稀奇？我们说：我们是知识分子啊。工人会说：你们算老几？过去是"臭老九"呐！所以国务院这个家不好当。

这次中小学教师工资增加10%，是党中央下了决心的。职称不是钱的问题，是政策问题，中央容易解决。按指标评职称是不合理的，因名额限制会使应评的评不上。如果不按指标评，又用什么方法来评呢？大家出出主意。解决职称的问题关系到国家的有关制度。现在就是要把这些制度改革得更好。

我们要拿出有效的方案，就要靠各级盟组织和广大盟员。光靠盟中央几个人是不行的，靠主观主义去想几条是不行的，要全盟一起来研究。我们向党中央提出的意见必须有科学的基础，符合实际的，因此要发动几万盟员去了解教育界、文化界的知识分子的基本情况。希望广东开个头，发动盟员好好研究，向盟中央提出意见。

明年9月到10月间召开盟的第六次全国代表大会，会上要修改民盟章。民盟的性质是什么？民盟在新历史时期应做什么工作？要明确，要有一个答案。这个答案要符合我国国情，符合历史条件，符合党领导下的多党合作制，所以这个答案不容易做。

在社会主义初级阶段，历史要求我们做什么，我们能做什么，明白这一点很重要。我们要结合民盟的实际情况来讨论。时间只有九个月。民盟的五中全会定出了"四一四"的时间表，就是用四个月的时间大家学习研究十三大文件，认真学习社会主义初级阶段的理论，弄清民盟在初级阶段应做什么，能做什么。然后用一个月的时间综合全盟的意见，搞出一个盟章修改初稿。再用四个月时间请全盟讨论，希望能"两上两下"。先综合大家意见修改，再发给大家讨论，再修改，然后开"六大"。因此，时间很紧，现在就要开始做了。

广东经济发展较快，思想活跃，新鲜事物多，希望能带头把这个工作搞好。广东的新盟员也很多，不管新盟员还是老盟员，入了盟就是一家人了。希望广东的同志们一起想办法，把民盟的工作搞好。

1988年

1988年5月12日

先生参加民盟统战理论研讨会闭幕会，谈话时说：

最近一两年来，国内形势发展很快。上次代表大会大家所希望的自由发表意见、畅所欲言的民主气氛，现在可以说是做到了。从党中央开始，有了新的作风，从下到上，从上到下，初步懂得了什么叫讨论、协商。

总的讲，现在与我们开代表大会时的气氛相比，变化很大。我个人认为，这个时期的发展是很宝贵的，我们要珍惜，要照着这个方向继续前进。

对于经历过1957年的人来说，这30年起了很大变化。当然，有些人还有顾虑，担心再来个"五七年"。有人问我，会不会再来个"五七年"？我不能预言，也不能断言就不会有了。可我相信一条，我国人民经过那一次教训，不会愿意再来一次了。因为那对我们的损失太大了，其后果一直到现在还在影响着我们。

我想，在这个共同认识下，再来一次就不太容易了。我们的责任是防止这一类的事情再次出现在中国的历史上。

我们中国特色的社会主义的一个标志，就是商品经济发展了，劳动市场也出现了，挖了过去僵化的墙脚。这些变化，不光体现在生产力提高上，人也变了。我们一时看不惯的人多了。我们过去的一套概念、框框，不能反映客观新事物的产生，现在开始变化了。反映到我们脑子里，有人快点、急点，这没关系。新的事物终究要产生，并引起很大的变化。

72 岁是我生命的第二次开始。这六年中，我接触的这个世界变化很快。这种变化不是表面的变化，而是人的变化。我们五四运动时就讲，外国人讲民主，我们也要来个民主、科学，不料出个曹锟来。我小时候，有个搞议会政治的宋教仁，他搞英国式的议会政治，拿英美的制度跟袁世凯去讲，牛头不对马嘴，最后被人一枪打死了。

民主当然是对的。没有五四运动就没有中国共产党。真正的变化在哪里呢？一直到解放。我们要共产主义，要大家公平，都生活得好。不断地满足人们日益增长的物质和文化的需要。于是决定赶紧搞，搞快点，宣布我们搞成社会主义，要进入共产主义了。宣布了，但是它不来呀！因为社会本身的变化同我们想象的差距太大。

一直到中共十三大，才总结出什么叫"左"，什么叫右，才承认我们落后的现实。初级阶段理论说明了我们的历史地位。我们离共产主义相当远，社会主义还只是初期。要到真正的社会主义，还要做许多工作。过去要推翻"三座大山"，搞民主革命。可推翻了"三座大山"之后，中国是个什么社会呢？没有人讲。大家不清楚。一下子跳到社会主义，不能走资本主义道路。这个世界不是我们一家，很难呀！

现在，又要发生变化了。出了个"国际大循环"理论，要我国沿海各省赶快向外发展。国际形势的发展，其中有一条就是整个国际社会成为一体，不只是美英跑不了，哪个国家都跑不了。

再一条，国际经济上发生了一个产业结构的变化。有人说，经济中心从大西洋转到了太平洋。世界产业结构的变化给了我们一个机会。这班车我们赶得上，就能成功；否则，我们又会错过。

现在，如同挤公共汽车一样。印度尼西亚在抢着挤，泰国在抢着挤，大家都在抢着挤。而我们还是扶老携幼的乡下人往前赶，汽车到了，不知能否上得去。因为连哪个是前门哪个是后门都不知道，确实就是这个样子。

可是机遇来了,我们内部改革怎么办?所以沿海发展外向型经济是一个大的策略。于是出现好多新问题,如海南岛建省、特区扩大、特殊政策等,一系列的问题出来了。还要实行"一国两制"。

回过来讲,从美国到日本、从日本到我国台湾、从台湾到香港、从香港到广州,都是一个经济规律,我们要抓住机会。产业分工在改变,这已经很清楚了。在社会主义初级阶段,各种利益集团都产生出来了。而各种因素的发展又是同步的,于是产生了多样化。多样化产生了内部矛盾。这都是现实问题。

在我们这一代,到目前为止,中国已走上了一条路子。只有走这条路子,中国才能发展起来。这条路并不容易走,但必须走,这条路子叫改革开放。

走这条路子,就像上西天取经一样,有许多难关,各种妖精都会出来的。所以我们这一代人责任很大。我是快回老家的人了,上帝会发请帖给我的。可你们还得负担,下一代也得负担。这个担子可不轻。你们是有希望的一代,也是艰苦的一代。

全国是一个整体。在整体中,有一个政治格局。这个格局开始变动了。我劝你们站得高点看问题。在这个政治格局里,民主党派有作用,说话有点用了。这是一个大事情。有问题要协商、要交流。千家驹同志在政协大会上讲了一番话,党中央政治局开了两天的会,究竟怎么办?要提出办法来。

以前我在政协也发过不少次言。把我打成"右派",也是发言发出来的。看来政治格局在开始发生变化了。它必然要变化。所以我们要用历史眼光来看。什么事情都不要离开时间差、地点差,即不能离开时空的坐标。这也是马列主义最基本的一条。

民主党派与党的关系有了很大很大的变化。我们这批年老的同志,在民盟做过工作的同志都知道,开国后,我们一些同志曾被打成"反动派",直到1979年才改正。以前的协商,实际上还不是叫传达?现在大家要说什么就说什么。一年半前开民盟全国代表会议时，我还要求代表把所有发言都收起来，不要拿出去。

对各种不同意见该采取什么办法呢？大家可以拿出来切磋。谈一谈，这就是协商。从理论上讲，总认为一切社会的进步总是要通过不断革命化，就是对立面的冲突斗争。现在看起来，这不是社会发展的唯一规律。革命之后有很长一段时间，是改革。改革是变化，是有步骤地、协调地变，而不是不变，不是保守同进步的对立。

我们不要从感情出发，要从实际出发。当然，这很容易与不同意见的人碰上头。但是，我们都不愿让中国维持落后局面，还是很容易走到一起的。我们要学习鲁迅，从实际出发，虚心学习，多听一些不同意见，摆事实，讲道理。碰到困难大家商量着做，进行协商，一起去克服。这才符合事物的发展要求。

我们的盟章已经修改了多次，事物在不断发展，不能由一个人修改成。我们的宪法也是这样，变得很厉害。所以说，在这个变化速度很快的世界上，我们不要限制自己。我们要快一点，有点余地，不要去阻碍发展。

民盟的性质其实就是这样，明白民盟在整个中国政治格局里面是一个什么东西，它应该是什么，政党应该是怎么样的。我们要不断解剖自己，这是政治科学。不要高兴怎样说就怎样说。我们主要的出发点不是为了自己，不是谁当了官谁的思想就改变了。这反映他的脑筋里面不太正确。

我们大家要为整个国家做贡献，这不容易。我们并不是每件事都能做。参政议政，大家都要考虑考虑。我们现在要提拔干部，我们要负责任。如何提？这都是问题。

民盟的地位较好，是因为我们自己做出来的。如果做得不多，人家印象当然不深。不能怪这些干部统战思想不够，连民盟都不知道。我们不能只在房间里面议论，你应当给我们什么地位。有人说，要定一个法，你靠这个法吃饭？你不做出事情来，人家要你吗？这是不行的。

民盟有今天，是靠各位同志做出来的。大家说我们还正派，得到这句话不容易。我们民盟里面不正派的人不多，对不对？参政议政，我们能做什么，要实事求是。

我今天说的话会影响你们，你们影响盟员，所以，我不能说假话。我今天讲的，都是我真正的思想。里面有对有不对，有片面也有局限。这是不可避免的。怎么办？听大家的意见，自己考虑。你们对我帮助很大，很多意见很对很好。虽然提法不同、想法不同，但都是为了促成一个东西。只是有些提法、有些想法缺乏对当前的具体的东西的分析，理解还不是那么深。但这不能怪你们，你们接触得少。

真正的政治是为人民服务的政治。去认识实际，想办法去改变实际，改得更好。为人而不是为己，为我们的国家，也是为自己。这是一个"大我"。

人的思想是从实践中得到的。很多事情，我经过了，而你们没有经过。你们看过的书，我可能没有看过。我看过的书，你们也可能没有看过。我的年龄、我的经历，同你们是有区别的。现在的民盟，不光是我们这批人了，换了这么多年轻人，有希望。

我们要出力量，把社会主义建设起来。通过民盟这一组织来出力量，这是我们国家现在所要求的。那么在这个政治格局里，民盟处于什么地位呢？就是要找出这个地位。

为什么会有这个地位？历史是如何发展下来的？在这个地位上，我们应当如何发挥我们的作用？在什么条件下可以发挥作用？这都要深入地去想。

有很多同志提出，我们理论不够。理论不只在书上，我们已经有不少理论了。总结出社会主义初级阶段理论，花了多少力气？一个概念出来，要花多少心血？真是不容易的，不是空的。我们哪能那么容易，要什么就出来什么？

中国的民主党派，在80年代后期，中共十三大召开也才半年多，我们自己的变化怎样？每个人怎样看我们的成员？素质如何？我们都是知识分子，大家在各个学科中都有成就。你不下死功夫，怎么能搞点东西来？

我们现在要花一定的时间、一定的力量来搞我们的政治生活，要让政治生活逐步统辖我们的业务生活。怎样才能使我们的业务工作有灵魂？我们就是要朝着这方面做下去。

上海王菊珍搞发明，我们民盟出了点力量。民盟支持她，解决她的一些困难，结果得到社会的承认。她是否第一名、第二名并不重要，重要的是她的一生的事业得到了承认。我们的民盟就要起这个作用。

一个盟员科学家，自觉地为我们四个现代化做贡献，民盟就有责任帮助并解决他在生活、工作中的困难，使他能全心全意做事业。不是向国家要什么条件，而是逐步做起来，逐渐建立起一种精神风气、民盟的风气。现在看来时间很紧迫，但是有希望。你们是有希望的一代，可是有困难，也是困难的一代。

我们要解决几个问题。今年要开"六大"。从去年的代表会议开始，我们要年轻化，要在中央委员中更换一半老的，但民盟不能因此而变成一个新党。新老交替是一个更新的过程，是推陈出新。我们老的要尽量发挥积极性，还要靠老同志的威望、经验。我们新的一代要逐步熟悉这个业务，不熟悉不行。有的事情很复杂，是做人的工作，我们要依靠群众。

我们要选出正派人物、有能力的人、肯分析的人。首先把我们盟内搞好了，才能更好地为社会服务。我们的责任就是要完成提出的任务。要让新人在党外培养，推进一批人。对这些人，民盟是要负责任的。选拔人不是什么讲关系、讲亲戚朋友，要群众信任，要在群众中亮相，遇到困难要沉住气。把我们的民盟搞好，也是我们为国家加快民主进程出力。

我们民盟是中国共产党领导下的多党合作制的一部分。我们做得好，可以健全我们的民主制度，即十三大提出来的多党合作制度与民主协商制度。这是刚提出来的，还不到半年，要我们去丰富、充实，而不是讲废话、空话。这也要大家做出努力。

如何去丰富它，这就要通过我们的工作。所以我有简单的一条：凡是做工作的，我鼓励；空谈的，我反对。最好的标准，是你的工作真的对国家、对人民有益处。大家都来做好事，若集中起来就很多了。我有一个很简单的笨办法，这就是看人是做实际事情还是说空话。高调、空话不解决任何实际问题，浪费人家的时间。

能否做到这一点，还有一个可行性条件：要从自己做起。我们要认真接受大家的监督、批评。大家在批评时，可以畅所欲言，不要有顾虑。

今天是这次统战理论研讨会的最后一次会了，我现在77岁了，到下一届我希望能有人接班。我是有自知之明的，希望年轻同志更加努力地学习、锻炼，将来能挑起担子来。

7月23日下午

先生在西海固地区考察工作结束时，在西吉县的座谈会上说：

我讲讲我为什么来吧。现在出现了一个新问题，是一个发展带来的问题。十年里面，有些地方发展得很快。十年前，我的家乡——江苏那个村子的人平均收入是一百零几元（1980年还不足100元），可是八年后搞到800元，这还不是最高的，只是中等水平。现在沿海地区很快地发展起来了，各个地方的发展路子有不同。苏南有苏南的办法，温州有温州的办法，广州有广州的办法。相同的一条，就是发展了乡镇企业。所以大家说：无工不富。

靠农业，可以吃饱肚子。靠农业、副业，温饱问题可以解决。这样，就不会出现昨天在固原县开城乡看到的第一家那样的情况。因为你把地种好，再养几只兔子、几只鸡，温饱问题就可以解决了嘛，就可以造新房子了。

所以，他们怎么能冲破 100 块、200 块、300 块？过去，我们的劳动力放在农村却不用。我们本来不需要这么多人挤在土地上面，剩余的劳动力太多。公社里面，大家在吃"大锅饭"嘛。做工不出力，越吃越少嘛。所以要真正做事，公社书记很难，生产队长也难。他考虑明天怎么工作嘛。实际的有效劳动，不要这么多人。

江苏输出劳动有办法，最根本的一条就是转移多余的劳动力，转移出去挣钱去。为什么这几年我们觉得什么都好了？收入增加了嘛。我们的工业，是要人去发展的。我们现在有 8800 万人，以前窝在农村里面的，现在转移出来了，从事乡镇企业了。靠什么转移的？靠工业。大大小小，效果完全不同，都成了生产力了。十年里面，我们国家一下子转移出来一亿劳动力，这不就是财富来了吗？财富从哪里来的？从劳动里面来的。这是最根本的一条。

劳动要有生产资料。为什么大家说乡镇企业好？就是这么一个基本道理。我不知道你们这儿的人口密度有没有江苏那么大，但可能在农村里面浪费的劳动力也不少。农村有三分之一的劳动力就够了，全国差不多。现在的任务，就是我们怎么样想办法利用这三分之二的剩余劳动力去创造财富。这是一个大路子。

现在劳动力用足了的地方已经富了。用嘛，先在家里用，不要一下子就想搞大工厂。家里面就可以用嘛，打打草，喂喂兔子，这就是劳动。这叫家庭副业，在农业里面加了"工"。昨天我们在开城看到的第三家，他用了机器，有两个磨粉机。今天我们看到的另一家就更厉害了，养牛了。他用余钱搞投资，再投资，再生产，这就是发展的一条路子。

全国一亿劳动力积起来，发生了作用。我们大家都觉得经济上宽松了一点。国营企业没有增加多少钱，而且还赔本呢。真正地说，这十年，大家觉得舒服了一点，就是政策放松了。以前不许搞的，现在允许搞了。小平同志一个政策，一亿人出来做工了。飞跃，整个十年飞跃！出来很多新东西，温州也出来了。

以前是出去讨饭。讨饭，人家不给我怎么办？我帮你做工，你给我饭吃。昨天我们看到的第二家人的大女儿，到城里帮人家带孩子，当保姆，吃他的，穿他的，还拿15块钱回家。这就比讨饭已经升了一级，叫"劳动输出"。

劳动输出再加以组织，江苏出了新办法了。组织之后，进行训练，去做建筑工程。80年代初期，我去调查时，就是这么开始的。组织起来去包工，大庆所有的企业工程，都是江苏人包的。全国很多大城市，这批人就不用讨饭了嘛。变成工人了，变成企业家了。一年一个人就可以拿回家1000到1500元。这些人在外吃得少，很节俭，省下来的钱全都寄回家。

我们到内蒙古伊克昭盟东胜一个地方去调查，浙江人在那儿修修补补、做木匠、弹棉花、裁衣服，一年寄40万块钱回家。我到邮政局去问：你们查一查，你们这儿汇到外地的款，从东胜汇到浙江的有多少款？他们查出来了，有40万！这个数目不小啊！

为什么浙江这几年乡镇企业发展得这么快？要有一个原始资本。第一推动力很难。没有钱怎么办？他们几家几家地合起来，一家出几千块，一家出一万块，几家合搞一个工厂。就是这么简单。实际得很，农民都会办。可有一点，允许他办。政策放松了。允许他从这个地方买东西，到那个地方卖出去，叫"长距离贩运"。这里面有名堂，出来了一个温州。

温州这个地方的人苦啊！一个人只有半亩地，没有什么吃。穷到什么样呢？讨饭讨到县长那里，县政府的食堂不能开饭。大家坐在那儿，你吃饭我也吃饭。你说县长怎么办？

到1983年，国务院允许长途贩运了。在1983年、1984年，这批人出外弹棉花、做木匠，带着东西回家。比如，带着纽扣回家。纽扣是人家的处理品，不要了，他们带回去摆摊子卖。这样成群结队，出来了一个全国最大的纽扣市场。你想一想，我们都不在意，每个人衣服上都有纽扣，没人没有，除非穷得不得了。一个人身上有不少扣子？算一算，十亿人民需要多少扣子？他们从摆摊子摆起，没有几年，大概有四分之一，有人说五分之一，中国的扣子都是通过温州买的。

现在我们穿的衣服不是家里的老婆做了，都是买了工厂生产的，供应商要大批大批地订货。买的衣服都不一样，各种衣服有各种扣子。一开始，派一个人，到温州的桥头镇，要什么扣子都有。现在不用人去了，你写封信，他马上寄给你。走出来了的商品经济，都是从小开始。

反过来，越是落后的地方，越是喜欢贪大。要办大工厂，小的看不起。其实，真的发展都是从小发展起来的。江苏乡镇企业的总产值要比国营企业的高，就是因为多啊，小而多，家家户户起来，积起来就厉害了，积土成山嘛！

你办一个大企业，从哪儿来钱？从哪儿来工人？本身拿不出钱，国家也拿不出钱。小工业，家家户户办，多好啊。这个东西能富民。民富了，国家也强，要走这个路子。

现在，我们沿海碰到问题了。第一个问题是原料不够了，大家都要争原料。说起原料，你们这儿没有发展，原材料不够，钢铁不够，所以，大家涨价。

只有一个办法——外边进来。外边进来的东西，就得外边出去。搞外向型企业，叫"大进大出"。这是要解决沿海的问题。还有一个办法，人家广东同香港搞好关系，把那里的企业引进来。香港的这些企业，多数都是小的。几个房间就建一个工厂，招几个技术工人。一个老板要开很多工厂，车间也很小，但他们付的工资高。香港的工资比广东的高出三倍。他一想，为什么不把制造过程需要劳动的地方给出去呢？广州的劳动力便宜呀。

我的一个侄子，他的姐姐在香港教书，穷得要死。后来她下放到广州乡下的一个村子。她对老乡说，你帮我想个办法，我们搞一个企业。那个乡就组织了11个人办了一个厂，做布娃娃玩具。他的姐姐对一个做布娃娃的香港小老板说：你不要在香港做了，你把料子都准备好，样子都定好，拿到我们那个村子替你做，工钱便宜得很。小老板一想，对啊！我成本低了，可以增加国际市场的竞争力，结果他就改向村里订货了。

接下订单后，她就拿到那个广州附近的村子里去做。这叫"来料加工"，具体得很。这种生产方式，连资本都不要。我投资给你造个房子，你替我劳动好了。我们的劳动力本来就过剩，没有事情做，这下可以当工人了，增加收入了，解决了农村的大问题了。这样的生产发展了，需要的工人越来越多，特别是广州、深圳一带，劳动力不够了，附近的农村劳动力都往珠江三角洲跑。

这就给我一个启发，沿海地区可以接收外来的生产任务，接收内地的劳动力。这是个机会。因为现在是全世界经济结构的大调整，调整中有中国的机会。为什么呢？因为以前日本也是靠这个。它把美国的企业接过来了。日本打完仗，比我们还苦。它就是工资低，把美国的工业抢了过来，发展起来。日本一发展起来，台湾、南朝鲜也跟上去了，这已经到60年代中期了。我们在搞"文化大革命"。台湾人到日本去的很多，也是这个办法，来料加工，替日本人做。

我碰到在美国教书的几个台湾人，他们讲，当年台湾苦得很啊！日本人厉害啊！他们把70%的利润拿走，留30%，现在出了两个"小龙"。那个时候，美国工资高，日本工资高，台湾工资低，所以工业就向台湾那里扩散。现在台湾也发展了，工资也高了。香港、台湾、新加坡、韩国等，工资都高了，所以他们一定要找地方扩散工业，正是我们需要的时候。

现在，沿海地区加工业起来了，技术也有一点了，可以接收外边来的了。你来好了。不要失去这个机会。经济结构大调整，从香港和广州已经看得很清楚了。广州和珠江三角洲附近的几个县，就在这三年，简直是"发"起来了。接下去是台湾，台湾也向福建扩散。现在说什么也没有通，实际上什么都通了。大批投资进福建了。通过亲戚朋友，都是一家人嘛。大概几十亿。将来门路畅通，会更多。形势在那里，你不通也不行，要实行"三通"嘛。总的政策正在促进这一点。

现在看来，沿海只要设想实现了，就大变样了。那么我们西部同沿海的差距就会更大。西北同沿海比，一个国家里差距这么大，说不过去。怎么从沿海的发展里面把中部、西部带起来，这是当前一个大问题。必须要有一个中国内部、西北同沿海协调发展的成套的大政策。假定差距太大，里面就会有一个大问题，就是民族问题。西北是个民族地区。假如都是汉人，你穷了，他富了，还好一点。可是如果少数民族同汉族的差距太大的话，那就什么事都麻烦了。

民族矛盾是什么矛盾？还是经济矛盾。经济有差别。现在苏联各个国家弄得不好整啊！这个民族问题不好处理。南斯拉夫那里，也还是不好处理。南斯拉夫里面五六个民族，就因为这个差距不好整。所以我们必须要有一个西部中国的大战略方针，就是怎么发展西部，成为组套的政策，如沿海地区发展战略方针的一个组套。把这个搞起来，才能长远打算。

我讲大的，那么我们就要具体考虑这个问题。同几个省的同志，甘肃、青海、包括你们宁夏的白主席，在开人大会的时候，我们交换意见，把两省一区联起来，搞一个协作开发区。这个区要有特殊政策，不能照外面一般化做，一般化是做不起来的。说穿了，要搞特区。你深圳搞特区，我们能不能在这三个省区的区域内搞一个？不是三个省全搞，全搞吃不消，太大了，中央不会批。我们想出一个办法来——搞个"黄河上游一千公里"，从青铜峡到龙羊峡，刚刚1000公里，两岸往外100公里，作为一个区域，1000万人口，包括我们回、汉、蒙、维、藏这几个大的少数民族，还有很多小的少数民族，如撒拉族等七八个少数民族。

这个地区好在什么地方呢？假如我们在黄河上游1000公里搞15个电站，就可以发展工业。没有动力，你工业怎么起来？先搞一个动力，

15个电站，一共会有多少千瓦。发了电，你就好办了。据说这将是全国最大一个发电区。有了这么个"心脏"，有这么大一个电力基地，全国都好。现在青铜峡已经出去了，把电输出去给人家用了。可是当地也要发展，我们首先应该把这个电力就地物化，就是变成原材料。铝合金就需要电，属于高耗能的产业。发展冶炼业，把原始矿产变成原材料。

说到原始矿产，当地很丰富。甘肃贮存着大批的盐，青海有吃不完的盐。办化学工业，都需要电，所以我们先解决电的问题。能源有了，把能源物化。物化之后，需要来一条民族政策，民族自治条例，自治法。少数民族地区开发资源，要为少数民族地区留成。留到多少？例如相当于15%，可以讲价钱了。

你这个地区自己有了原材料，那你就活了，就要发展，搞加工工业。有了电、水给民族地区，你们这儿的发展资源问题就大都解决了。提水、用电，把宁夏变成一个粮川、一个粮食基地，完全可以。本来你这儿就是一个丰产地区，就是没有水嘛。有了水，你们这个地方就不得了嘛。

有电就有了水，特别是大工业。原材料就是大工业。留下来的原材料分到各县、各乡去，搞各种各样的加工业，富裕当地百姓。奇怪的是，甘肃出铝，铝锅却都是上海来的。你们出去的原材料价钱便宜，是国家给你的价钱。买进来的铝锅价钱多少？是市场给你的价钱。这样你就穷了。原材料出去了，资金也出去了。不等价交换，西北吃大亏，这个亏看不见啊。这是西北穷的一个大原因，是政策问题。

原材料、加工业，不一定都开大厂嘛。给乡镇企业，叫大家干嘛，可以遍地开花。可是没有原材料，你就没有办法。为什么乡镇企业办不起来？没有电不行。有了电，有了原材料，办各种小的东西，日用品一类的，都到小的地方去办，各个层次去办，就都有了。家庭就办家庭的。昨天我们看织袜子，就在家里嘛。有了电，你们家里干就行了。江苏人就在家里干。你做的袜子，送到别的地方，卖出去了，你就赚钱了。家里面很方便，老太太也能做，娃娃都可以帮忙。所有的劳动力都能集中起来，变成"工"。家庭工业的好处，就是把零零碎碎的劳动力都集中起来，变成了"工"。等家庭的积累有了，就有条件来个大点的，来办集体工业。

昨天我们看的嘛，一个乡搞一个，就可以了嘛。不要多少钱，乡里自己拿得出钱来。乡里做好了，到县里面再搞一个精办工厂。一层一层都有了，钱就有了。这就叫社会主义，不是资本主义。资本主义一手都包办了，原料我一个人要，市场我一个人包，都占了，搞垄断。我们社会主义顾及每个人啊，大家都有好处。所以，你给我扣帽子，我不能戴。我不是资本主义，我是为群众服务的。大家富了嘛，钱到百姓手上了嘛。

老百姓的经验，养一只兔子，能收入25块钱。一家养五只兔子，就是一百多块钱。再增加一倍，就二百多块钱。钱有了，要集中，办再大点的事。我们各级的行政机构，县、乡是为群众服务的。我们办一个小工厂好嘛，把一家一户调动起来，一个乡就更有力量。南方他们翻地、割麦子、灌水，全是集体在干。这个钱哪儿来呢？集体工厂来的，这样工农就结合在了一起。叫一个农民自己搞，不可能的，集体搞就可以。

我们不是资本主义的，还是社会主义性质的，可以发展到各个所有制都有。发挥各种积极性，政府的、集体的、个体的。政府的职能就是服务、放宽。我来服务你、帮助你，叫你发财。所以，如果搞成功这么一个东西，先出来一个大的轮廓，叫"黄河上游多民族经济开发区"——假如中央批准的话，我们也享受民族区域自治法所给予的一切权利。不要求什么其他的。

我们这个设想，是几个省区的领导们同意的。我们不是向中央要钱，现在也要不出来。财政部长王秉乾说，钱是没有了，拿不出来，要钱没有，要命一条。现在我们不要你钱，只要政策，政策值钱，思想要转过来。所以钱伟长同志讲，你要懂得政策的含金量。你要看一看，这条政策中，我们能得到多少好处。中央已经给了少数民族不少有含金量的政策。

所以，乌兰夫同志去年在内蒙古的庆祝大会上，谈起这个问题时，很激动。他说：我老了。意思是我这一生搞到后来搞出来一个民族区域自治法。可是搞出来这么多年，哪个地方用了？都没用。法就搁在那儿。当然里面有很多困难，各个部门，各个"条条"，他不看。到他那儿，他把你驳下来。所以说，现在就要贯彻。因为这个原因，不久之前，中央领导同志在民族团结表彰会上讲了一篇话，有含金量。你们看到了没有？我们不仅在少数民族地区给政策，还要给钱。他说了这个话了。这篇讲话，具体的你们看好了，还可以拿到第一推动力，就是这两个水坝的钱。现在各省也拿不出来。为西北发展，为同沿海配合，为了第一推动力，政府要给钱。

政策拿到手了，我就不要你钱了，要有这个气概。我有了能源，有了原材料，我们自己还不能做吗？其实，钱是有了，都没用到地方。都在那儿买汽车、造好房子，钱都花了。真有这一条心思，都用到生产上去，不会慢啊！中国人不怕吃苦，只要看到有前途，大家横下一条心，大家攻。支持不支持？我说大家支持。

以前是向钱伸手、磕头、求饶，争取做落后，争着戴贫困帽子。一说我是贫困县，大家拍手啊。有钱给嘛。我听了比较痛心。不是好事啊！你是贫困县，不是什么好。为什么呢？靠这个拿钱、拿救济，这眼光太短啦。如果大家都这样，最后怎么样？民族灭亡！这个民族不行啊，靠救济、靠皇粮，没有一个民族能这样存的。这个话对不对？满族就吃皇粮。他打了天下，本来可以大发展，结果吃皇粮吃完了。现在只有一个名称，没有多少人了。所以我们提出这么一个设想，已经提到中央了，他们几个省的领导会继续争取。我们也出力量，写信给中央考虑我们的意见。

假如能成，是个突破。一个一个要政策。零零碎碎，中央不好给。你要一个政策，我要一个政策，中央怎么给法？好吧，现在这个地区我给你一个权，这个块块是一个特区，看能不能办到。我不敢说，尽力争取。我这次赶来，就是这个原因，要办这件事。达人同志说，这是一件好事。办一件好事，我也安心了。

过去宁夏和甘肃争一个地方，叫"大小之争"，搞了20年，这下子协作了。大家商量、努力嘛。我们有个原则，你们宁夏要的是水，大柳树和小观音，"大小之争"嘛。官司打了20年，结果都不造了。他们到青海去造，你们大家吃亏。如果能协商，大家坐在一起商量，你拿水、电给甘肃。你们解决问题，他们也解决问题。如果协议不通，再拖下去，这样就会东西差距越来越大。

我们有责任为这事出主意，但决定不在我。我说谋事在人、成事在天，在中央。中央决定嘛。中央也要听大家的道理嘛。大家讲了，中央也得听大家的。这叫民主集中制。今天我交个底，讲一下为什么我来这儿。

十年前，我来过一次宁夏，就是你们20周年的时候。我来了，见到霍士廉和杨辛同志。那时，"四人帮"刚下台，还没有审判呢。我回去还参加了对"四人帮"的审判。那一次来宁夏，没有下去看。固原我倒是来了，可是来的时候好像是太累了，医生说我是高山病，把我送回去了。可是这次来，我一点也没有感觉到不舒服，很好嘛。是不是老了身体就更好了？就一直想一个问题。

这个回族自治区，在这几个民族自治区中，应当是比较前进的。回族是在前面的。这几年，我只听见扶贫。说老实话，名声有，名气响啊。也好，把我们引来了。我去定西已有三年了，既去了定西，一定要到西海固。当初我还不知道，西海固是三个地方的名字加起来的称呼，还以为是一个地方的名字。这次来看一看，有些意思。看的时间很短，我有什么说什么，不一定正确。我看有这么几点比较突出——

在回族自治区里面，回族的分布是很不平均的。过去我在脑筋里面想，大概银川是中心。实际呢？银川的回族不算太多。北部河套地区，回族也不是太多。这样说对不对？真正集中的就是这儿，在固原地区，在西海固。但是，集中再集中的，以县来讲，是同心、泾源、海原，就是这几个集中区。这里面就有文章可做了。为什么？要问几个为什么。毛主席说过，要多问几个为什么。

你们想过没有，为什么你们的回族集中在这儿，而别的地方却是散开的？为什么城市里面都有一些回族，为什么叫"大分散、小集中"？你讲个道理出来。你们回族的同志讲个道理给我们听听。为什么相对地集中在同心、泾源和海原这几个地方？我在想这个问题。这个东西要想啊。为什么分布成这个样子？

要了解这个问题，不能离开历史，不能离开民族的特点。为什么在全国形成密密麻麻的点，而不集中在一块儿，而是在几块比较大一点的地方聚居起来？这离不开两点：一是历史，一是在历史里面表现出来的它的特点。

什么历史呢？你祖宗是哪儿的，你要知道啊。不是空的。第一点，是做买卖来的，叫"丝绸之路"。伊斯兰教是阿拉伯来的。真主远啦！穆罕默德创立了伊斯兰教，在不同民族里信仰了它。主要靠近阿拉伯半岛，一直到中东、中亚细亚、印度。一批人逐步从这里进入中国。首先从这条路上做生意。海上边来了一批，也是做生意。海运通了，做海上生意。在泉州、扬州、杭州等几个海口做生意。

开始来的这批信奉伊斯兰教的商人，是回族的祖先。到元朝，蒙古的成吉思汗骑在马上，一冲冲到中亚细亚，那时是马队，没有后勤部队，没有粮食。马可以吃草，人吃什么？就抢。后来军队越来越大，军队必须有后勤部队了，他就给当地一条政策，服从的就留着，不服从的就杀完，叫"杀魔尔汗"。可有一条，成吉思汗的宗教政策很开明，什么东西都可以，唯一不能抵抗他，抵抗就杀头。可抵抗的人里面也不是都杀，他把商人留下。做生意的人、有技术的人、学者，他都留下，服务于他。搞后勤部队，叫"探马赤军"。

后来，他的儿子忽必烈接手，当时江南还是宋朝。他到中亚细亚去的时候，中国北部是他的。他是从西夏打过去，从新疆出去的，都是草原。马队在北方很厉害，可是到江南就不行了。所以到长江时，一直不过江，南宋可以安下来了。

忽必烈的兵打宋朝的时候，已经变化了，带了很多信奉伊斯兰教的后勤部队为他服务。后来到明朝，汉回联盟把元朝打下去了。这一批人来了，天下定了，把"探马赤军"编为民众，编到老百姓里面去了，亦兵亦民。打仗的时候他就出来，不打仗的时候种田放牧——从黄河一直到云南。最主要的就是这一条。同时，它的军队所到之处都留下一个点。全国各大城市都有回族，人数不多，但形成一个散布的局面。

第二个问题，为什么从这一条走廊，从你们这儿开始，一直到云南，回族能坚持下去、繁衍下去？这很不容易的。左宗棠在杀回民之前，这一带西部人口比例，回七汉三。这时候为什么发展呢？屯垦是一个原因，还有很重要的一点，是我强调的一点——对不对，请历史家研究了。他一直是后勤部队，是做生意的。他的老祖宗就是做生意的。他能进中国来，就是靠服务于元朝的远征军的。搞经商，他会管理。对于农业，不是他擅长的。为什么不是呢？一方面是宗教问题，不吃猪肉，养猪同农业分不开的。羊、马是牧业，不是农业，猪不属于牧业。所以回族一直不适应于中国农业的经济，散布到各地的，都不搞农业，而是去做商业、屠宰业。搞农业的不多，而且还干不过汉人。

到了这个地方，因为他的势力大了，还保持了农业，并担负农、牧地区的贸易工作。这是历史上最大的贸易。因为中国经济是一个小农经济。小农经济是一个自给自足的经济，不需要什么东西的，可有几个东西他是必须要的。从华北讲，他要马，耕地需要动力。南方有牛，北方用马。打仗要用马。牧业地区不能只吃羊，还要吃一点淀粉。特别是要有茶，消化要好。对这些需要，经济上的农牧业区不可能支持的。既然不能支持，就要交换、流通。这个流通要有人做。谁在那儿搞这个事情？就是回族。就是在农区、牧区之间，包括在内蒙古、新疆、西藏和青藏高原上的丝绸之路上做生意。主要是回族，当然不是没有汉族，而且很多汉族是回族变的汉族。

回族做生意有很多长处。做生意要有市场，要有信息。出去住，谁来招待你呀？回族只要有真主，几句话，……一说，就接上头了。这个力量之大，不得了啊！他马上相信你。可以住在他那儿，就可以到处跑了，而且可完全相信他。一个信仰、一个真主，所以这个宗教，你不要说它是迷信。它有用处啊！这里面有含金量。阿訇有含金量。

汉人主要是农民，是小农，最讨厌做生意，一看见做生意，就认为是"无商不奸"。刮我的肉，赚我的钱。哪里光是赚你的钱？这是流通，是对大家都好的事情嘛。观念不同，看不到这一点，就产生很强的思想对立。汉人对这些东西不理解，认为这些都不是好人，赚钱骗人。所以我们汉人最困难的是没有商品经济的头脑，是自给自足的小农经济。

在一二百年的时间里，人口变动了，成分也变化了。大批汉人从内地进来，是从甘肃这条路进来的。留着两头：一是临夏，一个就是你们这里。中间冲走了。这条路是军事道路。你们这里同临夏之间的定西，是到新疆的一个通道。那时候，你们这个地方就已经荒了，不是太好了。所以这批人被赶到干旱、缺水的贫困地区，采取自然淘汰。所以说，回族的整个分布，有一个历史的来源，不是偶然的事情。

这次我到同心，说了一句话。同心的一个县长在旁边。我说"同心就是甘肃的临夏"。他说，"你说对了"。后来我才知道，同心80%的人是回族。为什么同心能坚持这个"据点"呢？为什么临夏能够占住"据点"？你们这里一定有一个基础、一个交通、一个农业中心在这儿。这个农业中心对付内地，从陕西这一带，一直到内蒙古。这条路我还不清楚。内蒙古本来是你们的交界地区。我到包头去，包头的崞头，以前的运输靠黄河，所有的木材都运到包头、西安。包头的崞头还是一个比较大的回族区，说明当时的黄河岸边的商业活动是回族人在搞。

我在想，为什么河套回族不多？不能算多。河套是一个农业区。从秦到汉，一直是汉人地区。汉人看见农业好的地方，他就去。农业不好的地方,他不去。汉人看见可以耕田、种庄稼的地方,他就去,别的他不要。所以这个地方是"黄河泻千里,富了河套"。河套就是这一块。回族搞农业,同汉人相比,没有优势。

我到临夏发现,没有几年,一家家都盖成了一排排楼房。我一家一家问,都是回族,都是跑西藏做生意挣的钱。我前年去,已经有1000辆卡车跑拉萨、青海。跑一趟五天,真厉害!这种工作我简直不能想象。三天三夜到拉萨,来回五天到一个星期;跑一趟,一卡车赚一万块钱。啤酒在兰州只有几毛钱,到拉萨挣一块半,涨的差额太厉害。大家没有人讲,政府也不禁止。单德珍当地委书记,放开,让他们去。又不要政府花一个钱,卡车都是自己买的。我和他谈,我觉得他有眼光,能放开。他说回族就是会做生意,给你机会,你不做干什么?

以前都是一些穷得要死的人,把米在街上卖出去,赶集买羊毛、买毛皮,买回来以后叫老婆缝袍子,藏族人要的袍子。有一个人拿了两个包包,开始跑得不太远,到藏族的阿坝、西康、康定这一带。他们那个地方不知道价钱。他也不懂商品。一看这件袍子很好,问要多少钱。他说,我也不知道值多少钱。买羊皮花了20块钱,就说80块,对方马上拿出80块。有买有卖,买卖就是这么学出来的。不是一上来就懂,不是大学毕业了就会,而是在实践里面跑出来的。我去看他的时候,一个房间里都是毛皮。家里老婆与一个女儿缝袍子,缝好了他就去跑。就是这么起家的。

说到这里,我想到一个问题。经商活动促进了商品流通,集中了一个民族的优势,也促进了生产的发展。"以商促工",光靠商还不行,"工"在里面,就是他老婆在那里缝啊。怎么发展?买一个缝纫机嘛,你找几个人帮着做嘛。搞个小作坊嘛。慢慢就会出来一个小工厂。这个地方,前途大了。我在这里想什么呢?第一点,就是希望回民兄弟富起来,要利用他的优势。一个民族,必须看到他的优势在什么地方。你去学汉人搞小农经济,你搞不过汉人,也搞不好。说穿了,这不是你的优势。

你在这里竞争，就失败。一个民族能存在下来，一定有它的道理的。我们要找到每一个民族的优势，这是我们民族学校里需要做的事情。

回族的其他优势，我还没有看到，肯定还有。我从商品经济里看到了回族的存在、发展、变化。从这里边看出来，为什么回族、汉族有矛盾，民族的矛盾怎么出来的。从商同务农的矛盾里面来看，蒙古族同汉族的矛盾是农和牧的矛盾。只要你解决它，民族就团结了。大家有利，大家就团结了。我离不开你，你离不开我，这不是假的，要做出来啊。不是吹牛嘛。

青藏高原要发展，大片土地怎么办？西藏问题怎么办？都是大问题啊。我们首先要采取几个战略，要搞牧业商品化。牧业一变，流通一变，他同汉族就通了。汉民要做生意，高原太高，跑不上去，爬上去气喘，这就要靠附近的回族、撒拉族。撒拉族是伊斯兰教，把藏族叫舅舅，是两个民族混合出来的。撒拉族同胞的身体真好，唐古拉山的公路，没有撒拉族造不成。所以这盘棋要看得远一点。把这个区域的回族发展起来，解决青藏高原问题。要在临夏，同甘肃、海东、河州，建设成一个经济合作区，发展成为一个商业中心，面向青藏高原，一面做生意、搞流通，一面制造藏族所需要的东西，发展工业。藏族生活提高了，要电动的——收音机啊，发电机啊，等等。牧区富啊，牧民卖一头牛值钱啊。工业品不要到上海去买，就在我们这个区域里面做嘛。这叫"以商促工"，开发青藏高原。那么回族对中华民族的贡献可大啦。

你们还有一个大市场。我说叫你们不要只向东看，要向西看！你们青海、甘肃，向东去，就会碰上一层一层的困难。上海在那儿就挡住你了。再出去就是日本。到美国，市场有多少层？你们不要到那里去做买卖。我们可以走向西的一条路，眼睛向西看。西看有佛国，西天取经去，取钱去。一出国门，现在已经通了，巴基斯坦过去一点是阿富汗，再过去到中东、伊拉克、科威特，石油国家钱多，一直包括苏联的共和国。苏联一直打阿富汗，为什么啊？是几个共和国同它捣乱，想把阿富汗镇住。可镇不住啊！问题出得多了。大俄罗斯民族主义太厉害了。

这个地方轻工业不发达，日用品都没有，很缺。他们到咱们这里来，觉得什么东西都好。现在我们这里大家没有人戴电子表了，可在他们看来还是个宝贝。有个电子表不得了啊。他们的代表团长到我国来，他的外汇很少，买点东西回家。买了两个热水瓶，抱着回去了，当作大宝贝。这些东西我们都能造。所以可以开辟一个轻工业基地，叫"大伊斯兰市场"。我们搞外向型经济，可以有两个市场。东岸向东去，我们大西北面向西。内蒙古现在已经开始了。

我去年去内蒙古，满洲里对面，连蔬菜都没有。西红柿、土豆是宝贝。让他卖，他们不敢卖。我说，你为什么不卖给他？我们区域自治政策是有的，你可以搞边境贸易，可以同外面有这个来往。他说，我去请示了，上面不批。我说你做呀，你没犯法呀。他如果说你犯法了，他去告嘛。

今年好了，呼伦贝尔变成一个开发区，叫试验区。满洲里的门打开了。门一开，大家好。我们这里会种蔬菜，蔬菜就向外面去了。运回来的都是好东西。所以我们要向巴基斯坦开门，向苏联开门，这是你们的前途。不要去看那面，要看这面。向西看，向下看，你们的出路都来了，钱在政策里面。你拿了政策，想办法让老百姓富起来，都是钱，出路、市场都在里面。大市场在那边，小市场还有很多。青藏高原都有。靠什么？靠你们的流通队伍。

要组织回族的流通队伍，发挥你们的优势。将来同临夏联合起来，搞成功一个商业的队伍，以回族为主体，带动汉族，搞成功一个向西发展的流通队伍。

11月2日

先生参加第二次全国统战理论工作会议暨中国统战理论研究会理事会第二次会议开幕会。继周谷城先生讲话后，先生说：

刚才周谷老的讲话对我有很大启发。我是来学习、取经的。今天想谈谈中国共产党领导下的多党合作制度问题。

这个制度的形成，有一个很长的历史过程。新中国成立之前就有民主党派，就有党的统一战线，后来多党合作的性质和内容逐步明确，概括为八个字：长期共存，互相监督。

经过"文革"，经过"四人帮"搞的那么一段，感情上有了这样的经历，又补充了"肝胆相照，荣辱与共"。但是作为一个制度提出来，则是在十三大了。

第二次世界大战后，国际形势发生了重大变化。科技革命影响到经济、文化、政治，形成了新的格局。在这中间，我们处于落后地位。社会主义也出现了改革的潮流。

我国也在改革。经济改革必然要求政治改革。结合我们的历史特点，在这个大背景下形成了一个一党领导、多党合作的政治制度。

这个制度有两个"眼"：一个是领导，一个是合作。中国共产党有个怎么完善领导的问题。领导得好，如40年代，大家团结得好，发展就快。也有"左"的教训。现在的问题是，党的许多基层干部，甚至不那么基层的干部，对于统战工作不大明确。

另一方面，从民主党派讲，怎么合作，具体怎么做法，也不大明确。这有个历史原因。譬如像我，入盟算是最早的之一了。当时主要是出于对国民党统治的不满，出于保护学生这样的目的。你是民主教授嘛！并不想参政。没想到替代国民党。吴晗也说过，国民党下去了，我们还回去教书。所以中国的民主党派有自己的历史特点，不像资本主义发达国家。他们那里的政党很明确，就是要轮流坐庄。我们民主党派从根本上来说，就多数人来说，不是这个看法。但是我们也不能停留在以前那种态度了。要积极参加政治活动，参政、议政。议政还行，有历史传统。参政就是新问题了，要参与制定政策的全过程。怎么适应这一具体任务的要求，成了民主党派的一大问题。

一党领导、多党合作，含有一个基本的意思，就是我常说的闻一多同志的名字，就是"一"与"多"的关系。我这么想，我们这个国家在整个世界格局中是比较弱的，处于落后地位。知识比较少，工业不发达，必须要以比人家快的速度才能赶上人家，否则要出大问题。

这就需要一批人带头。孙中山讲，以先觉觉后觉。那么，谁来领导？谁是先进的？就是工人阶级先进，它的先进分子组成中国共产党，党来指出方向。他们要走在前面，要纯，要有纪律，要有高度的威信。所以中国共产党是"一"，党不宜很扩大了，否则就不是先锋队了。把"政"都包起来，没办法纯。党的主要任务是领导。

光有"一"是不行的，有"一"就有"多"，有纯就有杂。这个"多"是在"一"的领导下的。社会上有许多不同利益，民主党派要代表不同利益。通过民主党派，把各种意见、看法都反映到领导上去。民主党派应当和共产党不同，应当承认党外有党。这些党是在共产党领导下的，是支持共产党的。

共产党是领导，但不能脱离部队，要把群众都发动起来。否则，人家不满，把你围起来，就不好办了，所以民主党派要"多"，不能纯。民主党派要求思想统一不行，就是要能讨论问题，能改正思想。所以这次民盟开会规定，盟是联盟性质的，包容性要强。

再提一个问题，是一个很大的问题，就是断层问题。其实不仅民主党派存在，其他也一样。民主党派1957年以后就没有进人了，1980年代才进入新盟员。这个情况还不到十年。我们年纪大了，想退下，但不行啊！谁来接呢？只能逐步更新，但是逐步也不能太慢，五年吧。现在民盟70%是新盟员。到下一届，80%—90%都是新盟员。他们的经历和我们不同。我们经过和蒋介石的斗争、经过解放这么一段，和共产党有一段"肝胆相照，荣辱与共"的经历。40岁左右的人经历不同，他有父母挨斗的经历，这不能怪他们，是客观造成的，他们思想和我们有距离。这是个问题，在五年之内要解决后继无人的问题。

人才怎么发现？过去讲伯乐。这种挑的办法不行。应当有一个竞争机制，让你大胆活动，让人民选择。现在搞差额选举，人都不认识，只好把认识的人中间挑出不喜欢的人差掉，很不合理。这不是否定差额选举。他有选举权了，这就是参与嘛。但是要有一套制度来保障他能合理选择，这不容易。

现在活动范围大了，和在家不一样。家里人都认识，不需要有什么了解机制。但是放到社会上不行，要有一套能从过去不熟悉的人中间了解、选择人的机制。这个机制我们过去没有。

重要的问题是交班。但是怎么个交法？要研究，要保持政策的连续性，要有一套办法，要有一个总的规划。希望各位想着这个问题，帮助解决。

1991 年

1991年5月2日

先生应邀于"五一"节期间访问山东惠民地区。结束访问时,与当地干部座谈时说:

非常感谢惠民地区的各位领导同志,花这么多时间陪我,来这里看了四天。我的这段时间,是挤出来的。为什么来惠民呢?最近我有个想法,特别是人大、政协会上,中央提出了十年规划和"八五计划",其中有一条重要原则,就是处理好先富与后富的关系,把共同富裕提到社会主义优越性的高度来认识。

发展过程中,必然有先有后。有的先发展了,有的发展慢一点。可是,我们社会主义的主要目的就是共同富裕。不能像资本主义国家一样,富的富起来了,穷的穷下去了。我们强调共同富裕,不是要把已经发展的好地方拉下来,让它慢一点——这个不好,这是平均主义——我们是要发展得快的继续发展下去,慢的要赶紧赶上去。发展快的地区要帮助发展比较慢的地区。这个问题,两会的精神很清楚。

这几年,我一直在各个地方跑。山东我来得少些,这是很抱歉的。看到比较发达的沿海地区,江苏、浙江、福建、广东……这些省的变化是很大的。上个月我还到江苏看了看。我的家乡吴江县,有一个镇,十万人左右,现在的工业产值达到17个亿,这个发展速度是惊人的,而且还在继续发展。这使我们江苏的地位领先了嘛。特别是苏南,苏州、无锡、常州、南通四个市,一个无锡市去年搞到108亿。苏州也不错,是苏南四个市里面带头的。

去年年底我到了福建侨乡,那里的发展速度比我们江苏更快。它有这个"侨",就有"侨"的基本特点。广东大家是知道的,这两年发展是快的,它靠香港嘛。所以我说,我的家乡不想点新办法,这领先地位大概就难保了。

江苏这几年发展快得很。上个月我在江苏看,说吴江县第一季度就增长了百分之三十几。那是不错的,这个势头是向前发展的。如果我们的经济能发展的话,那么我们整个国家就能稳定,这是个规律。老百姓吃饱了、穿暖了,大家有奔头、有希望,我们的稳定就很好办了。

我到上海去看,觉得信心很足。山东我知道得不多,到是到了几次,青岛、济南去过几次,但没有去考察,没有到农村去。这次我想看看发展得比较慢的华北平原。最近想了解一下华北平原,从渤海湾一直到太行山。这一块靠近天津、北京,可是发展不那么快。包括山东的西北部。山东的沿海是很好了,赶上江苏了。从东往西,越过太行山,包括白洋淀,一直想去看看。这是刚开始。

下个礼拜我们到石家庄去,再去太行山。先去这些贫困地方看看,想点办法,我们怎么样才能顺应党的政策,帮助一下比较落后的地区,让落后地区发展快一些。

所以,开完会后我到江苏去了。回来后,挤了四天时间,到你们这里来。惠民地区几次邀请我来,我不好意思不来。不来交不了账嘛。在交账的过程里,我学到了很多东西。今天看得不错,惠民地区从十年前的人均收入50块钱,现在达到人均收入500块钱,还是不错嘛。但是这个地区起点低,再就是发展不平衡。昨天我们看了寨郝,人均收入1300多元,等于我们江苏的人均平均数。温饱问题解决了,一看就清楚。

农民首先要吃饱,然后就是穿衣,下一步就是解决住的问题。寨郝村就不错,他们从土房到瓦房,从瓦房到楼房,从楼房到别墅式,一家一个楼。房间里边都有暖气了嘛。人均收入到了500块钱,他们开始造房子了，解决住的问题了。

寨郝村住得很好，是砖房子。可我们今天看到的（指无棣县农村）大都是土房，是第一代。寨郝是第二代，有的到第三代了。看起来是不平衡的。为什么有的地方能这么好，很快赶上了苏南地区，而有的地方发展不起来，这是个问题。

我们要从发展快的地方找经验，帮助慢的地方走得快一点，这是个办法。从昨天看的村子来看，原始积累是哪儿来的？他是靠他的优势——建筑队。建筑队的特点是不要资本，靠的是一双手、一把瓦刀。很多地方就是这样开始的。这就是那些原来以农业为主、没有工业基础的地区走过的路子。

从70年代末，他们开始第一次派出建筑队，叫劳务输出。那时是新事情。农村通过劳务输出，靠劳动力，积累了资金。这是他的原始积累，要找他的优势，就是劳务输出。可以说，他们发挥了自己的优势，传统优势。

苏南为什么发展得这么早？他们80年代就很好了。80年代始，乡镇企业就发展起来了。他靠的是公社的积累。公社时期已经积起来，集体积累快，把集体积累用到工业里头去了，投到乡镇企业去了，没有这个基础不行。苏北就不行，很多地方像苏北。他们没有工业，没有集体经济，积累很困难。他们就采取这个办法，输出劳务。劳务输出也得有一套办法。

农民有钱了，怎么把这些钱拿来再生产，这是一个很复杂的问题，要解决这个问题。你们这儿积累还不太多，从现在农民住的房子可以看出来。他们盖房子是这样积累的，买木料、买砖，一步步来的，靠自己的积累。没有砖房子，表示能集的资金还不多。所以说，现在是第一步。你们怎么能把资金筹集起来呢？那就要搞多种经营。这个办法不要怕小，像养鸡养鸭、打苇箔都可以。虽然很原始，几千年了，可是有效。一家人一个月若收入100块钱，一年就是1000多块钱。你们的力量就在这儿，就是劳动力。

劳动力不能输出，就得想办法，就地把劳动力变成生产力。要不拘一格，不一定要大、要洋，要用土办法。能抓多少抓多少，逐步在这个基础上改进。劳动力值钱了，一天能挣几块钱，就变成生产力了。

这里有枣树，我一来就很注意。几年前我到河南去看泡桐，它的土地利用率增加了嘛。学焦裕禄要学这个。焦裕禄也没学什么社会学。他从农民种植中总结出经验，泡桐不影响麦子生长，就实行间作。泡桐长得块，市场大。日本人喜欢泡桐。他们找到了一条出路，还是老办法，解决问题了。

我们不空谈。我们反对空谈，注重从实践中总结工作经验。我们在这里看到了唐代的枣树，表明种枣树是这里的传统。我看这个地区种枣树，同焦裕禄搞泡桐，完全是同一个道理。泡桐可能还不如你们的枣树值钱。

我们有这个东西，第一步是很好地推广；第二步，产了这么多枣子怎么办，要加工。你们这里不是有枣酒吗？不是很出名吗？要创自己的品牌。

各地方都要自己找出东西种。就是说，我们的干部要深入下去，总结群众的经验。唐枣不一定是唐朝的，但说明它历史很长。唐枣出名嘛！可以多卖钱嘛！要充分利用它。

一个地方会有自己的特色，比如种棉花。这次来，我很有收获。我在干校种过两年棉花，那时一粒一粒地种植。现在好了，依靠科学，依靠先进技术。你们开荒地膜覆盖很成功。你们这里的棉花是出名的。这个地方适宜种棉花，可以多种嘛，可以大发展嘛。

我们要在这方面打算一下——怎么扩大。扩大的问题也不少。我在考虑劳力怎么办。劳力不够的话，棉花一遇到风、遇到雨就完蛋。要考虑远一点。我很同意无棣县的做法，扩大种植面积，开荒要给点政策。我回北京去，想法商量一下，帮助你们一下，最好能解决嘛。

这个问题，向中央建议搞一个优惠政策，给开荒一个自由市场，以扶贫的名义逐步开荒。做到做不到，我不敢说，我去努力。可以搞补偿贸易，与纺织厂订合同，提供原料，纺织厂先给钱。如果成功了，也不要宣传得太厉害。

至于地下的油，怎么能弄点好处，想搞分成，好几年没办成，看来很困难。是不是想个名字，叫"承包废井"，利润分成。废井利用嘛，能不能打通，可以说说，试试看。省里边也支持一下。

我们要扶贫，想办法使贫困地区赶上去。我们这块地方有油，人家不要了，我们废物利用，这样可以拿来一点。得想办法，出主意，千方百计。我们地方的扶贫，一定要有这样一种精神。

到了第二步，人均拿到六七百甚至 800 块钱的时候，文章可以再做起来了。人均 500 块钱的文章做不大。你们离济南等城市很近，要利用这个优势。可以供应他们蔬菜、副食品。要组织参观，交流经验，把经济发展快的地方的经验推广开来。你们是农业基地，要抓住大城市这个市场，供应大城市副食品。

虽然棉花、麦子很重要，但粮棉国家控制，这里面"油水"不大。"油水"大的是市场上需要的各种用品、食品。乡镇企业是怎么出来的？不是几个人想出来的，是到了一个时候，群众要求了，你组织起来才容易。赔本的事情千万不能做，农民怎么赔得起呀！

我早就说了，不能盲目地搞！必须慎重。现在能拿到钱的，鼓励他们，给他们政策保护，这样文章就能做起来，就可以解决问题了。怎么能把群众手里的钱集中起来，来发展生产，这是一个大问题。这个问题解决了，乡镇企业就发展起来了，这就是说，要指导他们发挥自己的优势。这个问题，我就讲这些。

你们给我很多资料，我再消化消化，研究一下。我喜欢写文章，回去后我想写一篇枣子的文章。你们可以利用唐枣做牌子，打到香港去。枣是补品，把它的好处找出来，要搞好宣传，做好广告。总之，要充分利用人们延年益寿的思想，把枣推出去，要请有关的专家论证一下，把这个牌子打出去。小农经济不让人家知道、怕人家知道，现在是新的商品经济，要请专家开会，造舆论，做好枣子这篇文章。

1999 年

1999年4月8日

先生参加昆山经济发展战略咨询会,讲话说:

来这里,见了很多老朋友,也见了很多新朋友。我觉得兴奋。在这里就放开讲了,从我自己讲起。

这次来这里,我倒并不是想来讲什么,而是想继续学一学。因为现在,特别是这两年以来,我的确觉得自己的知识越来越不够用了。这个局面变得太快,自己保不住能跟上了。想这想那,感到首先要补课。准备从头再来看一遍。

从去年2月以后,我把镇都看了。想利用还有几年不死的时间,再多跑跑、看看,就是我说的"行行重行行",还是要继续做下去。

大家知道,我在20年前同朱通华结伴而行,从吴江做起。后来我跑到外面去了。江苏之外跑了一圈,差不多全国跑了一圈。最近——去年我退了以后,退而不休,还是这样跑、看、学。其实也总结了我要学的内容。

我是在学,还没有学好,讲也讲不出来。我也不敢当,就讲讲我的一点感想吧。

去年,我从浙江温州跑到广州,就是从长江三角洲跑到珠江三角洲。去温州,是要"三访温州",这是温州朋友给我出的题目。话要从初访温州说起。

第一次访问后,我写了自己的温州第一篇,叫《小商品,大市场》。

后来又去看，第二篇写温州的文章叫《家底实，创新业》——第二次创业嘛。这一次，他又叫我给他六个字。我说，你"筑码头，闯天下"。他们已经闯出去了。六个字，开一个新阶段吧。这篇文章已经写出来了，在《瞭望》上面发表了。

我从温州看了之后，又到了珠江三角洲。从深圳到珠海，现在这座桥通了。两个钟头，就可以从深圳到珠海了。我就沿着这条路去看了一下，珠江两岸也看了看。看了之后，也写了一篇文章，已经定稿了，预备还在《瞭望》发表。请大家指教。

这次回到江苏，再看一看长江三角洲。上一个月，我从南京到扬州，从扬州过江到扬中。扬中嘛，主要吃河豚。吃了河豚之后再到镇江，再沿镇江向东南，到无锡，又到了张家港，从张家港到常熟，之后就到这儿了，最后再回到吴江去。走这么一圈。

跑这么多地方，目的呢？我是持续关注小城镇。小城镇是我们20年前讲的东西。当时也不是什么预见，就是看到了变化的事实。我们当时在吴江，看到乡镇逐渐从衰败状态又兴盛起来了。

我到常熟过年时，同服务员聊天。她说："你来的这个时候不好，我们都要回去过年了。你怎么这个时候来了？我们也不好走了。"她还说："现在大家回家的票也不容易买。"

从服务员的话里，我想到人口流动问题。这个地方，人口没有增加，当时还是一万多人。她说，我们常熟的人，很多人在外边。人都出去了，到上海去了，到苏州去了。一过年，都回家，所以挤得不得了。

我一听，对了！以前的镇，传统的镇，盛泽、震泽、松陵……这些镇都恢复起来了，要振兴了。我们在商讨这个问题，我说这个问题值得我们注意。

我开始留意小城镇的发展。经过实地调查，写了一篇《小城镇，大问题》。讲我看到了人口逐步往镇上边集中，觉得这个好。中国的一个实际的发展方向。这是当时从实际里边看出来的一个现象，还谈不到见解。

过去的镇慢慢兴起来了。怎么兴起来的呢？我们找到一个乡镇企业，做具体调查。乡镇企业我讲了很多了，从 30 年代就讲这个——从乡村经济开始，讲"工业下乡"。这也不是什么先见，谈不到。因为我姐姐帮助农民搞起来一个缫丝厂，我住在他们厂里边，在开弦弓。我是去养伤、休息，可以住在村子里边。把自己在实际里边看到的东西记录下来，后来写成书，出版了。

这一段呢，不是什么本领大、看得远，谈不到。我觉得自己就是跟着走，跟着事情的发展，看它怎么变的。先是事实的变化，再有我们的认识，慢慢清楚起来。现在认识越来越深了——新的工业化的过程在里边创造，是不是？这一点，我当时还谈不到，只觉得事实出来了。回头看看，我总结出四个字，就是我的方法：从实求知。从实际出发，求得知识，知识有了，逐步想出道理，想着怎么提出一套理论的东西出来。

现在看嘛，有点道理。这道理是什么呢？大家也可以一同来研究，事实摆在那儿嘛。

事实不是哪个人创造的，是历史发展的结果。中国能出来这个，很不容易啊！有这么几千年的农耕历史文化，要进入这个新的时代。这个过程里边，还会有一个大变化。

昨天，市长出了几个题目给我们。我觉得这是给我们考试了。我来应考了。我看了题目，问一问自己，能得多少分呢？我一算，大概我自己能得 30 分，60 分才及格，我离及格还远啊！

我从小考试，考了多少年了，一直考试。这次不及格，但是题目出得好，这我先要说明的。这很好，的确表明现在的干部同我们那个时候已经不同了，的确他是看到问题了。

要看总体，从一个面来看局部，不是就事论事。不是我做一个昆山的市长我就看见昆山本身，而是逐步看全球了。

昨天我们的沈博士也把这一点发挥了。这些年我们的形势怎么样？全世界形势怎么样？这个大题目，他年纪轻，敢于触动这样的问题，很少有人敢真的对付这个问题。

现在世纪的转变里边,要逼到哪儿去?没有人敢说。克林顿也说不出,英国工党的头儿也说不出,都在摸索。特别是这几天,更不敢说了——打了嘛!没有估计到。我也不敢估计说。真的动手打,下炸弹,这个局面我讲我是不敢这么决定的。我看了这个事,觉得有点冒失。可是他也有他的道理。我也不懂,说敢于这样子下炸弹,不讲道理了,看力量了,到了最后一步了。

肯定有一个大变化要发生,我是估计。这个变化是什么?我说不出来。所以说,从全局看一个地方,这个道理对,必须要跳出昆山看昆山,跳出中国看中国。当然我们现在还不能跳出地球看地球,还是以全球为范围吧。

这个道理是对的,可是要看了以后说说怎么样,那谁也不敢说。变化太厉害!只能说,现在正是世纪之交,你从一个阶段进入另一个阶段。这个可以说,就是一个大变化、大变局。

这个大变局里边呢?都有些什么?很难说。特别是我这个老头儿,不能说再过几年闭眼了,就不管了。管他这个世界怎么样?轮不到我了——不能这么想。人还是要活着,我们的子孙、我们的乡亲,还要活下去。我们希望全世界的人还可以活下去。那么这个活下去的问题,还是不容易解决的。

我们需要审视自身。人家炸弹到你头上来了。现在叶利钦不是说,今天发生在南斯拉夫,说不定明天就发生在自己头上。这话是对的。我看他很着急。现在俄罗斯很着急,是在他边上,歪一点就到他头上了。

这一场,怎么样结果,我不敢说。我觉得我们很对,江泽民同志的讲话,我很赞成。我们抓大道理,我们只主张和平。你要打,再提五项和平原则,重新提一遍。这一颗棋子很高——现在我不同你争,不同你对立,可是我高一层同你讲话。在这个阶段,我们的道路、人类的道路,必须符合五项原则。将来还不知怎么样。

这个阶段，在民族国家的阶段，就是 nation state——这个出来之后，要有一个和平共处的办法。老是打下去，不是办法。大家知道不是办法，打仗是要死人的，而且死起来不是几个人，会一批一批地死。

现在核武器还没有用。万一说不定，只是揿一揿的问题。一揿之后，就可以发生大变化。现在谁也不敢说，究竟是什么人、什么时候，会不会避免这个"一揿"——今天是不是可以看出苗头？还不敢说。至少到今天，我们还不敢说。

一个变化还在进行中。这个局面中，我们这代人一辈子过来了，你们这代人呢，大概还得在这里面过。只能天天说，等着看吧，不敢说真正怎么样。总之是在变化中的状态。这个时候，我们采取决策，确实很难。

要看到前面去，我们可以找到一个"自己怎么看"的问题。我们现在处在一个什么地位，要定下来。提醒一下，不要盲动，避免盲动，要看清形势，这是对的。可是要"说"，谁都不敢说究竟怎么样。这话我不知道，也许年轻人不这么想吧？这个没有办法。我是觉得，我不知道究竟怎么办。真的不知道。不知道就是不知道嘛。

回过来讲，我们还是第一个题目最重要。要在这个局面之下，全球经济之下，我们该怎么逐步地处理。我提几个字，昨天晚上想的。我说，在一个变动的局面之下，要伺机而动，也不要错失良机，这里面有机会。

我看邓小平同志最厉害的就是这一点。他能抓住时机。他南方谈话这件事情也很厉害。现在看，很多都是1992年引发的事情。这个就是机遇。小平同志在抓这个机遇。

我们做事情的人，不管大的小的、高的低的，哪一层干部都要有这个意识。不盲动，而要抓住机遇。这个机遇在哪里呢？要加强认识。大处着眼，小处着手。明确自己在什么地方，从自己这个小处下手。

你只能对昆山下手，你无法对全国下手。可是谋划事情要超越自己所处的眼底世界，对眼底下这个局面，要超过一点、超前一点、扩大一点。

我不知道应当怎么样，真的不知道。恐怕知道的人不多。客观事物在发展，天天在那儿发展，这个会影响到我们的。人家看见南斯拉夫那个样子，觉得不关自己什么事。可我心里很急，它就在身边。这个东西一到，就可以变成我们中国的事情，中国也逃不出这个大局啊。

现在我们领导很慎重，同时我看这颗棋子走得很好，就是超越这一个局部的问题，来讲全世界。"二战"以后，还没有一个人提出来"经济的秩序"问题。道义秩序，究竟是什么东西？这一新的秩序是什么秩序？从经济的秩序到道义的秩序，都没有定出来。什么叫好？什么叫坏？应当怎么样？大家还是没有把握，不知道。

现在表现得比较清楚的是强权。谁的力量强，谁就厉害，你们都要服从我。但是中国人知道，霸道是不行的。贾谊的《过秦论》，《古文观止》里面有，讲秦始皇为什么亡，他不是亡在别人那里，而是自己没有把一个秩序搞起来。

现在美国很霸道，他有巡航导弹，可以压迫人家听他的命令。可是这个东西，我们说，没有人心做基础，最终是空的。中国这么长的历史证明，霸道是不行的。霸道能压人，不能服人。人心不对，心不跟你。中国讲人心向背，意思是要从意识上边承认你。

道义秩序一个办法，一个大家同意的共同认识。这个东西不出来，天下不会太平。现在各种矛盾都发生了，有大有小。大的矛盾，最后结果能大到什么程度，还没有人敢说。但无论是什么程度，实际上必然影响到我们。这个影响怎么样，现在我们还不能估计。这是我的说法，对不对呢？这是老年人的看法，青年人也许不这么看。

我们还是从大处出发来看昆山。昆山在长江三角洲里面的地位，自己要弄清楚。从这里看昆山的下一步，谋划昆山的发展，要看长江三角洲怎么发展，这就离不开上海。我说过一句话，这话现在还对，就是上海是龙头，江浙是两翼。上海有两个翅膀，龙头没有翅膀飞不起来。可是龙头是龙头，翅膀是翅膀，它们的作用、功能不同，要分清楚。各人做各人的事情。

现在我们看看两翼和龙头的关系。上海这个龙头起不来,两个翅膀也飞不起来。这是一个整体,里边有分工的。什么叫龙头呢?这是我五六年前开始讲的。最近我到了华南、广州,我提出一个问题:重新认识香港的地位。香港在世界经济中的地位要重新认识,这决定我们考虑怎么用香港。

现在是"一国两制"嘛。"两制"里面我们怎么用香港,是华南、珠江三角洲、珠江流域的一个大问题。

这里的经验,用的是上海。说老实话,我同朱通华一起搞小城镇的时候,为什么没有到昆山来?有道理的。他们说你昆山是"你走你的阳关道,我过我的独木桥"。你们觉得这个农业很好啊。本来,这个地方的农业是比苏州好、比无锡好、比吴江好。这样很稳啊,多少年都是这么过来的。后来打破了这个局面,搞了个开发区,开发区就要靠上海了。

我在旁边看。你们的本领就在看中了上海,攀上去,可是不容易攀。我知道的,他不要你。那时候上海封锁得很紧,想攀都攀不上。它是龙头嘛。

那时候,长江三角洲的经济地理概念还没有,我说他们是"大上海",大概就是长江三角洲的意思。可是当时没有人响应我的说法。后来我提"龙头",大家认为可以,就被接受了。我开始提的"大上海"概念,就是要跨越行政区划,不要把上海变成自己的一块地盘,那样不行。

经济不是一个小地方的事情,不能独立的。经济没法子独立啊。上海要靠上海之外,靠外围的腹地,意思是龙头也要靠两翼。

龙头为什么可以起来呢?因为有两个翅膀长着,飞得起来,所以龙头还要靠两翼,而两翼没有龙头也飞不起来。这个关系,应该是区域经济关系。这一点,我现在讲,好像觉得自己已经很通了,就是上海不能离开上海附近的腹地嘛。可是在当时,我讲"龙头"的概念,有的人并不承认,还没有意识到这一点。

不是人笨,人一样的,是时间还没有到。从事实发生,到人的意识发生变化，这要有个时间，不到时间变不起来。不是哪个人聪明、哪个人笨，哪个人心眼不好。都不是，是看不到啊。事实刚刚发生，他还没有看见，没有看清楚。这个时候，有人看得早一点，有人看得慢一点，都正常。我们搞研究的，力求早一点看到事实的变化，叫"从实求知"，从实际里边求得知识。

去年，北京大学100周年的时候，北大出版社为我出了一本书，叫《从实求知录》。顾炎武有《日知录》，我就写《求知录》。起初就叫《求知录》，后来我说再加两个字，叫《从实求知录》。这是有一点小平同志的思想了。

从实际出发，得到自己的知识，凭空跳出来是不可能的。所以，不在人聪明不聪明，不在人的本领大不大，只在于能不能反映实际情况，我们是跟着事实发展的。这发展呢，还跟不上，就变成我们落后了。滞后，就是拖在后面，很吃力。如果能早点意识到这个事情，自己就可以从容主动一点。这是我的说法。现在我在讲"什么是社会学"，讲人类学，讲人文科学，最根本的就是要摸清实际情况，去认识它。还是"从实求知"。

对昆山的发展，要从全局去看，还要从历史去看。从开始看起——你们是怎么起来的，这一段很重要。一开始，我听说，你们有个态度：搞乡镇企业，这个事情同昆山无关。我不知道当时谁在这儿，书记是谁。他没有错，这个事情他没有碰上嘛。我们说他没有先见之明，这话是事后说的。

可是时候到了以后，变得很快，昆山变了，适应了当时的实际，就是"昆山靠上海"。只要发展昆山，你必须抓住上海，它是龙头嘛。靠龙头的力量辐射发展自身，这叫"昆山经验"，或者叫"昆山发展之路"是不是更好一点？

"昆山之路"，就是意识到我们是靠近龙头附近的一个地区，要借龙头的力量。你是翅膀，就做翅膀的事情，发挥作用也在翅膀上面，要飞起来，而且飞得不错。现在到了中等发展水平，3150美元。不管怎么样，总是有这个资格了嘛。说到中国目标，到2010年能不能整体发展到这个程度？还不知道。你们先到了20年，叫超前20年。可是你这个超前很辛苦，吃了很多苦，负担重，压力也不小。因为你超前，在前面跑，后面的人要拉着你嘛。这一点也是必然的，也逃不了。同时也是求之不得，求得之后呢，又觉得很重。知道自己重，担子不轻啊。这就是历史。事物发展到这一步，就是这样子。

我老了，不久于人世了。我可以不管了。我说我很体恤担这个担子的人，"斤两"我是知道的。这个"斤两"，不是自己求来的，是历史给你的，而且一定要完成。你的任务是完成这个使命。

昆山的起飞，是靠自己的开发区，不是上边来的。他们同我讲，让我同上边说说。我说了不少次，没用。我只能呼吁，如果时间不到，呼吁也没有用啊。人家看不到作用嘛。可是等事实出来之后，一个很好的事实出来了，上边就同意了，不需要上边一定批准，你们自己做出来了。这一点更厉害！大概还得要这种精神——自己闯，自己干，不用等着批。不要等上边给你们什么，你们自己造成了一个事实，就不能不批了。

我们江苏人讲"咬紧牙关""咬住不放"。这个开发区，没有钱、没有名、没有支持，还是做出来了，所以说是形势到了。靠区位优势发展，到这个时候了。从一个厂发展到这么多厂，整个昆山都起来了。是不是？所以，经验不要忘记。什么经验呢？靠上海、吃上海、拉住上海，不要放它。

上海开头不愿意，不要昆山。"讨厌！你这个穷亲戚！"它觉得我们穷得很，叫我们"乡下亲戚"。我们去，他们就说"乡下亲戚来了"，真的是这样的。他们这样说，我们洋相也出尽。我们不容易啊。

那个时候，不过是七八十年前。我们是"乡下人"，被上海人看不起的"乡下人"。现在变了，"乡下人"也抬头了，可是我们不要学上海人神活气现。我们还承认它"你比我'洋'","十里洋场"嘛。我们就做"乡下人"好了。昆山起来以后,大家起来是主要的,"志在富民"嘛。

从这里边,我就悟出一个道理——一个"区域"的道理。政治和经济里边必须有中心、有腹地。中心嘛,就是龙头;腹地就是中心以外的、其他的,接受中心带动、辐射,形成一个区域。经济依靠它的区域,中心和腹地形成一对关系。中心发展了,力量大了,它的腹地可以扩大。腹地大了,促进中心继续提高。我讲一个很简单的例子,就是小城镇。

小城镇是我们发展的一个阶段,从农村到城市过渡的这个阶段,中间出现了各种水平的集中点、各种城镇,包括小城镇。小城镇的层次、结构怎样,要看清楚。我在塘桥、常熟、张家港那里看,不同层次上的小城镇作用不同。塘桥发展得不错,附近各个镇上边的学生都到塘桥中学里边去,四周的人也都到塘桥看病。不管是谁出看病的钱,医生的钱是塘桥出的。也就是说,塘桥负担了周围一大圈的人看病所需要的医生的工资。服务是给大家服务的,好是好的,可是从负担的角度看,它吃亏了。

这里边就有个层次的问题,表明我们现在对区划的划分还跟不上实际情况的变化需要。情况变了,要跟着情况走嘛。知道情况之后,要采取措施,跟着事物变化而变化。可是我们要变还是不容易。

我开头说我们正处于一个变化很大的时期,要不断地跟上。"跟上"的意思,是保旧创新,不是重开炉灶,不是样样创新,不是丢掉过去。我是主张"逐步前进主义"的,不赞成大的革命。对中国,这一条很重要的。我为此当了"右派"。我是说要在传统基础上创新,逐步变化,不创新不行,丢掉过去也不行。你不承认传统的经验怎么能行呢?

最近我在一个参观过的地方题了几个字:传统加科技,异军再起。小平同志不是讲"异军突起"吗?"异军"嘛指乡镇企业,现在要进入一个新阶段了。乡镇企业怎么样能出现一个新的发展高潮呢?怎么能"异军再起"?需要在旧的基础上边创新发展。就是说,不要丢掉我们过去已经取得的经验。这是传统，可贵的传统。传统加科技，加上新的东西，达到新的目的。有了创新，就可以异军再起了。我题了这几个字，觉得还可以考虑。

所以，怎么发展下一步的昆山？我说第一条，不能放弃优势。你们以前靠上海的，继续靠上海，不要丢掉上海，丢掉了就不得了。好不容易上海接受你了，你离开上海不会有好处。人家会想，本来是我的东西，结果给你分走了。这么想，会不舒服的。上海心里边会有点不舒服——乡下亲戚来了，吃我的。我们既然去了，那么就吃，不必客气。可是我们不是白吃，我们对上海有回报，上海的起来也靠我们。

将来一个龙头同两翼的分工，我有过一点主张。上海集中在现代化的金融、运输、信息等方面，对外交朋友嘛。这方面可以集中起来，搞生产的制造业可以放开。你何必开很多厂在浦东呢？放开，到昆山这样的地方去生产嘛。昆山场地便宜，工资便宜，很多优势嘛。利用腹地的优势，减轻中心的压力，这是上海应有的思路。

上海人要忠厚，有了钱有了势，势大钱多不容易变。穷人容易变脑筋，富人还得等一步，慢慢地变忠厚。我看上海开始忠厚了，感觉到现在不依靠附近的腹地，不发展起来，自己就难以成为真正的龙头。所以还要进一步讲：龙头是什么？

这一点，我还没有充分地做调查。我到上海去过几趟，现在他们要求我出一个主意：浦东的农民怎么办？浦东农民，新开发区，像苏州开发区，不少嘛。好几个村子出去了。你们苏州容易安排，上海的大批农民怎么安排？都养起来？怎么办？叫我去看看。

我有个学生，李友梅教授，法国博士，她在那儿实地研究浦东农民问题，也就是这批人离开土地之后怎么安置，怎么能得其所。不能让他们流失，国家养起来也不行，怎么办？这个问题，她做了一点研究。

上海龙头的规划怎么做？我因为没有充分的调查，没有这个本领做。它要成为一个国际性的中心，同香港的关系该怎么样？这个问题还是不清楚。从以前看,香港是上海分出去的。这个我知道。开始的香港,我第一次去的时候,30年代,满街臭得要命——沿海都是卖鱼的。英国人住在山上边,中国人住在山下面。殖民地嘛,是人家过船的时候加水、加煤的地方,不是一个经济中心。

我们帮助了它,上海搬了一部分过去。荣毅仁的家、他的整个的无锡的工厂,都搬到了香港,香港自那时始,才有工业,以前它没有工业的。后来逐步进步,因为我们解放区要供给嘛。新中国成立后很长时间,我们也只有一个出口,就是香港。它成了我们的通道,它因此发财了,且发得很厉害。东莞的人都跑过去了,现在很多都是老板了。

在全国格局上,上海同香港怎么分工,将来是个问题。我们中国将来的经济中心落在哪里,香港还是上海?我还没有力量考虑这个问题。天津大概是希望不大。地方主义很厉害,很难去考虑进行区域合作。所以,今后中国一个总的区域规划,看来要下一代来做了。我是不管了。

可是,看还是看到了。总是要有一个全盘的格局。里边有一个我们现在要提出来的问题,就是香港的定位问题、上海的定位问题。

上海的情况比较清楚,它至少是长江流域的一个中心,一定的。可是它能够覆盖多大,这个不知道,要看事情的发展,看今后的发展。世界全球经济出来的时候,再看我们这个上海为中心的龙头能够管多少,包括我们的昆山在里边。昆山可以参与这个龙头嘛!

怎么参与法?这要再看一步,现在还谈不到。我这辈子看不到了,要靠你们这一代了。可是现在该怎么做,我可以谈谈。这是我这一次来得到的知识和启发,就是配角怎么做。

首先,做配角是不是低人一等?我说不是。心中要有个平等的概念:你靠我,我靠你。你要有我,没有我不行;我没有你也不行。这是一种关系,相互促进的关系。配角一定要的,一定要有跑龙套的。戏台上没有龙套不行,只有一个大胡子出来唱戏,不行的,跑龙套有其整体的作用的。大家唱戏都不愿做配角,可是光一个主角那不叫戏啊。我们是要唱一出戏嘛，是个整体嘛。所以整体需要配角，配角要接受，要发挥作用，配角可以很主动。

中国现在有一个很有意思的事情。我是从这一带开始看见的。常州有个工厂，它开始是公社时期的一个农机修理厂，这种厂子当时到处都有。农机修理厂专门做配件，有道理的。他说："我只要做配件，做配件最厉害。"尤其是关键性的配件，比如春兰的、格力的什么家用电器里边的发动机——它就做这个东西，觉得"我们很自由，哪个厂都要我"。

它的市场稳得很。人家去打前线，去吸引消费者，去打市场，很不容易。他们说："我不要去看消费者。人家买我这个零件。哪个厂都要我。"春兰要，格力也要，所有的电器都需要。他们生产的零件成了主角。

"哪个厂都要我"——看到这一点很厉害，它是主动的。我支持这样看问题。在这样的看法中当配角，反而主动——不像别人出了成品之后，要找消费者，要打名牌，要花大钱打广告。他们说"这些我都不要做。我就是做配件，提高配件的品质"。

我在浙江看过一个例子，做车子需要的飞轮。它不需要开自行车厂，只是做车轮里的飞轮，做出了名气。我知道的第一批企业家里有个人叫鲁冠球，他也做配件，就是万向节，汽车厂都需要他的产品，他供应全世界各个大汽车厂所需的万向节。如果他将来罢工了，不供货了，那些大汽车厂就不行了。他们再去找其他的万向节，但是没有鲁冠球的质量好，他是专家嘛。

现在有人给做配件的思路起了个新名词，叫"针灸战术"。针灸要扎穴道，这个说法很形象。配件可以比喻为一个机器的"穴道"。你抓住一个穴道，就有针对性了。将来它要靠你，它不能少了你。这叫"穴道战术""针灸战术"。

所以，我们做配角不仅是必要，而且还可以有主动的地位。人家需要你，就会听你的，要帮助你的。这样就可以地位很稳，因为关键的东西你抓住了。我们对付这个大世界，比如大的微软公司，一样道理。我能找到它的几个穴道的话，它就得听我的。

换句话说，龙头有龙头的好处，配角有配角的地位。好像不太好，其实不一定坏。发挥出它的优势，发挥配角的优势，我们就可以安心地处在这个地位了，而且还要充分发挥它的作用。它的作用可以很主动。

下面主要讲讲小城镇的问题。

我们20年前提出小城镇问题，是看出来一个大问题。当时提出，还是个问号，行不行？现在看来，小城镇起了一个特殊作用，可以说是中国的一个发明。发明权在农民那里，是中国农民自己逐步发展起来的。

我们是看着它起来的。起初，小城镇还是被人欺负的，看不起啊，把它往下赶啊，下放啊，总之是压制，压得没有多少了。后来，改革开放，逐步回来了。从90年代开始，没有多久，成了气候。从"大问题"变成"大政策"，从"大政策"变成"大战略"。耀邦同志叫"大政策"，现在江泽民同志叫"大战略"，提得很高了，是现代化的必由之路了。

这个的确是现代化少不了的。中国农民要变成现代文明人嘛。让他们到什么地方去变呢？都去上海吧？肯定不行。上海把我们看成"乡下人"。要摆脱"乡下人"这个名号，在哪里去变呢？就是在小城镇里变嘛。这是最好的地方。

小城镇，其实就是城镇嘛。江泽民同志讲的话，不要叫城市化，叫城镇化。我说这个意思很好，要多研究，不要糊涂做事。现在不研究就要做什么什么事，弄得糊里糊涂。道理都弄不清楚，能做好什么事？

现在都在讲"城市化进程"，空谈得多，实际研究得少。比如县改市，什么地级市、县级市，名字都叫"市"，名称很乱。大概总有一天要整理一下。不要光想着叫"市长"比叫"县长"好听。级别不一样，力道不一样，还是要分层的。因为事实本身具有不同的层次，也就是我们20年前说的"层次"，现在要明确一下。

我一路在研究这个问题，问这个问题，向大家请教。在张家港，我们请了"中心市"的一批镇长一同座谈。他们说得很好，都碰到具体问题了。

现在是两个问题：一个是钱的问题，一个是土地问题。土地问题有《土地法》挡住了，没有空间了，大家起不来了。另一个问题，钱从哪里来？大概你们也碰到这两个问题了。刚才我讲了，要发展的话，镇要区分化，镇上的人也要区分化，从功能角度来区分。他做的一些事情都到别的镇上去，不到你这个镇上来。区分化的过程里边，会出现一个"中心镇"。我看《新华日报》最近有一篇文章，说"两千个小城镇要变成两百个中心镇"，大概是讲每五万人的规模，设立一个中心镇。这是先从基本生活角度讲的。如果讲生产，一个大镇可以有几十亿的产值。

镇江有一个龙山镇，我最早鼓励他们，后来实地去看，好几年了。他们到广东买了地，养鳗鱼，养好了就储在深圳，烤好以后用飞机运到东京。一个镇上的企业，跨省组织生产，市场到了国外。像这样的事情，将来会更多。

华西村是另一个模式，它一个村搞一个集团，连制造香烟什么的都搞了。有这样的村子，农民都现代化了。我在扬中看到，农民家里边的东西比我家里的还好。真的，不是假的，有水有电，各种机器都用了，现代设备都全了，家庭用具也电气化了。这个就是现代文明嘛。

我去看海尔公司。它有一个展厅，家用电气化的东西都全了，都摆出来了。全都贴着"两个小孩子"的商标。你们这儿不是有个"好孩子"吗？也可以搞一个嘛。做出来一套全面的、现代化的小孩适用物资设备。"好孩子"我听了很久了，也题了字，希望做得更好嘛。一个大企业的力量能撑起来一个镇。

建设小城镇，最关键的是不要用国家的钱、不要用税收。这方面，温州有个很好的办法。它有个村了，叫龙港村，后来成了龙港镇，叫"中国农民第一镇"，是当地农民自己建设起来的，没有用国家的钱。现在很不错了，三星级的大宾馆也是自己搞起来的。

他们靠什么呢？我最近一次去的时候，他们正在搞汽车牌照拍卖，出租车牌照，一下子就能集中很多民间资金。这是上边允许的，合法的，没有危险。他们过去造桥，现在搞"三产"，建设铺摊子，都是自己花钱。就是这个办法。温州的书记碰巧同我乘同一架飞机。他说他们的飞机场也是这么弄出来的，没有让政府拿一个子儿。温州模式这种长处，我看还是不错。它确实创造了很多自己办事业的一条成功经验。我为此写了文章，叫《筑码头，闯天下》。

上面说了这么多，啰啰唆唆，不成系统，讲到哪里算哪里。老年人的习惯，请大家原谅。

后　记

张冠生

费孝通先生主持民盟中央工作的时候,我有段时间做助手工作。"助手"是费先生的说法,我的说法是"书童"。费先生长年坚持田野调查,我在随行过程中,以工作日志方式尽可能地记录现场实况,大概每年一本,有时不止一本。多年下来,积累了十多本。

整理费先生谈话录音,是特殊、难忘的经历。

平时注意记录田野现场,用笔记本、录音机、照相机等尽量做记录。凡是能记的,都记下来了,可是不善于归置,记性也不好,老是忘事。用笔做记录时,往往是费先生在某个场合忽然来了兴致,即兴谈话,妙语连珠。这时候,一旦准备不足,就临时找东西,有时候是用本子,没有本子就找个纸片。当时是记下来了,过后随手一放,再过几天就想不起来放在哪儿了。特别是怕忘的时候,总是找个特别的地方放,本意是避免遗忘,越是这样,后来越是难找。即便录音带,也是这样。

当时常备"随身听",用的是卡式磁带。磁带录好,写上时间、地点,当时来不及整理的时候,就放个地方。慢慢多了,曾集中到一个专用纸盒子里。可是后来连纸盒子也一时找不到了。比如,费先生1997年7月1日参加香港回归主权交接仪式,回到内地后,在一个文化讲座上讲过"香港归来话回归",谈他在现场的具体感受。费先生讲的"中国旗升上去,英国旗降下来","出了一口气,再争一口气",给我的印象很深,也录了音,放好了磁带。可是,搬了几次家,装磁带的纸盒子找不见了。最近,一边整理其他的录音磁带,一边苦思冥想:讲香港回归的磁带到底在哪儿？就是想不起来，翻来翻去，不见踪影。无奈，只好回头求助于主办讲座的朋友，希望他能提供当时录制的磁带。过了一个多月，没等到朋友找来，自己19年前录制的磁带不知从哪里冒出来了，这是"踏破铁鞋"的典型例子。

手边的这些录音磁带，多数是随费先生调查途中就整理过的。那时候，费先生谈话之后，往往是当天晚上就整理录音。不管到多晚，都争取整理成纸面上的文字，让先生第二天起来就能看到。那时的卡式磁带，多数是每盘60分钟时长，少数是90分钟的。通常情况下，一个小时的谈话，需要花三到四个小时才能整理出文字。费先生说话，乡音较重，有时候为听得准确无误，需要反复多次听。机械模式的录放机，"快进""快退"的准确性都不易把握，只有多花时间。谈话时间比较长的时候，把全部文字整理出来，天就快亮了。个别时候，天亮以后才休息。

这些谈话，是费先生晚年里"行行重行行"的如实记录。一站又一站，一地又一地，是一位著名人类学家、社会学家波澜壮阔的学术研究过程中的部分场景。一位八九十岁的老人，常年不知疲倦地奔波，明知疲倦也还是出门行路，为什么？简单地说，是为从农民生活中发现他们维持生计、改善生活的办法。

费先生由衷相信，百姓一定会有自己的办法，因为他们想过上好日子，会不停地想方设法，直到找到好办法。费先生也相信，只要自己走出去，走到农民生活中去，就一定会发现他们摸索出的好办法。自己要做的，就是把农民的创造讲出道理来，让基层干部看出为农民增加收入的思路，让更多农民掌握增加收入的门道。所以，费先生把田野调查当作流动的课堂，他是听课的学生，农民是讲课的老师。我有机会在十多年时间里随着费先生的课堂做记录，看大师怎样当学生，时常感受到"书童"的幸运。

这次整理费先生谈话录音，是"画句号"的意思，把手边能找出来的所有录音磁带全部整理了一遍，把工作日志中记录的费先生谈话都录成了电子版。印象最深的,是一次费先生回京途中在列车上的谈话。那时没有动车、没有高铁,车轮在铁轨上发出强烈的节奏的震动,费先生的话语就在咣当咣当的节奏中震响。这种节奏,传递着时间的紧迫感,正合费先生心境;表达着人生的行进感,正合费先生的心境;震荡着时代的紧张感,也合费先生的心境……所以,它既是那一次费先生谈话的背景声,更可作为费先生晚年谈话的全部背景声。

这一节奏,弥漫于这次整理费先生谈话录音的整个过程。直到整理工作结束,脑际似乎还有那种节奏的震荡。在壮阔的行进感中,费先生谈"男耕女织是中国农村经济的基本结构",谈"庭院经济",谈"一点五产业",谈"从农业里边长出工业",谈"要想富、先修路",谈"无农不稳、无工不富",谈"保旧创新",谈"中国农民创造了一条不同于西方的工业化道路",谈"小城镇是一条独特的城市化道路",谈"志在富民",谈"富了以后怎么办",谈"怎么引导农民从小农经济进入一个新的世界",谈"从生态研究到心态研究",谈"世界规模的战国时代",谈"培养新时代的孔子",谈"80岁了想起8岁该看的书还没有看",谈"补课",谈"人在神兽之间",谈"第二次学术生命",谈"学术反思",谈"钱穆、陈寅恪、金岳霖、梁漱溟、胡适、老舍、冯友兰……"谈"马林诺夫斯基、史禄国、帕克、潘光旦、吴文藻……"谈"将心比心、推己及人",谈"善有善报、恶有恶报",谈"文化归宿",谈"轻舟已过万重山",谈"老来依然一书生"……

如今,"书童"把记录下来的这些谈话录音都整理了出来,数十万字,加上费先生陆续交我保存的十万余字(本书附录),说厚重,不算过分。重读这些文字,似又回到当年。心里默念:"费先生,请过目。"

2015年4月24日于博雅西园
是日,费先生过世整十周年

鸣　谢

有机会长期参与费孝通先生晚年田野工作，记录其谈话，最终整理出本册文字，曾得多人帮助。其中，得冯之浚教授推荐做费先生助手，遂有"书童"之便；孙公麟先生动议写费先生传记，因得费先生认可、指教；张荣华费宗惠夫妇和费皖先生多年予以工作支持、生活帮助，一直铭记。

余世存兄慨允垂序，王韧兄热心写跋，给我莫大安慰、鼓励。

上海大学费孝通学术思想研究中心把整理费先生晚年谈话列为专项课题，予以资助，特致谢忱。

蒙多方襄助，得有本册。襄助者众，余不一一。

张冠生于北京厢黄旗
2016年1月6日

跋　与中国最大多数的人相联系

王　韧

这是一部谈话实录，是一个老人，在历尽了他所能经受的一切苦难和坎坷后，深感余年不多，抓紧时间为他的祖国和人民再"想一点问题，出一点主意，做一点事情"的实录。

"文革"后，他受托主持重建中国社会学。然而，当他能重新做学术研究的时候，却已年届古稀。读着别人的"伤痕"文字，他另有感怀——"我哪儿有时间去回味那些酸苦！"，那时，他说了一句话："我还有十块钱"。意思是大概还能再活十年，如果一块钱代表了一年的话，他不愿把这个钱给零花了，他要珍惜，整块地集中使用，也就是说，他要专门做一件事。

他开始"行行重行行"。自1980年始，他每年有三分之一到一半的时间奔走于中国大地，直到90岁。因为，"十块钱用完后，上帝又奖励了十块。"

在他生命的最后二十多年，也是他重建社会学的晚年，他指出了小城镇、乡镇企业是中国农民脱贫致富和现代化的必由之路。他写下了《小城镇，大问题》。文中敏锐地赞扬农民"离土不离乡"。我用"敏锐"这个词是想提醒自己，我们是在很多年后看到了农村的"空巢"，才对此有所体悟。三十年后的今天，小城镇仍然是大问题，它关乎大城市的生存，关乎占中国最大多数人的现代化。我以一个记者的观察，当下中国城镇的建设尤其需要他的思想和方法。

当年轻人"孔雀东南飞"，都向深圳、海南奔去的时候，他则"老马西北行",深入中国河西走廊多民族地区调查,向中央提出了西部开发的建议;他历时两年以民盟中央的名义所做的调查报告,提出了西部开发,也论证和设计了如何做开发的科学方法。

市场经济萌芽初露,长途贩运二道贩子的争论四起,究竟如何看待?面对关乎中国未来走向的社会变化,他以在苏南和温州的实地调查为基础,写出《小商品,大市场》。他不像很多公共知识分子很概念、很尖锐,他也没有奢谈市场经济的大道理;他是建设的,他的讲述让你实实在在地感受到小商品背后链接着的大市场、大变化,而他的这种感受是以他的"着眼于人"的思想为基础的。

大约有八年,我有幸断断续续跟随他"行行重行行"。体会他的"着眼于人",实际就是为正在积极改变自身生活的农民着想——他们的生活如何能好起来,富裕起来后又如何走向文明。他"为了成事",用心安排每次的调查,很多的调查他都历经了多年,由此一生留下了很多如"三访江村""三访温州"这样的传世之作。

一访温州,他看出了"小商品,大市场";重访温州,见证了"家底实,创新业";三访温州,他则提出"筑码头,闯天下"。不夸张地说,这是中国外向型经济明确的开端。每当读他这些文章,总会联想到一个中国知识分子的品格:在重新获得学术生命后,以七八十岁高龄躬行于大地,做田野调查,关注中国社会发展现实,真切地要求自己系统地了解真实的情形,做出常识判断,建议适当的政策,为这个国家的百姓服务。

一切可以追溯他第一次到"江村"。1936年就读伦敦大学政治经济学院时的博士论文《中国农民的生活》(中文译名为《江村经济》)就是他那次江村调查的成果。导师马林诺夫斯基,是世界著名人类学家,为他的博士论文所做序言,足以唤起读者的深思。更有意思的是,导师以对一位能够研究本民族实际生活的人类学者的羡慕来表达高度赞赏:他前所未有的"那明确的令人信服的论点和生动翔实的描写实感令人嫉炉"。马老师羡慕他写出的"很多箴言和原则",不是象牙塔里的理论,而是本土田野调查的结晶。(参见马林诺夫斯基《江村经济》序)

获得《江村经济》第一手资料的那次田野调查的契机发生在1935年。那一年,他去广西大瑶山少数民族地区做社会调查负伤,志同道合的新婚妻子牺牲。姐姐费达生将受伤的弟弟接了回来。但姐姐太忙了,无暇照顾弟弟,便将"孝弟"安置在开弦弓村养伤,托付给了那里的农家。那里是她做社会改造的试点。姐姐在当地享有崇高的威望,她是中国知识分子最早科技下乡的那一代人。她从日本留学归来,用自己所学的知识在太湖流域辅导农民科学养蚕。历史不能忘记的,是她在开弦弓村将农民组织起来,建设了被誉为中国第一个乡镇企业——股份制的"开弦弓生丝精制运销合作社"。时间是20世纪20年代。结果费孝通则在那里做了两个多月的社会调查。在后来的博士论文中,他为开弦弓村起了一个学名——江村。

试引用该著最后几段文字——

最终解决中国土地问题的办法不在于紧缩农民的开支而应该增加农民的收入。因此,让我再重申一遍,恢复农村企业是根本的措施。中国的传统工业主要是乡村手工业,例如整个纺织工业本来就是农民的职业。目前中国实际上正面临着这种传统工业的迅速衰亡,这完全是由于西方工业扩张的缘故。(作者说该问题留待有能力的科学家和政治家去解决。)

但是有一点,与中国未来的工业发展有关,必须在此加以强调。在现代工业世界中,中国是一名后进者,中国有条件避免前人犯过的错误。在这个村庄里,我们已经看到一个以合作为原则来发展小型工厂的实验是如何进行的。与西方资本主义工业发展相对照,这个实验旨在防止生产资料所有权的集中。尽管它遇到了很多困难甚至失败,但在中国乡村工业未来的发展问题上,这样的一个实验是具有重要意义的。

最后,我要强调的是,上述问题自从日本入侵以来并未消失。这种悲剧在建设我们的新中国过程中是不可避免的。这是我们迟早必然面临的国际问题的一部分。

近来为做人物传记纪录片《理想照耀中国·读李大钊》——"数年研究之结果,深知中国今日扰乱之本原,全由于欧洲现代工业勃兴,形成帝国主义,而以其经济势力压迫吾产业落后之国家,用种种不平等条约束制吾法权税权之独立与自主。而吾之国民经济,遂以江河日下之势而趋于破产。"李大钊的文字让我读到了《江村经济》的历史场景。

这部博士论文从江南一个普通村庄的"消费、生产、分配和交易体系",考察该经济体系与特定地理环境的关系,揭示中国农村的社会结构和运动。此书虽以传统的中国人生活为背景,然而它并不满足于复述静止的过去。它紧紧抓住现代生活最难以理解的一面,即传统乡土文化在与乡镇经济社会联系中受西方影响下的变迁,揭示了两个力量的影响:一是传统经济背景的重要性;二是新的技术、新的组织形式对一个日益困顿的老村庄的生活所产生的作用。

导师马林诺夫斯基的评论是,"他不仅充分感觉到中国目前的悲剧,而且还注意到更大的问题:他的伟大祖国进退维谷,是西方化还是灭亡?既然是一个人类学者,他必然懂得再适应的过程是何等困难,他懂得这一过程必须逐步地缓慢地机智地建立在旧的基础之上。他深切地关注到这一切改变应是有计划的,而计划又须是以坚实的事实和知识为基础的。"(马林诺夫斯基《江村经济》序)

导师的评论足以说明在求学过程中,他已确立了为中国绝大多数贫困农民服务的思想,因为苦难的中国是他青年时期成长的背景。早年上大学,他和很多人一样选择了医预科,希望当医生免除人们的痛苦。但他发现人们"最痛苦的不是来自身体上的疾病,而是来自社会造成的贫穷"。由此他投身社会人类学，目的是"认识社会，然后改变社会，免除人们的痛苦"。

近百年的中国现代化进程中，中国农村和中国农民一直在危机和落后中挣扎。如何才能走出历史困境？作者在对江村的解剖中看到了"草根"工业将是中国农村经济从传统走向现代的一个关节。如果说摩尔根的《古代社会》是人类历史上第一部关于野蛮社会的人类学著作，那么，《江村经济》在导师的眼里则是第一部文明社会的人类学著作。如同导师马林诺夫斯基在《江村经济》序中写的："这本书将是人类学实地调查和理论工作发展上的一个里程碑。"该书的作者并不是"在异国的土地上猎奇而写作，书的内容包含着一个公民对自己的人民进行观察的结果，这是一个土生土长的人，在本乡人民中间进行工作的成果，如果说人贵有自知之明的话，那么，一个研究自己民族的人类学当然是最艰巨的"。

中国的现代化不涉及农民就是表面文章。晚年获得第二次学术生命后，他的学术价值指向丝毫未变，仍然是为占"中国人口80%的农民"服务。可以说，这与他心中始终有中国向何处去的大问题有密切联系；用他自己的话，"我这一生的经历中根本的目的并没有动摇，就是'认识中国，改造中国'"（参见《关于人类学在中国》）。80岁时他用四个字总结自己一生的工作——"志在富民"。

获得第二次学术生命后，他三访江村。《三访江村》对我影响很大，曾久伴我枕边，睡前醒后，时常展读。以后他更是"行行重行行"。他在"小商品""小城镇""区域经济""文化自觉"中表达的真知灼见，在他身后已然成为"大战略""大前途"。

但是，对于这样一个思想家、一个勤奋的长者，特别是当他以一生的积攒面对一个前所未有过的大变化、大转型的中国社会，他的思考显然不是他的文章所能涵盖的。他晚年一直坚守在离泥土最近的地方聆听人们的讲述，而他在现场的即时反应和生动谈话，无疑也是一笔宝贵的财富。如果不是长年的关注、长年的思考、行行重行行，也许就不会有那些睿智的、至今仍然鲜活、关乎深远的谈话。

请允许这里引用本书收入的1995年2月一段谈话，读之犹如再见老人——

> 我们是靠乡镇企业过关，和西方工业化道路不同。
>
> 这是人类历史上一条新路子。"草根"工业，它有根的。野火烧不尽，春风吹又生。
>
> （它）符合老百姓的要求，符合社会发展的需要。
>
> 三大差别消灭在小城镇里边，这是我的理想。
>
> 现在的一个大问题，13亿人怎么个放法？
>
> 以小城市为蓄水池，千万不要搞大城市。
>
> 20世纪是地缘政治。21世纪是地缘经济。
>
> 洲际经济区域，先形成几块。互通有无，共同发展。从洲际经济向天下大同过渡。
>
> 但没有价值观的基本共识，就不能形成天下大同（这里既涉及中国的"多元一体"问题，也涉及世界的"多元一体"问题）。
>
> 共同价值观不是凭空来的，也需要经济基础。怎么办？在矛盾中发展。
>
> 寻找共同价值观已成为必然要求，逃不掉的。
>
> 人类是可以自杀、也可以发展的动物。是自我毁灭还是自我发展，要选择了。
>
> 千万不要因为自作聪明而毁灭了自己。
>
> "残枫经秋，星火不熄。""星火"是什么？是我治学的路子。

这些话，内涵异常丰富，涉及国内民族间的关系，也涉及中华民族与世界各民族间的关系；有中国的现代化与全球化的关系，也有在此背景下的中国现代化的问题;讨论中国今天的传统文化不能只关注其在封闭时代的积累,一定要认识到这个传统文化在多大程度上已经受到了西方文化的影响,因为这涉及"共同价值观"的基础问题以及"美美与共"的每个美在多大程度上是本土的……

我们看见了一个老人执着的心力所在。他一生没有放弃对"中国向何处去"这个时代问题的追索。

留下这些谈话的"他"就是费孝通。在中国的学人中,他是稀缺的。

录下这些谈话并一个字一个字整理出来的是张冠生。他自喻老人晚年的"书童"。

我很早就知道冠生要整理费老晚年的谈话。我常看见他跟随费老左右,一声不响地做着记录。生活中的费老永远在工作着,他的话是值得被记录下来,但这需要记录者认识他的价值而产生一种毅力,持之以恒。当十多年后,冠生告我书已整理完毕,我是满心喜悦。没想到的是,他竟嘱我作序。我顿生惶恐:"冠生,你吓着我了!我是个做电视的,做电视的人天天风风火火,不读书不看报,何德何能写此序言?若以此沽名钓誉,我如何面对先生!"

费孝通先生一生朴实,有他的文风证明。这样一个大学者,经历了无数的风浪仍葆赤子之心。或许因了他的真诚和宽厚,和费老在一起,我总能在他面前随意地问很多问题,包括傻问题,而他总是认真作答。

冠生说,让我写序的一个理由是很多谈话因我而起。费老有些计划外的谈话确实因我们"互动"而起。但我对冠生说:也许在谈话的过程中,有我们的互动,但绝不是因我而起,是因中国的问题而起。他与我的"互动",在他是为了帮助我。

但互动使我对他晚年的谈话另有一种理解和亲切。我以一个记者的观察对他记录和表述或许对读者是有益的。我这才感觉我可以写,但只能作为后记类的,因为我终于知道他在做什么,我也看见了他是怎样做的。

关于费老的学术思想,将来自然会有经济史学家、思想文化史学家、社会学家或人类学家们专门研究,我的文字仅属观感层面的记述。作为一个学者,他关怀当下的中国及其未来,他探寻的是中国健康发展的路径。当下的中国包罗万象,可以说他许多的真知灼见超过了许多的专门家。发展的道路有无数,他努力要看到的是,人是如何走出来的,人又将如何走下去。以我的观感所得出的结论,在这样的时候他唯一的身份就是一个"小学生"。

1996年,费老敏锐地预知到水的污染将是大问题,因而非常忧虑。我亲耳听他说过:会不会将来守着长江没水喝,住在太湖边上的人也没水喝?那年的他做环太湖流域调查,让我随行,对我说:我要写一篇"小"文章。

我当时还与他开玩笑:凡是大家都写小文章。但费老答,"小"文章不小啊!说着回了我一个孩童般调皮的怪脸,令我顿觉眼前的老人有一种赤子般的热情。我就在这样的感受中听他接着讲:这个"小","长江是它中间的一杠,太湖、洪泽湖是一杠旁边的两点。这是关于水的文章。"由此我在1997年五六月间跟着已88岁的费孝通绕太湖走了一遍,历时35天。在他走过的村头、闸口、渔家、农户、水文站、环保站,都能听到这样的话——"我是来当小学生的。这不是客气,你们比我懂得多,因为你们了解实际。""我们都是来当学生的,来向老师学习的。""我是来给大家当学生的,你们都是先生,因为你们做了。""事情是你们做出来的。"每次他都拿着一个工作手册,一丝不苟地做笔记。除了提问外,他不会停笔。这种认真和真诚,我在以后时常会想起,为之动容。

"我只是一个小学生。"他做到了。这些耳熟能详的话听多了,感受也多了,最初感受到这是一种态度;后来又认识到,态度背后有一个大道理,对谁是创造历史主体的一个基本认知。

每次与人告别，费老会说一句"谢谢你，你帮助了我，感谢你"。他尊重访谈对象，就像他尊重实际，他的真诚是因他要解决问题，要成事："你们给我的材料，使我很振奋，能帮助我把问题想得实际一点，所以很感谢。"（1994年2月）这种情愫渗在他晚年的谈话中，随处都可感受到。

一次我跟他去甪直。这是费老外婆家。甪直的古镇保护得很好，那天天也特别好，他很高兴。随意间就能看到古镇上有妇女穿戴蓝印花布的水乡服饰，令人赏心悦目。费老信步古镇老街，不时与乡亲打招呼、聊天，享受淳朴乡情。经过一个小店，看到厅堂桌上摆放的家乡小吃和忙碌的主人，费老信步走了进去，笑对店主，手拉小孩，同一家三代见面，叙话，其乐融融。

我从旁看见门角上依偎着一个老人，正看着费老。她佩戴着水乡古镇特有的绣花青花蓝布做的搭头，穿着的也是一身蓝印花布衣服，围兜还是青花蓝的，深浅不一，渐变和谐，干净端庄。如果举办时装比赛，那老太太走上T台，一定是一道亮丽的风景。古镇上一双镶有水乡服饰元素的小草鞋就能吸引费老长久驻足，如果他看到老太太这身打扮，那一定会比我更喜欢，因为这是他的故乡啊！我恭敬地请老太太出来。她没有出来，还把探在门外的半个身子也缩到了门里面。我恳求再三，依然不从，只听费老在那里说话了：王韧啊，不要为难老人家了。

当天下午在住处。看见费老一人独自面对太湖沉思，一动不动。我走到他前面，盘腿坐在他对着的窗台上。他仍然望着远处，没眨一下眼睛。

半晌，我问了一个傻问题："费老，上午您为什么不让我拉她出来与您见面？"

也是停顿了很久，费老回答——

我是看到了一个文化的变化。我们诚心请她，老太太却不肯出面。

在这条街上，走过许许多多外来的人，这二十年来，有穿喇叭裤的，有拎着四喇叭录音机的，后来又有穿西装的，穿连衣裙的，你们这些外来的人，是潮流、是时髦、是洋气，而她自己是土的。你觉得她好，她不觉得自己的好，她觉得见不得人。你请她出来，她是痛苦的。

我想到了一个题目，叫"文化的自卑感"。中国现在最怕的，就是文化的自卑。不肯出来的意思，是她要走了。文化要走了。自己觉得不能出来见人了。不是大家不要她，大家欢迎她出来，可是她自己觉得她那一套不行了。这样一来，她真的要走了。不是人家要淘汰你，是你自己要走了。你这文化要退出舞台了。老了，老到自己没有信心了。她对她的文化没有信心了。

费老说：很惨哪！我是联系中国文化想这件事。这是个很惨的局面。我们不能走到这一步。真的弄到这一步，那就难了，就得整个换一套了。但实际上不是每个人都想换。现在时兴港式的东西了，很多年轻人的头发要披起来，这叫老太太怎么接受啊？她不可能接受这一套，可是又觉得自己这一套拿不出来了。你看多苦啊！

无语。我内心感受到费老有一种很深的思考和感情。

费老感慨：我是从小镇上出来的嘛。我的心情很复杂。从小熟悉的小桥流水这种文化存在不下去了。（古镇）旁边这个力量多强啊！那是个"惊险大世界"。这个东西厉害！它追求的是惊险，要这个世界整个惊险起来。中国文化不是这个样子。我们是讲人和自然的协调，讲人与人的和睦。这是祖宗传下来的好东西。

费老见微知著："一个民族的文化也是如此啊！你看浦东，那些跨国公司里，你说这是在哪里？你说在中国，它在其他国家的公司也是这样，全球一体化后，以什么来标识你是这个民族的呢？那就是文化。所以我们首先要了解我们的文化，这是文化自觉的开始。"

费老娓娓道来，眼睛注视远处的太湖如自言自语："一个老婆婆，身上背着大捆的柴火，艰难地从山上走来，她的内心是幸福的。因为她是为子孙做的,这柴火是灶头上烧饭的。我们中国有两条,一条是敬祖宗,一条是为子孙。敬祖宗,我们丢掉了,不要了!为子孙,还保存着。"

一件小事引发一波思想的冲击。我与费老的学生李友梅教授讨论,她理解费老问题的关键是:一个文化是如何失去自信的?这种失去可能带来的最严重的风险是什么?文化转型的自主能力如何重建?推进的力量又从何而来?这是"文化自觉"的必要性。

1990年,费老在日本朋友为他祝贺80周岁生日的时候,提出了著名的"各美其美,美人之美;美美与共,天下大同"十六字箴言。二十多年过去,领会、理解、感佩的人越来越多。认真读过他文字的人多会感受到有领略了某种深刻的愉悦。他的许多观点今天已愈加重要也是显见的。但是很少有人知道这些深厚的言论如何得来,以致一些人认为他只是断言,而没有思想体系。

无须我来证明支撑这十六个字背后的学养,以及广阔而持久的田野调查背景,还有他不可或缺的心怀天下的人文情怀。我只能以跟随费老实地调查八年的经历见证,说一个我看见的真实的费孝通。他是反思的。这有两层,首先他反观自身。一次我们又聊起他的姐姐费达生。他说,她科技下乡,她一生为农民所做的一切都是自然的,她得之自然,而费老说自己是反思大于行动,他是得之反思。那天他把自己与姐姐比较得出的结论:她是幸福的,我是痛苦的。她为农民好,一生为农民富裕而工作,一切都自然。不像我,我要前思后想,我复杂。好在她是我前面的榜样,我追她啊,追不上哎!但我一辈子是以她为榜样的。

费达生的榜样就是一个知识分子要用自己的专长实实在在地为他服务的百姓带来改变,这种改变是进步的。所以费老的反思还有另一层:你的工作和反思是否联系着实际,这种联系为的是成事,这种成事是利他的,而不是为己的、图名利的——

我表达得不好啊。我没有事先设定的想法,出来之后看到了事实。把我自己也放到实际里边去,利用一切机会接触实际。我叫它"文化自觉"。

　　自觉就是知道自己要做什么事。这个不容易。我担心很多知识分子不自觉,跟着外国人走。他也想问题,不是不想,但他跳不出人家的想法。

　　他不接触中国的实际。他不懂啊。他讲得很好听,很好看,可是很多人看不懂。没有用啊!我是说,你写的东西要有用啊。(1997年8月)

　　写文章不光是自己的事情,也是历史行为在一个学者身上的具体表现。也许要做的事情不止那些。这不是自己能确定的。(1997年10月旅途中)

读此,费老的音容犹现眼前耳畔。如果你真切地联系着实际,也了解了一点你自己,读他的这些谈话录,你就会愈发感受语重心长,这是一位老人的"呐喊"——厚重的岁月风霜积淀下的呼吁。我在这里感受到了他任重而道远的内心自觉和坚定的学术批判精神,而这种批判你一般地看不见,它是为建设的!

　　　现在中国还不是个轻舟,而是一条很沉重的大船。在一条很曲折的河道上走,很容易搁浅,触礁。我们任重道远,要自我勉励,不辜负这个时代,不辜负几千年的历史文化遗产。(1997年12月深圳)

　　一天,他问我:"你知道我写得最好的书是哪一本吗?是《生育制度》。"《生育制度》写于1946年。我至今清楚地记得他脸上孩提般的满足,但这并不妨碍他的反思——

我不再像在《生育制度》中那样强调社会是实体、个人是载体的论调,而多少已接受了潘光旦先生的批评,认识到社会和人是辩证统一体中的两面,在活动的机制里互相起作用。

我固然修正了马老师过分强调生物需要的观点,但我本身又陷入了另一极端,犯了只见社会人不见生物人的毛病。我写了一篇自我批评的文章。在这篇文章中我接受了潘光旦先生的新人文观点,把文化看成节制生物本能以协和社会关系的机制。(1994年《个人·群体·个体》)

可以说,关怀当下,心系百姓,为着成事是他反观自身的动力——

我从江村走到现在,是在这条路上走,但仅限于"志在富民"。一人力量有限,很多事情只是个开头,破破题,开开路。1980年恢复学术研究以来,东跑跑,西看看,15年就花掉了。中国还有6000年呢,我怎么办?(1995年2月)

"我怎么办?"又问出了一个大问题。费老不仅要为中国农民做点事,还要为中国的知识分子做点事——要"文化自觉"。其"文化自觉"首先是给中国的知识分子做了一个榜样。

我这辈子就要一个东西,就是理解中国的变化,这个变化要有富民强国的效果。……五四这一代知识分子快过去完了,句号画在什么地方,确实是个问题。我想通过我个人画的句号,把这一代人带进"文化自觉"这个大题目里。最后能不能带进去,是我的任务了。这是我要过的最后一重山。(1997年10月吴江)

李友梅教授的总结是:在费老看来,"文化自觉"实际就是一定文化中的人对其文化的"自知之明",知识分子的责任就在于正确完成对其自身文化的自我认识,从而"增强对文化转型的自主能力,取得为适应新环境、新时代而进行文化选择时的自主地位"(李友梅《文化主体性与历史的主人》)。而费老自己的总结是:"文化自觉、文化适应的主体和动力都在自己。自觉是为了自主,取得一个文化自主权,能确定自己的文化方向。"(费孝通《进入21世纪时的回顾和前瞻》)

费老针对知识分子个体提出的"文化自觉",与其达到"各美其美"的路径或方法论的"文化自觉"是他两个彼此通连却又不全相同的思想层。

"文化自觉",不仅是知识分子的学术修为,不仅是"各美其美"的方法论,也是在回答"中国向何处去"的时代问题,因为中国向何处去首先是中国人向何处去!他为此用"行行重行行"做了自己一生的学术轨迹。

奉献于读者的这本晚年谈话录,同样是他这一生学术方向的明证——

> 最大的道理是中国农民可以创造出来适合中国特点的现代化。
> 我的工作是追踪它,跟着看,看过程,看它怎么发展的。也支持它,研究它,为中国农民找个办法。把中国农民的创造和里边的意思讲出来。(1995年2月)
> 再给我20年,把中国的东西弄上一遍,会出来一批好文章。(1996年6月)

在第二次学术生命开始时,费老就知道自己的时间不多了,他将上帝给他的钱集中起来使用,将"行行重行行"的工作持续了二十多年。但他的任务太远大了:"所谓应用社会学、人类学是指结合实际的,为人民寻找道路的社会学、人类学,任务是很明确的。我认为,这门学科承担着为人类了解自身的文化、认识世界其他民族的文化以及为探索不同文化之间的相处之道提供知识和见解的使命。"他说:"人文重建的艰巨任务,还需要我们一代一代地脚踏实地,胸怀全局,全力以赴,前赴后继。"(《进入21世纪时的回顾和前瞻》)

费老深知"认识中国,改造中国"这项工作是长期的,进步是渐变的过程。

> 超越东西方,找到人类生存与发展的根子里。这个目标,一代人做不到,要两三代人才有可能。(1996年6月)

他没有时间了,他仍然不怨别人——

> 我很遗憾。反右、"文革"期间没有像潘先生(潘光旦)那样读书做卡片。怨我自己。我那时候失望了。(1996年6月)

但随着时间的推移,费孝通会成为一个历史的符号,如果没有人读他的文字;况且文字的力量也是微弱的,如干涸沙漠中的一滴水,即使像费孝通这样有名望有影响,但他晚年身体力行的田野调查以及他令人尊敬的成果和精神又影响了中国学界多少呢!

有时想来生活也好、思想的发展也好,都是一个个悲剧的陷阱。记得有一位哲学家说过,可能只有爬出了这样的陷阱,历史才会迎来它的一点儿文明进步。千万可别就此以为费老的思想力量没用。沙漠里的一滴水也许不起作用,但有它和没它是不一样的。不经意间,或许它在某个点上引发了化学反应,帮助了你,或影响了我。

早年,马老师说《江村经济》"有一些杰出的优点,每一点都标志着一个新的发展",其本质就在于它在社会人类学上具有开创性。但今天,它的重要性还在于这是千百年来中国读书人所谓"经世致用"的一个崭新的范式：它既不是文人舞文弄墨的消遣，也不是"帝师王佐"的用功，而是直接地在有血有肉的生活中认识社会，通过扎扎实实的田野调查把深层的道理讲清楚，真心实意地为在生存中挣扎的中国农民找出路。他晚年的"行行重行行"同样是如何做学问，如何做事的垂范。苦难、文化和勤奋造就了他。他一生的学术成就是上苍给予这个民族的馈赠。

这本《费孝通晚年谈话录》是他思想的遗产，和他的文章一样。很多主张他思考探索了一生。过程对于大多数的人来说是不知道的，也常是忽略的。这里也许没有振聋发聩之声，即使论点也是大白话，很平淡，就像老百姓的生活一样。

感谢谈话整理者的用心和毅力，积十多年之功的记录、收集和整理，让我们得以窥见费老文章之外的风采。

谈话录成文字自然是要被损失的，且不可弥补。首先音容笑貌、语音语调乃至肢体语言都没有了。与他在一起，耳濡目染，感受思想的可信与可爱令人舒畅，日后每每回忆，每一个细节都情趣盎然，意味隽永。有一天刚见面，他第一句话告诉我，我写了一篇《老来缅怀耀邦同志》。那时报章上很少能看见胡耀邦的名字，当时我一愣。他讲了与胡耀邦交往的细节。我一直关注着他的表情，脸上没有一丝笑意，又很平和。这种老人的深沉、平缓令人有丰富的历史感的联想，在录成文字后这些都没有了；但也正因为这个缺陷使这些文字更显珍贵，因为它毕竟还是保存下来了，可供我们去追寻和思考。

2017 年 2 月 21 日于沪